Einleitung

Das vorliegende Buch hat zum Ziel, ein für Studenten und interessierte Laien benutzbares Handbuch zur Geschichte Chinas in deutscher Sprache bereitzustellen. Es handelt sich dabei um eine Darstellung von „mittlerer Reichweite“, die nicht nur allgemeine Grundzüge bietet, sondern einige zentrale Aspekte der chinesischen Geschichte in vertiefender Perspektive behandelt.

Bei der Konzeption habe ich mich von zwei Grundüberlegungen leiten lassen: Die erste besagt, dass man in der Geschichtswissenschaft die Präsentation von „Fakten“ nicht von deren Interpretation trennen kann. Die zweite geht von der Überzeugung aus, dass jede historische Darstellung ganz wesentlich von der gewählten literarischen Form abhängt. Zwar sind die Ergebnisse geschichtswissenschaftlicher Forschung stets an das ihnen zugrunde liegende Material gebunden und daher auf ihre Plausibilität hin überprüfbar. Der Ablauf des Textes ebenso wie die Befunde und Urteile werden dabei manchmal ausdrücklich, häufig auch nur unterschwellig von zentralen Deutungs- und Erzählschemata gesteuert, die ich im Anschluss an den US-amerikanischen Historiker Hayden White als Meistererzählungen (*master narratives*) bezeichne. Dabei handelt es sich häufig um Metaphern, wie sie sich auch und gerade in den Titeln zu einführenden Darstellungen der Geschichte Chinas finden. Da ist etwa die Rede vom Untergang des konfuzianischen Reiches oder umgekehrt vom Aufstieg Chinas in der internationalen Politik, von Rebellionen und Revolutionen, von der Suche nach oder dem Aufstieg des modernen China usw.

Zudem ist zu berücksichtigen, dass Geschichte nicht einfach aus den vergangenen Sachverhalten besteht. Sie konstituiert sich vielmehr durch diejenigen Fragen, die Menschen in ihrer jeweiligen Gegenwart an die Vergangenheit richten. Zu dieser zeitlichen Brechung kommt noch eine kulturelle hinzu, wenn wir uns mit der Vergangenheit eines fremden Landes wie China beschäftigen. Geschichtswissenschaftliche Darstellungen haben zwangsläufig mit unserer eigenen Befindlichkeit zu tun, und diese ist es, die letzten Endes hinter den Bemühungen um ein einheitliches Deutungsschema für einen bestimmten historischen Prozess steckt. Nicht die einzelnen Meistererzählungen, wohl aber ihre Existenz als solche ist daher im Grunde unvermeidlich. Die Frage, wie man mit diesem Befund umgehen soll, hat die Entstehung dieses Buches maßgeblich beeinflusst.

Ein erster Ansatzpunkt besteht in der Feststellung, dass Geschichte als ein Geflecht von Bedeutungen verstanden werden muss, die unentwirrbar miteinander verbunden sind. Einzelne Fragestellungen und Deutungsschemata sind lediglich Pfade, die zur Erkenntnisgewinnung in dieses Dickicht gebahnt werden. Diese Pfade orientieren sich an den verfügbaren historischen Materialien (auch Quellen genannt) als Wegmarken. Ihr Verlauf ist daher einerseits nicht beliebig, andererseits aber auch nicht exakt festgelegt. Der einzelne Historiker bestimmt also die von ihm eingeschlagene Route wesentlich mit. Daraus folgt als zweite Überlegung, dass es niemals ein allein verbindliches, sondern immer mehrere konkurrierende Interpretationsmuster gibt. Zudem unterliegen diese Muster einer ständigen fachwissenschaftlichen Kritik und Modifikation.

Aus diesem Grund habe ich für das vorliegende Buch keinen linear-eindimensionalen, sondern einen multiperspektivischen Ansatz gewählt. Ich habe mich damit gegen einen rein chronologischen Aufbau entschieden, aber ebenso gegen eine bloß additive Aneinanderreihung der Bereiche Politik, Wirtschaft, Gesellschaft und Kultur. Eine Trennung dieser Sektoren halte ich für irreführend. Vielmehr gewinne ich aus der Auseinandersetzung mit den drei in den letzten Jahrzehnten bestimmenden Meistererzählungen zur chinesischen Geschichte (Revolution, Modernisierung und Nation) unterschiedliche, aber zugleich in Beziehung miteinander stehende Zugänge. Durch die Einbettung in unterschiedliche Erzählstränge wird die Mehrdeutigkeit einzelner historischer Sachverhalte erkennbar und zugleich die Vielschichtigkeit und Interdependenz des historischen Prozesses verdeutlicht.

Das Buch zerfällt in zwei Teile. Die ersten beiden Kapitel widmen sich den Grundlagen für das Verständnis der chinesischen Geschichte. Das erste Kapitel fragt nach den Möglichkeiten, die Geschichte Chinas seit 1800 zu erzählen, und bietet damit zugleich eine vertiefende Einführung in den Aufbau dieses Buches. Das zweite bietet einen knappen chronologischen Überblick, der eine Orientierung ermöglichen soll. Leserinnen und Lesern ohne Vorkenntnisse zur chinesischen Geschichte empfehle ich, mit diesen beiden Kapiteln zu beginnen. Die vier Kapitel des zweiten Teils bieten unterschiedliche interpretatorische Perspektiven. Sie sind in sich chronologisch aufgebaut und können daher als selbständige Abschnitte und in beliebiger Reihenfolge gelesen werden. Jedem Kapitel sowie den einzelnen Unterkapiteln habe ich kurze Zusammenfassungen vorangestellt, die den Leserinnen und Lesern den Einstieg in die Lektüre erleichtern sollen. Ein Glossar im Anhang dient zum Nachschlagen wichtiger Ereignisse und Begriffe, die im Text immer wieder erwähnt, aber nicht jedes Mal erläutert werden. Die Bibliographie führt die wichtigsten Titel auf, die meiner Darstellung zu Grunde liegen – wobei ich bewusst auch chinesische Forschungsergebnisse aufgenommen habe –; zugleich soll sie Anregungen zu vertiefender Lektüre bieten.

Gerade für Leser mit wenigen Vorkenntnissen dürften einige Bemerkungen zur formalen Textgestaltung hilfreich sein. Als Standardumschrift für chinesische Namen und Begriffe wird das international mittlerweile allgemein übliche *Hanyu Pinyin* verwendet. Ausnahmen bildeten lediglich die Schreibung einiger Personen- und Ortsnamen, für die sich im Deutschen eine abweichende Tradition eingebürgert hat, sowie Autorennamen im Literaturverzeichnis, sofern diese für sich eine andere Form der Romanisierung gewählt haben. Da die *Pinyin*-Umschrift für Ungeübte etwas irritierend sein kann, habe ich eine Aussprachehilfe in den Anhang aufgenommen. Bei chinesischen und anderen ostasiatischen Namen steht – auch im Literaturverzeichnis – der Familienname grundsätzlich zuerst, gefolgt vom persön-

lichen Namen. Chinesische Maße und Gewichte wurden, wo immer möglich, in die international üblichen Äquivalente umgerechnet.

Viele Menschen haben zur Fertigstellung dieses Buches beigetragen. Mit einigen Kollegen konnte ich die Grundideen dieses Buches diskutieren, andere haben das Manuskript teilweise oder vollständig gelesen und mir wertvolle Hinweise gegeben. Einige Kapitel sind zuerst in Lehrveranstaltungen zur Diskussion gestellt worden und haben von den Anregungen der studentischen Teilnehmer sehr profitiert. Ihnen allen möchte ich sehr herzlich danken.

Erfurt, im Mai 2006 *Thoralf Klein*

1. Die Geschichte Chinas erzählen

Darstellungen historischer Prozesse hängen nicht nur vom bearbeiteten Material ab, sondern immer auch von der gewählten Darstellungsweise. Daher steht am Beginn dieses Buches die Überlegung, wie die Geschichte Chinas sinnvoll erzählt werden kann. Lässt sich das Riesenland China trotz aller inneren Unterschiede als ein geschlossenes Ganzes mit einer einheitlichen Vergangenheit erfassen? In einem zweiten Schritt werden die gegenwärtig wichtigsten Meistererzählungen vorgestellt und kritisch diskutiert.

1.1 Vielfalt und Einheit

Angesichts seiner enormen Größe und kulturellen Vielfalt erscheint China alles andere als homogen. Daher stellt sich die Frage, inwieweit eine generalisierende Darstellung seiner Geschichte möglich ist. Eine Reihe von Argumenten lässt es jedoch als sinnvoll erscheinen, die Vergangenheit China als ein gemeinsames Ganzes zu deuten.

Chinas enorme Dimensionen lassen sich am einfachsten mit einigen Daten veranschaulichen. Mit rund 1,3 Milliarden Einwohnern im Jahre 2005 ist es das bevölkerungsreichste Land der Welt, mit einer Fläche von knapp 9,6 Millionen Quadratkilometern steht es weltweit an vierter Stelle. Dabei ist die heutige Volksrepublik infolge territorialer Einbußen kleiner als das Reich der Qing-Dynastie (1644-1911), das seine größte Ausdehnung Ende des 18. Jahrhunderts erreichte. Aufgrund der enormen Ausmaße Chinas muss ein Versuch, seine Geschichte als einheitlichen Prozess zu erfassen, auf besondere Schwierigkeiten stoßen. Tatsächlich erscheint das Land durch eine große Vielfalt gekennzeichnet, die generalisierende Aussagen schwierig macht. Vier Faktoren sind dabei zu berücksichtigen:

Da ist erstens die geographisch-naturräumliche Gliederung, bei der sich sieben Großräume unterscheiden lassen: (1) Nordchina mit der hügeligen Shandong-Halbinsel, der nordchinesischen Ebene und dem westlich davon gelegenen Lössgebiet; (2) das subtropische Zentral- und Südchina mit so unterschiedlichen Regionen wie der Yangzi-Ebene (chinesisch eigentlich *Changjiang*, „langer Fluss“), der südöstlichen Küste, den Beckenlandschaften von Sichuan und Guangxi sowie dem Yunnan-Guizhou-Plateau; (3) das tropische China, das in einem schmalen Streifen den äußersten Süden von Yunnan, Guangxi und Guangdong sowie die Insel Hainan umfasst, (4) die in China als Nordosten (*Dongbei*) bezeichnete, fruchtbare und rohstoffreiche Mandschurei, (5) das Grasland der Inneren Mongolei, (6) der vor allem aus Wüste und Hochgebirge bestehende Nordwesten und (7) das karge Hochplateau von Qinghai und Tibet.

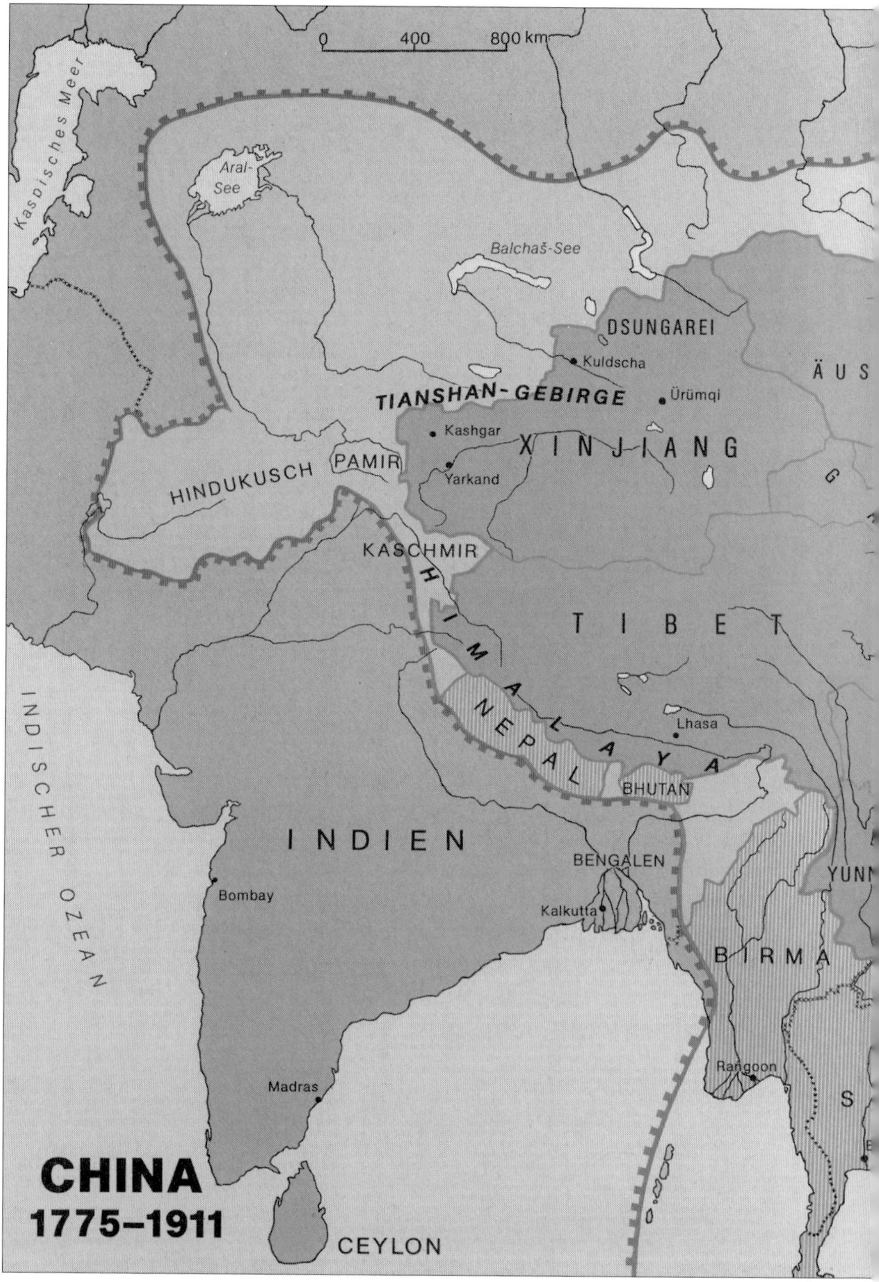

Abb. 1: China: Heutige politische Struktur und größte Ausdehnung um 1770.

Bajkal-See
Irkutsk
Nerčinsk
Kjachta
Urga
(Ulan-Bator)
Amur
Sachalin
Ussuri
HEILONGJIANG
Harbin
MANDSCHUREI
JILIN
Vladivostok
RE MONGOLEI
INNERE MONGOLEI
Mukden
(Shenyang)
FENGTIAN
Yalu
KOREA
Lüda
(Dalian)
Lüshun
(Port Arthur)
Beijing
Tianjin
große Mauer
ZHILI
(HEBEI)
SHANXI
SHAANXI
Jinan
SHANDONG
Zhifu
Qingdao
Tokio
(Edo)
Kioto
Nagasaki
JAPAN
Lanzhou
Xi'an
HENAN
JIANGSU
ANHUI
Nanjing
Shanghai
HUBEI
Yangzi
Hangzhou
Ningbo
Chengdu
Hankou
Chongqing
ZHEJIANG
Changsha
HUNAN
JIANGXI
GUIZHOU
FUJIAN
Fuzhou
Ryukyu Inseln
Yunnanfu
(Kunming)
Amoy
Taibei
TAIWAN
(FORMOSA)
GUANGXI
GUANGDONG
Kanton
Hongkong
Macao
PAZIFISCHER
OZEAN
TONGKING
Hanoi
Haiphong
HAINAN
LAOS
ANNAM
VIETNAM
KAMBODSCHA
Saigon
COCHINCHINA
Manila
PHILIPPINEN

Klimatische und topographische Rahmenbedingungen haben die Bewohner unterschiedlicher Regionen von jeher zu erheblichen Anpassungsleistungen in Landwirtschaft, Ernährung, Hausbau und Handel gezwungen. So herrscht in den Ebenen des Nordens mit seinem gemäßigten, von warmen Sommern und frostkalten Wintern geprägten Klima der Weizenanbau vor. In den subtropisch milden, regenreichen Zonen Zentral- und Südchinas dominiert hingegen der Reisanbau, der aufgrund des Wasserreichtums häufig im Nassfeldbau erfolgt und in den zahlreichen Gebirgsregionen die Anlage von Terrassenfeldern bedingt. Vielfach sind dort zwei, im äußersten Süden sogar drei Ernten im Jahr möglich. Im Nordosten bestimmt neben Getreide auch die proteinhaltige Sojabohne die Ernährung, während die klimatisch extremen Randzonen mit ihren Wüsten und Hochgebirgssteppen außerhalb der wenigen Oasen kaum eine andere Lebensform als die nomadische Viehzucht zulassen. Diese wird allerdings traditionell von nicht-hanchinesischen Ethnien ausgeübt, während die Han-Chinesen sich so gut wie ausschließlich auf den Ackerbau konzentrieren. Die landwirtschaftlich ergiebigsten Regionen in Zentral- und Südchina sind seit vielen Jahrhunderten zugleich die am dichtesten besiedelten. In der vorindustriellen Zeit besaßen sie den doppelten Vorteil, eine überdurchschnittlich große Zahl von Menschen ernähren zu können und durch ihren Reichtum an Binnengewässern sowie den Zugang zum nahen Meer den Schiffstransport, vor Einführung der Dampfkraft das schnellste Verkehrsmittel, zu begünstigen. Dass fast alle großen chinesischen Flüsse infolge der starken Bodenerosion einen hohen Anteil an Sedimenten mit sich führen, hat bis zur Gegenwart immer wieder zu schlimmen Flutkatastrophen geführt. Besonders gilt dies für den Unterlauf des Huanghe in Nordchina, wo der Wasserspiegel höher als das Umland liegt und nur durch Deiche halbwegs im Zaum gehalten werden kann.

Die politisch-administrative Struktur Chinas stellt eine zweite Kategorie dar. Ihren Kern bildete das aus 18 Provinzen zusammengesetzte Reich, das seine Gestalt im Wesentlichen unter der Ming-Dynastie (1368-1644) angenommen hatte und von der mandschurischen Qing-Dynastie zwischen 1644 und 1681 erobert wurde. Diese vereinigte es mit ihrem in Europa als Mandschurei bekannt gewordenen Stammland – den drei endgültig 1907 in die chinesische Territorialverwaltung integrierten Provinzen Heilongjiang, Jilin und Fengtian (1929 in Liaoning umbenannt) – und fügte ihrem Herrschaftsgebiet durch Eroberungen im 17. und 18. Jahrhundert weitere Territorien hinzu. Zwei dieser Territorien, Taiwan und Xinjiang, erhielten bereits Ende des 19. Jahrhunderts erstmals den Status von Provinzen, wobei Xinjiang zeitweise faktisch autonom war und die Zugehörigkeit Taiwans zu China bis heute umstritten ist. Die heutige Innere Mongolei und Tibet wurden erst im 20. Jahrhundert in einem konfliktreichen Prozess vollständig in die chinesische Verwaltungsstruktur eingegliedert.

Provinzen waren dabei stets mehr als nur administrative Institutionen. Für ihre Bewohner stellten sie Fixpunkte der Identitätsbildung dar, durch die man sich zugleich von Angehörigen anderer Provinzen abgrenzen konnte. Ihre jeweils unterschiedlichen politischen, ökonomischen, sozialen, kulturellen und ethnischen

Gegebenheiten machten die Provinzen zu unabhängigen Mikrokosmen, die in der historischen Analyse Berücksichtigung finden müssen.

Drittens sind sprachlich-ethnische Unterschiede zu berücksichtigen. Nicht nur, weil China von jeher ein Vielvölkerstaat war, in dem heute außer einer überwältigenden Mehrheit von 95 Prozent Han-Chinesen auch 55 offiziell anerkannte Ethnien leben – die meisten davon mit eigener Sprache –, sondern vor allem auch wegen sprachlicher Differenzen innerhalb der Han-Bevölkerung selbst. Die chinesische Sprache zerfällt in sieben Varianten, die zumeist als Dialekte bezeichnet werden und jeweils eine Reihe von Subvarianten einschließen:

Name	**Anzahl der Sprecher (%)**	**Verbreitungsgebiet**
Mandarin	71,5	Nord- und Südwestchina, Yangzi-Unterlauf, seit 1949 Taiwan
Wu	8,5	Yangzi-Delta, Küstenregion um Shanghai
Yue (Kantonesisch)	5,0	Guangdong, Guangxi
Xiang	4,8	Hunan
Min	4,1	Fujian, Ostguangdong, Taiwan
Hakka	3,7	Fujian, Jiangxi, Guangdong, Taiwan
Gan	2,0	Jiangxi

(S. Robert Ramsey, The Languages of China. Princeton, NJ: Princeton University Press 1987, S. 87)

Diese Dialekte, deren Verbreitungsgebiete sich nicht mit administrativen Grenzen decken, sind untereinander weitgehend unverständlich. Sie könnten damit auch als unabhängige Sprachen gelten, wenn nicht politische Gründe einer solchen Klassifizierung entgegenstünden. Während praktisch alle Mandarin-Sprecher sich untereinander verständigen können, zerfallen andere Dialekte – vor allem das Min – wiederum in gegenseitig unverständliche Varianten. Dialekt konnte so zu einer Markierung für Gruppenidentitäten und Abgrenzungspraktiken innerhalb der han-chinesischen Ethnie werden. Teilweise wurden die sprachlichen Unterschiede auch in soziale übersetzt, etwa in der Verachtung der Shanghaier Bevölkerung für Zuwanderer aus Subei (dem Norden der Provinz Jiangsu) oder in der Bezeichnung von Migranten in Jiangxi als „Barackenleute" (*pengmin*). Umgekehrt haben manche Gruppen, allen voran die Hakka, ihr Anderssein und die ihnen entgegengebrachte Verachtung in ein selbstbewusstes Bekenntnis zur eigenen Gruppe umgedeutet. Im Extremfall konnten solche subethnischen Spannungen sogar in

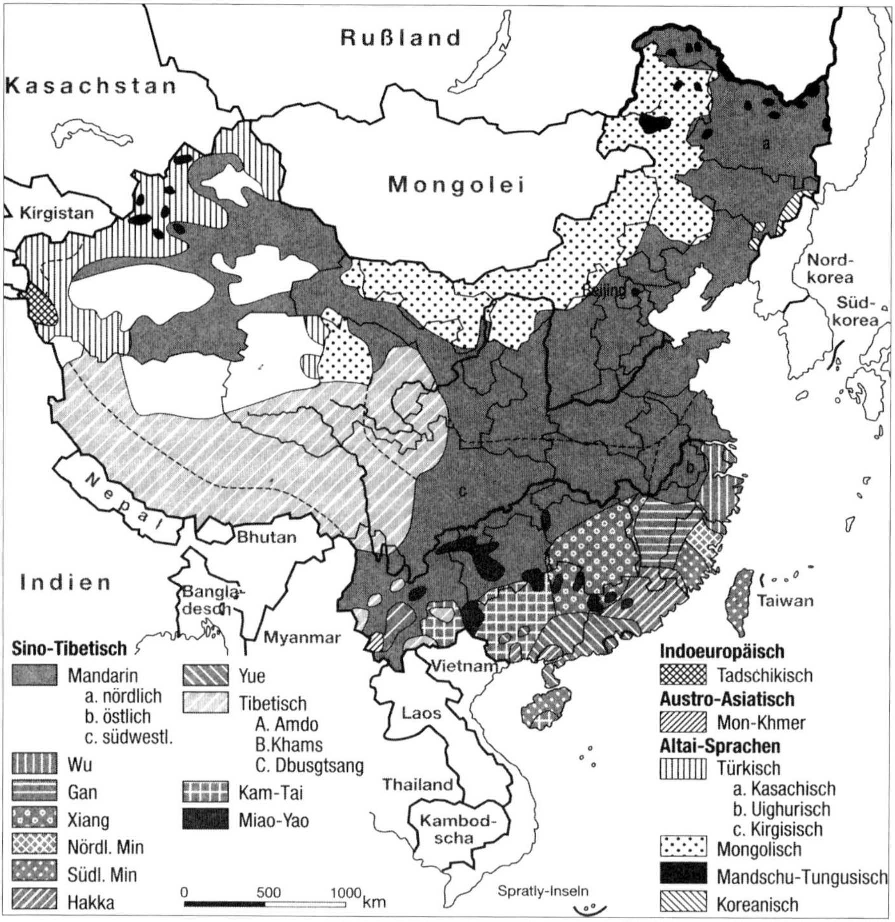

Abb. 2: China: Han-Chinesische Dialekte und Sprachen nicht-chinesischer Ethnien.

langwierige bewaffnete Konflikte ausarten, wie etwa die Auseinandersetzungen zwischen Kantonesen und Hakka zwischen 1856 und 1867, die mehr als 100.000 Tote forderten.

Eine vierte Kategorie wurde in den 1970er Jahren von dem Historiker G. William Skinner entwickelt und hat seither unter Chinawissenschaftlern allgemeine Verbreitung gefunden. Auch Skinner legte seiner Einteilung geographische Kategorien zugrunde, interessierte sich aber nicht für deren Auswirkung auf die Lebensweise der Bevölkerung, sondern für ihre ökonomische Funktion. Er teilte das durch Ackerbau geprägte China (d. h. das China der 18 Provinzen zuzüglich der Man-

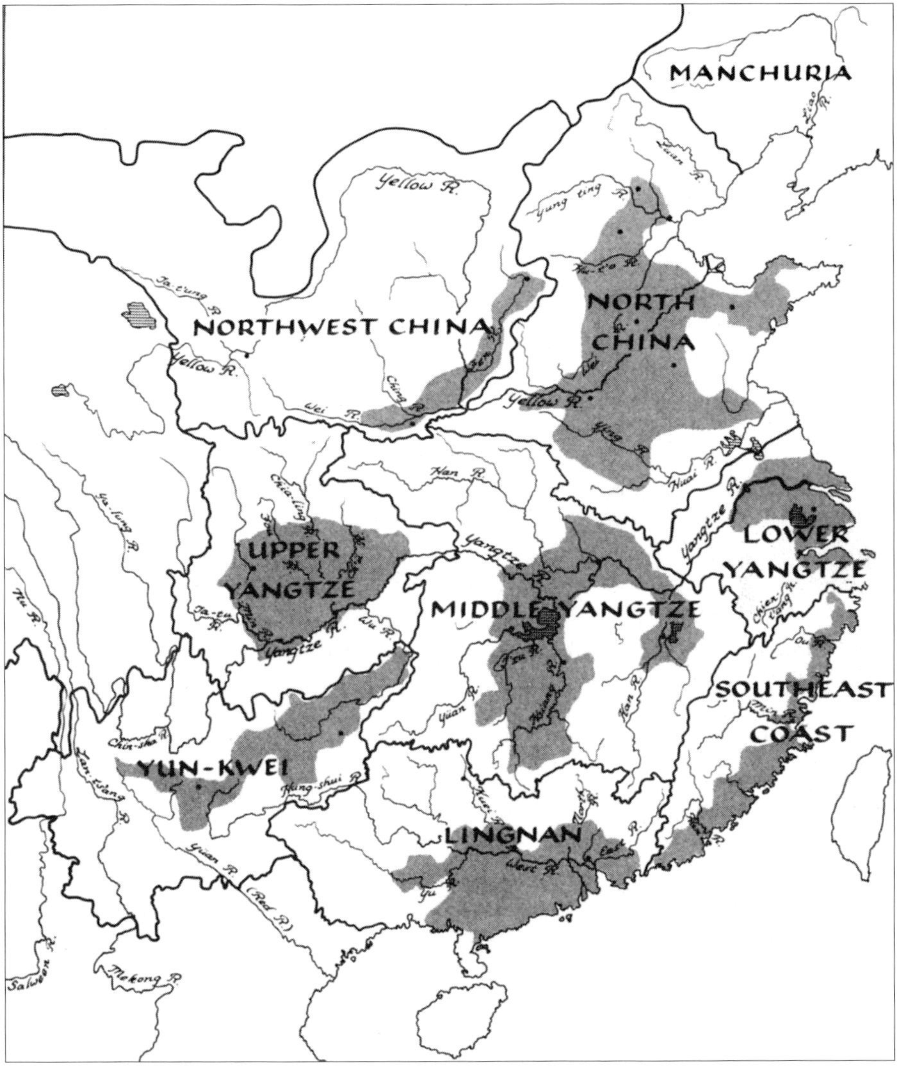

Abb. 3: Makroregionen nach Skinner.

dschurei) in insgesamt acht physiographische Makroregionen ein: (1) Nordchina, (2) Nordwestchina, (3-5) den oberen, mittleren und unteren Yangziraum, (6) die Südostküste, (7) Yun-Gui (d. h. die Provinzen Yunnan und Guizhou) sowie (8) Lingnan (die Provinzen Guangdong und Guangxi). Diese Makroregionen sind jeweils durch ein System von Flussläufen, d. h. durch die vorhandene Infrastruktur für den ökonomischen Austausch definiert, so dass sich ihre Grenzen ebenfalls nicht mit denjenigen der administrativen Einheiten decken. Bei allen Unterschieden hinsichtlich landwirtschaftlicher Produktion, technologischer Standards und Umfang des Handels wiesen sie nach Skinners Analyse in der späten Kaiserzeit zwei gemeinsame Charakteristika auf: Zum einen bestanden sie aus einem fruchtbaren Kern, in dem sich der Großteil der Ressourcen wie Ackerland, Bevölkerung und Kapital konzentrierten, und peripheren Gebieten, in denen sich diese Ressourcen zunehmend ausdünnten. Zum anderen spielten sich infolge dieser Struktur die primären wirtschaftlichen Austauschprozesse zwischen Kern und Peripherie innerhalb der jeweiligen Makroregionen ab und machte diese zu relativ autarken Einheiten.

Trotz dieser inneren Vielfalt gibt es gute Gründe, die Geschichte Chinas als einheitlichen Prozess zu beschreiben. Das chinesische Kaiserreich war seit seiner Gründung im Jahre 221 v. Chr. stets als unitarischer Zentralstaat konstruiert. Zwar hat es in seiner Geschichte mehrere sich über Jahrhunderte erstreckende Phasen der Teilung erlebt, doch setzte sich letztlich jedes Mal der Anspruch auf eine Vereinigung der Teilreiche durch. Dabei wirkte wahrscheinlich weniger die Führungsrolle der Herrscher als vielmehr das Bewusstsein einer kulturellen Gemeinsamkeit innerhalb der literarisch gebildeten Eliten als Bindemittel.

Außerdem waren die Außengrenzen des chinesischen Kulturraums zwar nicht durchweg undurchlässig, aber doch vergleichsweise deutlich markiert. Dies galt besonders für den Norden und Nordwesten, wo die Trennlinie zwischen han-chinesischen Ackerbauern und Steppennomaden verlief. Beide Seiten unterhielten zwar zahlreiche Kontakte, aber trotz einer breiten Zone kulturellen Austauschs kam es nur in Ansätzen zu stabilen ethnisch-kulturellen Fusionen. Es handelte sich zugleich um eine klimatische Grenze zwischen dem regenreichen Monsunklima Ostasiens und dem mehr oder weniger trockenen (ariden) Klima Zentralasiens. Symbolischen Ausdruck verlieh ihr die im Wesentlichen in der Ming-Zeit errichtete Große Mauer, die nach neueren Erkenntnissen lediglich eine Demarkationslinie ohne praktischen militärischen Wert, aber von großer kultureller Bedeutung darstellte. Im Südosten und Süden waren die Verhältnisse unübersichtlicher, aber auch hier lief über die Jahrhunderte ein Prozess der Abgrenzung ab, in dessen Ergebnis der Großteil der Bevölkerung in die Han-Kultur integriert wurde und sich von den Nicht-Han deutlich absetzte. Gleichzeitig entfaltete das chinesische Konzept eines von konzentrischen Randzonen umgebenen kulturellen Zentrums seine Wirkung. Danach mussten sich alle diese Zonen an die Kultur der chinesischen Ökumene (*tianxia*) anpassen. Diese Anpassung war je nach Entfernung zum Zentrum unterschiedlich weit fortgeschritten, so dass der Einfluss der Kultur und des sie tragenden Staates vom Zentrum zur Peripherie hin abnahm. Die Flexibilität dieses Konzepts ermöglichte die Integration peripherer Gebiete bei gleichzeitiger Erweiterung der Reichsgrenzen und trug so ebenfalls zur Stabilität des Reiches bei.

Ein besonders wichtiges stabilisierendes Element bildete die Schicht der Bürokraten und Literaten, die nicht nur institutionell durch die staatliche Verwaltungsorganisation, sondern auch kulturell durch das Medium der chinesischen Schrift und Literatursprache miteinander vernetzt waren. Die Integrationskraft der Schriftzeichen als Mittel zur Überbrückung von Dialektgrenzen darf zwar nicht überschätzt werden, da sie ihre kommunikative Wirkung nur dann entfalten konnten, wenn der Schreiber auch den entsprechenden Sprachstandard (Wortschatz und Grammatik) beherrschte. Im frühen 20. Jahrhundert wurde vor dem Hintergrund einer sehr kontroversen Diskussion zwischen Sprachreformern aus der Sprache der Beamten (*guanhua*) und dem Lautstandard des Pekinger Mandarin-Dialekts eine „Nationalsprache“ (*guoyu*) geschaffen, die unter der Volksrepublik China in „Gemeinsprache“ (*putonghua*) umbenannt worden ist. Die Volksrepublik hat zugleich 1958 eine Vereinfachung der Schriftzeichen vorgenommen und das Lautschriftsystem *Hanyu Pinyin* als Aussprache- und Lernhilfe eingeführt. Diese gleichfalls als Mandarin bezeichnete Hochsprache hat die regionalen Dialekte keineswegs verdrängt. Ihre Popularisierung in Literatur und Presse und später Radio und Fernsehen hat sich jedoch linguistisch auf die Dialekte ausgewirkt, und trotz erheblicher Unterschiede in den regionalen Aussprachevarianten ist auf diese Weise eine größere sprachliche Einheit herbeigeführt worden, als sie jemals vor dem 20. Jahrhundert bestanden hat.

Daneben darf der Beitrag anderer gesellschaftlicher Gruppen und wirtschaftlicher Faktoren zu Einheit und Stabilität Chinas nicht unterschätzt werden. Binnenmigration der weitgehend agrarischen Bevölkerung führte nicht nur zu territorialer Expansion, sondern begünstigte die Einbindung weiter Bevölkerungskreise in die administrative Struktur und teilweise auch deren kulturelle Integration. Kaufleute, aber auch Handwerker waren häufig außerhalb ihrer Heimatprovinz ökonomisch aktiv und trugen zu Austauschprozessen zwischen den Makroregionen bei. Die trotz der beträchtlichen regionalen Eigenständigkeit bestehende wirtschaftliche Interdependenz zwischen unterschiedlichen Reichsteilen wurde noch intensiver, als die Ming-Dynastie zu Beginn des 15. Jahrhunderts die Hauptstadt aus dem prosperierenden Yangzi-Raum nach Peking verlegte – in eine landwirtschaftlich viel weniger ergiebige Region. Die neue Hauptstadt blieb bis ins 20. Jahrhundert auf die Getreideversorgung aus weit entfernten Zulieferungsgebieten angewiesen, die auf dem Wasserweg über den Großen Kanal erfolgte.

Schließlich ist zu betonen, dass die verschiedenen Regionen Chinas gerade in den letzten beiden Jahrhunderten) eine beträchtliche Reihe historischer Erfahrungen zwar in unterschiedlicher Intensität, aber doch gemeinsam durchlebt haben – von den Rebellionen des 19. Jahrhunderts über die Auseinandersetzung mit dem Imperialismus, den Untergang der Monarchie, den Zweiten Weltkrieg bis zu den unterschiedlichen politisch-sozialen Transformationsprozessen in der Volksrepublik. Auch zunächst stärker regional geprägte Phänomene wie die kommunistische Agrarrevolution wurden später auf gesamtchinesischer Ebene realisiert. Die Geschichte Chinas kann daher einerseits nur im Bewusstsein der zahlreichen regionalen Besonderheiten erzählt werden, andererseits erscheint es sinnvoll, diese zugunsten der gemeinsamen historischen Prozesse in den Hintergrund zu rücken.

1.2 Meistererzählungen der neueren Geschichte Chinas und die Suche nach Alternativen

Gesamtdarstellungen der chinesischen Geschichte folgen üblicherweise einem leitmotivischen Interpretationsmuster, das sich mit einem Ausdruck des US-Historikers Hayden White als „Meistererzählung" bezeichnen lässt. Für die Geschichte Chinas seit 1800 haben drei Meistererzählungen in den letzten Jahrzehnten besondere Bedeutung erreicht: *Revolution, Moderne* und *Nation*. Alle drei erheben Anspruch auf eine Gesamtdeutung, sind jedoch auch miteinander kombinierbar. Sie weisen darüber hinaus eine Reihe von Gemeinsamkeiten auf: Alle drei sind im europäischen Kontext entstanden und wurden auf China übertragen, wurden aber seit etwa 1900 auch von Chinesen als Deutungskategorien zunächst der eigenen Gegenwart, dann auch der chinesischen Geschichte verwendet. Alle drei müssen deshalb auch als Fragen verstanden werden, die Menschen in ihrer Gegenwart an die Vergangenheit richten, d. h. sie sind Mittel für das Verständnis von Geschichte, nicht der historische Prozess selbst. Problematisch ist dabei, dass sie sämtliche erfassten historischen Sachverhalte in einen linearen Ablauf einordnen und ihnen damit eine scheinbare Eindeutigkeit verleihen, die sich jedoch rasch als brüchig erweist. Auch Modifikationen, wie sie im Folgenden vorgestellt und im weiteren Verlauf des Buches berücksichtigt werden, wirken wiederum als neue Meistererzählungen. Gerade die Einsicht, dass diese ebenso unumgänglich wie unzulänglich sind, begründet die Erzählstrategie dieses Buches: durch das Nebeneinander verschiedener Meistererzählungen einen multiperspektivischen Zugang zu ermöglichen und dadurch Leerstellen der einzelnen Erzählungen zu füllen.

1.2.1 Revolution

Ursprünglich meint der chinesische Begriff *geming* den in der chinesischen politischen Kultur verankerten Wechsel der herrschenden Dynastie. In den Jahren nach 1900 erhielt er beinahe gleichzeitig zwei neue Bedeutungen: Einerseits bezeichnete er die radikale und gewaltsame Umwandlung der jahrhundertealten Monarchie in eine Republik und diente in dieser Bedeutung revolutionären Gruppierungen als Parole im politischen Kampf. Andererseits stand er am Beginn einer modernen chinesischen Geschichtswissenschaft, die sich nicht mehr an Zyklen von Herrscherdynastien orientierte. Unter Revolution verstand man nun nicht mehr allein den Herrschaftswechsel, sondern die Gesamtheit der strukturellen Veränderungen, die zu historischem Wandel beitrugen. Beide Bedeutungen ähnelten sich in ihrem Gehalt und unterschieden sich vor allem durch den Kontext, in dem sie artikuliert wurden. Beide waren Übernahmen aus dem Ausland, wurden aber in der gigantischen Umbruchphase, die man in China seit Ende des 19. Jahrhunderts wahrzunehmen glaubte, als angemessene Deutungen für das Verhältnis zwischen Vergangenheit, Gegenwart und Zukunft wahrgenommen.

Spätestens nachdem China im Jahre 1911 in einem raschen, gewaltsamen Umsturz tatsächlich eine Republik geworden war, begann der Revolutionsbegriff auch in Europa und Nordamerika seine Karriere als Deutungskategorie für die Veränderungen in China. Erklärungsbedürftig war in der Folgezeit vor allem das Scheitern der politisch-sozialen Stabilisierungsversuche unter verschiedenen aufeinander folgenden Regimes und die schließliche Durchsetzung der Kommunistischen Partei Chinas, die im Jahre 1949 zur Gründung der Volksrepublik führte. In dieser Auffassung erschien die chinesische Revolution als *Prozess*, die anderen langwierigen Umwälzungen wie der Französischen Revolution (1789-1799), der russischen (1899-1921) und der mexikanischen Revolution (1910-1940) an die Seite zu stellen ist, ja sie an Dauer noch übertraf. Damit wiesen die euro-amerikanischen Historiker zumindest Berührungspunkte mit ihren auf der Grundlage der marxistischen Geschichtstheorie arbeitenden chinesischen Kollegen auf. Diese übertrugen das Schema des historischen Materialismus auf die Verhältnisse Chinas und versuchten für das 19. und 20. Jahrhundert die Abfolge einer bürgerlich-kapitalistischen und einer sozialistischen Revolution nachzuweisen. Auch der westlichen historischen Chinaforschung ist die Vorstellung einer Serie von Revolutionen – einer republikanischen, einer nationalistischen und einer kommunistischen – nicht unvertraut. Ebenso wie die Historiker in der Volksrepublik China haben viele ihrer Kollegen in Europa und Nordamerika nicht der Versuchung widerstanden, die Machtübernahme der Kommunisten als logische Folge des historisch-revolutionären Prozesses und das Jahr 1949 als epochale Wegscheide zwischen einer alten und einer neuen Gesellschaftsordnung zu interpretieren.

Dieses Verständnis von Revolution als zentraler Deutungskategorie für die Geschichte Chinas seit 1800 wirft jedoch eine Reihe von Problemen auf. Die erste Schwierigkeit betrifft die Frage nach einer sinnvollen zeitlichen Eingrenzung. Die Annahme eines den gesamten Zeitraum von 1842 bis 1949 umspannenden „Jahrhunderts der chinesischen Revolution“ fällt im Wesentlichen mit dem Beginn und Ende des westlichen Imperialismus zusammen. Sie läuft damit Gefahr, den Einfluss des Auslandes auf die Entwicklung in China überzubewerten. Ohnehin erscheint es sinnvoller, den Beginn der Revolution erst mit dem Aufkommen der revolutionären politisch-gesellschaftlichen Kräfte anzusetzen, d. h. in den Jahren um 1900. Ebenso problematisch ist die Wahl des Jahres 1949 als Enddatum, da die radikale Umgestaltung der chinesischen Gesellschaft durch die Kommunisten erst in den 1950er Jahren erfolgte. Zudem führte die Forderung des Parteivorsitzenden Mao Zedong, die Revolution fortzusetzen, trotz mancher Widerstände innerhalb seiner eigenen Partei zu einer weiteren Radikalisierung, deren Höhepunkt die Frühphase der Kulturrevolution in den Jahren 1966-1969 bildete. Spätestens ab 1978 wurde in Politik und sozialer Entwicklung jedoch eine so deutliche Trendwende eingeleitet, dass man diese Periode nur noch unter größten Schwierigkeiten in einen revolutionären Ablauf einordnen kann. Selbst bei einer möglichst großzügigen Periodisierung wird man deshalb konstatieren müssen, dass die chinesische Revolution in der Entwicklung der vergangenen zwei Jahrhunderte nur einen Teilabschnitt darstellt und deshalb als Deutungskategorie für den gesamten Zeitraum untauglich geworden ist.

In der Periodisierungsproblematik scheint dabei eine Schwierigkeit auf, die sich auch hinsichtlich der revolutionären Periode im engeren Sinne zeigt, also der Jahre von etwa 1900 bis 1949 bzw. 1969. Während der Revolutionsbegriff im Allgemeinen die Vorstellung einer abrupten und radikalen, oft auch gewaltsam durchgeführten Umwälzung von Staat und Gesellschaft beinhaltet, schließt die Auffassung von Revolution als Prozess auch evolutionäre, friedliche und langfristig angelegte Veränderungen ein. Revolution wird dann zum Synonym für jede Art von Transformation. Ein derart breites Verständnis mündet jedoch in Beliebigkeit. Zudem ordnet es beispielsweise auch friedliche Proteste, die insbesondere zwischen 1915 und Ende der 1940er Jahre sehr verbreitet waren, ohne Rücksicht auf zeitgenössische Intentionen und Interpretationen umstandslos in das revolutionäre Schema ein.

Schließlich privilegiert die Standarderzählung der Revolution vor allem die Brüche im historischen Ablauf und vernachlässigt die Kontinuitäten. Mit Blick auf China muss man nicht die manchmal geäußerte Ansicht teilen, die verschiedenen politischen Herrschaftsformen oder zumindest die kommunistische Herrschaft seien lediglich eine Wiederkehr der kaiserlichen autokratischen Tradition. Dennoch ist das Verhältnis von Herrschaftswechsel und sozialem Wandel ambivalenter, als viele Darstellungen der Revolution erkennen lassen. Allen gesellschaftlichen Veränderungen zum Trotz war der Wechsel revolutionärer Regimes für weite Teile der Bevölkerung nicht eine „Befreiung" (*jiefang*), wie die Kommunistische Partei Chinas mit Blick auf ihre Machtübernahme 1949 behauptet, sondern nur die Ersetzung einer Form der Beherrschung durch eine andere.

Angesichts der Problematik, die die Meistererzählung von der Revolution aufwirft, hat man sich um die Entwicklung von Alternativen bemüht. So hat beispielsweise der amerikanische Historiker John Schrecker den Revolutionsbegriff mit Elementen der politisch-gesellschaftlichen Theorie des klassischen China aus den Jahrhunderten vor der Zeitenwende zu füllen versucht: Er legte seiner Darstellung der chinesischen Revolution den Wechsel zwischen Zentralisierung (*junxian*) und Dezentralisierung (*fengjian*) zu Grunde. Allerdings ist auch dieser Ansatz insofern irreführend, als diese Begrifflichkeit mit Ausnahme einer kurzen Periode zwischen 1900 und der Revolution von 1911 auch von den chinesischen Zeitgenossen weitgehend nicht mehr als angemessene Deutung ihrer Geschichte gesehen wurde.

Andere Autoren legen den Akzent auf den Wechsel der verschiedenen chinesischen Regimes und interpretieren diesen als Suche nach einer politischen Form oder, unter Einbeziehung der Bevölkerung, als Suche nach einer guten Regierungsform (*good governance*). In diesem Zusammenhang haben einige Studien die Verfassungsentwicklung als zentrales Problem der jüngeren Geschichte Chinas identifiziert. Daneben hat sich in der europäischen und nordamerikanischen Chinaforschung seit den frühen 1990er Jahren das Konzept der Zivilgesellschaft als Analyserahmen für die historische Entwicklung Chinas etabliert. Verantwortlich dafür waren sowohl innerchinesische als auch internationale Faktoren, nämlich die Niederschlagung der Demokratiebewegung in China 1989 einerseits und der Zusammenbruch des Sozialismus in Europa andererseits. Aber auch eine Vielzahl chinesischer Autoren hat sich dieses Konzept zu Eigen gemacht, wenn auch in der Regel unter marxistischen Vorzeichen. Besonders das zweite Konzept birgt die Gefahr einer neuen Teleologie, wenn die Zivilgesellschaft als unverrückbares Ziel der politisch-sozialen Entwicklung in China definiert wird. Dennoch bieten beide Konzepte eine interpretatorische Alternative zur Meistererzählung der Revolution, die sich für eine Betrachtung der chinesischen Geschichte seit 1800 sinnvoll nutzbar machen lässt.

Die vorliegende Einführung betrachtet den revolutionären Prozess aus zwei Perspektiven. Sie widmet sich erstens dem Wechsel politischer Herrschaft. Dabei interessiert sie sich weniger für die revolutionären Übergänge als für die ideologischen Legitimationen, die jeweiligen Versuche, Regeln für den politischen Prozess zu entwerfen, und die Kontinuität personeller Faktoren, die das jeweilige Regelwerk unterminierten. Zweitens untersucht sie das Verhältnis zwischen Herrschaft und Gesellschaft. Dabei werden in drei Schritten zunächst die Eigendynamik der Gesellschaft beleuchtet, anschließend der revolutionäre Prozess in den weiteren Kontext der staatlichen Kontrolle und Mobilisierung der Bevölkerung seit der späten Kaiserzeit eingebettet und schließlich die Entstehung einer (rudimentären) chinesischen Zivilgesellschaft im Kontext der chinesischen Protestkultur geschildert.

1.2.2 Modernisierung/Moderne

Das Konzept der Modernisierung begann seine Karriere in China lange, bevor dort der moderne Revolutionsbegriff Einzug hielt. Spätestens seit den 1860er Jahren verbreitete sich wenigstens bei einem Teil der politischen Führung die Überzeugung, sich die technischen Errungenschaften der westlichen Länder aneignen zu müssen, um die Machtmittel zur Überwindung des Imperialismus in die Hand zu bekommen. Seither haben unterschiedliche Regimes bis in die Gegenwart diese Idee aufgegriffen und, je nach ideologischem Kontext, als politische Leitvokabel eingesetzt, zuletzt zur Legitimation der 1978 eingeleiteten Reformpolitik (vgl. Kap. 5.1.1). Seit dieser Zeit bestimmt sie in China auch die wissenschaftliche Interpretation der Vergangenheit.

Für die westliche Chinaforschung wurde die Modernisierungstheorie seit den 1940er Jahren ein wichtiges Analyseinstrument. Es handelte sich dabei um eine dem Anspruch nach universal anwendbare sozialwissenschaftliche Großtheorie des umfassenden ökonomischen, gesellschaftlichen und kulturellen Wandels unter dem Einfluss von rationaler Wissenschaft und neuen Technologien. Dieser Wandel umfasste den Übergang von einer agrarischen zu einer industriellen Wirtschaftsordnung, ein nachhaltiges Wirtschaftswachstum, zunehmende Arbeitsteilung, eine breitere Einkommensverteilung, eine gestiegene Lebenserwartung, die Erweiterung von Bildungschancen durch ein allgemeines und verpflichtendes Erziehungssystem, eine zunehmende Rolle der staatlichen Verwaltung und die politische Partizipation der Massen.

Dabei kam der Theorie zufolge eine doppelte Sogwirkung zum Tragen: Innerhalb einer Gesellschaft, so hieß es, strahle die Modernisierung, sobald sie einmal irgendwo begonnen hatte, auf sämtliche Sektoren aus und verändere auch das Bewusstsein der Menschen. In internationaler Perspektive unterstellte man einen historischen Prozess, in dessen Rahmen die Modernisierung in einigen Ländern wie Großbritannien, den USA und Frankreich schon früh begann. Die anderen Staaten wurden dadurch teils freiwillig, teils unter Zwang (nicht zuletzt durch den Imperialismus) zu einer nachholenden Entwicklung gezwungen. Manche dieser Nachzügler wie Japan und Russland waren dabei recht erfolgreich und konnten rasch zu den Pionieren der Modernisierung aufschließen. Andere, darunter auch China, taten sich aufgrund sozialer und kultureller Barrieren dabei schwerer, so dass der Modernisierungsprozess hier später, dafür aber umso radikaler einsetzte und von schwerwiegenden sozialen Konflikten begleitet war. Auf diese Weise ließ sich auch ein Zusammenhang zwischen Modernisierung und Revolution herstellen: Revolutionär war der Wandlungsprozess in China und anderen Ländern wegen seiner enormen Schnelligkeit und den dadurch hervorgerufenen, geradezu traumatischen Folgen für die Bevölkerung. Zugleich begünstigten die wenig geordneten sozialen Verhältnisse das Entstehen revolutionärer Regimes, die wiederum als Träger von Modernisierungsanstrengungen fungierten. Unabhängig davon, auf welche Weise der Modernisierungsprozess zustande kam, stand für die frühen Modernisierungstheoretiker außer Frage, wie er enden würde. Mochte es viele Pfade in die Moderne geben, so trafen sie doch an einem gemeinsamen Zielpunkt zusammen: dem Entwicklungsstand der kapitalistisch-demokratischen Industriestaaten Westeuropas und Nordamerikas.

Die Anwendung dieser Theorie auf China wurde seit Mitte der 1980er Jahre innerhalb der historischen Chinaforschung einer systematischen Kritik unterzogen. Besonders zwei Ansätze stießen auf heftigen Widerspruch: Der erste war das sogenannte *impact-response*-Modell. Diesem Ansatz zufolge war China um 1850 in eine „Gleichgewichtsfalle auf hohem Niveau“ (die Formulierung stammt von Mark Elvin) geraten, d. h. es hatte trotz seiner enormen ökonomischen und kulturellen Leistungen einen Zustand der Stagnation erreicht, aus dem es sich nicht mehr aus eigener Kraft befreien konnte. Der historische Beitrag des Westens bestand darin, die einer Weiterentwicklung im Wege stehenden Barrieren mit den Mitteln imperialistischer Politik zu zertrümmern und Kräfte der kommerziellen und industriellen Entwicklung freizusetzen, die China den Anschluss an die westliche Moderne ermöglichten. Der Einbruch des Westens war damit nicht nur für die Weiterentwicklung Chinas unverzichtbar, sondern bestimmte auch ihre Richtung, während China auf die westliche Herausforderung lediglich reagierte. Eine solche Gleichsetzung von Modernisierung und Verwestlichung, die genuin chinesische Entwicklungspotentiale abstritt und die chinesische Geschichte seit etwa 1850 als in erster Linie fremdbestimmt interpretierte, wirkte jedoch auf Dauer unglaubhaft. Denn sie lief auf einen Eurozentrismus hinaus, der die Entwicklung Europas und Nordamerikas zum allein gültigen Maßstab für die chinesische Transformation erhob und diese nicht in ihrer Eigenständigkeit zu erfassen vermochte. Zudem haben neuere Studien – besonders von R. Bin Wong und Kenneth Pomeranz – gezeigt, dass China und der Westen sich seit der Frühen Neuzeit keineswegs völlig unterschiedlich, sondern (beispielsweise bei der landwirtschaftlichen Produktivitätssteigerung und der Kommerzialisierung des Handwerks) teilweise entlang ähnlicher Linien entwickelten. Die Entstehung des modernen Industriekapitalismus in Westeuropa und Nordamerika war demnach keine Konsequenz einer langfristigen Sonderentwicklung, sondern eher eines kurzfristigen Durchbruchs bei der Energienutzung durch den Einsatz von Kohle sowie der Mechanisierung durch Dampfkraft.

Arbeitete der *impact-response*-Ansatz mit dem Kontrast zwischen China und dem Westen, so stützte sich eine zweite Interpretation auf den Gegensatz zwischen Tradition und Moderne. Unter Tradition wird in der Modernisierungstheorie der vormoderne Zustand in seiner gesamten Komplexität verstanden, der im Prozess der Modernisierung überwunden wird. Tradition und Moderne sind dabei als gegensätzliche Zustände gedacht, wobei sich die Entwicklung vom ersten zum zweiten Zustand bewegt. Diese Entwicklung verläuft geradlinig und betrifft alle Bereiche des sozial-kulturellen Systems gleichermaßen. Die Vertreter des Tradition-Moderne-Ansatzes vertraten die Auffassung, China habe sich in den Jahrhunderten vor 1850 lediglich innerhalb eines von der Tradition des Konfuzianismus vorgegebenen Rahmens verändert. Im Einbruch des westlichen Imperialismus sahen sie eine Art Quantensprung, durch den die Entwicklung Chinas in völlig neue Bahnen gelenkt wurde. Allerdings leidet diese Deutung unter dem generellen Problem der Modernisierungstheorie: Sie kann nicht erklären, wie der Übergang von der Tradition zur Moderne zustande kommt, nicht zuletzt weil sie alle Brüche und Rückschläge ignoriert. Außerdem haben die Vertreter der Modernisierungstheorie gravierende Zweifel an ihrem oftmals emphatisch vorgetragenen Anspruch, ihre Begrifflichkeit sei rein wertneutral zu verstehen, nicht ausräumen können. Vielmehr scheint ihre Annahme einer linearen, evolutionären Entwicklung zu oft von einem normativ unterfütterten Fortschrittsoptimismus getragen.

Unter dem Eindruck der Kritik orientierte sich die Forschung Ende der 1980er Jahre an einem „chinazentrierten" Ansatz, der die Ausgangspunkte der chinesischen Transformation in China selbst verortete: Nach Möglichkeit sollte die Relevanz historischer Phänomene mit Hilfe chinesischer statt westlicher Kriterien bestimmt werden, wobei gleichzeitig regionale Differenzen und soziale Hierarchien Berücksichtigung finden sollten. Es zeigte sich jedoch, dass eine Geschichte Chinas allein unter Rückgriff auf einheimische Kategorien nicht zu schreiben ist, schon weil man auf bestimmte Begriffe wie „Staat", „Gesellschaft" und „Wirtschaft", die eine Vergleichbarkeit mit Phänomenen anderswo in der Welt voraussetzen, nicht verzichten wollte und will. Seit Mitte der 1990er Jahre sind daher wieder zahlreiche chinabezogene Studien erschienen, die sich zwar nicht mehr mit Modernisierung, wohl aber mit Moderne bzw. Modernität (das englisch Äquivalent lautet in beiden Fällen *modernity*) in China befassen. Die Begriffsverschiebung ist bedeutsam und verweist auf einen Wandel im Verständnis von Modernisierung und Moderne. Der enorme wirtschaftliche Aufschwung zahlreicher asiatischer Staaten, die sich bewusst von westlichen Gesellschaftsmodellen absetzten, trug wesentlich zu diesem Wandel bei. Es wurde nun deutlich, dass sich nicht nur die Entwicklungspfade in die Moderne, sondern auch deren Zielpunkte voneinander unterscheiden. Statt eines einheitlichen westlichen Zuschnitts nahm man nun das Bild einer vielfältigen globalen Moderne wahr, innerhalb dessen man die spezifisch chinesische Ausprägung verorten konnte. Dabei ergab sich freilich eine etwas einseitige Präferenz für die städtische Modernität, und nicht zufällig hat sich ein Großteil der Forschung auf die kosmopolitische Stadt Shanghai konzentriert, während der für das Verständnis der kommunistischen Revolution so bedeutsame ländliche Bereich nicht mehr dieselbe Aufmerksamkeit beanspruchen kann wie ehedem.

Eine Gesamtbewertung, wie sie in diesem Buch versucht wird, kann sich mit dieser einseitigen Ausrichtung nicht zufrieden geben. Sie kann jedoch insofern an die neueren Forschungstendenzen anknüpfen, als diese die Moderne nicht als geschlossenen, sondern in sich widersprüchlichen Prozess auffassen. Sie sucht bewusst nach dem sich wandelnden Verhältnis von Eigenem und Fremdem, nach dem Fortbestand des Alten in den neuen historischen Formationen, nach den unterschiedlichen räumlichen Strukturen und Geschwindigkeiten, in und mit denen sich der Wandlungsprozess vollzog, und auch nach dessen Schattenseiten.

1.2.3 Nation

Die Idee der Nation begann sich etwa gleichzeitig mit dem modernen Revolutionsbegriff, d. h. ab etwa 1900, als politisches Konzept in China zu verbreiten (vgl. Kap. 3.1.3). Ihre langfristige Wirkung in der historischen Forschung hat sie vor allem in der Auseinandersetzung mit dem Imperialismus entfaltet. Chinesische Historiker haben die unterschiedlichsten Formen antiimperialistischen Widerstands besonders seit den 1950er Jahren gerne als „patriotisch" (*aiguo*) klassifiziert, wobei Patriotismus eine weniger offensive Ersatzvokabel für die Loyalität zur chinesischen Nation darstellen soll.

In der europäischen und nordamerikanischen Chinaforschung hat die Untersuchung des chinesischen *nation building* eine weitere Perspektive auf die große Transformation Chinas im späten 19. und frühen 20. Jahrhundert geliefert. Dabei konzentrierte sich die Analyse zunächst auf einen fundamentalen Wandel im chinesischen Selbstverständnis vom Kulturalismus zum Nationalismus. Seit der Begründung des chinesischen Kaiserreichs im 3. Jahrhundert v. Chr. orientierte sich dieses Selbstverständnis, so die These, nicht am Staat oder einer wie immer begründeten nationalen Gemeinschaft, sondern an der chinesischen Kultur. Damit waren zwei weitere Überzeugungen verbunden: erstens die Annahme von der Überlegenheit der chinesischen Kultur über die sie umgebenden „Barbaren" und zweitens das Prinzip, dass der Herrscher auf der Grundlage der für universal gültig erklärten Normen des Konfuzianismus regieren müsse. In diesem „sinozentrischen" Weltbild war kein Platz für zwischenstaatlichen Wettbewerb, umgekehrt konnten sogar „barbarische" Völker China regieren, sofern die Herrscher sich an die chinesische Kultur anpassten. Erst durch die Desintegration des Kaiserreiches und den radikalen Wandel seines internationalen Umfeldes im 19. Jahrhundert erwies sich die chinesische Zivilisation als nicht mehr fähig, die Loyalität der Bevölkerung zu sichern. An ihre Stelle trat nunmehr die Nation. Bei der Entstehung des Nationalismus handelt es sich somit um eine grundlegende kulturelle Umwälzung, um ein revolutionäres und modernes Projekt.

Ähnlich wie beim Tradition-Moderne-Schema lässt sich auch bei der Kulturalismus-Nationalismus-These die allzu holzschnittartige Gegenüberstellung entgegengesetzter Konzepte kritisieren. Tatsächlich haben zahlreiche Nationalismusforscher diese These kritisiert und verfeinert, ohne allerdings die Meistererzählung von der Nation grundsätzlich in Frage zu stellen. Erst seit Mitte der 1990er Jahre wurden Alternativen aus zwei Richtungen angeboten: zum einen unter Rückgriff auf postmoderne, poststrukturalistische Theorien, zum zweiten mit Blick auf die Debatten um transnationale und globale Geschichte.

Für die erste Richtung zeichnet mit Blick auf China in erster Linie Prasenjit Duara verantwortlich. Duara wendet sich vor allem gegen die Idee des Nationalstaats als Produkt einer linearen, evolutionären Geschichte. Für ihn ist Nation lediglich ein Gelände, auf dem unterschiedliche Vorstellungen von Gruppenidentität miteinander konkurrieren. Das Neue am Nationalismus ist für ihn nicht der umfassende Anspruch einer Gruppe (hier der Nation) auf die Loyalität ihrer Mitglieder, sondern das Weltsystem der Nationalstaaten, das Produkt einer globalen institutionellen Revolution ist und die Nation als Ort der Geschichte vorläufig noch unersetzbar macht. Dennoch sind Nationen instabil, nicht zuletzt weil sie sich im Wettbewerb mit lokalen Bewusstseinsformen, aber auch mit transnationalen Visionen wie etwa dem in der Republikzeit auch in China verbreiteten Panasianismus befinden.

Andere Historiker haben Duaras Dekonstruktion der Nation nicht mit vollzogen, jedoch wie er jenseits der Erforschung von Nationalgeschichten neue Interpretationsmuster und Erzählungen zu finden versucht. Einen besonders fruchtbaren Ansatz hat vor einigen Jahren William Kirby entwickelt, als er die internationale Dimension in der Republikzeit (1911-1949) in den Blick nahm. Kirby geht dabei von der einfachen Feststellung aus, dass in dieser Periode sämtliche Bereiche der chinesischen Politik, Gesellschaft und Kultur ganz wesentlich von den auswärtigen Beziehungen des Landes geprägt waren. Dies ist kein Rückfall in das *impact-response*-Schema, weil Kirby nicht mehr danach fragt, ob die Wurzeln der chinesischen Transformation in China selbst oder im Westen lagen. Vielmehr legt er das Schwergewicht auf die *zwischen* beiden Seiten ablaufenden Prozesse von Konflikt und Kooperation. Über den von Kirby abgesteckten Zeitrahmen hinaus kann eine solche internationale bzw. globale Geschichte für weite Teile der chinesischen Geschichte im 19. und 20. Jahrhundert, ja womöglich auch noch für frühere Perioden geschrieben werden.

Die vorliegende Darstellung knüpft an beide Alternativentwürfe an. Dabei geht es nicht darum, die geschichtliche Wirkungsmächtigkeit des Nationalismus zu bestreiten. Es soll jedoch aufgezeigt werden, in welchem Maße sein Einfluss auf China in einem internationalen Rahmen stattfand. Nicht nur war der Nationalismus eine Reaktion auf die gewaltsame Einbindung Chinas in ein internationales imperialistisches Ordnungssystem, sondern zugleich musste sich das Land (auch symbolisch) als Nationalstaat konstituieren, um auf der internationalen Bühne erfolgreich agieren zu können. Zugleich werden aber auch transnationale Erklärungsmuster einbezogen: einerseits die globalen Migrationsprozesse, andererseits konkurrierende Nationalismen (etwa in Taiwan oder unter den nicht-han-chinesischen Ethnien der VR China), die beide die Grenzen der chinesischen Nationalstaatsidee deutlich erkennbar machen.

2. Epochen, Entwicklungen, Ereignisse: Die Geschichte Chinas seit 1800 im Überblick

Das folgende Kapitel bietet einen chronologischen Überblick über die chinesische Geschichte der beiden letzten Jahrhunderte. Es orientiert sich im Wesentlichen an den Periodisierungen, die sich in der europäischen und nordamerikanischen Geschichtswissenschaft einerseits, der chinesischen Geschichtswissenschaft andererseits eingebürgert haben und die sich nur geringfügig voneinander unterscheiden. Dabei werden vier Perioden in den Blick genommen: Auf eine Umbruchphase in den ersten vier Jahrzehnten des 19. Jahrhunderts folgen Destabilisierung und Untergang der Monarchie (1842-1911), die wechselvolle Entwicklung der Republik China (1912-1949) und die Volksrepublik (1949-heute).

2.1 Das Reich der Qing im Umbruch (1800-1842)

Bis vor wenigen Jahren begannen einführende Darstellungen zur neueren chinesischen Geschichte in China wie in Europa und Nordamerika fast durchweg mit dem ersten Opiumkrieg (1839-1842) als Beginn des westlichen Imperialismus in China. In der neueren westlichen Forschung hat man diese Periodisierung als eurozentrisch und für das historische Verstehen wenig hilfreich aufgegeben. Tatsächlich wurde die Entwicklung Chinas nicht allein durch den gewaltsamen Einbruch des Westens bestimmt, sondern in gleichem Maße auch durch Veränderungen, die sich in jener Übergangsperiode zwischen der Blüte der Qing-Dynastie im 18. Jahrhundert und dem Beginn ihres Niedergangs seit der Mitte des 19. Jahrhunderts verorten lassen. Die Jahrzehnte zwischen etwa 1800 und 1840 sahen eine Zunahme innerer und äußerer Spannungen, deren fatale Konsequenzen durch den Opiumkrieg nur offengelegt wurden.

Das 18. Jahrhundert war eine jener in der langen chinesischen Geschichte nicht besonders häufigen Epochen, in denen wirtschaftlicher Wohlstand, soziale Dynamik und außenpolitische Stärke zusammenfielen. Zu verdanken war diese Blüte einem fremdstämmigen Herrscherhaus, der aus dem Volk der Mandschu hervorgegangenen Qing-Dynastie. Als Beginn dieser Dynastie wird allgemein das Jahr 1644 angegeben, als sie die durch einen Bauernaufstand gestürzte Ming-Dynastie (1368-1644) ablöste. Doch wurde sie bereits 1636 ausgerufen und errang die Kontrolle über das chinesische Territorium in zwei Etappen: Bis 1644 wurden Nordchina erobert und der Süden drei verbündeten chinesischen Militärbefehlshabern als Regionalfürsten überlassen; ihr Aufstand gegen die Mandschu leitete 1673 die zweite Phase ein, die mit der Unterwerfung Südchinas und der Besetzung Taiwans 1683 endete. Unter der Herrschaft der drei Kaiser mit den Regierungsdevisen Kangxi (1662-1722), Yongzheng (1723-1735) und Qianlong (1736-1795) trat China in eine Phase der inneren Stabilität und äußeren Expansion ein.

Die Qing-Dynastie herrschte über ein multiethnisches und von regionaler Diversität gekennzeichnetes Staatswesen. Neben den Staatsvölkern im engeren Sinne – Mandschu, Mongolen und Han-Chinesen – gab es besonders in Südchina eine Vielzahl kleiner ethnischer Gruppen, und durch Eroberungen im 18. Jahrhundert brachten die mandschurischen Herrscher Tibet, die westmongolischen Dsungaren sowie einen beträchtlichen Teil der muslimischen Turkvölker Zentralasiens unter ihre Kontrolle und verdoppelten damit beinahe die geographische Ausdehnung ihres Herrschaftsbereichs. Aber auch die Han-Chinesen waren aufgrund der von unterschiedlichen klimatischen Zonen und Naturräumen geprägten Vielfalt der Lebensbedingungen sowie des bis hin zur gegenseitigen Unverständlichkeit reichenden Spektrums der gesprochenen Dialekte eine sehr heterogene, durch ausgeprägte regionale Identitäten gekennzeichnete Ethnie.

Angesichts dieser Vielfalt ruhte die Herrschaft der Qing-Dynastie, deren eigene ethnische Gruppe nicht mehr als zwei Prozent der Gesamtbevölkerung ihres Reiches ausmachte, auf zwei Säulen: Militär und Bürokratie. Noch vor der Eroberung Chinas hatten die Mandschu-Herrscher mit dem System der Acht Banner (*Ba qi*) eine effektive militärische Organisation geschaffen, die zunächst ausschließlich aus Mandschu-, später auch aus mongolischen und chinesischen Kontingenten zusammengesetzt war. Über die rein militärischen Funktionen hinaus bildeten die Banner einen sozialen und wirtschaftlichen Kosmos, in dem die männlichen Angehörigen mit Frauen und Kindern lebten. Dieser Organisation wurden später weitere chinesische Truppenteile an die Seite gestellt. Das zweite Element, die durch ein System staatlicher Prüfungen rekrutierte und durch die gemeinsame Schriftkultur zusammengehaltene Bürokratie, hatten die Qing von ihren chinesischen Vorgängerdynastien geerbt, aber charakteristische Veränderungen daran vorgenommen. Besonders auf den höheren Verwaltungsebenen dienten überproportional viele Mandschu, daneben auch Bannerchinesen; diese hatten ihre Posten nicht mit Hilfe der Staatsprüfungen erlangt, sondern entweder durch Beziehungen zum Herrscherhaus oder aufgrund militärischer Verdienste. Das bürokratische System umfasste Verwaltungseinheiten verschiedener Stufen von der Zentrale über die Provinz- bis hinab zur Kreisebene. Auf der lokalen Ebene unterhalb der Kreisverwaltungen war der Staat nicht unmittelbar präsent, sondern stützte sich auf eine Reihe von Kontrollinstrumenten, die mittels moralischer Belehrung und des Prinzips der Kollektivhaftung für Straftaten die politische und soziale Stabilität sichern sollten.

Das Verhältnis zwischen der mandschurischen Minderheit und der han-chinesischen Mehrheit, die rund 95 Prozent der Bevölkerung umfasste, war ambivalenter als lange Zeit angenommen. Zwar hatte sich besonders das Herrscherhaus stark sinisiert und inszenierte sich als Verteidiger und Förderer der chinesischen Kultur. Andererseits aber erhielt es auch die aus der angestammten mandschurischen Heimat mitgebrachten militärischen Traditionen aufrecht. Und in wenigstens einem Punkt hatte es die chinesische Bevölkerung rücksichtslos der mandschurischen Sitte unterworfen: Seit der Mitte des 17. Jahrhunderts waren alle Chinesen gezwungen, ihr Haar in einem langen geflochtenen Zopf zu tragen. Mit der Zeit allerdings wurde diese Haartracht ein derart integraler Bestandteil chinesischer kultureller Identität, dass ihre fremdethnische Herkunft völlig in Vergessenheit geriet und das sich in den Jahren nach 1900 als antimandschurische Geste zunehmend verbreitende Zopfabschneiden auf zahlreiche Proteste stieß.

In wirtschaftlicher Hinsicht bescherte die Qing-Herrschaft China im 18. Jahrhundert eine bemerkenswerte Wohlstandsperiode. Die Grundlage für die enorme Prosperität schuf die expandierende Landwirtschaft: Neue, aus Amerika importierte Feldfrüchte wie Süßkartoffeln, Mais und Erdnüsse halfen bei der Erschließung bisher brachliegenden Landes; Tabak, Baumwolle, Seide und Tee wurden für den Markt produziert und interregional gehandelt. Die drei Letztgenannten waren zusammen mit dem Porzellan die wichtigsten nach Europa exportierten Waren, die mit Silber bezahlt wurden und deshalb das begehrte Edelmetall in großen Mengen nach China strömen ließen. Generell schritt die Kommerzialisierung der Landwirtschaft voran. Land wurde zunehmend als Wirtschaftsgut betrachtet, Steuern und Pachtzinsen überwiegend in Geld und nicht mehr wie früher in Naturalien gezahlt und auch Grundnahrungsmittel für lokale Märkte produziert. Die Gründung einheimischer Banken und neuer fiskalischer Institutionen war eine Folge der Expansion des Fernhandels. Der Aufschwung von Landwirtschaft, Handel und Handwerk brachte dem Staatsschatz einen enormen Überschuss, der von 24 Millionen *liang* Silber im Jahre 1736 innerhalb von fünf Jahrzehnten auf mehr als das Dreifache anstieg. Der Qianlong-Kaiser setzte wegen der günstigen finanziellen Situation des Staates während seiner Herrschaft vier Mal die Erhebung der jährlichen Steuern aus. Vor diesem Hintergrund wirtschaftlichen Wohlstands erklärt sich die enorme Bevölkerungszunahme auf über 300 Millionen um 1800. Niemals war in der vorindustriellen Zeit eine größere Bevölkerung unter einer zentralen Herrschaft vereinigt; in China lebten mehr als siebenmal so viele Menschen wie in Russland, zehnmal mehr als in Japan und 30 Mal mehr als in England. In der gleichen Zeit verdoppelte sich die landwirtschaftliche Anbaufläche.

Dieser wirtschaftliche Aufschwung des Qing-Reiches wurde von einer machtpolitischen Expansion begleitet. Schon zu Beginn der mandschurischen Expansion hatte sich ein Teil der Mongolen in der heutigen Inneren Mongolei der Qing-Dynastie angeschlossen. Ende des 17. Jahrhunderts unterwarfen sich im Zuge innermongolischer Auseinandersetzungen die nordmongolischen Qalqa freiwillig den Qing, während ihre Gegner, die westmongolischen Dsungaren, in einer Reihe militärischer Kampagnen zwischen 1690 und 1760 niedergerungen wurden. Im Rahmen der letzten Dsungarenfeldzüge wurden auch die Muslime Ostturkestans, des heutigen Xinjiang, unterworfen. Seit etwa 1720 brachten die Qing-Herrscher auch Tibet unter Kontrolle und reduzierten es mehr und mehr auf den Status eines Protektorats. China erreichte so um 1770 die größte geographische Ausdehnung seiner Geschichte.

Zudem war China seit jeher der symbolische Mittelpunkt des ostasiatischen Staatensystems. Zu einer Reihe benachbarter Länder – Korea, den japanisch besiedelten Ryūkyū- (chinesisch Liuqiu-) Inseln sowie den Königreichen Südostasiens – bestand ein mehr oder weniger enges Tributverhältnis. Diese Staaten schickten in regelmäßigen Abständen Tributgesandtschaften, die die Oberhoheit des chinesischen Kaisers zeremoniell durch den Vollzug des Kotau (*ketou* oder *koutou*) anerkannten, der dreimaligen Verneigung mit je dreimaligem Stirnaufschlag auf den Boden. Anders lag der Fall bei Vietnam und Japan: Beide sahen China als kulturelles Modell an (was im Falle Vietnams bis hin zur exakten Kopie des Verwaltungssystems reichte), insistierten aber mit Erfolg auf ihrer politischen Eigenständigkeit.

Während in der Theorie sämtliche Außenbeziehungen des Qing-Chinas tributärer Natur waren, verfolgte die kaiserliche Regierung in der Praxis eine flexiblere Politik. Dies galt besonders für die expandierenden europäischen Länder und ihre Angehörigen, mit denen China seit dem 16. Jahrhundert in immer größerem Maße in Berührung kam. Dies waren zunächst portugiesische, später vor allem holländische und englische Seefahrer, Diplomaten und Kaufleute. Daneben spielten katholische Missionare, allen voran die aus mehreren europäischen Ländern rekrutierten Jesuiten, eine wichtige Rolle als Übermittler westlicher Wissenschaft und Kultur. Gerade sie aber bekamen besonders früh und nachhaltig zu spüren, dass das Qing-Reich in dieser Phase mächtig genug war, um seine Außenbeziehungen unter eigener Kontrolle zu behalten. Als der Vatikan im Zuge des sogenannten „Ritenstreits“ die Verwendung des aus den chinesischen klassischen Schriften abgeleiteten Gottesnamens *Shangdi* und besonders die aus Gründen der Staatsraison gewünschte Beteiligung chinesischer Christen am Ahnenritual untersagte, ließ der Yongzheng-Kaiser 1725 die Missionare ausweisen. Eine bezeichnende Ausnahme wurde lediglich für diejenigen gemacht, die als Wissenschaftler und Künstler am kaiserlichen Hof wirkten.

Für den Außenhandel mit Europa und den USA wurde nach mehreren Jahrzehnten einer relativ liberalen Praxis ein klar umschriebenes System geschaffen, das den Handel mit Europa auf den Hafen von Guangzhou (Kanton) beschränkte und die europäischen Kaufleute zwang, ihre Geschäfte mit einer Reihe staatlich zugelassener chinesischer Handelsfirmen abzuschließen. Klagen der Kaufleute über die von China auferlegten Beschränkungen führten zu diplomatischen Versuchen, eine Öffnung des Handels zu erreichen. Um 1800 tat sich dabei besonders Großbritannien hervor. Aber der 1793 in Peking eingetroffenen Gesandtschaft unter Lord Macartney war trotz der zeremoniellen Höflichkeit des Empfangs kein Erfolg beschieden. 1816 ließen die Chinesen einen weiteren Vorstoß unter Lord Amherst noch weit kühler abblitzen. Anders gestaltete sich das Verhältnis des nach Westen expandierenden Qing-Reiches zum sich in umgekehrter Richtung ausdehnenden Russland. 1689 legten beide Staaten im Vertrag von Nerčinsk als gleichberechtigte

Partner eine gemeinsame Grenze fest und vereinbarten 1727 im Vertrag von Kjachta regelmäßige Handelskontakte.

Allerdings ließen sich bereits in den Jahren vor 1800 deutliche Anzeichen einer nachlassenden politisch-sozialen Stabilität erkennen. Während die Regierung in den letzten Jahren der Qianlong-Ära in Korruption versank, wurde sie gleichzeitig durch Unruhen und Aufstände herausgefordert. Die Erhebung im Zeichen der buddhistisch inspirierten Weißen-Lotos-Lehre (*Bailianjiao*), die acht Jahre dauerte (1796-1804), war nur die Spitze des Eisberges. Ihre Niederschlagung riss tiefe Löcher in eine Staatskasse, die bereits durch die Feldzüge in der Regierungszeit Qianlongs geleert worden war, so dass nunmehr ein Defizit herrschte, wo zuvor ein Überschuss bestanden hatte. Eine weitere größere Rebellion folgte bereits 1813/14. Ökologische Krisen wie die Verlagerung des Huanghe Mitte der 1820er Jahre und eine Reihe weiterer Flut- sowie Dürrekatastrophen und daraus resultierende Hungersnöte zu Beginn des folgenden Jahrzehnts trugen zur weiteren politisch-sozialen Destabilisierung des Reiches bei.

Zu dieser zunehmenden Krise des Staates im Inneren trat in den ersten Jahrzehnten des 19. Jahrhunderts die Bedrohung von außen. Das „Kanton-System" war für China profitabel gewesen, solange die europäischen Kaufleute die chinesischen Luxuswaren, unter denen Tee an erster Stelle stand, nicht mit Fertigwaren, sondern mit Silber bezahlen mussten. Dies änderte sich erst, als seit dem letzten Viertel des 18. Jahrhunderts die britische East India Company (EIC), die sich überwiegend privater Zwischenhändler bediente, sowie amerikanische Kaufleute Ende des 18. Jahrhunderts damit begannen, Opium aus Indien bzw. der Türkei nach China zu importieren. Zwischen 1800 und 1838 verzehnfachte sich der Umfang der Opiumeinfuhr, wobei es allein in den Jahren seit 1833, als das der EIC 60 Jahre zuvor gewährte Monopol auf den Chinahandel gefallen war und nur noch Privathändler das Geschäft machten, zu einer Steigerung von rund 20.000 auf etwa 40.000 Kisten pro Jahr kam. Das Reich der Qing sah sich daher einer Reihe von Problemen gegenüber: Zweifellos spielte die Sorge um die physischen und psychischen Effekte des Drogenkonsums bei den Verantwortlichen eine ähnliche Rolle wie in der Drogenpolitik westlicher Staaten heutzutage. Nachdem der Handel mit Opium 1821 für illegal erklärt worden war, wurde er jedoch als Schmuggel fortgesetzt. Die dafür notwendige Kollaboration korrupter chinesischer Beamter stellte nicht nur ein moralisches Problem dar, sondern verhinderte insbesondere eine effektive Umsetzung des Verbots. Vor allem aber dürfte der Opiumhandel die von den Europäern intendierten fiskalischen Folgen noch weit übertroffen haben. Denn da es nun die Chinesen waren, die das eingeführte Opium mit Silber bezahlen mussten, verschärfte sich eine bereits existierende Silberknappheit, die durch eine Wertsteigerung dieses Edelmetalls gegenüber dem Kupfergeld entstanden war. Damit erhöhte sich der Steuerdruck, da Steuern in Silber zu entrichten waren.

Die kaiserliche Regierung war sich hinsichtlich des Vorgehens zunächst nicht einig. Einflussreiche Stimmen sprachen sich dafür aus, die Kontrolle über den Opiumhandel durch die Legalisierung der Droge zu gewinnen. Mitte der 1830er Jahre aber siegten die Befürworter eines strikten Verbots. 1839 entsandte der Daoguang-Kaiser den hochrangigen Beamten Lin Zexu nach Guangzhou, um gegen den Opiumhandel vorzugehen. Lin schritt nicht nur energisch gegen die chinesischen Verbraucher und Händler ein, sondern zwang auch die europäischen und nordamerikanischen Kaufleute durch eine sechswöchige Belagerung zur Herausgabe ihrer Opiumvorräte. Diese wurden in einer groß angelegten Aktion vernichtet.

Als die Nachricht von diesen Vorgängen London erreichte, konzentrierte sich die Debatte auf Lins Vorgehen gegen die britischen Händler, nicht um die mit dem Opiumhandel verbundenen moralischen Fragen. Die britische Regierung erklärte China schließlich den Krieg. In diesem Ersten Opiumkrieg (1839-1842) zeigten sich die Qing-Truppen bei aller Tapferkeit dem technisch überlegenen britischen Gegner nicht gewachsen. Am 29. August 1842 wurde in Nanjing ein Friedensvertrag unterzeichnet. China musste die Insel Hongkong an Großbritannien abtreten und fünf Hafenstädte als sogenannte Vertragshäfen (*treaty ports*) für den Freihandel öffnen. Außerdem durfte Großbritannien in China konsularische Vertreter stationieren. Schließlich sollten die chinesischen Zölle auf britische Waren in einem Zolltarif festgelegt werden; dieser fixierte die Importzölle zunächst auf fünf Prozent des Warenwertes. Damit war die Grundlage für rund ein Jahrhundert imperialistischer Aggression mit all ihren Folgen gelegt.

2.2 Die späte Qing-Zeit bis zum Ende der Monarchie (1842-1911)

Die Periode zwischen der Unterzeichnung des Vertrags von Nanjing 1842 und dem Sturz der Monarchie 1911 ist von dem Bemühen der Qing-Dynastie gekennzeichnet, ihre Herrschaft und den Bestand des politisch-sozialen Systems gegen ihre Gegner aus dem Ausland wie unter ihren eigenen Untertanen zu verteidigen. Immer wieder nahmen Herrscher und Staatsführung nach verheerenden Niederlagen Anläufe zu einem zunehmend radikalen politischen, wirtschaftlichen und kulturellen Umbau. Paradoxerweise trug ausgerechnet der 1901 eingeleitete letzte, erfolgversprechende Versuch ganz wesentlich zum Sturz der Dynastie bei.

Während der Vertrag von Nanjing uns heute als ein epochaler Einschnitt erscheint, war dies für die Zeitgenossen, besonders auf chinesischer Seite, weit weniger klar. Zwar beeilten sich die USA und Frankreich 1844, ihrerseits Verträge nach dem gleichen Muster abzuschließen. Als eine weniger auf den Handel fokussierte Nation bemühte sich Frankreich besonders um die Förderung der (katholischen) Mission und erwirkte vom chinesischen Kaiser erste Toleranzedikte zugunsten der chinesischen Christen.

Erst der sogenannte Zweite Opiumkrieg (1856-1860) gegen die verbündeten Mächte Großbritannien und Frankreich jedoch machte den Chinesen deutlich, dass

Abb. 4: Britischer Angriff auf Nanjing in einer zeitgenössischen chinesischen Darstellung. Betont werden die Überlegenheit der britischen Kanonen und die Verängstigung der fliehenden Bevölkerung.

ein Widerstand gegen die ausländische Aggression mit den überkommenen Mitteln keine Aussicht auf Erfolg hatte. Die eindeutige militärische Niederlage war umso demütigender, als ein Expeditionskorps 1860 Peking einnahm und den Sommerpalast Yuanmingyuan so rücksichtslos zerstörte, dass er nur in verkleinerter Form wieder aufgebaut werden konnte. Zwei Serien von Verträgen, 1858 in Tianjin und 1860 in Peking geschlossen, setzten den Schlussstein zu einem *informal empire*, in dessen Rahmen China, obwohl nominell nicht kolonisiert, dennoch gravierende Einschränkungen seiner Souveränität hinnehmen musste. Zu ihren Bestimmungen gehörte die Einrichtung ausländischer diplomatischer Vertretungen in Peking, die Öffnung von elf weiteren Vertragshäfen, von denen sich einige im Landesinneren am Lauf des weithin schiffbaren Yangzi befanden, ferner die Reisefreiheit für alle Ausländer im gesamten Land. Als besonders gravierend erwies sich das Recht der Exterritorialität und Konsulargerichtsbarkeit, dem zufolge die westlichen Ausländer nicht mehr der chinesischen Rechtsprechung unterstanden, sondern nur noch derjenigen ihres Heimatlandes, ausgeübt durch dessen konsularische Vertreter. Zudem erhielten katholische Missionare das Recht, im Landesinneren tätig zu werden und dort Grundbesitz zu erwerben. Dieses Recht wurde 1881 auf die Protestanten ausgedehnt. Schließlich sicherten sich die vertragschließenden Staaten durch die Meistbegünstigungsklausel alle diejenigen Rechte, die China zukünftig einer anderen Macht gewähren würde. Einer der ersten Staaten, die sich nach dem Pekinger Vertragsschluss in den Kreis der imperialistischen Vertragsmächte einreihten, war Preußen, das 1861 im Namen 22 weiterer deutscher Staaten einen Vertrag mit China schloss. Da diese Verträge China so einseitig benachteiligten, kam für sie um 1920 der Begriff „ungleiche Verträge“ (*bu pingdeng tiaoyue*) auf.

Zu dieser äußeren Einschränkung der Souveränität kam eine innere Autoritätskrise des Staates, der von zahlreichen Rebellionen offen herausgefordert wurde. Die bekannteste und in ihrer Wirkung nachhaltigste war die Taiping-Rebellion (1851-1864). Ihr charismatischer Führer und späterer Himmlischer König (*Tianwang*) Hong Xiuquan hatte nach seinem Scheitern bei den Staatsprüfungen eine Vision, die er nachträglich mit Hilfe christlicher Schriften interpretierte. Nach dieser Deutung war er der jüngere Bruder Jesu und hatte vom Himmlischen Vater, dem er den auch von den Protestanten in China benutzten Gottesnamen *Shangdi* gab, den Auftrag zur Säuberung Chinas von Dämonen aller Art und besonders vom Konfuzianismus erhalten. 1847 übernahm er die Leitung der von einem seiner Weggefährten gegründeten Gesellschaft der Gottanbeter (*Bai Shangdi Hui*) in den Bergen von Guangxi. Zu den Anhängern dieser Gesellschaft gehörten vor allem Angehörige der Hakka, einer südchinesischen Dialektgruppe, sowie von nicht-hanchinesischen Ethnien. Spannungen mit Angehörigen der Punti (Kantonesen), einer gleichfalls in Südchina ansässigen Dialektgruppe, führten zu Konflikten und schließlich zum Einschreiten von Regierungstruppen.

In dieser Situation definierten Hong und seine Anhänger ihre Ziele neu und riefen ein Großes Reich des Himmlischen Friedens (*Taiping Tianguo*) aus. Mit diesem Schritt forderten sie die Qing-Herrschaft offen heraus. Auf ihrem Marsch nordwärts schlugen sie mehrfach die Regierungstruppen und erhoben 1853 das von ihnen eroberte Nanjing zu ihrer Hauptstadt. Hier machten sie sich an die Verwirklichung einer sozialen Utopie, die eine radikale Militarisierung der Gesellschaft, die Verbesserung des Status der Frau bei gleichzeitiger konsequenter Trennung der Geschlechter, eine Landreform sowie das absolute Verbot von Opium, Tanz, Alkohol und Prostitution beinhaltete. Obwohl die Taiping-Regierung auf ihrem Höhepunkt ein großes Gebiet in Mittel- und Ostchina kontrollierte, gelang es ihr in Folge der ständig wechselnden militärischen Lage nicht, ihre Herrschaft zu konsolidieren.

Zudem krankte die Bewegung ebenso an innerer Schwäche wie an mangelnder Unterstützung von außen. Seit Mitte der 1850er Jahre waren die höchsten Führer bzw. „Könige“ der Taiping-Bewegung in einen tödlichen Machtkampf verstrickt, der sich lähmend auf die militärischen Operationen auswirkte. Eine Besserung stellte sich ein, als 1859 ein Verwandter des Himmlischen Königs, Hong Ren’gan, unter dem Titel Schildkönig (*Ganwang*) an die Spitze der Regierung gestellt wurde. Hong Ren’gan reorganisierte das politische System und strebte die Schaffung einer neuen ökonomischen Basis an, u. a. durch den Bau von Straßen, Eisenbahnen und Dampfschiffen, die Förderung des Bergbaus, die Gründung von Banken und die Errichtung eines Postsystems. Trotz aller Bemühungen gelang es ihm jedoch nicht, die Unterstützung der ausländischen Mächte zu erhalten. Mit verantwortlich dafür waren kulturelle Differenzen: Während die Ausländer eine Anpassung der in ihren

Augen häretischen Taiping-Religion an das europäische Christentum erwarteten, insistierte besonders Hong Xiuquan auf der Authentizität seiner religiösen Vorstellungen. Vor allem aber lag eine Unterstützung der Taiping-Bewegung überhaupt nicht im Interesse der imperialistischen Mächte: Während die Taiping-Regierung in Nanjing mit dem Anspruch der Gleichberechtigung auftrat, schien die nach ihrer Niederlage im Zweiten Opiumkrieg kompromissbereite und willfährige Qing-Regierung sehr viel bessere Gewähr für die Durchsetzung der ausländischen Interessen zu bieten.

In der Zwischenzeit war der Qing-Hof zum Gegenangriff übergegangen. Nach den Niederlagen der ersten Jahre übertrug die Pekinger Regierung die militärische Unterdrückung der Taiping-Bewegung hochrangigen Beamten, die in ihren Heimatprovinzen neue und ihnen persönlich ergebene Armeen aufstellten. Diese motivierten und gut geführten Truppen erwiesen sich den bislang zur Verfügung stehenden militärischen Kräften als überlegen. Ihre Befehlshaber Zeng Guofan, Zuo Zongtang und Li Hongzhang verdankten ihren militärischen Erfolgen eine jahrzehntelange Führungsstellung in der chinesischen Politik. Auf diese Weise verlagerte sich zugleich das politische Schwergewicht für einige Jahrzehnte von der Zentralregierung in die Provinzen. Mit der Eroberung der Taiping-Hauptstadt Nanjing im Jahre 1864 wurde der Anfang vom Ende der Bewegung eingeläutet, deren Reste in den Folgejahren blutig unterdrückt wurden.

Parallel zu diesem verlustreichen Krieg hatte die Qing-Regierung weitere Aufstände zu bekämpfen: die primär durch die Verarmung weiter Teile der Bevölkerung ausgelöste Nian-Rebellion in Nordchina (1851-1868) sowie zwei Erhebungen von Muslimen in den Provinzen Yunnan im Südwesten (1855-1873) sowie Shaanxi und Gansu im Nordwesten (1862-1867). Auch die muslimischen Bewohner Ostturkestans erhoben sich unter einem Fürsten namens Ya'qūb Beg (ca. 1820-1877), der zwischen 1865 und 1877 als Emir von Kashgar herrschte und dort die osmanische Flagge wehen ließ. Alle Rebellionen wurden unter der Führung von Zeng Guofan, Zuo Zongtang oder Li Hongzhang niedergeschlagen. Ergebnis all dieser gigantischen Bürgerkriege war die Verwüstung weiter Teile Chinas durch die Kampfhandlungen sowie durch die blutige Rache der Sieger. Allein der Krieg gegen die Taiping kostete mehr als 20 Millionen Menschen das Leben.

Zentralregierung und Provinzgouverneure reagierten auf die durch die Rebellionen und ihre Niederschlagung angerichteten Verwüstungen mit einem umfassenden moralischen, administrativen und wirtschaftlichen Regenerationsversuch. Dieser ist nach der Regierungsdevise des von 1862 bis 1875 herrschenden Kaisers als Tongzhi-Restauration bekannt geworden. Als erster der drei letzten Kaiser Chinas gelangte der Tongzhi-Kaiser bereits als Minderjähriger durch die Unterstützung seiner Mutter, der Kaiserinwitwe Cixi, auf den Thron. Cixi entwickelte sich in den folgenden Jahrzehnten zu einer zentralen Figur im politischen Leben des Reiches, balancierte jedoch zunächst zwischen Reformern und Konservativen am Hof.

Die Reformen der Tongzhi-Ära umfassten ein ganzes Bündel unterschiedlicher Maßnahmen: Ihre Architekten bemühten sich um die Wiederbesiedlung der verwüsteten Landstriche und eine effektive Steuereintreibung. Unter dem Stichwort der Selbststärkung (*ziqiang*) initiierte eine Reihe von Provinzgouverneuren eine Serie weitreichender Reformen. Angesichts der demütigenden Niederlagen richteten sie ihr Augenmerk zunächst auf das Militär, rüsteten Teile der Armee nach westlichem Vorbild aus und ließen sie teilweise auch von ausländischen Offizieren ausbilden. Moderne Waffentechnologie wurde nicht ausschließlich importiert, sondern in neu gegründeten Rüstungsbetrieben produziert, um die für die Truppen nötigen Waffen und die dazugehörige Munition in China selbst herstellen zu können. Diesen Betrieben wurden wiederum eigene Ausbildungsstätten angegliedert, an denen moderne westliche Naturwissenschaft gelehrt wurde, und sie lieferten auch das Vorbild zur Gründung ziviler Industrieunternehmen. Während institutionelle Reformen im Wesentlichen nicht über die Gründung von als Büros bezeichneten *ad-hoc*-Behörden hinauskamen, wurde zur Regelung der außenpolitischen Beziehungen eine neue Behörde mit dem etwas umständlichen Namen Amt für allgemeine Verwaltung der Angelegenheiten der verschiedenen Staaten (*Zongli Ge Guo Shiwu Yamen*, kurz *Zongli Yamen*) eingerichtet. Ziel der Reformen war somit nicht nur der innere Wiederaufbau des Reiches, sondern auch seine Stärkung gegenüber den imperialistischen Mächten.

Obwohl sich die chinesische Regierung nach 1860 im Wesentlichen zur Erfüllung der „ungleichen Verträge“ bereit zeigte, setzten sich die Pressionen der westlichen Mächte weiter fort. Wenigen vorzeigbaren Erfolgen der chinesischen Diplomatie, wie der Räumung des Ili-Tals in Ostturkestan nach zehnjähriger russischer Besetzung 1881, stand die allmähliche Erosion des Tributgürtels gegenüber. 1879 verleibte Japan die Ryūkyū-Inseln als Präfektur Okinawa seinem Staatsgebiet ein, 1885 musste China die französische Herrschaft über Vietnam nach zweijährigem Krieg anerkennen, und 1894/95 fügte wiederum Japan dem Reich der Mitte zu Land und zur See eine demütigende Niederlage zu, welche die chinesische Tributhoheit über Korea beendete und dieses Land zunächst zu einem japanischen Protektorat und seit 1910 zu einer Kolonie Japans machte.

Die Kriegsniederlage von 1895 gegen einen Nachbarstaat, der wie China von den westlichen Mächten „ungleichen Verträgen“ unterworfen worden war, aber mit dem Beginn der Meiji-Restauration 1868 ein umfassendes Programm zur politischen, militärischen, wirtschaftlichen, sozialen und kulturellen Umgestaltung eingeleitet hatte, zeitigte eine Reihe weitreichender Folgen. Zwar konnten die territorialen Forderungen Japans in der Mandschurei durch den Einspruch des sogenannten Ostasiatischen Dreibundes aus Frankreich, Russland und dem Deutschen Reich abgewehrt werden, doch musste China die Insel Taiwan an den militärischen Sieger abtreten. Die europäischen Großmächte suchten nun ihrerseits aus der Schwäche Chinas Kapital zu schlagen. Den Anfang machte das Deutsche Reich, als es im Herbst 1897 in einem Handstreich die Jiaozhou-Bucht besetzte, von China auf 99 Jahre pachtete und die Stadt Qingdao (Tsingtau) als Flottenstützpunkt, wirtschaftliches und kulturelles Zentrum gründete. Dem deutschen Beispiel folgend, erzwangen auch andere Staaten im *scramble for concessions* von China die Überlassung von Pachtgebieten: Russland sicherte sich Lüshun (Port Arthur) und

Dalian an der Südspitze der Liaodong-Halbinsel in der Mandschurei auf 25 Jahre, Großbritannien pachtete Weihaiwei (Shandong) für die gleiche Dauer und die nördlich an Hongkong angrenzenden New Territories für 99 Jahre; Frankreich schließlich erhielt Guangzhouwan (Guangdong).

Über den Erwerb von Stützpunkten hinaus ließen sich die Mächte von China Gebiete als sogenannte Interessensphären zusprechen, die ohne ihre Zustimmung nicht veräußert werden durften: Japan die Provinz Fujian, Frankreich die Südprovinzen Yunnan, Guangxi und Guangdong, das Deutsche Reich Shandong; das Einzugsgebiet des Yangzi wurde als unter britischem Einfluss stehend anerkannt. Das Interesse an solchen Einflusszonen war motiviert durch den Übergang vom Chinahandel zu anderen Formen wirtschaftlicher Durchdringung wie dem Erwerb von Bergbaurechten, von Konzessionen für den Bau von Eisenbahnen sowie der Bereitstellung von Krediten für China. Für eine Weile schien den Zeitgenossen die Aufteilung des Qing-Reiches unter die imperialistischen Mächte greifbar nahe. Falls diese Gefahr tatsächlich bestanden haben sollte, so wurde sie schließlich durch die USA gebannt: 1899 ließ sich der amerikanische Außenminister John Hay mittels der *open door*-Note von den Regierungen der in China interessierten Staaten zusichern, dass der gleichberechtigte Zugang von Angehörigen aller Nationen zum chinesischen Markt nicht beeinträchtigt werden solle.

Was China selbst betraf, so diskreditierte die verheerende Niederlage von 1894/95 die Verfechter der Selbststärkungsbewegung (*ziqiang yundong*, auch *yangwu yundong*), da sie die enormen Schwächen der chinesischen Kampfkraft und Organisation offenbarte. Das Aufbauwerk von mehr als 30 Jahren schien in kürzester Frist zunichte gemacht, und die bisherigen Methoden waren fragwürdig geworden. Ein neuer Versuch, dessen geistiger Vater der Reformkonfuzianer Kang Youwei war, wurde mit Unterstützung des jungen Guangxu-Kaisers im Sommer 1898 unternommen. Unter dem Einfluss Kangs und seiner Schüler setzte der Kaiser die sogenannte Reform der hundert Tage in Gang. Ihren Kern bildeten die Modernisierung des Systems der Beamtenprüfungen und der Aufbau eines modernen Erziehungswesens sowie eine Verschlankung der Bürokratie durch die Abschaffung überflüssiger Posten. Möglicherweise hatten der Kaiser und seine Ratgeber auch eine weiter reichende Umgestaltung des politischen Systems im Auge; jedenfalls dehnte ein Edikt das Recht, Eingaben an den Kaiser zu richten, von der hohen Beamtenschaft auf alle Untertanen aus.

Die Reformer stießen jedoch rasch auf den Widerstand der Konservativen um die Kaiserinwitwe Cixi. Diese wurden teilweise von der Ablehnung der Neuerungen getrieben. Insbesondere wandten sie sich gegen die Abschaffung der Staatsprüfungen, da diese die kulturelle und soziale Grundlage der literarischen Elite unterminiert hätte. Gleichzeitig aber sahen auch sie ihre persönliche Macht und ihren Einflusses am Kaiserhof bedroht. Im Zuge eines von Cixi inszenierten Staatsstreichs stellte man den Kaiser bis zu seinem Tode 1908 unter Hausarrest. Sechs Reformer wurden verhaftet und hingerichtet, während Kang Youwei ins Ausland flüchten konnte. Ausschlaggebend für den Erfolg von Cixis Coup war die Weigerung des in Tianjin stationierten Befehlshabers Yuan Shikai, den bedrängten Reformern zu Hilfe zu eilen.

Der zunehmend aggressive Imperialismus und die Niederschlagung der Reform von 1898 waren zwei wichtige Faktoren, die eine der größten Katastrophen der neueren chinesischen Geschichte mit beeinflussten: die Boxerbewegung (*Yihetuan yundong*) von 1900. Die Boxerbewegung entstand in den späten 1890er Jahren in der nordchinesischen Provinz Shandong vor dem Hintergrund akuter Naturkatastrophen. Ihre Anhänger erblickten jedoch in der Präsenz der Ausländer, besonders der Missionare, den eigentlichen Grund für ihre Misere und zogen den Schluss, dass sie vernichtet werden müssten, um den Frieden des Reiches wiederherzustellen. Unter der Parole „Unterstützt die Qing, vernichtet die Fremden" (*fu Qing mie yang*) wurden rund 250 Ausländer (vor allem Missionare) und tausende, vielleicht mehrere zehntausend chinesische Christen getötet. Nachdem die chinesische Regierung die Boxer zunächst bekämpft hatte, sah sie sich durch die militärischen Schritte, welche die Großmächte zum Schutz ihrer in China lebenden Staatsangehörigen unternahmen, zum Umdenken veranlasst und begann die Boxer (chinesisch *Yihetuan*, svw. „in Rechtschaffenheit vereinigte Milizen") als Instrument zur Vertreibung der Ausländer zu nutzen. Der Konflikt eskalierte schließlich in einem offenen, wenn auch im Wesentlichen auf die nordchinesische Provinz Zhili beschränkten Krieg. Truppen aus sechs europäischen Staaten sowie den USA und Japan befreiten zunächst die ausländische Konzession in Tianjin und das Gesandtschaftsviertel in Peking, die von Boxern und chinesischen Soldaten belagert wurden, und führten im Anschluss Strafexpeditionen gegen die Boxer durch. Anfang September 1901 musste die chinesische Regierung das demütigende Boxerprotokoll unterzeichnen, das China nicht nur eine Entschädigungszahlung von umgerechnet rund 67 Millionen Pfund Sterling auferlegte, sondern z. B. auch die Bestrafung von Beamten und die Aussetzung der staatlichen Beamtenprüfungen in allen Städten anordnete, wo Ausländer getötet oder misshandelt worden waren. Außerdem gestattete das Dokument den Mächten, Vorkehrungen zum Schutz des Gesandtschaftsviertels in Peking und der an die Küste führenden Bahnlinien zu treffen. Russland nahm gleichzeitig die Boxerbewegung zum Vorwand, die Mandschurei zu besetzen, die es freilich nach seiner Niederlage im Krieg gegen Japan 1904/05 an den Sieger abtreten musste.

Obwohl besonders die sich neu formierende soziale Schicht der Intellektuellen China in den Jahren nach dem Boxerkrieg in einer schweren Existenzkrise sah, hatte das Land die Intervention der ausländischen Streitkräfte doch vergleichsweise gut überstanden. Mit der politischen Unterstützung der Kaiserinwitwe Cixi, die die Zeichen der Zeit erkannt hatte, wurde 1901 unter dem Schlagwort der Neuen Politik (*Xin zheng*) ein umfassender Reformprozess in Gang gesetzt. Dieser stellte hinsichtlich seiner Dimensionen den drei Jahre zuvor gescheiterten Versuch weit in den Schatten. Reorganisation und Modernisierung des Militärs trugen dazu bei, dass die in der konfuzianischen Ideologie gering geschätzten und in der Bürokratie stets den zivilen Beamten nachgeordneten Soldaten, zumindest die Offiziere, eine soziale Aufwertung erfuhren. An die Stelle der 1905 abgeschafften Staatsprüfungen trat ein modernes, mehrstufiges Schulsystem nach japanischem Vorbild; zugleich wurden Studenten in größerer Zahl als jemals zuvor ins Ausland geschickt. Die Rezeption westlicher politischer und gesellschaftlicher Ideen sowie naturwissenschaftlicher Theorien erreichte ein bislang beispielloses Ausmaß. Auch Landwirtschaft und Industrie sollten gefördert werden. Gleichzeitig erstreckten sich die Reformen auch auf die Beseitigung sozialer Missstände: Beispielsweise wurde 1906 ein Anti-Opiumgesetz erlassen, das vor allem den Anbau von Mohn untersagte, da China seit den 1880er Jahren seinen Bedarf vorwiegend aus eigener Produktion deckte.

Seit 1905 wurde neben der Reform der lokalen Verwaltung auch die Schaffung einer Verfassung vorangetrieben, die China in eine konstitutionelle Monarchie verwandeln sollte. 1908 verabschiedete der Hof einen Verfassungsentwurf, der bis zum Jahre 1916 den Zusammentritt eines gewählten Parlaments und die Bildung einer verantwortlichen Regierung vorsah. Der folgenreichste Schritt bestand in der Einberufung beratender Provinzversammlungen im Jahre 1909. Obwohl ohne Gesetzgebungskompetenz und ausschließlich aus Angehörigen der Oberschicht zusammengesetzt, entwickelten diese Gremien in den Folgejahren eine bemerkenswerte Aktivität, setzten sich für soziale Reformprojekte ein und übten erfolgreich Druck auf den Hof aus, den Prozess der Konstitutionalisierung zu beschleunigen.

Begleitet wurden diese Aktivitäten von einem wachsenden öffentlichen Interesse, das durch die zunehmende Verbreitung moderner Massenmedien stimuliert wurde. Privatpersonen engagierten sich mit großer Energie für gesellschaftliche Belange, etwa durch die Gründung moderner Schulen. Gleichzeitig wurde die Reformpolitik des Qing-Hofes von einer Welle des Patriotismus begleitet, der angebliche oder tatsächliche Verletzungen der Würde Chinas und der Chinesen mit öffentlichen Protesten beantwortete. Einen ersten Höhepunkt bildete die antiamerikanische Boykottbewegung von 1905 bis 1907, die sich gegen die gegen die Verlängerung des Einwanderungsverbots für Chinesen durch den US-Kongress und gegen Misshandlungen von Chinesen in den USA richtete. Aus dem Blickwinkel der herrschenden Dynastie hatten Bewegungen dieser Art jedoch einen ambivalenten Charakter: Einerseits gelang es dem Qing-Hof, die sozialen Eliten zur Unterstützung zu mobilisieren, andererseits verbanden sich die antiimperialistischen Aktivitäten häufig mit der Forderung nach politischer Partizipation und gerieten damit außer Kontrolle. Insofern hatte die Qing-Regierung einen Teil jener Kräfte, von denen sie 1911 gestürzt wurde, selbst mit wachgerufen.

Parallel zu dieser politischen Mobilisierung lokaler Eliten vollzog sich der Aufschwung jener Kreise, die das Heil Chinas von vornherein in der Beseitigung der herrschenden Dynastie erblickten. Bereits in den 1890er Jahren entstanden in den Vertragshäfen und unter den Auslandschinesen (seit 1850 hatte die Emigration von Chinesen eine bedeutende Zunahme erfahren) die ersten gegen die mandschurische Herrschaft gerichteten politisch-revolutionären Organisationen. Der nach dem

Scheitern der Reformen von 1898 geflüchtete Kang Youwei gründete zur Verfolgung seiner Pläne für eine konstitutionelle Monarchie die Gesellschaft zum Schutz des Kaisers (*Baohuanghui*), die unter den Auslandschinesen viele Anhänger gewann. Langfristig erfolgreicher war jedoch der weitaus radikalere, in den USA und Hongkong ausgebildete christliche Arzt Sun Yatsen. Sun gründete 1894 in Hawaii die Gesellschaft zur Wiederbelebung Chinas (*Xingzhonghui*), die den Sturz der „fremdstämmigen" Mandschu-Dynastie und eine republikanische Regierungsform auf ihre Fahnen schrieb. Seit 1895 war Sun permanent für seine politischen Ziele tätig und damit einer der ersten modernen Berufsrevolutionäre. Seine Ambitionen richteten sich zunächst auf die Errichtung eines separatistischen Regimes in Südchina, wo er an traditionell vorhandene anti-mandschurische Strömungen anknüpfen konnte. Alle diese mit wechselnder Unterstützung (z. T. aus Japan und durch die französische Kolonialverwaltung in Indochina) unternommenen Versuche scheiterten jedoch, der letzte noch im Frühjahr 1911 in Guangzhou.

Nach 1900 verbreiteten sich ähnliche revolutionäre Ideen auch unter den Auslandsstudenten in Japan. 1905 schlossen sich in Tōkyō mehrere solcher Gruppen, deren Mitglieder vor allem aus dem Yangzi-Raum stammten, mit den Anhängern Sun Yatsens zur Chinesischen Revolutionären Allianz (*Zhonghua Geming Tongmenghui*, kurz *Tongmenghui*) zusammen. Diese Vereinigung war von republikanischen und im weitesten Sinne sozialistischen Idealen geprägt. Zwar funktionierte sie nicht als effektive politische Organisation, doch trug die Rückkehr ihrer Mitglieder nach China dazu bei, im Land selbst ein revolutionäres Netzwerk aufzubauen. Dabei war vor allem von Bedeutung, dass sich die revolutionären Ideen auch innerhalb der modernen Armeeeinheiten ausbreiteten. In der Revolution von 1911 manifestierte sich erstmals die politische Bedeutung des Militärs.

Als Beginn dieser Revolution wird üblicherweise der eher zufällig ausgebrochene Aufstand der Garnison von Wuchang (Hubei) am 10. Oktober 1911, dem späteren republikanischen Nationalfeiertag des „Doppelzehnten", angesehen. Auf eine versehentliche Explosion folgte eine polizeiliche Untersuchung, welche die Revolutionäre enttarnte und zur offenen Meuterei trieb. Während sich die Nachbarprovinz Sichuan zu diesem Zeitpunkt bereits im Aufruhr gegen die Zentralregierung befand, gab erst der Erfolg der Revolutionäre im Städtedreieck von Wuchang, Hankou und Hanyang (später zur Stadt Wuhan vereinigt) den Startschuss zu einer nationalen Erhebung. Bis Mitte November erklärten sich 14 Provinzen für unabhängig. Bei der Bildung provinzialer Militärregierungen spielten die revolutionären Organisationen jedoch nur eine geringe Rolle; vielmehr wirkten hier Offiziere und zumeist konstitutionell eingestellte Vertreter der Eliten (besonders auch Mitglieder der Provinzversammlungen) zusammen, teilweise unterstützt von umgeschwenkten Beamten und Soldaten des alten Regimes. Die Militärgouverneure, die in den Provinzen neben zivilen Gouverneuren die Macht übernahmen, bildeten bis in die frühe Republikzeit einen bedeutenden Machtfaktor und spielten bei der zunehmenden Militarisierung des politischen Systems eine große Rolle.

Sun Yatsen, der sich beim Ausbruch des Aufstandes im Ausland aufgehalten hatte, wurde Ende Dezember in Nanjing von den Vertretern von 17 Provinzen zum Provisorischen Präsidenten der Republik China gewählt. In der Zwischenzeit hatte der Hof in Peking Yuan Shikai mit der Unterdrückung der Revolution betraut. Da sich auch die nordchinesischen Provinzen für die Republik erklärt hatten, setzte Yuan die Abdankung des erst sechsjährigen Xuantong-Kaisers (mit dem persönlichen Namen Puyi) durch. Das Abdankungsedikt vom 12. Februar 1912 zog den formalen Schlusstrich unter das mehr als 2.000 Jahre alte chinesische Kaisertum. Gleichzeitig zerbrach das Qing-Imperium in seiner bestehenden Form, als noch Ende 1911 die nördlichen Teile der Mongolei und Tibet ihre Unabhängigkeit erklärten. Während diese Unabhängigkeit im Falle Tibets nur knapp vier Jahrzehnte währte, konnte die Äußere Mongolei, seit 1921 mit sowjetischer Hilfe, ihre Selbständigkeit dauerhaft behaupten.

2.3 Die Republik China (1912-1949)

In der westlichen Geschichtswissenschaft hat man die Abschaffung der Monarchie stets als wichtige, wenn auch letztlich nur formale Zäsur betrachtet. Demgegenüber hat die marxistisch bestimmte Geschichtswissenschaft in der Volksrepublik China der 4.-Mai-Bewegung von 1919 als Vorläuferin der kommunistischen Partei stets größere Bedeutung beigemessen. Trotz der formalen Einheitlichkeit der republikanischen Epoche lassen sich zwei politisch-soziale Systeme unterscheiden: die dem Anspruch nach liberale, aber in der Praxis zusehends vom Militär bestimmte und politisch fragmentierte frühe Republik bis 1927, danach der Einparteienstaat der Guomindang, der sich gleichfalls auf das Militär stützte und angesichts der Bildung kommunistischer Separatherrschaften und der japanischen Invasionen seit 1931 die Fragmentierung von Staat und Gesellschaft nicht beseitigen konnte.

Auf der formalen politischen Ebene bedeuteten die Revolution von 1911 und die Abdankung des letzten Kaisers einen markanten Einschnitt. Für andere Aspekte der Geschichte Chinas lässt sich das nicht so eindeutig behaupten. Trotz der raschen Unabhängigkeitserklärung der meisten chinesischen Provinzen ergab sich bereits im Dezember 1911 ein militärisches Patt zwischen den Revolutionären in Südchina und den Yuan Shikai unterstehenden kaiserlichen Truppen im Norden, das beide Seiten zum Kompromiss zwang. Sun Yatsen erklärte sich unmittelbar nach der Abdankung des Kaisers bereit, sein Präsidentenamt an Yuan abzutreten. Am selben 10. März 1912, als Yuan seinen Amtseid ablegte, trat auch eine provisorische Verfassung in Kraft, auf deren Grundlage im Januar 1913 ein Parlament gewählt wurde. Dabei errang die neu gegründete Nationalpartei Guomindang (GMD), ein heterogenes Sammelbecken revolutionärer und eher gemäßigter Gruppierungen, in beiden Kammern eine deutliche Mehrheit. Die Hoffnung ihres Führers Song Jiaoren, eines politischen Weggefährten Sun Yatsens, auf eine parlamentarische

Demokratie erfüllten sich jedoch nicht. Ende März 1913 wurde er, vermutlich auf Betreiben Yuan Shikais, auf dem Hauptbahnhof von Shanghai erschossen. Yuan ging nun gegen die GMD vor, indem er zunächst alle dieser Partei angehörenden Militärgouverneure entließ und schließlich die Partei selbst verbot. Anfang 1914 löste er das Parlament sowie alle Provinzversammlungen auf. Die Hoffnung Sun Yatsens und seiner Anhänger, in einer „Zweiten Revolution“ (*Er ci geming*) das Blatt mit militärischer Gewalt wenden zu können, erwies sich als vergeblich. Im Bemühen, seiner autoritären Herrschaft eine zusätzliche Legitimation zu verleihen, proklamierte sich Yuan schließlich Ende 1915 zum Kaiser. Mit diesem Schritt verlor er freilich den Rückhalt seiner wichtigsten Stütze, des Militärs. Wiederum erklärte sich eine Reihe von Provinzen, vor allem im Südwesten, für unabhängig und bildete die sogenannte Armee zum Schutz des Staates (*Huguojun*) für den Kampf gegen Yuan. In anderen Regionen kämpften Streitkräfte unter ähnlichen Namen für den Erhalt der republikanischen Staatsform. Yuans Distanzierung von der Monarchie kam zu spät, und bei seinem Tod im Juni 1916 hinterließ er einen politischen Trümmerhaufen.

Der Autoritätsverlust der Pekinger Führung führte zu einer Fragmentierung Chinas in regionale, von als Warlords (*junfa*) bezeichneten Militärführern kontrollierte Herrschaftsbereiche, deren Ausdehnung stark variierte. Vor allem die kleineren, aber auch manche der mächtigeren Warlords waren von Räuberhauptleuten kaum zu unterscheiden. Es gab unter den Militärmachthabern jedoch auch kultivierte Männer mit politischen Prinzipien. Obwohl sich die Grenzen der jeweiligen Herrschaftsbereiche als Folge der Kampfhandlungen immer wieder verschoben, lässt sich eine grobe Zweiteilung erkennen: Die Militärherrscher Nord- und Zentralchinas entstammten in der Mehrzahl der kaiserlichen, von Yuan Shikai kommandierten Beiyang-Armee und stritten in wechselnden Allianzen um die Kontrolle der formal weiter bestehenden, aber faktisch einflusslosen Pekinger Zentralregierung. Die Befehlshaber des Südens kamen vor allem aus provinzialen Armeen, die sich dem Kampf gegen Yuan Shikai verschrieben hatten. Als sich auch nach dessen Tod keine Aussicht auf Einigung mit dem Norden abzeichnete, riefen sie die Bewegung zum Schutz der Verfassung (*Hufa yundong*) ins Leben und bildeten eine Gegenregierung in Guangzhou. Ihr nominelles Oberhaupt war der 1917 zum Großmarschall (*da yuanshuai*) gewählte Sun Yatsen, doch war er in Wirklichkeit nicht mehr als eine politische Galionsfigur und zog sich bereits im folgenden Jahr verärgert ins Exil nach Shanghai zurück.

Chinas innenpolitische Zerrissenheit schwächte das Land auch außenpolitisch. Während des Ersten Weltkrieges versuchte Japan diese Schwäche für seine eigenen expansionistischen Ziele zu nutzen. Mit der Eroberung des deutschen Stützpunkts Qingdao im Herbst 1914 verschaffte sich Tōkyō zunächst einen zusätzlichen Brückenkopf in Nordostchina. Anfang 1915 präsentierte die japanische Regierung der chinesischen in ultimativer Form die sogenannten 21 Forderungen, die auf eine weitgehende japanische Kontrolle in China zielten: Außer der Übertragung der deutschen Sonderrechte in Shandong und der Verlängerung der 1905 von Russland

Abb. 5: Bürgerkrieg in China, Karikatur aus dem Jahr 1918. Militärs aus dem Norden und dem Süden trampeln auf der wehrlosen Bevölkerung herum. Während der gesamten Republikzeit war Krieg eine Alltagserfahrung, die die Menschen prägte.

übernommenen Pachtverträge in der Mandschurei verlangte Tōkyō die Beteiligung an der Kontrolle über einen wichtigen nordchinesischen Industriekomplex, die ausschließliche Heranziehung japanischen Kapitals zum Aufbau von Grundindustrien in Fujian, eine Garantie, dass China keinen Teil seiner Küste an eine fremde Macht veräußern würde, und schließlich die Anstellung japanischer Berater für Polizei, Militär, finanzielle und politische Fragen in Nordchina. Yuan Shikai hatte keine andere Wahl, als trotz vehementer öffentlicher Proteste auf eine abgemilderte Fassung dieser demütigenden Forderungen einzugehen. Premierminister Duan Qirui, nach Yuans Tod zeitweilig der neue starke Mann im Norden Chinas, steigerte die Abhängigkeit von Japan noch durch eine Reihe geheimer Anleihen bei dem östlichen Nachbarland, die sogenannten Nishihara-Anleihen, deren erste im Januar 1917 ausgehandelt wurde.

Die japanischen Anleihen waren freilich auch Teil einer Strategie, China zum Eintritt in den Ersten Weltkrieg auf der Seite der Ententemächte zu bewegen. Tatsächlich erklärte die Regierung in Peking dem Deutschen Reich im August 1917 den Krieg, ein Schritt, dem sich auch die südliche Gegenregierung anschloss. China hegte dabei vor allem die Hoffnung, die deutschen Sonderrechte in Shandong wiedergewinnen zu können, und schien dabei auf die Unterstützung des US-Präsidenten Woodrow Wilson bauen zu können. Auf der Pariser Friedenskonferenz setzte jedoch Japan mit Unterstützung der führenden alliierten Politiker seine strategischen Interessen in China durch. Am 30. April 1919 einigte sich Wilson mit den Regierungschefs von Frankreich und Großbritannien, Clemenceau und Lloyd George, auf die Überlassung der deutschen Rechte an Japan.

Die Nachricht von dieser Entscheidung erreichte China in einer politischen, sozialen und vor allem kulturellen Umbruchphase, deren Beginn man mit dem ersten Erscheinen der von Chen Duxiu (1879-1942) herausgegebenen Zeitschrift „Neue Jugend" (*Xin qingnian*) im Jahre 1915 ansetzen kann. Als wichtigstes einer Reihe von Publikationsorganen der Bewegung für neue Kultur (*Xin wenhua yundong*) machte es sich für eine umfassende Erneuerung Chinas auf der Grundlage einer kulturellen Transformation stark. Die geistigen Führer dieser Bewegung, zumeist arrivierte Intellektuelle, erblickten die Ursachen für Chinas innere und äußere Schwäche in einer Reihe sozialer Defekte, die sie besonders auf die trotz aller politischen Umbrüche immer noch dominanten konfuzianischen Vorstellungen zurückführten: Fixierung auf das Alte, Passivität, soziale Zwänge und elitäres Denken. Bei ihren überwiegend jugendlichen Anhängern stieß ihre Forderung nach neuen Tugenden wie Bejahung des Neuen, Emanzipation des Individuums (einschließlich der Gleichberechtigung der Frau) und Aktivismus auf große Begeisterung. Eine wichtige Auswirkung der Bewegung für neue Kultur bestand darin, dass Literatur nun nicht mehr in der klassischen Schriftsprache der konfuzianischen Gelehrten abgefasst wurde, sondern in der für ein breites Publikum verständlichen Umgangssprache (*baihua*).

Hatten schon die 21 Forderungen von 1915 in China einen Sturm öffentlicher Entrüstung angefacht, so erfuhr die Bewegung für neue Kultur durch die Geschehnisse auf der Pariser Friedenskonferenz eine noch weitaus stärkere Politisierung. Am 4. Mai 1919 demonstrierten vor dem Tor des Himmlischen Friedens (Tian'anmen) in Peking rund 3.000 Studenten gegen die Übertragung der deutschen Rechte in Shandong an Japan. Ungeachtet der Bemühungen der Pekinger Regierung, die Proteste zu unterdrücken, setzten sie eine landesweite antijapanische Demonstrations- und Boykottwelle in Gang, die als 4.-Mai-Bewegung (*Wusi yundong*) in die Geschichte eingegangen ist. Neben der überlebten kulturellen Tradition Chinas wurde der ausländische Imperialismus zunehmend als Gefahr für China erkannt. Die Politisierung der Jugend trug zweifellos dazu bei, die neuen politischen Kräfte zu stimulieren, die in den Folgejahren das politische Geschehen Chinas bestimmten sollten: 1921 gründete Sun Yatsen die Guomindang neu; im selben Jahr wurde in Shanghai der Gründungskongress der Kommunistischen Partei Chinas (KPCh) abgehalten.

Um die politische Fragmentierung Chinas zu überwinden, waren GMD und KPCh auf ausländische Unterstützung angewiesen. Als erstes Land zeigte sich das junge Sowjetrussland bereit, diese Hilfe zu gewähren. Mit Hilfe der 1919 gegründeten Kommunistischen Internationalen (Komintern) verfolgte das revolutionäre Regime der Bolševiki eine außenpolitische Strategie, in deren Rahmen nicht nur kommunistische, sondern auch antiimperialistische nationale Befreiungsbewegungen gefördert wurden. Obwohl Vertreter der Komintern die Gründung der KPCh mit vorbereitet hatten, betrachtete man in Moskau zunächst nicht diese eher unbedeutende Partei als wichtigsten Partner. Ihren bedeutendsten Bundesgenossen in China erblickten die Sowjets vielmehr in Sun Yatsen und seiner GMD, zumal diese über einen territorialen Stützpunkt in der Provinz Guangdong verfügten. Ein Anfang 1923 geschlossenes Abkommen zwischen Sun und dem Komintern-Vertreter Adolf Joffe ermöglichte eine Einheitsfront zwischen beiden Parteien, in deren Rahmen Kommunisten die persönliche Mitgliedschaft in der GMD erhielten. Im folgenden Jahr wurde die GMD auf ihrem ersten nationalen Parteitag als leninistische Kaderpartei reorganisiert. Große Mühe verwendete die Partei auf den Aufbau einer schlagkräftigen Militärmacht. Die neu gegründete Militärakademie in Huangpu (kantonesisch: Whampoa) bei Guangzhou sollte ein ideologisiertes und dadurch ebenso motiviertes wie politisch zuverlässiges Offizierskorps hervorbringen. Zum Kommandeur der Akademie wurde der Berufsoffizier und militärische Ratgeber Suns, Jiang Kaishek, ernannt; an der Ausbildung der Kadetten wirkten sowjetische Militärberater mit.

Sun Yatsen starb im März 1925 in Peking, wohin er zu einer Konferenz mit Militärmachthabern des Nordens gereist war, ohne sein Ziel einer politischen Vereinigung Chinas erreicht zu haben. Nach seinem Tod begannen die neuen Führer der GMD, unter denen Jiang Kaishek rasch an die erste Stelle rückte, mit einer Erweiterung ihres territorialen Einflussbereichs. Von ihrer Basis in Guangzhou ausgehend, brachte die Nationalrevolutionäre Armee, wie die GMD ihre Streitkräfte nun nannte, im Laufe des Jahres in den beiden Ostfeldzügen (*dongzheng*) den Osten der Provinz Guangdong unter ihre Kontrolle. Am 1. Juli 1926 schließlich begann der bereits von Sun Yatsen vorgedachte Nordfeldzug (*beifa*) als koordinierte Bewegung zweier Armeen in Richtung Mittelchina. Bis 1928 gelang es, die Warlords Mittel- und Nordchinas zu besiegen oder zu (in der Praxis freilich oftmals brüchigen) Allianzen mit der GMD-Regierung zu bewegen. Am 10. Oktober 1928 wurde die Nationale Regierung in der neuen Hauptstadt Nanjing offiziell proklamiert; die bisherige Hauptstadt Peking hieß von nun an bis 1949 Beiping („nördlicher Friede“). Allerdings kontrollierte die Nationalregierung noch zwei Jahre später nur rund acht Prozent des chinesischen Territoriums mit etwa 25 Prozent der Bevölkerung unmittelbar, während sich der überwiegende Teil in der Hand verbündeter Militärmachthaber befand.

Wenn auch der militärische Faktor bei dieser Einigung Chinas, die in den Folgejahren oftmals nur auf dem Papier bestand, eine zentrale Rolle spielte, so handelte es sich doch um weitaus mehr als eine militärische Kampagne im Warlord-Stil. Vielmehr riefen die GMD und ihre kommunistischen Verbündeten eine „Nationale Revolution“ (*Guomin geming*) aus, zu deren Unterstützung sie Schüler und Stu-

Abb. 6: Darstellung der Nationalen Revolution. Oben in der Mitte der verstorbene Sun Yatsen, unten Jiang Kaishek an der Spitze seiner Truppen. Die beiden Illustrationen oben links und rechts stellen die Einnahme von Changsha und Qiuzhou durch die GMD-Truppen dar.

denten, Arbeiter und Bauern mobilisierten. Demonstrationen, Streiks und Boykotte richteten sich vornehmlich gegen die Warlords und den ausländischen Imperialismus. Beispielhaft wirkte die 30.-Mai-Bewegung (*Wusa yundong*), die sich im Anschluss an die Tötung chinesischer Demonstranten durch britisch-indische Polizei im International Settlement von Shanghai am 30. Mai 1925 als landesweite Protestbewegung entwickelte. Während diese Proteste die internationale politische Situation in den Vordergrund rückten, strebten die Arbeiter- und die Bauernbewegung gleichzeitig auch die Lösung sozialer Probleme an.

Schon während des erfolgreichen Vormarsches nach Norden machten sich jedoch Risse in der Einheitsfront bemerkbar, die nicht nur zwischen Nationalisten und Kommunisten, sondern innerhalb der GMD selbst bestanden. Hatte Sun Yatsen diese Spannungen noch leidlich überbrücken können, so erwies sich dies nun zunehmend als unmöglich. Während eine Strömung innerhalb der GMD das Bündnis mit KPCh und Komintern vor allem aus praktischen politischen Erwägungen fortsetzen wollte, lehnten andere, strikt antikommunistisch eingestellte Gruppierungen es schon frühzeitig vehement ab. Jiang Kaishek und seine Gefolgsleute wandten sich als Vertreter einer gemäßigten Richtung schließlich ebenfalls gegen die Kommunisten. Am 12. April 1927 ließ Jiang in Shanghai die mit ihm verbündete Grüne Bande (*Qingbang*), eine lokale Geheimgesellschaft, die das organisierte Verbrechen kontrollierte, gegen die kommunistisch geleiteten Gewerkschaften der Stadt losschlagen. Dies war der Beginn einer brutalen Säuberung der GMD von ihren kommunistischen Mitgliedern und zugleich eines bis Mitte der 1930er Jahre währenden Bürgerkrieges. Die Kommunisten sahen sich gezwungen, in den städtischen Untergrund zu gehen oder in die unwegsamen Berggebiete Südchinas zu flüchten. Unter der Führung Mao Zedongs entwickelte sich das Gebiet um das Jinggangshan-Gebirge in der Provinz Jiangxi zum wichtigsten Stützpunkt. Das Scheitern der von der Parteiführung anfänglich verfolgten Strategie, das GMD-Regime durch städtische Aufstände in Bedrängnis zu bringen (im Dezember 1927 beispielsweise wurde die „Kantoner Kommune" blutig unterdrückt), wertete die ländlichen Basen auf, die 1931 zu einer Chinesischen Sowjetrepublik zusammengefasst wurden.

In der Zeit zwischen 1927 und 1937 (der sogenannten Nanjing-Periode) verfolgte die GMD mit Jiang Kaishek an der Spitze den Plan eines umfassenden Aufbaus. Trotz vieler Anstrengungen und Erfolge und obwohl es seine Herrschaft wenn nötig mit brutaler Gewalt verteidigte, verfügte das Regime über keine hinreichende Stabilität. Jiang Kaishek konnte sich weder auf die Loyalität der Partei noch auf diejenige des Militärs vollständig verlassen. Bis Mitte der 1930er Jahre führten Meutereien und Rebellionen von Koalitionen aus innerparteilichen Gegnern Jiangs und regionalen Militärmachthabern immer wieder zu regelrechten Bürgerkriegen. Schon im Herbst 1927 kam es zur militärischen Auseinandersetzung zwischen der Regierung Jiangs in Nanjing und einer prokommunistisch eingestellten GMD-Gegenregierung in Wuhan, die eine schwere Niederlage hinnehmen musste und daraufhin zusammenbrach. Zwischen 1931 und 1936 befand sich mit der Provinz Guangdong sogar die ursprüngliche Machtbasis der GMD in offener Sezession von der Regierung in Nanjing. Während Jiang bis Mitte der 1930er Jahre die Oberhand über seine Gegner in den eigenen Reihen gewann, gelang es ihm nicht, den Bürgerkrieg mit den Kommunisten und ihrer Roten Armee erfolgreich zu beenden. In vier Einkreisungsfeldzügen erwies sich die kommunistische Partisanenstrategie als erfolgreich. Erst die fünfte, von deutschen Militärberatern angeleitete Kampagne von Herbst 1933 bis Frühjahr 1934 brachte die kommunistischen Streitkräfte vor allem durch die konsequente Abriegelung des Sowjetgebiets mittels eines Systems von Blockhäusern an den Rand der Niederlage.

Die Führung der KPCh ordnete daher schließlich die Evakuierung der Sowjets an und ließ nur eine Nachhut zur Abwehr der GMD-Streitkräfte zurück. Rund 90.000 Menschen machten sich im Oktober 1934 auf den später so genannten Langen Marsch. Nach einem außerordentlich verlustreichen Exodus durch die Provinzen Südwestchinas erreichten ein Jahr später rund 8.000 bis 9.000 Überlebende die nordwestliche Provinz Shaanxi, wo die Partei 1936 ihr neues Hauptquartier in der kleinen Stadt Yan'an einrichtete. Nach der neuen Hauptstadt wird die Zeit zwischen 1936 und 1949 als Yan'an-Periode bezeichnet. Zusammen mit weiteren versprengten kommunistischen Einheiten sowie lokalen Rekruten wuchs die kommunistische Streitmacht rasch auf etwa 20.000 Mann an. Die Befehlshaber des „Langen Marsches“ stellten auf Jahrzehnte hinaus den Großteil der kommunistischen Führungsmannschaft. Insbesondere begann noch unterwegs der Aufstieg Mao Zedongs zum unbestrittenen Führer der Partei, der 1943/44 mit der Übernahme des Parteivorsitzes seinen formalen Abschluss fand.

Hinzu kam die äußere Bedrohung der GMD-Herrschaft durch die zunehmend expansionistische Politik Japans in China, die von der in der Mandschurei stationierten Guandong-Armee ausging. Manifest wurde sie, als japanische Soldaten am 18. September 1931 ein Bombenattentat auf die Südmandschurische Eisenbahn inszenierten und die Armeeführung dies zum Vorwand für die Besetzung der Mandschurei nahm. Hier gründete sie ungeachtet internationaler Proteste im März 1932 den Staat Manzhouguo, an dessen Spitze sie den letzten Kaiser von China Puyi stellte, zunächst als Präsidenten und seit 1934 als Kaiser. Die zahlreichen antijapanischen Boykottaktionen und Demonstrationen in China selbst nahm Japan zum Vorwand, vorübergehend, wenn auch letztlich erfolglos Teile Shanghais zu besetzen. In den folgenden Jahren richtete die Regierung in Tōkyō eine Reihe von Forderungen an die chinesische Regierung, die auf eine faktische japanische Kontrolle auch über die Mongolei und Teile Nordchinas hinausliefen. Zum Entsetzen einer heftig protestierenden chinesischen Öffentlichkeit akzeptierte Jiang Kaishek fast alle diese Forderungen, da er dem Kampf gegen die Kommunisten Priorität einräumte. Im Dezember 1936 wurde er jedoch auf einer Inspektionsreise in Xi'an von seinem Untergebenen Zhang Xueliang festgesetzt, dessen Vater Zhang Zuolin als Warlord der Mandschurei 1928 von den Japanern umgebracht und der selbst von ihnen aus seinem Territorium vertrieben worden war. Im Zuge des Xi'an-Zwischenfalls wurde Jiang gezwungen, mit den Kommunisten eine zweite, gegen Japan gerichtete Einheitsfront einzugehen. Diese eher lose Einheitsfront bestand bis zum „Neue-Vierte-Armee-Zwischenfall“ im Januar 1941, bei dem GMD-Truppen eine kommunistische Einheit aufrieben.

Am 7. Juli 1937 brach nach einem Schusswechsel an der Lugou-Brücke unweit von Peking der Krieg zwischen Japan und China offen aus. Dies war zugleich der Beginn des Zweiten Weltkriegs in Asien. Japan gelang es, weite Teile Chinas entlang der Küste zu besetzen und dort Kollaborationsregierungen zu installieren. Bei ihrem Einzug in die gegnerische Hauptstadt Nanjing am 13. Dezember 1937 richteten die japanischen Truppen ein Massaker an. Die Zahl der chinesischen Opfer ist bis heute umstritten, betrug jedoch schon nach niedrigen Schätzungen etwa 150.000. Die Guomindang-Regierung verlegte ihren Sitz in das für das Heer, wenn auch nicht für die Luftwaffe Japans unerreichbare Chongqing (Sichuan) und ließ auch zahlreiche Produktionsstätten und Bildungseinrichtungen in den unbesetzten Westen Chinas verlegen.

In den folgenden Jahren konnte keine Seite eine kriegsentscheidende Wende herbeiführen. Den Japanern misslang dies trotz ihrer rücksichtslosen Kriegführung, die von den Kommunisten seit 1942 als Politik des Dreifachen Total (*san guang*) bezeichnet wurde: „Alles total niederbrennen, total niedermetzeln, total ausplündern." Aber auch die GMD war nicht erfolgreicher, obwohl sie von der UdSSR mit Fliegerstaffeln, von Großbritannien zwischen 1938 und 1942 über die Burma-Straße und seit Ende 1941 von den USA aus der Luft mit Kriegsmaterial versorgt wurde und ihrerseits auf die eigene Zivilbevölkerung keinerlei Rücksicht nahm. Im Juni 1938 ließ Jiang Kaishek die Deiche des Huanghe ohne Vorwarnung an die Bewohner des Umlandes durchstechen, wodurch Hunderttausende ums Leben kamen. Da die Deiche wegen des Krieges nicht erneuert wurden, ereignete sich fünf Jahre später eine weitere Flutkatastrophe. Die Kommunisten mit ihrer Achten Marscharmee (*Balujun*) waren zu massierten Angriffen nicht in der Lage und verließen sich auf ihre bewährte, von Mao Ende der 1930er Jahre ausgearbeitete und mit einer massiven propagandistischen Mobilisierung der Zivilbevölkerung verbundene Partisanenstrategie. Selbst die Hundert-Regimenter-Kampagne zwischen August und Dezember 1940, die größte militärische Operation der kommunistischen Streitkräfte gegen die Japaner, war eher eine Serie unkoordinierter Kampfhandlungen.

Der in China so genannte Antijapanische Widerstandskrieg (*Kang Ri zhanzheng*) wurde somit letztlich nicht auf chinesischem Territorium entschieden, sondern durch den japanischen Angriff auf Pearl Harbor am 7. Dezember 1941 und den dadurch ausgelösten Kriegseintritt der USA, der die Kämpfe in China zu einem Teil des Pazifischen Krieges werden ließ. Die Regierung Jiang Kaisheks wurde nun zu einem wichtigen Verbündeten der Amerikaner; dennoch stand der chinesische Führer im zweiten Glied. Nur an einer der großen Kriegskonferenzen, derjenigen von Kairo 1943, durfte er teilnehmen, nicht hingegen an dem ungleich wichtigeren Treffen in Jalta im Februar 1945, bei dem die entscheidenden Weichen für die Weltordnung nach Kriegsende gestellt wurden. Immerhin jedoch willigten Amerikaner und Briten angesichts der japanischen Erfolge in China 1943 in die formelle Aufhebung der ungleichen Verträge ein, die bereits seit Ende der 1920er Jahre faktisch zunehmend ausgehöhlt worden waren. Nach dem Eintritt der Sowjetunion in den Pazifischen Krieg, dem amerikanischen Atombombenabwurf über Hiroshima und Nagasaki und der anschließenden Kapitulation Japans am 15. August 1945 war auch in China der Krieg zu Ende.

Freilich standen sich auf chinesischem Territorium immer noch die beiden Bürgerkriegsparteien der späten 1920er und frühen 1930er Jahre gegenüber. Die Kommunisten hatten ihren territorialen Einfluss in Nordchina während des Kriegs ausgebaut und wurden von der Sowjetunion, wenn auch zögerlich, unterstützt. Der sowjetische Partei- und Staatschef Stalin hatte in den letzten Kriegstagen die Mandschurei besetzt, taktierte aber und ergriff nicht offen für die KPCh Partei. Die USA hatten umgekehrt mit Hilfe von Lufttransporten dafür gesorgt, dass die nationalistischen Truppen Gebiete, die von der japanischen Armee geräumt wurden, vor den Kommunisten besetzen konnten. Andererseits unternahmen sie zwei Versuche, zwischen Jiang und Mao zu vermitteln, den ersten durch Botschafter Patrick Hurley im November 1944 und den zweiten zwischen November 1945 und Januar 1947 durch den ehemaligen Generalstabschef und späteren Außenminister George C. Marshall. Diese Versuche waren jedoch letztlich zum Scheitern verurteilt, zumal die Verhandlungen von sporadischen Gefechten zwischen den Streitkräften der Kriegsparteien begleitet waren.

Eine Vorentscheidung im Bürgerkrieg fiel in der Auseinandersetzung um die Mandschurei. Hier gelang es der Volksbefreiungsarmee (VBA), wie die kommunistischen Streitkräfte seit Sommer 1946 offiziell genannt wurden, die zahlenmäßig überlegenen und besser ausgerüsteten GMD-Truppen seit Anfang 1947 in die Defensive zu drängen. Dabei rückten sie von der auf das Land fokussierten Partisanenstrategie ab und besetzten auch die großen Städte. Noch bevor die VBA im November 1948 die Mandschurei völlig unter ihre Kontrolle brachte, begannen die Kämpfe auch in Zentralchina und brachten mit der Huaihai-Schlacht (seit Oktober 1948) die endgültige Kriegswende zugunsten der Kommunisten. Die GMD verlor nicht nur die militärische Initiative, sondern angesichts der galoppierenden Inflation auch das Vertrauen der Bevölkerung. Im Dezember 1949 fasste die Regierung den Entschluss, sich auf die 1945 von Japan an China zurückgegebene Insel Taiwan zurückzuziehen (vgl. Kap. 6.3.1). Schon zuvor, am 1. Oktober, hatte Mao Zedong auf dem Tian'anmen-Platz in Peking die Gründung der Volksrepublik China proklamiert.

2.4 Die Volksrepublik China (1949-heute)

Mit der Kommunistischen Partei Chinas etablierte sich 1949 eine politische Kraft, die erstmals alle Bereiche von Staat und Gesellschaft durchdringen konnte und damit die Qing-Dynastie auch in der Periode ihrer effektivsten Herrschaft weit übertraf. Trotz der erfolgreichen sozialen Umgestaltung in den 1950er Jahren kam es jedoch zu keiner Stabilisierung, weil die vom Parteivorsitzenden Mao Zedong verfochtene Fortsetzung des Klassenkampfes zur gewaltsamen Austragung sozialer Spannungen führte. Seit 1978 kanalisierte die Partei- und Staatsführung unter Deng Xiaoping die politischen und gesellschaftlichen Energien in einem beispiellosen Wirtschaftsaufbau, der den Lebensstandard weiter Bevölkerungskreise deutlich verbesserte. Die gleichzeitige Unterdrückung freiheitlicher Bestrebung kulminierte in der Niederschlagung der Demokratiebewegung 1989 und läutete die Ära Jiang Zemin ein, in der sich eine Fortführung der Wirtschaftsreformen wie der staatlichen Repression mit einem zunehmend virulenten Nationalismus verband. Um die Jahrtausendwende präsentiert sich China als neue, aber nach wie vor von sozialen Konflikten gekennzeichnete Großmacht.

Bei ihrer Machtergreifung präsentierte sich die Kommunistische Partei Chinas nicht allein als Repräsentantin der Arbeiter und Bauern, sondern breiterer gesellschaftlicher Interessen. Die theoretische Grundlage für diese Politik einer stufenweisen Revolution boten zwei Reden Maos aus den 1940er Jahren, „Über die neue

Demokratie" und „Über die Koalitionsregierung". Als politische Plattform belebte die KPCh eine Einrichtung aus der Zeit ihrer Verhandlungen mit der GMD im Jahre 1946, die Politische Konsultativkonferenz des Chinesischen Volkes, im September 1949 in ihrem Sinne neu. Diese Versammlung wurde zwar von den Kommunisten dominiert, umfasste jedoch auch Vertreter zahlreicher kleinerer Parteien und Persönlichkeiten des öffentlichen Lebens. Mit der Annahme der neuen Landesfahne, die einen großen Stern umgeben von vier kleineren Sternen auf rotem Grund zeigt, schuf die Konsultativkonferenz eines der wichtigsten Symbole der im Entstehen begriffenen neuen Gesellschaft: Der große Stern versinnbildlichte die Kommunistische Partei, die vier kleineren standen für die an der neuen Herrschaft beteiligten Klassen: Arbeiter, Bauern, Kleinbürgertum und „nationale Bourgeoisie".

Auf der anderen Seite hatte die kommunistische Führung bereits zwischen 1942 und 1944 eine Kampagne zur „Ausrichtung des Arbeitsstils" (*zhengfeng*) mit dem Ziel durchgeführt, ihre Kontrolle über die Partei zu festigen und diese ideologisch zu disziplinieren. Die Kampagne zielte zum einen auf die Erziehung der Kader durch Gruppensitzungen, bei denen wichtige Parteidokumente gemeinsam studiert und Kritik und Selbstkritik geübt wurden. Kritisierte Kader mussten eine Umerziehung durch körperliche Arbeit über sich ergehen lassen; manche wurden gar in den Selbstmord getrieben. Damit wurde die Partei in rücksichtsloser Art und Weise von unerwünschten Elementen gesäubert. Zum anderen sollten Kunst und Literatur streng in den Dienst der revolutionären Sache gestellt und auf diese Weise verhindert werden, dass Intellektuelle Kritik an der Partei und ihrer Führung übten. Auf diese Weise wurde der Spielraum für abweichende Ansichten praktisch auf Null reduziert. Angesichts dieser Tatsache kann es kaum überraschen, dass die großzügige Politik der KPCh gegenüber der chinesischen Gesellschaft kaum mehr als ein Jahr anhielt.

Eine wichtige Rolle bei der raschen Verschärfung kommunistischer Politik spielte der Koreakrieg. Mit Unterstützung Stalins und des gleichwohl skeptischen Mao Zedong unternahm Nordkorea Ende Juni 1950 den Versuch, das seit 1945 in eine US-amerikanische und eine sowjetische Besatzungszone geteilte Land durch eine militärische Invasion gewaltsam zu einigen. Bereits zwei Tage später beschloss der Sicherheitsrat der Vereinten Nationen auf Antrag der USA, eine multinationale Streitmacht zur Verteidigung der südkoreanischen Unabhängigkeit zu entsenden. Als deren Kommandant, der US-amerikanische General Douglas MacArthur, ohne Rücksicht auf Warnungen aus Peking die Grenze zu Nordkorea überschritt, griff die Volksrepublik China militärisch ein und schickte eine 250.000 Mann starke „Freiwilligenarmee" in den Kampf. Dabei handelte sich um reguläre Einheiten der VBA; die euphemistische Bezeichnung wurde gewählt, um die USA nicht zusätzlich zu provozieren. Die chinesischen Streitkräfte überrumpelten die UN-Truppen und drängten sie weit nach Süden zurück, mussten aber selbst vor einem heftigen Gegenangriff ihres technologisch überlegenen Gegners wieder zurückweichen. Der Krieg zog sich bis zum Sommer 1953 hin und bestätigte im Endergebnis die Teilungslinie entlang des 38. Breitengrades.

Über das eigentliche Kriegsgeschehen hinaus hatte der Koreakrieg für die Volksrepublik China weitreichende Folgen. Unmittelbar nach Ausbruch der Kämpfe in Korea entsandte der amerikanische Präsident Truman die 7. US-Flotte in die Taiwan-Straße. Während China das faktisch unabhängige, aber in außenpolitischer Isolation verharrende Tibet im Oktober 1950 ohne internationale Schwierigkeiten besetzen konnte, war eine Eroberung des letzten noch ausstehenden militärischen Ziels Taiwan nun unmöglich geworden. Die Republik China auf Taiwan wurde von den meisten Staaten des westlichen Blocks als legitime Vertretung Chinas anerkannt und repräsentierte China in den Vereinten Nationen. Demgegenüber legte sich Peking auf seine Politik der „Anlehnung an eine Seite“ (*yibiandao*) fest und stützte sich auf das Anfang 1950 geschlossene Bündnis mit der Sowjetunion. Im Inneren mobilisierte die kommunistische Führung die chinesische Bevölkerung in einer antiamerikanischen Kampagne unter dem Slogan „sich Amerika widersetzen, Korea unterstützen“ (*kang Mei yuan Chao*). Eine fieberhafte Suche nach Konterrevolutionären begann, und die letzten Ausländer, darunter besonders Geschäftsleute und christliche Missionare, wurden interniert, ausgewiesen oder verließen aus eigenem Antrieb das Land.

Allerdings hatte die soziale Umgestaltung Chinas durch die KPCh bereits mit der Gründung der Volksrepublik, ja zum Teil noch früher eingesetzt. Eines der ersten zentralen Gesetzgebungsprojekte, das Ehegesetz vom Mai 1950, sollte den Frauen erstmals die vollständige gesellschaftliche Gleichberechtigung sichern. Die Landreform begann in den unter kommunistischer Kontrolle stehenden Gebieten Nordchinas bereits in den 1940er Jahren und wurde mit dem Landreformgesetz vom Juni 1950 auf das ganze Land ausgedehnt. Dabei wurde zunächst mit einer Verbindung von physischer Gewalt und psychischem Druck der Landbesitz so umverteilt, dass auch bisher landlose Bauern eigenes Ackerland erhielten. In den frühen 1950er Jahren setzte ein Prozess der landwirtschaftlichen Kollektivierung ein, der 1956 weitgehend abgeschlossen war. Parallel zum Koreakrieg radikalisierte sich auch die kommunistische Politik in den Städten. Hier betrieben Partei und Staat seit 1951 unter anderem die Kampagnen der Drei Anti (*San fan*, gegen Korruption, Verschwendung und Obstruktion) und der Fünf Anti (*Wu fan*, gegen Steuerhinterziehung, Bestechung, Betrug bei Verträgen mit dem Staat, Diebstahl von Staatseigentum und von wirtschaftlichen Informationen). Richtete sich die erste Kampagne gegen Funktionäre in Partei, Staat und Wirtschaft, so war das Ziel der zweiten die Bourgeoisie. Beide trugen zur Durchsetzung einer sozialistischen, von Partei und Staat dirigierten Wirtschaftsordnung bei, in der das Privateigentum an Produktionsmitteln abgeschafft war. Diese fand ihren Ausdruck im Inkrafttreten des ersten Fünfjahresplans 1953.

Der erfolgreiche Abschluss der wirtschaftlichen und sozialen Umgestaltungsmaßnahmen schien in der zweiten Hälfte der 1950er Jahre neue Spielräume zu eröffnen. Ein erster Vorstoß betraf die geistige Freiheit. Im Frühjahr 1957 rief Mao Zedong die Hundert-Blumen-Bewegung ins Leben. Unter dem Slogan „Lasst hundert Blumen blühen, lasst hundert Schulen miteinander wetteifern“ forderte er die

Intellektuellen auf, sich zur aktuellen Situation in China zu äußern. Tatsächlich kamen diese der Aufforderung mit einer schonungslosen Offenheit nach, die Partei- und staatliche Kader schockierte, zumal sich auch Bauern und Arbeiter der Kritik anschlossen. Bereits nach einem Monat hatte die Führung die Bewegung in eine „Kampagne gegen rechte Tendenzen" umgekehrt. Zahllose Intellektuelle wurden nun verhaftet und entweder ins Gefängnis geworfen oder in Arbeitslager gesteckt, wo sie in der ländlichen Peripherie schwerste körperliche Arbeit verrichten mussten.

Der zweite Versuch bewegte sich in eine ganz entgegengesetzte Richtung: Vor dem Hintergrund einer Verschlechterung der Ernten, bäuerlichen Austritten aus den landwirtschaftlichen Kooperativen und dem Fehlschlag der Hundert-Blumen-Bewegung Ende 1957 kam es höchst überraschend zu einer Abkehr von der Politik eines allmählichen wirtschaftlichen Aufbaus und zur Propagierung eines „Großen Sprungs nach vorn" (*Dayuejin*). Der Versuch, durch massiven Einsatz menschlicher Arbeitskraft und die Gründung riesiger ländlicher Kollektive, der Volkskommunen (*renmin gongshe*), binnen weniger Jahre die führenden Industrieländer zu überholen und die kommunistische Gesellschaftsordnung zu verwirklichen, war jedoch zum Scheitern verurteilt. In weiten Teilen Chinas führte er Anfang der 1960er Jahre zu einer verheerenden Hungerkatastrophe mit wenigstens 30 Millionen Toten. Ohne dass Maos politischer Kurs grundsätzlich in Frage gestellt wurde, nahmen die führenden Wirtschaftsplaner der Partei ökonomische Korrekturen vor; insbesondere wurde durch die Einführung des Systems der bäuerlichen Haushaltsverantwortlichkeit die Kollektivierung vorübergehend eingeschränkt.

Mit dem Ringen um den wirtschafts- und gesellschaftspolitischen Kurs der Volksrepublik ging ein Machtkampf innerhalb der Parteiführung einher. Mitte der 1950er Jahre waren erstmals hochrangige Funktionäre Ziel einer Säuberung. Auf der Lushan-Tagung im August 1959 wurde Verteidigungsminister Peng Dehuai seines Amtes enthoben, weil Mao seine Kritik am Großen Sprung als persönlichen Angriff auffasste. Noch weitaus substantieller waren die Bedenken des seit 1959 amtierenden Staatspräsidenten Liu Shaoqi und des Generalsekretärs der KPCh Deng Xiaoping. Beide vertraten die Auffassung, dass die chinesische Wirtschaft durch materielle Anreize für die Bevölkerung belebt werden müsse – eine Ansicht, die Mao für „revisionistisch" hielt. Die 1962 begonnene Sozialistische Erziehungsbewegung für lokale Kader verschärfte die Gegensätze noch. Während Mao vor allem eine Verstärkung des Klassenkampfes wünschte, wollten Deng und Liu insbesondere gegen missbräuchliche Praktiken lokaler Parteifunktionäre vorgehen.

Vor dem Hintergrund dieser Spannungen war die von Mao 1966 ausgelöste Kulturrevolution ein Versuch, seine umfassende Autorität wieder herzustellen. Ausgehend von bereits bestehenden Ansätzen zu einer gründlichen Reform, ging ihr zunächst eine intensive und hochgradig personalisierte Debatte zwischen den verschiedenen Lagern innerhalb der Partei voraus, in deren Ergebnis eine Reihe von Gefolgsleuten Maos, allen voran seine dritte Frau Jiang Qing, in eine neu geschaffene Zentrale Gruppe für die Kulturrevolution berufen wurden. In der aufge-

Abb. 7: Kulturrevolution. Parteifunktionäre werden durch das Aufsetzen eines Schandhutes gedemütigt. Um den Hals tragen sie Tafeln, die sie als „Anti-Partei-Elemente" denunzieren. Ihre Namen sind durchgestrichen.

heizten Atmosphäre des Frühjahrs 1966, in der Maos Anhänger das Gespenst eines „konterrevolutionären Putsches" durch „bourgeoise" Elemente innerhalb der Partei an die Wand malten, wurden Studenten und Schüler als Rote Garden mobilisiert und damit zur revolutionären Avantgarde erklärt. Maos medienwirksam inszeniertes Schwimmen im Yangzi im Juli desselben Jahres sollte seine Leistungsfähigkeit als Führer symbolisieren, und seine am 1. August in einer Wandzeitung geäußerte Aufforderung, „die Hauptquartiere zu bombardieren", ermutigte die Roten Garden zur Kritik auch an den höchsten Funktionären von Partei und Staat.

Damit hatten Mao und seine Gefolgsleute das Startsignal zu einem beispiellosen Terror gegen die sogenannten Vier Alten – altes Denken, alte Gewohnheiten, alte Sitten, alte Kultur – gegeben. Rote Garden zerstörten Museen, Büchereien, Archive und religiöse Stätten, plünderten aber auch Wohnungen. Vor allem aber richteten sich ihre Angriffe unmittelbar gegen vorgebliche „Reaktionäre", die in einer Mischung aus physischer Aggression und psychischem Druck geschlagen, gefoltert, durch Aufsetzen eines Schandhutes und andere Schikanen gedemütigt und teilweise in den Selbstmord getrieben wurden. Prominentestes Opfer dieser Verfolgungen war Liu Shaoqi, der als „Chinas Chruščev" unter Hausarrest gestellt wurde und schließlich im Gefängnis an einer unbehandelten Lungenentzündung starb, während Deng Xiaoping als der „zweite Machthaber, der den kapitalistischen Weg beschritt", lediglich ins Exil in der Provinz Jiangxi gehen musste und nach dem Eingeständnis seiner „revisionistischen" Irrtümer 1973 von Mao aus seinem Exil nach Peking zurückgerufen wurde.

Anfang 1967 übernahmen in ganz China Vertreter der „Massen" mit Maos Unterstützung die Macht von den lokalen Behörden. Die Volksbefreiungsarmee musste sich, ebenfalls auf Maos Geheiß, am Aufbau von Revolutionskomitees (*geming weiyuanhui*) beteiligen. Tatsächlich versetzten Machtkämpfe zwischen rivalisierenden Gruppen das Land zeitweise in einen Zustand der Anarchie. Ab 1968 bemühten sich die Zentralbehörden wieder um eine verstärkte Kontrolle. Um die Ordnung an den Universitäten wieder herzustellen, wurden die Roten Garden demobilisiert und bis 1978 mehr als 16 Millionen Jugendliche aus den Städten zwangsweise aufs Land verschickt. Innerhalb der Kulturrevolution markiert das Jahr 1969 den Übergang von der ersten Etappe der radikalen Massenmobilisierung zu einer zweiten, von Auseinandersetzungen um die Nachfolge des zunehmend von Krankheit gezeichneten Mao gekennzeichneten Phase.

Mao selbst hatte bereits 1966 den Verteidigungsminister Lin Biao, der sich um seinen Personenkult verdient gemacht und unter anderem zu Propagandazwecken das in der Kulturrevolution allgegenwärtige Kleine Rote Buch („Worte des Vorsitzenden Mao") zusammengestellt hatte, zu seinem Nachfolger auserkoren. Anfang der 1970er Jahre überwarf er sich jedoch mit dem machthungrigen Lin und beschuldigte diesen sogar, ein Komplott gegen ihn angezettelt zu haben. Lin kam im September 1971 unter ungeklärten Umständen bei einem Flugzeugabsturz über der Mongolei ums Leben. Sein Sturz schien die später so genannte „Viererbande" (*Sirenbang*), die tonangebende Gruppe um Jiang Qing, zu begünstigen, doch lag das politische Tagesgeschäft in den Händen des populären Premierministers Zhou Enlai und ab 1974 von Deng Xiaoping.

Parallel zu den dramatischen politischen, ökonomischen und sozialen Verschiebungen im Inneren zwischen Mitte der 1950er und Mitte der 1970er Jahre wandelte sich auch das internationale Umfeld der Volksrepublik von Grund auf. 1954 nahm eine Delegation unter Zhou Enlai an der Genfer Indochinakonferenz teil, die die Unabhängigkeit der französischen Kolonien in Südostasien besiegelte. Im folgenden Jahr spielte China bei der Konferenz von Bandung, auf der sich die entstehende Dritte Welt erstmals außenpolitisch artikulierte, neben Indien die Hauptrolle. Nachdem Peking angesichts von Aufständen gegen die chinesische Herrschaft 1959 seine Kontrolle über Tibet militärisch durchgesetzt hatte, trübten sich jedoch die Beziehungen zur indischen Regierung. Anlass war weniger die Tatsache, dass sich der Dalai Lama, das geistliche und weltliche Oberhaupt der Tibeter, ins indische Exil geflüchtet hatte, als vielmehr der Streit um ein Gebiet an der tibetisch-indischen Grenze, das China 1962 in einem kurzen und brillant geführten Gebirgsfeldzug behaupten konnte.

Seit Mitte der 1950er Jahre verschlechterte sich auch das Verhältnis Chinas zu seinem wichtigsten Bündnispartner, der Sowjetunion, rapide. Die chinesische Führung empfand Chruščevs Politik der Entstalinisierung als anstößig; umgekehrt kritisierten die sowjetischen Führer den Großen Sprung als Abkehr von ihrem eigenen, vorbildhaften Modell. Auch die außenpolitische Grundlage des Bündnisses geriet zusehends ins Wanken. Die um Entspannung im Verhältnis zu den USA bemühte Sowjetführung kritisierte das oftmals kompromisslose Verhalten Pekings als abenteuerlich, während die chinesische Führungsspitze den Kurs Moskaus in der Regel als zu nachgiebig, gelegentlich – besonders während der Kuba-Krise von 1962 – auch als zu riskant beurteilte. 1960 berief die UdSSR ihre sämtlichen Experten aus China ab, ausgerechnet zu einem Zeitpunkt, als das Desaster des Großen Sprungs offenkundig geworden war. Die folgenden Jahre waren von verbalem Schlagabtausch und diplomatischem Tauziehen geprägt, bis es 1969 zu einer Serie von Grenzzwischenfällen kam, die nicht zu einem offenen Krieg eskalierten, aber doch einige hundert Tote forderten.

Vorerst bestand allerdings auch keine Aussicht auf eine Annäherung an die USA, weil diese nach wie vor Taiwan unterstützten und die Volksrepublik im Vietnamkrieg dem amerikanischen Kriegsgegner Nordvietnam moralische und materielle Unterstützung leistete. (Allerdings hatte China bereits 1965 von einem militärischen Eingreifen Abstand genommen, und Nordvietnam war wesentlich enger mit der UdSSR verbündet.) Die Volksrepublik engagierte sich deshalb seit den frühen 1960er Jahren primär in der Dritten Welt, besonders in Afrika. Seit Ende des Jahrzehnts kam es jedoch zu einer allmählichen Annäherung an die USA, die im Besuch des US-Präsidenten Nixon in Peking im Februar 1972 einen ersten Höhepunkt fand. Bereits im Vorjahr hatte die Volksrepublik mit amerikanischer Duldung die chinesische Vertretung in der UNO (und damit verbunden den so wichtigen Sitz im Sicherheitsrat) übernehmen können. Nicht zuletzt wegen der lange aufrecht erhaltenen Weigerung der USA, ihre Unterstützung für Taiwan aufzugeben, nahmen beide Staaten erst 1979 diplomatische Beziehungen zueinander auf.

Das Jahr 1976 stellte einen wichtigen Wendepunkt in der Geschichte der Volksrepublik China dar. Kurz nacheinander verstarben die angesehensten politischen Führer: zuerst Ministerpräsident Zhou Enlai, dann der Oberkommandierende der VBA Zhu De (1886-1976) und schließlich der Parteivorsitzende Mao Zedong. Eine Koalition aus Gegnern der Kulturrevolution in Parteiführung und Militär nutzte das entstandene politische Vakuum aus und ließ die „Viererbande" um Jiang Qing verhaften; im Winter 1980/81 wurde ihr der Prozess gemacht. Auf dem Dritten Plenum des XI. Zentralkomitees im Dezember 1978 entmachtete der in den Führungszirkel zurückgekehrte Deng Xiaoping auch den von Mao designierten, aber farblosen Parteichef Hua Guofeng. Unter den Schlagwörtern von „Reform und Öffnung" (*gaige kaifang*) und der „Vier Modernisierungen" (*Si ge xiandaihua*) von Landwirtschaft, Industrie, Wissenschaft und Technik sowie Militär initiierte Deng eine beispiellose Wirtschaftsreform. Die landwirtschaftlichen Kollektive wurden durch ein System der Haushaltsverantwortlichkeit ersetzt, das eine Rückkehr zur bäuerlichen Einzelwirtschaft bedeutete. Auch in Handel und Industrie wurden zunehmend privatwirtschaftliche Elemente zugelassen, und durch die Einrichtung von Wirtschaftssonderzonen und *joint ventures* holte man ausländisches Kapital und Know-how ins Land. China trat in eine Phase ungeahnten und anhaltenden Wirtschaftswachstums ein, und der Lebensstandard der Bevölkerung stieg dramatisch an. Beispielsweise wuchs das Pro-Kopf-Einkommen zwischen 1980 und 1990 von umgerechnet 290 auf 370 Dollar, während sich im gleichen Zeitraum die Lebenserwartung für Frauen um zwei Jahre von 69,2 auf 71,1 und für Männer um anderthalb Jahre von 66,2 auf 67,8 verlängerte.

Obwohl die chinesische Führung auch die Parole von der „Befreiung des Denkens" ausgegeben hatte, ließ sie dennoch keinen Zweifel daran, dass sich die neuen Freiheiten nicht auf den politisch-gesellschaftlichen Bereich erstrecken sollten. Den zunehmenden Forderungen aus intellektuellen und studentischen Kreisen nach Demokratisierung und politischer Partizipation setzte Deng Xiaoping 1979 seine Vier Grundprinzipien entgegen: Festhalten am Marxismus-Leninismus und den Mao-Zedong-Ideen, an der Diktatur des Proletariats, am sozialistischen Weg und an der Führungsrolle der Partei. Diese Prinzipien waren auch eine Reaktion auf die Auseinandersetzung um die „Mauer der Demokratie" in Peking als Ort, an dem die Demokratie als „fünfte Modernisierung" eingefordert wurde. Der bekannteste Aktivist dieser Bewegung, Wei Jingsheng, wurde 1979 verhaftet und zu 15 Jahren Arbeitslager verurteilt. 1981 initiierte die KPCh eine Kampagne gegen bourgeoise Liberalisierung, der zwei Jahre später eine weitere gegen „geistige Verschmutzung" folgte. Eine erste Welle studentischer Proteste in 16 Städten kostete 1987 den Generalsekretär der Partei Hu Yaobang sein Amt. Hus Tod im Frühjahr 1989 bildete das Fanal zur größten Demokratiebewegung der chinesischen Geschichte. Studentische Aktivisten besetzten den in den 1950er Jahren als Symbol der chinesischen Revolution und der KPCh-Geschichtspolitik ausgebauten Tian'anmen-Platz, traten in den Hungerstreik und setzten so die politische Elite unter Druck. Peinlich war für die Pekinger Führung vor allem, dass die Demonstrationen den Besuch des sowjetischen Parteiführers Michail Gorbačev überschatteten, der das Ende des sino-sowjetischen Konflikts markierte. Am 4. Juni wurde die Demokratiebewegung durch den Einsatz der VBA brutal niedergeschlagen; die Verantwortung hierfür fiel neben Deng Xiaoping selbst vor allem dem Ministerpräsidenten Li Peng zu.

Die Niederschlagung der Demokratiebewegung war zugleich mit einer Krise der politischen Führung verbunden, da der neue Generalsekretär Zhao Ziyang wegen seiner angeblich den Demonstranten gegenüber zu nachgiebigen Politik unter Hausarrest gestellt wurde und damit auch der zweite Nachfolgekandidat Deng Xiaopings nach Hu Yaobang sein Amt verlor. Als Kompromisskandidat wurde der hervorragend ausgebildete und polyglotte, aber eher farblose Bürgermeister von Shanghai Jiang Zemin zum neuen Generalsekretär gewählt.

Jiangs Amtsantritt fiel in eine Phase innen- wie außenpolitischer Orientierungslosigkeit. Zunächst war keineswegs sicher, über welche Macht der neue Parteichef verfügte. Mit der Unterstützung Deng Xiaopings und dank einer geschickten Personalpolitik gelang es Jiang jedoch, eine Phase politischer Stabilität einzuleiten. Ebenso war nach der Niederschlagung der Demokratiebewegung unklar, ob und inwieweit die wirtschaftliche Reformpolitik fortgesetzt werden sollte. Anfang 1992 gelang es Deng Xiaoping jedoch, mit einer spektakulären Visite in mehreren Städten Südchinas, die im Anschluss an die Praxis der großen Qing-Kaiser im 17. und 18. Jahrhundert als Südreise (*nanxun*) bezeichnet wurde, die politische Führung unter Druck zu setzen, parteiinterne Querelen zu beenden und für eine Fortsetzung seines Kurses zu mobilisieren. Die Privatisierung der Wirtschaft, zu der auch die Umwandlung von Staatsbetrieben in private Unternehmen gehört, ist seither weiter vorangeschritten. Mit der Verkündung seiner Theorie der Drei Repräsentationen (*San ge daibiao*) in den Jahren 2000 und 2001 schuf Jiang Zemin sogar die ideologischen Voraussetzungen, Privatunternehmer als Mitglieder in die KPCh aufzunehmen. Prestigeprojekte wie der Drei-Schluchten-Damm am Yangzi wurden auf Kosten einer rücksichtslosen Umsiedlung der Bevölkerung vorangetrieben; andererseits enthüllten zwei große Flutkatastrophen in den Jahren 1990 und 1998 Chinas Umweltprobleme und die Unfähigkeit seiner Behörden, die Bevölkerung insbesondere auf dem Land wirksam vor den Unbilden der Natur zu schützen.

Zu Beginn des 21. Jahrhunderts bietet China ein ambivalentes Bild: Es ist einerseits mittlerweile ein hochgradig technisiertes Land, das 2003 in der Person von Yang Liwei seinen ersten Taikonauten (von chinesisch *taikong* für Weltall) auf einen Weltraumflug entsenden konnte, andererseits weist es besonders an seiner Peripherie noch viele unterentwickelte Regionen auf. Die geographische Ungleichverteilung des Wohlstands zwischen den reichen Küstenregionen und den armen Inlandsprovinzen hat ein Millionenheer von Wanderarbeitern in Bewegung gesetzt, das insbesondere in den Städten eine Destabilisierung der sozialen Ordnung bewirken könnte.

Außenpolitisch brachte die Niederschlagung der Demokratiebewegung zunächst eine Verschlechterung der Beziehungen zu den Staaten des Westens, allen voran den USA, mit sich. Diese verhängten zunächst wirtschaftliche Sanktionen gegen China. Langfristig aber hatte die politische Führung in Peking wohl richtig kalkuliert, dass die Anziehungskraft des chinesischen Marktes den Westen zwingen würde, zur Normalität zurückzukehren. Allerdings waren die 1990er Jahre von weiteren Spannungen gekennzeichnet, da besonders die USA China zunehmend als ökonomischen und strategischen Rivalen empfanden, in westlichen Staaten seit dem Ende des Kalten Krieges verstärkt Kritik an der Menschenrechtssituation in China geübt wurde und das hegemoniale Auftreten der Militärmacht China in Ost- und Südostasien nicht nur im Westen, sondern auch in den Nachbarstaaten Chinas Besorgnis erregte. Das Stadium einer akuten Krise wurde erstmals erreicht, als die Volksrepublik zwischen Mitte 1995 und Frühjahr 1996 durch Raketenabschüsse und amphibische Landemanöver Einfluss auf die Wahlen in Taiwan zu nehmen versuchte. Als während des Kosovo-Konflikts die chinesische Botschaft in Belgrad im Mai 1999 von einer amerikanischen Rakete getroffen wurde, kam es landesweit zu wütenden Protestkundgebungen gegen USA und NATO. Im April 2001 wurde die Besatzung eines US-Düsenflugzeugs, das nach einer Kollision mit einem chinesischen Kampfjet in China notlanden musste, von den dortigen Behörden elf Tage lang wegen angeblicher Spionage festgehalten. Das Frühjahr 2005 schließlich sah antijapanische Proteste in zahlreichen Städten, die sich gegen Japans Ambitionen auf einen Sitz im UNO-Sicherheitsrat, aber auch gegen die aus chinesischer Sicht mangelnde Aufarbeitung der Kriegsverbrechen im Zweiten Weltkrieg durch die japanische Politik und Gesellschaft richteten.

Auf der anderen Seite errang China im gleichen Zeitraum eine Reihe internationaler Achtungserfolge. Dass Hongkong und Macau auf Grund zweier mit Großbritannien bzw. Portugal Mitte der 1980er Jahre geschlossener Verträge 1997 bzw. 1999 an China zurückfielen, kann die chinesische Regierung auf ihrem Habenkonto verbuchen. Ebenso wird die Tatsache, dass das Internationale Olympische Komitee im Juli 2001 die Olympischen Spiele 2008 an Peking vergab (nachdem der erste Anlauf im Jahre 1993 gescheitert war), in China weithin als symbolische Aufwertung verstanden. Ohnehin haben die Ereignisse nach dem 11. September 2001 einerseits die Aufmerksamkeit der Staatengemeinschaft von Ostasien abgelenkt und andererseits die Bedeutung Chinas in internationalen Organisationen verstärkt.

Die Ablösung Jiang Zemins und seiner Führungsmannschaft durch die sogenannte vierte Führungsgeneration um den neuen Parteivorsitzenden Hu Jintao und den neuen Ministerpräsidenten Wen Jiabao im Jahre 2002 war der erste geordnete Machttransfer in der Geschichte der Volksrepublik China. Die neuen Machthaber erben eine Reihe gravierender ökonomischer, sozialer und außenpolitischer Probleme. Wie sie damit umgehen, bleibt abzuwarten. Ebenso ist keineswegs sicher, ob sich China, wie von manchen Stimmen prophezeit, zu *der* Weltmacht des neuen Jahrhunderts entwickeln wird.

3. Politische Strukturen zwischen Kontinuität und Wandel

Von der grundlegenden Transformation, die China seit 1800 erfasste, waren die politischen Strukturen in mehrfacher Weise betroffen. Zum einen veränderte sich seine weltanschauliche Basis. Hatte der Konfuzianismus seit über 2.000 Jahren mehr oder weniger unangefochten die Grundlage des chinesischen Staatswesens gebildet, so schien er seit dem Ende des 19. Jahrhunderts keine geeigneten Antworten auf die drängenden Probleme der Zeit mehr bieten zu können und wurde durch neue Ideologien abgelöst, die zeitgemäße Deutungen und tragfähige Lösungen versprachen. Mit diesem ideologischen Wandel ging ein Umbau des staatlichen Institutionengefüges einher, der seine rechtliche und symbolische Grundlage in der Ausarbeitung zahlreicher Verfassungstexte hatte. Allerdings kam es bis weit ins 20. Jahrhundert hinein zu keiner wirklichen Stabilisierung des politischen Systems. Als wesentlicher Faktor erwies sich dabei ein Element der Kontinuität: der schon in der Kaiserzeit ausgeprägte, auf der Betonung des menschlichen Faktors in der Politik beruhende Einfluss informeller Strukturen.

3.1 Ideologische Grundlagen

Bei der Transformation des chinesischen politischen Systems spielte der Wandel der ideologischen Grundlagen eine wichtige Rolle. An die Stelle des zunehmend als überlebt empfundenen Konfuzianismus traten moderne, aus dem westlichen Ausland übernommene Ideologien. Besondere Bedeutung erlangten konstitutionelles und liberales Gedankengut sowie verschiedene Spielarten des Nationalismus, die synthetische Ideologie Sun Yatsens und schließlich der Sinomarxismus. Diese ideologischen Strömungen beeinflussten sich nicht nur gegenseitig (u.a. weil ideologische Positionswechsel von Intellektuellen keine Seltenheit waren), sondern knüpften teilweise durchaus an konfuzianische Vorstellungen an. Ihre Verbreitung in China setzte einerseits den Kontakt mit dem Westen, andererseits die Entstehung einer modernen politischen Öffentlichkeit und eines Mediensystems voraus, in dessen Rahmen die Vertreter neuer politischer Richtungen sich artikulieren konnten.

3.1.1 Konfuzianismus

Vom Beginn des 2. vorchristlichen Jahrhunderts bis zum Aufkommen moderner Ideologien stellte das philosophische System des Konfuzianismus, wenn auch mit gewissen Unterbrechungen, die weltanschauliche Grundlage des chinesischen politischen Systems bereit. Wie bei allen großen Weltanschauungen handelte es sich um ein widersprüchlich überliefertes und heterogenes Gedankengebäude, das internen Richtungsstreitigkeiten ausgesetzt und überdies einem zeitlichen Wandel unterworfen war. Zwar stand die Autorität der insgesamt 13 klassischen Texte, unter denen die Vier Bücher (*Si shu*) – die „Gespräche" des Konfuzius, das „Große Lernen" (*Daxue*), der Traktat über die „Anwendung der Mitte" (*Zhongyong*) sowie mit Menzius der bedeutendste philosophische Nachfolger des Konfuzius – eine besondere Rolle spielten, außer Frage. Doch wurden sie immer wieder neu ausgelegt und kommentiert, wobei sie auch Einflüsse anderer Lehren (wie etwa Buddhismus und Daoismus) aufnahmen. Dies gilt insbesondere für den Neokonfuzianismus, der in der Song-Zeit (960-1279) seine höchste Blüte erreichte. Zwar ist es eine unzulässige Vereinfachung, den Konfuzianismus mit der chinesischen Tradition gleichzusetzen und zur einzigen Grundlage der chinesischen Kultur zu erheben. Als offiziell vom Staat propagierter Weltanschauung und geistigem Fundament der Beamtenschaft sowie der Literaten – mithin der politischen und kulturellen Elite Chinas – kam dieser Lehre jedoch während der gesamten Kaiserzeit eine fundamentale Bedeutung für die Stabilität des Reiches zu.

In seiner ursprünglichen Gestalt im chinesischen Altertum war der Konfuzianismus eine Mischung aus individueller Moralphilosophie und politischer Theorie, die sich vorrangig auf die Stellung des Menschen innerhalb der Gesellschaft konzentrierte. Schon die klassischen Texte erblickten einen engen Zusammenhang zwischen der moralischen Selbstkultivierung des Einzelnen und der Herstellung politisch und sozial stabiler Verhältnisse. Ethisch richtiges Handeln fand seinen Ausdruck in der korrekten Einhaltung von grundsätzlich hierarchisch gedachten sozialen Beziehungen. Dass unter den Fünf Grundbeziehungen (*Wu lun*) des Konfuzianismus nach derjenigen zwischen Vater und Sohn an zweiter Stelle die zwischen Herrscher und Untertan folgt, ist Ausdruck dafür, dass der Konfuzianismus wie überhaupt alle klassischen politischen Philosophien Chinas den Staat analog zur Familie konstruierte. Die Monarchie war demzufolge die naturgegebene Staatsform, der Herrscher die höchste Autorität und Garant der kosmischen und damit auch der sozialen Stabilität und Harmonie.

Die monarchische Ausrichtung des Konfuzianismus und seine Akzeptanz sozialer Hierarchien fanden jedoch ein Gegengewicht in der Betonung moralischen Regierens. Das Handeln der politisch Verantwortlichen war keineswegs Selbstzweck, sondern hatte dem Wohl des Volkes zu dienen. An eine geregelte politische Partizipation breiter Bevölkerungskreise war damit keineswegs gedacht, doch beinhaltete die auch in der Qing-Zeit noch gültige Lehre von der Legitimierung der herrschenden Dynastie durch das himmlische Mandat (*tianming*) ein Widerstandsrecht des Volkes gegen einen unmoralischen oder auch nur unfähigen Monarchen. Oberstes gesellschaftspolitisches Ziel des Konfuzianismus aber blieb die Herstellung einer hierarchisch strukturierten und zugleich von Harmonie und gegenseitigem Nutzen geprägten Gesellschaft.

Da die Konfuzianer annahmen, dass dieses Ziel mit den geeigneten Mitteln grundsätzlich erreichbar sei, mussten sie zu seiner Erreichung keine transzendenten

Kräfte bemühen. Die Utopie des Konfuzius war ganz von dieser Welt; sie lag in der vollkommenen Herrschaft der weisen Monarchen der Vorzeit. Die Weisen hatten den Beweis erbracht, dass eine soziale Stabilität durch wohlwollende, tugendhafte Regierung tatsächlich möglich war. Die immer wieder gemachte Beobachtung, dass die politische und soziale Realität diesem Ideal keineswegs entsprach und insbesondere Belohnungen und Strafen nicht in moralisch einwandfreier und gerechter Weise verteilt wurden, stand für die konfuzianischen Gelehrten nicht in grundsätzlichem Widerspruch zur Praktikabilität der Ziele. Die mit diesen Überzeugungen einhergehende Hochschätzung, ja Verklärung der Vergangenheit verlieh dem konfuzianischen Denken, bei aller intellektuellen Flexibilität seiner Vertreter, einen gewissen konservativen Grundzug. Diese waren sich auch mit Ausnahme weniger Außenseiter darüber einig, dass die konfuzianischen Grundprinzipien die höchste moralische und intellektuelle Autorität darstellten. Schließlich folgte aus der Betonung der Selbstkultivierung des Einzelnen für die soziale Stabilität auch, dass der Konfuzianismus Rituale und die Einhaltung der sozialen Normen (*li*) höher bewertete als gesetztes Recht (*fa*).

Diese Grundprinzipien des Konfuzianismus waren auch in der Qing-Zeit noch gültig und verliehen dem Konfuzianismus seine politische Wirksamkeit. Zwar hatten Gelehrte seit dem 11. Jahrhundert das konfuzianische Lehrgebäude um zahlreiche erkenntnistheoretische, ontologische und kosmologische Spekulationen erweitert. Die Qing-Herrscher förderten jedoch aus wohlverstandenem Eigeninteresse vor allem die konfuzianische Morallehre. Dieser Tendenz stellte sich um die Mitte des 18. Jahrhunderts die empirische oder *kaozheng*-Schule entgegen, deren Anhänger mit den Mitteln einer philologischen Textkritik den „unverfälschten" Konfuzianismus der frühen Kaiserzeit wiederherstellen wollten. Ihre Kritiker erblickten darin jedoch eine Vernachlässigung der Moral. Schulen, die eine Erneuerung der Gesellschaft auf moralischer Grundlage erstrebten, konnten sich zunächst nur schwer gegen die Dominanz der empirischen Richtung durchsetzen. Zwischen etwa 1830 und Mitte der 1870er Jahre errangen sie jedoch, nicht zuletzt als Folge der inneren und äußeren Krisen, eine unangefochtene Vormachtstellung.

Insbesondere die machtpolitische, ökonomische und kulturelle Herausforderung durch den Westen warf jedoch die Frage auf, inwieweit eine Konzentration auf moralische Vorstellungen eine Lösung für Chinas Probleme sein könne. In den 1860er und 1870er Jahren vertrat die Selbststärkungsbewegung gegen konservativen Widerstand die Auffassung, man könne technische Errungenschaften des Westens übernehmen, ohne das geistige, politische, soziale und kulturelle Fundament des Konfuzianismus zu gefährden (vgl. Kap. 5.1.1). Ende der 1890er Jahre versuchte eine Gruppe von Gelehrten um den vielseitigen, auch für fremde geistige Traditionen aufgeschlossenen Kang Youwei (1857-1927), den Konfuzianismus zum intellektuellen Fundament für eine umfassende Erneuerung Chinas zu machen. Das erste Hauptwerk Kangs, die „Studie über Konfuzius als Reformer" (*Kongzi gaizhi kao*) aus dem Jahr 1897, knüpfte an eine philologische Debatte über die Authentizität der aus dem Altertum überlieferten konfuzianischen Texte an. Gestützt auf eine selektive Textauswahl, deren Einseitigkeit ihm von seinen Kritikern vorgehalten wurde, bestritt Kang den rückwärtsgewandten Konservatismus des Konfuzius und erklärte diesen im Gegenteil zu einem fortschrittlichen Reformer, der bewusst eine neue Ordnung begründet habe. Mit dieser These ließ sich nicht zuletzt die politische Umwandlung Chinas in eine konstitutionelle Monarchie rechtfertigen, für die Kang sich bis zu seinem Lebensende einsetzte. Vermutlich hätte bereits die von Kang mit initiierte Hundert-Tage-Reform zu dieser Staatsform geführt, wenn sie nicht durch den Gegenputsch der Konservativen um die Kaiserinwitwe Cixi abrupt beendet worden wäre.

Seit 1900 verlor der Konfuzianismus seinen Charakter als politische Ideologie. Von den radikalen Kräften innerhalb der republikanischen Revolution wurde er abgelehnt, mehr noch von den intellektuellen Führern der Bewegung für neue Kultur ab 1915. Letztere erklärten den Konfuzianismus zum Hauptverantwortlichen für die innere Destabilisierung und die äußere Schwäche Chinas und gaben die Parole aus, den „Konfuziusladen" zu zerschlagen. Von anderer Seite wurde der Konfuzianismus, häufig im Rahmen anderer Weltanschauungen, als kulturelles Symbol und spirituelle Kraft entdeckt. Die Qing-Dynastie stellte 1906 die Opfer für Konfuzius mit denen für Himmel und Erde gleich und machte sie damit zu einem festen Bestandteil der Staatsreligion. In der frühen Republikzeit setzte sich eine Reihe prominenter Gelehrter – zunächst vergeblich – dafür ein, den Konfuzianismus wieder zur Staatsreligion zu erklären. Die Guomindang führte den Konfuziuskult 1934 wieder ein. Dagegen war in der Volksrepublik der Konfuzianismus zunächst verpönt und wurde 1973 während der Kampagne „Kritisiert Konfuzius und Lin Biao" zum unmittelbaren Zielobjekt einer politischen Kampagne. In der Reformära allerdings wurde Konfuzius wieder zunehmend positiv bewertet.

Dennoch erschien es angesichts der ungeheuren politischen Umwälzungen lange Zeit nicht mehr möglich, China allein aus dem Geist des Konfuzianismus zu erneuern. Nach dem Zweiten Weltkrieg hat eine sogenannte Dritte Generation konfuzianischer Gelehrter, die überwiegend außerhalb der Volksrepublik China aktiv waren, die Konsequenzen hieraus gezogen, nach demokratischen Wurzeln im Konfuzianismus gesucht und Überlegungen zur Reform der konfuzianischen Lehre im Sinne einer Demokratisierung angestellt. Auf ein größeres Echo innerhalb der Volksrepublik stieß die Debatte über „asiatische Werte", die u. a. vom langjährigen Premierminister Singapurs Lee Kuan Yew (Li Guangyao,*1923) angestoßen wurde. Im Rahmen dieser Debatte wurde der Konfuzianismus als betont antiwestliche Ideologie zur Rechtfertigung autoritärer politischer Systeme herangezogen. In den letzten Jahren sind in der Volksrepublik wieder Gelehrte mit dem Programm einer neokonfuzianischen Orthodoxie hervorgetreten (vgl. Kap. 5.3.2), die jedoch für die kommunistische Herrschaft vorläufig keine Herausforderung darstellen.

Damit soll jedoch nicht gesagt sein, dass der Konfuzianismus seit etwa 1900 keinen Einfluss mehr auf die politische und gesellschaftliche Entwicklung Chinas ausgeübt hat. Zwar war seine unmittelbare Bedeutung geschwunden, doch indirekt war er nach wie vor präsent. Alle geistigen Väter des neuen China bis hin zu Mao

Zedong hatten eine konfuzianische Erziehung genossen, und der Konfuzianismus bot ihnen eine Fülle von Anknüpfungspunkten bei der Entwicklung ihrer eigenen politischen Programme. Außerdem hatte der Konfuzianismus eine gewisse Vorbildfunktion für die neuen Ideologien. Erstens stellten auch diese ein vollständiges philosophisches System auf und behaupteten, dass eine bestimmte Form des Wissens alle anderen Formen übertreffe. Zweitens betonten sie weiterhin eine moralische Verpflichtung am Dienst an der Gemeinschaft und erhoben das Wohlergehen des Volkes zum ausschlaggebenden Kriterium für die Legimität des jeweiligen Regimes.

Neben dem Konfuzianismus haben auch andere klassische Lehren des alten China Einfluss auf das politische Denken des 19. und 20. Jahrhunderts ausgeübt, wenn dieser auch weit weniger gut erforscht ist als im Falle des Konfuzianismus. Insbesondere ist hier der Legismus zu erwähnen, der ebenfalls in den Jahrhunderten vor der Zeitenwende entstand. Die Legisten strebten die Stärkung des Staates durch seine Umwandlung in einen zentralisierten Machtstaat an, in dem die Stellung des Herrschers unantastbar sein sollte. Die Untertanen wollten sie durch ein einfaches und klares Rechtssystem disziplinieren, das primär auf gegenseitige Überwachung sowie auf Abschreckung durch drakonische Strafen setzte, erst in zweiter Linie auf Belohungen. Gegenseitige Überwachung, rücksichtslose Indienstnahme der Bürokratie und die Geheimhaltung politischer Vorgänge sollten die Macht des Herrschers stärken und den Staat wohlhabend und auch nach außen mächtig werden lassen. Gerade im 20. Jahrhundert haben viele chinesische Politiker, allen voran Mao Zedong, eher hierin ein Vorbild gesehen als im konfuzianischen Postulat sozialer Harmonie.

3.1.2 Liberalismus

Generell war die chinesische Suche nach neuen politischen Lösungen ein Symptom des Krisenbewusstseins, das von der äußeren Bedrohung durch den Imperialismus wie von der inneren Destabilisierung durch die großen Aufstände um die Mitte des 19. Jahrhunderts hervorgerufen worden war. Gegenüber einer kreativen Weiterentwicklung der chinesischen politischen Philosophien, wie sie die Reformkonfuzianer propagiert hatten, setzte sich um die Wende zum 20. Jahrhundert die Adaption europäischer und nordamerikanischer Weltanschauungen durch. Dabei vollzog China in wenigen Jahrzehnten einen Diskussionsprozess nach, der in Europa und den USA eine wenigstens 200jährige Entwicklung hinter sich hatte. Dieser Prozess beruhte auf zwei Voraussetzungen: Erstens mussten die Klassiker der europäischen politischen Theorie in chinesischer Sprache zugänglich gemacht werden, was häufig durch Sekundärübersetzungen aus dem Japanischen geschah. Erst die Intellektuellengeneration der Bewegung für neue Kultur ab 1915 verfügte über genügend fremdsprachliche Kenntnisse, um diese Texte im Original zu lesen. Zweitens benötigte man Diskussionsforen, um diese Ideen diskutieren und auf ihre Anwendbarkeit für China überprüfen zu können. Diesen Zweck erfüllten die seit 1900 wie

Pilze aus dem Boden schießenden, oftmals sehr kurzlebigen Zeitschriften der verschiedensten Couleurs.

Besonders in den beiden ersten Jahrzehnten nach 1900 hatte der politische Liberalismus in China beträchtlichen Einfluss. Unter Liberalismus wird im Folgenden eine politische Theorie verstanden, deren zentraler Bezugspunkt die Rechte des Individuums sind und die für ein repräsentatives, in einem elastischen Begriffsverständnis als „demokratisch" zu bezeichnendes Regierungssystem eintritt. In diesem Kontext kam auch der Vorstellung von Menschenrechten eine zentrale Bedeutung zu. Die chinesischen Liberalen kannten die europäischen Klassiker wie Adam Smith, Jeremy Bentham, Charles de Montesquieu und John Stuart Mill, seit der teilweise in England ausgebildete Gelehrte und Ingenieur Yan Fu zwischen 1897 und 1909 Übersetzungen ihrer wichtigsten Werke in klassischem Chinesisch und mit ausführlichem Kommentar publiziert hatte. Infolge des gänzlich anderen politischen Kontextes konnte sich der klassische europäische *laissez faire*-Liberalismus in China allerdings nicht in Reinkultur durchsetzen.

Die Rezeption des Liberalismus in China war nicht wie in Europa und Nordamerika vom Kampf des bürgerlichen Individuums gegen einen despotischen Staat, sondern vielmehr von dem Bewusstsein einer existenziellen Krise der chinesischen Nation geprägt. Liberalismus und Nationalismus koexistierten in diesen Jahren in einer engen Symbiose; die Liberalen waren in ihrer Mehrzahl auch glühende Nationalisten. Die Propagierung freiheitlicher Anschauungen richtete sich daher in erster Linie gegen die autoritäre Herrschaft der fremdstämmigen Mandschu-Dynastie, die sich scheinbar als unfähig erwiesen hatte, China aus der Krise herauszuführen. Dabei spielte es keine Rolle, ob man das bestehende politische System reformieren oder die Qing-Dynastie stürzen und durch eine Republik ersetzen wollte. Für Reformer wie Revolutionäre bestand die Verheißung des Liberalismus in der Vorstellung, dass nur die Gewährung individueller Freiheitsrechte den mündigen Staatsbürger hervorbringen könne, der auch seine Pflichten ernst nehmen und sich für die Rettung der Nation vor den ausländischen Eindringlingen einsetzen würde. Besonders nachdrücklich wurde dieser Gedanke von Liang Qichao (1873-1929), einem ehemaligen Schüler Kang Youweis und bedeutenden Universalgelehrten, in seiner Schrift über den „neuen Bürger" (*Xin min shuo*) aus dem Jahre 1902 vertreten.

Die Herleitung der Menschenrechte war unter den Verfechtern des Liberalismus in China umstritten. Während ein Teil von ihnen an die euro-amerikanische Konzeption des Naturrechts anknüpfte, betonten andere, dass Menschenrechte vom Staat verliehen würden. Paradoxerweise forderte auch diese zweite Gruppe Rechte ein, die von der Gesetzgebung der Qing-Dynastie nicht garantiert wurden, und konnte ihre Auffassung somit nicht einfach aus dem positiven Recht ableiten. Mit der Vorstellung inhärenter und vom sozialen Status unabhängiger Menschenrechte setzten sich die Liberalen in Gegensatz zur hierarchischen Gesellschaftskonzeption des Konfuzianismus, ohne diesen unmittelbar anzugreifen. Eingefordert wurden die klassischen Bürgerrechte, besonders Meinungs-, Rede- und Pressefreiheit.

Dabei sah man in dieser Forderung keinen Gegensatz zur Notwendigkeit eines starken, handlungsfähigen Staates. Es war diese Form des Liberalismus, welche die Revolution von 1911 und die Verfassungsgesetzgebung in den ersten Jahren der Republik ganz wesentlich prägte.

Die Bewegung für neue Kultur erweiterte die Debatte über Menschenrechte und Grundfreiheiten in mehrfacher Hinsicht. Sie identifizierte explizit den Konfuzianismus als Quelle für Unterdrückung, gesellschaftliche und politische Stagnation. Zudem beschränkte sie ihr Eintreten für Veränderungen nicht mehr nur auf das politische Feld, sondern dehnte es auf zentrale Bereiche des sozialen Lebens aus. Unter der Leitung intellektueller Führungsfiguren stritten die zumeist jugendlichen Vertreter der Bewegung nicht zuletzt auch für die eigene Emanzipation, wobei Themen wie das Recht auf moderne Bildung, freie Partnerwahl und überhaupt auf eine unabhängige, nicht von Erfordernissen der Familie und der älteren Generationen diktierte persönliche Entwicklung im Mittelpunkt standen. Dies schloss ausdrücklich auch die bis dahin eher zögerlich erhobene Forderung nach einer neuen sozialen Rolle für die Frauen ein, deren Emanzipation nun ausdrücklich gefordert wurde (vgl. Kap. 4.1.4). Schließlich begann man sich auch für soziale Fragen und die bis dahin vernachlässigten Bedürfnisse der unteren Gesellschaftsschichten, insbesondere der Arbeiterschaft, zu interessieren. Infolgedessen rezipierte man vor allem westliche Theoretiker, die die Verpflichtung des Einzelnen gegenüber der Gemeinschaft betonten. Neben den klassischen politischen Bürgerrechten, die nach wie vor die Menschenrechtsdebatte bestimmten, wurde so auch ein Konzept ökonomischer Rechte eingeführt, die unter dem Begriff des Rechts auf Subsistenz (*shengcun quan*) zusammengefasst wurden.

Gleichzeitig erwies sich die 4.-Mai-Bewegung als Wasserscheide des Liberalismus. Eine Reihe ihrer intellektuellen Wegbereiter wandte sich vorübergehend, zumeist sogar endgültig von dieser Weltanschauung ab und dem Kommunismus oder der Ideologie Sun Yatsens zu. So wurden Chen Duxiu (1879-1942) und Li Dazhao (1889-1927) zu Mitbegründern der Kommunistischen Partei Chinas. Mit den Führungsfiguren orientierten sich auch große Teile ihrer Anhängerschaft an autoritären bzw. totalitären Positionen. Für diesen Wandel war zum Teil die nationalistische Radikalisierung der Bewegung durch die Ereignisse des 4. Mai 1919 verantwortlich, aber die Erschließung neuer politisch-sozialer Themenfelder scheint auch eine Eigendynamik entwickelt zu haben. Angesichts des Scheiterns liberal-demokratischer Konzeptionen an den politischen Realitäten Chinas wurde die Idee der Demokratie nunmehr zunehmend skeptisch beurteilt. Dass sich in den 1920er Jahren eine Reihe westlicher Staaten wie Italien, Deutschland, aber auch die Sowjetunion von der demokratischen Regierungsform abwandten, deutete zudem auf einen weltweiten Abschwung der demokratischen Konjunktur hin. Eine zwischen Ende 1933 und Anfang 1935 in verschiedenen liberalen Zeitschriften ausgetragene Debatte über die Vorzüge von Demokratie und Diktatur verlief zwar durchaus kontrovers. Doch gaben selbst viele Befürworter des demokratischen Modells, wenn auch widerwillig, zu, dass angesichts der durch die japanische Aggression ausgelösten nationalen Krise eine diktatorische Herrschaft der GMD wenigstens vorübergehend akzeptiert werden müsse.

Demokratie oder Diktatur?

In der Debatte um Demokratie und Diktatur gehörte auch Hu Shi, einer der bedeutendsten Intellektuellen seiner Zeit, zu jener Minderheit, die die Demokratie verteidigte. In einem Artikel in der Zeitschrift *Duli pinglun* [Unabhängige Kritik] vom 10. Dezember 1933 bezog Hu unter der Überschrift „Staatsaufbau und Autokratie" Stellung gegen einen Artikel des Historikers Jiang Tingfu, in dem dieser für die Notwendigkeit der Diktatur eingetreten war.

In der vorigen Ausgabe hat Jiang Tingfu einen Aufsatz unter dem Titel „Revolution und Autokratie" veröffentlicht, in dem er auf der Grundlage der europäischen Geschichte in den letzten Jahrhunderten [folgende] These vertritt: „Chinas gegenwärtige Lage gleicht der englischen vor der Autokratie der Tudors, der französischen vor der Autokratie der Bourbonen und der russischen vor der Autokratie der Romanovs. Wir haben jetzt innere Unruhen, aber keine wirkliche Revolution. Obwohl wir eine mehrtausendjährige Autokratie durchgemacht haben, haben unsere autokratischen Monarchen aufgrund der besonderen Verhältnisse unglücklicherweise ihre historische Aufgabe nicht zu Ende geführt. Das Erbe, das die mandschurischen Qing der Republik übergaben, war äußerst schlecht und ein unzureichendes Kapital für die Durchführung einer Revolution. Erstens ist unser Land wie früher ein dynastischer Staat und kein Nationalstaat. Die gewöhnlichen Leute sind Individuen, Familien oder Regionen gegenüber loyal, nicht gegenüber dem Staat. Zweitens haben die autokratischen Monarchen keinerlei Klasse hinterlassen, die als Zentrum einer neuen Staatsgewalt fungieren könnte. [...] Drittens ist unsere materielle Zivilisationen unter dem autokratischen politischen System zu sehr zurückgeblieben. Sobald wir uns zu einer Revolution erheben, könnten Ausländer dies zu ihrem Vorteil ausnützen, und wir könnten uns überhaupt nicht wehren."
Die Schlussfolgerung von Herrn Jiang lautet: „Die politische Geschichte aller Staaten zerfällt in zwei Abschnitte. Der erste ist der Staatsaufbau, erst beim zweiten Schritt kann man den Staat nutzen, um auf das Wohlergehen [des Volkes] hinzuarbeiten. Da wir die mit dem ersten Schritt [verbundene] Arbeit noch nicht getan haben, können wir [jetzt noch] nicht über den zweiten Schritt reden." [...] Wenn wir die von ihm angeführten historischen Belege lesen, ... können wir nicht umhin, [daraus] drei Fragen abzuleiten: (1) Ist die Autokratie eine notwendige Vorstufe für den Staatsaufbau? (2) Wenn China eine mehrtausendjährige Autokratie durchlaufen hat, warum hat es die historische Mission des Staatsaufbaus noch nicht erfüllt und noch keinen Nationalstaat geschaffen?
[...]
Herr Jiang will im Grunde wahrscheinlich nur sagen, dass eine vereinheitlichte Staatsgewalt eine notwendige Voraussetzung für den Staatsaufbau ist, aber da der von ihm verwendete Begriff „Autokratie" die Vereinheitlichung der Staatsgewalt beinhaltet, werden Menschen damit schnell jene unbeschränkte diktatorische Politik assoziieren. Die Zeit Heinrichs VIII. von England war in Wirklichkeit eine Zeit, in der sich der Einfluss des Parlaments erhob: Die Parlamentsabgeordneten genossen seit dieser Zeit Sicher-

heit vor Verhaftungen, und als der König eine neue Staatsreligion begründete, stützte er sich auf die Stärke des Parlaments. Daher sollten wir auf seine [Jiangs] Behauptung, die Autokratie sei eine notwendige Voraussetzung für den Staatsaufbau, erwidern, dass die Vereinheitlichung der Staatsgewalt die Voraussetzung für den Staatsaufbau ist und dass man zur Vereinheitlichung der Staatsgewalt keineswegs die diktatorische Politik der Romanovs nachahmen muss.

[...]

Zweitens: Wenn wir heute über den „Staatsaufbau" reden, dann wollen wir nicht einfach einen Nationalstaat aufbauen. China kann seit den beiden Han-Dynastien [206 v. Chr. – 220 n. Chr.] als Nationalstaat gelten. Der von uns so genannte „Staatsaufbau" bedeutet, dass wir dafür sorgen wollen, dass dieser chinesische Nationalstaat in der Welt von heute nicht mehr mit Füßen getreten wird.

(Zhang Zhongdong/Li Yongchi/Lin Zhenghong [Hrsg.]: *Minzhu – xianzheng – fazhi. Xiandai Zhongguo ziyouzhuyi ziliao xuanbian. Jinian „Wu si" bashi zhounian* [Demokratie – konstitutionelle Regierung – Herrschaft des Rechts. Ausgewählte Materialien zum chinesischen Liberalismus. Zur Erinnerung an den 80. Jahrestag der „4.-Mai-Bewegung". Taibei: Tangshan Chubanshe 2002, S. 271-277. Übersetzt von Thoralf Klein.)

Ende der 1920er Jahre war der Liberalismus in China somit in die Defensive geraten: ideologisch, weil die GMD ihrem Konzept der nicht freiheitlich-individualistisch gemeinten „Volksrechte" und des Einparteienstaates eine größere Massenbasis verschaffen konnte, politisch durch das oftmals brutale Vorgehen des GMD-Regimes gegen seine Gegner. Das Dilemma der Liberalen, die keineswegs als geschlossene Gruppe auftraten, zeigt sich deutlich an ihren Veröffentlichungen in Zeitschriften wie „Neumond" (*Xinyue*) und „Unabhängige Kritik" (*Duli pinglun*). Erstens reagierten sie bei der Entwicklung ihrer politischen Ideen überwiegend defensiv auf die Guomindang. Gerade weil die Liberalen die ideologischen Positionen der GMD zum Ausgangspunkt ihrer Kritik machten, vermochten sie ihr eigenes Profil nicht hinreichend zu entwickeln. Zweitens blieben bei der angesichts des mangelnden Rechtsschutzes gerade für Oppositionelle hoch bedeutsamen und intensiven theoretischen Auseinandersetzung mit den Menschenrechten, etwa bei dem Philosophen Hu Shi und dem Politikwissenschaftler Luo Longji, zentrale Fragen ungeklärt. Weder der dem Prinzip der klassischen Abwehrrechte verpflichtete Hu noch der weitaus systematischer arbeitende Luo, der die Menschenrechte funktionalistisch als Voraussetzung des Menschseins definierte und in seinen 35 Einzelpunkte umfassenden Grundrechtskatalog auch ökonomische und soziale Kategorien wie Chancengleichheit, Recht auf Arbeit und Orientierung am Gemeinwohl aufnahm, gelangten zu einer differenzierten Evaluierung der Freiheitskonzeption. Die für eine Demokratie so zentrale Frage nach den Konflikten zwischen den Freiheiten von zwei Personen oder zwischen der Freiheit und anderen Werten blieb unerörtert. Drittens blieben die Konzeptionen der Liberalen für eine alternative politische Ordnung trotz ihres Eintretens für eine Verfassung unterentwickelt. Über Sinn und Ausmaß politischer Partizipation waren die Liberalen uneins; viele von ihnen vertraten ein elitäres Politikverständnis, wonach die Regierenden zwar gewählte Repräsentanten, vor allem aber Fachleute sein sollten. Viertens fehlte den Liberalen eine wirksame politische Organisation. Neben intellektuellen Diskussionszirkeln wurde ein menschenrechtlich geprägter Liberalismus in den 1930er und 1940er Jahren, wenn überhaupt, nur noch von einer Reihe kleinerer Parteien vertreten, die als „dritte Kraft" zwischen GMD und Kommunisten aber über keine hinreichende politische Basis verfügten.

Die GMD selbst nahm in Bezug auf das Konzept der Menschenrechte eine ambivalente und utilitaristische Position ein. Obwohl die Partei in China selbst bei der Verfolgung Oppositioneller keine Rücksicht auf staatsbürgerliche Rechte nahm, engagierte sie sich nach dem Zweiten Weltkrieg auf internationaler Ebene für die Menschenrechte. Als Gründungsmitglied der UNO stellte China in der Person von Zhang Pengjun (1892-1957) einen der Vizepräsidenten der Menschenrechtskommission, die mit der Erarbeitung der Allgemeinen Erklärung der Menschenrechte von 1948 betraut war. Besonders auf die Formulierung des ersten Artikels über die Freiheit und Gleichheit der Menschen nahm Zhang großen Einfluss. Er vermochte die Kommission zu überzeugen, aus Rücksicht auf unterschiedliche kulturelle Traditionen den Bezug auf die westliche Naturrechtskonzeption zu tilgen und brachte umgekehrt den konfuzianischen Begriff der Gemeinschaftsbezogenheit (*ren*) in die Debatte ein, der in der englischen Fassung mit *conscience* übersetzt wurde. Ob die Beteiligung der GMD-Regierung an der Formulierung internationaler menschenrechtlicher Standards mehr als nur eine taktische Maßnahme war, um die Unterstützung der USA im Bürgerkrieg zu gewinnen, ist nicht eindeutig zu beurteilen. An der Unterdrückung von Regimegegnern änderte sich jedenfalls nichts.

Konnten die chinesischen Liberalen unter der GMD-Herrschaft ihren Standpunkt zumindest noch öffentlich artikulieren, so unterband die KPCh nach der Gründung der Volksrepublik ihre Meinungsäußerungen so gut wie vollständig. Während im Krieg gegen die Japaner und auch im Bürgerkrieg die Menschenrechte gelegentlich als Instrument der kommunistischen politischen Agitation gedient hatten, zog sich die Partei nunmehr auf ihre Argumentation vom bourgeoisen Charakter der Menschenrechte und auf die Behauptung zurück, mit dem Sieg der Revolution seien die Rechte des chinesischen Volkes verwirklicht worden. Seit Ende der 1980er Jahre ist sie zudem bemüht, ökonomische und soziale Rechte zu betonen und gegen die klassischen individuellen Freiheitsrechte auszuspielen. Angesichts dieser Rahmenbedingungen war eine freie Diskussion nur noch in Ausnahmesituationen möglich. Eine erste Gelegenheit ergab sich 1957, als Chinas Intellektuelle im Rahmen der Hundert-Blumen-Kampagne von der Partei zu freimütiger Kritik aufgefordert wurden. Da kurze Wandzeitungen das wichtigste Kommunikationsmedium darstellten, war an eine systematische Diskussion nicht zu denken. Dennoch ist auffällig, dass nicht nur die älteren, schon in der GMD-Zeit aktiven Liberalen, sondern auch bereits in der Volksrepublik sozialisierte Studierende auf liberale und menschenrechtliche Argumente zurückgriffen. Diese wurden in zwei Zusammenhängen artikuliert: Konkret wurden Exzesse während der politischen Kampagnen in den 1950er Jahren, besonders die Verhaftung Unschuldiger, angeprangert; grundsätzlicher beklagte man die Verletzung der in der Verfassung von 1954 festgelegten Grundrechte. Gerade auf diesen letzten Punkt reagierte die Partei höchst empfindlich. Nachdem die Hundert-Blumen-Bewegung in eine Kampagne gegen rechte Tendenzen umgeschlagen war, attackierte die offizielle Presse den Individualismus, den Humanismus und die Menschenrechtskonzeption der intellektuellen Kritiker.

Die zweite Ausnahmesituation ergab sich während der kurzlebigen Bewegung um die „Mauer der Demokratie" 1978/79. Die Aktivisten dieser Bewegung schöpften vor allem aus ihren persönlichen Erfahrungen während der Kulturrevolution und hatten bestenfalls rudimentäre Kenntnisse über die Geschichte liberaler Ideen in China. Teils aus taktischen Gründen, teils infolge ihrer Sozialisation unter einem kommunistischen Regime waren sie sich auch nicht einig, inwieweit sie auf westliche „bourgeoise" Vorstellungen zurückgreifen sollten. Neben der Rückgängigmachung einer Reihe von Grundentscheidungen der 1950er Jahre wie der sozialen Basiseinheiten (*danwei*), der Geheimhaltung interner Dokumente und der Verschickung von Regimegegnern aufs Land wurden auch Versammlungs- und Reisefreiheit, die Abschaffung willkürlicher Verhaftungen durch Geheimpolizei und Parteikomitees, eine größere Transparenz der politischen Institutionen, ein Mehrparteiensystem und – in Anknüpfung an die kaiserzeitliche Staatsorganisation – eine Art Zensorat gefordert.

Ähnlich diffus waren auch die Vorstellungen der blutig unterdrückten Studentenbewegung von 1989, die primär eine größere Offenheit der Partei forderte und an Vorstellungen von Demokratie ebenso anknüpfte wie an das konfuzianische Ideal des gerechten Beamten. Die Demonstranten auf dem Platz des Himmlischen Friedens beschworen ebenso die Tradition des 4. Mai 1919 wie ein allgemeines Pathos der Demokratie und der Menschenrechte. Eine Ende Mai 1989 aufgesetzte Erklärung der Menschenrechte beschwor in der Tradition des chinesischen Liberalismus die freie und gleiche Geburt sowie die unveräußerlichen Rechte aller Menschen und beklagte die Verletzung dieser Rechte durch sukzessive chinesische Regierungen. Seit der Niederschlagung der Protestbewegung hat sich die Menschenrechtsdebatte auf der einen Seite internationalisiert; andererseits sind die meisten liberalen Kritiker ins Exil geflüchtet oder gezwungen worden, wie der Astrophysiker Fang Lizhi, einer der Wortführer von 1989, oder der bekannteste Aktivist der „Mauer der Demokratie" Wei Jingsheng, der nach Verbüßung von zwei Gefängnisstrafen 1997 in die USA abgeschoben wurde. Beim gegenwärtigen Stand der Dinge lässt sich einerseits nicht bestreiten, dass der Liberalismus ein nicht wegzudenkender Bestandteil der politischen Tradition des modernen China ist; andererseits war er aber in den letzten Jahrzehnten machtlos, und ob er in China eine Zukunft hat, bleibt ungewiss.

3.1.3 Nationalismus

Wie der Liberalismus, so war auch der Nationalismus ein Produkt der chinesischen Identitätskrise Ende des 19. Jahrhunderts. Anders als dieser konnte er aber stärker an chinesische Vorstellungen anknüpfen. Zwar kannte China bis zum 19. Jahrhundert keine Ordnungskonzeption, die sich mit den europäischen Kategorien von Staat und Nation vergleichen ließ. Der Reichsbegriff *tianxia* („was unter dem Himmel ist") bezeichnete eine vom Kaiser beherrschte kulturelle Ökumene, und das Wort *guo* bezog sich primär auf die herrschende Dynastie und nahm erst nach 1900 die Bedeutung „Staat" oder auch „Nation" an. Seit dem ausgehenden 18. Jahrhundert jedoch beriefen sich die Mandschu, das ehemalige Erobervolk, das die herrschende Dynastie stellte, in ihrer Abgrenzung von den Chinesen nicht mehr auf kulturelle Unterschiede, sondern auf ihre Konstruktion als separate Abstammungsgemeinschaft. Auf diese Weise hielten ethnische Abgrenzungskriterien in die Gesellschaft des multiethnischen Qing-Reiches Einzug, an die nationalistische Theorien ebenso anknüpfen konnten wie an die Konzeptionen der Familie und der Abstammungsgruppe, beides wesentliche Strukturprinzipien der chinesischen Gesellschaft. Charakteristischerweise wurde der Begriff *minzu*, eine bis dahin nur für fremde Ethnien verwendete Kombination der Schriftzeichen für „Volk" und „Abstammungsgruppe/Lineage", seit der Jahrhundertwende allgemein zur Bezeichnung von Nationen, einschließlich der chinesischen, verwendet. Der gleiche Begriff lässt sich freilich auch mit „Rasse" übersetzen; dies erklärt die oftmals stark rassistischen Konnotationen des chinesischen Nationsbegriffs. Demgegenüber sollte der moderne Staatsbegriff *guojia*, die Umdeutung eines alten chinesischen Begriffs, der als zweiten Bestandteil das Schriftzeichen für Haus(halt) enthält, als Anknüpfungspunkt für einen Staatsnationalismus dienen.

Neben dieser spezifischen Semantik war die Genese des chinesischen Nationalismus als (Neu-) Erfindung einer Gemeinschaft wesentlich durch die Erfahrungen Chinas mit dem euro-amerikanischen Imperialismus geprägt. Die „Arbeit an der Nation" lässt sich als Versuch zur ideologischen Bewältigung des imperialistischen Traumas beschreiben: Die Neubestimmung der Identität Chinas verstanden die chinesischen Nationalisten mehr oder weniger explizit als Mittel, ihrem Heimatland seinen Platz in einer als feindlich empfundenen internationalen Umwelt zu sichern.

Hinsichtlich der Frage, welche Kriterien die chinesische Nation definierten, äußerten die nationalistischen Theoretiker unterschiedliche Positionen. Im Wesentlichen sind fünf unterschiedliche Ansätze auszumachen. Erstens propagierte die Qing-Dynastie im Zuge ihrer Reformpolitik einen dynastischen Patriotismus: Nach japanischem Vorbild sollte die nationale Gemeinschaft durch die Loyalität ihrer Angehörigen zur herrschenden Dynastie, in zweiter Linie zur Person des Herrschers selbst gestiftet werden. Zur Verbreitung dieses Patriotismus trug nicht nur das expandierende Zeitungswesen bei, sondern vor allem auch die in den neu gegründeten, modernen Schulen verwendeten Textbücher. Entgegen der bisherigen

Tradition, wonach die Politik allein den dazu befähigten Eliten vorbehalten bleiben sollte, wurden nunmehr alle Staatsbürger aufgefordert, sich für die Belange des Landes einzusetzen. In den Dienst der patriotischen Propaganda wurde auch die Konfuziusverehrung in den Schulen gestellt. Im Gegensatz zu den Absichten des Qing-Hofs beriefen sich die einschlägigen Texte jedoch häufig nicht auf die zweieinhalb Jahrhunderte der Qing-Herrschaft, sondern auf die uralte Zivilisation Chinas. Damit stellten sie sich eher in den Kontext anderer, han-chinesisch und republikanisch bestimmter Spielarten des Nationalismus.

Zweitens wurde besonders in den Kreisen der Revolutionsbewegung ein ethnischer Nationalismus popularisiert. In deutlicher Abgrenzung vom dynastischen Prinzip definierte er die chinesische Nation primär als eine rassische Gemeinschaft. Die im Lauf der Auseinandersetzung mit der imperialistischen Machtpolitik gewonnene Überzeugung, dass China nur ein Staat unter anderen sei, verstärkte sich um 1900 noch durch die Rezeption sozialdarwinistischen Gedankengutes, wiederum durch Übersetzungen Yan Fus und unter dem Einfluss Liang Qichaos. Aus den Werken von Thomas H. Huxley und Herbert Spencer zogen chinesische Leser den Schluss, dass in einer Welt konkurrierender Rassen und Nationen nur die Starken überleben würden. China würde sich also stärken müssen oder seinem Untergang entgegengehen. Die Rezeption des Sozialdarwinismus war auch für die ausgeprägte rassistische Komponente des frühen chinesischen Nationalismus verantwortlich: Die Nation wurde dabei als biologische Abstammungsgemeinschaft verstanden.

Indirekt richtete sich diese Form des Nationalismus gegen den ausländischen Imperialismus. Ihr primäres Angriffsziel bildete jedoch die Herrschaft der Qing-Dynastie. Für zwei der wichtigsten Theoretiker dieser Form des Nationalismus, Zhang Binglin (1869-1936) und den durch seinen frühen Tod im Alter von nur 19 Jahren zum Märtyrer der Revolution gewordenen Zou Rong (1885-1905), waren die Mandschu nur eine minderwertige Rasse, die nicht über China herrschen dürfe. Da Kultur in den Augen der radikalen Nationalisten eine ethnische Komponente aufwies, konnten diese die Annahme der chinesischen Kultur durch die mandschurische Dynastie auch nicht als Argument für deren Legimitität werten. Außerdem hätten sich die Qing-Herrscher durch ihre Unfähigkeit diskreditiert, den Imperialismus wirkungsvoll zu bekämpfen. Zusammengefasst wurde diese Kritik in der doppelten Anwendung der in der zeitgenössischen politischen Debatte sehr beliebten Sklavereimetapher: Die Chinesen seien Sklaven der Mandschu, diese aber wiederum Sklaven der Ausländer. Für die anderen nicht han-chinesischen Bevölkerungsgruppen hatten die Vertreter des ethnischen Nationalismus ebenfalls nur Verachtung übrig, da sie China als Land einer ethnisch homogenen Han-Rasse betrachteten. Dies ist umso erstaunlicher, als viele von ihnen einen liberalen Republikanismus vertraten.

Mit dieser republikanischen Grundauffassung standen die Ethnonationalisten einer dritten Form des Nationalismus relativ nahe: dem Staats- bzw. Staatsbürgernationalismus, wie ihn hauptsächlich Liberale wie Liang Qichao propagierten. Wie bereits erwähnt, ging es Liang in erster Linie um die Schaffung eines starken Staates, um Chinas Probleme zu lösen. Dieser sollte sich auf eine Staatsnation aus mündigen Bürgern (*guomin*) stützen, in der ethnische und soziale Unterschiede aufgehoben sein würden. Den „großen Nationalismus" (*da minzuzhuyi*), in dem sich alle Ethnien Chinas zusammenfinden würden, betrachtete Liang ausdrücklich als Gegenmodell zum ethnischen „kleinen Nationalismus" (*xiao minzuzhuyi*).

Eine vierte Spielart war die Konstruktion Chinas als Kulturgemeinschaft. Die kulturelle Interpretation wurde von politisch eher konservativen Kräften vertreten, denen es vor allem um die Bewahrung einer „nationalen Essenz" (*guocui*) ging. Darunter verstand man eine Reihe von Normen und Praktiken, die in erster Linie dem Konfuzianismus entnommen waren und durch die China sich von den „Barbaren" abhob, beispielsweise die Kindespietät oder Rituale wie Hochzeiten und Begräbnisse. Da diese Praktiken erlernbar waren, richtete sich die Hoffnung der Kulturnationalisten auf die letztliche Assimilation der nicht-hanchinesischen Ethnien. Diese Version des Nationalismus hielt damit in etwa die Mitte zwischen dem ethnischen und dem Staatsbürgernationalismus.

Die fünfte Spielart, der Klassennationalismus, wurde schließlich im Zuge der 4.-Mai-Bewegung und ihrer Auseinandersetzung mit dem Imperialismus von den frühen chinesischen Marxisten entwickelt. Sie gründete auf der gedachten Analogie der internationalen Staatengemeinschaft mit der bürgerlich-kapitalistischen Gesellschaft. Demnach nahm China in der Welt den Rang des Proletariers ein, der sich mit dem Mittel des Klassenkampfs gegen den „bourgeoisen" Imperialismus zur Wehr setzen müsse. China selbst wurde dabei als ethnisch wie sozial relativ homogene Einheit definiert. Mit der zunehmenden Anwendung des Klassenkonzepts auf die sozioökonomischen Verhältnisse in China selbst erledigte sich diese Form des Nationalismus noch in den 1920er Jahren.

Wie für den Liberalismus, so bildete die 4.-Mai-Bewegung von 1919 auch für die Entwicklung des chinesischen Nationalismus eine Epochenscheide, allerdings in ganz anderer Weise: Während liberale Anschauungen einen enormen Bedeutungsverlust erfuhren, wurden nationalistische Vorstellungen in je spezifischer Weise in die beiden ideologischen Systeme integriert, die China in den folgenden Jahrzehnten prägen sollten: die Drei Volksprinzipien Sun Yatsens und den Sinomarxismus.

Schärfer als für Sun Yatsen und seine Anhänger hat sich dabei für die chinesischen Kommunisten das Problem gestellt, nationale und internationale Aspekte ihrer Weltanschauung gegeneinander auszubalancieren. Zudem mussten sie die Vorstellung unterschiedlicher Klasseninteressen mit der Idee einer umfassenden nationalen Gemeinschaft in Einklang bringen. Tatsächlich hat die KPCh immer auf der Unabhängigkeit ihrer Ideologie und des von ihr geschaffenen Staates insistiert, und sie hat, je nach den politischen Umständen, bestimmte Klassen aus der Nation ausgeschlossen. Bereits seit den frühen 1980er Jahren, besonders aber nachdem die Demokratiebewegung von 1989 die schwindende gesellschaftliche Anziehungskraft der marxistisch-leninistischen Ideologie deutlich gemacht hatte, setzte die KPCh immer unverhohlener auf die Propagierung eines als „Patriotismus" etikettierten

Nationalgefühls. Die „patriotische Erziehung“ der Jugend sollte die nationale Einheit wiederherstellen, die Betonung des Kollektivismus wahrgenommenen gesellschaftlichen Missständen wie Korruption, Materialismus, Hedonismus und zunehmendem Individualismus entgegenwirken. Das Ziel einer Wiedervereinigung mit Hongkong, Macau und Taiwan erhielt Vorrang vor den gesellschaftspolitischen Zielsetzungen des Sinomarxismus. Die Rhetorik des neuen Nationalismus beschwört einerseits die vieltausendjährige kulturelle Tradition Chinas als Beweis nationaler Größe, andererseits stellt sie die Gefahr einer Einmischung von außen heraus und beklagt, dass China international weiterhin nicht den ihm gebührenden Platz einnehme.

Trotz der Veränderung der internationalen Rahmenbedingungen zieht sich daher ein roter Faden durch die Geschichte des chinesischen Nationalismus von der 4.-Mai-Bewegung über den antijapanischen Widerstand in den 1930er Jahren bis zu den Massenprotesten gegen die Bombardierung der chinesischen Botschaft in Belgrad durch Kampfflieger der NATO 1999: sein vorwiegend defensiver Charakter, der sich stets in einer Abwehrhaltung gegen angebliche oder tatsächliche Bedrohungen von außen ausdrückt. Angesichts des gegenwärtigen Machtpotentials der VR China erscheint diese Haltung kaum noch zeitgemäß, was die Führung mittlerweile durchaus erkannt zu haben scheint. Ob sie jedoch angesichts der bisherigen massiven Propaganda den nationalistischen Geist ohne Weiteres wieder in seine Flasche zurücktreiben kann, ist keineswegs sicher.

3.1.4 Sunyatsenismus: Die Drei Volksprinzipien

Mehr als andere Ideologien, die in der neueren Geschichte Chinas wirksam wurden, ist der Sunyatsenismus das Werk einer einzigen Person. Infolge seiner Ausbildung, die nur zu einem geringeren Teil klassisch-chinesisch, zum größeren modern-westlich war, schöpfte der christliche Arzt Sun Yatsen aus unterschiedlichen politischen Theorien Europas und Nordamerikas sowie aus den klassischen chinesischen Lehren und schuf so eine eklektische, synthetische, aber auch in sich widersprüchliche neue Ideologie. Als einer der ersten modernen Berufsrevolutionäre war Sun zeitlebens eher Praktiker und ist als politischer Denker häufig der Oberflächlichkeit und mangelnden Systematik beschuldigt worden. Paradoxerweise muss jedoch gerade seine politische Laufbahn als gescheitert gelten, während seine Ideologie vor allem von einer massenwirksamen politischen Rhetorik durchdrungen war, die sich als ausgesprochen geschichtsmächtig erwiesen hat.

Sun Yatsens ideologische Entwicklung muss aus zahlreichen verstreuten Texten rekonstruiert werden, die er im Laufe seines politischen Lebens hinterließ. Das Konzept seiner Drei Volksprinzipien (*Sanminzhuyi*) knüpfte in seiner Terminologie an Debatten der ausgehenden Kaiserzeit und der frühen Republik an und erfuhr im Lauf von Suns mehr als 20-jähriger revolutionärer Laufbahn erhebliche Modifikationen, bevor dieser gegen Ende seines Lebens den Versuch einer ideologischen Systematisierung unternahm. Bei der endgültigen Fassung handelt es sich um die überarbeitete Mitschrift einer Serie von insgesamt 16 öffentlichen Vorträgen, die Sun nach dem Abschluss seines Bündnisses mit der Sowjetunion zwischen Januar und August 1924 in Guangzhou hielt. Als Kernstück von Suns Œuvre sind die Drei Volksprinzipien zum Synonym für seine gesamte Ideologie geworden. Der weniger spezifische Begriff des Sunyatsenismus verweist darauf, dass Sun auch noch eine Reihe anderer selbständiger Schriften publizierte, in denen er vor allem ein ökonomisches und soziales Entwicklungsprogramm für China entwarf.

Für Sun waren die Drei Volksprinzipien eine „Lehre zur Rettung des Staates" (*jiuguozhuyi*), die China die internationale Gleichberechtigung sichern sollte. Sein erstes Prinzip, das des Volkstums oder Nationalismus (*minzuzhuyi*), knüpfte mit seinem ethnisch-rassischen Nationsbegriff und der sozialdarwinistischen Vorstellung vom Daseinskampf zwischen den Nationen an Konzepte aus der Zeit vor der Revolution von 1911 an. Seine spezifische Argumentation erhielt das Prinzip des Volkstums zunächst durch die begriffliche Unterscheidung zwischen der auf den Prinzipien von Recht und Natur gegründeten Nation (*minzu*) und dem durch Macht geschaffenen Staat (*guojia*). Obwohl sich Sun der Existenz nicht han-chinesischer Ethnien auf chinesischem Territorium bewusst war, erblickte er die welthistorische Einzigartigkeit Chinas in der Tatsache, dass hier seit den Anfängen des chinesischen Einheitsstaats eine Nation einen einzigen Staat hervorgebracht habe, Nation und Staat daher nur in China identisch seien. Für die von ihm wahrgenommene Bedrohung des Staates durch das mangelnde Nationalbewusstsein der Chinesen prägte Sun seine viel zitierte Metapher vom chinesischen Volk als „Haufen losen Sandes" (*yi pian san sha*). Verantwortlich dafür machte er die Tatsache, dass der Denkhorizont der Chinesen sich auf Familien und größere Abstammungsgruppen beschränke. Ein Nationalbewusstsein müsse somit erst geschaffen werden. Zu diesem Zweck wollte Sun Yatsen die moralischen Werte des Konfuzianismus wie Gemeinschaftsbezogenheit, kindliche Pietät und Loyalität wiederbeleben.

Die von Sun wie von vielen anderen chinesischen Nationalisten zwischen 1911 und den frühen 1920er Jahren vollzogene Schwenkung vom Antimandschuismus zum Antiimperialismus, wie sie in der Endfassung der „Drei Volksprinzipien" zum Ausdruck kam, war sicher auch durch den Einfluss seiner sowjetischen Verbündeten inspiriert. Das für Sun besonders Demütigende an der Situation Chinas bestand darin, dass es nicht nur Kolonie einer Macht, sondern eine „Hypokolonie" vieler Mächte sei. Obwohl Suns Ziel darin bestand, das Joch des Imperialismus abzuschütteln und China die internationale Gleichberechtigung zu sichern, war seine Einstellung zu den imperialistischen Mächten keineswegs nur von Ablehnung geprägt. In seiner auf englisch publizierten Schrift „The International Development of China" (1922), einer Mischung aus Utopie und visionärer Prophetie, skizzierte Sun einen Plan zur Industrialisierung Chinas mit Hilfe ausländischen, besonders US-amerikanischen Kapitals. Und trotz der imperialistischen Ambitionen Japans in China während und nach dem Ersten Weltkrieg erblickte er in dem östlichen Nachbarland einen besonderen Verbündeten. Noch 1924 hielt er am Konzept des

Panasianismus fest, einer gemeinsamen Abwehrfront der asiatischen Länder gegen den „weißen" Imperialismus.

Sun Yatsen wollte aber China nicht nur Gleichberechtigung nach außen erkämpfen, sondern ihm auch ein neues, stabiles politisches System geben. Diesem Ziel diente sein zweites Prinzip, das der Volksherrschaft (*minquan*). Dass das Schriftzeichen *quan* sowohl „Macht" als auch „Recht" bedeutet, verleiht diesem Begriff eine schillernde Uneindeutigkeit, die sich mit der häufig gewählten Übersetzung „Demokratie" nicht fassen lässt. Suns oberstes Ziel bestand weder in der Sicherung von Freiheitsrechten noch in der politischen Partizipation, sondern in der Schaffung eines starken und handlungsfähigen Staates. Seine Auffassung, wonach es in China eher zuviel als zuwenig Freiheit für die Menschen gebe und deshalb die Freiheit des Einzelnen der Freiheit des Staates untergeordnet werden müsse, resultierte aus seiner Enttäuschung über die Schwäche der chinesischen Republik nach 1912. Sie ähnelt aber auch auffallend der von liberaler und nationalistischer Seite bereits vor 1911 geäußerten Kritik am mangelnden Gemeinsinn der Chinesen und schlug damit ein Leitmotiv chinesischen politischen Denkens im 20. Jahrhundert an.

Suns Prinzip der Volksherrschaft fußte im Kern auf seiner Vorstellung von den unterschiedlichen intellektuellen Fähigkeiten der Menschen. In seiner Überzeugung, dass Wissen schwierig und Handeln einfach sei – womit er eine bekannte konfuzianische Maxime in ihr Gegenteil verkehrte –, war er bemüht, die Idee der Volkssouveränität gegen die Notwendigkeit der Herrschaft einer geistig überlegenen politischen Elite auszubalancieren. Auf der Grundlage einer Unterscheidung zwischen den Fähigkeiten (*neng*) des Volkes und der Gewalt (*quan*) der Regierung gestand Sun dem Volk die Vier Politischen Rechte (*Si ge zhengquan*) der Wahl, der Abberufung, der Initiative und des Referendums zu. Demgegenüber standen die Fünf Regierungsgewalten (*Wu ge zhiquan*), die neben der auf Montesquieu zurückgehenden Einteilung in Legislative, Exekutive und Judikative auch die Prüfungs- und Kontrollgewalt umfasste, die beide aus der Staatsorganisation der Kaiserzeit abgeleitet waren. Auf diese Weise wollte Sun einen Staat schaffen, in dem das Volk zwar der Souverän war, gleichzeitig jedoch den staatlichen Institutionen die uneingeschränkte Ausübung ihrer Regierungsgewalt garantiert wurde.

Zudem glaubte Sun an die Notwendigkeit, die alte politische Ordnung zu zerstören und das Volk mittels einer politischen Erziehung auf das von ihm angestrebte Staatsmodell vorzubereiten. Dieses wollte er in drei Schritten erreichen: Einer revolutionären Militärdiktatur sollte eine Periode der „Vormundschaftsregierung" (*xunzheng*) folgen, ehe man schließlich zu einer konstitutionellen Regierungsform übergehen konnte. Insbesondere über den Charakter der Vormundschaftsregierung hat Sun sich ganz unterschiedlich geäußert: Erwog er zunächst eine konstitutionelle Grundlage, so propagierte er auf dem Reorganisationsparteitag der GMD im Januar 1924, offensichtlich nach sowjetischem Vorbild, die Herrschaft der Partei über den Staat. Dabei dachte Sun nicht an eine Diktatur, doch hat er das Spannungsverhältnis zwischen autoritären und konstitutionell-demokratischen Aspekten seiner Lehre niemals aufzulösen vermocht.

Ideologie und Praxis

Im Gegensatz zu bestimmten Strömungen der konfuzianischen Philosophie vertrat Sun Yatsen die Auffassung, dass Handeln einfach und Wissen schwer sei. Damit wollte er eine Theorie der politischen Aktion begründen, mit deren Hilfe man die politische Mobilisierung der Bevölkerung vorantreiben konnte. In seiner Abhandlung „Die Lehre des Sun Wen" von 1918 leitete Sun diese Theorie aus seinen eigenen Erfahrungen her:

Sie mehr als dreißig Jahren widme ich mich dem Dienst am Vaterland. [...] Ohne Unterbrechung verfolgte ich mein Ziel, das ich mir gestellt hatte. [...] Mit all meinen Fähigkeiten kämpfte ich für den Aufschwung der nationalen Bewegung und für gute Bedingungen zu ihrer Formierung. Schließlich gelang es mir, weil sich die Herzen unseres ganzen Volkes mir zugeneigt hatten und weil humane und willensstarke Menschen mich beim Sturz der Gewaltherrschaft und bei der Errichtung einer Republik unterstützten.

Eigentlich hätten wir von da an weiter voranschreiten und die von der Revolutionspartei vertretenen „Drei Volksprinzipien" und die Verfassung der fünf Gewalten sowie die verschiedenen, im revolutionären Programm festgelegten großen Modelle für den Aufbau verwirklichen können. Damit wäre es unbedingt möglich gewesen, China, die gute Gelegenheit ausnutzend, in einem Sprung zu einem reichen und starken Land zu machen und dem Volk Tage des Glücks und des Friedens zu bescheren.

Wider Erwarten ergaben sich unter den Mitgliedern unserer Partei Meinungsverschiedenheiten. [...] Der revolutionäre Aufbau konnte gar nicht erfolgreich sein, und die Situation in unserem Lande verschlechterte sich nach der revolutionären Umwälzung mit jedem Tage. Die eine Gewaltherrschaft der Mandschu haben wir beseitigt, und dafür ist die Gewaltherrschaft unzähliger Räuber entstanden. [...] Aber die Genossen unserer Partei glaubten auch nicht fest an die Ziele und Pläne der Revolution, und sie setzten sich auch nicht mit aller Kraft ein, sie zu verwirklichen. Das lag nicht nur daran, daß sie ihren Sinn änderten, als Verdienst und Vorteil erreicht waren, sondern vielmehr daran, daß die Tatkraft vieler infolge von ideologischen Fehlern nachließ.

Worin bestanden diese ideologischen Fehler? In der Auffassung, daß „Wissen leicht und Handeln schwer" sei. Nach der Überlieferung kam diese Auffassung in einem Gespräch mit Wu Ding auf, das ist mehrere tausend Jahre her, sie ist tief und unzerstörbar in den Herzen der chinesischen Menschen verankert und zur unanfechtbaren Wahrheit geworden. Alle meine Aufbaupläne wurden durch diese Lehre vereitelt. Ach, sie ist der schlimmste Feind meines Lebens! [...]

Da ein Staat die Gesamtheit der Menschen ist und Menschen Träger des Geistes sind, sind die Angelegenheiten des Staates Ausdruck der Gedanken der Menschenmassen. Deshalb hängen die Erfolge der Politik vom menschlichen Geist ab. Wenn wir an die Verwirklichung unserer Pläne glauben, werden wir keine Schwierigkeiten scheuen, auch wenn wir Berge versetzen und Meere zuschütten müßten – und schließlich würde der Tag des Erfolges kommen. Glauben wir nicht an ihre Verwirklichung, kann etwas leicht sein wie das Abbrechen eines Zweiges, und trotzdem werden wir den Augenblick des Erfolges nicht erleben.

(Sun Yatsen, Reden und Schriften. Übersetzt von Brigitte Scheibner und Helga Scherner. Leipzig: Reclam 1974, S. 163-165.

Mit dem Prinzip der Volkswohlfahrt (*minsheng*) schuf Sun schließlich ein vielschichtiges Konzept, halb Geschichtsphilosophie und halb Entwicklungsstrategie, von dem er sich eine Lösung der sozialen Probleme Chinas versprach. Dabei schöpfte er aus vielerlei Quellen, von der konfuzianischen Utopie einer „Großen Gemeinschaft" (*datong*) über die Bismarcksche Sozialgesetzgebung bis hin zum Sozialismus, allerdings nicht wie später Mao Zedong aus der empirischen Auseinandersetzung mit konkreten ökonomischen und sozialen Problemlagen. Zwar erklärte Sun den Kampf des Menschen um seine Subsistenz zum Motor gesellschaftlicher Entwicklung, doch in praktischer Hinsicht blieb sein Konzept recht vage und beschränkte sich auf zwei Programmpunkte: den Ausgleich der Bodenrechte (*pingjun diquan*) und die Kontrolle des Kapitals (*jiezhi ziben*). Unter dem Einfluss von Bodenreformern wie dem Amerikaner Henry George (1839-1897) und dem deutschen Kolonialbeamten Wilhelm Schrameier (1859-1926) gelangte Sun zu der Überzeugung, dass Bodenspekulation eine Hauptursache für soziale Ungleichheit darstelle und Wertzuwächse mittels einer einheitlichen Besteuerung abgeschöpft werden müssten. Da dieses Konzept letztlich auf einen städtischen Kontext zugeschnitten war, hatte Sun der von ihm sehr wohl beachteten bäuerlichen Bevölkerungsmehrheit Chinas nicht mehr zu bieten als die vage Parole, dass „der Pflüger sein Land haben" solle (*geng zhe you qi tian*). Gleichzeitig wollte Sun das private Kapital zwar nicht gänzlich abschaffen, aber doch seiner ungebremsten Expansion entgegenwirken und die Entwicklung des Staatskapitals fördern, besonders in Schlüsselindustrien wie Verkehr, Bergbau und Bankwesen. Im Rahmen dieser Koexistenz von privatem, auch ausländischem, und staatlichem Kapital sollte letztlich der Staat die Kontrolle über Modernisierung und Industrialisierung behalten und in paternalistischer Manier für das Wohlergehen der Massen sorgen. Zugleich beinhaltete das Prinzip der Volkswohlfahrt auch eine soziale Utopie, in der alle Bürger unter Hintanstellung privater Interessen zum gesellschaftlichen Ganzen beitragen würden.

Wenn auch das Prinzip der Volkswohlfahrt teilweise sozialistische Züge trägt, so war Suns Verhältnis zum Sozialismus sehr widersprüchlich, und die diesbezüglichen Äußerungen in seinen letzten Lebensjahren spiegeln die politischen Richtungskämpfe zwischen den Befürwortern des Bündnisses mit der Sowjetunion und dessen Gegnern innerhalb der GMD wider. Tatsächlich setzte Sun das Prinzip der Volkswohlfahrt explizit mit Sozialismus und sogar Kommunismus gleich. Gleichzeitig aber bestritt er die Auffassung von Marx, wonach Klassengegensätze die Triebkraft jeglicher geschichtlichen Entwicklung seien, und betrachtete den Klassenkampf als pathologische Fehlentwicklung gesellschaftlicher Prozesse. Sun strebte keine Emanzipation der ausgebeuteten Klassen, sondern eine staatlich gelenkte „Revolution von oben" an. In der Endfassung seiner Drei Volksprinzipien übernahm er in seiner Suche nach Alternativen zum Klassenkampf auch faschistische Ideen, vor allem Benito Mussolinis Rezept einer Expansion der Produktion und die zeitweilig in Italien, Deutschland und Spanien populäre Autarkiepolitik. In letzter Konsequenz hat er, gerade mit Blick auf sein Bündnis mit Komintern und Sowjetunion, immer auf der Eigenständigkeit seiner Ideologie beharrt.

Da Sun infolge seines frühen Todes keine Gelegenheit mehr hatte, die Umsetzung seines ideologischen Programms in die politische Praxis selbst zu beaufsichtigen, kam der Exegese seiner Lehren im weiteren Verlauf eine zentrale Bedeutung zu. Daran beteiligten sich nicht allein Vertreter seiner eigenen Partei, sondern auch chinesische Kommunisten. Letztere rückten in den folgenden Jahrzehnten die Drei Volksprinzipien zugunsten der sogenannten Drei Großen Politischen Richtlinien (*San da zhengce*) – Bündnis mit der Sowjetunion, Bündnis mit der KPCh, Unterstützung der Arbeiter und Bauern – in den Vordergrund und versuchten ihre eigene Ideologie als Fortentwicklung des Sunyatsenismus zu profilieren. Die GMD hat ihrerseits Suns Schriften rasch kanonisiert. Dabei setzten besonders Suns ehemaliger Privatsekretär Dai Jitao und der hochrangige Parteifunktionär Chen Lifu eine konservative, antikommunistische Interpretation durch, die besonders die traditionell-konfuzianischen Züge von Suns Ideologie in den Vordergrund rückte. Mit ihrer kulturnationalistischen Betonung traditioneller Werte wie Loyalität und Gehorsam fand ihre Auslegung auch den Beifall Jiang Kaisheks, der 1953, nach der Konsolidierung der GMD-Herrschaft auf Taiwan, sogar eine Ergänzung zum von Sun unvollendeten Prinzip der Volkswohlfahrt verfasste. Gerade in ihrer Ambivalenz und Unbestimmtheit boten die Drei Volksprinzipien eine Rechtfertigung für alle politisch-ideologischen Schwenkungen der GMD, von den Versuchen zur revolutionären Erneuerung der Partei nach faschistischen Vorbildern in der 1930er Jahren bis zu den demokratischen Experimenten der späten 1940er Jahre. In Taiwan bildeten sie zwischen 1949 und Ende der 1980er Jahre die unangefochtene ideologische Basis des autoritären politischen Systems.

3.1.5 Sinomarxismus

Erst um 1920 setzte sich in China der Marxismus-Leninismus sowjetischer Prägung gegen andere seit etwa 1900 in China rezipierte Spielarten des Sozialismus durch, vor allem den dominierenden Anarchismus. Eine Reihe von Faktoren kamen ihm dabei zugute: das Unvermögen der 4.-Mai-Bewegung, die innere Spaltung und äußere Schwäche Chinas zu überwinden, die Entdeckung der sozialen Frage seit etwa 1915 und die aktive Unterstützung Sowjetrusslands und der Komintern. Komintern-Agenten spielten eine wesentliche Rolle bei der 1921 erfolgten Gründung der aus einer Reihe intellektueller Diskussionszirkel hervorgegangenen Kommunistischen Partei Chinas. Sie waren insofern mit dafür verantwortlich, dass die organisatorische Entwicklung der Partei der ideologischen deutlich voraus war. Erst um 1927 begann das anfangs sehr freie Diskussionsklima einer ideologischen Disziplinierung zu weichen, die sich seitdem (und heute noch) am Konzept der korrekten, auf einer zutreffenden marxistisch-leninistischen Analyse der gesellschaftlichen Situation beruhenden Parteilinie orientierte. Gegen die jeweils gültige Linie zu opponieren, galt seither als Häresie. Bis in die 1930er Jahre orientierte sich die KPCh weitgehend an den ideologischen Positionen, die vom tonangebenden Flügel der KPdSU um Stalin vertreten wurden. Die chinesischen Kommunisten studierten die marxistischen Klassiker zunächst auch nicht im Original, sondern griffen auf sowjetische Lehrbuchtexte und deren chinesische Übersetzungen zurück. Der Marxismus-Leninismus präsentierte sich ihnen im Wesentlichen als Weltdeutungssystem und Geschichtsphilosophie zur Legitimierung der Partei als Avantgarde der (in China zu diesem Zeitpunkt kaum vorhandenen) Arbeiterklasse. Dennoch haben schon die ideologischen Debatten der KPCh in den 1920er Jahren die Formulierung eines eigenständigen Sinomarxismus durch Mao Zedong mit vorbereitet.

Mao Zedongs Leistung ist mit dem Schlagwort von der „Sinisierung des Marxismus" prägnant charakterisiert worden, auch wenn die KPCh selbst diese Formel nur vorübergehend in den 1930er und 1940er Jahren gebraucht hat. Sie bedeutete zweierlei zugleich: die revolutionäre Veränderung Chinas mit Hilfe der marxistischen Theorie und die Anpassung dieser Theorie an die chinesischen Verhältnisse. In einer Demutsgeste, die nicht zuletzt auf Stalin gemünzt war, hat Mao seine Doktrin nicht als Maoismus, sondern bescheidener als Mao-Zedong-Ideen (*Mao Zedong sixiang*) bezeichnet, ein in China noch heute gültiger Terminus. Gleichwohl betonte Mao seit Mitte der 1930er Jahre die ideologische Unabhängigkeit der KPCh von Moskau. Zu dieser Haltung trug neben seiner konfuzianischen Erziehung vielleicht gerade der Umstand bei, dass er als einziger höherer Parteiführer über keinerlei Auslandserfahrung verfügte. Eine weitere Quelle der maoistischen Lehre, Maos praktische Erfahrung als Führer einer ländlichen Partisanenbewegung, bildete den Keim seines späteren Insistierens auf der Einheit von Theorie und Praxis. Wesentliche Elemente seiner Ideologie nahmen bereits in der ersten Hälfte der 1930er Jahre Gestalt an, während ihre Ausformulierung erst nach dem Langen Marsch in Yan'an erfolgte, wo Mao 1936/37 auch erstmals nähere Bekanntschaft mit den klassischen marxistischen Texten schloss.

Den entscheidenden Schritt zur Entwicklung einer unabhängigen sinomarxistischen Ideologie vollzog Mao mit seiner Hinwendung zu den Bauern. Diese Wendung geschah nicht unvorbereitet, denn bereits Mitte der 1920er Jahre waren führende Vertreter der KPCh für eine Stärkung der Bauernbewegung eingetreten. Während sie jedoch unter allen Umständen an der Führungsrolle des Proletariats festhalten wollten, emanzipierte Mao die Landbevölkerung als eigenständige revolutionäre Größe. Auch wenn er in diesem Punkt später gelegentlich Einschränkungen machte, so brach er doch mit der marxistisch-leninistischen Vorstellung vom Proletariat als allein führender revolutionärer Kraft und schuf eine revolutionäre Strategie für vorwiegend agrarische Gesellschaften.

Ein zweiter wichtiger Aspekt des von Mao geprägten Sinomarxismus ist seine Behandlung der Widerspruchslehre, bei der er nicht nur auf Klassiker des Marxismus, sondern auch auf neokonfuzianische Philosophen und die Lehre von der Dialektik zwischen *yin* und *yang* zurückgriff. Für Mao lassen sich alle Dinge in zwei gegensätzliche Bestandteile trennen und sind damit von Widersprüchen (*maodun*) gekennzeichnet. Diese Widersprüche werden als objektiv gegeben angenommen und sind damit analysierbar. Dem Stand der gesellschaftlichen Entwicklung entspricht ein Hauptwiderspruch (*zhuyao maodun*), der das Haupthemmnis der gesellschaftlichen Entwicklung ist und dem weitere Widersprüche als Nebenwidersprüche zugeordnet sind. Die Aufgabe der Partei besteht jeweils darin, den jeweiligen Hauptwiderspruch zu erkennen und dementsprechend eine politische Generallinie festzulegen. Dies geschah dem Anspruch nach objektiv und nach wissenschaftlichen Kriterien, stellte in Wirklichkeit aber jeweils ein Werturteil dar. In den 1930er Jahren machte Mao in der politisch-gesellschaftlichen Entwicklung Chinas zwei Hauptwidersprüche aus, nämlich zwischen der chinesischen Nation und dem ausländischen Imperialismus sowie zwischen den feudalistischen Grundherren und den mit ihnen verbündeten bürokratischen Kapitalisten einerseits und den „breiten Volksmassen" andererseits. Zwischen 1937 und 1945 wurden beide in der Analyse der KPCh durch den Kampf zwischen Japan und der chinesischen Nation als Hauptwiderspruch abgelöst, an dessen Stelle zwischen 1945 und 1949 die Auseinandersetzung mit der GMD trat. Dass für Mao alle Prozesse von Anfang bis Ende durch Widersprüche gekennzeichnet sind und es daher keine endgültige Auflösung der Widersprüche geben kann, hat sich auch über die kommunistische Machtergreifung 1949 hinaus ausgewirkt.

Ein dritter zentraler Aspekt der Mao-Zedong-Ideen ist der Dualismus zwischen zentraler Führung und der sogenannten Massenlinie (*qunzhong luxian*). Der Begriff selbst stammt nicht von Mao, aber dieser lieferte 1943 die autoritative Formulierung des Konzepts. Unter den Massen verstand er zu diesem Zeitpunkt nicht allein Arbeiter und Bauern, sondern die große Mehrheit des chinesischen Volkes. Der Partei wurde die Aufgabe zugewiesen, die unsystematischen Gedanken der Massen aufzunehmen, zu systematisieren und so zu propagieren, dass die Massen sie als ihre eigenen annähmen. Mao verschmolz damit eine aktive Rolle der Bevölkerung mit dem uneingeschränkten Führungsanspruch der Partei.

Massenlinie, Praxis, Marxismus

Neben seinen grundlegenden Schriften hat Mao eine Vielzahl verstreuter Bemerkungen hinterlassen, so dass sein Denken nur schwer auf einen Nenner zu bringen ist. Während einer Berichterstattung am 24. März 1964 machte Mao eine Reihe von Zwischenbemerkungen, in denen er eine Reihe für sein Werk grundlegender Gedanken äußerte und zugleich seine klassisch chinesische Bildung demonstrierte:

Von Mitgliedern des Zentralkomitees an bis hin zu den Mitgliedern der Kreiskomitees, sie alle sollen die Dokumente den Massen vorlesen, wozu ein bis zwei Jahre anzusetzen sind. [...] Den Massen die Dokumente vorzulesen heißt in Wirklichkeit, von den Massen zu lernen. Wenn ihr in ein bestimmtes Gebiet geht, um vorzulesen, müßt ihr zuerst Untersuchung und Forschung durchführen.
[...]
Ausgewählte Werke *Mao Zedong's, wieso stammt das von mir! Diese Werke sind mit Blut geschrieben, der Kampf in den Sowjetgebieten war heftig... Die Sachen, die in den Ausgewählten Werken stehen, haben uns die Massen gelehrt, sie sind mit blutigen Opfern bezahlt worden.*
[...]

Man darf auf keinen Fall auf die Ungebildeten herabsehen. [...] Es gab in der Geschichte viele Kaiser, die Intellektuelle waren, aber keine Zukunft hatten: Der Sui-Kaiser Yang konnte Essays schreiben sowie Gedichte und Ci-Lieder verfassen; der letzte Herrscher der Chen-Dynastie und der letzte Herrscher Li [der Südlichen Tang-Dynastie] waren Meister des Gedichts und der Fu-Ode; der Song-Kaiser Huizong konnte dichten und malen. Gewisse Ungebildete hingegen haben große Dinge vollbracht: Dschingis-Khan war ein Ungebildeter, der Analphabet war, und auch Liu Bang [der Gründer der Han-Dynastie] kannte kaum Zeichen, er war ungebildet. [...] Auch in unserer Armee sind die Ungebildeten in der Mehrheit und die Intellektuellen in der Minderheit. [...] Die Ungebildeten schlagen die Studenten der Huangpu-Militärakademie.
[...]
Bei allen Dingen teilt sich eins in zwei. Auch bei mir teilt sich eins in zwei. Ich war ein Grundschullehrer. Als ich klein war, glaubte auch ich an Götter und Geister und wallfahrtete mit meiner Mutter zu den Bergtempeln. Vor der Oktoberrevolution wußte ich überhaupt nichts von Marx, von Marx hörte ich erst später. [...] Auch bei Marx teilt sich eins in zwei. Die Philosophie von Marx wurde von Hegel und Feuerbach bestimmt, seine Ökonomie von Ricardo aus England und anderen, und von Frankreich lernte er einiges über den utopischen Sozialismus. Sie alle gehörten der Bourgeoisie an. Von hier teilte sich eins in zwei, und es entstand der Marxismus. Ich frage euch, hat Marx als kleiner Junge etwa marxistische Werke gelesen? Auch bei unserer Partei teilt sich eins in zwei.

(Mao Zedong: Texte. Schriften, Dokumente, Reden und Gespräche. Hrsg. von Helmut Martin. Bd. 5: 1961-1964. München: Hanser 1982, S. 230-238.)

Zu Maos Lebzeiten wandelte sich der Kontext seiner Lehren zwei Mal grundlegend: Nach dem Ende des Langen Marsches entwickelten sie sich nach und nach zur autoritativen Parteiideologie, bis sie schließlich 1945 im Parteistatut als Anleitung für die gesamte Parteiarbeit festgeschrieben wurden. Noch weiter reichten die Auswirkungen der kommunistischen Machtergreifung, da die Mao-Zedong-Ideen sich nun von einer revolutionären Strategie zur Leitlinie des sozialistischen Aufbaus wandelten. Mao sah sich nun erstens vor die Frage des Fortbestehens von Widersprüchen in der sozialistischen Gesellschaftsordnung gestellt. Hatte er schon früher zwischen antagonistischen Widersprüchen (zwischen Volk und Klassenfeind) und nicht-antagonistischen Widersprüchen (innerhalb des Volkes) unterschieden, so erklärte er bereits Anfang der 1950er Jahre das Umschlagen nicht-antagonistischer in antagonistische Widersprüche für möglich. Nachdem er vorübergehend die Ablösung des Klassenkampfes durch „Widersprüche im Volk" erwogen und zur Grundlage der Hundert-Blumen-Kampagne gemacht hatte, fühlte er sich durch die im Zuge dieser Kampagne von den Intellektuellen an der Partei geübte Kritik in der Auffassung bestätigt, dass der Klassenkampf fortgesetzt werden müsse. Zweitens sah er die Gefahr einer zunehmenden bürokratischen Verkrustung und Entfernung der Partei von der Massenlinie. Diese Wahrnehmung war eines der Motive hinter der Auslösung der Kulturrevolution. In letzter Konsequenz entschied sich

Mao aber doch für die Ordnung und die Partei und ließ die Armee eingreifen, um der von den Roten Garden ausgelösten Anarchie Herr zu werden. Drittens zeigte sich in wirtschaftlichen Fragen zunehmend der voluntaristische Zug seines Denkens, die Überzeugung, die ökonomische Basis durch die Umerziehung und Mobilisierung der Menschen verändern zu können. Das Zusammenwirken dieser drei Faktoren war wesentlich mitverantwortlich für den geistigen und wirtschaftlichen Erschöpfungszustand Chinas am Ende der Kulturrevolution.

Die Durchsetzung des Reformkurses von Deng Xiaoping seit Ende 1978 war von einem fundamentalen ideologischen Wandel begleitet. Zwar erkannte die neue Parteiführung die Suprematie der Mao-Zedong-Ideen formal an, engte diesen Begriff aber auf diejenigen Teile von Maos Denken ein, die sie noch als korrekt gelten ließ. Für die ideologischen Innovationen Deng Xiaopings setzte sich 1992 die Bezeichnung „Theorie" (*lilun*) durch, womit sie zwar nicht den gleichen semantisch-symbolischen Stellenwert beanspruchen konnten wie die „Ideen" (*sixiang*) Mao Zedongs, aber doch die autoritative Parteidoktrin darstellten. Die Anfänge dieser Theorie reichten in die Zeit nach dem Abschluss der großen Enteignungs- und Kollektivierungswelle Mitte der 1950er Jahre zurück. Einflussreiche Kräfte innerhalb der KPCh erklärten auf dem VIII. Parteitag von 1956 den Klassenkampf für beendet und postulierten einen neuen Hauptwiderspruch zwischen der fortschrittlichen sozialistischen Ordnung und den rückständigen Produktivkräften. Seine Überwindung durch die Vier Modernisierungen (in Landwirtschaft, Industrie, Landesverteidigung sowie Wissenschaft und Technik) wurde nach dem Desaster des Großen Sprungs vor allem von Ministerpräsident Zhou Enlai propagiert, der sich jedoch zu Lebzeiten Maos nicht gegen dessen Fixierung auf den Klassenkampf durchsetzen konnte.

Aufgrund der Machtverhältnisse innerhalb der KPCh Ende der 1970er Jahre berief sich Deng Xiaoping bewusst auf die Lehre Maos, schuf jedoch das Fundament für Veränderungen, in dem er das Schlagwort „die Wahrheit in den Tatsachen suchen" (*shishi qiu shi*), eine Formel Maos aus den Kriegsjahren, zum Wesenskern der maoistischen Doktrin erklärte. Diese Betonung der Praxis als des einzigen Kriteriums der Wahrheit erhob den wirtschaftlichen Erfolg zum Prüfstein für die marxistische Ideologie und sollte dazu dienen, die Produktivkräfte mittels marktwirtschaftlicher Reformen zu befreien und zu entwickeln. Die Forderung nach einer „sozialistischen Marktwirtschaft" (so die seit 1992 gültige Bezeichnung) bildete die Grundlage für die Schaffung eines nichtstaatlichen Wirtschaftssektors und rechtfertigte auch die Abkehr von einer gleichmäßigen wirtschaftlichen Entwicklung, so dass nunmehr einzelne Personen und Regionen gerade dadurch einen Beitrag für die Gesamtheit leisten konnten, dass sie schneller reich wurden als andere. Auf diese Weise verwischten Deng und seine Gefolgsleute die für den orthodoxen Marxismus-Leninismus so eindeutigen Grenzen zwischen Sozialismus und Kapitalismus. Ziel war ein „Sozialismus chinesischer Prägung" (*you Zhongguo tese de shehuizhuyi*) als eigenständiger Entwicklungspfad Chinas in die Moderne. Freilich betonte Deng, dass sich China erst im Anfangsstadium des Sozialismus befinde, und stellte eine Überwindung dieser Phase erst zum 100-jährigen Jubiläum der Gründung der Volksrepublik im Jahr 2049 in Aussicht.

Trotz seiner Abkehr von grundlegenden Postulaten des orthodoxen Marxismus-Leninismus war Dengs Ideologie dennoch weiterhin vom Ideal einer sozialistischen Gesellschaftsordnung bestimmt. Auch hielt er ungeachtet seiner Befürwortung vorsichtiger politischer Reformen, die vor allem der Effizienzsteigerung von Partei und Staat dienen sollten, am Führungsmonopol der KPCh fest. Seiner Auffassung nach konnte nur die Partei die innere Stabilität und äußere Souveränität Chinas gewährleisten. Diese Auffassungen fanden ihren Ausdruck in den bereits 1979 formulierten Vier Grundprinzipien: dem Festhalten am Marxismus-Leninismus sowie den Mao-Zedong-Ideen, an der Führungsrolle der Partei, der sozialistischen Gesellschaftsordnung und an der Diktatur des Proletariats. Diese Prinzipien verteidigte Deng gegen alle Forderungen aus dem In- und Ausland, der ökonomischen auch eine politische Liberalisierung folgen zu lassen. Grundsätzlich zieht sich durch seine Verlautbarungen ein unausgesprochener Gegensatz zwischen seinen autoritären Idealen und deren Vereinbarkeit mit den Zielen der Wirtschaftsreformen. Auch entsteht manchmal der Eindruck einer etwas zynischen Indienstnahme der marxistischen Ideologie für alle möglichen politischen und wirtschaftlichen Bedürfnisse.

Die Drei Repräsentationen und die ideologische Tradition der KPCh

Jiang Zemins Äußerungen über die Drei Repräsentationen nehmen häufig auf Mao Zedong und Deng Xiaoping als Vorbilder Bezug. Damit verfolgte Jiang zwei Ziele: Zum einen inszenierte er sich als ebenbürtiger Ideologe, zum anderen wollte er auch den Eindruck einer ideologischen Einheitlichkeit erwecken, die sich historisch nicht belegen lässt. Seine Rhetorik ist typisch für die formelhafte Sprache des Sinomarxismus.

Wenn wir bezüglich der Aufgabe, einen Sozialismus chinesischer Prägung aufzubauen, eine neue Lage schaffen wollen, müssen wir das Banner der Deng-Xiaoping-Theorien hochhalten und die Erfordernisse der „Drei Repräsentationen" umfassend bekanntmachen. Die „Drei Repräsentationen" stehen in der Tradition des Marxismus-Leninismus, der Mao-Zedong-Ideen und der Deng-Xiaoping-Theorien. Sie spiegeln die neuen Anforderungen wider, die der Wandel der gegenwärtigen Welt und der Entwicklung Chinas an die Arbeit von Partei und Staat [richtet]. Die „Drei Repräsentationen" sind die Basis für die Gründung unserer Partei, das Fundament ihrer Regierung und die Quelle ihrer Stärke. Sie sind eine starke ideologische Waffe bei der Stärkung und Reformierung des Parteiaufbaus, beim Vorantreiben der Selbstvervollkommnung und -entwicklung des sozialistischen Systems in unserem Land. [Wenn man] die Gesamtheit der historischen Erfahrungen seit der Gründung der Partei verknüpft, die Grunderfahrungen zusammenfasst, an denen unsere Partei festhalten musste, als sie das Volk bei dem Unternehmen des Aufbaus eines Sozialismus chinesischer Prägung führte, so laufen sie auf [folgende Feststellung] hinaus: Unsere Partei muss stets die Erfordernisse der Entwicklung der fortschrittlichen Produktivkräfte Chinas repräsen-

tieren, das Vorwärtsstreben der fortschrittlichen Kultur Chinas repräsentieren, die fundamentalen Interessen der breitesten Volksmassen Chinas repräsentieren.

(*Jiang Zemin lun you Zhongguo tese de shehuizhuyi* [Jiang Zemin über den Sozialismus chinesischer Prägung]. Peking: Zhongyang Chubanshe 2002, S. 583. Übersetzung von Thoralf Klein.)

Letzteres gilt in noch weitaus stärkerem Maße für die Versuche des scheidenden Parteichefs Jiang Zemin, mit seiner Theorie der Drei Repräsentationen (*san ge daibiao*) die Lehren Maos und Dengs weiterzuentwickeln. Diese Theorie ist eine Mischung aus Geschichtsdeutung und Zukunftsprogramm. Danach hat die KPCh von jeher die Entwicklungsbedürfnisse der Produktivkräfte, den kulturellen Fortschritt und die fundamentalen Interessen der Bevölkerung repräsentiert und dadurch die Unterstützung des Volkes erlangt. In Zukunft wird die Partei die Unterstützung und damit ihren fortschrittlichen Charakter nur wahren können, wenn sie sich den Drei Repräsentationen auch weiterhin verpflichtet. Was von vielen Beobachtern zunächst als Leerformel wahrgenommen wurde, ist zum einen der Versuch, die historische Entwicklung der sinomarxistischen Ideologie jenseits aller Brüche zu einer kohärenten Einheit zu deklarieren und auf diese Weise die Legitimation kommunistischer Herrschaft zu sichern. Zum anderen deutet es darauf hin, dass die KPCh den neuen gesellschaftlichen Entwicklungen in China Rechnung trägt und auch neue soziale Gruppen wie etwa die Privatunternehmer vertreten will, sofern diese zur Entwicklung der Produktivkräfte beitragen. Gleichzeitig schreibt Jiangs neue Theorie ein aus der Deng-Ära ererbtes Paradox fort: Auf der einen Seite finden ideologische Innovationen und Fortentwicklungen – von wenigen, zumeist sehr kontroversen Ausnahmen abgesehen – im Rahmen eines marxistischen Diskurses statt, was sogar für den von der KPCh in den 1990er Jahren geschürten Nationalismus gilt. Auf der anderen Seite scheint sich der Abgrund zwischen dem klassischen, der Arbeiterklasse verpflichteten Marxismus und seiner Anwendung auf die aktuelle Situation Chinas zusehends zu vergrößern. Seit 2002 propagierte die Parteiführung die Herstellung einer „Gesellschaft des kleinen Wohlstands" (*xiaokang shehui*), d. h. einer Mittelklassegesellschaft, als bis 2020 anzustrebendes Ziel. 2004 wurde dieser Slogan vom Leitbegriff der „harmonischen Gesellschaft" (*hexie shehui*) abgelöst, der auf die Angleichung der sozialen und ökonomischen Verhältnisse abzielt.

3.2 Regeln für die Politik? Verfassungen in der politischen Geschichte Chinas

In der Entwicklung seiner politischen Strukturen folgte China seit etwa 1900 einem weltweiten Trend zur Ablösung der erblichen Monarchie durch Staatsformen, die sich auf ein Mandat des Volkes berufen. Mit Ausnahme des Übergangs zur konstitutionellen Monarchie wurden neue Strukturen immer durch revolutionär-gewaltsame Umwälzungen geschaffen. Alle postrevolutionären Regimes standen vor der Aufgabe, Regeln für das politische Spiel zu finden, wobei sie sich des aus Europa übernommenen Mittels der Verfassunggebung bedienten. Wie alle Verfassungen legten auch die chinesischen zum einen Rechte und (wenn auch meist in vager Form) politische Partizipationsmöglichkeiten der Bürger fest und entwarfen zum anderen einen institutionellen Rahmen, innerhalb dessen sich politische Prozesse abspielen sollten. Nach innen fungierten sie als Symbol der Integration, nach außen als Symbol souveräner Staatlichkeit. Die im internationalen Vergleich ungewöhnlich hohe Zahl von zehn in Kraft getretenen Verfassungstexten in knapp 100 Jahren allein auf zentralstaatlicher Ebene – zu denen noch eine fast gleich große Zahl von Entwürfen kommt – spiegelt allerdings eher die Schwächen als die Stärken des politischen Systems, zumal neue Verfassungen nicht nur den Übergang zwischen unterschiedlichen Staats- und Regierungsformen markierten. Vielmehr dienten sie häufig dem Zweck, Führungsansprüche von Einzelpersonen bzw. Gruppen zu legitimieren oder ideologische Richtungswechsel zu rechtfertigen. Insofern erscheint die Suche nach einer geeigneten Regierungsform als dynamischer Prozess, der ebenso von der ideologischen Entwicklung wie von den konkreten Machtverhältnissen geprägt war.

3.2.1 Autokratisch-bürokratische Monarchie

Setzt man den Beginn der modernen chinesischen Geschichte um 1800 an, so umfasst das traditionelle monarchische Regierungssystem der Qing-Dynastie immerhin rund die Hälfte dieser Periode. Es war aus einer jahrhundertelangen, von Dynastie zu Dynastie modifizierten Tradition imperialer Ideologie und bürokratischer Institutionen erwachsen und nicht durch eine wie immer geartete Verfassunggebung zustande gekommen. Die Rechte des Volkes beschränkten sich – zumal da Recht und Politik keine getrennten Sphären darstellten – auf den Rahmen wohlwollender Herrschaft, wie ihn die konfuzianische Doktrin von einem guten Monarchen verlangte. Lediglich im Bereich der Rechtspflege stand den Untertanen ein Berufungsrecht zu, das sich bis zum 19. Jahrhundert mit seinem europäisch-nordamerikanischen Gegenstück durchaus messen konnte. Über die Möglichkeit zur Partizipation am politischen Geschehen verfügte nur derjenige Teil der literarisch gebildeten Elite, der über die Staatsprüfungen Zugang zu öffentlichen Ämtern erhielt.

Die traditionelle chinesische Monarchie lässt sich als Mischung aus Autokratie und Bürokratie charakterisieren. Kern des politischen Systems war der Kaiser als „Himmelssohn", d. h. als Universalmonarch, der über das regierte, „was unter dem Himmel ist" (*tianxia*). Als solcher war er Mittler zwischen Menschheit und Kosmos, kein Gott und doch mehr als ein Mensch. Dieser chinesischen Herrschaftsauffassung fügten die Qing-Herrscher, ihrer zentralasiatischen Herkunft entsprechend, noch zwei weitere Säulen imperialer Ideologie hinzu: das Konzept des

Khanats als einer auf militärischer Tüchtigkeit basierenden Herrschaft und die buddhistische Konzeption eines Idealherrschers, der durch sein weltliches Handeln die Welt der Erlösung näher bringt. Aufgrund dieser einzigartigen Stellung war der chinesische Kaiser in einer Person Oberhaupt der Verwaltung, höchster Gesetzgeber und oberster Richter, Oberpriester des Staatskults und Oberbefehlshaber des Heeres. Seine theoretisch unumschränkte Machtfülle wurde jedoch in der Praxis durch den Einfluss der bürokratischen Institutionen abgemildert, ohne und gegen die kein Kaiser auf Dauer regieren konnte und die letztlich den Zusammenhalt des riesigen Reiches gewährleisteten.

Die imperiale Bürokratie reichte von den Zentralbehörden in Peking über die Provinzverwaltung und ein komplexes und nicht ganz klar gegliedertes System untergeordneter Verwaltungseinheiten bis hinab auf die Ebene des Landkreises (*xian*). Dieses unitarische System übernahmen die Qing-Herrscher von ihren Vorgängern und modifizierten es entsprechend ihren eigenen Bedürfnissen. Die zentralen Behörden gliederten sich in den Inneren und den Äußeren Hof. Die Aufgaben des Inneren Hofes lagen primär in der Verwaltung des kaiserlichen Haushalts, doch übernahmen einige seiner Unterabteilungen auch Aufgaben in der öffentlichen Verwaltung. So förderte die für die Finanzen des Hofs zuständige Behörde gelegentlich auch Maßnahmen zur Katastrophenhilfe, Belohnungen für verdiente Beamte, Feldzüge und öffentliche Baumaßnahmen. Vor allem gehörte zum Inneren Hof auch das wichtigste kaiserliche Beratungsgremium, der in den 1720er Jahren geschaffene Große Rat (wörtlich: Abteilung für dringende militärische Angelegenheiten, *Junjichu*). Dieses Gremium entwickelte sich in der Qianlong-Ära zur eigentlichen Schaltzentrale der Verwaltung und bildete ein effektives Gegengewicht zur kaiserlichen Autokratie.

Dem Großsekretariat (*Neige*) als wichtigster Behörde des Äußeren Hofes unterstanden die für die Routineangelegenheiten verantwortlichen Sechs Ministerien (*Liu bu*), denen auf den untergeordneten Verwaltungsebenen Behörden mit gleicher Aufgabenstellung entsprachen. In der Hierarchie stand das mit der Personalverwaltung betraute Beamtenministerium (*Libu*) an der Spitze. Das an zweiter Stelle folgende Finanzministerium (*Hubu*) war für Bevölkerungszensus und Landregister, Münzprägung und Steuerverwaltung zuständig. Einen besonders weit gefächerten Aufgabenbereich hatte das Ritenministerium (ebenfalls *Libu*, aber mit einem anderen Zeichen geschrieben), das nicht nur sämtliche Angelegenheiten von Ritual und Etikette überwachte, sondern auch für die Staatsprüfungen und mit dem Tributsystem für einen wichtigen Teil der auswärtigen Beziehungen zuständig war. Dem Kriegsministerium (*Bingbu*) waren nur die rein chinesischen Truppen der Grünen Standarten (*Lü ying*), nicht aber die ethnisch gemischten Bannertruppen unterstellt. Auf diese Weise spielte es eine gewisse Rolle in der Militärpolitik; vor allem aber fielen ihm im weitesten Sinne polizeiliche Aufgaben wie die Unterdrückung von Rebellionen und die Aufrechterhaltung der öffentlichen Sicherheit auf lokaler Ebene zu. Das Justizministerium (*Xingbu*) war für die Rechtsangelegenheiten, besonders auch für die Überprüfung der den Verwaltungsbeamten obliegenden Rechtsprechung zuständig. Dem

Arbeitsministerium (*Gongbu*) oblag die Organisation der öffentlichen Arbeitsvorhaben. Zwei zusätzliche Behörden wurden erst von der Qing-Dynastie geschaffen. Das in den 1630er Jahren gegründete Amt für die Verwaltung der Grenzvölker (*Lifanyuan*) war für Tibeter, Mongolen und zentralasiatische Turkvölker, schließlich auch für die kleineren ethnischen Gruppen in China selbst zuständig. 1861 rief der Hof als Folge der Niederlage im Zweiten Opiumkrieg auf Verlangen der ausländischen Mächte die Behörde für die Angelegenheiten der verschiedenen Staaten (*Zongli Ge Guo Shiwu Yamen*, kurz *Zongli Yamen*) ins Leben. Als rudimentäres Außenministerium erhielt es keinen ministeriellen Rang, sondern war dem Großen Rat angegliedert, ehe es nach der Niederlage im Boxerkrieg auf Druck der alliierten Mächte 1901 in ein reguläres Außenministerium (*Waiwubu*) mit symbolischem Vorrang vor allen anderen Ministerien umgewandelt wurde.

Herrscher und Bürokratie waren mittels eines ausgefeilten Korrespondenzsystems miteinander verbunden. Beamte der Zentralbehörden wie die Generalgouverneure und Gouverneure in den Provinzen richteten einen kontinuierlichen Strom von Memoranden und Bittschriften an den Kaiser. Die routinemäßige Korrespondenz wurde über das Großsekretariat abgewickelt, das dem Kaiser seine Antwortschreiben zur Genehmigung vorlegte. Sogenannte Palastmemoranden richteten sich dagegen unmittelbar an den Kaiser und wurden von diesem mit ausführlichem Kommentar in roter Tinte wieder zurückgeschickt. Nach der Formalisierung dieses zunächst informell gehandhabten Korrespondenzsystems zu Beginn der Qianlong-Ära in den späten 1730er Jahren wurden die kaiserlichen Kommentare stark vereinfacht und routinisiert.

Anders als unter der vorangehenden Dynastie übten die Qing-Herrscher eine effektive Kontrolle der Verwaltungsangelegenheiten aus. Zwar überließen sie die Routineangelegenheiten ihren Verwaltungsstäben und konzentrierten sich auf die Behandlung dringender Angelegenheiten in einigen zentralen Politikfeldern wie Aufrechterhaltung konfuzianischer Normen, öffentliche Sicherheit, Finanzen, Wirtschaft und Katastrophenhilfe (vgl. Kap. 4.2.1). Dennoch verlangte ihnen die Lektüre von Memoranden und Berichten ein ungeheures Arbeitspensum ab. Bis in die 1860er Jahre, als die Phase der Regentschaften für minderjährige Throninhaber begann, bewältigten die Herrscher die an sie gestellten Anforderungen häufig souverän, mindestens aber zufriedenstellend. Der durch das Korrespondenzsystem und die häufigen Audienzen für hauptstädtische und Provinzbeamte gewährleistete Informationsfluss stellte eine wichtige Quelle der kaiserlichen Machtfülle dar und sollte den Monarchen in die Lage versetzen, gegen Günstlingswirtschaft und Trägheit in den Behörden vorzugehen.

Die kaiserliche Machtfülle, die ihren Höhepunkt im späten 18. Jahrhundert erreichte, war Teil eines Systems von Kontrollmechanismen, die zur Stabilisierung des Regierungssystems beitragen sollten. Hierzu gehörte eine einigermaßen ausgewogene Berufung von Mandschu und Han-Chinesen in die zentralen Behörden und die Provinzverwaltungen. Während die Mandschu vor allem in den Spitzengremien dominierten, war man bemüht, bei den Chinesen jeden Eindruck von Benachteiligung zu vermeiden. Gleichzeitig sollte eine Aufstellung der Bannertruppen an strategischen Punkten die ethnisch rein han-chinesische Armee der Grünen

Standarten neutralisieren. Schließlich balancierte man sorgfältig auf Verdienst beruhende und gekaufte Ämterverleihungen gegeneinander aus, versetzte Beamte in kurzen Abständen und setzte sie aus Prinzip niemals in ihren Heimatregionen ein. Diese Mechanismen dienten allerdings nicht einer Ausbalancierung von Macht, sondern sollten vor allem Rebellion und Korruption vorbeugen und somit die Effizienz der Zentralgewalt stärken.

Bis ins späte 19. Jahrhundert stellte sich in China die Frage nach der Legitimität von Dynastien, nicht aber nach der Monarchie als solcher. Auch antidynastische Rebellionen strebten die Errichtung einer monarchischen Herrschaft an. Dies zeigt sich nirgends deutlicher als im Falle der Taiping-Rebellion, obwohl ihr antikonfuzianischer Führer Hong Xiuquan und seine Anhänger in deutlichem Abrücken von der Idee des „himmlischen Mandats" eine charismatische Herrschaftsidee verfolgten. Hong berief sich nicht wie die Kaiser auf das Mandat eines unpersönlichen Himmels, sondern auf seine Stellung als jüngerer Bruder Jesu und damit als Sohn des himmlischen Herrschers Shangdi, dessen Auftrag ihm – wie er behauptete – in einer Vision zuteil geworden war. Zudem fungierte er als Prophet, der im Namen Shangdis sprechen konnte. Nicht zufällig versuchte einer seiner Unterführer ihm zeitweilig die Macht streitig zu machen, indem er ebenfalls als Prophet auftrat. Institutionell orientierte sich der Taiping-Staat an Vorbildern des chinesischen Altertums, schuf aber auch neuartige Institutionen wie z. B. die zahlreichen Titularkönige und einen zentralisierten Staatsschatz. Freilich hat sich dieser Staat infolge des permanenten Kriegszustands und seiner kurzen Lebensdauer nur rudimentär entwickeln können.

Erst seit Ende des 19. Jahrhunderts entfernte sich die Entwicklung der politischen Systeme zusehends von der autokratisch-bürokratischen Mixtur und orientierte sich an der Berufung auf ein Mandat des Volkes. Dennoch hat die Monarchie traditionellen Zuschnitts auch nach ihrem Ende in einem wichtigen Punkt weiterhin Einfluss ausgeübt: Die Idee einer eng begrenzten, von einer qualifizierten Elite getragenen politischen Partizipation blieb auch für nachfolgende Regimes attraktiv.

3.2.2 Konstitutionelle Monarchie

Die konstitutionelle Monarchie entwickelte sich aus dem Bemühen, die monarchische Regierungsform in China aufrechtzuerhalten, dabei aber gleichzeitig ihre Legitimationsbasis zu erneuern. Der Gedanke einer möglichen Stärkung der Monarchie durch die Verbreiterung politischer Partizipation lässt sich schon in der ersten Hälfte des 19. Jahrhunderts bei geistigen Wegbereitern des Reformkonfuzianismus wie Wei Yuan oder Feng Guifen feststellen. Beiden ging es allerdings um eine verstärkte Mitwirkung von nicht im Staatsdienst stehenden Teilen der Literatenelite, nicht um die Schaffung einer politischen Massenbasis. Dennoch lassen sich ihre Vorschläge als Bindeglied zwischen der imperialen Ideologie der Qing-Zeit und dem von westlichen Konzepten beeinflussten Konstitutionalismus in den letzten Jahren der Dynastie verstehen.

Erst mit der militärischen Niederlage gegen Japan 1895 gewannen konstitutionelle Ideen die Chance auf praktische Realisierung. Die Reformbewegung von 1898 hätte ohne den Gegenputsch der Konservativen um die Kaiserinwitwe Cixi zweifellos in eine konstitutionelle Monarchie gemündet. So aber war es Cixi selbst, die nach der Niederlage im Boxerkrieg 1900/01 ein konstitutionelles Programm auf die Agenda ihrer Reformpolitik setzte. Die Verfassungsfrage ist daher im Kontext ihrer weiteren Reformen von Verwaltung, Erziehungswesen und Armee zu sehen. Dabei folgte der Qing-Hof ebenso wie bei der Justizreform der Methode des Rechtsvergleichs. 1905 wurden zwei Studienkommissionen auf eine ausgedehnte Reise durch Japan, die USA und verschiedene europäische Staaten entsandt. Zwei Jahre später studierten drei weitere Missionen die Verfassungen Großbritanniens, des Deutschen Reiches und Japans, deren konstitutionelle Systeme für China am geeignetsten erschienen. Zwei Überlegungen bestimmten die Berichte dieser Missionen an den Thron sowie die abschließende Diskussion am Hof: Erstens erachtete man eine geschriebene Verfassung für nötig und entschied sich daher gegen das britische Modell. Zweitens wurde der Frage, inwieweit die Autorität des Monarchen durch den Übergang von einem autokratischen zu einem konstitutionellen System beeinträchtigt würde, zentrale Bedeutung beigemessen. Da infolgedessen alle Verfassungen ausschieden, die mit parlamentarischer Billigung in Kraft getreten waren, blieb letztlich allein die japanische Meiji-Verfassung von 1889 übrig, da sie zwar auf dem Vorbild der preußischen Verfassung aufbaute, aber als einzige vom Herrscher gewährt worden war.

Die 1908 als Folge dieser Diskussionen vom Kaiser gebilligten „Grundzüge der Verfassung" (*Xianfa dagang*) lehnten sich denn auch in ihren ersten beiden Artikeln fast wörtlich an die Meiji-Verfassung an. Der Kaiser sollte in ununterbrochener dynastischer Linie regieren und seine Person unverletzlich sein. Diese der japanischen Kaiserideologie entsprechenden Bestimmungen liefen zwar der Idee vom himmlischen Mandat zuwider, harmonierten jedoch hervorragend mit dem dynastischen Patriotismus, den der Qing-Hof in jenen Jahren propagierte: Herrscher und Dynastie sollten zu zentralen nationalen Symbolen werden. Auch sonst ist das kurze Dokument von dem Bestreben geprägt, dem Kaiser nicht nur die Souveränität, sondern auch weiterhin eine Schlüsselstellung im politischen Prozess zu sichern. Der Monarch sollte das Recht behalten, Gesetze zu beschließen, zu verkünden und auszuführen. Darüber hinaus wurde ihm ein Verordnungsrecht zugebilligt, das ihn allerdings nicht zur Änderung einmal beschlossener Gesetze berechtigte. Ferner erhielt der Herrscher das Recht auf Ernennung aller Beamten, den Oberbefehl über das Heer und die alleinige Zuständigkeit für die Außenpolitik. Weder die „Grundzüge der Verfassung" noch die gleichfalls 1908 beschlossenen Grundlinien eines Parlamentsgesetzes sahen für die Legislative mehr als eine beratende Funktion vor. Diese besaß auch kein Budgetrecht (außer für Ausgaben, die aufgrund kaiserlicher Notverordnungen zustande gekommen waren) und konnte vom Kaiser jederzeit aufgelöst werden. Eine Regierung war vorgesehen, ohne dass nähere Bestimmungen ergingen. Der Bevölkerung wurden Rede-, Presse- und Versammlungsfreiheit, das Recht auf Eigentum und die Freiheit der Wohnung, Schutz vor willkürlichen Verhaftungen und das Recht auf den gesetzlichen Richter zugebilligt, jedoch kein allgemeines und gleiches Wahlrecht. Zugleich wurde ihr die Pflicht zur Steuerzahlung und zur Respektierung der Gesetze auferlegt.

Der Verfassungsentwurf von 1908 war Teil einer von unten nach oben verlaufenden Reform der staatlichen Institutionen, mit deren Hilfe die sozialen Eliten (vor allem Literaten und Kaufleute) stärker in die öffentlichen Angelegenheiten eingebunden werden sollten, während der kaiserliche Hof gleichzeitig den Regierungsapparat zu zentralisieren sich bemühte. Nach einer zweijährigen Experimentierphase mit Selbstverwaltungskörperschaften wurde im ebenfalls 1908 verabschiedeten Neun-Jahres-Plan ein Stufenmodell zur Einführung der lokalen Selbstverwaltung festgelegt. Am Beginn stand die Wahl von Stadt- und Gemeinderäten im Jahre 1909. Innerhalb von weiteren fünf Jahren sollte die regionale Selbstverwaltung auf allen Verwaltungsstufen unterhalb der Provinzebene abgeschlossen sein. Noch vor der Verabschiedung des Neun-Jahres-Plans hatte der Hof die Bildung von Provinzialversammlungen gebilligt. Wie alle anderen Selbstverwaltungsorgane auch hatten sie nur beratende Funktionen und wurden nach einem Zensuswahlrecht gewählt, so dass sie weniger als 0,5 Prozent der Bevölkerung repräsentierten. Die am frühesten ins Auge gefasste nationale Beratende Versammlung (*Zizhengyuan*) trat als letzte, nämlich im Herbst 1910 zusammen. Als einziges der neuen Gremien bestand sie nicht nur aus gewählten, sondern zur Hälfte auch aus vom Kaiser ernannten Vertretern. Erst mit dem für 1916 geplanten Inkrafttreten der Verfassung sollte gemäß dem Neun-Jahres-Plan ein zwei Kammern umfassendes Parlament mit Gesetzgebungskompetenzen gewählt werden. Gleichzeitig war die Bildung eines dem Parlament verantwortlichen Kabinetts geplant. Bis dahin begnügte man sich mit der 1906 vorgenommenen Umbildung der Zentralregierung, bei der die Struktur der Ministerien dem in westlichen Ländern üblichen Zuschnitt angenähert, der Große Rat und das Großsekretariat jedoch in ihrer Schlüsselfunktion belassen worden waren.

Die Bildung der Selbstverwaltungskörperschaften war jedoch mit dafür verantwortlich, dass der konstitutionelle Prozess der Qing-Regierung allmählich entglitt. Die in diesen Jahren hochgradig politisierte Elite aus Literaten und Kaufleuten, die sich auch für nationalistische und antiimperialistische Manifestationen engagierte, drängte zunehmend auf eine Beschleunigung der Verfassunggebung. Neben eigens zu diesem Zweck gegründeten Vereinigungen erwiesen sich die Provinzversammlungen als ihr wichtigstes Sprachrohr. Wiederholtes Drängen von Provinzvertretern führte dazu, dass der Hof 1910 zustimmte, die Einberufung der Nationalversammlung auf 1913 vorzuziehen. Um seinen Kritikern entgegenzukommen, erließ der Hof im September 1911 einen zweiten Verfassungsentwurf, die Neunzehn Artikel, der die Machtbefugnisse des Kaisers gegenüber dem Parlament erheblich einschränkte. Der Hof hatte jedoch seine Glaubwürdigkeit eingebüßt, und besonders bei den zentral- und südchinesischen Eliten fand die im Folgemonat ausge-

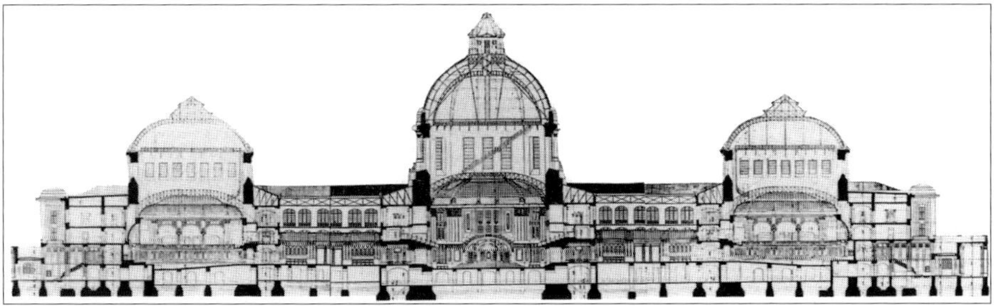

Abb. 8: Entwurf des in Tianjin ansässigen deutschen Architekten Curt Rothkegel für ein Parlamentsgebäude, 1910. Er lehnte sich eng an das Reichstagsgebäude in Berlin an, allerdings sollte der Pekinger Bau doppelt so groß werden. Die drei Kuppeln repräsentierten das neue konstitutionelle Modell aus Kaiser, Ober- und Unterhaus. Die Revolution von 1911 führte zur Einstellung der Bauarbeiten; in der frühen Republik wurde ein sehr viel kleineres und schlichteres Parlamentsgebäude errichtet.

brochene Revolution breite Unterstützung. Damit brach das konstitutionelle Programm, mit dem die Qing-Dynastie ihre Herrschaft stabilisieren wollte, völlig zusammen.

Dennoch gab es nach der Gründung der Republik China noch zwei Versuche zur Wiederherstellung der Monarchie. Den ersten unternahm der zweite Präsident der Republik, Yuan Shikai, als er sich selbst zum Kaiser ausrief. Bei diesem Schritt stützte er sich auf die Empfehlungen chinesischer wie ausländischer Berater, insbesondere des angesehenen US-amerikanischen Politologen Frank J. Goodnow (1859-1939). Dieser vertrat die Auffassung, dass die monarchische Staatsform für die Lage Chinas angemessener sei als die republikanische. Er machte die Wiedereinführung der Monarchie jedoch von drei Bedingungen abhängig: Sie dürfe weder auf den Widerstand der ausländischen Mächte noch der Bevölkerung stoßen, die Entscheidung über die Thronfolge solle nicht beim Herrscher liegen und die konstitutionelle Regierungsform müsse beibehalten werden. Yuans Zustimmung zur dritten dieser Bedingungen fand ihren symbolischen Ausdruck in der von ihm selbst gewählten Regierungsdevise Hongxian, die er mit „große konstitutionelle Ära“ übersetzte. Der breite Widerstand, der Yuan zum Aufgeben seiner Kaiserpläne nötigte, zeigt jedoch, in welch großem Maße sich die militärischen und zivilen Eliten von der konstitutionellen Monarchie abgewendet hatten. Der zweite Versuch, der monarchistische Putsch des Generals Zhang Xun im Sommer 1917, war schon wenig mehr als ein Theatercoup, der bereits nach einem Monat zusammenbrach. Nach seinem Scheitern verschwand die Monarchie völlig von der politischen Tagesordnung. Nur die Japaner belebten sie zwischen 1934 und 1945 in ihrem Satellitenstaat Manzhouguo, mit dem 1912 gestürzten Kaiser Puyi unter der Regierungsdevise Kangde an der Spitze, vorübergehend neu.

3.2.3 Liberale Republik

Das politische System der Republik China bis 1926 war durch eine relativ hohe formale Einheitlichkeit gekennzeichnet. Die Revolutionäre von 1911 wählten die Konstitution der USA mit ihrem System der *checks and balances* als Modell für die provisorische Verfassung von 1912, mit der die Errungenschaften der Revolution vorläufig gesichert werden sollten. Auch nach der Überführung des provisorischen in ein als langfristig verbindlich gedachtes System im Jahre 1914 blieb dieses Modell in Kraft. Allerdings spiegelt sich in der großen Zahl von drei in Kraft getretenen Verfassungen und drei Entwürfen gleichzeitig auch die Instabilität des frühen republikanischen Systems wider, zumal zwei Verfassungen und ein Entwurf in den ersten drei Jahren nach der Revolution erarbeitet wurden.

Grundsätzlich legten alle Verfassungen zwischen 1912 und 1926 das Prinzip der Volkssouveränität fest und enthielten einen mehr oder weniger weit gefassten Grundrechtskatalog, der in allen Fällen über das in den Verfassungsentwürfen der Qing-Zeit Gewährte hinausging. Dabei stellte schon die Provisorische Verfassung von 1912 einen Teil der Grundrechte unter den Vorbehalt einer gesetzlichen Regelung, ein Prinzip, das in späteren Verfassungstexten auf sämtliche Grundrechte ausgedehnt wurde. Wie schon in der Qing-Zeit wurden den Bürgern auch Verpflichtungen, in der Regel Steuerzahlung und Militärdienst, auferlegt.

Hinsichtlich des Staatsaufbaus folgten alle Verfassungstexte der frühen Republikzeit dem klassischen europäischen Prinzip der Gewaltenteilung zwischen Legislative, Exekutive und Judikative. Die ebenfalls aus dem US-Verfassungsrecht übernommene bikamerale Struktur des Parlaments wurde erstmals im Organisationsgesetz des chinesischen Nationalparlaments von 1912 eingeführt und von den nachfolgenden Verfassungstexten übernommen. Als problematisch erwies sich insbesondere die Stellung der Exekutive. Die Verfassung von 1914 optierte eindeutig für ein präsidentielles System, die drei Entwürfe von 1913, 1919 und 1926 sahen ein parlamentarisches System mit einem Kabinett als Exekutive vor. Die von den Verfassungen von 1912 und 1923 vorgesehene Variante lässt sich als gemäßigt präsidentiell bezeichnen: In beiden Fällen wurden die Minister, wenn auch mit Zustimmung des Parlaments, vom Präsidenten ernannt; umgekehrt sollten die von diesem verkündeten Gesetze nur durch die Gegenzeichnung durch ein Kabinettsmitglied in Kraft treten. Die frühere der beiden Verfassungen sah ein suspensives Vetorecht des Präsidenten vor, diejenige von 1923 gab ihm das Recht zur Parlamentsauflösung.

Wie keine andere Frage spiegelte diejenige nach der Stellung des Präsidenten die Konflikte innerhalb des politischen Systems wider. Dass der Verfassungsentwurf von 1913 ein parlamentarisches System vorsah, entsprang den Bemühungen des von der GMD als politischem Arm der Revolutionäre von 1911 beherrschten Parlaments, die Machtposition des sich zunehmend autoritär gebärdenden Präsidenten Yuan Shikai, der Anfang 1912 dem noch von den Revolutionären berufenen Provisorischen Präsidenten Sun Yatsen nachgefolgt war, zu begrenzen. Nachdem Yuan vergebens einige substantielle Änderungen an dem Entwurf verlangt hatte, löste er im Januar 1914 verfassungswidrig das Parlament auf und konnte nun ohne Mühe die autoritärste Verfassung der frühen Republikzeit durchsetzen. Diese machte den Präsidenten völlig von Machtbeschränkungen durch die Volksvertretung unabhängig und gewährte ihm das Recht, diese aufzulösen und Notverordnungen zu erlassen. Dem Parlament verblieb einzig die Befugnis, ein Amtsenthebungsverfahren gegen den Präsidenten durchzuführen, das auch die anderen Verfassungstexte mit präsidentiellem System vorsahen.

Die politischen Partizipationsmöglichkeiten der Bevölkerung waren in allen republikanischen Verfassungen stark eingeschränkt. Die Verfassungen mit präsidialem System übernahmen die indirekte Wahl des Präsidenten aus dem amerikanischen Verfassungsrecht, übertrugen sie aber nicht einem von der Bevölkerung gewählten Wahlmännergremium, sondern dem Parlament. Für das Parlament legten entweder die Verfassungstexte oder besondere Wahlgesetze wie in der Qing-Zeit ein Zensuswahlrecht fest. Gerade zu Beginn der Republik bestand hier eine enorme Diskrepanz zwischen den liberalen Idealen und deren rechtlicher Umsetzung. Die provisorische Verfassung gewährte allen Bürgern das Wahlrecht; das im gleichen Jahr verabschiedete Wahlgesetz begrenzte dieses jedoch auf Männer, die mehr als zwei Yuan jährlich an direkten Steuern zahlten, über Grundbesitz im Wert von mehr als 500 Yuan verfügten oder mindestens eine Elementarschule absolviert hatten. Spätere Verfassungen bereinigten diesen Widerspruch, indem sie das Wahlrecht nur nach Maßgabe der gesetzlichen Bestimmungen oder überhaupt nicht mehr gewährten.

Zu keiner Zeit war der chinesische Staatsbildungsprozess von so offensichtlichen Mängeln gekennzeichnet wie in der frühen Republik. Zwar arbeiteten die mittels der Verfassung geschaffenen Institutionen; jedoch war ihr Einfluss angesichts der politisch-militärischen Fragmentierung spätestens seit dem Tod Yuan Shikais Anfang 1916 minimal. Tatsächlich war seither sogar umstritten, welche Verfassung Gültigkeit haben sollte: die provisorische von 1912 oder die von Yuan nach seiner widerrechtlichen Parlamentsauflösung 1914 durchgesetzte. Selbst als im Sommer 1916 die Entscheidung für die allererste republikanische Verfassung gefallen und das Parlament von 1913 wieder einberufen worden war, blieb die Frage virulent. Nach einigen flagranten Verfassungsverstößen (insbesondere der Selbsteinsetzung des neuen starken Mannes Duan Qirui als Ministerpräsident im Juli 1917) bildeten einige südchinesische Warlords eine Militärregierung in Guangzhou, die unter dem Schlagwort einer „Bewegung zum Schutz der Verfassung“ (*Hufa yundong*) die vollständige Wiederherstellung der Verfassung von 1912 erstrebte. An ihrer Spitze stand Sun Yatsen als politische Galionsfigur und Symbol der revolutionären Tradition von 1911. Gleichzeitig unterstrich die Tatsache, dass ein Teil der Legislative von 1913 als Außerordentliche Versammlung des Parlaments einberufen werden konnte, den Anspruch der Bewegung auf konstitutionelle Kontinuität und Legitimität. Allerdings blieb diese Bewegung bis zum Beginn der 1920er Jahre ein Provisorium, das aus verfassungsrechtlichen Bedenken keinen Staatspräsidenten für Gesamtchina wählen konnte.

In Peking wurden in der gleichen Periode unter der Kontrolle verschiedener Warlords eine Reihe von Verfassungsentwürfen erarbeitet. Unter den Bedingungen der politischen Fragmentierung begannen nach 1920 auch einzelne Provinzen, eigene Verfassungen zu erlassen und so den Prozess des *state building* von der zentralen auf die nächstuntere Ebene zu verlagern. Hierin bestand der Ansatzpunkt einer kurzlebigen föderalistischen Bewegung, die China auf bundesstaatlicher Grundlage neu zu organisieren versuchte. Vor diesem Hintergrund ist die Verfassung von 1923 ein in der chinesischen Geschichte einmaliges Phänomen. Unter der Schirmherrschaft des Warlords Cao Kun verkündet, der sich unmittelbar zuvor durch Bestechung der Parlamentarier das Amt des Staatspräsidenten gesichert hatte, suchte sie den Zielen der föderalistischen Bewegung Rechnung zu tragen. Obwohl sie China gleich zu Beginn zu einem demokratischen Einheitsstaat erklärte, nahm sie eine genaue Kompetenzverteilung zwischen der Zentralregierung und den Provinzen vor, wobei für einige Bereiche eine gemeinsame Zuständigkeit festgelegt wurde. Entscheidend war die Bestimmung des Artikels 28, die alle mit der nationalen Gesetzgebung unvereinbaren provinzialen Gesetze für ungültig erklärte. Dass diese Verfassung wie alle anderen Verfassungen der frühen Republikzeit an den realen Machtverhältnissen scheiterte, hatte besonders weitreichende Folgen, da sich infolgedessen auch das föderalistische Modell für China erledigte. Spätere Verfassungstexte kehrten zur chinesischen Tradition des Einheitsstaates zurück.

Chinas föderalistisches Experiment

Die entscheidenden Passagen der Verfassung von 1923 lauten in einer zeitnahen deutschen Übersetzung wie folgt:

Art. 22: Die Staatsgewalt der Republik China wird – soweit sie sich auf die Staatsgeschäfte bezieht – von der gegenwärtigen Verfassung ausgeübt. Soweit sie örtliche Angelegenheiten betrifft, wird sie nach den Grundsätzen der gegenwärtigen Verfassung ausgeübt, welche die provinziale Selbstverwaltung regeln.
[...]
Art. 28: Alle provinzialen Gesetze, die im Widerspruch zu den Staatsgesetzen stehen, sind ungültig. [...]
[...]
Art. 33: Keine Provinz darf ein politisches Bündnis schließen. Keine Provinz darf eine Tätigkeit vornehmen, die anderen Provinzen oder Verwaltungsbezirken schädlich ist.
Art. 34: Keine Provinz darf ein stehendes Heer aufstellen oder Militärschulen oder Arsenale einrichten.
Art. 35: Eine Provinz, die ihre Pflichten nicht erfüllt, die ihr durch Staatsgesetze auferlegt sind, und die in ihrem Ungehorsam beharrt, nachdem sie durch die Regierung zum Gehorsam ermahnt worden ist, kann durch die Machtmittel des Staates zur Erfüllung der ihr obliegenden Pflichten gezwungen werden. Die Ausführung der oben genannten Maßnahmen muß unterbleiben, wenn sie vom Parlament mißbilligt wird.
Art. 36: Wenn eine Provinz eine andere Provinz mit bewaffneter Macht angreift, kann die Zentralregierung dies auf dem in dem vorhergehenden Artikel bezeichneten Wege verhindern.

(Chiang Hai-Chao: Die Wandlungen im Chinesischen Verfassungsrecht seit dem Zusammenbruch der Mandschu-Dynastie unter besonderer Berücksichtigung der rechtlichen Stellung des Staatshauptes. Berlin: Heymanns 1937, S. 205-209.)

3.2.4 Fünf-Gewalten-Verfassung der Guomindang

Mit der von der GMD und ihren kommunistischen Verbündeten zwischen 1925 und 1927 durchgeführten Nationalen Revolution – im Prinzip eine militärische, von nationalistischen Protestaktionen begleitete „Einigung" Chinas – wurden die Grundlagen für neue Spielregeln des politischen Systems gelegt. Anders als im Fall der Revolution von 1911, als politische Parteien erst nach der Durchsetzung der republikanischen Staatsform gebildet wurden und im politischen Prozess gegenüber den Militärs nur eine untergeordnete Rolle zu spielen vermochten, existierte eine dem revolutionären Geschehen vorgängige Partei, die auch nach dem Sieg der Revolution eine entscheidende politische Rolle zu spielen gedachte. Auch wenn unter der nationalistischen Herrschaft eine Reihe kleinerer Parteien eine zumeist prekäre Existenz fristeten, ließ die GMD keinen Zweifel an ihrem Anspruch auf ideologische Suprematie und Monopolisierung des politischen Prozesses. Für den Staatsaufbau waren eine Reihe zentraler Aspekte der von Sun Yatsen entworfenen Parteiideologie maßgeblich: die Drei Volksprinzipien, das Konzept der Fünf Gewalten sowie der Stufenplan zum Aufbau einer konstitutionellen Herrschaft.

Die Schaffung politischer Institutionen wurde von der GMD schon vor der eigentlichen Verfassunggebung durch mehrere seit 1925 erlassene Organisationsgesetze eingeleitet. Mit dem Gesetz vom 8. Oktober 1928 wurden erstmals die der Theorie der Fünf Gewalten von Sun Yatsen entsprechenden, als *yuan* bezeichneten zentralstaatlichen Organe eingerichtet: der Legislativyuan bzw. das Parlament, der Exekutivyuan bzw. die Regierung, der Rechtsprechungsyuan, der einem Obersten Gerichtshof ohne die Aufgabe der Normenkontrolle entsprach, sowie der Prüfungs- und der Kontrollyuan. Die seit 1931 geltende Bestimmung, dass Präsident und Vizepräsident jedes *yuan* aus dem Zentralen Exekutivkomitee – dem leitenden Organ der GMD – zu wählen seien, unterstellte den Staat formell der Partei. Deren Rolle unterlag im Übrigen – mit einer noch zu beschreibenden Ausnahme – keiner verfassungsrechtlichen Bestimmung, so dass die Partei faktisch über der Konstitution stand. Seit ihrer Reorganisation als leninistische Kaderpartei im Jahre 1924 war die GMD dem Prinzip des demokratischen Zentralismus verpflichtet: Dieses verlangte, dass sich in politischen Fragen die Minderheit der Mehrheit und die niederen Parteiinstitutionen den höheren unterordnen müssten. Offene Diskussionen waren nur bis zur Beschlussfassung erlaubt, danach waren alle Parteimitglieder verpflichtet, die einmal gefassten Beschlüsse zu vertreten.

Über die Rolle der neu geschaffenen Staatsorgane in der politischen Wirklichkeit eines nach wie vor fragmentierten politischen Systems sind wir nur in Grundzügen unterrichtet. Neuere Studien zeichnen ein ambivalentes Bild: Während beispielsweise der Prüfungsyuan bei der ihm gestellten Aufgabe, der gesamten Personalverwaltung für die öffentlichen Behörden, durch die schon vorhandenen Personalstrukturen stark behindert wurde und außer moralischen Ermahnungen und der gelegentlichen Ablehnung von Ernennungen kaum Handlungsmöglichkeiten hatte, entwickelte ein Teil der dem Exekutivyuan unterstehenden Fachministerien hochgradig professionelle und effiziente Arbeitsstandards.

Mittels der Organisationsgesetze legten Partei und Nationalregierung Grundsätze des Staatsaufbaus fest, die seit Anfang der 1930er Jahre in die Verfassungsgesetzgebung übernommen wurden. Dies galt auch für das Amt des Präsidenten der Nationalregierung, dessen Stellung gegenüber den Fünf Gewalten allerdings stark variierte. Ein weiteres Verfassungsorgan, die Nationalversammlung, wurde erstmals 1930, ebenfalls aufgrund eines einfachen Gesetzes, eingerichtet. Ihre Mitglieder sollten zunächst aus staatlichen und gesellschaftlichen Organisationen, den Provinzen und territorialen Verwaltungseinheiten, später auf rein regionaler Grundlage gewählt werden. Ihr wurden zentrale, nach Sun Yatsen dem Volk zustehende Rechte übertragen, insbesondere die Wahl und Abberufung des Staatsoberhaupts und der Leiter der fünf *yuan* sowie die Abhaltung von Volksabstimmungen.

Die eigentliche Verfassungsgesetzgebung des nationalistischen China durchlief drei Stadien, die von sehr unterschiedlichen Zielsetzungen und Bedingungen gekennzeichnet waren. Die erste provisorische Verfassung wurde nicht von der Nationalregierung, sondern im Herbst 1930 von einer rebellierenden Koalition nördlicher Warlords vorgelegt, die sich von diesem Schritt eine Legitimationssteigerung und breitere gesellschaftliche Unterstützung erhofften. Als Reaktion darauf wurde im Juni 1931 in Nanjing nach nicht einmal einjähriger Vorbereitung eine Verfassung für die bereits 1928 verkündete Periode der Vormundschaftsregierung erlassen. Bereits im Folgejahr kam es auf Drängen von Teilen der GMD zu ersten verfassungsrechtlichen Vorarbeiten für den Übergang zu einer konstitutionellen Regierung, die in den Verfassungsentwurf vom 5. Mai 1936 mündeten. Zu diesem Zeitpunkt waren antidemokratische und faschistische Tendenzen innerhalb der GMD stark vertreten. Aufgrund der wachsenden Spannungen mit Japan und des Kriegsausbruchs im folgenden Sommer konnte der Entwurf jedoch nicht mehr in Kraft treten. Erst nach dem Ende des Zweiten Weltkriegs wurde die Verfassungsfrage wieder aufgenommen, diesmal, nicht zuletzt aus Rücksicht auf den amerikanischen Verbündeten und im Angesicht eines drohenden Bürgerkriegs gegen die Kommunisten, unter stärker demokratischen Vorzeichen. Trotz dieser Unterschiede zeigen die einzelnen Verfassungsentwürfe eine bemerkenswerte Konsistenz.

Die unter der GMD-Herrschaft erlassenen bzw. entworfenen Verfassungen waren explizite Umsetzungen der Ideologie Sun Yatsens. In keinem der Texte fehlt eine Bezugnahme auf die Drei Volksprinzipien, und die Mitte der 1930er Jahre erarbeiteten Entwürfe erklärten China ausdrücklich zu einer „Drei-Volksprinzipien-Republik". In Übereinstimmung mit den Vorstellungen Suns von der stufenweisen Entwicklung des politischen Systems und von der Notwendigkeit, die

Staatsbürger zur politischen Reife zu erziehen, enthielt die Verfassung von 1931 Bestimmungen zur Vormundschaftsregierung. Im Gegensatz zur Konzeption Sun Yatsens wurde ihre Ausübung allerdings nicht dem Staat, sondern dem Nationalkongress (Parteitag) und für den Zeitraum zwischen dessen Sitzungsperioden dem Zentralen Exekutivkomitee (dem formalen Leitungsgremium) der GMD zugewiesen, die Schlüsselstellung der Partei somit bekräftigt. Die verfassungsrechtliche Umsetzung der Drei Volksprinzipien erstreckte sich jedoch nicht allein auf den politischen Bereich, sondern umfasste auch Willenserklärungen zur ökonomischen und sozialen Modernisierung. So enthielten alle Verfassungstexte und -entwürfe einschließlich der Verfassung von 1947 in den Schlussabschnitten lange Passagen zur wirtschaftlichen Entwicklung und zur Erziehung, die Sun Yatsens Prinzip der Volkswohlfahrt verpflichtet waren. In beiden Bereichen sollte der Staat für eine gleichmäßige Entwicklung sorgen und die öffentliche Grundversorgung gewährleisten. In der Wirtschaft sollte privates Eigentum zugelassen sein, konnte aber im nationalen Interesse vom Staat gesetzlich beschränkt werden; auch sollte kooperatives Eigentum gefördert werden. Ausländischen Zeitgenossen erschienen diese Bestimmungen überflüssig; tatsächlich aber verweisen sie unmittelbar auf das Selbstverständnis der GMD als Modernisierungselite.

Aus dem Verfassungsrecht der frühen Republikzeit übernahm man die Formel, die die einzelnen Grundrechte „nach Maßgabe des Gesetzes“ einschränkte und damit für eine einfache parlamentarische Mehrheit disponibel machte, sowie die Ausbalancierung der Grundrechte durch Bürgerpflichten. Gerade diese Formel zog den Zorn von Liberalen wie Hu Shi auf sich, zumal Verletzungen der Grundrechte durch den „weißen Terror“ (*baise kongbu*) des GMD-Sicherheitsapparats an der Tagesordnung waren. Die Verfassung von 1947 beschritt auch in dieser Frage einen anderen Weg, indem die einschränkende Klausel fallengelassen und durch einen besonderen Artikel ersetzt wurde, der die Beschneidung von Individualrechten durch eine parlamentarische Mehrheit zuließ. Tatsächlich machte die Nationalregierung während des Bürgerkriegs gegen die Kommunisten von diesem Recht Gebrauch, als sie die sogenannten Vorläufigen Maßnahmen für die Zeit der nationalen Mobilmachung zur Unterdrückung der kommunistischen Rebellion erließ. Diese ermächtigten den Präsidenten, den nationalen Notstand zu verkünden und das Kriegsrecht auszurufen. Über das Ende der nationalistischen Herrschaft auf dem chinesischen Festland hinaus wurde so die Grundlage für das autoritäre Regierungssystem der GMD auf Taiwan geschaffen, das dort erst durch den Demokratisierungsprozess seit Ende der 1980er Jahre beendet wurde (vgl. Kap. 6.3.1).

Die Verfassunggebung der GMD war aber nicht nur Umsetzung ideologischer Vorgaben, sondern selbst Bestandteil und Objekt des politischen Prozesses. In keinem Punkt wird dies deutlicher als in der Frage, welche Stellung das Staatsoberhaupt einnehmen sollte, ein Problem, das die GMD aus der frühen Republikzeit geerbt hatte. Bezüglich dieses Problems schälten sich seit Anfang der 1930er Jahre zwei Grundpositionen heraus, deren Vertreter die Beratungen über die Verfassungen zur Maximierung ihrer persönlichen Macht zu nutzen versuchten: Der die meiste Zeit zwischen 1927 und 1949 als Staatspräsident amtierende Jiang Kaishek und seine Anhänger setzten sich für ein präsidiales System ein, das den fünf *yuan* eine untergeordnete Stellung zuwies. Jiangs innerparteiliche Gegner hingegen favorisierten ein kollektiv-kollegiales System, in dem der Staatspräsident bestenfalls die Rolle eines *primus inter pares* im Kreis der Präsidenten der fünf *yuan* gespielt hätte. Tatsächlich spiegelten die ersten vorgelegten Entwürfe die Interessen der zweiten Gruppe wider, ehe sich Jiang Kaisheks Position 1936 durchsetzte. Damit waren die Grundlagen für ein auf Jiang zugeschnittenes präsidiales System geschaffen, zumal die Verfassung dem Staatspräsidenten auch den Oberbefehl über die Armee zusprach, ein Amt, das Jiang ohnehin seit Mitte der 1920er Jahre innegehabt hatte. Die Verfassungsgesetzgebung legalisierte damit die Machtkonzentration und politische Dominanz Jiangs, die durch die Übernahme des neu geschaffenen Postens eines Generaldirektors (*zongcai*) der GMD im Jahr 1938 abgeschlossen wurde und sich als diktatorische Herrschaft über Taiwan auch nach der Niederlage gegen die Kommunisten fortsetzte.

3.2.5 Sozialistische Verfassungen

Im Vergleich zur GMD haben die chinesischen Kommunisten recht früh mit der Verfassungsgesetzgebung begonnen. 1930 und 1931 entstanden zwei grundlegende Verfassungsprogramme für die ländlichen Sowjetgebiete, die allerdings nicht mehr als Absichtserklärungen waren, da man infolge des Bürgerkriegs die Ausarbeitung einer detaillierten Verfassung für undurchführbar hielt. Im Zuge der kommunistischen Machtergreifung erarbeitete die ursprünglich von der GMD einberufene und von der KPCh in ihrem Sinne wiederbelebte Politische Konsultativkonferenz des Chinesischen Volkes 1949 ein Gemeinsames Programm (*Gongtong gangling*) für den staatlichen Neuaufbau auf der Grundlage einer breiten Koalition gesellschaftlicher Gruppen. Dieses verfassungsrechtliche Provisorium wurde 1954 durch die erste explizit sozialistische Verfassung abgelöst. Den drei späteren Verfassungen von 1975, 1978 und 1982 gingen stets wichtige politische und ideologische Trendwenden voraus: die Kulturrevolution, der Sturz der „Viererbande" 1976 und die Durchsetzung marktwirtschaftlicher Reformen auf dem 3. Plenum des XI. Zentralkomitees Ende 1978.

Verfassungsdenken im frühen Sinomarxismus

Die Bedeutung einer Verfassung für die KPCh zeigt sich schon deutlich in der Präambel zum „Konstitutionellen Programm der Chinesischen Sowjetrepublik", hier zitiert in der zweiten Version vom Januar 1934:

Der erste Nationalkongress der chinesischen Sowjets hat den werktätigen Massen auf der ganzen Welt und in ganz China ehrerbietig die Grundaufgaben verkündet, die er in China verwirklichen will, nämlich das Konstitutionelle Programm der Chinesischen Sowjetrepublik. Mit der Verwirklichung dieser Aufgaben ist in den chinesischen Sow-

jetgebieten bereits begonnen worden. Aber der zweite Nationalkongress der chinesischen Sowjets ist der Auffassung, dass diese Aufgaben erst vollendet werden können, wenn die Herrschaft der imperialistischen Guomindang in China niedergeschlagen und im ganzen Land die Herrschaft einer Sowjetrepublik errichtet worden ist. Erst dann kann das Konstitutionelle Programm der Chinesischen Sowjetrepublik stärker präzisiert und zu einer detaillierten Verfassung der Chinesischen Sowjetrepublik [umgewandelt] werden. Der Nationalkongress der Chinesischen Sowjetrepublik ruft die werktätigen Massen der Arbeiter und Bauern in ganz China auf, unter der Anleitung der Provisorischen Zentralregierung der Chinesischen Sowjetrepublik für die Verwirklichung dieser Grundaufgaben in ganz China zu kämpfen.

(Hsiao Tso-liang, Power Relations Within the Chinese Communist Movement. Bd. 2: The Chinese Documents. Seattle/London: University of Washington Press 1967, S. 733. Übersetzung von Thoralf Klein.)

Alle von der KPCh erlassenen Verfassungen sind dem Typ der sozialistischen Verfassung zuzurechnen, wie er in der Sowjetunion entwickelt wurde und dort mit der Verfassung von 1936 seine prototypische Ausprägung fand. Bis zur Verfassung von 1954 ist der sowjetische, anfangs über die Komintern vermittelte Einfluss auf die Verfassungsgesetzgebung der KPCh deutlich zu erkennen. Die Verfassung von 1954 lehnt sich sehr eng an die sowjetische von 1936 an, während in späteren Versionen die eigenen Erfahrungen der chinesischen Kommunisten stärkere Berücksichtigung fanden. Obwohl die sozialistische Verfassung eine Reihe formaler Charakteristika aus der liberalen Verfassungstradition Nordamerikas und Westeuropas übernommen hat, ist sie als deren inhaltliches Gegenstück konzipiert. Dies betrifft zunächst den Dualismus zwischen dem Staat und der ihn beherrschenden Monopolpartei, der nicht zufällig schon unter der Herrschaft der formal als leninistische Kaderpartei organisierten GMD eine wichtige Rolle gespielt hatte. In der Volksrepublik hat er jedoch einen sehr viel deutlicheren rechtlichen Charakter angenommen, da nun zwei unterschiedliche Normensysteme nebeneinander existieren: Die Partei unterliegt nicht nur einem eigenen Statut, sondern setzt eigene, schriftlich kodifizierte Normen. Diese bilden in ihrer Gesamtheit ein mehrstufiges hierarchisches System, an dessen Spitze die den gegenwärtigen Entwicklungsstand und damit den zu lösenden Hauptwiderspruch definierende Generallinie der Partei steht. Das Verfassungsrecht bindet lediglich die staatlichen Organe, auch wenn ihm seit 1982 explizit die höchste gesetzliche Autorität zugewiesen ist. Für die Partei gilt es dagegen nicht, während umgekehrt die Parteinormen das staatliche Recht durchdringen. Die von der Parteiführung schon in den 1950er Jahren verlautbarte Auffassung, wonach die KPCh der führende Kern des ganzen chinesischen Volkes sei, wurde erst mit der Verfassung von 1975 rechtlich sanktioniert und auch in der noch heutige gültigen Verfassung von 1982 beibehalten. Mehrere kleinere „demokratische“ Parteien existieren deshalb nur mit Duldung der KPCh und dienen dazu, die gesellschaftliche Basis der kommunistischen Herrschaft zu verbreitern und dem System einen Anstrich von Pluralität zu verleihen.

Ein zweites Kennzeichen der sozialistischen Verfassung besteht darin, dass sie den Klassencharakter zum entscheidenden Kriterium für die Definition des Staates erhebt. Als Reminiszenz an die Politik der 1940er Jahre, als die KPCh unter dem Schlagwort der „Neuen Demokratie" eine breite Koalition gesellschaftlicher Kräfte gegen die japanischen Invasoren aufgestellt hatte, bot das Gemeinsame Programm von 1949 noch eine Plattform für eine Vielzahl sozialer Gruppen. Neben der klassischen Trias von Arbeitern, Bauern und Soldaten, die die KPCh im Verlauf der revolutionären Mobilisierung nach und nach zu repräsentieren beanspruchte, gehörten dazu auch Intellektuelle, Kleinbürger, die sogenannte nationale Bourgeoisie, Minderheiten, Auslandschinesen und andere patriotische Elemente. Die Verfassung von 1954 übernahm das Konzept einer „demokratischen Diktatur des Volkes" (und nicht allein des Proletariats), definierte China jedoch gleichzeitig enger als volksdemokratischen Staat unter Führung der Arbeiterklasse und auf der Grundlage der Allianz von Arbeitern und Bauern; diese Formulierung ist seit 1982 wieder gültig. Demgegenüber betonten die Verfassungen von 1975 und 1978 den sozialistischen Charakter des Staates und die Diktatur des Proletariats und stellten damit, der politischen Linie Mao Zedongs entsprechend, den Klassenkampf in den Vordergrund.

Aus dem Klassencharakter des sozialistischen Staates ergaben sich für die Verfassungen der Volksrepublik China zwei weitere Charakteristika. Zum einen enthielten sie gemäß der marxistischen Theorie, dass die gesellschaftliche Entwicklung im Wesentlichen von den Produktionsverhältnissen bestimmt wird, eine Reihe ökonomisch relevanter Bestimmungen. Die noch vor Beendigung der Kollektivierung erlassene Verfassung von 1954 unterschied drei Eigentumsformen: Staatseigentum, kooperatives Eigentum und kapitalistisches Eigentum. Die letzte dieser drei Eigentumsformen war zwar in Übereinstimmung mit den Gesetzen gestattet, doch ließ der Verfassungstext keinen Zweifel daran, dass der Staat das Privateigentum an Industrie- und Handelsunternehmen begrenzen und transformieren werde. In der Verfassung von 1975 wurden dagegen nur noch zwei Eigentumsformen, nämlich sozialistisches Eigentum und sozialistisches kollektives Volkseigentum, anerkannt. Das erste unterstand unmittelbar dem Staat, das zweite gehörte gesellschaftlichen Organisationen, deren wichtigste, die 1958 auf dem Land gegründeten Volkskommunen, konstitutionell verankert wurden. Diese Bestimmungen wurden zwar in der Verfassung von 1982 beibehalten, gleichzeitig aber wurden in diesem Text verschiedene Formen kooperativen Eigentums zugelassen. Noch wichtiger war, dass dem Staat die Aufgabe zugewiesen wurde, die Produktivität zu steigern und die wirtschaftlichen Ergebnisse zu verbessern. Zwei Verfassungsänderungen aus den Jahren 1988 bzw. 1993 legalisierten die Entstehung eines privatwirtschaftlichen Sektors und die Trennung zwischen Management und Eigentum von Staatsbetrieben. Diese Verschiebung der Gewichte hin zu wirtschaftlichem Wachstum zeigt sich auch in der Tatsache, dass jene Artikel aus der Verfassung von 1975, die zur Unterdrückung von Klassenfeinden und zur politischen Mobilisierung des Volkes aufriefen, spätestens 1982 entfielen.

Zum anderen hatte die Betonung von Klassencharakter und ökonomischen Faktoren auch Einfluss auf die Grundrechte, die die Verfassungen der Volksrepublik China wie auch andere sozialistische Verfassungen den Staatsbürgern zugestehen. Darunter finden sich neben den klassischen liberalen Abwehrrechten gegen den Staat auch ökonomisch-soziale Rechte wie das Recht auf Arbeit, Bildung, Alters- und Krankenversorgung. Allerdings unterlagen die Grundrechte in der Volksrepublik China in der Theorie wie in der Praxis von Anfang an erheblichen Einschränkungen. Grundrechte standen nur dem Volk zu, während „feudalen" Grundherren und Kapitalisten in den ersten drei Verfassungen explizit der Grundrechtsschutz für einen vorübergehenden, aber nicht näher definierten Zeitraum entzogen wurde. Zwar sollten sie eine Verdienstmöglichkeit erhalten, gleichzeitig aber durch eigene Arbeit umerzogen werden. Die ideelle Grundlage für diese Behandlung von „Klassenfeinden" sowie „Konterrevolutionären" und sonstigen Regimegegnern bildete ihre Subsumierung unter die Kategorie des „Nicht-Volks" (*fei renmin*) und damit ihr Ausschluss aus der Gemeinschaft der Staatsbürger. Dass in der Verfassung von 1975 die Zahl der Artikel, die sich mit den Grundrechten befassten, gegenüber dem Vorgängertext von 1954 deutlich verringert wurde, obwohl deren Bestimmungen im wesentlichen beibehalten wurden, war zweifellos als symbolische Geste gemeint. Zudem wurden sie durch die neu definierten fundamentalen Rechte und Pflichten ausbalanciert, die Führung durch die KPCh und das sozialistische System zu unterstützen. Neben der Meinungsfreiheit sanktionierte diese Verfassung mit der freimütigen Meinungsäußerung in Form von Debatten und Wandzeitungen die wichtigsten Formen der Agitation, die den kommunistischen Kampagnenstil charakterisierten und während der Kulturrevolution ihre größte Verbreitung erreicht hatten.

Nachdem der Klassenantagonismus Ende der 1970er Jahre endgültig seinen Status als Hauptwiderspruch verloren hatte, wurden die Interessen von Staat und Gesellschaft als neue Rechtsschranke postuliert, die durch die Inanspruchnahme von Bürgerrechten nicht verletzt werden dürfe. Dahinter steht letztlich die Ablehnung von natürlichen oder gar unveräußerlichen Individualrechten; vielmehr werden die Grundrechte vom Staat unter dem Gesichtspunkt der Opportunität gewährt. Daher haben viele chinesische Bürger während der Hundert-Blumen-Kampagne, im Zusammenhang mit der „Mauer der Demokratie" von 1978/79 sowie während und nach der Demokratiebewegung von 1989 diese Grundrechte vergeblich eingefordert (vgl. Kap. 3.1.2) .

Was die staatliche Organisation anbelangt, so waren die Verfassungen der Volksrepublik China zwar dem Prinzip der Volkssouveränität, nicht aber dem der Gewaltenteilung verpflichtet und orientierten sich an der Suprematie der legislativen Versammlung, wie sie für sozialistische Verfassungen typisch ist. Innerhalb eines einheitlichen Organisationsschemas, das sich von der zentralen Ebene bis zur untersten Verwaltungsstufe erstreckt, sind Volkskongresse als konsultative und von diesen gewählte Volksregierungen als exekutive Institutionen einander zugeordnet. Der Nationale Volkskongress (NVK) wurde in der Verfassung von 1954 als höchstes Organ staatlicher Autorität etabliert; in der Zeit zwischen den Sitzungsperioden werden seine Befugnisse von einem Ständigen Ausschuss ausgeübt. Er wählt die Mitglieder der als Staatsrat bezeichneten Zentralregierung, die in ihrer Mehrheit zugleich dem Zentralkomitee der KPCh angehören. Wie in sozialistischen Staaten üblich, gibt es dabei eine große Zahl von Ressortministerien. Auch einige andere zentrale Institutionen, wie die Zentrale (staatliche) Militärkommission und der Oberste Volksgerichtshof, werden vom NVK gewählt.

Als einzige signifikante Abweichung vom sowjetischen Verfassungsmodell schuf die Verfassung von 1954 das Amt des Vorsitzenden der Volksrepublik China. Dieses Amt entsprach demjenigen des Staatspräsidenten unter der GMD, war aber formal weniger einflussreich, da der Vorsitzende der Volksrepublik technisch dem NVK untergeordnet war. Wie sein Pendant aus der GMD-Zeit war der Vorsitzende aber zugleich Oberbefehlshaber der Streitkräfte. Er war außerdem Vorsitzender des Nationalen Verteidigungsrats und hatte das Recht, einen aus den Vorsitzenden der höchsten Staatsorgane zusammengesetzten Obersten Staatsrat einzuberufen. Einige der Machtbefugnisse, die nach der Verfassung der UdSSR allein dem Obersten Sowjet zustanden, waren in der frühen Volksrepublik somit in der Hand einer einzigen Person konzentriert. Diese Tendenz wurde noch dadurch verstärkt, dass der erste Amtsinhaber Mao Zedong (zwischen 1954 und 1958) zugleich auch Vorsitzender der KPCh war. Erst mit der Ablösung Maos durch Liu Shaoqi 1958 wurden Staats- und Parteiführung getrennt. Während des zu Gunsten Maos entschiedenen Machtkampfs der beiden Kontrahenten während der Kulturrevolution wurde das Amt des Vorsitzenden der VR China gänzlich abgeschafft und erst durch die Verfassung von 1982 wieder eingerichtet.

Die Partizipationsmöglichkeiten der Bevölkerung blieben innerhalb dieses Verfassungsmodells stark beschränkt. Lediglich die Volkskongresse auf der Gemeinde- und Kreisebene werden seit 1979 direkt gewählt. In den 1990er Jahren haben Partei und Staat zudem das 1987 eingeführte Instrument der Direktwahl von Dorfkomitees ausgebaut und auch die Wahl zwischen mehreren Kandidaten zugelassen. Allerdings wurden bei der Kandidatenaufstellung Kontrollinstrumente eingebaut, um das Antreten missliebiger, oppositioneller Kandidaten verhindern zu können. Daher ist es noch verfrüht, in diesen Wahlen die Keimzelle einer künftigen Demokratisierung zu erblicken.

Was die Effektivität der konstitutionellen Arrangements für den politischen Prozess in der Volksrepublik China betrifft, so ist sie durch drei Faktoren beeinflusst und begrenzt worden. Erstens hat das Verfassungsrecht stets die wegweisenden ideologisch-politischen Richtungsentscheidungen nachvollzogen. Es steht damit von jeher unter dem Diktat der Parteiideologie, deren Ausrichtung es jeweils auf den staatlichen Bereich überträgt. Die damit verbundene symbolische Funktion hat im Zuge der Richtungskämpfe in den 1970er Jahren zur Folge gehabt, dass innerhalb von kurzen Abständen Verfassungen neu erlassen statt nur revidiert wurden, obwohl man auch das Instrument der Verfassungsrevision durchaus genutzt hat. So wurde 1956 unter dem Einfluss Liu Shaoqis die Bezugnahme auf die Mao-Zedong-Ideen als leitende Ideologie aus der zwei Jahre zuvor verabschiedeten Verfassung gestrichen – ein Schritt, der 1975 wieder rückgängig gemacht wurde. Erst seit den 1980er Jahren ist man zur Praxis einer Verfassungsrevision durch den Nationalen Volkskongress zurückgekehrt; auf diese Weise wurde auch Jiang Zemins Theorie der „Drei Repräsentationen" im März 2004 in der Konstitution verankert.

Zweitens erwies sich die Verfassung in den ersten Jahrzehnten als ineffektives Instrument für die Steuerung politischer Prozesse, da die von ihr gesetzten Begrenzungen des Handlungsspielraums der politischen Akteure immer wieder überschritten wurde, wenn diese es für notwendig hielten. Zu den krassesten Verfassungsverstößen gehören die Errichtung der Volkskommunen 1958, die teilweise Zerschlagung des Staatsapparats während der Kulturrevolution, die Bildung der Revolutionskomitees Anfang 1967 sowie die Ernennung von Hua Guofeng zum Ministerpräsidenten 1976. Tatsächlich war die Verfassung von 1954 seit Ende der 1950er Jahre faktisch außer Kraft gesetzt, weil Mao Zedong und seine Gefolgsleute eine Konstitution für überflüssig hielten. Allerdings wurde dem Parteistatut kein größerer Respekt entgegengebracht. Dies belegen etwa die Verabschiedung des 16-Punkte-Plans über die Kulturrevolution vom August 1966, der Sturz Liu Shaoqis im Oktober 1968 sowie derjenige der Viererbande und die anschließende Ernennung Hua Guofengs zum neuen Parteichef (beides 1976) und schließlich auch die erzwungene Ablösung Hu Yaobangs als ZK-Generalsekretär durch Zhao Ziyang 1987, die alle statutenwidrig erfolgten – im ersten und letzten Fall durch eine statutenwidrig erweiterte Sitzung des Politbüros. Zwar hat sich nach 1978 in Partei und Staat eine zunehmende Tendenz zur Verrechtlichung bemerkbar gemacht, doch gab es – wie gezeigt – Ausnahmen. Zudem wird nicht die Herrschaft des Rechts angestrebt, sondern unter der Formel einer „Herrschaft mit Hilfe des Rechts" (*yi fa zhi guo*) ist nach wie vor ein utilitaristischer und instrumenteller Rechtsbegriff maßgeblich.

Drittens hat sich infolge des Dualismus von Partei und Staat eine horizontal-vertikale (*tiaokuai*) Doppelstruktur herausgebildet, innerhalb deren staatliche und Parteiinstitutionen auf unterschiedlichen administrativen Ebenen für die gleichen Politikfelder zuständig sind und sich miteinander abstimmen müssen. Dies hat nicht nur eine enorme Schwerfälligkeit von Entscheidungsprozessen zur Folge, sondern es ist auch mit den Mitteln des Verfassungsrechts nicht steuerbar. Selbst wenn man den aus westlicher Perspektive so wichtigen Grundrechtsschutz beiseite lässt, besteht vorläufig wenig Aussicht, dass sich China zu einem Verfassungsstaat entwickelt. Allerdings zeigt sich damit in der VR China lediglich eine allgemeine Grundtendenz der neueren chinesischen Geschichte deutlicher, bewusster und systematischer als sonst: die unauflösliche Diskrepanz zwischen den Mühen, die in eine verfassungsrechtliche Regelung politischer Prozesse investiert wurden, und dem begrenzten Einfluss des Verfassungsrechts in der politischen Praxis.

3.3 Führer und Netzwerke: Die Bedeutung informeller Politik

Ein wichtiger Grund für die schwach ausgeprägte Institutionalisierung politischer Prozesse in China liegt in der enormen Bedeutung informeller politischer Entscheidungsstrukturen. In der neueren chinesischen Geschichte haben vor allem zwei Aspekte eine Rolle gespielt: Erstens entstand auf der Grundlage des traditionell-konfuzianischen Konzepts der Personenherrschaft, aber beeinflusst durch das Aufkommen neuer Ideologien, ein neuer, öffentlichkeitswirksamer Typus des politischen Führers. Dieser stützte sich auf eine öffentlich kommunizierte Ideologie und konnte sich kraft seines persönlichen Charismas über rechtliche und institutionelle Hindernisse hinwegsetzen. Zweitens bildete der Einfluss informeller Netzwerke ein Kontinuum der verschiedenen politischen Systeme vom Kaiserreich bis zum Kommunismus.

3.3.1 *guanxi* als Faktor chinesischer Politik

Informelle Politik beruht auf der Bedeutung menschlichen Handelns in politischen Prozessen und lässt sich daher, wenn auch mit unterschiedlichen Ausprägungen, in allen Ländern der Welt nachweisen. Die Besonderheit der neueren Geschichte Chinas liegt zum einen in dem Ausmaß, in dem informelle Faktoren Vorrang gegenüber rechtlichen Normierungen und administrativen Strukturen gewannen, und andererseits in den spezifischen sozial-kulturellen Grundlagen, die im tradierten politischen Denken und der sozialen Praxis wurzeln. Zwei Aspekte sind dabei von zentraler Bedeutung: Das erste ist das konfuzianische Konzept der Personenherrschaft (*renzhi*), das in ganz besonderer Weise den Menschen – und eben nicht Institutionen – zum Ausgangspunkt politischen Handelns erklärt. Daraus wird zugleich der Schluss gezogen, dass die Politik eines Menschen nur zu seinen Lebzeiten ausgeführt wird und mit seinem Tod endet. Beide Maximen finden sich im antiken Traktat über die „Anwendung der Mitte" (*Zhongyong*), der noch in der Qing-Zeit einen festen Bestandteil des Curriculums bildete, von allen angehenden Literaten auswendig gelernt wurde und im Rahmen der Staatsprüfungen kommentiert werden musste. Diese Idee der Personenherrschaft, die in China von jeher politisches Handeln legitimiert hat, begünstigte in Verbindung mit der Adaption neuer politischer Ideologien seit dem späten 19. Jahrhundert das Aufkommen eines neuartigen, modernen Typs von politischen Führern, die nicht nur den politischen Apparat beherrschten, sondern gleichzeitig über eine Massenbasis verfügten. Diese Führer bestimmten die Konstruktion der offiziellen Ideologie, hatten – anders als andere politische Akteure – die Freiheit, auf allen Ebenen mit Kollegen oder Untergebenen zusammenzuarbeiten, ohne der Spaltung beschuldigt zu werden, und kontrollierten neben der Bürokratie auch die Medien, so dass sie einer breiteren Öffentlichkeit als makellose Heroen präsentiert wurden.

Der zweite Aspekt ist die Praxis der *guanxi*, die bis heute weite Bereiche des sozialen Lebens in China bestimmt. Der Begriff ist vielschichtig und bezeichnet Formen zwischenmenschlicher, auf Gegenseitigkeit beruhender Beziehungen in unterschiedlichen Kontexten. Dabei ist es hilfreich, idealtypisch zwischen *guanxi* in sozialen Einheiten mit fester, meist durch Geburt erworbener Zugehörigkeit (wie Abstammungsgruppen oder Dörfern) und solchen in einem weniger stabilen Umfeld zu unterscheiden, zum Beispiel eben auch in politischen Parteien und Institutionen. Im ersten Fall trägt eine endlose Kette aus Geschenken/Gaben zur Aufrechterhaltung der Gemeinschaft bei; im zweiten Fall ermöglicht der Austausch von Leistungen und Gefälligkeiten zwischen jeweils zwei Personen die für das soziale und politische Überleben wichtige Herstellung tragfähiger zwischenmenschlicher Beziehungen. Bei der Entstehung von *guanxi* sind Gemeinsamkeiten (*tong*) ein wichtiger Faktor, etwa zu Personen mit gleicher regionaler Zugehörigkeit (*tongxiang*), Mitschülern (*tongxue*) oder Fachkollegen (*tonghang*). Die Staatsprüfungen der späten Kaiserzeit schufen zwei weitere Beziehungen: zwischen Personen, die am gleichen Examen teilgenommen hatten (*tongnian*), sowie zwischen Prüfern und Prüflingen; im Gegensatz zu vielen Formen der Patronage im Zusammenhang mit den Examina galten beide Beziehungen als statthaft. Am Beginn einer *guanxi* steht bisweilen ein gemeinsames Erlebnis, häufig aber werden Kontakte auch gezielt und durch die Vermittlung Dritter angebahnt. Das bedeutet jedoch nicht, dass *guanxi* ausschließlich auf rationalem Interessenkalkül beruhen. Gewiss prägt der instrumentale Aspekt die meisten dieser Beziehungen, doch sind auch im politischen Bereich noch andere Komponenten wirksam: die Vorstellung von auf Gegenseitigkeit gegründeter sozialer Etikette zur Harmonisierung sozialer Beziehungen, eine auf Loyalität und der Vergeltung von Gefälligkeiten beruhende Moralität sowie schließlich emotionale Zuneigung.

In der politischen Praxis führen *guanxi* zur Formierung von Cliquen (englisch *factions*, chinesisch meist *xi* oder *pai*), die überwiegend hierarchisch strukturiert sind, aber auch aus Gleichrangigen zusammengesetzt sein können. Diese Gruppen dominieren das politische Spiel und tragen Macht- und Interessenkonflikte aus, wobei sie sich in einem prekären Gleichgewichtszustand befinden. Hieraus resultieren einerseits ein stark personalisierter Politikstil, der Institutionen und Ideologien den Interessen der politischen Akteure unterordnet oder für deren Zwecke instrumentalisiert, und andererseits eine Schwerfälligkeit der Entscheidungsfindung, wenn die Ansprüche der einzelnen Gruppen gegeneinander austariert werden müssen. Obwohl die Existenz von *guanxi* und Cliquenstrukturen nicht ohne weiteres mit dem ebenfalls zu unterschiedlichen Zeiten in China verbreiteten Phänomen der Korruption gleichzusetzen ist, da es ihnen in den meisten Fällen nicht um Vorteilsnahme, sondern um Ausübung politischen Einflusses geht, wurden sie in unterschiedlichen politischen Systemen (von der ausgehenden Kaiserzeit bis zum Kommunismus) vor allem deshalb offiziell abgelehnt, weil sie das Gemeinwohl zugunsten von Partikularinteressen verletzten. Dennoch haben teils die Struktur des politischen Systems als solche, teils die Schwäche der Institutionen und teils die Kultur sozialer Beziehungen die Bildung von Cliquen begünstigt und, wenn auch unter je spezifischen Umständen, zu einer Grundkonstante der Geschichte Chinas in den letzten 200 Jahren werden lassen.

3.3.2 Monarchen und Bürokraten: Cliquen im Kaiserreich

Bis zur Mitte des 19. Jahrhunderts dominierten die Kaiser unangefochten das politische System Chinas. Auch wenn die Herrscher nach 1800 vielleicht nicht mehr über die Führungsqualitäten der drei großen Autokraten Kangxi, Yongzheng und Qianlong verfügten, so vermochten sie ihre Rolle innerhalb der auf sie zugeschnittenen politischen Strukturen durchaus zu erfüllen. Jedenfalls kann man im Licht der neueren Forschungen nicht mehr ohne weiteres die Desintegration des politischen Systems für die Unfähigkeit zur Abwehr des westlichen Imperialismus verantwortlich machen. Die Führungsrolle der Kaiser lässt sich jedoch nicht als informell kennzeichnen, da sie sowohl durch die imperiale Ideologie als auch durch die institutionelle Struktur des Staates vorgegeben war. Gleichzeitig stützte sie sich auf eine Verbindung aus rituellen Kompetenzen und praktischer Kontrolle der Bürokratie, nicht aber auf die Mobilisierung der Öffentlichkeit. Weder die Monarchen des frühen 19. Jahrhunderts noch die Kaiserinwitwe Cixi, die mit der Übernahme der Regentschaft 1861 für mehr als 40 Jahre in ihre Rolle schlüpfte, sind daher als Führer im modernen Sinne anzusprechen.

Die von den Qing-Herrschern ausdrücklich geförderten Konsultationsmechanismen gewährten den Bürokraten Handlungsspielräume, um politische Interessen durchzusetzen. An diesem Punkt kam die Bildung von Cliquen ins Spiel, die nicht von politischen Interessen beeinflusst wurde, sondern ihr in aller Regel vorausging und sich auf die vertrauten Rekrutierungsmechanismen wie verwandtschaftliche Beziehungen, gemeinsame regionale Herkunft oder Formen akademischer Patronage stützte. So bot eine Beziehung zwischen Prüfer und Prüfling in den staatlichen Examina die Möglichkeit, das Prüfungsresultat zu beeinflussen, während derartige Täuschungsversuche in anderen Fällen eine Beziehung überhaupt erst begründeten. Ironischerweise konnte gerade die offizielle Verdammung von Seilschaften als Argument im Machtkampf von Interessengruppen dienen, indem man die gegnerische Partei als Clique denunzierte.

Ein sehr charakteristisches Beispiel für Cliquenbildung in der Qing-Periode hängt mit der Debatte über die Legalisierung der Opiumeinfuhr Mitte der 1830er Jahre zusammen. Die Gegnerschaft zum Opium diente einem Netzwerk innerhalb der Bürokratie, der Gruppe für Reinigung im Frühling (*Zhanchunji*, so genannt nach ihren seit 1829 abgehaltenen jährlichen Zusammenkünften), als Vehikel zur Machtübernahme. Diese Gruppe lehnte die vorherrschende konfuzianische Richtung, die empirische (*kaozheng*) Schule ab, weil sie die gesellschaftlichen und moralischen Prinzipien der konfuzianischen Schriften vernachlässige. Stattdessen favorisierte sie eine Erneuerung des Landes im Geist der moralischen Schule: In den Staatsprüfungen sollte wieder die ethische Kultivierung der gelehrten Elite in den Vordergrund gerückt werden, und die daraus hervorgegangenen Beamten würden dann einen allgemeinen Wertewandel herbeiführen.

Der Schlüssel für den machtpolitischen Aufstieg der Gruppe für Reinigung im Frühling lag in der 1835 erfolgten Ernennung von Pan Shi'en zum Mitglied des Großen Rates. Pan stand dem Anliegen der moralischen Schule positiv gegenüber und nutzte sein Amt dazu, ihre Anhänger in Schlüsselpositionen der staatlichen Bürokratie unterzubringen. Tatsächlich hatte die Gruppe für Reinigung im Frühling mit der Bildung ihres auf verwandtschaftlichen und freundschaftlichen Bindungen beruhenden Netzwerks gezielt eine solche Förderung durch einflussreiche Amtsträger gesucht. Der Testfall für ihren Plan, durch geschickte Personalpolitik die Machtverhältnisse zu ihren eigenen Gunsten zu verändern, kam bereits mit der Opiumdebatte von 1836. Die Befürworter einer Legalisierung wollten den Opiumhandel mit Hilfe des existierenden Handelsregimes in Guangzhou unter Kontrolle halten und zeigten sich überzeugt, dass auf diese Weise auch der Abfluss von Silber aus China gestoppt werden könne. Die Mitglieder der Gruppe für Reinigung im Frühling sahen jedoch in einer diametral entgegengesetzten Politik größere Vorteile für ihre Sache wie für ihre Machtposition. Sie traten für ein radikales Verbot des Opiumhandels ein, da dieser die körperliche Gesundheit und die Moral der chinesischen Bevölkerung beeinträchtige, und hielten dies ihrerseits für das beste Mittel zur Beendigung des Silberexports. Das noch 1836 verhängte Opiumverbot und seine rigorose Durchsetzung durch Lin Zexu, einen Angehörigen der Gruppe, drei Jahre später belegen den Erfolg der Moralisten, waren jedoch letztlich auch wichtige Schritte auf dem Weg zur erzwungenen „Öffnung" Chinas im Opiumkrieg. Eines der bedeutsamsten Ereignisse in der neueren chinesischen Geschichte wurde somit ganz wesentlich im Interesse der Monopolisierung von Entscheidungsprozessen durch Cliquenpolitik herbeigeführt.

Ein ähnlich wichtiges, aber wesentlich loseres Netzwerk bildete die Selbststärkungsbewegung, die in den frühen 1850er Jahren Einfluss auf die chinesische Politik zu nehmen begann. Ihren Kern bildeten die drei hochrangigen Literaten Zeng Guofan, Zuo Zongtang und Li Hongzhang. Alle drei verdankten ihren Aufstieg der erfolgreichen Niederschlagung der großen Rebellionen zwischen dem Beginn der 1850er und dem Ende der 1870er Jahre. Ihre Siege beruhten vor allem auf den von ihnen geschaffenen neuen militärischen Strukturen. Anstatt sich auf die verkrusteten bürokratischen Strukturen der Bannertruppen und sonstiger regulärer Einheiten zu stützen, stellten sie in ihren Heimatprovinzen die Armee von Hunan (*Xiangjun*) und die Huai-Armee (*Huaijun*) als private Streitkräfte auf, die ihnen persönlich ergeben waren. Offiziersstellen wurden häufig mit Verwandten, Freunden oder ehemaligen Mitschülern besetzt. Auf diese Weise reduzierte sich der Zugriff der Zentralregierung auf die Streitkräfte beträchtlich, während das politische Gewicht der Provinzen im gleichen Maße wuchs. Nach dem Sieg über die Taiping-Rebellen 1864 wurden Zeng, Zuo und Li mit zivilen Gouverneursposten betraut und entwickelten das als Selbststärkung bezeichnete Programm, sich die Techniken westlicher Staaten anzueignen, um deren machtpolitischer Überlegenheit Paroli bieten zu können.

Bei der Formierung und Durchsetzung der Selbststärkungsbewegung waren die typischen Mechanismen der Netzwerkbildung wirksam. Das gilt zunächst für die Zusammenarbeit der drei führenden Persönlichkeiten, die sich ungeachtet mancher Spannungen als insgesamt tragfähig erwies. Zeng und Zuo stammten aus der gleichen Stadt in Hunan. Dass Zeng als Patron Li Hongzhangs auftrat, hängt mit der Tatsache zusammen, dass Lis Vater sein Mitschüler gewesen war. In ähnlicher Weise wurden auch Persönlichkeiten der zweiten Reihe rekrutiert, wobei bei den meisten die Teilnahme am Feldzug gegen Taiping einen entscheidenden Karriereschritt bildete. Ein weiterer Vertreter, Guo Songtao, stammte aus der gleichen Stadt wie Zeng und Zuo. Er erhielt seine konfuzianische Erziehung an der gleichen Akademie wie zwei bedeutende Generale Zengs und wurde nach dem Sieg über die Taiping von Li Hongzhang für weitere Beamtenposten empfohlen. 1875 ernannte ihn der Hof zum Gesandten in England und damit zu Chinas erstem diplomatischen Vertreter im Ausland. Nicht zufällig wurde als sein Nachfolger Zeng Jize, der älteste Sohn von Zeng Guofan, ausgewählt. Shen Baozhen, ein Schwiegersohn des von manchen Reformern hochverehrten Lin Zexu, wurde aufgrund seiner Arbeit im Zensorat sowie eines Memorandums über militärische Strategie von Zeng und Zuo entdeckt und schließlich zum Direktor der Fuzhou-Werft, eines Vorzeigeprojekts der Selbststärkungsbewegung, ernannt. Dass er 1847 zusammen mit Li Hongzhang und Guo Songtao die höchste Staatsprüfung absolviert hatte (Li und er hatten dabei auch den gleichen Prüfer), dürfte ihm die Aufnahme in den Kreis der Selbststärker erleichtert haben. Sachpolitische Übereinstimmung spielte demgegenüber bei der Formierung des reformerischen Netzwerks eine sekundäre Rolle.

Durch das den Provinzverwaltern Mitte des 19. Jahrhunderts zugestandene Recht, einen Teil der Beamtenposten direkt zu besetzen, mehr noch aber durch eine auf informellen Vorschlägen beruhende Ämterpatronage schufen Zeng, Zuo und Li ein Netzwerk, dessen Mitglieder wichtige Posten in der Verwaltung innehatten, besonders in den Provinzen. Während die Selbststärkungsbewegung eine Zeitlang den Kurs der chinesischen Politik ganz wesentlich bestimmen konnte, waren ihrem Einfluss dennoch Grenzen gesetzt. Dies hing zum einen mit der losen Struktur der Bewegung zusammen, die dazu führte, dass die einzelnen Projekte wie Rüstungsbetriebe und kommerzielle Aktivitäten hochgradig personalisiert und mangelhaft koordiniert waren. Zum anderen war die Selbststärkungsbewegung nie unangefochten, sondern sah sich stets einer konservativen Kritik ausgesetzt. Ihre Gegner, die unter dem Begriff der *qingyi*-Schule zusammengefasst werden und eher eine lose Koalition Gleichgesinnter als ein Netzwerk darstellten, setzten ähnlich den Moralisten der 1830er Jahre auf eine umfassende moralische Erneuerung Chinas und warfen der Selbststärkungsbewegung eine Verletzung der ethischen Prinzipien des Konfuzianismus vor. Deren Einfluss ging seit den 1880er Jahren zurück, als sie

Abb. 9: Der prominente Reformer und Diplomat Zeng Jize, wie ihn die Zeitschrift *Dianshizhai huabao* 1884 porträtierte. In der linken Bildhälfte ist ein Brief abgebildet, den Zeng an Li Hongzhang geschrieben haben soll und in dem er sich im Gegensatz zu Li für eine harte Haltung gegenüber Frankreich in der Vietnamfrage einsetzt.

sich im Zuge des Konflikts mit Frankreich nicht gegen die Kriegsbefürworter durchsetzen konnten. Nachdem die vernichtende militärische Niederlage gegen Japan 1895 gezeigt hatte, wie weit man bei der Modernisierung hinter dem östlichen Nachbarn zurückgeblieben war, waren die Selbststärker vollkommen diskreditiert, ohne dass man allerdings die von ihnen geschaffenen Grundlagen des militärisch-industriellen Aufbaus rückgängig gemacht hätte.

Die Bildung von Netzwerken war im China der ausgehenden Kaiserzeit ein wichtiges Mittel, um am Hof und in den staatlichen Institutionen politischen Einfluss ausüben zu können. Ihre Formierung erfolgte nicht primär aufgrund bestimmter Interessen oder Sachthemen, sondern wurde wesentlich durch *guanxi*-Mechanismen bestimmt. Trotzdem standen Netzwerke im politischen Prozess, nicht zuletzt zum Zweck der Machtmaximierung, für einen bestimmten, konsequent durchgehaltenen Kurs. Die bereits in der späten Kaiserzeit angelegte Diskrepanz zwischen formalen Institutionen und Formen der informellen Einflussnahme auf Entscheidungsprozesse ist mit dem Übergang von einem gewachsenen, durch Konfuzianismus und imperiale Ideologie bestimmten zu einem verfassten politischen System nicht abgerissen, sondern hat sich eher noch verstärkt. Sie bildet ein wichtiges Element der Kontinuität zwischen dem spätkaiserlichen China und den republikanischen Staatsformen, die diesem folgten.

3.3.3 Militärische Netzwerke in der frühen Republik

Die Gründung der Republik bescherte der chinesischen Bevölkerung nicht nur ein ganz neues System staatlicher Institutionen, sondern auch die ersten politischen Parteien. Die eigentliche politische Macht lag jedoch beim Präsidenten, der sich wiederum auf das seit der Jahrhundertwende reorganisierte, professionalisierte und modernisierte Militär stützte. Bereits nach der Revolution wurden in den einzelnen Provinzen Militärgouverneure eingesetzt, die die zunächst an ihrer Seite amtierenden zivilen Gouverneure in den folgenden Jahren weitgehend entmachteten. Mit der Wahl Yuan Shikais zum provisorischen Präsidenten Anfang 1912 war zudem ein Präzedenzfall für die Übernahme höchster Staatsämter, besonders des Präsidentenamtes, durch hohe Offiziere geschaffen. Diese Herrschaftsverhältnisse und die Konflikte zwischen einflussreichen Militärs auf zentraler und Provinzebene waren wichtige Faktoren, die zur politischen Fragmentierung Chinas in territoriale Warlord-Herrschaften beitrugen. Sowohl auf zentralstaatlicher Ebene als auch innerhalb der einzelnen Warlord-Herrschaften übten informelle Gruppen einen bedeutenden Einfluss aus, wobei es angesichts der Militarisierung politischer Fragen nicht überraschen kann, dass Offizierscliquen im Allgemeinen größeren Einfluss besaßen als Zusammenschlüsse von Zivilisten. Welche Rolle militärische Personennetzwerke im politischen Prozess spielten, zeigen die Fälle der Beiyang-Clique und der sogenannten neuen Guangxi-Clique.

Zu Beginn der Republik war die Führung der 1901 neu formierten und bis 1908 von Yuan Shikai kommandierten Beiyang-Armee in Nordchina die bedeutendste militärische Gruppierung. Ihre Aufstellung war das Resultat von Bestrebungen der Zentralregierung, ihre Autorität über die Streitkräfte wieder zu stärken. Nicht zuletzt deshalb nahm man Abstand von dem Anfang der 1850er Jahre etablierten Prinzip der persönlichen Loyalität des Offizierskorps gegenüber den Befehlshabern und versetzte Offiziere regelmäßig, um die Entstehung starker persönlicher Bindungen zu verhindern. Tatsächlich ließ sich diese jedoch nicht vollständig unterbinden. Neben Vorgesetztenverhältnissen war das Offizierskorps der Beiyang-Armee stark von Lehrer-Schüler-Verhältnissen geprägt. Die unmittelbaren, in den 1860er Jahren geborenen Gefolgsleute Yuans hatten die Beiyang-Militärakademie in Tianjin absolviert, und einige von ihnen lehrten später an deren Nachfolgeinstitutionen in Xiaozhan und Baoding (Zhili).

Als Yuan Shikai nach dem Ausbruch der Revolution von 1911 vom Hof reaktiviert wurde, verfügte er mit der Beiyang-Armee über ein Machtinstrument, das es ihm ermöglichte, die Revolutionäre militärisch in Schach zu halten, die Abdankung des Kaisers durchzusetzen und die provisorische Präsidentschaft zu erlangen. Der Zusammenhalt der Armeeführung wurde jedoch bereits durch Yuans Versuch einer monarchischen Restauration um die Jahreswende 1915/16 starken innneren Spannungen ausgesetzt, die sich nach seinem überraschenden Tod und dem gescheiterten monarchistischen Putsch von 1917 noch verstärkten. Schließlich kam es zum Bruch zwischen zwei ehemaligen Gefolgsleuten Yuans, dem neuen Staatspräsidenten Feng Guozhang und dem selbsternannten Premierminister Duan Qirui. In dieser Auseinandersetzung um die Maximierung persönlicher Macht stützten sich beide Kontrahenten auf Gefolgschaften aus Militärs sowie zivilen Politikern. Fengs Gefolgsleute wurden als Zhili-Clique bekannt und nach seinem Tod von Cao Kun geführt. Der in der Herstellung politisch wertvoller Beziehungen sehr viel geschicktere Duan verfügte über eine heterogenere Basis: Neben seiner persönlichen Gefolgschaft unterstützten ihn die Anhui-Clique, eine Koalition von Militärs, sowie der Anfu-Club, der als parlamentarische Lobbygruppe Duans von Japan finanziell alimentiert wurde. Die in der Literatur häufig anzutreffende Bezeichnung Anhui- oder Anfu-Clique für Duans *gesamte* Gefolgschaft verschleiert die Konkurrenz zwischen diesen Gruppen. Ohnehin erwiesen sich persönliche Allianzen als vergleichsweise instabil, da gerade die militärischen Kommandeure je nach persönlichem Nutzen zwischen beiden Seiten wechselten.

Die 1920 beginnenden militärischen Auseinandersetzungen zwischen der Zhili-Clique und Duan Qirui brachten keiner Seite einen endgültigen Sieg, sondern führten nur die endgültige politische Fragmentierung der Nordhälfte Chinas herbei. Dabei lassen sich drei unterschiedliche Typen von Warlords unterscheiden: Erstens ehemalige Beiyang-Kommandeure, die sich im Lauf der Auseinandersetzungen einen – häufig fluktuierenden – territorialen Machtbereich schufen; zweitens Kommandeure, die nicht der Beiyang-Armee angehört hatten, aber in den Machtkampf um die Kontrolle der Zentralregierung eingriffen – dies trifft vor allem auf Zhang Zuolin (1875-1928) zu, den Beherrscher der Mandschurei –; drittens Warlords, die sich von vornherein auf den Ausbau ihrer regionalen Basis konzentrierten, wie Yan Xishan (1883-1960) in der Provinz Shanxi.

Die neue Guangxi-Clique, die von einer älteren Clique gleichen Namens um den Warlord Lu Rongting (1859-1927) zu unterscheiden ist, bildete sich um einen Führungskern aus einigen fast gleichaltrigen Offizieren mit ähnlichem biographischen Hintergrund: Li Zongren, Bai Chongxi, Huang Shaoxiong und Huang Yuchu. In den 1890er Jahren geboren, waren sie Söhne gescheiterter Literaten, hatten alle eine rudimentäre moderne Schulbildung erhalten und absolvierten beinahe gleichzeitig die Heereselementarschule von Guangxi. Durch diese professionelle Ausbildung unterschieden sie sich von den Mitgliedern der alten Guangxi-Clique, von denen viele ehemalige Räuber waren. Zudem traten alle vier in das 1917 von Lu Rongting gegründete Modellbataillon von Guangxi ein. Die Männer in der zweiten Reihe hatten überwiegend einen ähnlichen Hintergrund. In ihrer Mehrheit stammten sie aus zwei unterschiedlichen Rekrutierungsgebieten innerhalb der Provinz Guangxi, und viele von ihnen hatten im Modellbataillon unter den vier Führern gedient.

Nachdem der Gruppe 1925 die Einigung der zerrissenen Provinz gelungen war, knüpfte sie rasch Kontakte zur GMD, der Li Zongren bereits 1923 beigetreten war. Auf das Drängen Jiang Kaisheks wurde nicht wie später während des Nordfeldzugs eine bloße Allianz geschlossen, sondern die Guangxi-Truppen wurden in die nationalistischen Streitkräfte inkorporiert. Dennoch konnte die Guangxi-Clique den Nordfeldzug erfolgreich nutzen, um für sich eine Rolle in der nationalen Politik zu reklamieren und ihren territorialen Einflussbereich zu erweitern: Im Sommer 1927 stand sie an der Spitze einer Koalition, die Jiang Kaishek vorübergehend entmachtete, und auf dem Höhepunkt ihrer Macht 1928 kontrollierte sie ein Territorium aus vier Provinzen in Süd- und Mittelchina sowie die regionalen Zweigorganisationen der GMD in Peking, Wuhan und Guangzhou. Aufgrund ihrer schlechten persönlichen Beziehungen zu Jiang Kaishek verbündete sich die Guangxi-Clique mit verschiedenen seiner politischen Gegner innerhalb der GMD. Von Jiang 1929 militärisch geschlagen, konzentrierten sich die Führer auf den Aufbau ihrer Heimatprovinz, beteiligten sich aber 1931 erneut an der Rebellion Guangdongs gegen Jiang. Nach der Niederschlagung dieser Rebellion im Jahre 1936 schloss der Sieger einen Kompromiss mit den Guangxi-Generälen, der die Provinz in deren Hand beließ, aber faktisch stärker an die Zentralregierung in Nanjing band. Bai und Li zeichneten sich als Befehlshaber im Krieg gegen Japan aus. Die Guangxi-Clique verkörperte somit exemplarisch die Kontinuität der Warlord-Herrschaft von der frühen Republik bis in die Anfangsjahre der GMD-Herrschaft.

Generell dominierten Militärcliquen wie die hier beschriebenen die Politik vor allem zwischen 1916 und dem Ende der 1920er Jahre. Sowohl die offiziellen politischen Parteien als auch informelle politische Gruppierungen mussten mit den Militärs kooperieren, um ihre Ziele erreichen zu können. Das Aufkommen des Einparteienstaates der GMD hat diese Verbindung von Politik und Militär keineswegs aufgelöst, sondern das Verhältnis zwischen beiden neu akzentuiert.

3.3.4 Führerkult und Infiltration der Bürokratie: Die Herrschaft der Guomindang

Mit der Herrschaft der GMD erscheint ab Mitte der 1920er Jahre erstmals jener Typ eines obersten politischen Führers, wie er das politische System Chinas bis heute bestimmt. Sun Yatsen und Jiang Kaishek übten nicht mehr allein eine umfassende Kontrolle über die Bürokratie aus, sondern bestimmten als ideologische Autoritäten Kurs und politische Zielsetzungen der Partei ebenso wie die politische Mobilisierung einer breiteren Öffentlichkeit. Gleichzeitig war aber auch die GMD von Auseinandersetzungen zwischen rivalisierenden Cliquen gekennzeichnet.

Als politischer Führer stellt Sun Yatsen einen Grenzfall dar. Während seiner rund 30-jährigen politischen Karriere hat er mit ganz unterschiedlichen Modellen politischer Führung operiert: als Chef einer Geheimorganisation nach dem Modell chinesischer Geheimgesellschaften mit der Gründung der Gesellschaft zur Wiederbelebung Chinas (*Xingzhonghui*) ab 1894; als Präsident einer losen Föderation mit dem Zusammenschluss der Revolutionären Allianz (*Tongmenghui*) ab 1905; als Haupt einer Führerpartei, der Revolutionären Partei Chinas (*Zhonghua Gemingdang*), deren Mitglieder ihm persönlich einen Treueid schwören mussten, ab 1914; als Großmarschall einer Militärregierung 1917 und schließlich als Führer einer dem demokratischen Zentralismus verpflichteten leninistischen Kaderpartei ab 1924. Sun war jedoch eigentlich kein Machtmensch und ist als Politiker weitgehend gescheitert. Immerhin sicherten ihm sein Charisma und sein guter Ruf als einer von wenigen unbestechlichen Politikern seit den frühen 1920er Jahren die Unterstützung einer größeren Öffentlichkeit, und mit der Ausarbeitung der Drei Volksprinzipien 1924 verfügte er über eine einigermaßen kohärente Ideologie.

Ironischerweise dürfte Suns Ansehen zu Lebzeiten niemals so groß gewesen sein wie nach seinem Tod, als die GMD einen bis dahin beispiellosen Kult um seine Person inszenierte. Die Kanonisierung seiner Schriften und besonders seines politischen Testaments, die Omnipräsenz seines Bildes, die Einführung eines jeden Montag zu seinem Gedenken abzuhaltenden Rituals in allen Behörden und Erziehungseinrichtungen im Jahre 1926, seine Beisetzung in einem Mausoleum bei Nanjing und die Errichtung einer riesigen Gedenkhalle in Guangzhou vier Jahre später sowie schließlich seine Ernennung zum „Landesvater" (*guofu*) 1940 sollten als nationale Symbole den Mythos des verstorbenen Führers wach halten. Die Bedeutung dieses Personenkults war durchaus vielschichtig, nicht zuletzt aber sollte das Prestige des toten Gründungsvaters zur Legitimierung der lebenden Führungspersönlichkeiten beitragen. Freilich war Suns seit 1931 mehr oder weniger explizit mit Verfassungsrang ausgestattete Lehre nach seinem Tod Verfügungsmasse für Interpreten, die sie auf aktuelle politische Bedürfnisse zurechtschneiden konnten.

Dass ausgerechnet Jiang Kaishek die Führerschaft von Sun Yatsen übernehmen und weitaus effektiver als dieser ausbauen konnte, war bei Suns Tod 1925 keineswegs abzusehen. Mehrere prominente Parteiführer konnten auf eine längere politische Karriere zurückblicken und hatten Sun näher gestanden als Jiang. Dieser verfügte jedoch über drei entscheidende Vorteile: Erstens war er selbst Militär und hatte als ehemaliger Leiter der Huangpu (Whampoa)-Militärakademie einen beträchtlichen Teil des Offizierskorps selbst ausgebildet, während seine wichtigsten innerparteilichen Rivalen, allesamt Zivilisten, in der Regel das Bündnis mit allzu häufig unzuverlässigen Warlords und sonstigen Militärkommandeuren suchen mussten. Da während der gesamten Zeit der GMD-Herrschaft praktisch kein ganzes Jahr Friede war, fielen militärische Führungsqualitäten besonders ins Gewicht. Zweitens verfügte Jiang durch eine enge Verbindung zu Shanghaier Wirtschaftskreisen über erheblich bessere Finanzquellen als seine Kontrahenten, wodurch er seine Armeen besser als die regionalen Militärmachthaber ausrüsten und in kri-

Abb. 10: Jiang Kaishek bei einer Rede anlässlich einer Massenversammlung, etwa Mitte der 1930er Jahre. In der Öffentlichkeit trat der charismatische Redner Jiang zumeist als Militär auf.

tischen Situationen die Neutralität von Gegnern regelrecht erkaufen konnte. Seine Einheirat in die reiche und angesehene Song (Soong)-Familie stellte dabei ein zusätzliches Plus dar, vor allem weil sie ihm die Unterstützung seiner Schwäger Song Ziwen und Kong Xiangxi (H. H. Kung) und damit dringend benötigten wirtschaftlichen Sachverstand sicherte. Drittens erwies er sich als hervorragender politischer Taktiker, der sich entsprechend der jeweiligen Lage mit unterschiedlichsten Gruppierungen innerhalb der GMD verbünden und seine Widersacher gegeneinander ausspielen konnte.

Obwohl Jiang sich bewusst um eine formale Machtkonzentration bemühte (im Herbst 1928 vereinigte er erstmals die Ämter des Parteivorsitzenden, des Staatsoberhaupts und des Oberbefehlshabers der Armee in seiner Hand), war seine informelle Herrschaftsbasis womöglich noch effektiver. Mehrfach in seiner Karriere, insbesondere 1927 und 1931, legte er seine Ämter nieder und zog sich in ein selbst gewähltes Exil zurück. In der Folge mussten ihn seine Gegner zurückberufen, womit sie jedes Mal seine Autorität stärkten. Ein weiteres Beispiel liefert Jiangs Umgang mit seiner Partei: Auf dem III. Nationalkongress der GMD von 1929 setzte er den Ausschluss einer großen Zahl von Mitgliedern durch, die er für politisch unzuverlässig hielt. Möglich wurde dieser Schritt durch Manipulationen bei der Zusammensetzung des Kongresses, denn statutenwidrig waren drei Viertel der Delegierten nicht gewählt, sondern von der Zentralregierung ernannt worden. Zudem wertete Jiang den Einfluss der Armee in Partei und Staat beständig auf, so dass sie das politische Geschehen zusehends dominierte. Schließlich wurde Jiang, obwohl er eher zögerlich in den Krieg gegen Japan eingetreten war, Ende der 1930er Jahre im In- und Ausland zum Symbol des chinesischen Widerstands- und Selbstbehauptungswillens, was seine Legitimation beträchtlich stärkte.

Schon seit ihrer Wiedergründung 1921 war die GMD ein heterogenes Sammelbecken für Personen mit unterschiedlichen Werdegängen und politischen Überzeugungen gewesen. Besonders deutlich zeigte sich ihre innere Fragmentierung zwischen der ersten Phase des Nordfeldzugs und der Mitte der 1930er Jahre. 1927 konkurrierten zwei Regierungen (in Wuhan und Nanjing) und drei Parteizentralen miteinander, aber auch mit der formalen Einigung 1928 war die Phase des Bürgerkriegs innerhalb der GMD keineswegs abgeschlossen. Die Netzwerkstrukturen in Partei, Staat und Armee unterschieden sich in Umfang und Struktur erheblich. Dabei liegt eine Besonderheit des nationalistischen China in dem Umstand, dass ein Teil dieser Gruppierung nicht ausschließlich auf persönlichen Kontakten beruhte, sondern quasi-formale Substrukturen organisierte (auch in Form von Vereinigungen), die mehr als 10.000 Mitglieder umfassen konnten und damit keine Massenorganisationen, aber doch mehr als kleine Zirkel innerhalb einer eng umschriebenen politischen Elite bildeten. Informell waren diese Gruppen insofern, als ihre politische Tätigkeit keinerlei rechtliche Grundlage hatte; nicht zuletzt deshalb operierten einige von ihnen vorwiegend im Geheimen.

Für die späten 1920er und frühen 1930er Jahre werden die unterschiedlichen Gruppierungen häufig als divergente politisch-ideologische Richtungen innerhalb eines von links nach rechts reichenden Spektrums beschrieben. Am einen Ende befand sich die Parteilinke um Wang Jingwei und seine sogenannte Reorganisationsclique, die die Regierung in Wuhan bildete, zunächst am Bündnis mit den Kommunisten festhalten und auch nach dessen Ende die Strategie der Massenmobilisierung aus den Tagen der Einheitsfront beibehalten wollte, ohne dass ihre Vertreter dem Kommunismus ideologisch nahestanden. Rechts von ihnen standen die *yuanlao* (die chinesische Lesart des japanischen Wortes *genrō*, in etwa gleichbedeutend mit dem englischen Begriff des *elder statesman*), eine kleine Gruppe altgedienter Revolutionäre, die in ihrer Mehrheit ursprünglich dem Anarchismus zugeneigt gewesen waren. Sie unterstützten die Zusammenarbeit mit den Kommunisten, hatten jedoch Vorbehalte gegen deren Aufstieg innerhalb der GMD. Daran schlossen sich die „Zentristen" bzw. gemäßigten Rechten um Jiang Kaishek an. Am äußersten rechten Rand stand die scharf antikommunistische Westberggruppe, eine Allianz älterer Parteihonoratioren, die nach ihrem Treffen am Grab Sun Yatsens in der Nähe von Peking benannt war. Zur Parteirechten gehörte auch die Entourage von Hu Hanmin, der vor allem als Ideologe großes Ansehen innerhalb der Partei genoss und neben Wang Jingwei der größte Rivale Jiang Kaisheks im Kampf um die Führerschaft war.

Allerdings kann man eine solche Betonung ideologisch-politischer Gegensätze durchaus in Frage stellen. Denn erstens verschleiert sie die Tatsache, dass fast jeder der höheren GMD-Funktionsträger über eine persönliche Gefolgschaft verfügte.

Zweitens ging es den unterschiedlichen Gruppierungen nicht allein um die Durchsetzung politischer Ziele, sondern mindestens ebenso um die Machtmaximierung ihrer Anführer. Drittens wurden ihre Auseinandersetzungen nur zwischen 1924 und 1927 von der Frage des Verhältnisses zu den Kommunisten bestimmt, während sich nach dem Bruch der Einheitsfront neue Konfliktfelder eröffneten. Viertens waren sich „Linke“ und „Rechte“ in ihrer Gegnerschaft zu Jiang Kaishek einig und arbeiteten im Bemühen, seine Macht zu begrenzen, häufig zusammen; allerdings ließen sie sich von ihm auch oftmals gegeneinander ausspielen. Schließlich waren selbst die unterschiedlichen politischen Richtungen untereinander gespalten. So existierten innerhalb der 1928 gegründeten Vereinigung der Genossen für die Reorganisation der Nationalpartei, die Wang Jingwei trotz dessen offizieller Distanzierung unterstützte, wiederum mehrere Cliquen, und einige der sogenannten Parteilinken hielten zu dieser immerhin rund 10.000 Personen umfassenden Gruppe deutlichen Abstand. Auch die besonders gründlich untersuchte Gefolgschaft Jiang Kaisheks war alles andere als eine homogene Einheit.

Diese Gefolgschaft zerfiel im Wesentlichen in drei unterschiedlich strukturierte Blöcke: die Politische Studienclique, die CC- und die Huangpu-Clique. Die erste der drei Gruppen, deren Anfänge in das Jahr 1915 zurückreichten, war ein Zusammenschluss von einflussreichen Mitgliedern des Parlaments in Peking. Ein Teil von ihnen schloss sich 1917 der Bewegung zum Schutz der Verfassung an, arbeitete jedoch gegen Sun Yatsen, ehe die Gruppe Mitte der 1920er Jahre unter ihrem alten Namen, wenn auch in einer personell stark veränderten Zusammensetzung, in den Dunstkreis Jiang Kaisheks geriet. Als loser und zugleich elitärer Zirkel aus Intellektuellen, Militärs und Wirtschaftsleuten war sie vor allem dadurch einflussreich, dass sie einen Teil von Jiangs engsten Beratern stellte und einige ihrer Mitglieder als Provinzgouverneure amtierten. Im Gegensatz dazu handelte es sich bei der Organisations- oder CC-Clique um ein ausgedehntes Netzwerk, dessen Basis in der Organisationsabteilung der Partei lag, der Schaltzentrale für die Rekrutierung und Kontrolle des Personals. Sie wurde von den Brüdern Chen Guofu und Chen Lifu geführt, den Neffen eines einflussreichen Revolutionsveteranen und ehemaligen Patrons von Jiang Kaishek. Beide gehörten seit Mitte der 1920er Jahre zu Jiangs engster persönlicher Umgebung. In Bezug auf ihr Hauptziel, die Partei in ein willfähriges Instrument Jiang Kaisheks zu verwandeln, war die Clique ziemlich erfolgreich. Mitte der 1930er Jahre gehörten ihr mehr als ein Viertel aller Mitglieder des Zentralen Exekutivkomitees (ZEK) der GMD und über 10.000 Kader der mittleren und unteren Ebenen an. Neben der Partei, deren internen Sicherheitsdienst sie kontrollierte, standen auch einige Provinzverwaltungen, Erziehungseinrichtungen und kulturelle Institutionen unter ihrem Einfluss, ebenso zwei Banken und eigene Publikationsorgane. Mit ihren Aktivitäten im Bereich der Propaganda und Erziehung leistete die Clique einen wichtigen Beitrag zu Jiangs Bemühungen um eine konservativere ideologische Ausrichtung der Partei. Ihr geographischer Schwerpunkt lag im unteren Yangziraum, wo die direkte Kontrolle von GMD und Nationalregierung am größten war. Besonders gut erforscht ist ihre Zweigorganisation in der Provinz Jiangsu. Dort zerfiel die Clique in mehrere rivalisierende Untergruppen und sah sich andererseits mit einer regelrechten Gegenorganisation konfrontiert, der Anti-CC-Clique, deren Name ihr Programm treffend beschrieb.

Die Huangpu-Clique schließlich rekrutierte sich aus dem Lehrpersonal und den Absolventen der gleichnamigen Militärakademie. Sie sicherte Jiang Kaishek zum einen die Loyalität der Armee, zum anderen baute sie ihren Einfluss auch in den zentralen Parteiinstitutionen aus, wo sie Mitte der 1940er Jahre knapp die Hälfte der ohnehin nicht geringen Zahl von Berufssoldaten stellte. Mit etwas über 40 Angehörigen war diese Clique nicht eben groß und besaß obendrein keine feste Struktur, doch gehörten ihr die Begründer eines der wichtigsten Machtfaktoren im China der GMD an, der Blauhemdengesellschaft (*Lanyishe*). Diese Organisation wurde von einigen Huangpu-Absolventen 1932 gegründet, um Jiang Kaishek in seiner Auseinandersetzung mit Hu Hanmin und Wang Jingwei zu unterstützen. Drei Jahre später umfasste sie rund 14.000 Mitglieder, darunter über ein Drittel in der Hauptstadt Nanjing; 1937 waren es bereits rund 300.000. Der Aufbau der Gesellschaft war höchst eigentümlich, da sie sich nach dem Prinzip konzentrischer Kreise aus drei Schichten zusammensetzte. Den innersten Führungskern bildete eine Geheimorganisation, an die sich eine weitere, nur Absolventen der Whampoa- und später der Zentralen Militärakademie zugängliche Gesellschaft anlagerte. Lediglich die dritte, äußerste Schicht bestand aus einer offen operierenden Vereinigung. Die Blauhemdengesellschaft infiltrierte Parteistellen, staatliche Verwaltungsinstanzen und Armeeeinheiten, engagierte sich in vielfältigen Aktivitäten gegen Kommunisten, regionale Militärmachthaber und die Japaner in Nordchina und betrieb außerdem einen geheimpolizeilichen Arm, der Regimekritiker liquidierte. Da sie zudem für die konservative Mobilisierung der Bevölkerung im Rahmen der Bewegung für neues Leben (vgl. Kap. 4.2.3) zuständig war, wird sie auch als wichtigster Exponent einer chinesischen Spielart des Faschismus betrachtet. Ihr nomineller Vorsitzender war Jiang Kaishek selbst, der sich allerdings in der Öffentlichkeit von ihr distanzierte. 1938 wurde sie aufgelöst und in eine neue Organisation überführt, das Drei-Volksprinzipien-Jugendkorps, das seinerseits 1947 wieder mit der GMD verschmolzen wurde.

Innerhalb des von der GMD geschaffenen politischen Systems wurden Konflikte auf verschiedene Weise ausgetragen. Spätestens seit 1928 von einer dominanten Position aus operierend, scheint Jiang Kaishek selbst im Allgemeinen friedliche (genauer gesagt nicht-militärische), wenn auch nicht legale Mittel bevorzugt zu haben, wie seine Manipulationen zur Ausschaltung der Parteilinken auf dem III. Nationalkongress zeigen. Seinen politischen Gegner Hu Hanmin ließ er allerdings 1931 unter Hausarrest stellen, nachdem dieser aus Protest gegen Jiangs Verfassungspläne als Präsident des Legislativyuan zurückgetreten war. Jiangs innerparteiliche Gegner griffen demgegenüber bis Mitte der 1930er Jahre zum Mittel separatistischer Rebellion. Auf einer anderen Ebene bekämpften sich auch Gruppen, die sich der gleichen Führungsfigur verpflichtet fühlten. Dies gilt auch für die Jiang unterstützenden Gruppierungen, deren Anführer und Mitglieder sich mit bis zu offener

Verachtung reichendem gegenseitigem Misstrauen begegneten. Jiang scheint diese Rivalitäten geduldet zu haben (zumal sie seiner Machtposition eher förderlich waren) und nur eingeschritten zu sein, wenn es – wie 1934 zwischen Anhängern der CC-Clique und der Blauhemden – zu offen gewalttätigen Auseinandersetzungen kam. Letztlich war es allerdings nicht die Existenz informeller Netzwerke als solche, die den GMD-Staat schwächte und seine Niederlage gegen die Kommunisten besiegelte, sondern eher die Zersplitterung staatlicher Autorität.

3.3.5 „Führungskern" und Netzwerke in der Kommunistischen Partei Chinas: Die Suche nach einer Balance

Die KPCh zerfiel von Anfang an in konkurrierende Machtgruppen und hat das Verhältnis zwischen oberstem politischem Führer und informellen politischen Netzwerken in der Ära Mao Zedongs, Deng Xiaopings und Jiang Zemins jeweils neu austarieren müssen. Gegenüber dem politischen System der GMD ergaben sich dabei trotz gewisser formal-struktureller Übereinstimmungen einige gravierende Unterschiede. Erstens beschränkten sich die für die nationale Politik entscheidenden Netzwerke im Wesentlichen auf die oberste Führungsebene. Zwar verfügten einzelne politische Akteure über eine bürokratische Basis, etwa in bestimmten Parteiabteilungen, Ministerien oder in der Armee, aber nach dem derzeitigen Kenntnisstand gab es keine enge organisatorische Verklammerung der höchsten Funktionärsebene mit den mittleren und unteren Kadern. Zweitens existierten innerhalb der KPCh alle Arten von *guanxi*, doch kam mit der Zusammenarbeit im Prozess der Revolution (etwa in bestimmten Armeeeinheiten oder im städtischen Untergrund) ein neues Beziehungen stiftendes Element hinzu. Drittens entwickelte sich mit der Festigung der marxistisch-leninistischen theoretischen Basis Ende der 1920er Jahre eine Tendenz, politische und persönliche Antagonismen als ideologische Auseinandersetzungen auszutragen und den jeweiligen Gegner der Abweichung von der korrekten Parteilinie zu beschuldigen. Viertens schließlich ist im chinesischen Kommunismus häufiger als zuvor ein spezifischer indirekter Konfliktstil anzutreffen, der zum einen mit Symbolen und Anspielungen arbeitet und zum anderen den unmittelbaren politischen Kontrahenten häufig nicht direkt attackiert, sondern versucht, sein Netzwerk zu schwächen.

Dass Mao Zedong der KPCh mehrere Jahrzehnte lang seinen Stempel aufdrücken würde, war keineswegs vorgezeichnet, sondern das Produkt einer für ihn günstigen Entwicklung. Obwohl Mao zu den Mitbegründern der Partei zählte und schon in den 1920er Jahren dem Politbüro angehörte, war er mit seiner Strategie ländlicher Mobilisierung nur eine Randfigur innerhalb der urbanen Führungselite, konnte allerdings durch die Abgelegenheit seiner Bauernsowjets ein großes Maß an Unabhängigkeit wahren. Als sich die Parteiführung Ende 1932 angesichts des „weißen Terrors" aus Shanghai in die Sowjetgebiete zurückzog, bedeutete dies zunächst eine Schwächung von Maos Autorität. Tonangebend war jetzt die Clique der „28 Bolschewiken", deren Zusammenhalt auf der gemeinsamen Ausbildung

Abb. 11: Taubstumme beteiligen sich an den Paraden zum chinesischen Nationalfeiertag, dem 1. Oktober 1967. Das Plakat trägt die Aufschrift „Die revolutionären Taubstummen lieben den Vorsitzenden Mao". Mehr als zwei Milliarden Mao-Bilder sollen während der Kulturrevolution hergestellt worden sein.

ihrer Mitglieder in der Sowjetunion beruhte. Seit ihrer Rückkehr nach China im Mai 1930 versuchte die Gruppe, strikt die Vorgaben der Komintern durchzusetzen, und drängte den als „rechten Opportunisten" verfemten Mao innerhalb der Sowjetführung an den Rand, ohne jedoch gänzlich auf seine militärischen Fähigkeiten zu verzichten. Erst der völlige Fehlschlag ihrer militärischen Strategie bei der Abwehr der nationalistischen Truppen und zu Beginn des Langen Marsches schwächte die Stellung dieser Gruppe derart, dass Mao einige der „Bolschewiken" auf seine Seite ziehen, auf der Konferenz von Zunyi Anfang 1935 sein politisches Comeback orchestrieren und bis 1938 den Einfluss der prosowjetischen Clique weitgehend schwächen konnte.

Die endgültige Ausschaltung jeglicher Opposition im Zuge der Ausrichtungskampagne zwischen 1942 und 1944, die Übernahme des Parteivorsitzes und schließlich die Institutionalisierung der Mao-Zedong-Ideen machten Mao in der ersten Hälfte der 1940er Jahre zum unumschränkten Führer der Partei. Dies hatte schwerwiegende Auswirkungen auf die Kommunikation innerhalb der zentralen Institutionen von Partei und Staat und damit auf deren Führungsstil. Wenn Mao auch erst durch die allgegenwärtige Inszenierung seiner Autorität in der Frühphase der Kulturrevolution zwischen 1966 und 1969 zu einer alle gesellschaftlichen Bereiche durchdringenden Ikone der Macht wurde, stand er dennoch bereits jetzt als einsame Leitfigur im Mittelpunkt des politischen Prozesses. Obwohl Mao nicht alle Politikfelder gleichermaßen kontrollierte, wagten angesehene Kader der höchsten Führungsebene keine bedeutsamen Entscheidungen, ohne seine Überzeugungen zu dem jeweiligen Problem zu kennen. Die häufig kryptischen Aussagen des Vorsitzenden ließen die anderen hohen Führungskader jedoch oftmals im Unklaren über seine tatsächlichen Absichten. Maos offensichtliche wirtschaftspolitische Irrtümer im Zusammenhang mit dem Großen Sprung, die notwendigen Korrekturen und der Rückzug des Parteivorsitzenden in die „zweite Reihe" mit der Abgabe des Staatspräsidiums an Liu Shaoqi 1958 scheinen an dieser Grundkonstellation nichts Wesentliches geändert zu haben. Dass man sich in dieser byzantinischen Atmosphäre mit freimütiger Meinungsäußerung nur selbst schaden konnte, zeigt das Beispiel des Verteidigungsministers und verdienten Veteranen der Revolution Peng Dehuai, der im Zuge der Lushan-Tagung vom August 1959 seiner Ämter enthoben wurde, nachdem er offene Kritik am Großen Sprung geübt hatte.

Zugleich stellte die höchste Führungsebene der KPCh in den ersten Jahren der Volksrepublik ein äußerst fragiles Gebilde dar, in dem die Interessen unterschiedlicher Seilschaften sorgfältig gegeneinander ausbalanciert waren. Dies war vor allem bei der Ämtervergabe wichtig, da jede Gruppe eifersüchtig über ihre Privilegien wachte. Status und Prestige innerhalb der Hierarchie beruhten dabei auf den für die Revolution erbrachten Leistungen, dem Parteirang sowie dem Dienstalter. Versuche, diese Balance zu verändern, bedrohten unmittelbar die Einheit der Partei. Dies zeigte bereits die erste größere innerparteiliche Säuberungsaktion in den 1950er Jahren, die mit den Namen der beiden Politbüromitgliedern Gao Gang und Rao Shushi verbunden ist. Gao war eines der wenigen Politbüromitglieder, die nicht am Langen Marsch teilgenommen hatten, und insofern eher ein Außenseiter. Aufgrund missverständlicher Äußerungen von Mao hielt er sich jedoch für berufen, Liu Shaoqi, die damalige Nummer Zwei hinter dem Parteivorsitzenden, zu beerben. Zu diesem Zweck warf er sich zum Sprecher derjenigen Kader auf, die in der Armee und den kommunistischen Stützpunkten gedient hatten und jetzt angeblich zugunsten einer Gruppe, die zusammen mit Liu in den 1930er Jahren in den von der GMD kontrollierten „weißen" Gebieten gearbeitet hatte, zurückgesetzt würden. Gleichzeitig suchte er besonders die Führer der sechs regionalen Parteibüros, die gleichzeitig Spitzenpositionen in der Zentrale innehatten, auf seine Seite zu ziehen. Außer der Allianz mit Rao und der Unterstützung durch seine eigenen Gefolgsleute blieb Gao jedoch ziemlich isoliert; vor allem Mao selbst versagte Gaos offensichtlichem Streben nach einer Nachfolgeregelung zu seinen Gunsten seine Unterstützung. Unter dem Vorwurf einer „Allianz gegen die Partei" – einer bis in die 1970er Jahre gebräuchlichen Anschuldigung – wurden beide 1955 abgesetzt; Gao beging daraufhin Selbstmord.

Während die Einheit der Partei für Mao Mitte der 1950er Jahre noch Priorität hatte, wandelte sich sein Standpunkt aufgrund seiner wachsenden Skepsis gegenüber den anderen Parteiführern im Lauf des nächsten Jahrzehnts erheblich. Die Kritik am Scheitern des Großen Sprungs, die moderate Wirtschaftspolitik der frühen 1960er Jahre und die Differenzen über die Notwendigkeit zur Fortsetzung des Klassenkampfs trugen zu Maos Bereitschaft bei, sich seiner Widersacher mit Hilfe einer Massenbewegung zu entledigen. Gerade die ersten Schritte der Kulturrevolution sind ein Lehrstück für Cliquenpolitik in der KPCh. Ein wichtiger Meilenstein war die Kritik an einem Schauspiel des Schriftstellers und Pekinger Vizebürgermeisters Wu Han mit dem Titel „Hai Rui wird abgesetzt" (*Hai Rui ba guan*). Dieses Stück über einen für seine Aufrichtigkeit berühmten Beamten aus dem 16. Jahrhundert, der aufgrund einer Intrige von seinem Posten abberufen wird, wurde von Mao als kaum verhüllte Kritik an der von ihm arrangierten Entlassung Peng Dehuais verstanden. Der Vorsitzende sorgte daher für eine offizielle Verurteilung des Stücks. Mit Wu gerieten andere politische Gegner Maos ins Visier der Kritiker, vor allem Wus Vorgesetzter Peng Zhen, Bürgermeister von Peking und Leiter einer Fünfergruppe zur Durchführung einer Ausrichtung von Literatur und Kunst, und Deng Xiaoping, zu dessen Bridgezirkel Wu gehörte. Peng wurde mit einigen anderen höheren Funktionären der Cliquenbildung beschuldigt, die Fünfergruppe wurde aufgelöst und durch die neue Gruppe für Kulturrevolution ersetzt. Die Attacken gegen Wu und Peng brachten den Kern der Akteure um Maos Frau Jiang Qing zusammen, der in den folgenden Jahren die chinesische Politik bestimmen sollte. Für die Kritik an Wu gewann sie durch die Vermittlung des Shanghaier Bürgermeisters Ke Qingshi die Unterstützung von Zhang Chunqiao und Yao Wenyuan. Jiang, Zhang und Yao bildeten zusammen mit dem Vorzeigearbeiter und Aktivisten der Roten Garden Wang Hongwen später die sogenannte Viererbande. In der Kulturrevolutionsgruppe saß neben Jiang auch der Sicherheitschef Kang Sheng, der Jiang Qing landsmannschaftlich verbunden und mit ihrer Hilfe in den Machtkämpfen der 1930er Jahre auf Maos Seite gewechselt war. Obwohl nur die wenigsten Mitglieder dieses Zirkels über größeres Ansehen oder auch nur eine formale Position in der Parteihierarchie verfügten, wurden sie neben den orchestrierten Massenkampagnen Maos wichtigstes Instrument zum Sturz seiner parteiinternen Widersacher, allen voran Liu Shaoqis und Deng Xiaopings. Mao beteiligte sie statutenwidrig an den Sitzungen des Politbüros, wo sie die Speerspitze für Angriffe auf seine Kontrahenten bildeten. Erst auf dem IX. Parteitag von 1969 wurden sie auch formell in die Führung aufgenommen.

Die Kulturrevolution sicherte zwar den Radikalen die Macht, ließ aber auch gleichzeitig das Problem der Nachfolge für den alternden Vorsitzenden akut werden. Seines ersten designierten Nachfolgers Liu Shaoqi, dem er 1958 das Staatspräsidium überlassen hatte, entledigte sich Mao selbst. Zum nächsten Nachfolgekandidaten wurde 1969 Verteidigungsminister Lin Biao bestimmt, der sich in den 1960er Jahren, ebenfalls auf dem Feld der Kultur, mit Jiang Qing verbündet und mit Hilfe seiner Verbündeten in der Armee den Personenkult um Mao entscheidend vorangetrieben hatte. Maos wachsendes Misstrauen gegenüber Lin schwächte dessen Position jedoch zusehends, so dass er selbst (oder seine engere Umgebung ohne sein Wissen) zu einem Putsch gegen Mao Zuflucht nahm und nach dessen Scheitern im September 1971 bei einem Flugzeugabsturz über der Mongolei aus ungeklärten Gründen ums Leben kam.

Abb. 12: Mao und sein designierter Nachfolger Lin Biao, Propagandaplakat aus den späten 1960er Jahren. Bis zu Lin Biaos Sturz 1971 war dies ein auf Zeichnungen und Fotografien häufig anzutreffendes Motiv. Diese visuelle Symbolisierung der Nachfolgeregelung findet sich auch bei anderen Führerpaaren im China des 20. Jahrhunderts (Sun Yatsen und Jiang Kaishek, Deng Xiaoping und Jiang Zemin).

Mit der Einsetzung des wie er selbst aus Hunan stammenden Hua Guofeng zum Premierminister brachte Mao noch vor seinem Tod einen weiteren Nachfolgekandidaten ins Spiel. Hua gelang es unmittelbar nach dem Tod des Parteivorsitzenden mit Hilfe einiger durch gemeinsame Diensterfahrung, teilweise auch durch ihre regionale Herkunft verbundenen Spitzenmilitärs, die Viererbande zu verhaften. 1980 wurden ihre Mitglieder in einem Schauprozess zu hohen Haftstrafen verurteilt. Von persönlich eher schwacher politischer Statur, suchte Hua seinen Machtanspruch mit der „Einsetzung" durch Mao zu rechtfertigen. Seine unter dem Slogan der „Zwei Alle" bekannt gewordene Berufung auf das Erbe des verstorbenen Vorsitzenden („Alle Lehren des Vorsitzenden Mao sind korrekt, alle seine Anweisungen sind zu befolgen") unterstrich er symbolisch durch zwei Entscheidungen: die Errichtung des Mao-Mausoleums auf dem Tian'anmen-Platz in Peking sowie die Herausgabe des fünften Bandes seiner parteioffiziellen „Ausgewählten Werke". Diese Legitimationsgrundlage erwies sich jedoch als machtpolitisch unzureichend. Im Sommer 1981 setzte Deng Xiaoping Huas Ablösung als Parteivorsitzender durch seinen Gefolgsmann Hu Yaobang durch (kurz darauf wurde die Amtsbezeichnung in Generalsekretär geändert), während Zhao Ziyang bereits im September des Vorjahres zum neuen Ministerpräsidenten ernannt worden war.

In den beiden Jahrzehnten nach Maos Tod war Deng Xiaoping die dominierende Figur in der chinesischen Politik. Mehr als alle anderen Führer vor und nach ihm übte er seine politische Macht informell aus, da er in dieser Periode außer seinem Sitz im Politbüro und dem Vorsitz der Militärkommissionen von Partei und Staat kein wichtiges Amt innehatte. Dennoch setzte er 1978 die radikale Hinwendung zu einer wirtschaftlichen Reform- und Öffnungspolitik durch, und noch unter den eher ungünstigen politischen Vorzeichen des Jahres 1992 reichte seine sogenannte Südreise (*nanxun*) aus, um Partei- und Staatsführung unter Druck zu setzen und die ins Stocken geratenen Wirtschaftsreformen wieder voranzutreiben. Anders als Mao war Deng kein Charismatiker und auch weniger dominant, und erst in den letzten Jahren vor seinem Tod wurde um ihn ein Personenkult aufgebaut, der zudem in keiner Weise an denjenigen um den Gründer der Volksrepublik heranreichte. Da der revolutionäre Status auch im China der Reformära noch eine bedeutende Rolle spielte, bildeten Dengs Ansehen als Veteran der Revolution, seine militärischen Verdienste im Bürgerkrieg als Garant für die Loyalität des Militärs, schließlich auch sein im Verlauf einer langen Karriere ausgebautes Beziehungsnetzwerk innerhalb der politischen Führung das Fundament seiner Führerschaft.

Allerdings war seine Stellung zu keinem Zeitpunkt unangefochten. Ende der 1970er Jahre setzte sich Deng an die Spitze einer Gruppe „rehabilitierter Kader", deren Gemeinsamkeit in der Verfolgung während der Kulturrevolution bestand, die aber sonst höchst unterschiedliche ideologische, ökonomische und politische Präferenzen hatten. Zusammen mit zwei weiteren, kleineren Gruppen (den „Überlebenden", die die Kulturrevolution unbeschadet überstanden hatten, und der „Petroleumclique", deren Mitglieder eine zentral geplante, auf den Energiesektor konzentrierte und exportorientierte Wirtschaftspolitik befürworteten) entstand ein breites Bündnis gegen die loyalen Mao-Anhänger um Hua Guofeng. Die durch den Zerfall dieses Bündnisses in den 1980er Jahren entstandenen Gruppierungen lassen sich mit Etiketten wie „Ideologen“ und „Pragmatiker“, „Liberale“ und „Hardliner“, die in zeitgenössischen Kommentaren häufig verwendet wurden, nicht angemessen beschreiben. So war Chen Yun, der sich zum hartnäckigsten Widersacher Dengs entwickelte, zwar Anhänger einer zentralen Planwirtschaft, aber politisch weitaus toleranter als dieser. 1979 sprach er sich gegen die Niederschlagung der Demokratiebewegung aus, und auch gegen das brutale Durchgreifen gegen die Proteste von 1989 scheint er Vorbehalte gehabt zu haben. Chen gelang es, einige von Dengs Personalpolitik enttäuschte Führungskader auf seine Seite zu ziehen, so dass sich zwei konkurrierende Netzwerke mit den beiden Hauptkontrahenten an der Spitze herausbildeten. Gleichzeitig mit der Entstehung dieses prekären Machtgleichgewichts leitete Deng auch einen Generationenwechsel ein, u. a. indem er die revolutionären Altkader 1982 in zwei neu gebildete Parteiorganisationen, die Zentrale Disziplinkontrollkommission und die Zentrale Beraterkommission, abschob.

Von Deng Xiaoping stammt das Konzept des „Führungskerns“ innerhalb der KPCh, um den sich eine Führungsmannschaft schart. Bei diesem Kern kann es sich um eine einzelne Person handeln, wie Mao Zedong, dem diese Rolle für die Zeit ab 1935 zugeschrieben wurde, oder wie Deng selbst, der 1978 an seine Stelle trat. Dieser scheiterte aber mit seinem Bemühen, seine Macht frühzeitig an einen dritten „Führungskern“ zu übertragen. Zwar gelang es seinen beiden selbst miteinander rivalisierenden Protegés, dem KP-Generalsekretär Hu Yaobang und dem Ministerpräsidenten Zhao Ziyang, eine Reihe von Gefolgsleuten in Führungspositionen zu hieven. Sie erlangten jedoch bestenfalls eine Kontrolle über die technischen Aspekte des politischen Prozesses. Besonders Hu, der sich primär auf den Kommunistischen Jugendverband stützte, brachte zudem die Altkader durch die im Auftrag Dengs eingeleitete Verjüngung der Führungsspitze gegen sich auf. Die Studentenproteste in den späten 1980er Jahren wurden daher für einen Machtkampf funktionalisiert, der Anfang 1987 zunächst zur Ablösung Hus durch Zhao führte. Zhao wurde jedoch im Zuge der Niederschlagung der Demokratiebewegung von 1989 ebenfalls vom Parteivorsitz abgelöst und unter Hausarrest gestellt. Deng sah sich schließlich gezwungen, den bisherigen Parteichef von Shanghai Jiang Zemin als neuen Generalsekretär zu akzeptieren.

Bei seiner Ernennung galt Jiang als farbloser Übergangskandidat. Binnen weniger Jahre gelang es ihm jedoch, zum unangefochtenen Führer von Partei und Staat aufzusteigen. Dazu trug zunächst die Protektion Deng Xiaopings bei, da dieser trotz seines Misstrauens gegen den eher als Gegner von Wirtschaftsreformen bekannten Jiang bereit war, seine vor 1989 verfolgte Politik einer Trennung von Partei und Staat zu revidieren und ihm die gesamte Kontrolle über die KPCh und über den Regierungsapparat zu überlassen. Neben dem Posten des Generalsekretärs erhielt Jiang auch den Vorsitz in beiden Militärkommissionen, für ihn als Nichtmilitär eine Schlüsselfunktion, mit deren Hilfe er die Kontrolle über die Armee erringen konnte. 1993 übernahm er schließlich mit dem Staatspräsidium auch die formale Vertretung des Landes nach außen. Gerade im außenpolitischen Bereich zeigten sich Jiangs Bemühen, sich mit Hilfe der Medien einerseits als polyglotter Mann von Welt zu inszenieren, während er innerhalb Chinas häufig die populistische und nationalistische Karte spielte. Gleichzeitig erschöpfte sich seine Führung zunächst in der Sicherung seines politischen Überlebens und später dem Ausbau seiner Macht, während er der wirtschaftlichen Entwicklung kaum Impulse zu geben vermochte. Und obwohl er sehr viel Wert auf ideologische Erziehung der Bevölkerung legte, konnte er erst gegen Ende seiner Amtszeit mit einem eigenen und nicht sonderlich originellen Beitrag zur sinomarxistischen Ideologie aufwarten.

Verantwortlich für Jiangs Erfolg waren in erster Linie die formale Machtkonzentration, die wiederum auf der Unterstützung durch Deng Xiaoping beruhte. Weitere informelle Faktoren erlaubten es Jiang schließlich, aus dem Schatten seines schwer erkrankten Mentors herauszutreten: Zum einen konnte er sich durch eine gezielte Pflege von Kontakten die Unterstützung zahlreicher Altkader sichern und verlässliche Offiziere an die Spitze der Armee setzen. Zum anderen begann er bereits 1989, Kader seines Vertrauens aus Shanghai nach Peking zu transferieren. Mitte der 1990er Jahre hatte er etwa 30 Gefolgsleute in Schlüsselpositionen von Partei und Staat installiert, während die Shanghaier KP-Organisationsabteilung Tausende von Kadern in die Provinzen „verschickte". Neben dem Tod vieler altgedienter Parteiführer trug besonders der Aufstieg dieser Shanghai-Clique (*Shanghaibang*) in der Hauptstadt dazu bei, Jiangs Machtposition zu konsolidieren. Dabei war die Shanghai-Clique ebenfalls keine einheitliche Gruppierung. Im weiteren Sinne kann man ihr auch die Anhänger von Zhu Rongji zurechnen, der seit 1992 als Vize-Ministerpräsident, zwischen 1998 und 2003 als Ministerpräsident und von 1993 bis 1995 zusätzlich als Präsident der Bank of China vor allem für die Wirtschaftspolitik verantwortlich zeichnete. Zhu war Jiangs Nachfolger als Bürgermeister und später auch als Parteichef von Shanghai gewesen und stützte sich besonders auf eine Gruppe von Absolventen der Qinghua-Universität, an der er auch selbst studiert hatte. Ähnlich wie zuvor in Shanghai war Zhu auch in Peking Jiangs Rivale; gleichzeitig war der Präsident auf seinen ökonomischen Sachverstand dringend angewiesen. Zhu und sein Anhang interessierten sich wenig für ideologische Fragen, sondern verbanden in der Nachfolge Deng Xiaopings eine liberale wirtschaftspolitische Auffassung mit einem autoritären Herrschaftsverständnis.

Der Aufstieg der Shanghai-Clique war nicht zuletzt deshalb möglich, weil sie 1989 einen neuen Faktor im politischen Spiel darstellte. Sie repräsentierte einen neuen Typus regional definierter Cliquen, die an die Seite der bereits etablierten Netzwerke traten. Als weitaus erfolgreichste und mächtigste Gruppierung zog die Shanghai-Clique vehemente Kritik innerhalb der politischen Führungselite auf sich. Dennoch konnte sie zwar den Einfluss anderer Netzwerke schwächen, schaltete aber nur eines gänzlich aus dem politischen Spiel aus: Mit der Absetzung des hauptstädtischen Parteichefs Chen Xitong (*1930) im Zuge einer Kampagne gegen Korruption 1995 verschwand auch die von ihm geführte Peking-Clique in der

Bedeutungslosigkeit. Andere Netzwerke verloren zwar deutlich an Einfluss, verblieben aber im politischen Spiel. Einen Bedeutungsverlust musste besonders die Sowjet-Clique aus ehemaligen Absolventen sowjetischer Universitäten um den sehr unpopulären Li Peng (*1928), Ministerpräsident von 1988 bis 1998, hinnehmen. Dagegen befanden sich einige Gefolgsleute von Hu Yaobang und Zhao Ziyang seit Anfang der 1990er Jahre wieder im Aufwind; besonders um die Verbesserung der Beziehungen zu den Hu-Leuten war Jiang Zemin sehr bemüht. Tatsächlich kommt der seit 2002 installierte vierte Führungskern gerade aus diesem Kreis. Parteichef Hu Jintao (*1942), der Jiang Zemin sukzessive in allen Schlüsselämtern nachfolgte, sowie der gleichaltrige Premierminister Wen Jiabao übernahmen ihre Posten im ersten geordneten Machttransfer in der Geschichte der Volksrepublik China. Bei der Festigung dieser Positionen hatten sie sich vor allem mit der im Politbüro dominierenden Shanghai-Clique auseinanderzusetzen. Charakteristischerweise wurden die ersten Maßnahmen zur Entmachtung ihrer Angehörigen erst getroffen, nachdem Jiang 2004 den Vorsitz der Zentralen Militärkommission und damit sein letztes verbliebenes Amt niedergelegt hatte. Einige wichtige Helfer Jiangs wurden – zum Teil in Verbindung mit Korruptionsvorwürfen – versetzt bzw. degradiert. Dieser Prozess dürfte jedoch noch unabgeschlossen sein. Eine andere Gruppierung wurde dagegen stets konsequent von den höchsten Stufen der politischen Macht ferngehalten: die „Kronprinzenpartei“ (*taizidang*) aus Kindern der höchsten Führungskader. Sie stellt keine geschlossene Gruppierung dar, ist aber vor allem wirtschaftlich sehr einflussreich.

Das politische Spiel zwischen oberstem Führer und Cliquen stellt somit ein Kontinuum in der Entwicklung der Volksrepublik dar und verbindet diese wiederum mit früheren Perioden der chinesischen Geschichte. Es hat in der Vergangenheit einen erheblichen Teil der politischen Energien beansprucht, der besser in andere Bereiche geflossen wäre, und die Entscheidungsfindung oftmals erschwert. In den 1990er Jahren hat sich politische Situation durch eine verstärkte politische Dezentralisierung, eine begrenzte Eigenständigkeit des Nationalen Volkskongresses und den wirtschaftlichen, in politische Münze umsetzbaren Einfluss von Managern und Privatunternehmern noch zusehends verkompliziert. Nach wie vor aber ist nicht absehbar, dass die informelle Politik ihre Dominanz gegenüber rechtlichen Verfahrensregeln (wie Verfassung und Parteistatut) verloren hätte.

4. Herrschaft und Gesellschaft

Die revolutionäre Transformation Chinas im 19. und 20. Jahrhundert beschränkte sich nicht allein auf die politischen Srukturen, sondern erfasste alle Bereiche der Gesellschaft. Die sozialen Makrostrukturen waren in der Kaiserzeit von einer Eigendynamik geprägt, in die der Staat nur bei Bedarf und keineswegs immer mit Erfolg eingriff und die umgekehrt politische Strukturen und Prozesse beeinflussen konnten. Seit dem späten 19. Jahrhundert kam es jedoch zu einer Expansion staatlicher Macht, die den Herrschenden über die bislang praktizierte Kontrolle hinaus Mechanismen und Institutionen zur Verfügung stellte, um die Bevölkerung aktiv für soziale Veränderungen zu mobilisieren. Mit diesem Wandel wuchsen zugleich die Bemühungen von Teilen der Gesellschaft, gegenüber dem Staat ihre Interessen zu vertreten, ihre Autonomie zu wahren und womöglich selbst Einfluss auf den Staat zu nehmen. Die Formierung einer Zivilgesellschaft stieß in China jedoch an deutliche Grenzen.

4.1 Struktur und Dynamik der Gesellschaft

Die Struktur der chinesischen Gesellschaft unterlag seit 1800 einem beträchtlichen Wandel, der einerseits eine hohe Eigendynamik aufwies, andererseits aber auch durch staatliche Eingriffe beeinflusst wurde. Letzteres trifft in besonderem Maße für die kommunistische Herrschaft zu. An erster Stelle steht das rasante Bevölkerungswachstum, das bis in die jüngste Vergangenheit lediglich einer sozialen Selbstregulierung und keiner staatlichen Bevölkerungspolitik unterlag. Zweitens wurden hergebrachte Formen der Vergemeinschaftung teilweise durch modernere abgelöst, bewiesen aber zugleich eine nicht unerhebliche Beharrungskraft. Die radikalen gesellschaftlichen Experimente in den ersten Jahrzehnten der Volksrepublik erwiesen sich dagegen als Sackgasse. Drittens bildeten sich neue soziale Schichten heraus, die sich als Klassen mit gemeinsamen ökonomischen Interessen identifizieren ließen. Viertens schließlich wurden bestimmte soziale Rollen, besonders die von Frauen und Kindern in Familie und Gesellschaft, neu definiert.

4.1.1 Bevölkerungsentwicklung

Einer der auffälligsten Aspekte sozialer Dynamik in China ist zweifellos die enorme Bevölkerungszunahme, die in der Geschichte vor-industrieller Gesellschaften keine Parallele hat. Dieser historische Trend war um 1800 bereits in vollem Gange. Zwar erweist sich die Ermittlung der Zahlen auf der Grundlage des verfügbaren Materials als schwierig, dennoch sind die vorhandenen Schätzungen verlässlich genug, um zumindest für das China der 18 Provinzen, das die Qing- von der Ming-Dynastie übernahm (d. h. ohne die Mandschurei, Taiwan, die Mongolei, Tibet und Xinjiang), ein deutlich konturiertes Bild zu zeichnen:

Jahr	Weltbevölkerung (Millionen)	Chinas Bevölkerung (Millionen)	Anteil an der Weltbevölkerung (%)
1650	550	123	22,4
1750	725	260	35,9
1850	1.175	412	35,1
1950	2.556	552	21,6
1980	4.458	987	22,1
1996	5.772	1.224	21,2

(Gabe T. Wang, China's Population: Problems, Thoughts and Policies. Aldershot u. a.: Ashgate 1999, S. 6)

Das kontinuierliche Bevölkerungswachstum wurde nur durch die Rebellionen um die Mitte des 19. Jahrhunderts unterbrochen, die zu einem vorübergehenden Sinken der Einwohnerzahl auf 358 Millionen im Jahre 1870 führten. Der Bevölkerungsanstieg in den folgenden Jahrzehnten erfuhr in den ersten Jahrzehnten der Volksrepublik eine explosionsartige Beschleunigung: Hatte die Verdopplung der Bevölkerung bis dahin mindestens 100 Jahre in Anspruch genommen, so vollzog sich nun in weniger als der Hälfte dieser Zeit ein Zuwachs von 124 Prozent auf über 1,2 Milliarden im Jahre 1996.

Es liegt nahe, in diesem Bevölkerungsanstieg in Anlehnung an die Theorien des englischen Ökonomen Thomas Robert Malthus (1766-1834) eine Quelle für Verteilungskonflikte und soziale Unruhen zu sehen, und tatsächlich war dieses Bild in der Forschung lange Zeit bestimmend. Da in China nur rund 15 Prozent der Landesfläche landwirtschaftlich nutzbar sind, entstand das Bild einer zunehmenden Ressourcenknappheit, die im 19. und frühen 20. Jahrhundert zu ständig wiederkehrenden Hungersnöten und sozialen Rebellionen führte, damit nicht nur die Verarmung besonders der ländlichen Bevölkerung, sondern auch die Schwäche Chinas gegenüber dem Imperialismus begünstigte und somit als wichtige Triebkraft der chinesischen Revolution betrachtet werden kann.

Neuere Forschungen haben an der These von der unkontrollierten, allein durch die Sterblichkeit beeinflussten Bevölkerungsvermehrung erhebliche Korrekturen vorgenommen. Tatsächlich existierte in China eine Reihe von Strategien der Familienplanung, die in ihrer Summe das Bevölkerungswachstum regulierten. Dazu gehörte erstens der in allen Schichten weit verbreitete Infantizid. Durch die Tötung von Neugeborenen, insbesondere von Mädchen, nahmen die Eltern Einfluss auf Anzahl und Geschlecht ihrer Kinder. Ein moralisches Problem sah man in dieser Praxis nicht, da Kinder bis zu einem Alter von etwa sechs Monaten nicht als vollwertige Menschen galten. Ihr demographischer Effekt bestand darin, dass die getöteten Mädchen nicht mehr in der Lage waren zu gebären und sich deshalb die gesamtgesellschaftliche Fruchtbarkeit reduzierte. Man hat errechnet, dass bei einer Tötungsquote von ca. 10 Prozent für weibliche Säuglinge im Zeitraum von 1700 bis 1840, die in manchen Jahrzehnten aber auch doppelt so hoch liegen konnte, die Bevölkerungsvermehrung um 30 Prozent gesenkt wurde.

Ein weiteres strategisches Feld der Familienplanung boten die unterschiedlichen Heiratspraktiken, die wiederum mit der unter den Han-Chinesen allgemein verbreiteten religiösen Ahnenverehrung zusammenhingen. Da die Abstammung ausschließlich patrilinear, d. h. in väterlicher Linie verfolgt wurde, mussten Söhne unbedingt verheiratet werden, damit sie männliche Nachkommen zeugen konnten. Unabhängig vom Geschlecht der Kinder war eine Eheschließung jedoch mit Kosten verbunden und musste deshalb sorgfältig kalkuliert werden. Für Schwiegertöchter war in der Regel ein Brautpreis zu zahlen; die Verheiratung einer Tochter konnte daher Gewinn bringen, war jedoch bei entsprechendem Wohlstand gegen die dann fällig werdende Mitgift aufzurechnen. Neben der „Großen Heirat" zwischen einem volljährigen Mann und einer volljährigen Frau gab es deshalb eine Reihe alternativer und in der Regel weniger kostspieliger Formen der Eheschließung: die vor allem in Südchina häufige Form der Kinderehe, bei der die zukünftige Schwiegertochter bereits im Kindesalter in den schwiegerelterlichen Haushalt aufgenommen und die Ehe nach Eintritt der Volljährigkeit vollzogen wurde; das Levirat, d. h. die Eheschließung zwischen einer Witwe und einem nahen Verwandten ihres Mannes; und schließlich die uxorilokale Heirat, bei der im Gegensatz zur üblichen Praxis der Mann in den Haushalt seiner Schwiegereltern übersiedelte. Nur bei Wohlhabenden war die Polygynie üblich, seltener als zweite Ehe, häufiger dagegen in Form des Konkubinats. Anders als etwa in Europa heirateten in China praktisch alle Frauen, und zwar bis ins letzte Drittel des 20. Jahrhunderts im relativ jungen Alter von 16-19 Jahren. Das Heiratsalter von Männern lag demgegenüber deutlich höher; ein rundes Fünftel war mit 30 Jahren noch immer unverheiratet. Das Gesamtensemble der Heiratspraktiken begünstigte einen Männerüberschuss, der auch ein Ergebnis des Infantizids war.

Sorge um unverheiratete Frauen

Gesellschaften mit Frauenüberschuss wurden im China des 19. Jahrhunderts, wo praktisch alle Frauen heirateten, mit einer Mischung aus Befremden und Neugier betrachtet. Die illustrierte Zeitschrift *Dianshizhai huabao* veröffentlichte im August 1888 folgenden Artikel über die Probleme unverheirateter Frauen in Europa und den USA. Auch wenn die Angaben im Einzelnen sehr fraglich sind, werfen sie doch ein interessantes Licht auf das männlich bestimmte Frauenbild und die Ehekonzeption in China.

Nach europäischer Sitte heiratet ein Mann nur eine einzige Frau. Auch als König oder Kanzler hat man keine Nebenfrauen. Darum gibt es in Ländern, die mehr Frauen als Männer haben, große Schwierigkeiten.

Im Norden der USA, im Bundesstaat Massachusetts, ist das Verhältnis von Männern zu Frauen eins zu neun. Für die Männer ist also das Heiraten nicht schwer, für die Frauen dagegen sehr.
Vor kurzem unterschrieben 162 Frauen eine Bittschrift und legten sie dem Kongreß vor. Darin baten sie um Aufhebung des Verbots für Männer, Nebenfrauen zu haben. Sie seien alle bereit, einen Vertrag abzuschließen, daß sie das ganze Leben lang nicht eifersüchtig sein würden, wenn sie nur ihren Lebensunterhalt bekämen. Auch wenn sie nur die Stellung eines Dienstmädchens hätten und Putzarbeit verrichten müßten, wären sie sehr zufrieden.
Wenn die Pflaumen reif sind, schneidet man sie ab. Wenn die Hühner streiten und schreien, kämpfen sie um die Hähne. Die Behörden haben nun die Waage in der Hand. Wie können sie die Wünsche der Frauen erfüllen und die ungleichmäßige Verteilung von Männern und Frauen regulieren?

(Fritz van Briessen, Shanghai-Bildzeitung 1884-1898. Querschnitt durch eine chinesische Illustrierte. Zürich: Atlantis 1977, S. 82 f. Übersetzt von Yan Yizhang.)

Zudem lag die eheliche Fruchtbarkeit der Chinesen im internationalen Vergleich relativ niedrig. Ursachen waren die oft mehrjährige Verzögerung zwischen der Heirat und der Geburt des ersten Kindes – die in Krisenzeiten länger ausfiel als in Zeiten wirtschaftlicher Prosperität –, die Beschränkung der Kinderzeugung auf die Jahre bis Mitte 30, relativ ausgedehnte Intervalle zwischen den Geburten von durchschnittlich drei Jahren, schließlich die im internationalen Vergleich ebenfalls langen Stillzeiten. Obwohl Empfängnisverhütung sowie Abtreibung bereits in der Kaiserzeit praktiziert wurden, erlangten sie erst in den 1950er Jahren eine überragende demographische Bedeutung, als sie die Funktion des jetzt illegalen und auch weitgehend für unmoralisch erachteten Infantizids übernahmen. Mit der Unterstützung moderner medizinisch-technischer Methoden bewirkten sie eine weitere drastische Senkung der Fruchtbarkeit.

Eine zweite Korrektur der malthusianischen Interpretation betrifft das Verhältnis zwischen Bevölkerungswachstum und Ernährungslage. Gegenüber einer pessimistischen Interpretation ist hier auf die Leistungsfähigkeit der chinesischen Landwirtschaft im 18. und frühen 19. Jahrhundert zu verweisen. Erstens kam es trotz der insgesamt begrenzten Verfügbarkeit von Land zu einer flächenmäßigen Expansion, vor allem durch die Erschließung bislang ungenutzten Bodens. Allein zwischen 1780 und 1850 stieg die kultivierte Fläche von 63 Millionen auf mehr als 80 Millionen Hektar. Diese Ausdehnung konnte zwar mit dem Bevölkerungszuwachs keineswegs Schritt halten, sie aber teilweise auffangen. Nicht zufällig verzeichneten die peripheren Gebiete vom Nordwesten bis zum Südwesten des chinesischen Kernlandes bei der Bevölkerungsvermehrung die höchsten Zuwachsraten, und zwar sowohl durch natürliche Vermehrung wie auch infolge einer umfangreichen Immigration aus den dichter besiedelten küstennahen Provinzen. Zweitens blieb die agrarische Produktion im Großen und Ganzen zumindest konstant. Für die Perioden vor 1850 und nach 1930 ist sogar eine kontinuierliche Steigerung sowohl beim pro Kopf erzeugten Getreide als auch bei der Arbeitsproduktivität zu verzeichnen. Kleinere Betriebe wurden oft besser und intensiver bewirtschaftet und die gesamte Arbeitskraft der bäuerlichen Familien auch zur Erschließung zusätzlicher Erwerbsquellen genutzt. Landwirtschaftliche Nebenbeschäftigungen wie Obstbau, Hühner- und Schweinehaltung sowie Fisch- und Seidenraupenzucht und handwerkliche Tätigkeiten wie Spinnerei, Weberei und Seidenstickerei oder das Flechten von Bambuskörben wurden innerhalb der einzelnen Bauernhaushalte betrieben. Auch Übergang vom Trocken- zum Nassreisanbau in manchen Regionen sowie der seit dem 17. Jahrhundert verbreitete und intensivierte Einsatz natürlicher Düngemittel trugen zur Ertragssteigerung bei.

Damit ist nicht gesagt, dass es im vormodernen China keinerlei Armut gab; diese war besonders in den abgelegeneren und weniger fruchtbaren Provinzen weit verbreitet. Die Erschließung von Brachland führte zu einer Überbeanspruchung des Bodens und begünstigte die Erosion. Manche Regionen wurden immer wieder von Hungerkrisen heimgesucht; besonders gravierend waren die große Hungersnot in Nordchina zwischen 1876 und 1879 und mehr noch die durch den Großen Sprung ausgelöste Katastrophe der Jahre 1959 bis 1961, die mit 30 Millionen Hungertoten und ebenso vielen verzögerten Geburten zu Buche schlug. Diese Notzeiten wirkten sich aber ebenso wenig auf die langfristige Bevölkerungsentwicklung aus wie die zahlreichen Rebellionen des 19. Jahrhunderts, die sich auch nicht ohne weiteres auf Armut oder Hunger zurückführen lassen (vgl. Kap. 4.3.1). Man muss deshalb bilanzieren, dass die Verlangsamung des Bevölkerungswachstums im 19. und frühen 20. Jahrhundert – anders als von der malthusianischen Interpretation unterstellt – nicht durch eine Zunahme der Sterblichkeit zu erklären ist. Im Gegenteil reagierte die chinesische Bevölkerung auf die positive wirtschaftliche Entwicklung im 18. Jahrhundert sowie die soziale und ökonomische Umgestaltung nach 1949 jeweils mit einem Nachlassen der Kontrollsysteme und kehrte in der Periode dazwischen zum normalen Vermehrungstrend zurück.

Wenn sich aufgrund der neuesten Analysen eine malthusianische Interpretation der chinesischen Bevölkerungsentwicklung als unhaltbar erwiesen hat, so bedeutet dies nicht, dass dies aus zeitgenössischer Perspektive ebenso erscheinen musste. Im Gegenteil war nicht erst der Import der Malthusschen Bevölkerungstheorie nötig, um kritische chinesische Beobachter im 18. und 19. Jahrhundert zu der Annahme zu veranlassen, zwischen der dramatischen Bevölkerungszunahme, der Verknappung der Landfläche und der Gefahr sozialer Krisen existiere ein unmittelbarer Zusammenhang. Ganz ähnliche Ansichten wie Malthus äußerte bereits dessen chinesischer Zeitgenosse Hong Liangji. Noch alarmierender fiel die Analyse von Wang Shiduo (1814-1889) aus, der auch besonders drastische Lösungsvorschläge entwickelte: Alle Rebellen und Verbrecher sollten getötet und die Steuern für Familien mit mehr als einer Tochter erhöht werden, um den weiblichen Infantizid zu fördern. Außerdem sollten mehr Menschen auf die Eheschließung verzichten, etwa indem sie sich für ein zölibatäres Leben als buddhistische Mönche bzw. Nonnen entschieden. In die Praxis wurden solche radikalen Vorschläge jedoch ebenso wenig umgesetzt wie weitaus gemäßigtere Initiativen im frühen 20. Jahrhundert, die Zahl der Kinder durch die Übernahme westlicher Methoden der Geburtenkontrolle zu senken und gleichzeitig ihre „Qualität" durch eine staatliche Kinderbetreuung zu fördern. Nicht nur fehlte dem Staat die Kapazität für einen derartigen Eingriff in gesellschaftliche Praktiken, sondern es wurde seit dem 18. Jahrhundert auch immer wieder Kritik an der Überbevölkerungsthese geäußert. Zu denjenigen, die das Bevölkerungsproblem angesichts der im Vergleich zu Europa geringeren Besiedlungsdichte für lösbar erklärten, gehörten so bedeutende Vordenker des modernen China wie Liang Qichao und Chen Duxiu. Revolutionäre wie Sun Yatsen und Mao Zedong betrachteten die Größe der chinesischen Bevölkerung als Mittel im Kampf um Chinas internationale Gleichberechtigung. Maos politische Vorgaben trugen in den 1950er Jahren dazu bei, die Argumente des renommierten Bevölkerungswissenschaftlers und Präsidenten der Peking-Universität Ma Yinchu für eine Politik der Geburtenkontrolle zu diskreditieren.

Erst mit dem Abflauen der Kulturrevolution in den 1970er Jahren leitete die KPCh eine bevölkerungspolitische Kurskorrektur ein. Diese wurde, ungeachtet der bereits seit Mitte der 1950er Jahre allmählich und seit etwa 1970 deutlich gesunkenen Fruchtbarkeitsrate, 1979 durch die Verabschiedung der Ein-Kind-Politik nochmals drastisch verschärft. Die Regierung versprach Familien, die sich auf ein einziges Kind beschränkten, Belohnungen in Form von Geld- und Sachleistungen sowie zusätzlichen Urlaubstagen. Ab dem zweiten Kind forderte sie nicht nur diese Prämien zurück, sondern erhob darüber hinaus Strafzahlungen. Zugleich legte der Staat ein gesetzliches Mindestalter für die Heirat auf 20 Jahre für Frauen und 22 Jahre für Männer (lokal manchmal sogar noch 2-3 Jahre höher) fest und legalisierte alle Verhütungs- und Abtreibungsmethoden.

In der Theorie basierte dieses Programm auf Freiwilligkeit. Besonders auf dem Land griffen lokale Kader jedoch auch zu radikalen Maßnahmen wie Zwangsabtreibungen und –sterilisierungen. Da Bauernfamilien im Zuge der Rückkehr zur Einzelbewirtschaftung auf die Mitarbeit von Familienmitgliedern in der

Abb. 13: „Nur ein Kind zu bekommen ist gut", Propagandaplakat, 1992. Auffällig sind die westlichen Gesichtszüge der glücklichen Familie. Auf diese Weise wird die staatlich geforderte Familienplanung mit einer globalen Modernität in Beziehung gebracht.

Landwirtschaft angewiesen waren, wurde 1984 und 1988 die Geburtenkontrolle für das Land wieder gelockert. Unter den han-chinesischen Bauern hat sich daher mehrheitlich eine faktische Zwei-Kinder-Politik durchgesetzt, während sich 90 Prozent der Städter an die Linie der Regierung halten und nur ein Kind haben, die nicht han-chinesischen Ethnien wiederum von dieser Bevölkerungspolitik gänzlich ausgenommen sind.

Psychische Belastung durch die Ein-Kind-Politik

Welche seelischen Folgen die Ein-Kind-Politik – besonders auf dem Land – in Extremfällen haben kann, belegt der Brief von 15 Frauen aus der Volkskommune Qizhen (Kreis Hexian, Provinz Anhui), den die Zeitung *Renmin ribao* am 23. Februar 1983 abdruckte:

Wir sind 15 Mütter vom Land, die nur Töchter geboren haben. Seit der verstärkten Propagierung der Geburtenplanung sind wir in einer äußerst demütigenden Lage, weil wir alle bereits eine Überzahl an Kindern geboren haben, nämlich zwischen drei und mehr als neun. [...] Aber dennoch will keine von uns aufgeben, sondern unser Sinnen ist auf die Geburt eines Sohnes eingestellt, damit wir den Kopf wieder hoch tragen können.
Warum denken wir derart selbstmörderisch an etwas, das dem Staat und uns selbst großen Kummer bereitet? Weil bei uns Mütter ohne Söhne diskriminiert und mißhandelt werden, was noch schlimmer ist als der Tod! Kurz einige Beispiele für unser Leiden:
Bei Hochzeiten auf dem Land läßt man eine Frau, die bereits einen Sohn geboren hat, das Ehebett herrichten und die Braut zum Bräutigam begleiten; man nennt solche Frauen „vollwertige Menschen". Frauen, die keinen Sohn geboren haben, dürfen die Sachen auf dem Ehebett nicht berühren, und sie haben sich fern zu halten, wenn die Braut eintritt; die Leute sagen, Frauen wie wir seien „Untermenschen". Wir „Untermenschen" werden zu Hause von den Ehemännern schikaniert und unterdrückt, von den Schwiegermüttern beschimpft und beleidigt, ja selbst die eigenen Eltern werfen uns vor, wir brächten ihnen nur Schande.
[...]
Es ist kaum zu glauben, daß nach über 30 Jahren Befreiung feudales Denken noch so schwer auf uns lastet. [...] Deshalb meinen wir, daß einige Losungen unserer Führer nicht reichen zur vollständigen Überwindung dieses Gebarens, es bedarf vielmehr gesetzlicher Bestimmungen.
Es ist auch falsch zu sagen, viele seien Analphabeten, die keine Zeitung lesen könnten. Auch unter Parteimitgliedern gibt es viele, denen Söhne viel, Töchter aber nichts gelten. Deshalb fordern wir den Staat auf, neben der Propagierung der Geburtenplanung auch folgende gesetzliche Bestimmung zu erlassen: „Wer propagiert, Jungen zu respektieren und Mädchen geringzuschätzen, und wer Frauen beleidigt, die eine Tochter geboren haben, wird nach dem Gesetz bestraft." Diese Bestimmung sollte in großen Zeichen an die Mauern in den Dörfern geschrieben werden, damit es für uns wirkt wie die erste Befreiung. Wenn das erreicht wird, dann ist das eine zweite Befreiung für uns Frauen auf dem Dorf und im ganzen Land, dann werden wir uns einsetzen für die Geburtenplanung. Wir hoffen auf die zweite Befreiung!"

(das neue China 1983/2, S. 18)

Angesichts des oben Gesagten stellt sich die Frage, ob die Bevölkerungspolitik der Reformperiode auf sachlich zutreffenden Voraussetzungen beruhte. Sie ist aber zweifellos ein probates Mittel zur Erreichung des von der KPCh in der Reformära ausgegebenen Ziels, den Lebensstandard der Bevölkerung zu erhöhen. Insofern kann sie, trotz einiger Lockerungen und Rückschläge, nach ihren eigenen Maßnahmen durchaus als erfolgreich betrachtet werden, da ansonsten die Zahl der Gesamtbevölkerung Chinas um rund 400 Millionen höher läge. Gleichzeitig hat diese Politik weitreichende und in ihrem Ausmaß noch unabschätzbare soziale Wirkungen. Zwar hat sich die weithin geäußerte Befürchtung über die sozialpsychologischen Defekte einer Gesellschaft, in der Einzelkinder als verhätschelte „kleine Kaiser" heranwachsen, in empirischen Studien nicht erhärtet. Ebenso wenig lässt sich die wachsende soziale Kluft zwischen städtischen und ländlichen Familien auf die unterschiedliche Kinderzahl zurückführen. Hingegen ist ein Anstieg des Männerüberschusses von 107:100 im Jahre 1980 auf 113:100 im Jahre 1996 zu beobachten, da das Sinken der Geburtenrate zu einem Anstieg der Präferenz für Söhne geführt hat. Allerdings könnten die zugrunde liegenden Zahlen ungenau sein, da Eltern vor allem auf dem Land ihre Töchter nicht registrieren lassen, um die Bestimmungen der Ein-Kind-Politik zu umgehen. Kein Zweifel besteht jedoch an einer wachsenden Überalterung der Gesellschaft, da der Anteil der unter 15-Jährigen sinkt, derjenige der über 64-Jährigen jedoch im Steigen begriffen ist.

4.1.2 Vertikale Strukturen: Korporatismus

Bis 1900 existierte in China kein Begriff, der das Zusammenleben der Bevölkerung in seiner Gesamtheit erfasste. Erst zu diesem Zeitpunkt wurde das Wort für Gesellschaft (*shehui*) aus dem Japanischen übernommen. Bis dahin – und noch weit darüber hinaus – spielte sich das soziale Leben der Chinesen in überschaubaren Gemeinschaften ab. Als Basiseinheit definierte der klassische Konfuzianismus seit jeher die Familie. Zwischen ihr und dem Staat nahm in der späten Kaiserzeit eine ganze Reihe intermediärer Organisationen vielfältigste Aufgaben wahr. Obwohl diese hinsichtlich ihrer Zusammensetzung und ihrer Ziele beträchtliche Unterschiede aufwiesen, stimmten sie in ihrer korporatistischen Struktur überein. Zu ihren gemeinsamen organisatorischen Prinzipien gehörten eine religiöse Fundierung, die Rotation von Ämtern und Verantwortlichkeiten, das Prinzip der konsensuellen Entscheidung und eine Hierarchie von Komitees auf verschiedenen Ebenen. Seit Ende des 19. Jahrhunderts wurde diese Art von Gemeinschaften teilweise von neuen Formen abgelöst, die sich am europäischen Vereinsrecht, später an sozialistischen Prinzipien orientierten. Dennoch haben einige von ihnen bis in die Gegenwart eine bemerkenswerte Kontinuität an den Tag gelegt.

Dabei lassen sich verschiedene Organisationstypen unterscheiden. Ein erster Typ umfasste jene Gemeinschaften, deren Mitgliedschaft im Wesentlichen durch Geburt und nur ausnahmsweise durch spezifische Aufnahmerituale erworben wurde. Der ländliche Raum, wo bis 1949 mehr als 80 Prozent der chinesischen Bevölkerung lebten, wurde ganz wesentlich durch zwei Typen sozialer Organisationen strukturiert: die Dorfgemeinschaft und die Abstammungsgruppe, die in der Regel mit dem englischen Fachterminus als Lineage bezeichnet wird, während im Chinesischen eine Reihe von Begriffen wie *zongzu*, *xi* oder *pai* existieren. Dabei wurde das Dorf als Territorialgemeinschaft verstanden, die in der gemeinschaftlichen Verehrung der Götter ihren symbolischen Ausdruck fand. Demgegenüber basierte die Lineage auf der gemeinsamen patrilinearen, d. h. ausschließlich in der väterlichen Linie verfolgten und in schriftlichen Genealogien festgehaltenen Abstammung. Neben solchen schriftlichen Texten dienten die Ahnenhallen und -gräber als Fixpunkte für den Ahnenkult und damit als religiöses Fundament der Abstammungsgruppe.

Von beiden Organisationsformen ist die Lineage die deutlich jüngere. Während es Dörfer in der chinesischen Geschichte schon immer gegeben hatte, bildeten sich die Abstammungsgruppen erst zwischen dem 10. Jahrhundert und dem Beginn der Qing-Herrschaft heraus. Da keineswegs die ganze Bevölkerung in Abstammungsgruppen organisiert war, konnten sich diese auch in der Qing-Zeit immer noch neu bilden. Bestimmend für die Gruppenidentität waren der gemeinsame Familienname, die Abstammung von einem gemeinsamen Ahnen und die Bindung an einen bestimmten Wohnort. Weil die Grenzen zwischen Stadt und Land bis zum 20. Jahrhundert nicht scharf gezogen waren (vgl. Kapitel 5.2.1), konnten Lineages auch Einwohner von Städten einschließen. Dörfer wurden bald von mehreren, bald von einer einzigen Abstammungsgruppe bewohnt, so dass Lineage- und Dorfstrukturen sich überschnitten. Sowohl für Lineages als auch für Dorfgemeinschaften galt, dass man in sie hineingeboren wurde und die Mitgliedschaft nur in Ausnahmefällen durch Adoption in die Verwandtschaftsgruppe oder durch eine rituelle (in der Regel durch ein gemeinschaftliches Bankett symbolisierte) Aufnahme in die Dorfgemeinschaft erwerben konnte.

Formierung einer Lineage: Ein Fallbeispiel

Ein typisches Beispiel für die Formierung einer Lineage bildet die Chen-Lineage aus der Landstadt Yingqian (Jiangxi). Dieser Ort wird von insgesamt 12 Lineages bewohnt; die Chen sind eine der drei am längsten dort ansässigen Abstammungsgruppen. Ihre genealogischen Aufzeichnungen begannen schon unter der Herrschaft der Ming-Dynastie; erhalten ist eine Genealogie, die 1784 nach 28jähriger Arbeit abgeschlossen wurde.
Wie viele andere Lineages führt sich die Chen-Lineage von Yingqian auf einen Migrationsvorgang zurück. Ein Ahnherr der Lineage kam zu Beginn des 10. Jahrhunderts aus dem heutigen Nanjing nach Jiangxi. Der eigentliche Gründungsahn, ein gewisser Chen Xingzu, zog Ende des 12. Jahrhunderts aus dem Nachbardorf Taihe Liuxi nach Yingqian, so dass die Chen von Yingqian einen Zweig der gleichnamigen Lineage von Taihe Liuxi darstellen. In der sechsten Generation, die um 1300 lebte, kam es zu einer für die Entwicklung von Abstammungsgruppen typischen Verzweigung. Die drei Angehörigen dieser Generation Ziqi, Zifang und Zi'ang wurden zu Ahnherren dreier Segmente innerhalb der Lineage: des oberen, mittleren und unteren. Die drei sind durch

ihren gemeinsamen Namensbestandteil als Angehörige derselben Generation ausgewiesen, waren jedoch keine Brüder, sondern Cousins zweiten Grades. Bereits in der folgenden Generation wurde ein gemeinsamer Ahnentempel für die gesamte Abstammungsgruppe errichtet, der Mitte des 18. Jahrhunderts erneuert wurde. Bis auf das zahlenmäßig schwächste mittlere Segment unterhielten die Segmente zusätzlich eigene Ahnentempel.
Was die zahlenmäßige Stärke der Lineage betrifft, so lassen sich nur über die männlichen Nachkommen genaue Angaben machen. Ihre Zahl beträgt innerhalb der ersten 19 Generationen, d. h. von der Gründung bis ins späte 18. Jahrhundert, insgesamt 1.716 Personen. Innerhalb der ersten 15 Generationen heirateten 559 Männer, davon einige mehrfach; die Gesamtzahl der Eheschließungen lag bei 579.

(Literatur: Luo Yong, *Shangyou xian Yingqian zhen de zongzu shehui yu shenming chongbai* [Lineage-Gesellschaft und Götterverehrung in der Landstadt Yingqian, Kreis Shangyou], in: ders./Lin Xiaoping [Hrsg.], *Gannan miaohui yu minsu* [Tempelfeste und Brauchtum in Süd-Jiangxi]. O. O.: International Hakka Studies Association/Overseas Chinese Archives/Ecole Française d'Extrême-Orient 1998, S. 309-346, hier S. 314-321.)

Ein zweiter Typ korporativer Organisationen beruhte dagegen auf freiwilliger Mitgliedschaft. Hierzu gehörten vor allem die zahlreichen Vereinigungen (*hui*), die sich unter der Patronage einer bestimmten Gottheit einem spezifischen sozialen oder ökonomischen Zweck widmeten, etwa dem Betrieb von Brücken, Fähren oder Bewässerungssystemen und der Neulanderschließung. Solche Zusammenschlüsse, die häufig Anteilsscheine ausgaben, fanden sich sogar innerhalb von Lineages und Dorfgemeinschaften. Eher, wenn auch nicht ausschließlich im städtischen Bereich fanden sich zwei ähnlich strukturierte, sozial sehr bedeutsame Typen intermediärer Organisationen, für die im Chinesischen eine vielfältige Nomenklatur existierte und für die sich im deutschen Sprachgebrauch die Bezeichnungen Gilde (*hang*, *bang* usw.) bzw. Landsmannschaft (*huiguan*, *gongsuo* etc.) eingebürgert haben.

Idealtypisch versteht man unter Gilden eine Vereinigung von Personen, die dem gleichen Gewerbe nachgingen, gleichviel ob es sich um Händler, Handwerker oder Lohnarbeiter handelte. Während diese Organisationsform bereits seit vielen Jahrhunderten etabliert war, kamen die Landsmannschaften erst um 1500 auf. Sie beruhten auf dem Prinzip der gemeinsamen regionalen Herkunft, wurden von Zuwanderergemeinschaften organisiert und stellten ein wichtiges Bindeglied zwischen deren Ursprungsheimat und ihrem neuen Wohnort, häufig auch zwischen Stadt und Land dar. Manche Landsmannschaften waren von Gilden nicht zu unterscheiden, da in den Städten viele Gewerbezweige von Menschen aus der gleichen Herkunftsregionen betrieben wurden. Andere nahmen ohne Rücksicht auf berufliche Zugehörigkeiten unterschiedslos Beamte, Kaufleute und Handwerker auf. Manche Landsmannschaften dienten keinerlei wirtschaftlichem Zweck, sondern befassten sich allein mit Hilfeleistungen für Zugewanderte aus der gleichen Region, zunächst in den Grenzregionen und im Zuge der chinesischen Auslandsmigration (vgl. Kap. 6.3.2) auch in Übersee. Der geographische Einzugsbereich dieser Organisationen variierte dabei erheblich und reichte von einem einzelnen Landkreis bis zu einer oder gar mehreren Provinzen. Häufig wurden zuerst geographisch eng definierte Vereinigungen gegründet, die sich in der Folgezeit zusammenschlossen und so ihren Einzugsbereich erweiterten. Aber auch der umgekehrte Fall einer Spaltung provinzialer Landsmannschaften in kleinere Organisationen kam vor. In jedem Fall war die Mitgliedschaft freiwillig, so dass jeder die Wahl hatte, ob er sich lieber einer berufsständischen oder einer regionalen Assoziation anschließen wollte.

Ein dritter Typ intermediärer Organisationen beruhte ebenfalls auf Freiwilligkeit, verzichtete aber gänzlich auf die üblichen Kriterien von Blutsverwandtschaft, territorialer oder beruflicher Bindung. Hierzu gehörten volksreligiöse, buddhistisch beeinflusste Laiengruppen, die Menschen aller Schichten die Aussicht auf Erlösung und individuelle spirituelle Entwicklung boten. Zugleich praktizierten sie unter der Führung religiöser Lehrer eine alternative soziale Form des Zusammenlebens, bei dem der Status der einzelnen Mitglieder auf dem Grad der Einweihung in die Lehren und Praktiken beruhte. Unter den verschiedenen Formen weltlicher Bruderschaften waren die in der zweiten Hälfte des 18. Jahrhunderts entstandenen Geheimgesellschaften, besonders die verschiedenen Gruppen der „Himmel-und-Erde-Gesellschaft“ (*Tiandihui*, auch als Triaden bekannt) in Südchina und die „Gesellschaft der Brüder und Älteren“ (*Gelaohui*) im Yangziraum, besonders einflussreich. Die europäische Bezeichnung, die mittlerweile auch Eingang ins Chinesische gefunden hat, ist irreführend, da diese Vereinigungen keineswegs auf Geheimhaltung beruhten, wenn sie auch von Anfang an nicht bloß am Rande, sondern oftmals auch jenseits der Legalität operierten. Sie zielten in erster Linie darauf ab, ihren Mitgliedern Schutz und Unterstützung zu garantieren, was häufig kriminelle Aktivitäten wie Schmuggel und Erpressung einschloss. Die Aufnahme in die Gemeinschaft erfolgte durch ein Initiationsritual, das durch einen Blutschwur abgeschlossen wurde. Mit diesem Schwur, bei dem der Neuling das Blut eines weißen Hahns vermischt mit seinem eigenen trinken musste, verpflichtete er sich, die anderen Mitglieder als seine Brüder zu unterstützen, und nahm den gemeinsamen Familiennamen Hong an. Diese quasi-verwandtschaftliche Konstruktion erlaubte die Kooperation der Mitglieder über die sonst zwischen sozialen Organisationen gesetzten Grenzen hinweg. Allerdings waren Geheimgesellschaften dezentral strukturiert; die autonomen Lokalgruppen waren in erster Linie durch die Idee einer gemeinsamen Tradition miteinander verbunden.

Im Gegensatz zu den am Rande der Gesellschaft stehenden Laiengruppen und Geheimgesellschaften genossen die anderen Typen intermediärer Organisationen eine informelle Anerkennung durch den Staat und übernahmen im sozialen Leben eine Reihe ähnlich gelagerter Aufgaben. Obgleich es sich nicht um religiöse Organisationen im engeren Sinn handelte, hatten sie wichtige religiöse Funktionen inne. Dörfer, Gilden und Landsmannschaften organisierten Feste für ihre göttlichen Schutzpatrone, mit denen sich vielfältige sozial-kulturelle Aktivitäten wie Ban-

Abb. 14: Die Stadt Fuzhou (Fujian). Im Bildvordergrund die 1818 von Holzhändlern aus der Provinz Zhejiang errichtete Anlan-Gildenhalle (*huiguan*).

kette und Opernaufführungen verbanden. Damit prägten sie den jährlichen Festkalender, in den Städten sogar weit über den engen Horizont der eigenen Organisation hinaus. Das gleiche gilt für Lineages, nur dass hier der Ahnenkult im Zentrum stand und sich wie bei den Dörfern die Teilnehmer auf den engeren Kreis der eigenen Gemeinschaft beschränkten.

Des Weiteren waren mit diesen Organisationen auch wirtschaftliche Interessen verknüpft. Religiöse und soziale Aufgaben erforderten finanzielle Unterstützung, die entweder durch korporatives Eigentum oder durch Beiträge der Mitglieder finanziert werden musste. Die meisten Gilden und Landsmannschaften erwarben oder mieteten einen Gebäudekomplex als Versammlungslokal, der zugleich als Anlaufstelle und gelegentlich auch als Herberge für Durchreisende aus der Heimat diente, so z. B. für Kaufleute oder Kandidaten bei den staatlichen Prüfungen. Landsmannschaften legten außerdem Friedhöfe für alle diejenigen an, denen es nicht vergönnt war, in der alten Heimat zu sterben. Diese Form des korporativen Eigentums war jedoch gering im Vergleich zu dem umfangreichen Grundbesitz, den viele Lineages besonders in Südchina anlegten. Er wurde in der Regel verpachtet – häufig, aber nicht immer, exklusiv an Angehörige der eigenen Gruppe –, und aus den hierbei erzielten Einkünften finanzierte man den Ahnenkult. Mitglieder zogen hieraus einen doppelten Vorteil, da sie nicht nur an den mit dem Ahnenritual verbundenen Banketten teilnehmen konnten, sondern erwirtschaftete Überschüsse als Gratifikationen verteilt wurden. Allerdings besaßen längst nicht alle Lineages derart umfangreichen Grundbesitz. Lineages und manchmal Dörfer organisierten ebenso wie Gilden und Landsmannschaften den Unterricht für die Kinder ihrer Mitglieder und richteten eigene Schulen ein, außerdem unterstützten sie in Not geratene Angehörige der eigenen Gruppe. Bei den Landsmannschaften konnten dies auch Durchreisende sein; überdies engagierten sie sich nicht nur vor Ort, sondern auch in der alten Heimat, z. B. indem sie nach Naturkatastrophen wie Überschwemmungen und Dürren Spenden sammelten, um die Not der Betroffenen zu lindern. Gilden dagegen sollten vor allem die wirtschaftlichen Interessen ihrer Mitglieder fördern, beispielsweise durch die Sicherung eines Monopols im jeweiligen Gewerbe, durch die Bereitstellung von Maßen und Gewichten, die Einrichtung von Lagern, die Festlegung von Preisen und andere Formen der Marktregulierung.

Ferner waren alle Korporationen insofern auch Rechtsgemeinschaften, als sie – mit Ausnahme der Dörfer – schriftliche Regeln für das Zusammenleben ihrer Mitglieder erließen. Es handelte sich dabei selbstredend nicht um staatliches, sondern um Gewohnheitsrecht, das aber zumindest in den Städten von den lokalen Beamten weitgehend anerkannt wurde. Die intermediären Organisationen konnten daher Konflikte zwischen ihren Mitgliedern ohne Intervention der lokalen Beamten regeln und so ein beträchtliches Maß an sozialer Kontrolle ausüben.

Schließlich waren diese Organisationen auch bestrebt, die Interessen der einzelnen Mitglieder oder auch der Gemeinschaft als ganzer nach außen zu wahren. Dabei waren zum einen wirtschaftliche Aspekte im Spiel: Gilden versuchten sich gegenseitig aus dem Markt zu verdrängen oder rangen um die Zugänge zu Rohstoffen. Auch im ländlichen Raum war die Kontrolle über lokale Märkte, Grundstücke oder Wasserrechte ein Auslöser für Konflikte zwischen Lineages oder Dörfern. Zum anderen ging es darum, die Ehre der Gruppe als ganzer oder die Ehre einzelner Mitglieder (besonders der Frauen) zu wahren und gegen Provokationen vorzugehen. Auf dem Land entwickelte sich aus solchen Konflikten – gleichviel, ob es ökonomische Auseinandersetzungen oder Ehrenhändel waren – eine Tradition der bewaffneten Vendetta zwischen Dorfgemeinschaften und Verwandtschaftsgruppen. Dass im Laufe des 19. Jahrhunderts bei solchen Fehden (in Südchina als *xiedou*, „bewaffnete Kämpfe", bezeichnet) zunehmend Gewehre und einfache Kanonen zum Einsatz kamen, machte vielfach die Anwerbung von Söldnern notwendig, so dass beträchtliche finanzielle Ressourcen mobilisiert werden mussten. Zugleich beschritten die streitenden Parteien in der Regel auch den Rechtsweg und klagten bei den zuständigen Beamten gegeneinander. Bei städtischen Auseinandersetzungen spielte physische Gewalt, obschon nicht ausgeschlossen, eine deutlich geringere Rolle als juristische Mittel oder ökonomische Strategien wie der Boykott von Waren der gegnerischen Partei. Dennoch zeigt sich nirgends so deutlich wie bei Konflikten dieser Art der charakteristische Partikularismus sozialer Korporationen in China.

Eine Fehde in Shenzhen

Ein Beispiel für die oftmals gewaltsame Austragung von Konflikten zwischen lokalen Gemeinschaften auf dem Land bietet eine Fehde, die sich 1875 in dem damaligen Landstädtchen Shenzhen (Guangdong) zutrug. Sie war Teil einer jahrzehntelangen, zum Teil mit Gewalt geführten Auseinandersetzungen um eine Anlegestelle, die im Machtbereich der Yuan errichtet worden war und diesen die Möglichkeit gab, für den Zugang zum Markt vom eine kurze Strecke entfernt gelegenen Fluss her Zölle zu erheben. Nach Auffassung der Yuan war dies ihr gutes Recht, da sie die Besitzer des angrenzenden Landes waren. Die Angehörigen der mächtigen Zhang-Lineage, die den Markt von Shenzhen kontrollierte, hegten jedoch die Überzeugung, dass der Anleger auf Brachland in Staatsbesitz liege. Deshalb habe nur der Staat das Recht, den Zoll entweder selbst zu erheben oder die Zolleinnahme zu verpachten – eine Auffassung, die auch der Kreismagistrat vertrat. Über weite Teile des 19. Jahrhunderts versuchten die Zhang, den Anleger unter ihre Kontrolle zu bringen.
Die Zhang- und die Yuan-Lineage waren zunächst rund zwanzig Jahre lang Verbündete gewesen, nachdem die benachbarte Cai-Lineage um 1836 den Anleger von den Yuan usurpiert hatte. Als er den Cai wieder abgenommen werden konnte, gaben die Zhang der schwachen Yuan-Lineage die begehrte Landungsstelle jedoch nicht zurück, sondern übernahmen sie in ihre eigene Regie. Um 1871 verbündeten sich in einem *renversement des alliances* die beiden unterlegenen Abstammungsgruppen. Sie legten einen Markt an, um dem von den Zhang dominierten alten Markt Konkurrenz zu machen und diese dadurch wirtschaftlich zu schädigen. Der neue Markt lag im Schutz einer kleinen Befestigungsanlage und wurde zusätzlich durch einen Erdwall geschützt. Die Zhang folgten diesem Beispiel und befestigten ihrerseits den alten Markt.
Vier Jahre später brachen die Feindseligkeiten tatsächlich aus. Die verbündeten Cai und Yuan hatten sich eine Kanone beschafft, mit der sie die Häuser der Zhang beschossen. Zwar besaßen diese ebenfalls eine Kanone, doch war sie kleiner und richtete weniger Schaden an. Daneben kam es auch zu offenen Gefechten zwischen mit Speeren und Musketen bewaffneten Angehörigen der beiden Konfliktparteien. Die Verbündeten behielten dabei die Oberhand: Von den rund 30 Toten gehörten zwei Drittel zur Zhang-Lineage; bei dem wechselseitigen Beschuss der Dörfer starben auch Frauen und Kinder. Ein Mann aus einem anderen Dorf wurde auf dem alten Markt getötet, als die Cai diesen Platz, der eigentlich als neutrales Territorium galt, ebenfalls bombardierten.
Erst nach einigen Wochen entsandte der Kreismagistrat einen seiner Leute mit einer Abordnung Soldaten, um den Frieden wiederherzustellen. Da die Konfliktparteien sich jedoch widersetzten, musste er unverrichteter Dinge wieder abziehen. Einige Wochen später schritt schließlich ein energischer Militärbeamter ein, entwaffnete alle Lineages, brannte zur Strafe einige Häuser der Cai nieder und diktierte einen Vergleich: Danach sollten 40 Prozent des Zolls an die Yuan-Lineage gehen, die restlichen 60 Prozent an das Versammlungsgebäude *(shehui)* von Shenzhen, das von den Zhang dominiert wurde. Dass diese durch den Schiedsspruch begünstigt wurden, lag mehr noch an der Bestimmung, dass die Yuan ihnen die Anlegestelle mit allen dazu gehörigen Rechten verkaufen sollten. Daneben sollten ein Mitglied der Yuan und vier der Cai für den Mord an einem Zhang zur strafrechtlichen Verantwortung gezogen werden.

(Literatur: Carl T. Smith, A Village War in Sham Chun, in: Journal of the Hong Kong Branch of the Royal Asiatic Society 30 [1990], S. 265-281)

Zwei weitere Kennzeichen korporativer Vereinigungen sind für das Verständnis der chinesischen Gesellschaft ebenfalls von großer Bedeutung: Erstens handelte es sich oftmals um komplexe Organisationen mit einer ausdifferenzierten Binnenstruktur. Dörfer setzten sich aus verschiedenen Lineages zusammen, Lineages aus verschiedenen Segmenten; ein Teil der Gilden und Landsmannschaften war beispielsweise nach unterschiedlichen Sparten des gleichen Gewerbes getrennt. Umgekehrt gab es jedoch auch Tendenzen zum Zusammenschluss: Lokale Lineages glichen ihre genealogischen Informationen mit anderen Abstammungsgruppen gleichen Familiennamens ab. Dörfer schlossen sich, insbesondere zu Verteidigungszwecken, zu festen Bündnissen mit eigenen (religiösen) Institutionen zusammen; diese Dorfallianzen erließen eigene Regelwerke für ihre Mitglieder. Im Lauf des 19. Jahrhunderts entstanden auch Föderationen von Gilden und Landsmannschaften; ein bekanntes Beispiel ist die 1840 gegründete Organisation der Acht Provinzen (*Ba Sheng*) in Chongqing (Sichuan), die während der Taiping-Rebellion die Rolle einer städtischen Quasi-Lokalregierung spielte und neben der Verteidigung gegen die Aufständischen auch soziale Wohlfahrtsmaßnahmen und Erziehung übernahm. Diese gegenläufigen Tendenzen von Segmentierung und Föderatisierung trugen zu einer Unschärfe der Gruppengrenzen bei, die wiederum dazu beitragen konnte, den Mitgliedsstatus bestimmter Personen und Personengruppen in Frage zu stellen. Teile von Lineages wurden manchmal trotz einer eindeutig bestehenden genealogischen Beziehung aus der Abstammungsgruppe ausgeschlossen, oder sie verzichteten aus eigenem Antrieb auf die Mitgliedschaft. Auch bei den freiwilligen Vereinigungen kam es vor, dass Beamte Kaufleuten, Präfekturen bestimmten Kreisen oder Geschäftsleute ihren Rivalen die Mitgliedschaft zu verweigern suchten. Hinter solchen In- und Exklusionspraktiken verbargen sich Interessen- bzw. Verteilungskonflikte, die die Binnenstruktur der Korporationen grundsätzlich belasteten.

Zweitens setzten sich fast alle dieser Korporationen aus Personen mit unterschiedlichem sozialem Status zusammen. Je weniger berufsspezifische Kriterien bei der Organisation eine Rolle spielten, umso größer konnten die sozialen Unterschiede ausfallen; es kam aber auch vor, dass Kaufmannsgilden eine Führungsrolle über Gilden von Arbeitern aus derselben Region beanspruchten, obwohl es sich formal um getrennte Organisationen handelte. Generell lag die Führung und damit auch die Verwaltung der vorhandenen gemeinschaftlichen Ressourcen in der Hand einer Gruppe von Direktoren oder Verwaltern, die teils auf Dauer, teils in jährlicher oder sogar monatlicher Rotation amtierten und stets aus der sozialen Elite innerhalb der Korporation bestellt wurden. Selbst wenn sie, wie bei den Gilden üblich, aus der Wahl durch das Plenum der gesamten Mitglieder hervorging, darf man dies nicht mit demokratischen Strukturen verwechseln. Für Ämter kam von vornherein nur ein bestimmter Personenkreis in Frage, der sich durch einen in den Staatsprüfungen erworbenen literarischen Grad, Wohlstand und geschäftlichen Erfolg sowie familiäre Verbindungen auszeichnete. Bei größeren Versammlungen konnten solche Oligarchen ihr soziales Prestige in die Waagschale werfen, zumal Entscheidungen in der Regel im Konsens, nicht nach dem Mehrheitsprinzip gefällt wurden. Ihre Amtsgeschäfte führten sie weitgehend unabhängig von der Mehrheit der Mitglieder, zumal sie das alleinige Recht hatten, offizielle Dokumente im Namen der Gemeinschaft abzufassen. Besonders deutlich zeigte sich bei den Lineages eine gezielte, mit dem staatlichen Prüfungssystem der Kaiserzeit verbundene Strategie der Elitenbildung. Durch die Mobilisierung der kollektiven Ressourcen zur Unterstützung literarischer Talente oder zum Betrieb von Schulen gelang es bestimmten angesehenen Familien innerhalb der Abstammungsgruppen, über Generationen hinweg akademische Erfolge zu produzieren, die nicht zuletzt ihre Stellung innerhalb der Gruppen festigten.

Dennoch hat gerade die Lineage über die Abschaffung des Prüfungssystems im Jahre 1905 hinaus eine bemerkenswerte Kontinuität an den Tag gelegt, die nur mit ihrer sozial-kulturell stabilisierenden Wirkung erklärt werden kann. Zwar kam es im frühen 20. Jahrhundert zu Verschiebungen, als ein Teil der gebildeten, landbesitzenden Eliten wegen der besseren Lebensmöglichkeiten und infolge der bürgerkriegsbedingten Unsicherheiten in die Städte zog (vgl. Kapitel 4.2.3). Dennoch scheinen die kollektiven Institutionen auf dem Land unter den geänderten Bedingungen weiter funktioniert zu haben. Im Gegensatz dazu machten sich bei den eher städtisch orientierten Gilden und Landsmannschaften bereits im 19. Jahrhundert deutliche Veränderungen bemerkbar: Nicht nur kam es jetzt verstärkt zum Zusammenschluss zu größeren Organisationen, sondern auch die Mitgliedschaftskriterien veränderten sich. Neu gegründete Organisationen orientierten sich jetzt eher an einem gemeinsamen Gewerbe als an der regionalen Herkunft, bereits bestehende handhabten die Aufnahme neuer Mitglieder weniger restriktiv. In den beiden ersten Jahrzehnten des 20. Jahrhunderts etablierte sich ein neuer Organisationstyp, der sich am europäischen Vereinsrecht orientierte (*shehui tuanti*). Zu diesen gehörten auf gesamtstaatlicher Ebene die folgenden Vereinigungen, wobei anzumerken ist, dass es sich hier lediglich um eine Auswahl handelt:

Name	**Gründungsjahr**
Allgemeine Chinesische Handelskammer	1904
Landwirtschaftliche Gesellschaft	1907
Chinesische Gesellschaft für Wissenschaft	1914 (USA, seit 1918 in China)
Nationale Föderation der Erziehungsgesellschaften	1915
Chinesische Medizinische Gesellschaft	1915
Nationale Zeitungsvereinigung der Republik China	1919
Nationale Bankiersvereinigung	1920

Die Liste ließe sich um Gewerkschaften, Studentenvereinigungen, sozialreformerische Gesellschaften und viele andere verlängern. Daneben entstanden auch eine neuartige Form landsmannschaftlicher Vereinigungen, die im Gegensatz zu den etablierten *huiguan* als *tongxianghui* bezeichnet wurde, sowie zahlreiche lokale Organisationen. Ungeachtet ihrer unterschiedlichen Zielsetzungen war ihnen allen gemeinsam, dass sie über eine Satzung sowie gewählte Institutionen verfügten, ihre Sitzungen öffentlich abhielten und deren Verlauf protokollierten. Bei manchen dieser Vereinigungen, etwa bei den Handelskammern, erfolgte die Gründung mit staatlicher Unterstützung, aber im Allgemeinen kam die Initiative aus der Gesellschaft. Dabei bestanden die bisherigen Organisationsformen weiter fort: Noch um 1930 gab es in Shanghai 62 *huiguan* alten Typs gegenüber 57 *tongxianghui*. Trotz der Dynamik der neuen Organisationen, die sich vorrangig sozialen, ökonomischen und rechtlichen Fragen widmeten, während die alten zunehmend auf zeremonielle Funktionen reduziert wurden, handelte es sich bestenfalls um einen graduellen Ablösungsprozess.

Seit etwa 1850 unternahm eine Reihe revolutionärer Regimes Versuche zur Neuorganisation der Gesellschaft auf der intermediären Ebene. Am Beginn stand die christlich inspirierte Taiping-Bewegung, als sie ihre ursprünglich militärischen Strukturen auf die sozialen Verhältnisse übertrug. Als Basisinstitution zur Gestaltung des gesellschaftlichen Lebens wurden Einheiten von je 25 Familien unter Aufsicht eines Unteroffiziers geschaffen, die über eine Kirche sowie eine Gemeinschaftskasse zur Bestreitung gemeinsamer Ausgaben verfügen sollten. Eine wichtige Aufgabe des Unteroffiziers bestand darin, den sonntäglichen Kirchgang der Mitglieder zu überwachen und so ihre Bindung an die Lehre der Taiping sicherzustellen. Diese Grundeinheiten wurden ihrerseits in größeren Einheiten auf mehreren Hierarchieebenen zusammengefasst, deren höchste Stufe einer Armee entsprach und sich aus 13.156 Familien zusammensetzte. Mit der Unterdrückung der Bewegung durch die Qing wurden auch die von ihr geschaffenen Strukturen – die ohnehin unter den Bedingungen des Krieges nicht optimal funktioniert haben dürften – zerschlagen.

Weniger radikal, aber langfristig wirksamer waren einige Neuerungen aus der Zeit der GMD-Herrschaft nach 1927, als die Nationalpartei parteiabhängige Gewerkschaften ins Leben rief und in Shanghaier Banken eine korporative Organisationsform entstand, in der die Unternehmen nicht nur die Arbeit, sondern auch einen Großteil des sozialen Lebens ihrer Angestellten organisierten. Dazu gehörten beispielsweise Leseklubs, gemeinschaftliche Bankette oder Sportveranstaltungen. An diese Organisationsformen knüpfte die KPCh nach 1949 an. Vor allem aber konnten die Kommunisten auf eigene Erfahrungen nicht nur bei der Arbeiterorganisation zurückgreifen, sondern auch auf die Politik der ländlichen Basisgebiete, in der administrative und militärische Einheiten sich an der Produktion beteiligten, um den Lebensunterhalt ihrer Mitglieder zu sichern.

Die gesellschaftliche Neuorganisation in der Volksrepublik China ruhte auf zwei Säulen: der Einheitsfrontpolitik sowie der Schaffung neuer gesellschaftlicher Institutionen. Im Rahmen der Einheitsfrontpolitik band die KPCh sämtliche zugelassenen gesellschaftlichen Vereinigungen an die Partei und richtete sie an ihren ideologischen Konzeptionen sowie politischen Vorgaben aus. Darüber hinaus schuf sie in Form der *danwei* (wörtlich vielleicht am ehesten mit „Einheit“ zu übersetzen) einen neuartigen Typ gesellschaftlicher Basiseinheiten. Dabei unterschied man zwischen Unternehmen (*qiye danwei*) und nicht produzierenden öffentlichen Institutionen (*shiye danwei*) wie Verwaltungen, Schulen und Universitäten, Krankenhäusern, kulturellen Einrichtungen, Sportverbänden usw. Anders als bei den bisherigen Gemeinschaftstypen konnte man in einer solchen Einheit nur durch staatliche Zuweisung Mitglied werden. Allerdings bemühten sich die Behörden, Kinder nach Möglichkeit in der *danwei* ihrer Eltern oder einer räumlich benachbarten *danwei* unterzubringen; zugleich war es möglich, die Einheit aus eigenem Antrieb zu verlassen.

Danwei boten ihren Mitgliedern nicht nur einen garantierten Arbeitsplatz und eine umfassende Versorgung mit sozialen Dienstleistungen wie Wohnung, Ausbildung der Kinder, Gesundheitsfürsorge, Altersversorgung und Freizeitgestaltung durch den Betrieb von Kinos, Sportanlagen und anderes. Überdies vermittelten sie ihren Angehörigen Ehepartner und schlichteten Streitigkeiten zwischen ihren Mitgliedern. Dadurch wurden sie zu autonomen sozialen Einheiten, innerhalb derer sich nicht nur ein Großteil des Alltagslebens, sondern im Rahmen von Studiensitzungen auch die ideologische Indoktrination und politische Sozialisation der Bevölkerung abspielte. *Danwei* erfassten allerdings nicht die gesamte Bevölkerung, sondern waren an Industriebetriebe, staatliche Institutionen und soziale Vereinigungen gebunden. Für den landwirtschaftlich-dörflichen Bereich wurden im Zuge der Kollektivierung eigenständige gesellschaftliche Einheiten errichtet, die gleichfalls die bisherigen Formen sozialer Organisation ablösen sollten. Erst in der Frühphase der Kulturrevolution gründeten Schüler und Studenten wieder Netzwerke und Organisationen, die in ihrem „revolutionären“ Charakter eine beträchtliche Unabhängigkeit von Partei- und Staatskontrolle aufwiesen, allerdings im Laufe des Jahres 1967 überwiegend wieder aufgelöst werden mussten.

Die Reformpolitik hatte für die in der Mao-Ära geschaffenen gesellschaftlichen Einheiten unterschiedliche Konsequenzen: Während die ländlichen Kollektive bereits 1984 wieder aufgehoben wurden, erfuhren die *danwei* zunächst sogar eine Stärkung, weil sie infolge der zunehmenden Dezentralisierung Entscheidungen selbständiger treffen konnten. Allerdings haben die Veränderungen im Wirtschaftssystem seit den 1980er Jahren die soziale Bedeutung dieser Institution ausgehöhlt. Die neuen Privatunternehmen waren nicht als *danwei* organisiert, so dass ihre Angestellten und Arbeiter gezwungen waren, ihre Sozialfürsorge eigenständig zu organisieren. Zugleich hat die Privatisierung des staatlichen Wirtschaftssektors in den 1990er Jahren die bislang garantierte Rundumversorgung der in diesem Bereich Beschäftigten in Frage gestellt. Infolgedessen hat China eine bemerkenswerte Wiederbelebung vorkommunistischer Organisationsprinzipien erlebt, die offensichtlich nicht aus dem Erfahrungsschatz der Bevölkerung getilgt waren: Auf dem

Land gewannen die besonders in Zentral- und Südchina wiederbelebten Lineage-Organisationen ihren alten sozial-kulturellen und ökonomischen Einfluss zu einem beträchtlichen Teil zurück. Dazu wurde auch ein Teil ihrer Infrastruktur wiederhergestellt, etwa durch die Ergänzung von Genealogien, die Wiedererrichtung der häufig während der Kulturrevolution zerstörten Ahnenhallen und die Wiederbelebung der internen Rechtsnormen, die freilich eine Konfrontation mit dem Staat beinhalten. Zugleich engagieren sich Lineages nicht nur in der Landwirtschaft, sondern auch in der ländlichen Industrie und passen sich damit den modernen Bedingungen an.

In den Städten haben besonders die Migranten vom Land die Tradition des landsmannschaftlichen oder berufsspezifischen Zusammenschlusses wieder aufgegriffen und kontrollieren gemeinschaftlich Teile des Straßenhandels, bemühen sich aber auch um die Unterstützung ihrer Mitglieder. Auch illegale Organisationen wie Geheimgesellschaften und kriminelle Vereinigungen haben sich auf diese Weise wieder ausgebreitet. Die zahlreichen neu gegründeten beruflich-fachlichen, wissenschaftlichen, künstlerischen und gesellschaftlich engagierten Vereinigungen knüpfen demgegenüber eher an die Neuentwicklungen des frühen 20. Jahrhunderts an. Insofern hat sich der Versuch der KPCh, die soziale Ordnung nach ihrem Gutdünken umzugestalten, als vorübergehendes Phänomen erwiesen. Letztlich haben die gesellschaftlichen Organisationsprinzipien eine enorme Kontinuität unter Beweis gestellt.

4.1.3 Horizontale Strukturen: Klassen

Wie wir im vorigen Abschnitt gesehen haben, war die herkömmliche Struktur der chinesischen Gesellschaft vertikal angelegt. Die einzelne Person war Mitglied einer Familie und fühlte sich darüber hinaus im Allgemeinen auch mindestens einer korporativen, zugleich sozial ausdifferenzierten Gemeinschaft bzw. Organisation zugehörig. Damit verband sich eine beträchtliche gesellschaftliche Mobilität. Beides wirkte sich auf die horizontalen Strukturen innerhalb der Gesellschaft aus: Zwar gab es sehr wohl Verbindungen zwischen Personen mit gleichem sozialem Status, etwa die Beziehungen zwischen Prüfungskandidaten oder die festen Heiratsbündnisse zwischen bestimmten Familien. Klassen im marxistischen Sinne einer horizontalen sozialen Gruppe, die durch ihre gemeinsamen ökonomischen und infolgedessen auch politischen Interessen definiert ist, bildeten sich in China daher erst seit dem Ende des 19. Jahrhunderts heraus. Selbst dann handelte es sich um einen komplexen Vorgang der Bewusstseinsbildung.

Schon seit dem Untergang der alten Adelsschicht im 10. Jahrhundert hatte das Modell einer geburtsständischen Gesellschaft in China ausgedient. Nur innerhalb der kaiserlichen Familie existierte noch eine Hierarchie von Adelsrängen; doch sank der Status in jeder Generation um eine Stufe und ging schließlich ganz verloren. Nachdem sich Geburt als Kriterium weitgehend erledigt hatte, blieben Bildung und Wohlstand als Hauptquellen für soziales Prestige übrig. Dass beide im Prinzip jedermann (und das heißt wörtlich: allen Männern) zugänglich waren, begünstigte eine erhebliche soziale Mobilität nach oben. Umgekehrt konnte der gesellschaftliche Status auch wieder sinken, wenn eine Familie nicht in ausreichendem Maß für die Erziehung ihrer Kinder sorgte, diese bei den Staatsprüfungen versagten oder das Familienvermögen infolge aufwändiger Lebenshaltung oder der in China praktizierten Realteilung abnahm.

Trotz dieses Ideals einer reinen Meritokratie, d. h. eines auf Leistung und Verdienst beruhenden Zugangs zu Prestige und Macht, gelang es vielen Familien, das einmal errungene Sozialprestige über viele Generationen, manchmal über Jahrhunderte hinaus zu konservieren. Eine Methode, die im vorigen Abschnitt bereits Erwähnung fand, war die Nutzung der korporativen Ressourcen von Lineages zu dem Zweck, den Kindern der prominentesten Familien den Zugang zu Bildung zu sichern und damit das gesellschaftliche Prestige dieser Familien zu wahren. Die Träger dieser Bemühungen bildeten eine soziale Gruppe, die in der westlichen Literatur zumeist als Gentry bezeichnet wird. Es handelte sich um jenen grundbesitzenden Personenkreis von knapp zwei Prozent der Bevölkerung, der in den Staatsprüfungen wenigstens den untersten literarischen Grad eines *shengyuan* erworben, aber wie die überwältigende Mehrheit von mehr als 97 Prozent der Absolventen kein staatliches Amt erhalten hatte. Durch eine Reihe von Privilegien wie die Befreiung von demütigenden Strafen sowie von der Grundsteuer erkannte der Staat die besondere sozial-kulturelle Rolle dieser Gruppe ausdrücklich an.

Der Gentry-Begriff ist freilich nicht nur wegen seiner Entlehnung aus der englischen Sozialgeschichte ebenso irreführend wie erhellend. Anders als die Bezeichnung suggeriert, handelte es sich nur bedingt um eine homogene Schicht, die in einer weitgehend agrarischen Gesellschaft gleichzeitig als kulturelle wie ökonomische Elite fungierte. Gewiss besaßen die Literaten nicht nur einen einheitlichen, rechtlich verbrieften Status, sondern verfügten dank ihrer Ausbildung im klassischen Chinesisch auch als einzige Gruppe über ein Medium, das ihnen die Kommunikation über dialektale und regionale Grenzen hinweg erlaubte. Wenn man hierin auch eine Klammer sehen kann, die das ganze Reich zusammenhielt, so führt eine lokalgeschichtliche Perspektive zu anderen Ergebnissen. Nicht nur erscheinen die Literaten hier stärker in begrenzte Gemeinschaften wie Lineages, Dörfer und andere Vereinigungen integriert. Obendrein mussten sie Macht und Prestige mit anderen schriftkundigen, wenn auch nicht literarisch gebildeten Grundbesitzern und Kaufleuten teilen, die sich entweder, wie im 19. Jahrhundert weithin üblich, einen Titel gekauft oder ganz auf den Literatenstatus verzichtet hatten. Nimmt man noch den Umstand hinzu, dass viele Gelehrte sich als Schullehrer durchschlagen mussten, so ergibt sich das Bild einer sehr viel weiter gefassten und komplexeren lokalen Elite, innerhalb derer die Literaten nicht mehr als eine Gruppe mit besonderem Rang darstellten. Da diese Gruppe zudem nur durch das Prüfungssystem hervorgebracht werden konnte, war sie anders als andere Teile der lokalen Elite auch an dessen Existenz gebunden und überlebte seine Abschaffung im Jahre 1905 als Gruppe kaum. Die Generation der um 1890 Geborenen musste sich ihren sozialen Aufstieg als Lehrer oder Ärzte, in der Armee, der staatlichen Verwaltung oder im Handel suchen. Waren die Literaten in den parlamentarischen Versammlungen der ausgehenden Qing-Zeit noch die dominierende gesellschaftliche Kraft, so erlitten sie bereits im ersten Jahrzehnt der Republik einen rapiden Bedeutungsverlust. In Zhejiang etwa sank ihr Anteil an den Abgeordneten der Provinzversammlung von 68,7 Prozent am Vorabend der Revolution auf 2,6 Prozent im Jahre 1921. Auch als geistige Elite hatten sie ausgedient.

Neue Wege für Literaten: Die Biographie von Direktor Dai

In den 1940er Jahren führte der chinesische Sozialwissenschaftler Zhou Yongde (Chow Yung-teh) in Yunnan Feldstudien über die Entwicklung von 47 Gentry-Familien im Kreis Kunyang (Yunnan) im frühen 20. Jahrhundert durch. Einer der Interviewten war ein Mann, dessen Name als Direktor Dai angegeben wird. 1887 geboren, beendete Dai mit 17 eine Ausbildung in den konfuzianischen Klassikern. Da er keine Aussichten auf eine berufliche Tätigkeit in seinem Heimatdorf sah, wechselte er mit Einverständnis seines Vaters auf eine Landwirtschaftsschule in der Provinzhauptstadt Yunnanfu (dem heutigen Kunming). Nach seinem Abschluss wurde er Lehrer an der Elementarschule in der Stadt Kunyang. Aufgrund seiner hohen Qualifikationen und seines guten Rufs ernannte ihn der Kreisvorsteher zum Leiter eines Büros für die Förderung von Landwirtschaft und Industrie. 1927 wurde er Direktor eines Aufbaubüros mit erweiterten Kompetenzen. In dieser Eigenschaft erhielt er 1933 die Anweisung zum Bau zweier Straßen. Da er trotz seiner persönlichen Integrität für die Korruption unter seinen Mitarbeitern verantwortlich gemacht wurde, trat er noch vor Beendigung dieser Aufgabe von seinem Amt zurück und betätigte sich als Landwirt. 1944 leistete er an der Spitze von 200 Dorfbewohnern erfolgreich Widerstand gegen das Abholzen von Bäumen in der Umgebung des Dorfes durch eine amerikanische Holzfirma. Obwohl Dai von der Bevölkerung wegen seiner Leistungen respektiert wurde, fühlte er sich doch oftmals isoliert. Offensichtlich hatte die Konzentration auf seine Karriere dazu beigetragen, ihn von den Menschen in seiner Heimat zu entfremden.

(Literatur: Chow Yung-teh, Social Mobility in China. Status Careers Among the Gentry in a Chinese Community. New York: Atherton Press 1966.)

Die sozial ausdifferenzierte, aber mäßig fluktuierende Gesellschaft der mittleren bis späten Qing-Zeit geriet Ende des 19. Jahrhunderts in Bewegung, als sich neue soziale Gruppen bildeten: die Intelligentsia, die Bourgeoisie und die Arbeiterschaft. Einen Sonderfall bildeten die Bauern. Freilich ist die moderne chinesische Intelligentsia nur schwer als einheitliche soziale Schicht anzusprechen – auch wenn klar ist, dass Bildung schon angesichts des hohen Anteils an Privatschulen (in der Zeit der GMD-Herrschaft bis zu 40 Prozent der Schulen sowie der Schülerschaft) erhebliche Investitionen erforderte und daher nur sozial Privilegierten zugänglich war. Sicher ist, dass die in der Literatur gelegentlich anzutreffende Ausdehnung des Begriffs Intellektueller (*zhishi fenzi*) auf die konfuzianischen Literaten fehl am

Platz ist. Denn diesen fehlte beinahe alles, was den modernen Intellektuellen kennzeichnet: moderne wissenschaftliche (Aus-) Bildung, gesellschaftliche und politische Unabhängigkeit, Nonkonformismus und Distanz zur politischen Macht sowie das Angewiesensein auf die eigene geistige Arbeit für den Lebensunterhalt. Gewisse Kontinuitäten lassen sich trotz dieser gravierenden Unterschiede nicht von der Hand weisen: Geistige Größen wie Kang Youwei, Liang Qichao und die Vorkämpfer der Bewegung für neue Kultur hatten noch die Staatsprüfungen absolviert und markierten den Übergang von der konfuzianischen Sozialisation zu einer Existenz als unabhängiger Denker. Und von den eher staatsnahen Literaten übernahmen die eher staatsfernen Intellektuellen zudem den Anspruch, im Interesse des Volkes die Regierung zu kritisieren und dem Land geistig und moralisch den Weg zu weisen. Wie diese bildeten auch sie Netzwerke zur Organisation des intellektuellen Austauschs; solche Gruppen riefen oftmals eine Zeitschrift als Plattform zur Verbreitung ihrer Ansichten ins Leben.

Im Gegensatz zur klassischen konfuzianischen Ausbildung war moderne Erziehung, zumindest auf dem Land, in der Regel nicht am Wohnort zu haben. Da zumindest die höheren Schulen fast ausschließlich in den Kreisstädten und an Verkehrsknotenpunkten errichtet wurden, mussten Schüler und Studenten mobil sein und wenigstens zum Teil aus den bisherigen geographischen Bindungen heraustreten. Auch wenn sie sich weiterhin landsmannschaftlich organisierten und etwa bei der Gründung von *tongxianghui* eine wichtige Rolle spielten, so entfremdeten sich die Intellektuellen doch von ihren sozialen Wurzeln und entwickelten ein Bewusstsein der Gemeinsamkeit und Solidarität untereinander.

Chinas Intelligentsia war ein Produkt der Ersetzung des staatlichen Prüfungs- durch ein teils staatliches, teils privates mehrstufiges Erziehungssystem. Dennoch können die Absolventen der chinesischen Schulen, zu denen noch die große Zahl der im Ausland Ausgebildeten hinzukam, nicht pauschal dieser Gruppe zugerechnet werden. Intellektuelle definierten sich eher durch ihre spezifische Haltung als durch „harte" soziologische Kriterien. Sie sind zudem von zwei anderen Rollenmodellen abzugrenzen, die ebenfalls auf moderner westlicher Bildung beruhten. Das erste ist der professionelle Spezialist oder „Experte" (*zhuanjia*). Er definierte sich durch Fachwissen, das er in der Regel durch höhere Schulbildung erwarb, sowie durch berufliche Standards, deren Einhaltung zumeist von Berufsverbänden überwacht wurde. Dieses Profil umfasste ein breites Spektrum von Tätigkeiten im öffentlichen oder privaten Sektor: Schul- und Hochschullehrer, Ärzte, Apotheker, Juristen, Verwaltungsbeamte, Ingenieure, Techniker usw. Unter Einschluss von Nichtakademikern wie Telegraphisten und Telefonisten, Eisenbahnangestellten etc. entstand auf diese Weise seit der Wende zum 20. Jahrhundert eine professionelle städtische Mittelklasse, deren Umfang allein für die Stadt Shanghai im Jahre 1935 auf etwa 28.000 Personen geschätzt wird. Das zweite Rollenmodell ist das des politischen Aktivisten oder Kaders mit höherer Schulbildung: Dieser stellte sein Wissen bewusst in den Dienst einer politischen Partei und ihrer Ideologie und gab damit seine geistige Unabhängigkeit auf. Allerdings haben erst die beiden großen

Massenparteien GMD und KPCh diesen Typus geformt, als sie im Lauf der 1920er Jahre von einem freieren intellektuellen Klima zur Durchsetzung einer Parteidisziplin nach leninistischem Muster übergingen (vgl. Kap. 3.1.5 und 3.2.4). Zudem hielten sich manche Intellektuellen zwar von den Schalthebeln der Macht fern, dienten den Machthabern jedoch als Berater und waren bei aller Bereitschaft zu – häufig indirekt vorgebrachter – Kritik auf ihre Patronage angewiesen. Zwischen den drei Rollenmodellen existierten daher fließende Übergänge.

Schon der Sturz der Monarchie war durch die Publizistik und die Netzwerke moderner Intellektueller mit vorbereitet worden. Ihre größte gesellschaftliche Wirksamkeit erlangte die Intelligentsia in der frühen republikanischen Periode zwischen 1911 und 1927, als die Regierungen die freie politisch-gesellschaftliche Diskussion entweder – in seltenen Fällen – ausdrücklich guthießen oder zumindest zu schwach waren, um sie zu unterdrücken. In den Debatten der Bewegung für neue Kultur und den politischen Demonstrationen der Bewegungen vom 4. Mai 1919 und vom 30. Mai 1925 nahmen die Intellektuellen einen Einfluss auf die politisch-gesellschaftlichen Debatten der Zeit, den sie weder unter der GMD noch unter der KPCh zurückgewinnen konnten. Vor dem Hintergrund ihres totalen Herrschaftsanspruchs bevorzugten beide Regimes den unpolitischen Spezialisten oder, wie in der Volksrepublik für den Großteil der Zeit zwischen dem Großen Sprung und dem Ende der Kulturrevolution, den begeisterten Aktivisten, von dessen Überzeugung und Idealismus sich die Führung eine größere Fähigkeit zur Veränderung versprach als von einem rein technischen Spezialistentum. Die GMD konnte weder den Zusammenschluss unabhängiger Intellektueller noch kritische Äußerungen dauerhaft unterbinden, ging jedoch gegebenenfalls mit gezielten Terrorakten gegen Dissidenten vor. Die KPCh war in der Mao-Ära bemüht, die geistige Elite nach Möglichkeit zu kooptieren, gleichzeitig jedoch – besonders während der Ausrichtungskampagne 1942 und im Zuge der Hundert-Blumen-Bewegung 1957 – zu disziplinieren. Die Intellektuellen wiederum waren zunächst in ihrer überwältigenden Mehrheit bereit, sich mit der Parteiherrschaft zu arrangieren. Und obwohl sie in die Richtungs- und Cliquenkämpfe der folgenden Jahrzehnte verwickelt wurden und unter den politischen Verfolgungen schwer zu leiden hatten, verstanden sich viele von ihnen nach wie vor als Teil einer loyalen Opposition.

Erst in der Frühphase der Deng-Ära entwickelte ein Teil der Intelligentsia eine grundsätzlich kritische Einstellung gegenüber dem System. Sein Bemühen um Veränderung kulminierte in der Demokratiebewegung von 1989, als es den Intellektuellen zum vorläufig letzten Mal gelang, als moralische und soziale Avantgarde die Bevölkerung für politisch-gesellschaftliche Ziele zu mobilisieren. In der Folge der Niederschlagung kam es zum einen zu einer „Verbürgerlichung" der Intellektuellen, als viele Literaten aus Neigung oder – häufiger – Notwendigkeit den Sprung ins Geschäftsleben wagten. Zum anderen konzentrierten sich viele Akademiker auf die professionellen Aspekte ihrer Tätigkeit, was nicht unbedingt mit einer vollständigen Entpolitisierung gleichzusetzen ist, aber doch den weitgehenden Verzicht auf Einmischung in die Politik zur Folge hatte.

Etwa gleichzeitig mit den Intellektuellen formierte sich auch eine chinesische Bourgeoisie als neue Wirtschaftselite. Dieser Prozess stand im Zusammenhang mit der Herausbildung des privaten Kapitalismus als dominierender Wirtschaftsform in Industrie und Handel seit dem Ende des 19. Jahrhunderts; sein Abschluss fiel in etwa mit dem Ende des Ersten Weltkriegs zusammen. Den entscheidenden Schritt zur Gründung eines Industriebetriebs oder auch eines Warenhauses taten Männer mit unterschiedlichem persönlichem oder familiärem Hintergrund: Manche entstammten Literatenkreisen, die Mehrheit bildeten Kaufleute und Inhaber traditioneller chinesischer Banken (*qianzhuang*). Wieder andere waren Handwerker oder Vorarbeiter, die sich, oftmals mit Hilfe ihrer früheren Arbeitgeber, selbständig gemacht hatten. Von den Kaufleuten und Handwerkern hatte ein Teil zuvor in Diensten ausländischer Unternehmen gestanden. Eine weitere Differenzierung betrifft Selfmademen, die sich aus eigener Kraft emporgearbeitet hatten, und Personen, die ihren Wohlstand bereits von ihren Vätern ererbt hatten. Schließlich gab es hinsichtlich der Betriebsgrößen sowie der Kapitalausstattung erhebliche Unterschiede (vgl. Kap. 5.1.3), so dass die Unternehmensgewinne und der Wohlstand der Fabrikbesitzer eine beträchtliche Spannweite aufwiesen. Immerhin häuften einige Unternehmer binnen weniger Jahrzehnte Millionenvermögen an.

Kapitalist – Reformer – Philanthrop: Zhang Jian

Zhang Jian gehörte zu den „Begründern" der chinesischen Bourgeoisie. 1853 geboren, entstammte er einer wohlhabenden Bauernfamilie, deren Angehörige über Generationen hinweg Analphabeten gewesen waren. Zhangs Vater hatte als Erster eine bescheidene literarische Bildung erhalten, die ihn aber nicht für eine Teilnahme an den Staatsprüfungen qualifizierte. Vielleicht aus diesem Grund erhielt der früh als begabt aufgefallene Zhang Jian eine gründliche Unterweisung in den konfuzianischen Klassikern. 1870 bestand er die unterste Stufe der Staatsprüfungen. Auf der nächsten Ebene fiel er dagegen fünfmal durch und absolvierte das Provinzexamen erst 1885 mit Erfolg. Das abschließende Hauptstadtexamen machte ihm ähnliche Mühe. Erst auf Zureden seines Vaters (nach anderen Informationen seines älteren Bruders) trat er im Alter von 41 Jahren ein letztes Mal zur Prüfung an und erwarb nicht nur den höchsten Grad eines *jinshi*, son-

Abb. 15: Zhang Jian.

dern wurde sogar mit der höchsten Auszeichnung belohnt und zum Mitglied der angesehenen Hanlin-Akademie ernannt.
Schien Zhangs Lebensweg auf eine Karriere als Beamter und Gelehrter hinauszulaufen, so wiesen politische und private Umstände ihm bald einen anderen Weg. Nachdem der Tod seines Vaters 1895 ihn zur Rückkehr in seine Heimat veranlasst hatte, bot sich ihm dort die Gelegenheit, sich an einem Projekt des Reformers Zhang Zhidong zur Errichtung eines modernen Industriebetriebs zu beteiligen. 1898 wurde die Dasheng-Baumwollspinnerei gegründet. Zhang wurde zusammen mit seinem Bruder bald die bestimmende Figur in diesem Unternehmen und gründete eine Reihe von Zweigwerken, die bis 1925 einen Profit von insgesamt über 13.000.000 *liang* abwarfen und 1929 über ein Kapital von 7.000.000 *liang* verfügten. Die Spinnereien bildeten den Kern eines Komplexes von Unternehmen in verschiedensten Sektoren: Landerschließung, Infrastruktur, Schiffsverkehr, Salzgewinnung, Ölproduktion und viele mehr.
Zhangs Erfolg als Industrieller und sein Engagement für die Reform Chinas verhalfen ihm zu einer kurzen politischen Karriere: Anfang 1912 war er für drei Monate Industrieminister in Sun Yatsens Regierung in Nanjing und von Oktober 1913 bis Dezember 1915 Minister für Landwirtschaft und Handel unter der Präsidentschaft Yuan Shikais. Wirkliche Macht übte er jedoch nicht aus. Sein eigentlicher Einfluss lag in anderen Bereichen, besonders in der Entwicklung eines modernen Schulwesens und in der Reform der Lokalverwaltung in seiner Heimatregion Nord-Jiangsu, für die er sich seit der Jahrhundertwende engagierte. Nach und nach wurde der Unternehmenssitz Nantong zu einer Modellstadt mit Kindergarten, Schulen, Spielplätzen, Park, Krankenhaus, Stadion, Bücherei und Museum umgestaltet. Eine geschickte publizistische Unterstützung verschaffte Nantong zwischen 1914 und 1921 landesweite Beachtung. Misswirtschaft und unzureichende finanzielle Absicherung stürzten die profitablen Dasheng-Unternehmen Anfang der 1920er Jahre in eine tiefe Krise, so dass Zhang Jian 1925 die Kontrolle abgeben musste. Er starb im folgenden Jahr.

(Literatur: Samuel C. Chu, Reformer in Modern China. Chang Chien, 1853-1926. New York/London: Columbia University Press 1965; Shao Qin: Culturing Modernity. The Nantong Model, 1890-1930. Stanford, CA: Stanford University Press 2004).

Gegenüber den überkommenen sozialen Strukturen verhielt sich die Bourgeoisie ambivalent: Einerseits bot die Familie ihnen im Geschäftsleben den wichtigsten Rückhalt. Familienmitglieder stellten den größten Teil des leitenden Personals, und auch das Kapital stammte ganz wesentlich aus familiären Ressourcen. Auch landsmannschaftliche Bindungen wurden aufrechterhalten, da sie Zugang zu Kapital und nützliche Kontakte versprachen. Nach wie vor waren bestimmte Wirtschaftssektoren regional dominiert, so z. B. das Shanghaier Bankgewerbe von Männern aus Zhejiang, die Zigarettenindustrie und der Kaufhaussektor in derselben Stadt von Kantonesen. Gleichzeitig distanzierten sich die modernen Kapitalisten seit der Revolution mehr und mehr von der alten Literatenelite wie von der staatlichen Bürokratie. Dagegen kultivierten zumindest die großen Unternehmer ihre Beziehungen zu führenden Intellektuellen. Auf diese Weise entstand eine auch durch ihr kulturelles Selbstverständnis gekennzeichnete soziale Schicht, die im Gegensatz zu den alten ländlichen Eliten fast ausschließlich städtisch und an westlich-internationalen Maßstäben orientiert war.

Die Zeit ihrer größten Unabhängigkeit erlebte die Bourgeoisie in der frühen Republikzeit, als sie über die Unternehmerorganisationen auch erheblichen politischen Einfluss ausübte. Bereits die GMD schränkte die Entfaltungsmöglichkeiten der Unternehmer durch die Förderung eines staatlich-bürokratischen Kapitalismus und durch staatliche Wirtschaftsplanung ein (vgl. Kap. 5.1.3). Als soziale Schicht blieben sie jedoch unangetastet, wenn sie auch unter den Kriegswirren sowie der Inflation nach dem Zweiten Weltkrieg besonders zu leiden hatten. Hingegen verbündete sich die KPCh in der Zeit des Krieges gegen Japan mit der sogenannten nationalen Bourgeoisie und ließ diese zu Beginn der Volksrepublik gewähren.

Auch wenn sich Lohnarbeit bereits im 17. und 18. Jahrhundert in China verbreitet hatte, so entstand eine Arbeiterschaft im modernen Wortsinn, ebenso wie die Bourgeoisie, erst im Zusammenhang mit der Industrialisierung Chinas. Ihre geringe zahlenmäßige Stärke spiegelt den zögerlichen Verlauf dieses Prozesses wider: 1946 machten Arbeiter nur rund ein Prozent der chinesischen Bevölkerung aus. In den großen Städten, wo die modernen Fabriken in erster Linie entstanden, lag dieser Anteil signifikant höher: In Tianjin, der zweitgrößten Stadt in der Republikzeit, stieg er zwischen 1929 und 1949 von 3,4 auf 13 Prozent. Rechnet man noch die 4-5 Prozent Transportarbeiter hinzu, so hatten die Arbeiter dort schon während der GMD-Herrschaft die im Handel Tätigen als größte Berufsgruppe überholt.

Ähnlich wie bei der Bourgeoisie entstand auch die Arbeiterschaft aus verschiedenen sozialen Milieus. Ihre starke Binnendifferenzierung entstand aus einer Kombination mehrerer Faktoren, die zudem im zeitlichen Verlauf variierten. Da war zunächst der unterschiedliche Ausbildungsstand: Facharbeiter entstammten zunächst dem Handwerk, bald aber wurden sie auch als Lehrlinge in den Betrieben selbst ausgebildet. Ihnen stand eine Mehrheit halbgelernter oder gänzlich ungelernter Arbeiter gegenüber, die überwiegend aus der Bauernschaft rekrutiert wurden. Ein zweiter Faktor war die geographische Herkunft. Ein großer Teil der städtischen Arbeiter und wurde über Netzwerke und Patronagesysteme der Vorarbeiter teils aus der näheren Umgebung, teils auch aus anderen Provinzen rekrutiert. Geschlecht und Alter bildeten ein drittes Kriterium. Zwar war die Arbeiterschaft überwiegend männlich, doch stand rund ein Fünftel noch im Kindesalter. In manchen Sparten, besonders der Baumwollspinnerei, waren seit den 1920er Jahren jedoch weibliche Arbeiter in der Mehrzahl. Während die Kinderarbeit infolge des Überangebots an erwachsenen männlichen Arbeitskräften seit Ende der 1920er Jahre sank, stieg der Frauenanteil im gleichen Zeitraum an, da weibliche Arbeit jetzt immer weniger verpönt war und die Zahl der für Frauen zumutbaren Tätigkeiten sich vergrößerte. Schließlich unterschieden sich auch die Lebens- und Arbeitsbedingungen von Fabrik zu Fabrik, manchmal sogar innerhalb des gleichen Betriebs. Manche Arbeiter waren in kleinen, wenig mechanisierten Werkstätten tätig, andere in Großbetrieben mit umfangreichem Maschinenpark. Manche Arbeiter waren in Wohnheimen auf dem Unternehmensgelände untergebracht, andere wohnten in

Abb. 16: Transportarbeiter im Hafen von Shanghai beladen ein japanisches Schiff, 1920er oder 1930er Jahre. Bei solchen ungelernten Tätigkeiten waren Migranten vom Land besonders stark vertreten.

der Nachbarschaft des Betriebs. Manche brachten ihre Familien mit in die Stadt, damit ihre Frauen und Kinder sich als Gelegenheitsarbeiter verdingen konnten, andere ließen sie auf dem Land zurück.

Trotz dieser unterschiedlichen Lebenssituationen, zu denen auch noch die erhebliche Variationsbreite bei den Löhnen – selbst bei gleicher Tätigkeit – zu rechnen ist, standen praktisch alle Arbeiter vor ähnlichen Problemen. Der Arbeiterschaft anzugehören, bedeutete ein Leben unter schwierigen Existenzbedingungen: Die Arbeit war bei abwechselnden zwölfstündigen Tag- und Nachtschichten sowie der Lärmbelästigung zumindest in den großen Fabriken sehr hart, obwohl Sonntage und chinesische Feiertage in der Regel arbeitsfrei waren. Hinzu kam die häufig schikanöse Überwachung durch die Vorarbeiter. Schwerer noch fiel die prekäre wirtschaftliche Situation ins Gewicht: Nicht nur waren die Arbeiter und ihre Familien gar nicht oder nur unzureichend gegen Arbeitsunfälle, Krankheits- oder Todesfälle abgesichert. Vor allem waren die Arbeitsplätze selbst nicht krisenfest, da auch die größten Industriebetriebe von überraschenden Schließungen bedroht waren. Solche Fälle zogen die sehr reale Gefahr eines sozialen Abstiegs vom Fabrikzum Gelegenheitsarbeiter oder von der Hilfsarbeiterin zur Prostituierten nach sich. Die beschäftigten Arbeiter führten zwar eine marginalisierte Existenz, standen aber keineswegs auf der untersten Sprosse der sozialen Leiter.

Unter diesen Bedingungen entwickelten Arbeiter und Arbeiterinnen in den 1920er bis 1940er Jahren ein rudimentäres Klassenbewusstsein, ein Gefühl von sozialer Identität und Zusammengehörigkeit. Männliche wie weibliche Arbeiter streikten, besonders Mitte der 1920er Jahre, für höhere Löhne, Arbeitszeitverkürzung, die Anerkennung von Gewerkschaften, das Verbot von Prügelstrafen sowie die gleiche Bezahlung von Frauen und Männern. Mit den Streiks während der großen politischen Bewegungen der 1920er Jahre ging auch eine wachsende Politisierung der Arbeiterschaft einher. Allerdings variierte der Aktivismus von Ort zu Ort, so dass etwa Shanghai zwischen 1918 und 1926 638 Streiks verzeichnete, Tianjin dagegen im gleichen Zeitraum nur 14. Zudem entwickelten unterschiedliche Gruppen von Arbeitern unterschiedliche Interessen, die wiederum durch regionale Netzwerke, Patronage und lokale Bedingungen beeinflusst waren: Ehemalige Handwerker, die aufgrund ihrer Sozialisation eine größere Unabhängigkeit von ihren Betrieben empfanden, waren oftmals besonders radikal und tendierten zur Unterstützung der KPCh. Im Perlflussdelta in der Provinz Guangdong waren sie jedoch in der Regel Sympathisanten der GMD, die in Shanghai besonders auf die Maschinisten aus Nordchina zählen konnte. Regionale und Statusdifferenzen scheinen den politisch-sozialen Aktivismus von Arbeitern nicht durchweg behindert, sondern manchmal geradezu angespornt zu haben, etwa wenn Facharbeiter sich gegen den Zustrom ungelernter Arbeitskräfte zur Wehr setzten. Bis Ende der 1940er Jahre blieben diese Differenzen innerhalb der Arbeiterschaft bestehen.

Einen Sonderfall in der Herausbildung neuer sozialer Schichten stellen die Bauern dar. Denn von ihnen lässt sich am allerwenigsten sagen, dass sie sich selbst als eine zusammengehörige soziale Schicht empfanden. Vielmehr wurde der aus dem Japanischen entlehnte Neologismus *nongmin* in den ersten Jahrzehnten des 20. Jahrhundert vor allem von marxistischer Seite eingeführt, um an die Stelle der bisherigen Bezeichnungen „Landleute“ oder „Landwirte“ eine neue Semantik der Bauern als politischer Klasse zu setzen. Der neue Begriff beinhaltete einerseits die Vorbehalte der Intellektuellen, die ihn geprägt hatten, gegenüber der angeblichen Rückständigkeit der Landbevölkerung. Andererseits wies er den Weg zur Aufhebung dieser Rückständigkeit: durch politische Organisation sowie ökonomische und kulturelle Modernisierung. Die Erfindung des Bauern war somit die Grundlage für seine im nächsten Abschnitt zu beschreibende revolutionäre Mobilisierung.

Nach ihrer Machtübernahme 1949 organisierte die KPCh die Gesellschaft auf der Basis des Klassenstatus (*chengfen*) und lehnte sich dabei im Wesentlichen an die Entwicklungen der Republikzeit an (mit Ausnahme bestimmter politischer Kategorien). Nur wurde jetzt die Wertigkeit umgekehrt: Die Arbeiterschaft vermehrte sich nicht nur von einem auf fünf Prozent der Bevölkerung, sie stand mit ihrem „guten“ Klassenhintergrund auch in der gesellschaftlichen Hierarchie an der

Spitze und wurde dementsprechend eng an die Partei gebunden. Ein großer Teil der Arbeiter erwarb die Mitgliedschaft in der KPCh. An zweiter Stelle folgten die Bauern. Die Angehörigen der „nationalen Bourgeoisie" wurden zwar in der Periode des Widerstands gegen Japan von den Kommunisten umworben, im Zuge der Durchsetzung der kommunistischen Wirtschafts- und Gesellschaftsordnung in den 1950er Jahren jedoch diskriminiert und bis Ende der 1970er Jahre sozial stigmatisiert. Den Intellektuellen blieb nur eine prekäre Existenz, da sie jederzeit in Konflikt mit den politischen Vorgaben der Partei geraten konnten.

Im Zuge der Reform- und Öffnungspolitik erlebte die chinesische Gesellschaft in den 1980er und frühen 1990er Jahren die Rückkehr zu einer stärkeren sozialen Mobilität. Verantwortlich dafür waren neben der Aufhebung des Klassenstatus auch die neu geschaffenen wirtschaftlichen Möglichkeiten: 1979 ließ die KPCh die Gründung individueller Betriebe (*getihu*) im Dienstleistungssektor zu, 1988 auch private Unternehmen (*siying*) mit selten mehr als 100 Mitarbeitern, deren Zahl bereits Mitte der 1990er Jahre offiziell mit 420.000 angegeben wurde, aber vermutlich sogar noch höher lag. Zudem hatte die Volksrepublik bereits 1979 die Grundlagen für die Errichtung von *joint ventures* und damit den kontrollierten Einstieg ausländischer kapitalistischer Firmen in die chinesische Wirtschaft gelegt. Hierdurch und durch die verbesserten Bildungschancen einerseits, die wachsenden regionalen Disparitäten und Migrationsprozesse andererseits ist neueren Studien zufolge eine neue soziale Schichtung entstanden, in die sich die Parteifunktionäre auf verschiedenen Ebenen einreihen.

An der Spitze stehen hohe Kader und Beamte, die Manager von Großunternehmen (häufig ehemalige Kader aus den staatlichen Betrieben), Privatunternehmer, einflussreiche Experten und herausragende Künstler. Eine zweite Schicht bilden Kader und Beamte der mittleren Ebene, Manager und Besitzer von mittleren Unternehmen, Techniker, Universitätsprofessoren und sonstige Fachleute. Zur dritten Schicht gehören Selbständige, Angestellte in größeren *joint ventures*, Parteikader und Beamte auf lokaler Ebene, Unternehmer im landwirtschaftlichen Sektor, Techniker und Hochschullehrer sowie Mittel- und Grundschullehrer in prosperierenden Regionen. Unter diesen stehen Arbeitnehmer in der Industrie und im Dienstleistungssektor, Bauern in prosperierenden Regionen, Wanderarbeiter sowie Lehrer in wirtschaftlich rückständigen, besonders ländlichen Regionen. Die fünfte und unterste Schicht setzt sich aus städtischen Arbeitslosen, Bauern in armen Gebieten, Tagelöhnern, Obdachlosen, Körperbehinderten und Kranken ohne familiäre und staatliche Unterstützung zusammen. Über die zahlenmäßige Stärke dieser Schichten existieren keine genauen Angaben, doch wird die unterste, sozial schwache Schicht auf rund 14 Prozent der Bevölkerung geschätzt. Zudem haben sich die Grenzen zwischen diesen Schichten mittlerweile verfestigt. Obwohl diese wohl kaum über ein Klassenbewusstsein verfügen, gründet sich die gegenwärtige chinesische Gesellschaftsordnung wie vor 1949 in erster Linie auf Wohlstand und Bildung. Damit steht China womöglich (erneut) am Anfang eines Weges, der zu einer Klassengesellschaft führen könnte.

4.1.4 Soziale Rollen: Generation und Geschlecht

Zur Dynamik der chinesischen Gesellschaft gehörten auch bestimmte Rollen, die sich nur zum Teil im Rahmen vertikaler und horizontaler Gesellschaftsstrukturen beschreiben lassen, da sie auf den Kriterien Alter und Geschlecht beruhten. Diese Rollen lagen einerseits den Interaktionen innerhalb von Familien, andererseits aber auch dem sozialen Raum als ganzem zugrunde, da familiäre und gesamtgesellschaftliche Strukturen eng miteinander verzahnt waren. Dieser Zusammenhang wurde von der konfuzianischen Ideologie bewusst kultiviert, da die Konfuzianer die Familie als Keimzelle und Stabilitätsfaktor der Gesellschaft betrachteten. Die sogenannten Drei Bindungen (*San gang*) entwarfen eine Hierarchie, in der sich der (oder die) Niedrigere dem Höhergestellten absolut unterzuordnen hatte: der Untertan seinem Herrscher, der Sohn seinem Vater und die Ehefrau ihrem Ehemann. Von den in diesen Beziehungen jeweils Dominierenden wurden im Gegenzug Güte und Zuneigung gefordert, damit ihre Autorität nicht in Tyrannei umschlug. Ende des 19. Jahrhunderts wurden jedoch im Hinblick auf Kinder und Jugendliche wie auf Frauen alternative Rollenmodelle entwickelt, die eine Neuordnung der Generationen- wie der Geschlechterbeziehungen nach sich zogen.

Im Allgemeinen entsprach die chinesische Familie schon in der Kaiserzeit keineswegs dem Ideal der „vier Generationen unter einem Dach", sondern umfasste nur zwei bis drei Generationen: als Kleinfamilie ein Ehepaar und dessen unverheiratete Kinder, als Stammfamilie ein Ehepaar mit seinen unverheirateten Kindern sowie einem verheirateten Sohn und dessen Frau und Kindern. Bei erweiterten Familien verblieben zwei oder mehr verheiratete Söhne im Haushalt. Töchter verließen mit der Heirat das Haus ihrer Eltern und wurden nach der Geburt des ersten Sohnes der Lineage ihres Mannes zugerechnet. In manchen Regionen mussten verheiratete Frauen die sozialen Kontakte zu ihren Blutsverwandten stark einschränken oder gar völlig abbrechen, in anderen war die Pflege solcher Kontakte der Regelfall.

Bis Ende des 19. Jahrhunderts besaß die Familie beinahe ein Monopol auf die Sozialisation von Kindern, da nicht nur die Erziehung, sondern bei den Eliten in der Regel auch die konfuzianische Bildung im familiären Umfeld stattfand. Dabei sollte nicht die individuelle Persönlichkeitsentwicklung, sondern die Integration junger Menschen in Familie und Gesellschaft gefördert werden. Die Behandlung der Kinder durch die Eltern lässt sich in zwei Phasen einteilen. In den ersten Lebensjahren herrschte weitgehend Toleranz und Nachsicht. Nach der Geburt eines weiteren Geschwisters, spätestens im Alter fünf bis sechs Jahren, hielt eine strenge Disziplinierung insbesondere durch den Vater Einzug, wobei auch das Mittel der körperlichen Züchtigung zur Anwendung kam. Insbesondere sollte das Kind lernen, die als Gesicht (*lian*) bezeichnete persönliche Integrität anderer Menschen zu akzeptieren. Widersetzlichkeit und Eigensinn wurden als Gefahr für die Stabilität der Familie bewertet. Die Erinnerungen von Menschen, deren Kindheit in die sozial-kulturelle Transitionsphase zwischen 1880 und 1920 fiel, lassen jedoch den

Schluss zu, dass Kinder sich häufig nur äußerlich den kulturellen und gesellschaftlichen Normen unterwarfen, während sie gleichzeitig eine innere Autonomie kultivierten, die anderen Menschen unzugänglich blieb.

Seit dem Ende des 19. Jahrhunderts wurde die Rolle von Kindheit und Jugend in vier Schüben transformiert. Der erste Schub hing mit der Errichtung eines modernen Schulsystems in den Jahren nach 1900 zusammen, dessen Katalysatorfunktion für das Aufbrechen etablierter sozialer Bindungen bereits erwähnt wurde (vgl. Kap. 4.1.2). Der besonders an höheren Schulen übliche Internatsbetrieb bedingte nicht nur die Loslösung der Schüler aus ihren familiären, verwandtschaftlichen und territorialen Bindungen. Er hatte vielmehr auch zur Folge, dass Jugendliche einen größeren Teil ihrer Sozialisierung im Umgang mit Gleichaltrigen erfuhren. Indem sie lernten, ihre Interessen gegenüber den Lehrern und der Schulleitung zu vertreten, entwickelten sie eine generationenspezifische Solidarität. Die bereits in den Jahren vor der Revolution von 1911 zahlreichen Schülerstreiks legen Zeugnis davon ab, dass diese Solidarität in der Tat praktiziert wurde.

Einen zweiten Schub stellte die Bewegung für neue Kultur ab 1915 dar, als sich der Wandel in der jugendlichen Sozialisation auch auf gesamtgesellschaftlicher Ebene auszuwirken begann. Die publizistischen Attacken gegen den Konfuzianismus im Umfeld des 4. Mai 1919 richteten sich insbesondere gegen das Verhältnis zwischen den Generationen. Die geistigen Vordenker der Bewegung und ihre jugendlichen Anhänger wollten mit der unbedingten Unterordnung der Jüngeren unter die Älteren brechen. Eine selbstbewusste, vitale und geistig wie körperlich aktive Jugend sollte die Zukunft Chinas bestimmen. Nicht zufällig richtete sich die Kritik insbesondere gegen die hergebrachten Erziehungsmethoden, denen vorgeworfen wurde, Kinder als kleine Erwachsene zu behandeln und sie damit nicht zu Menschen, sondern zu Sklaven zu erziehen. Stattdessen forderten jetzt führende Intellektuelle eine kindzentrierte Pädagogik, die Kindheit als eigenes Entwicklungsstadium begreifen und die besonderen psychischen und geistigen Bedürfnisse der Kinder berücksichtigen sollte. Die „Befreiung" der Kinder konnte jedoch nach dieser Auffassung nur mit Unterstützung der Eltern erfolgen. Sie war zudem kein Selbstzweck; vielmehr versprach man sich von einer erneuerten Jugend die Überwindung der inneren und äußeren Schwäche Chinas. Mit ihrem Anspruch, für die chinesische Nation Verantwortung zu übernehmen, etablierte die Jugend des 4. Mai 1919 eine Tradition, die von späteren Jugendgenerationen wieder aufgegriffen werden konnte. So unterschiedliche Phänomene wie die Roten Garden, die während der Kulturrevolution nicht zuletzt gegen die autoritäre schulische Erziehung in den 1950er und 1960er Jahren rebellierten, und die Demokratiebewegung von 1989 haben sich bewusst in diese Tradition gestellt.

Mit der Besetzung des politischen Feldes durch die Massenparteien GMD und KPCh setzte jedoch bereits Mitte der 1920er Jahre ein dritter Schub ein, in dessen Verlauf Kindheit und Jugend in den Dienst der herrschenden politischen Ideologien gestellt wurden. Nach der Gründung der Volksrepublik wurde diese Entwicklung nochmals intensiviert. Hatten sich die Vordenker der Bewegung für neue Kultur einseitig auf die geistigen Bedürfnisse der Kinder, nicht aber auf deren soziale und ökonomische Ansprüche konzentriert, so löste jetzt die Erziehung der Jugend zum sozialistischen neuen Menschen die Erziehung zur persönlichen Autonomie als Leitbild der Sozialisation ab. Zwei Trends standen sich gegenüber: Auf der einen Seite erfuhr die materielle Lage von Kindern eine deutliche Verbesserung; so gelang es etwa, die noch in der Republikzeit vergleichsweise hohe Kindersterblichkeit deutlich zu senken. Auf der anderen Seite trugen die politischen Wirren zwischen den 1950er und 1970er Jahren dazu bei, beträchtliche Teile der Jugend zu traumatisieren und durch die massenhafte Landverschickung junger Menschen ebenso wie durch die zeitweise totale Lähmung von Schulen und Hochschulen während der Kulturrevolution eine ganze Generation um ihre Zukunftschancen zu bringen.

Ein vierter Schub wurde durch die Reformpolitik Deng Xiaopings ausgelöst. Infolge der Entpolitisierung der Erziehung sowie durch die Chancen, durch eigene Tüchtigkeit schnell reich zu werden, wurde in erster Linie die städtische Jugend mit neuen, materialistischen Leitbildern konfrontiert. Sie übernahm diese infolge des verbesserten Zugangs zu Informationen auch aus dem westlichen Ausland. Hingegen hat die Tatsache, dass die Stadtjugend sich zunehmend aus Einzelkindern zusammensetzt, eine weniger bedeutende Rolle gespielt als zumeist angenommen. Während jedoch auf dem Land die soziale Kontrolle durch die lokalen Gemeinschaften noch recht gut funktionieren dürfte, formulieren die Heranwachsenden in den Städten neue Bedürfnisse, die sich von denen ihrer Eltern radikal unterscheiden. Hatten diese sich überwiegend durch Vermittlung ihrer *danwei* oder durch Freunde kennen gelernt, so wollen ihre Kinder vielfach ihre Sexual- oder Ehepartner völlig selbständig und ohne Rücksicht auf die Familie auswählen. Aus der erneuten Herausbildung eines spezifisch jugendlichen Lebensstils ergeben sich neue Konfliktformen, die beide Seiten belasten und deren Auswirkungen noch unabsehbar sind.

Nicht nur das Verhältnis zwischen den Generationen, sondern auch die Beziehungen zwischen den Geschlechtern waren in der Kaiserzeit durch das konfuzianische Hierarchiedenken geregelt. In der Theorie war eine Frau während ihres ganzen Lebens einem Mann untergeordnet: vor der Hochzeit dem Vater, danach dem Ehegatten. In ihren eigenen Familien wurden Töchter keinesfalls gezielt gegenüber den Söhnen benachteiligt. Einen festen sozialen Platz fanden sie jedoch erst durch die Heirat, die nicht ihre Privatsache, sondern stets eine familiäre Angelegenheit war. Ungeachtet der vielfältigen Formen (vgl. Kap. 4.1.1) kamen Eheschließungen und zumeist auch das Konkubinat durch Abmachungen zwischen den Familien der Brautleute zu Stande. Dabei dominierten ökonomische Erwägungen wie die Höhe von Brautpreis und Mitgift, während gegenseitige Zuneigung bestenfalls eine untergeordnete Rolle spielte. Zwar waren Männer von der fehlenden Wahlfreiheit ebenso betroffen wie Frauen. Doch mussten sich letztere obendrein in ihre neuen Familien integrieren und dabei vor allem mit den Schwiegermüttern arrangieren, die ihren Einfluss auf die eigenen Söhne eifersüchtig hüteten. Nicht zuletzt diese psychischen Belastungen erklären, weshalb die chinesische

Abb. 17: Frau aus Guangdong, um 1890. Die entblößten Füße erlauben einen guten Blick auf die durch die Bindungen verursachte Verkrümmung. Gut sichtbar sind auch die typischen kleinen Schuhe.

Kultur die einzige unter den großen Weltkulturen ist, in der Selbsttötungen bei Frauen häufiger vorkamen (und vorkommen) als bei Männern.

Die weibliche Unterordnung war in eine Reihe sozial-kultureller Arrangements eingeschrieben: Frauen wurden die „inneren Gemächer“ im Haus und damit eine wichtige, aber weitgehend auf die Familie beschränkte Rolle zugewiesen. Diese räumliche Beschränkung der Frau fand ihre Ergänzung im Füßebinden, bei dem Zehen und Fersen durch feste Bandagen gewaltsam zusammengepresst wurden. Auf diese Weise blieben die Füße klein, was als attraktiv galt. Diese im ganzen Land und unter Angehörigen aller sozialen Schichten weit verbreitete Praxis trug dazu bei, Geschlechterrollen deutlich zu markieren und von einander abzugrenzen. Andererseits wurden Frauen nicht grundsätzlich vom Bildungserwerb ausgeschlossen, da diese besonders in den oberen Gesellschaftsschichten ihre Heiratschancen sogar erhöhen konnte. Bereits in der Qing-Zeit existierten literarische Zirkel von Frauen. Wem solche kulturellen Ressourcen zur Verfügung standen, hing vor allem von der sozialen und ökonomischen Position der Familie ab.

Frauenverkauf

Einen Hinweis auf die soziale Rolle von Frauen liefert die Praxis des Verkaufs von Kindern in fremde Familien. Obwohl auch Jungen verkauft wurden, betraf diese Praxis üblicherweise Töchter. Das Motiv war in der Regel wirtschaftliche Not. Es handelte sich dabei – wie bei vielen Heiratspraktiken – um eine vielschichtige Transaktion, die auch dem Käufer rechtliche Verpflichtungen auferlegte. Bei dem folgenden Text handelt es sich um einen Mustervertrag aus der Zeit um 1930, der sich von ähnlichen Dokumenten des 19. Jahrhunderts kaum unterscheidet. Es stammt aus einem Dorfhandbuch aus dem Kreis Yunfu (Guangdong) und wurde von dem Hongkonger Lokalhistoriker James Hayes als Faksimile mit englischer Übersetzung publiziert.

Ich, XXX, der Aussteller dieses Vertrags über die Überlassung einer leiblichen Tochter, habe jetzt eine Tochter, geboren am X. Tag des X. Monats im Jahr XX, namens A X.

Meine Familie ist arm, und in diesem Jahr herrscht eine Dürre, so dass zu befürchten ist, dass wir verhungern. Deshalb bin ich bereit, diese Tochter an eine andere Familie abzugeben. Ich habe einen Mittelsmann beauftragt, Erkundigungen einzuziehen, und Deng ... [war bereit], sie zu übernehmen und einen Vertrag hierüber aufzusetzen. Ein Preis für ihre Person kann nicht festgesetzt werden, aber ich erhalte den für ihre Erziehung und Ernährung [aufgewendeten] Betrag von ... Yuan. Wenn ich am festgesetzten Tag die Summe eigenhändig und vollständig erhalten habe, wird es Deng ... obliegen, sie aufzuziehen und für sie, wenn sie erwachsen ist, einen Bräutigam auszusuchen, wofür er den Brautpreis erhält. Sollte ich sie zurücknehmen und selbst aufziehen wollen, bevor sie erwachsen geworden ist, so muss ich für jedes Jahr die Kosten für ihre Erziehung sowie 20 liang *Silber zurückerstatten. Wenn bis zu ihrer Volljährigkeit das Geld für ihre Rücknahme nicht bezahlt worden ist, so bleibt es der Deng-Familie überlassen, selbst einen Bräutigam für sie auszuwählen, und der Brautpreis von 1.000 Yuan ist keine Sache der leiblichen Eltern mehr. Diese Vereinbarung wurde wegen der Reisknappheit von beiden Seiten aus freien Stücken eingegangen und nicht als Gegenleistung für Schulden oder unter Zwang. Es ist nicht gestattet, jemanden zu überreden oder ihm zu befehlen, [die Bestimmungen] zu umgehen. Ob sie ein hohes Alter erreicht oder früh stirbt, sei dem Willen des Himmels [überlassen]. Da es keine Meinungsverschiedenheiten geben soll, wird zum Nachweis dieser Überlassungsvertrag aufgesetzt.*
[Unterschrift des] Vermittler[s]
[Unterschrift der] Person, die zugegen war und den Geldbetrag vollständig erhalten hat.
[Datum:] XX. XX., XX. Jahr der Republik [und Unterschrift des] Aussteller[s] dieses Überlassungsvertrags

Wer sich in [der gegenwärtigen] Zeit ein Dienstmädchen kaufen will, sollte [den Vertrag] gemäß diesem Entwurf schreiben.

(James Hayes: Women and Female Children in Hong Kong and South China to 1949: Documents of Sale and Transfer, in: *Xianggang Shizhengju* [Hong Kong Urban Council] [Hrsg.]: Xianggang lishi ziliao wenji [Collected Essays on Various Historical Materials for Hong Kong Studies]. Hongkong: Urban Council 1991, S. 33-47, hier S. 41 f. Übersetzt von Thoralf Klein.)

Den ersten Anlauf zu einer umfassenden Frauenemanzipation unternahm die Taiping-Bewegung zwischen 1851 und 1864. Frauen galten in der Taiping-Gesellschaft als gleichberechtigt. Diskriminierende Praktiken wie das Füßebinden wurden abgeschafft, und im Heer der Taiping kämpften eigene Frauenverbände, die in den eroberten Gebieten ihre Geschlechtsgenossinnen in oft sehr rücksichtsloser Weise in die eigenen Reihen eingliederten. Andererseits wurde nicht nur eine sehr weitgehende Trennung der Geschlechter angeordnet, sondern unter den hohen Führern, den Offizieren und Beamten war das Konkubinat weit verbreitet und je nach der Position in der Hierarchie festgelegt. Hatte der Himmlische König Hong Xiuquan bis zu 88 Konkubinen und die übrigen Könige sechs bis elf, so standen einem höheren Beamten drei und einem mittleren zwei Frauen zu; allen übrigen wurde die Monogamie verordnet.

Erwiesen sich die Maßnahmen der Taiping als ambivalent und nur von vorübergehender Wirkung, so begann sich die Stellung der Frauen in der chinesischen Gesellschaft seit der Mitte des 19. Jahrhunderts grundlegend zu wandeln. Konfuzianische Reformer, ausländische Missionare und später die ersten modernen Intellektuellen sprachen sich nun für eine verbesserte Stellung der Frau in der Gesellschaft aus. Dabei handelte es sich zunächst um eine männlich dominierte Debatte, in die sich eine Reihe weiblicher Stimmen einschaltete. Gefordert wurde eine umfassendere Bildung des weiblichen Geschlechts auf der Grundlage von Aufklärung, körperlicher Ertüchtigung und Moralerziehung. Auch sollten Frauen bessere Arbeitsmöglichkeiten erhalten. Die Emanzipation der Frau wurde jedoch von den meisten ihrer Befürworter nicht als Selbstzweck, sondern als Mittel zur Stärkung der chinesischen Nation betrachtet. Zugleich beschworen diese nach wie vor das Leitbild der „tugendhaften Mutter und guten Ehefrau" (*xianmu liangqi*).

Gegen alle Konventionen: Die Feministin Qiu Jin

Qiu Jin wurde 1875 in Minghou (Fujian) geboren und wuchs in der Nähe von Shaoxing (Zhejiang) auf. Ihre Erziehung war für eine Frau sehr unkonventionell und schloss Kampfkünste und Reiten ein. Das Füßebinden blieb ihr erspart, eine arrangierte Ehe nicht. Relativ spät, mit 21 Jahren, wurde sie mit einem Mann verheiratet, dem sie nach Peking folgte.

Ihr Leben änderte sich von Grund auf, als sie 1904 ihren Mann und ihr Kind verließ und nach Japan ging. Neben ihrem Pädagogikstudium engagierte sie sich dort in verschiedenen Gesellschaften: einer Geheimgesellschaft, einer Frauenvereinigung sowie der *Tongmenghui*. Nach China zurückgekehrt, gründete sie die Frauenzeitung *Zhongguo nübao*, wurde jedoch auch wieder politisch aktiv. Wegen ihrer Beteiligung am Attentat auf den Gouverneur von Anhui, das als Auslöser für eine Revolution dienen sollte, wurde sie im Sommer 1907 hingerichtet.

Abb. 18: Qiu Jin in Männerkleidung, ca. 1905.

Qiu Jins Lebensführung sprengte selbst den Rahmen, den man in den Jahren nach 1900 einer modernen Frau zugestand. Sie protestierte heftig gegen die aufgezwungene Ehe; vor allem aber ließ sie sich auf kein starres Rollenmodell festlegen. Sie orientierte sich in Vielem an männlichen Verhaltensweisen und fühlte sich zu einem politischen Aktivismus hingezogen, der seine Ziele mit Gewalt durchzusetzen versuchte. Zugleich aber kultivierte sie auch weiblich konnotierte Muster, etwa indem sie intensive und gefühlsbetonte Freundschaften mit Frauen pflegte. Ihr kurzes Leben hatte allerdings keinen unmittelbaren Einfluss auf die Rolle der Frau in China.

(Literatur: Jonathan D. Spence: Das Tor des Himmlischen Friedens. Die Chinesen und ihre Revolution 1895-1980. München: Beck 1985, S. 61-72; Stephan v. Minden [Hrsg.]: Chinesisches Biographisches Archiv. München: Saur 1999; Fiche 234, S. 149-162.)

Den Debatten folgten konkrete Maßnahmen. Nachdem sich gegen Ende des 19. Jahrhunderts zahlreiche Vereinigungen gegen das Füßebinden gebildet hatten, wurde ihr Anliegen ab 1900 vom Staat übernommen. Ein erstes Edikt der Qing-Regierung von 1902 forderte die Elite dazu auf, sich für die Abschaffung dieser Praxis einzusetzen. 1909 erfolgte ein endgültiges Verbot. Frauen, die ihre Bandagen nicht entfernten und ihren Kindern weiterhin die Füße banden, wurden nun mit hohen Geldstrafen belegt. Die Maßnahmen erwiesen sich insgesamt als recht effektiv: Im Kreis Ding (Zhili) stieg der Anteil von Mädchen mit ungebundenen Füßen in den wenigen Jahren von 1905 bis 1909 von 18,5 auf 40,3 Prozent. Der Wandel erfasste jedoch primär die junge Generation in den Städten, während erwachsene Frauen und große Teile der Landbevölkerung an der etablierten Praxis festhielten. Versuche hitzköpfiger Neuerer, Frauen mit Gewalt von ihren Bandagen zu „befreien", setzten diese nur unnötigen Belastungen aus und erwiesen sich im Endeffekt als eher kontraproduktiv. Ende der 1920er Jahre unternahm die GMD eine neue Kampagne gegen das Füßebinden.

Auf ein ungeteilt positives Echo stießen die Maßnahmen zur Frauenbildung. Die soziale Elite betrachtete die Einschulung von Töchtern in die ersten Mädchenschulen, die im Zuge der Erziehungsreform neu gegründet worden waren, als patriotische Geste und zugleich als Statussymbol. In der Republikzeit wurde die Frauenbildung dann fest institutionalisiert, 1919 die erste Studentin an einer Universität zugelassen. Andererseits machte nicht nur der Qing-Hof, sondern auch die junge Republik in den ersten Jahren ihres Bestehens keinerlei Anstalten, Frauen am politischen Prozess zu beteiligen, obwohl es in der Revolutionsbewegung weibliche Aktivisten gab und Frauenvereinigungen sich seit 1912 für das Recht der Teilnahme an Wahlen einsetzten. Erst Anfang der 1920er Jahre gewährten einige Provinzen den Frauen das Wahlrecht, und seit 1931 wurde es in allen Verfassungen verankert – immer noch früher als in einer ganzen Reihe europäischer Staaten.

Die Bewegung für neue Kultur bedeutete auch für die Frauenemanzipation einen markanten Einschnitt. Zwar erhoben die männlichen Vertreter der Bewegung un-

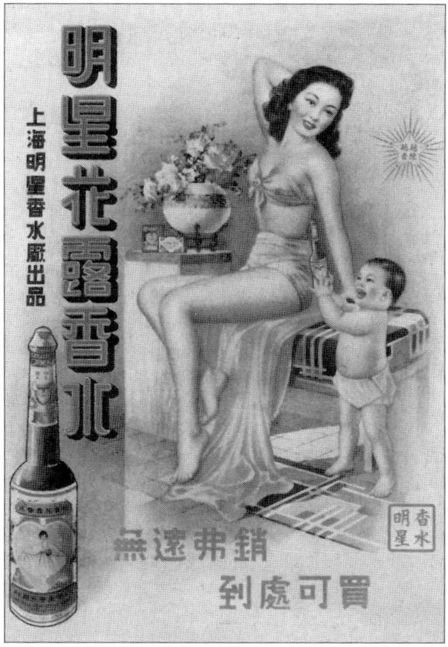

Abb. 19 u. 20: Werbeplakate für Zigaretten (links) und Parfüm (rechts). Beide Bilder sind für den Werbestil der Republikzeit typisch, nicht zuletzt weil sie die Frau (in Abwesenheit von Männern) als *taitai* inszenieren. Auch dort, wo die Frau in sexualisierter Pose gezeigt wird, ist sie immer noch als Mutter erkennbar.

ter Berufung auf die nationalen Interessen immer noch den Anspruch, stellvertretend für das weibliche Geschlecht zu sprechen. Gleichzeitig formierten sich die Absolventinnen höherer Mädchenschulen jedoch zu einer echten Frauenbewegung. Diese artikulierte ihre Kritik an der „Unterdrückung“ nun kämpferischer, als dies zuvor möglich war. Die „neue Frau“ (*xin nüxing*) nahm für sich in Anspruch, ebenso wie die Männer über individuelle Rechte zu verfügen und sich zu einer unabhängigen Persönlichkeit entwickeln zu dürfen. Nicht nur viele junge Männer, sondern zunehmend auch Frauen strebten unter dem Schlagwort der „Kleinfamilie“ (*xiao jiating*) eine Form der Partnerschaft an, die nicht mehr auf indirekter Vermittlung und damit familiären und ökonomischen Rücksichten, sondern auf Liebe und geistiger Übereinstimmung beruhen sollte. Zugleich wollten sie, falls nötig, das Recht auf Ehescheidung in Anspruch nehmen. Nicht zufällig wurden zu dieser Zeit auch erste Ansätze schulischer Koedukation verwirklicht.

Allerdings war der Typus der emanzipierten „neuen Frau“ nicht der einzige, der sich in der Republikzeit entwickelte. Auch zwei weitere neue Rollenmodelle hoben sich deutlich vom Frauenideal der Kaiserzeit ab: die *taitai* als moderne Angehörige der Oberschicht und die eher mittelständische professionelle Spezialistin. Die *tai-tai* verfügte über intellektuelle und musische Bildung und konnte, schon wegen ihrer natürlich gewachsenen Füße, Sport treiben und ihren Mann bei öffentlichen Anlässen begleiten. Dennoch orientierte sie sich primär an ihrer Rolle als Ehefrau und Mutter. Dieser Frauentyp wurde in den 1920er Jahren insbesondere von der Werbeindustrie aufgegriffen und zum visuellen Leitbild erhoben, wobei er häufig in sexuell konnotierten Positionen gezeigt und damit zum Objekt männlicher Wünsche umgeformt wurde. Er fand sich aber auch in Frauenzeitschriften neben dem Rollenmodell der weiblichen professionellen Spezialistin, die üblicherweise an ihrem Arbeitsplatz als Sekretärin, Telefonistin oder im Rundfunk abgebildet wurde. Ungeachtet aller feministischen Debatten war das beherrschende Ideal einer neuen Geschlechterordnung, dasjenige der „Kleinfamilie", tendenziell männlich dominiert und eher konservativ. Zwar wurden vage Erwartungen artikuliert, dass auch verheiratete Frauen der Gesellschaft dienen sollten; im Wesentlichen aber wurden ihnen eine Rolle in Familie und Kindererziehung zugewiesen. Überdies war es auf die Intellektuellen, die städtische Mittelschicht und die Bourgeoisie begrenzt und entfaltete keine gesellschaftliche Breitenwirkung.

Liebe, Ehe und männliche Erwartungshaltung

Im Mai 1928 wurde dem 25jährigen Dozenten Shen Shilin (auch Shen Qingrui genannt) in Nanjing die aus einer Beamtenfamilie stammende 16jährige Qi Gonghua vorgestellt. Ein Jahr später heirateten die beiden. Bei der Entwicklung ihrer Beziehung spielte ein intensiver Briefwechsel eine entscheidende Rolle. Dabei lag das eigentlich Neue vermutlich weniger im brieflichen Ausdruck von Gefühlen begründet als darin, dass dieser sich im Kontext einer von beiden Seiten frei bestimmten Partnersuche vollzog. Der erste Brief, den Shen an Qi richtete, ist zugleich von den damals verbreiteten männlichen Erwartungen an weibliches Rollenverhalten geprägt:

Kleine Schwester Gong,

Wir haben die gestrige Gelegenheit ergriffen, uns drei oder vier Stunden ausgiebig zu unterhalten. Zum einen wegen Ihres sanften Benehmens und Ihres reinen Herzens. Zum anderen wegen des leuchtenden Mondes, des klaren Himmels und weil der leise, kühle Wind die ganze Hitze vertrieben hatten! Am Ufer des Qinhe-Flusses, vor dem Konfuziustempel ... in jenem Moment bewirkte die Szenerie, dass meine Brust eine grenzenlose Öffnung empfand, ein grenzenloses Wohlgefühl und [einen grenzenlosen] Trost! Zumindest hat sich unsere Frühlingsgeschichte um eine strahlende Seite verlängert.
Als ich um 11 Uhr in meine Wohnung zurückgekehrt war, gab es zwar ein schreckliches Geschrei auf der Straße, aber da ich es gewohnt bin, ganz in meine Erlebnisse einzutauchen, verspürte ich nicht im Geringsten Schrecken oder Furcht. In jenem Moment war der Mond noch so leuchtend, der kühle Wind noch so wehend, der Himmel noch so klar, aber ...
Kleine Schwester Gong! Ich bitte Dich, das, was Du gestern gesagt hast, wahr zu machen, und ich bitte Dich, es im Ernst wahr zu machen. Weil ich Dich liebe, hoffe

ich auf Dich, und weil ich auf Dich hoffe, möchte ich Dich drängen. Kleine Schwester Gong! Ich wünsche mir, dass Du mit meinem Herzen, das auf Dich hofft, auf Dich selbst hoffen kannst, und dass Du zugleich selbst mit Deinem Herzen, das auf Dich selbst hofft, auf mich hoffen kannst. Das ist mein aufrichtiger Wunsch.
Dass mir die Worte fehlen, ist nicht wichtig. Wem ist es angeboren, alles richtig zu machen? Solange wir beharrlich und standhaft sind, können wir alles erreichen! Und Du bist noch in der Zeit der Jugendblüte! Jeden Tag einen Brief, mal drei bis vier Sätze, mal zehn oder acht Sätze, mal Probleme diskutieren, mal nebensächliche Ereignisse berichten. Wenn Du damit weitermachen kannst, glaube ich, dass Du in nächster Zukunft ganz bestimmt große Fortschritte machen kannst! Mehr sage ich nicht. Bitte gib auf Dich acht. Erhalte Deinen gesunden Körper und gib mir jeden Tag eine gute Nachricht.

Ich wünsche Dir
gutes Befinden.

Rui
31. Mai nachmittags

(Shen Jianzhong, *Zufu yu zumu* [Großvater und Großmutter], in: *Lao zhaopian* 7 (1998), S. 73 ff. Übersetzt von Thoralf Klein.)

Als sich Nationalisten und Kommunisten zu Beginn der 1930er in ihren jeweiligen Herrschaftsbereichen daran machten, im Rahmen einer neuen Zivilgesetzgebung die Rechtsstellung der Frauen zu verbessern, stießen sie deshalb auf ein erhebliches gesellschaftliches Resistenzpotential. Die GMD schrieb 1930 das Recht auf freie Partnerwahl (die durch Gegenwart zweier Zeugen bei der Zeremonie gewährleistet werden sollte), die Abschaffung des Konkubinats und der arrangierten Ehen, gleichzeitig aber auch die Herabsenkung des Heiratsalters für Frauen auf 16 Jahre fest. Allerdings wurden diese Bestimmungen ebenso wenig effektiv durchgesetzt wie das sehr ähnliche, 1931 erlassene Eherecht der kommunistischen Sowjetrepublik. Dagegen erlangten Frauen im kommunistischen Herrschaftsbereich in den 1930er und 1940er Jahren auch militärische Funktionen. Im Allgemeinen beschränkten sich diese auf die Unterstützung der Kombattanten; besonders in Krisenzeiten – namentlich während des Langen Marsches – gestattete man Frauen auch die Beteiligung am bewaffneten Kampf, die bereits in der Taiping-Bewegung möglich gewesen war.

Nach dem Ende des Bürgerkriegs unternahm die KPCh einen neuen Anlauf zur Gleichstellung der Frauen. Dabei ließen sich die Kommunisten von einem Konzept der Geschlechtergleichheit leiten, das Unterschiede zwischen Männern und Frauen stark herunterspielte. Die kommunistische Bildpropaganda zeigte Frauen gerne bei „männlichen" Tätigkeiten wie Ölbohren oder Kohlebergbau oder präsentierte sie in quasi-militärischen Uniformen. Ausgeblendet blieb, dass Frauen zwar jetzt in der Tat Zugang zu einem breiteren Spektrum ehedem als männlich eingeschätzter Tätigkeiten hatten als während der Republikzeit, aber zugleich die Last der Haus-

Abb. 21: Hochzeitspaar um 1930. Zugleich mit dem neuen Eherecht verbreiteten sich auch europäische Heiratssitten. Statt des traditionellen roten Brautkleides trägt die Braut jetzt Weiß – in China eigentlich die Trauerfarbe.

haltsführung zumeist allein tragen mussten. Zudem waren sie nach wie vor mit der Erwartung konfrontiert, auf die Bedürfnisse ihrer Männer Rücksicht zu nehmen. Ebenso wurde verschwiegen, dass die meisten Leitungspositionen in Wirtschaft und Gesellschaft immer noch Männern zufielen. Nicht einmal das Prinzip des gleichen Lohns für gleiche Arbeit wurde durchgesetzt.

Dass die gesellschaftliche Rolle von Frauen dennoch eine beträchtliche Dynamik erfuhr, hing vor allem mit dem neuen Ehegesetz von 1950 zusammen, das im Wesentlichen die Bestimmungen der 1930er Jahre wieder aufgriff. Dabei ging es nicht wie zu Zeiten der 4.-Mai-Bewegung um die Durchsetzung der Liebesheirat, sondern ausschließlich um die Neuordnung der Gesellschaft. In der sozialistischen Gesellschaft erfolgte die Partnerwahl häufig innerhalb der *danwei* und durch Vermittlung Dritter. Die Zahl der Ehescheidungen ging nach einem vorübergehenden Boom seit 1953 rapide zurück, zumal auch das kommunistische Ehegesetz die Heirat als einzig legitime Form sexueller Beziehung definierte. Anders als noch in den 1930er Jahren nahmen aber nun auch manche Frauen vom Land das neue Recht in Anspruch, obwohl sie nicht feministisch dachten und die traditionelle Rollenverteilung nicht in Frage stellten. Sie begriffen die Ehescheidung vor allem als Chance, ihre konkreten Lebensbedingungen zu verbessern.

Mit dem Beginn der Reformperiode hat in mancher Beziehung wieder eine gegenläufige Tendenz eingesetzt. Frauen entdeckten ihre Weiblichkeit wieder, da das „geschlechtsneutrale" Frauenbild der Mao-Ära ausgedient hatte, und legten sich, wenn auch oft zögerlich, ein modisches Äußeres zu. Nicht zufällig lebte auch eine Form der Werbung wieder auf, die auf den Sex-Appeal von Frauen setzt. Mit diesem gewandelten Frauenbild gehen auch viele soziale Schwierigkeiten einher, da Frauen im Zuge der Privatisierung leichter ihre Arbeit verlieren und eine höhere Arbeitslosenquote aufweisen als Männer, auch Akademikerinnen schwieriger eine Anstellung finden als männliche Hochschulabsolventen. Zeitungsberichten zufolge sollen sich manche reichen Chinesen auch wieder eine Konkubine genommen haben, die dann in einer Zweitwohnung lebt, schon weil diese Praxis nach wie vor gesetzlich verboten ist. Auch zu Entführungen von Frauen im Auftrag reicher Männer soll es bereits gekommen sein, da sich im Zuge der Ein-Kind-Politik der Männerüberschuss wieder erhöht hat. Was die gegenwärtige Situation allerdings von derjenigen von vor 1949 deutlich unterscheidet, ist nicht nur das größere Selbstbewusstsein der Frauen, sondern vor allem ihre bessere Organisation, besonders im Rahmen von Nichtregierungsorganisationen (NGOs). Diese verstehen sich zwar als überwiegend unpolitisch, sind aber in der Lage, Frauenthemen wirksam in die Öffentlichkeit zu tragen.

4.2 Mechanismen von Kontrolle und Mobilisierung

Der revolutionäre Transformationsprozess des 19. und 20. Jahrhunderts beinhaltete auch einen Wandel im Verhältnis von Herrschaft und Gesellschaft. Der seinem Charakter nach vormoderne Staat der Qing bemühte sich um die Kontrolle einer Gesellschaft, mit deren Elite er infolge seiner eigenen Schwäche kooperieren musste. Mobilisierungsimpulse zum Zweck sozialer Veränderung gingen, wenn überhaupt, von der Gesellschaft aus. Als infolge der Krisen um die Mitte des 19. Jahrhunderts sowie der gestiegenen Aufgabenlast die staatliche Bürokratie zunehmend expandierte und in die sozialen Strukturen eindrang, änderte sich auch das Verhältnis von Kontrolle und Mobilisierung. Spätestens seit den 1920er Jahren etablierte sich ein neuer Politikstil, in dessen Rahmen der Staat bzw. staatsähnliche Herrschaftsstrukturen die Gesellschaft zu revolutionären Transformationsprozessen mobilisierten. Die revolutionären Regimes blieben dabei gleichzeitig auf Mechanismen zur sozialen Kontrolle angewiesen, um ihre Herrschaft gegen wirkliche oder eingebildete Feinde zu sichern. Zwischen Kontrolle und Mobilisierung entstand somit ein stetigen Schwankungen unterworfenes Spannungsverhältnis.

4.2.1 Soziale Kontrolle unter der Qing-Dynastie

Das Reich der Qing war das bevölkerungsreichste nicht nur seiner Zeit, sondern vermutlich der gesamten Geschichte vor dem 19. Jahrhundert. Der riesigen Bevölkerung von 250-300 Millionen Menschen stand eine staatliche Bürokratie gegenüber, die zwar vergleichsweise gut organisiert, aber zahlenmäßig wie in anderen vormodernen Staaten recht klein war. Zwar war eine abstrakte Trennung von Staat und Gesellschaft unbekannt, doch waren sowohl den Bürokraten als auch den Untertanen des Kaisers eine Unterscheidung nach den Personengruppen *guan* (die Beamten, von Ausländern auch als Mandarine bezeichnet), *shen* oder *shenshi* (die Literaten bzw. in einem weiteren Sinne die sozialen Eliten) und *min* oder auch *liangmin* (das einfache Volk) durchaus geläufig.

Das Scharnier zwischen Staat und Gesellschaft bildeten die unteren Ebenen der Staatsverwaltung, besonders die lediglich 1.300 Landkreise, die von Kreismagistraten mit einem Stab von Hilfspersonal geleitet wurden. Unterhalb der Kreisebene wurde besonders in Orten von größerer strategischer Bedeutung noch eine Schicht nachgeordneter Beamter stationiert, die staatlich ernannt und besoldet wurden. Ihre Anzahl wurde zwar im 18. Jahrhundert erhöht; insgesamt konnte die bescheidene staatliche Expansion aber nicht im Entferntesten mit der Bevölkerungszunahme Schritt halten. Angesichts seiner begrenzten finanziellen und personellen Ressourcen erhob der Qing-Staat keineswegs den Anspruch, eine umfassende Kontroll- und Verteilungsagentur nach dem Muster moderner Staatlichkeit zu sein, sondern konzentrierte sich vielmehr auf die Erfüllung einiger Kernaufgaben: mäßige Besteuerung von Landwirtschaft und Handel, Aufrechterhaltung der inneren und äußeren Sicherheit, Rechtsprechung (die nicht in der Hand unabhängiger Gerichte, sondern der Verwaltungsbeamten lag), Instandhaltung der wasserbaulichen Infrastruktur aus Kanälen und Deichen zu Transportzwecken und zur Hochwasserprävention, eine reichsweite Getreideversorgung zur Abwehr von Hungerkrisen und zur sozialen Stabilisierung sowie den Erlass kultureller, ritueller und ideologischer Normen im Sinne einer konfuzianischen Orthodoxie.

Mit diesen Aufgaben wäre die zahlenmäßig kleine lokale Beamtenschaft allein überfordert gewesen, zumal infolge der maximal dreijährigen Amtsperioden und der heimatfernen Verwendung kein Staatsdiener in seinem Amtsbereich auf die Unterstützung von Freunden, Verwandten etc. zählen konnte. Die Mandarine waren daher auf die Zusammenarbeit mit zwei unterschiedlichen Personengruppen angewiesen: Erstens stellten sie für ihre Amtssitze (*yamen*) ein Hilfspersonal aus Schreibern und Amtsdienern zusammen. Dieses entstammte in der Regel der lokalen Bevölkerung und stand daher in Verbindung mit örtlichen Machtgruppen. Zweitens suchten sie bei der Erfüllung ihrer Aufgaben die Unterstützung der lokalen Eliten, die für bestimmte Projekte (etwa die Instandhaltung von Deichen, Brücken usw.) die nötigen finanziellen Mittel aufbrachten und auch Verwaltungsaufgaben übernahmen.

Zur Aufrechterhaltung der gesellschaftlichen Stabilität verließ sich die Qing-Dynastie jedoch nicht allein auf die Interaktion zwischen Beamten und lokalen Eliten, sondern auch auf eine Reihe sozialer Kontrollsysteme. Sie übernahm diese von der vorausgehenden Ming-Dynastie (1368-1644), passte sie jedoch ihren eigenen Bedürfnissen an. Das erste waren die *baojia*. Dabei handelte es sich um ein Registrierungssystem, das freilich nur die erwachsene männliche Bevölkerung in Einheiten auf drei verschiedenen Stufen zusammenfasste. Jeweils zehn Haushalte bildeten ein *pai*, zehn *pai* ein *jia* und zehn *jia* ein *bao*; diese größte Einheit umfasste also 1.000 Haushalte. Die Hauptfunktion des Systems bestand in der gegenseitigen Überwachung der Mitglieder, die alle ihnen bekannten Verbrechen an das Oberhaupt des *bao* zu melden hatten. Dieser wiederum sollte die Informationen dem zuständigen Magistrat übermitteln. In der zweiten Hälfte des 18. Jahrhunderts versuchten manche Beamten, die Vorsteher der Lineages (*zuzheng*) als Instrumente staatlicher Kontrolle zu nutzen und sie zu diesem Zweck mit Vollmachten zur Disziplinierung von Mitgliedern auszustatten, allerdings weitgehend ohne Erfolg. Das dem *baojia* strukturell ähnliche, aber separat geführte *lijia*-System diente der Erfassung der steuerpflichtigen Bevölkerung sowie der Steuereintreibung. Seine Funktionen übernahmen bereits in der zweiten Hälfte des 18. Jahrhunderts die *baojia*; zugleich wurden sogenannte *dibao* als neuer Typ lokaler Agenten für die Leitung der *bao* und die Steuereintreibung ernannt.

Der moralischen Stabilisierung dienten die Gemeindepakte (*xiangyue*). Es handelte sich dabei um ein weltliches Gemeinschaftsritual, in dessen Rahmen örtliche Gelehrte Vorträge über konfuzianische Moral hielten. Deren Grundlage bildeten das 1670 erlassene Heilige Edikt des Kangxi-Kaisers bzw. die erweiterten Textfassungen seiner Nachfolger, und die versammelte Gemeinschaft verpflichtete sich zur Einhaltung der darin niedergelegten Grundsätze, die auf die Herstellung politischer und sozialer Stabilität abzielten.

Staatlich verordnete Moral: Das Heilige Edikt

Das Heilige Edikt setzte sich aus 16 betont einfach und verständlich gehaltenen Maximen zusammen:

Seid ehrlich in Kindespietät und brüderlichen Verpflichtungen und nehmt die menschlichen Beziehungen ernst.
Respektiert eure Abstammungsgruppe und glänzt durch Harmonie und Friedfertigkeit.
Haltet Frieden in der Gemeinde, um Streitigkeiten und Prozessen ein Ende zu machen.
Legt Wert auf Ackerbau und Maulbeerbäume, damit es genügend Nahrung und Kleidung gibt.
Achtet die Sparsamkeit und gebt eure Mittel zurückhaltend aus.
Lasst das schulische Lernen blühen und sorgt so für gute Manieren bei den Gelehrten.
Lehnt die Häresie ab und verehrt die orthodoxen Lehren.
Erklärt die Gesetze, um die Unwissenden und Halsstarrigen zu warnen.
Seid ein Vorbild an Anstand und Höflichkeit und verbessert so die Sitten und Gebräuche.
Bleibt bei eurem Beruf, damit der Wille des Volkes gefestigt wird.
Ermahnt die jungen Leute, um sie von Übeltaten abzuhalten.
Macht falschen Beschuldigungen ein Ende, um gute Menschen zu schützen.
Verbietet das Verstecken von Flüchtlingen, um zu vermeiden, dass andere mit hineingezogen werden.
Zahlt eure Steuern, damit ihr nicht dazu gezwungen werdet.
Vereinigt euch in den baojia, um Räuber zu unterdrücken.
Schlichtet, wenn zum Hass aufgestachelt wird, um Gesundheit und Leben zu wahren.

(Liang Yannian, *Shengyu xiangjie shi juan* [Das Heilige Edikt in Bildern erklärt. In zehn Bänden]. Bd. 1. O. O. u. J., ND Beijing: Xianzhuang Shuju 1995, S. 1-2. Übersetzt von Thoralf Klein.)

Die Verwaltungsstruktur und die sozialen Kontrollmechanismen, die die Qing-Herrscher von ihren Vorgängern übernahmen, bedeuteten keine scharfe Trennung, sondern im Gegenteil eine Verklammerung von bzw. Kooperation zwischen Staat und Gesellschaft. Zugleich wurde die Funktionsfähigkeit dieses Verhältnisses durch eine Reihe von Problemen beeinträchtigt. Die Fiskalpolitik der Qing stellte für die Erledigung lokaler Verwaltungsaufgaben nur geringe finanzielle Mittel bereit und entlohnte auch die Staatsdiener nur höchst sparsam. Zwar arbeiteten die Mandarine im Rahmen ihrer Möglichkeiten recht effizient, insbesondere in ihrer Funktion als Richter. In vielen Fällen aber wurden Beamte erst gegen Gebühren tätig oder erhoben lokale Aufschläge auf die Steuern. Dies war keine Korruption im eigentlichen Sinne, konnte aber jederzeit in eine den Staatsinteressen direkt zuwiderlaufende Form der Beeinflussung von Beamten umschlagen. Das behördliche Hilfspersonal, dessen Tätigkeit ohnehin mit einem sehr geringen sozialen Ansehen verbundenen war, erhielt überhaupt keine offizielle Entlohnung und lebte daher ausschließlich von eigentlich illegalen, aber gewohnheitsrechtlich üblichen Gebüh-

Abb 22: Gerichtssitzung Ende der 1890er Jahre. Sitzend hinter dem Tisch der Kreismagistrat. Vorne Angeklagte oder Zeugen in der ehrerbietigen Haltung, die man dem Richter schuldig war. Bei den beiden Personen rechts und links des Tisches handelt es sich um lokale Milizen, die dem Magistrat unterstanden.

ren. Infolgedessen galten besonders die Amtsdiener der Bevölkerung und sogar ihren vorgesetzten Beamten als korrupte, schikanöse Ausbeuter. Zudem boten die sozialen Kontrollsysteme den lokalen Eliten zahlreiche Möglichkeiten der Aneignung und Indienstnahme für eigene Zwecke, zumal sie in der Regel die Steuerzahlung für ihre Gemeinschaften übernahmen (was auch für die von Steuern befreiten Literaten galt).

Es gelang dem Staat jedoch nicht, den vor allem in Südchina bedeutenden Grundbesitz von Lineages zu beschränken und ihnen damit die ökonomische Grundlage zu entziehen, geschweige denn sie zu entwaffnen. Von einem staatlichen Gewaltmonopol war das Qing-Reich weit entfernt, zumal in abgelegenen Regionen und an den Provinzgrenzen, wohin der Arm der staatlichen Gewalt zumeist nur unvollkommen reichte. Lokale Milizen trugen nicht nur zur Aufrechterhaltung der öffentlichen Ordnung bei – etwa bei der Niederschlagung von Rebellionen –, sondern spielten auch bei der Austragung lokaler Konflikte und bei Steuerrevolten eine wichtige Rolle. Als Institutionen der kollektiven Selbstverteidigung schreckten sie vor Gewaltakten nicht zurück, so dass ihr Einsatz von räuberischen Überfällen manchmal kaum zu unterscheiden war. Im 19. Jahrhundert waren aufgrund der allgemeinen Unsicherheit zahlreiche Dörfer befestigt; diese Tendenz setzte vermutlich schon mit der Rebellion des Weißen Lotos um 1800 ein.

Trotz der unbestreitbaren Probleme bei der Kontrolle der Gesellschaft wird die Leistungsfähigkeit des Qing-Staats bei der Erfüllung seiner selbst gestellten Aufgabe zumindest bis etwa 1850 in der Forschung neuerdings positiver beurteilt. Zwei Beispiele von eminenter Bedeutung für das Verhältnis von Staat und Gesellschaft, die Getreideversorgung und die Flutkontrolle, mögen dies verdeutlichen. Die Leistungsfähigkeit der staatlichen Getreidespeicher hatte ihren Zenit schon um 1780 erreicht. Trotz des auf interne strukturelle Probleme und keineswegs auf äußere Krisen zurückzuführenden Leistungsabfalls aber konnte die staatliche Getreideversorgung bis weit ins 19. Jahrhundert nach wie vor positiven Einfluss auf die Ernährungslage der Bevölkerung nehmen. Erst nach der Taiping-Rebellion begannen die Speicher nach und nach zu verschwinden. Im Bereich der Wasserregulierung reagierte der Staat zügig und flexibel auf die Überschwemmungen am Großen Kanal Mitte der 1820er Jahre, zeigte sich aber angesichts der Bedrohung durch die Taiping-Rebellion nicht mehr zu einer angemessenen Reaktion in der Lage, als 1855 der Huanghe seinen Lauf dramatisch änderte und sich 300 km nördlich seiner bisherigen Mündung einen Weg ins Meer bahnte. Während die betroffene Bevölkerung hierauf sofort mit dem Bau von Deichen reagierte, zeigte sich der Staat infolge seiner unzureichenden Vernetzung mit der dörflichen Ebene, aber auch aufgrund regionaler Kompetenzstreitigkeiten jahrzehntelang weder zu effektiven Hilfsleistungen an die notleidende Bevölkerung noch zu einer durchgreifenden Problemlösung in der Lage. In anderen Regionen, wo die Lage weniger dramatisch war, konnte sich das Problem allerdings ganz anders darstellen: In der Bucht von Hangzhou (Zhejiang) kamen Impulse für wasserbauliche Maßnahmen allein von den Lokalbeamten, während die lokalen Eliten sich aus partikularen Interessen, vielleicht auch wegen der während der Taiping-Rebellion erlittenen Verluste völlig passiv verhielten.

Überhaupt ist der Qing-Staat in der zweiten Jahrhunderthälfte weniger zusammengebrochen als in eine Sackgasse geraten, aus der sich die Administration durch die Schaffung neuer, „irregulärer“ Behörden zu befreien suchte. In diesen ersten Maßnahmen zur Reparatur eines seinen Aufgaben nicht mehr hinreichend gewachsenen Staates kann man aber bereits die Keimzelle für die durchgreifenden institutionellen Reformen seit 1900 sehen, die das Verhältnis zwischen Staat und Gesellschaft auf eine neue Grundlage stellten.

4.2.2 Staat und Gesellschaft im frühen 20. Jahrhundert

In den Jahren um 1900 nahm der Umbau des chinesischen Staates systematischere Züge an. Trotz der verschiedenen Regimewechsel handelt es sich um einen relativ einheitlichen Prozess, der mindestens bis zum Vorabend des Zweiten Weltkriegs andauerte. Er betraf nicht nur die Staatsspitze, wo die überkommene Regierungsstruktur durch ein modernes System von Ressortministerien abgelöst, Versuche zur Zentralisierung der Regierungsgewalt unternommen und gleichzeitig die Weichen für ein Parlament gestellt wurden, sondern besonders auch die Lokalverwaltung. Gerade nach unten hin, an der Nahtstelle zur Gesellschaft, wurden die staatlichen Institutionen beträchtlich ausgeweitet. Beginnend mit den Reformen der Qing, wurden Verwaltungseinheiten unterhalb der Kreisebene eingerichtet, allen voran die Bezirke (*qu*), deren Anzahl in der Republikzeit drei bis sechs pro Landkreis betrug. Auf welche Weise sich der Kontakt zwischen staatlichen Funktionsträgern und Bevölkerung ausdehnte und zugleich intensivierte, soll im Folgenden anhand dreier Bereiche dargestellt werden: Erziehungswesen, Strafverfolgung und -vollzug sowie Steuereintreibung.

Im Erziehungswesen hatte der Staat sich traditionell auf die Organisation der literarischen Prüfungen beschränkt, außer wenigen Schulen für Bedürftige (*yixue*) sowie Akademien für angehende Literaten jedoch die Organisation von Bildungsanstalten privater Initiative überlassen. Dies änderte sich 1905 mit der Abschaffung des Prüfungswesens, der Einrichtung eines Erziehungsministeriums sowie durch den Aufbau eines mehrstufigen, mittels Lehrplänen gesteuerten staatlichen Schulsystems. Der Staat entriss so der konfuzianischen Gelehrtenelite sowie den lokalen Gemeinschaften das Bildungsmonopol, ohne jedoch selbst eines zu beanspruchen. Mehrere Jahrzehnte lang existierten staatliche Schulen, moderne Privatschulen und gleichfalls privat finanzierte Dorfschulen (*sishu*), die wie früher von einem einzigen Lehrer geführt wurden, in einer prekären Konkurrenzsituation nebeneinander; erst die GMD-Regierung brachte in den 1930er Jahren die Tätigkeit der oftmals von lokalen Gemeinschaften großzügig subventionierten *sishu* weitgehend zum Erliegen. Immerhin aber richteten sich auch die Privatschulen in aller Regel nach staatlichen Lehrplänen und verwendeten staatliche Schulbücher. Hier bot sich dem Staat eine Möglichkeit zur Indoktrination zumindest der Schüler und damit der moder-

Abb. 23: Werkstatt des Modellgefängnisses Nr. 1 in Peking um 1920. Gab es bis zum 20. Jahrhundert in China lediglich Untersuchungsgefängnisse, so sollten nunmehr Haftstrafen zur moralischen Besserung verurteilter Straftäter beitragen. Allerdings dürften in den 1920er Jahren wenige andere Gefängnisse in China ähnlich fortschrittlich gewesen sein.

nen Bildungsschicht, und sowohl die Qing-Dynastie in ihrer Endphase wie auch die frühe Republik haben von diesem Mittel Gebrauch gemacht, wenn auch mit wechselndem Erfolg.

Die Aufstellung einer professionellen uniformierten Polizei nicht nur in den Städten, sondern auch in ländlichen Bezirken konfrontierte die Bevölkerung, wenn auch regional in sehr unterschiedlichem Maße, mit einer neuartigen staatlichen Institution. Die Strafverfolgung, bis dahin in der Hand der Kreisvorsteher und ihrer lokalen Agenten, wurde professionalisiert und emanzipierte sich in gewissem Maße von der lokalen Verwaltung, auch wenn bis zum Beginn der Nanjing-Dekade die Vorsteher der neu eingerichteten Bezirke häufig auch als lokale Polizeichefs fungierten. Gleichzeitig wurden die ersten modernen Gefängnisse eingerichtet und Haftstrafen eingeführt, während die bisherige Rechtsprechung nur Verbannung sowie Geld-, Prügel- und Todesstrafen gekannt hatte. Trotz des Verschwindens von *baojia* und Gemeindepakten verzichtete der Staat jedoch keineswegs gänzlich auf kollektive Überwachungssysteme, sondern delegierte diese Aufgaben an andere gesellschaftliche Funktionsträger, etwa die für die Steuerzahlung zuständigen Agenten der lokalen Gemeinschaften.

Im Steuersystem gab es unter den hier besprochenen staatlichen Aufgabenbereichen die geringfügigsten Änderungen. Auch der republikanische Staat hielt an der seit dem frühen 18. Jahrhundert geübten Praxis fest, nicht wie vorgeschrieben die Steuern von den einzelnen Steuerzahlern einzukassieren, sondern lokale Funktionsträger, in den Städten auch Gilden, mit dieser Aufgabe zu betrauen. Dieses System der Pauschalzahlung war selbst in benachbarten Regionen sehr unterschiedlich geregelt, hatte aber für beide Seiten Vorteile: Der Staat konnte sich auf den pünktlichen Eingang seiner Einnahmen verlassen, und die lokalen Steuerzahler ersparten sich mühsame Wege ebenso wie die Konfrontation mit möglicherweise korrupten Staatsdienern. Die gravierendste Änderung betraf das Ausmaß der Steuerlast. Schon in der ausgehenden Qing-Zeit hatte der zunehmende Finanzbedarf des Staates – für Modernisierungsprojekte wie z. B. die staatlichen Schulen, aber auch zur Abzahlung der Boxerindemnität – zu einem Anstieg der Grundsteuer sowie zu neuen Zusatzsteuern geführt. In der Republikzeit bürgerte sich bei den Warlords, deren erfolgreichere Vertreter durchaus an dem Prozess der Staatsbildung beteiligt waren, die Praxis ein, ihre stets knappen Kassen durch die Erhebung von neuen oder zusätzlichen Steuern aufzufüllen oder Abgaben auf Jahre im Voraus zu erheben.

Neben der finanziellen Belastung durch das Anziehen der Steuerschraube (und teilweise auch durch Schulgelder) sorgte auch die Korruption von Polizei und Verwaltung dafür, dass die wachsende Expansion des Staates für die Bevölkerung eher eine Last als eine Erleichterung darstellte. Dies gilt umso mehr, als die eigentlich zu erwartenden Gegenleistungen ausblieben. Den staatlichen Institutionen gelang es vor allem auf dem Land keineswegs, die öffentliche Ordnung in nennenswerter Weise zu kontrollieren und zu stabilisieren; im Gegenteil: Die politische Instabilität und die aus ihr resultierenden militärischen Wirren zogen die einfache Bevölkerung nicht nur unmittelbar durch Kampfhandlungen, Einquartierungen, Diebstähle, Plünderungen, Vergewaltigungen und Vandalismus in Mitleidenschaft, sondern trugen auch indirekt zur Zunahme des Räuberunwesens in der frühen Republikzeit bei. Marodierende Soldaten und Deserteure, die oft einen quasi-militärischen Anstrich beibehielten, traten an die Seite von traditionellen Wegelagerern, Seepiraten usw. und verschärften somit die oftmals anarchischen Verhältnisse. Außerdem konnte der staatliche Sicherheitsapparat auf dem Land weder das Fehdewesen noch die sozialen Spannungen innerhalb von Dorf- und Abstammungsgemeinschaften in den Griff bekommen. Im Gegenteil wurden die Auseinandersetzungen zwischen und innerhalb von lokalen Gemeinschaften gerade durch die größere Präsenz des Staates noch verstärkt, da politischer Einfluss nun zunehmend formalisiert und der Zugang zu den dörflichen Ämtern eine heftig umkämpfte Ressource wurde.

Konflikte zwischen Lineages, die ohnehin auf einer Kultur gegenseitigen Misstrauens beruhten, konnten beispielsweise dadurch angeheizt werden, dass die für die Steuereintreibung verantwortlichen lokalen Vertreter die eigene Abstammungsgruppe begünstigen und andere dafür stärker belasteten. Innerhalb der lokalen Gemeinschaften steigerte der Wettbewerb zusammen mit der wachsenden Anarchie die Bedeutung zweier Gruppen, die in der Folge sowohl von nationalistischer wie kommunistischer Seite mit dem diffamierenden Kampfbegriff „Ortstyrannen und üble Literaten" (*tuhao lieshen*) belegt wurden. Bei der letzteren Gruppe handelt es sich um die weniger wohlhabenden und gebildeten, auch aggressiveren Segmente der bisherigen sozialen Elite, die davon profitierten, dass die respektabelsten und angesehensten Personen sich infolge der herrschenden Anarchie dauerhaft in den Städten niederließen. Die Angehörigen der ersten Gruppe waren demgegenüber echte Aufsteiger mit rücksichtsloser, oft sogar krimineller Energie, die von dem Platz am Rande der Gesellschaft, den sie im 19. Jahrhundert innegehabt hatten, nun ins Zentrum des dörflichen politischen Lebens drängten. Anders als die bisherigen Eliten suchten sie Macht direkt in wirtschaftlichen Gewinn umzumünzen, indem sie, wie viele der schlecht bezahlten niederen Beamten auch, eine „Kommission" auf alle von ihnen eingetriebenen Steuern erhoben. Damit ordneten sie in beispielloser Weise die Gemeinschaften, die sie angeblich repräsentierten, rücksichtslos ihrem persönlichen Nutzen unter und beschworen die Gefahr der sozialen Desintegration herauf. Freilich variierte die Kohäsionskraft von Lineages und Dorfgemeinschaften von Region zu Region, und eine umfassende Klärung des Verhältnisses zwischen alten und neuen Bildungs-, Wirtschafts- und politischen Eliten steht noch aus.

Immerhin dürften diese Tendenzen das Misstrauen der staatlichen Instanzen gegenüber den lokalen Eliten verstärkt haben, das wesentlich an das obrigkeitliche Denken aus der Zeit vor 1911 anknüpfte. Aus diesem Grund wurde eine echte lokale Selbstverwaltung, bei der die staatlichen Funktionsträger in ihren Heimatgebieten eingesetzt wurden, nur zweimal für kurze Zeit realisiert: nach dem Sturz der Monarchie zwischen 1911 und 1913 sowie zu Beginn der GMD-Herrschaft zwischen 1927 und Anfang der 1930er Jahre. Im Übrigen verzichtete man weitgehend auf die Aktivierung des mündigen Staatsbürgers, die liberale und nationalistische Autoren eigentlich zu einer unerlässlichen Voraussetzung moderner Staatlichkeit erklärt hatten. Dabei hatte sich innerhalb der sozialen Elite seit der Wiederaufbauphase nach der Niederschlagung der Taiping-Rebellion ein zunehmendes Bewusstsein für öffentliche Fragen verbreitet, das seit Ende des 19. Jahrhunderts durch die neuen Medien und Kommunikationskanäle wie Zeitungen, Zeitschriften, Telegraph usw. mit größerer Leichtigkeit und Reichweite popularisiert werden konnte. Bei praktisch allen größeren politischen Bewegungen bis etwa 1920 erfolgte die Mobilisierung durch ein Zusammenspiel primär städtischer Wirtschafts- oder Bildungseliten. Der Staat beschränkte sich in der Regel, wenn überhaupt, auf wohlwollende Duldung. Wenn auch einzelne Beamte gesellschaftliche Aktivitäten förderten, so kann doch von einer gezielten Strategie seitens der staatlichen Vertreter keine Rede sein. In der Tat waren bei manchen Bewegungen wie derjenigen zur Rückgewinnung der Eisenbahnrechte oder dem Widerstand gegen die japanische Expansion ab 1915 (vgl. Kap. 6.1.3) die regierungskritischen Untertöne kaum zu überhören. Allerdings ging es bei diesen Bewegungen vorrangig um nationale, daneben auch um konstitutionelle Probleme. Erst die Bewegung für neue Kultur bzw. die 4.-Mai-Bewegung entdeckten auch die soziale Frage und schufen wichtige Voraussetzungen für die beispiellose Mobilisierung der 1920er Jahre.

4.2.3 Nationale Revolution und Guomindang-Herrschaft

In der Nationalen Revolution fanden Mitte der 1920er Jahre die bislang divergierenden Kräfte von Staat und Gesellschaft in einer breit angelegten Mobilisierungsanstrengung zusammen. Dabei agierten auf der einen Seite die Koalition aus GMD und KPCh, die zu diesem Zeitpunkt zumindest potentiell Massenparteien neuen Typs darstellten. Das von der Sowjetunion unterstützte Bündnis der beiden Parteien bildete die Regierung in Guangzhou, die zunächst nicht mehr als eine der vielen eigenständigen Provinzherrschaften war, aber den revolutionären Kräften eine staatliche Basis bereitstellte. In der Tat setzten sowohl die Nationalisten um Sun Yatsen als auch die Kommunisten auf einen starken Staat und propagierten die nationalistische Ideologie nicht nur mit Hilfe sozialer Bewegungen, sondern auch unter Einsatz staatlicher Institutionen wie etwa der Schulen sowie der Nationalrevolutionären Armee. Auf der anderen Seite stand eine zur Selbstmobilisierung fähige Öffentlichkeit, die, zunächst auf die Eliten beschränkt, seit der 4.-Mai-Bewegung eine Tendenz zur Verbreiterung ihrer sozialen Basis gezeigt hatte. Das Bündnis unterschiedlicher gesellschaftlicher Gruppen, das sich in Shanghai nach dem tödlich verlaufenen Zusammenstoß chinesischer Demonstranten mit der britisch-indischen Polizei formierte, verdankte seine Existenz der Kooperation verschiedener Vereinigungen, die sich in einer Dachorganisation zusammenschlossen. Im Gegensatz dazu stand hinter der Organisation der Bauern von vornherein die gezielte Agitation vor allem der Kommunisten.

Primär war die revolutionäre Mobilisierung von einer Rhetorik des nationalen Erwachens geprägt (vgl. Kap. 6.1.3), wobei dieser Begriff die Bereitschaft zur Überwindung des ausländischen Imperialismus wie zur Überwindung der inneren politischen Fragmentierung beinhaltete. Während sich viele Angehörige der sozialen Eliten sowie Intellektuelle, Studenten und Schüler auf diese Agenda konzentrierten und vor allem die Aufhebung der ungleichen Verträge, die Beseitigung der Sonderrechte für ausländische Schulen (vor allem Missionsschulen) usw. forderten, bestand genug Raum für die Verhandlung sozialer Fragen. Die städtische Arbeiterbewegung etwa konnte an bereits bestehende Aktionsformen wie Streiks, Demonstrationen und die Konfrontation mit der Polizei als Repräsentantin staatlicher Autorität anknüpfen. Gleichzeitig ergaben sich rhetorische Parallelen zwischen der Darstellung der Abhängigkeit Chinas von den ausländischen Mächten und jener der Abhängigkeit der Arbeiter von den Kapitalisten. Auf diese Weise fungierte die nationalistische Mobilisierung als Katalysator, der zur Entstehung eines Klassenbewusstseins innerhalb der heterogenen und fragmentierten chinesischen Arbeiterschaft ganz wesent-

Abb. 24: Der von der Guomindang propagierte Sun-Yatsen-Anzug (rechts) in einer Rekonstruktion. Er wurde in der Volksrepublik übernommen und international als „Mao-Anzug" bekannt.

lich beitrug. Dabei spielten kommunistische Agitatoren eine ebenso zentrale Rolle wie bei der Bauernbewegung, die sich im Wesentlichen auf die Provinzen Guangdong, Hunan und Hubei konzentrierte (vgl. Kap. 4.2.4). Offiziell unterstand die auf verschiedenen Verwaltungsebenen organisierte Massenbewegung der Leitung durch das Bauerndepartement der GMD; faktisch aber dominierten besonders auf den unteren Ebenen die kommunistischen Kader.

Die Agitation der genannten Bewegungen trug wesentlich zum Erfolg des Nordfeldzugs von 1926 bis 1928 bei. Nach dem Bruch der Einheitsfront im Frühjahr 1927 jedoch brach das jetzt in der GMD tonangebende Netzwerk um Jiang Kaishek die Mobilisierung gesellschaftlicher Gruppen im Interesse einer Konsolidierung des Regimes abrupt ab. Arbeiter- und Bauernbewegung wurden, wenn nötig mit militärischer Gewalt, unterdrückt, die Studenten von den Straßen in die Hörsäle zurückgerufen. An die Stelle der Massenbewegungen traten politische Rituale wie die in allen Behörden, Schulen und Universitäten abzuhaltende montägliche Gedenkfeier für den verstorbenen Parteigründer Sun Yatsen oder nationale Symbole wie der später im Westen als „Mao-Anzug" missverstandene Sun-Yatsen-Anzug (*zhongshanzhuang*) als staatsbürgerliche Uniform. Diese sollten Loyalität zum neuen Regime produzieren helfen; obwohl sie die aktive Teilnahme der Staatsbürger erforderten, dienten sie nicht der Mobilisierung, sondern der Kanalisierung und damit der Kontrolle gesellschaftlicher Energien (häufig mit antiimperialistischen Untertönen). In die gleiche Richtung wiesen auch die Bemühungen um die „Verparteilichung" (*danghua*) wichtiger Schnittstellen von Staat und Gesellschaft, besonders des Erziehungssystems. Dabei verstand sich die

GMD weiterhin als revolutionäre, zur Umgestaltung Chinas berufene Kraft. Angesichts des andauernden Bürgerkrieges gegen die Kommunisten und der militärischen Konfrontation mit Japan beklagten deshalb Anfang der 1930er Jahre innerparteiliche Stimmen, dass die Partei ihren revolutionären Schwung eingebüßt habe. Als Vorbilder für eine nationale Regeneration betrachteten sie vor allem die faschistischen Mobilisierungstechniken Italiens und des nationalsozialistischen Deutschland.

Seit Beginn der 1930er Jahre unternahm die GMD eine Reihe von Schritten zu einer grundlegenden Erneuerung der Gesellschaft; bei den meisten spielte die faschistisch inspirierte Blauhemdengesellschaft eine wichtige Rolle. In den ländlichen Regionen wurde im Herbst 1933 das *baojia*-System wieder eingeführt, diesmal aber nicht wie zur Kaiserzeit als kollektives Sicherheitssystem, sondern mit umfangreicheren Verwaltungs- und Erziehungsaufgaben sowie stärker militärischem Gepräge. In Gebieten, die man im Lauf des Bürgerkriegs den Kommunisten wieder abgenommen hatte, wurden sogenannte Sun-Yatsen-Schulen zur ideologischen Indoktrination in den Drei Volksprinzipien errichtet. Eine Reihe von Projekten widmete sich der angestrebten Militarisierung der Gesellschaft, so die Einführung einer militärischen Erziehung in den Schulen und Hochschulen des Landes sowie die 1934 gegründete Kommission für militärische Ausbildung, die eine Miliz von 12 Millionen Mann schaffen sollte. Zur Erfassung der Jugend wurde 1937 das Drei-Volksprinzipien-Jugendkorps gegründet. Der bei weitem umfassendste Versuch aber war die ebenfalls 1934 ins Leben gerufene Bewegung für neues Leben (*Xin shenghuo yundong*).

Die Bewegung für neues Leben erstrebte nicht weniger als eine vollständige Erneuerung der Gesellschaft auf der Grundlage moralischer Selbstkultivierung und war ein eigentümliches Amalgam aus konfuzianischen und modernen Elementen. Propagiert wurde ein auf die Bedürfnisse der Massen ausgerichteter Vulgärkonfuzianismus mit den zentralen Tugenden *li* (Etikette), *yi* (Rechtschaffenheit), *lian* (Ehrbarkeit) und *chi* (Schamgefühl). Gleichzeitig lieferte ein 96 Artikel umfassender Kodex eine ausführliche Anleitung für ein als angemessen erachtetes Sozialverhalten. Diese umfassten beispielsweise Gehorsam, Pflichterfüllung, Opferbereitschaft, aber auch Sauberkeit und Sorgfalt; statt Faulheit und Verschwendung sollten Effizienz und Produktivität herrschen. Einige Bestimmungen lassen sich wohlwollend als Verbreitung moderner hygienischer Vorstellungen lesen; in jedem Fall war die Bewegung einem modernen Frauenbild verpflichtet, nicht der vom Konfuzianismus propagierten Unterordnung unter den Mann. Das organisatorische Rückgrat der Bewegung bildeten Vereinigungen für die Förderung des neuen Lebens. Zu ihren Aktivitäten gehörten demonstratives öffentliches Straßenfegen und Kampagnen gegen den Opiumkonsum, aber sie unterhielten auch einen Arbeitsdienst und organisierten die sogenannte Bewegung für die wirtschaftliche Wiederbelebung der Massenwirtschaft.

Der Versuch der GMD, sich mit einer kontrollierten Mobilisierung eine Massenbasis zu schaffen, blieb allerdings weit hinter den Erwartungen zurück. Statt der

Die Bewegung für neues Leben als Teil eines nationalen Rettungsprogramms

In einer Rundfunkansprache vom 1. Januar 1936 legte Jiang Kaishek die Grundzüge der Bewegung für neues Leben dar und forderte die einzelnen Bürger auf, sich in den Dienst des nationalen Aufbaus zu stellen:

Der grundlegende Punkt in dem großen Programm der nationalen Errettung ist wohl die Gründung der „Neuen Lebensbewegung", an deren Verwirklichung wir während der beiden vergangenen Jahre gearbeitet haben. [...] Um ein moderner Bürger zu sein, muß ein Mann einen anständigen Charakter haben. Ebenso muß eine Nation, um modern zu sein, Anstand besitzen. Wenn wir einen echten Charakter und Anstand haben, wird niemand uns anzugreifen oder auszubeuten wagen. [...] Um also Beleidigungen, Bedrückungen und Angriffe von außen zu vermeiden, muß jeder einzelne von uns sich eifrig bemühen, durch Charakterbildung ein wahrhafter Bürger unseres Reiches zu werden. Solche Anstrengungen in einer Gemeinschaft werden natürlich zum Aufbau einer hohen Moral und zur Wiederbelebung alter Tugenden führen –, die grundlegenden, belebenden Prinzipien für jede zivilisierte Nation.
Es sollte also jeder Chinese alle Laster wie Ausschweifungen, Uneinigkeit, Oberflächlichkeit, Faulheit, Verschwendung, Eigennutz, Gleichgültigkeit usw. ablegen, sollte damit das stumpfsinnige und rückständige Leben, das er bisher geführt hat, aufgeben. Laßt ihn mutig und entschlossen einen neuen Lebenswandel beginnen! Laßt ihn gute Eigenschaften, wie Sauberkeit, Ordnung, Sparsamkeit, Fleiß und Zuverlässigkeit pflegen und ein moderner Bürger werden, erzogen in den guten Prinzipien der vier alten Tugenden! Ist er erst einmal ein moderner Bürger geworden, dann können wir auch eine starke, junge Nation aufbauen, die mit jeder anderen modernen Nation der Welt im Wettkampf stehen kann und die gleiche Freiheit und Anerkennung in der Familie der Nationen genießt.
Es ist somit klar, daß die „Neue Lebensbewegung" eine geistige Aufbaubewegung ist. [...] Die „Neue Lebensbewegung" zielt nicht auf materielle Genüsse und Reize hin, sondern auf eine Verbesserung der Gewohnheiten unseres täglichen Lebens und unserer Handlungen, so daß unsere Gedanken und unser Charakter eine „tägliche Erneuerung" erfahren und ein neuer tugendhafter Geist herangebildet wird, dessen moralische Prinzipien vor allem bei dem Aufbau einer neuen Gemeinde und eines neuen Staates vonnöten sind.

(Ausgewählte Reden des Marschalls Chiang Kaishek. Aus dem Chinesischen übertragen von Tao Pung Fai [Tao Pengfei]. Heidelberg/Berlin: Vowinckel 1936, S. 19-21.)

angestrebten zwei Millionen Mitglieder wurde 1937 lediglich die Marke von 300.000 erreicht. Das Verhältnis zwischen Mitgliedern der Massenorganisationen und Gesamtbevölkerung lag bei 1:1500 – eine im Verhältnis zu den Vorbildern, dem faschistischen Italien (1:90) und dem nationalsozialistischen Deutschland (1:44), geradezu lächerlich geringe Zahl. Ursache war neben dem eingeschränkten Herrschaftsbereich und der mangelnden Kontrolle über das flache Land auch die Angst der Verantwortlichen, die Bewegung könnte sich verselbständigen und sich schließlich gegen die GMD-Herrschaft selbst richten. Die verantwortlichen Büros ten-

Abb. 25: Proganda für die Bewegung für neues Leben: Aufschrift an der Wand eines Wohlfahrtszentrums in der Provinz Jiangxi. Von rechts gelesen, bedeuten die ersten vier Zeichen „Ordnung" und „Sauberkeit". Bei den restlichen vier Zeichen handelt es sich um die zentralen Schlagwörter der Bewegung „Etikette", „Rechtschaffenheit", „Ehrbarkeit" und „Schamgefühl".

dierten deshalb dazu, den Enthusiasmus der Mitglieder zu dämpfen. Auch handelte es sich bei den Gründern der örtlichen Zweigstellen nicht unbedingt um Aktivisten, die aus Hingabe zur Sache handelten, sondern häufig um lokale Honoratioren, die sich bei der Partei anbiedern wollten. Die meisten Intellektuellen, die häufig noch in der Tradition des 4. Mai 1919 standen oder sich den Kommunisten angenähert hatten, waren mit den altbacken wirkenden und vulgarisierten konfuzianischen Parolen ohnehin nicht zu gewinnen. Von den Anstrengungen der GMD zur Mobilisierung der Gesellschaft blieb daher am Ende, besonders nach der Auflösung der Blauhemdengesellschaft 1938, nicht allzu viel übrig.

Parallel zu diesen Mobilisierungsanstrengungen setzte das GMD-Regime nach wie vor auf die Disziplinierung und Kontrolle der Bürger – nicht zuletzt durch eine geheimpolizeiliche Überwachung, die auch Attentate gegen Regimegegner einschloss. Trotz des Schreckens, der von ihm ausging, erwies sich jedoch der Sicherheitsapparat ebenso wie alle anderen Institutionen der GMD-Herrschaft als unfähig, dem massiven Vertrauensverlust bei großen Teilen der Bevölkerung zu begegnen. Diese konnte die öffentliche Kritik an Jiang Kaisheks Beschwichtigungs-

Abb. 26: Karikatur von Ding Cong (*1935) aus dem Jahr 1946. Der GMD-Staat dringt in das Privatleben seiner Bürger ein und macht normale zwischenmenschliche Beziehungen unmöglich.

politik gegenüber Japan in den 1930er Jahren ebenso wenig eindämmen wie die Proteste gegen das wirtschaftspolitische Versagen der Regierung im Angesicht der galoppierenden Inflation Ende der 1940er Jahre. Die 1948 verabschiedeten Vorläufigen Maßnahmen für die Zeit der nationalen Mobilmachung zur Unterdrückung der kommunistischen Rebellion, die den Präsidenten zur Verkündung des nationalen Notstands und zur Ausrufung des Kriegsrechts ermächtigten, konnten die Lage angesichts der drohenden Bürgerkriegsniederlage nicht mehr stabilisieren. Erst auf Taiwan gelang der GMD mit ihrer Hilfe der Aufbau eines stabilen autoritären Herrschaftssystems (vgl. Kap. 6.3.1).

4.2.4 Die kommunistische Agrarrevolution

Welthistorisch kann die kommunistische Agrarrevolution in China nach wie vor als innovativer Versuch gelten, die Probleme eines wenig industrialisierten Landes auf revolutionärem Weg zu lösen. Sie hatte jedoch Vorläufer, weniger in Form der „klassischen" vormodernen Bauernaufstände, wohl aber in der christlich inspirierten, gesellschaftspolitisch radikalen Taiping-Bewegung. In Anknüpfung an Konzepte der gleichmäßigen Feldverteilung aus der chinesischen Frühzeit strebten die Taiping eine Verstaatlichung des Bodens an, der in ihrer Vorstellung Gott gehörte. Alles Land sollte gleichmäßig unter die Bevölkerung verteilt werden, allerdings nicht mit dem Ziel, dem einzelnen Pflüger das Eigentum an dem von ihm bestellten Land zu sichern. Vielmehr wurde erstens eine bessere Organisation der landwirtschaftlichen Produktion angestrebt; zweitens sollten die Ernteüberschüsse an den Staat abgeführt und im Gegenzug alle Steuern abgeschafft werden. Diese Verbindung von Landreform und Staatsbildung findet sich, wenn auch auf gänzlich anderer weltanschaulicher Grundlage, auch bei den chinesischen Kommunisten.

Die Mobilisierung der chinesischen Bauern war nicht das einzige, wohl aber das fruchtbarste Tätigkeitsfeld der kommunistischen Revolutionäre, da sie ihnen nach dem Verlust der städtischen Basen Ende der 1920er Jahre zunächst das Überleben sicherte und während des Krieges gegen Japan die Grundlagen des späteren Sieges im Bürgerkrieg legte. Der Erfolg der Kommunisten, der mehr oder weniger explizit mit dem Scheitern der GMD auf dem Land in Beziehung gesetzt wird, lässt sich dabei weder durch eine sich verschärfende Agrarkrise noch durch die lange Tradition chinesischer Bauernaufstände, weder durch die größere Entschlossenheit der KPCh im Kampf gegen Japan noch durch eine größere Rücksichtnahme der Kommunisten auf die bäuerlichen Verhältnisse hinreichend erklären. Vielmehr handelte es sich um einen wechselseitigen Lernprozess, in dem kommunistische Agitatoren und chinesische Bauernschaft als zwei Gruppen mit höchst unterschiedlichen Weltdeutungssystemen aufeinander trafen und sich in ihren kommunikativen Strategien und Handlungsmustern auf ihr Gegenüber einstellen mussten. Dabei waren die Machtverhältnisse mit Ausnahme der Anfangszeit grundsätzlich asymmetrisch, denn die Kommunisten bauten auf dem Land einen Partei- und Staatsapparat sowie eigene Streitkräfte auf und verfügten damit über Machtinstrumente, denen die Bauern keine gleichwertigen Mittel entgegenstellen konnten.

Ungeachtet ihrer oftmals ländlichen Herkunft legten die kommunistischen Theoretiker und Funktionäre als Intellektuelle ihrem Verständnis der ökonomischen und sozialen Ungleichheit auf dem Land eine Klassenanalyse marxistischen Ursprungs zugrunde, die mit der bäuerlichen Sichtweise wenig zu tun hatte. Obwohl sich diese Analyse durchaus auf empirische Beobachtungen stützte, war sie aufgrund ihrer ideologischen Prämissen nicht einfach eine Abbildung dieser Verhältnisse. Vielmehr schuf sie, indem sie in politisch-soziales Handeln übersetzt wurde, eine neue Wirklichkeit. Die kommunistischen Kader mussten die Bauern in ihrer Mehrheit dazu bringen, die Existenz von Klassen als zentrales Deutungsmuster ihrer Lebenswelt zu akzeptieren und den sich in marxistischer Perspektive daraus zwangsläufig ergebenden Klassenkampf als ihren Interessen dienlich anzusehen. Die ländliche Strategie der KPCh setzte somit die Kooperation zumindest eines aktiven Teils der Bauernschaft voraus, bediente sich aber gleichzeitig einer Mischung aus Überredung und dem Einsatz der verfügbaren Zwangsmittel.

Zur besseren Beurteilung dieser Strategie muss man sie zu einer Reihe sozioökonomischer Faktoren in Beziehung setzen, die die chinesische, vom Ackerbau dominierte Agrarwirtschaft ungeachtet regionaler Unterschiede allgemein kennzeichneten (vgl. auch Kap. 4.1.1 und 5.2.2). Ungeachtet der Tatsache, dass die chinesische Landwirtschaft sich als erstaunlich leistungsfähig erwies, waren infolge der begrenzten Verfügbarkeit kultivierbaren Landes (nur rund 15 Prozent der Gesamtfläche) die Betriebsgrößen recht klein. Die in China praktizierte Realteilung, bei der alle Söhne einen Teil des im väterlichen Besitz befindlichen Landes erbten, trug zu einer starken Besitzzersplitterung bei: Betrug um 1780 die verfügbare Ackerfläche pro Kopf rund 0,23 Hektar, so waren es 1933 weniger als 0,2 Hektar. Viele Bauern waren daher gezwungen, zusätzliches Land zu pachten. Daneben mussten sie ihre Einkommen durch Nebenbeschäftigungen wie Obstbau, Viehzucht und handwerkliche Tätigkeiten aufbessern. Zudem war aufgrund der oftmals prekären Ernährungslage, aber auch kultureller Praktiken wie der üblicherweise sehr aufwändigen Hochzeiten, die Kreditbelastung auf dem Land sehr hoch und führte angesichts von Zinssätzen von bis zu 30 Prozent häufig in eine Armutsfalle. Um 1930 schätzte man den Anteil der überschuldeten Bauernhaushalte auf rund 40 Prozent. Allerdings sagen die Eigentumsverhältnisse allein nichts über wirtschaftliche Erfolgschancen aus: Da es praktisch kaum Großgrundbesitz gab, fielen die Ungleichheiten zwischen Reich und Arm auf dem Land weniger ins Gewicht als beispielsweise in Osteuropa oder Lateinamerika. Bauern, die ihr gesamtes Ackerland pachten mussten, waren nicht selten wohlhabender als solche, die ausschließlich Eigenland bewirtschafteten. Zudem lagen den Pachtverhältnissen häufig komplizierte bodenrechtliche Arrangements zugrunde, die mancherorts den Pächtern ein eingeschränktes Miteigentum an dem von ihnen gepachteten Land zusprachen, und die Erfolgschancen der Landbesitzer bei der Eintreibung rückständiger Pacht- oder Kreditzinsen gestalteten sich höchst unterschiedlich. Ökonomische Abhängigkeitsverhältnisse ließen sich demnach nicht ohne weiteres in Machtbeziehungen überführen. Da die sinomarxistische Klassenanalyse nach dem Vorbild der klassischen Marxschen Theorie jedoch genau dies grundsätzlich unterstellte, beruhte die Agrarstrategie der KPCh auf einer erheblichen Komplexitätsreduktion.

Der Verlauf der kommunistischen Agrarrevolution lässt sich in fünf Phasen einteilen, deren erste die Zeit vom Beginn der 1920er Jahre bis zur Spaltung der ersten Einheitsfront mit der GMD 1927 umfasst. In dieser Periode bildete die Arbeit unter den Bauern ein wichtiges, aber doch zweitrangiges Element in der nationalen Mobilisierung und war eher lose an die politische Herrschaft angebunden. Am Beginn standen die Versuche einzelner kommunistischer Intellektueller, die Bauern in ihren Heimatregionen zu organisieren. Besonders erfolgreich war Peng Pai, dessen Arbeit in den benachbarten Kreisen Haifeng und Lufeng (Guangdong) Theorien und Strategie Mao Zedongs nachhaltig beeinflusste. Aus diesen ersten Initiativen erwuchs Mitte der 1920er Jahre eine organisierte Bauernbewegung mit Bauernvereinigungen (*nonghui*) auf verschiedenen Hierarchieebenen von der Gemeinde bis zur nationalen Stufe, koordiniert vom Bauerndepartement des Zentralen Exekutivkomitees der GMD, aber insbesondere auf den unteren Ebenen vorwiegend mit kommunistischen Kadern bestückt. Zum anderen beruhte die theoretische Auseinandersetzung noch auf einer simplen Unterscheidung zwischen Grundherren (*dizhu*) auf der einen und Bauern (*nongmin*) auf der anderen Seite. Dies hing nicht zuletzt mit der Tatsache zusammen, dass der Schwerpunkt der Bewegung in Südchina lag, wo der Anteil der Pachtbauern vergleichsweise hoch war und sich zudem schätzungsweise ein Drittel des gesamten Ackerlandes im korporativen Besitz von Abstammungsgruppen befand. Mit Rücksicht auf die Mehrheit innerhalb der GMD verfolgten die Bauernvereinigungen eine moderate Strategie und strebten nach der Erleichterung der Pachtbedingungen, der Schwächung lokaler Eliten und einer stärkeren Partizipation von politisch und sozial Benachteiligten.

Die Bauernvereinigungen stellten insofern einen neuen lokalen Machtfaktor dar, als sie vor Ort Milizen aufstellten und gleichzeitig mit der Rückendeckung von

Provinz- bzw. Nationalregierung operierten. Ihr Anknüpfen an bewährte lokale Strategien kollektiver Selbstverteidigung und Konfliktaustragung (vgl. Kap. 4.1.2 und 4.2.1) erklärt sowohl die Erfolge der Bauernbewegung wie auch deren Grenzen. Aus der bäuerlichen Perspektive waren die Bauernvereinigungen wertvolle Verbündete, deren neuartiger politischer Charakter nicht immer erkannt wurde, zumal ihre rote Farbsymbolik an schon bestehende kollektive Selbstverteidigungsorganisationen wie die Roten Speere Nordchinas oder die Roten Flaggen Südostchinas erinnerte. Da die Rekrutierung der Bauernvereinigungen oftmals auf der Grundlage verwandtschaftlicher oder territorialer Bindungen erfolgte, waren die in der Propaganda als Klassenkonflikte dargestellten Auseinandersetzungen in der Regel mit den neuen politischen Mitteln ausgetragene Fehden zwischen Lineages oder Dörfern. Diese Konflikte konnte sich die GMD nach dem Bruch der Einheitsfront zunutze machen, indem sie auf lokaler Ebene mit den Gegnern der Bauernbewegung paktierte.

Die zweite Phase von 1927 bis zum Beginn des Langen Marsches 1934 sah einschneidende Änderungen auf der theoretischen und auf der organisatorischen Ebene. Seit 1927 wurde aufgrund der bisherigen Erfahrungen, aber auch unter dem Einfluss der Komintern die einfache Unterscheidung von Grundherren und Bauern zugunsten einer größeren Differenzierung aufgegeben. Die Bauernschaft erschien nun nicht mehr als homogene soziale Einheit, sondern ebenfalls von Klassengegensätzen gekennzeichnet. Das 1933 etablierte Klassifizierungsschema unterschied neben den Grundherren drei Klassen von Bauern: Reiche Bauern besaßen wenigstens einen Teil des von ihnen kultivierten Landes; Mittelbauern verfügten zumindest über eigene Gerätschaften, und arme Bauern hatten weder das eine noch das andere. Reiche Bauern und ein kleiner Teil der Mittelbauern galten ebenso als Ausbeuter wie die Grundherren, unterschieden sich aber von diesen dadurch, dass sie zumindest einen Teil des in ihrem Besitz befindlichen Landes selbst bebauten. Unterhalb der Bauern stand die Klasse der Landarbeiter, die Land weder besaßen noch pachten konnten; hinzu kamen weitere nichtbäuerliche Gruppierungen wie Intellektuelle, Vagabunden und religiöse Spezialisten. Im selben Jahr begannen die Kommunisten auch damit, die Klassenzugehörigkeit aller im kommunistischen Machtbereich befindlichen Personen zu erfassen. Damit ging man von einer pauschalen Verwendung des Klassenkonzepts zu einer kasuistischen Anwendung über, wobei jeweils die sozioökonomische Situation einer ganzen Familie das Kriterium für die Zuweisung des Klassenstatus an ihre Mitglieder bilden sollte. Im Einzelfall erwies sich jedoch die Anwendung der zugrunde gelegten Kriterien als schwierig, weshalb in vielen Fällen der zugewiesene Klassenstatus korrigiert werden musste.

Mit der Änderung der theoretischen Betrachtungsweise radikalisierte sich auch die Zielsetzung der kommunistischen Agrarpolitik. Nunmehr sollten die Eigentumsverhältnisse auf dem Land durch eine Bodenreform grundlegend umgestaltet werden. Dabei ging es von Anfang darum, den Besitz von individuellen wie korporativen Grundherren (Lineages, Tempel) zu konfiszieren. Umstritten war jedoch vorläufig, ob das Land als Privatbesitz an die Bauern umverteilt oder aber nationalisiert werden sollte und welche Klassen in die Konfiskation einzubeziehen seien. Dabei führten Konflikte innerhalb der KPCh sowie der Einfluss der Komintern zu zahlreichen Kurswechseln und verhinderten eine langfristig wirksame Strategie.

Schließlich veränderte sich auch der politisch-institutionelle Rahmen der kommunistischen Bauernpolitik. Zwar beschränkte sich der Einfluss der KPCh seit Ende der 1920er Jahre auf die ländlichen Sowjetgebiete Südchinas, die 1931 zur Chinesischen Sowjetrepublik vereinigt wurden. Doch existierte in diesen Gebieten eine rudimentäre Staatlichkeit, und mit der Roten Armee verfügten Partei und Sowjetregierungen über ein loyales Kampfinstrument, das sie von der Unterstützung durch lokale Gemeinschaften vergleichsweise unabhängig machte und in die Lage versetzte, eventuellen Widerstand mit militärischen Mitteln zu brechen. Die Bauernvereinigungen wurden den Sowjets unterstellt und ihr Klassencharakter dadurch unterstrichen, dass man sie in Vereinigungen der armen Bauern (*pinnongtuan*) umbenannte. Gleichzeitig dürfte im Zuge der Bodenreform zumindest in Ansätzen das Zusammenspiel jener Gruppen in Gang gekommen sein, das sich in späteren Phasen voll entfalten sollte: Kommunistische Kader kamen überwiegend als Fremde in die Dörfer und stützten sich bei der Initiierung der Landreform auf Lehrer oder andere Landbewohner mit moderner Schulbildung als Mittelspersonen. Diese in ihre Heimat zurückgekehrten Intellektuellen konnten sich auf ihren Status als „Insider" und auf das Prestige berufen, das sie ihrer Herkunft aus den etablierten Führungsschichten lokaler Gemeinschaften verdankten, während sie gleichzeitig gegen die Interessen dieser Eliten arbeiteten. Schließlich mussten aus den Reihen der Bauern – keinesfalls nur der armen – Aktivisten gewonnen werden, die im Idealfall in die Partei aufgenommen wurden und ihrerseits einen neuen Kern bäuerlicher Aktivisten zu rekrutieren halfen.

Nach dem Verlust der südchinesischen Sowjetgebiete durch die Einkreisungsfeldzüge Jiang Kaisheks und dem Langen Marsch mussten die verbliebenen kommunistischen Kräfte in einer dritten Phase zwischen 1937 und 1945 in Nordchina eine neue Machtbasis aufbauen. Sie trafen hier auf andere sozioökonomische Strukturen, da Eigenbesitz weitaus verbreiteter war als im Süden. Vor allem aber bestimmte der Krieg gegen die Japaner nunmehr ganz wesentlich die Bedingungen für die Mobilisierung der Bauern. In dieser prekären Lage, die durch die latenten Spannungen mit der GMD noch zusätzlich verkompliziert wurde, vollbrachten die Kommunisten ihr strategisches Meisterstück, indem sie zwei entgegengesetzte strategische Ziele in einem prekären Gleichgewicht zu halten vermochten: einerseits unter Einschluss von Teilen der Eliten aus Grundbesitzern und reichen Bauern eine möglichst breite Einheitsfront gesellschaftlicher Kräfte gegen die Japaner aufzubauen, die in ihrem Machtbereich die dörflichen Machtstrukturen radikal zerschlugen; andererseits die Klassenverhältnisse zu polarisieren. Auf eine radikale Landreform wurde – außer dort, wo sie bereits vor Kriegsausbruch durchgeführt worden war – verzichtet. Andererseits führten die Kommunisten sehr wohl eine begrenzte Umverteilungspolitik durch und bedienten sich dazu des auch in späterer Zeit angewandten Instruments der „Kampfversammlungen", bei denen die neu gebildeten Bauernvereinigungen Gelegenheit erhielten, notorische Gegner wegen ihrer Verfehlungen anzuklagen. Die Bauernschaft begegnete dieser Umkehrung der Machtverhältnisse anfangs häufig mit Skepsis; hatte sie aber einmal die Vorteile erkannt, dann bediente sie sich dieses Instruments mit einer Radikalität, die oftmals über das von den Kommunisten gesetzte Ziel hinausschoss. Das Spannungsverhältnis zwischen einer auch emotional grundierten Massenmobilisierung und dem Wunsch nach deren Kontrolle konnte zu Konflikten zwischen den Bauern und der Partei führen, deren Vertreter den bäuerlichen Enthusiasmus im Interesse der Einheitsfrontpolitik zu zügeln bemüht waren.

Grundbesitzer als Parteikader

Dass viele der in der Kriegszeit zur Partei gestoßenen Kader aus Grundbesitzerfamilien stammten, stellte die KPCh auch bei Beginn der Landreform in der frühen Bürgerkriegszeit vor besondere Probleme. Dies zeigt sich beispielsweise in der folgenden Direktive des Parteibüros für Zentralchina vom 16. Juni 1946.

Bei der Lösung der Landprobleme gibt es schätzungsweise nicht wenige aus Grundbesitzerfamilien stammende Partei-, Regierungs- und Armeekader sowie aufgeklärte Gentry-Angehörige, die mit uns zusammenarbeiten wollen. Bei diesen hat ein ideologischer und gefühlsmäßiger Wandel eingesetzt, weil sie [dazu gebracht wurden, das Eigentumsrecht an] ihrem Land aufzugeben, und ihre Familien arm sind. In Bezug auf diese Menschen muss eine angemessene Regelung getroffen werden, um zu erreichen, dass die Landpolitik der Partei reibungslos verwirklicht wird. Wir haben nun die folgenden Ansichten zusammengestellt:

1. Als erstes muss man glauben, dass die Kader, die den achtjährigen Widerstandskrieg [gegen Japan] mitgemacht und eine langfristige Erziehung durch die Partei erhalten haben – selbst die aus Grundbesitzerfamilien stammenden Kader –, ganz sicher die Landpolitik der Partei anwenden können und sich bestimmt nicht von ihren Familienangehörigen ins Wanken bringen lassen. Außerdem werden auch Persönlichkeiten außerhalb der Partei, die viele Jahre lang mit uns zusammengearbeitet haben und den Einfluss unserer Partei sowie die Beeinflussung durch die Massen erfahren haben, sich unter normalen Umständen der heutigen Landpolitik unserer Partei nicht widersetzen. Wenn wir ihnen nur stärker die Ideologie erläutern und sie erziehen, dann werden sie die Politik unserer Partei anwenden und durchführen können. Dies müssen wir glauben und dürfen nicht unsere eigenen Kader und die Persönlichkeiten außerhalb der Partei an unserer gewöhnlichen Haltung gegenüber Grundbesitzern messen.

2. Aber wir müssen auch damit rechnen, dass die Verwirklichung [des Prinzips], dass der Pflüger sein Land haben soll, eine große Umwälzung ohne Beispiel in der Geschichte Chinas ist. Es ist ein neues Problem, an das viele Kader noch nicht gedacht haben, dass im Verlauf der Regelung der Land[frage] viele mittlere und kleine Grundbesitzerfamilien dem Verfall und dem Bankrott entgegen gehen. Dies ist eine neue Situation, und es wird sich nicht vermeiden lassen, dass dies die ideologische und gefühlsmäßige Umwandlung eines Teils der aus Grundbesitzerfamilien stammenden Kader beeinflusst. Einige werden diese plötzliche Wendung sogar nicht mitmachen. Dies ist eine gewöhnliche menschliche Empfindung, man braucht das nicht seltsam zu finden.

Deshalb müssen wir diese Kadern stärker ideologisch überzeugen und erziehen und sie dazu bringen zu verstehen, dass wir nicht anders können, als [das Prinzip], dass der Pflüger sein Land haben soll, zu verwirklichen. [Wir müssen dies tun,] um der Revolution willen, um den Aktivismus der Bauern zu erhöhen, um einen Bürgerkrieg zu verhindern, um Frieden und Demokratie zu schützen, um die befreiten Gebiete zu schützen. Deshalb können wir nicht anders, als [für] die Abtretung des Landes [zu sorgen], wir können nicht anders, als auf das privilegierte Familienleben zu verzichten und das Leben gewöhnlicher Menschen zu führen. Dazu müssen wir mit dem Verstand unsere Gefühle überwinden und im Interesse der Revolution die Familien überzeugen. Dieser ideologische Durchbruch ist sehr wichtig. [...]

4. Wenn wir unsere Verpflichtung zur Überzeugung und zur Rücksichtnahme auf Leben[sumstände] erfüllt haben und einzelne Kader ihren egoistischen Familienstandpunkt, ihr ursprüngliches Klasseninteresse nicht aufgegeben haben, die Politik der Partei nur nachlässig durchführen und sogar ihre Wirkung behindern – dann muss die Partei sie stärker kritisieren und sie sogar angemessen bekämpfen, um sie zur Selbstprüfung zu drängen. Wenn die Bekämpfung mittels Kritik ohne Wirkung bleibt und sie so halsstarrig wie vorher sind und sich nicht ändern wollen, dann kann man um der gründlichen Durchführung der Landpolitik der Partei willen nicht umhin, sie von ihrer Arbeit abzulösen und sie durch neue, aktive Kader zu ersetzen. Das Gleiche gilt für Persönlichkeiten außerhalb der Partei, die mit uns zusammenarbeiten. [...]

6. In einigen Gebieten war es bei der Verteilung der Früchte des Kampfes so, dass das Land nicht ganz gleichmäßig aufgeteilt wurde. Einige der Landstücke, deren Eigentumsrechte frei geworden waren, wurden nur den wenigen Haushalten zurückgegeben, denen [schon immer] die Buchführung oblag; bei einigen erhielten die Kader verhältnismäßig viel Land. Heute müssen wir zu einer ziemlich gleichmäßigen Landverteilung gelangen. Was das Land dieser Leute betrifft, so muss es gemäß den Prinzipien weggenommen und allen zur Verteilung gegeben werden. Aber man muss sie sehr gründlich überzeugen, und wenn einer nicht viel [zu viel] bekommen hat, so braucht man es nicht zu ändern. Wenn einer allzu viel bekommen hat, so muss man ihn überzeugen, es freiwillig herauszugeben. Man muss [solche Leute] dazu bringen zu verstehen, dass die Buchführung von allen vorgenommen wird, dass Land von allen verteilt wird, dass die Bauern unter dem Himmel eigentlich eine Familie sind. Wenn man dafür sorgt, dass jeder Land zum Pflügen hat und sich alle einig sind, dann sorgt man dafür, dass die Revolution erfolgreich ist.

(„Zhongguo Tudi Gaige" Bianjibu/Zhongguo Shehui Kexueyuan Jingji Yanjiusuo Xiandai Jingjishi Zu (Hrsg.): *Zhongguo tudi gaige shiliao xuanbian* [Ausgewählte historische Materialien zur Landreform in China]. Peking: Guofang Daxue Chubanshe 1988, S. 262-264. Übersetzt von Thoralf Klein.)

Die konkreten Maßnahmen und die Ergebnisse dieser Politik richteten sich stark nach den örtlichen Bedingungen und fielen dementsprechend unterschiedlich aus. Insgesamt kam es aber zu einer Umgestaltung der lokalpolitischen Verhältnisse, indem durch Wahlen neue, nicht mehr ausschließlich von der alten Elite kontrollierte Dorfverwaltungen installiert wurden, die gleichzeitig den Schein einer klassenübergreifenden Solidarität aufrecht erhielten. Die Partei konnte die Dörfer in nie dagewesenem Maß durchdringen und ihre Mitgliederbasis explosionsartig verbreitern: von rund 58.000 im Jahre 1927 auf 1,2 Millionen im Jahre 1945. Sie erhielt dabei keineswegs nur von den Ärmsten, sondern aus allen Schichten Zulauf. Je nach Region und Kriegsverlauf unterstützten sie bald die Reichsten (aus nationalistischen, antijapanischen Motiven) und die landlose Unterschicht (aus sozial-ökonomisch bestimmten Interessen), bald eher die Mittelbauern, die besonders von der kommunistischen Umverteilungspolitik profitierten. Oftmals waren Generationenunterschiede und nicht sozioökonomische Ungleichheit ausschlaggebend für die Hinwendung zur KPCh. Nur eine bewusste Rekrutierungspolitik sorgte dafür, dass bei Kriegsende die armen Bauern in Partei, Armee und Bauernvereinigungen die Mehrheit stellten. Die Kader bäuerlicher Herkunft sahen sich häufigen Loyalitätskonflikten zwischen der Partei und ihren lokalen Gemeinschaften ausgesetzt, umso mehr, als die Kommunisten den Bauern in einer Doppelrolle gegenübertraten: Sie waren nicht nur Agenten sozialer Veränderungen, sondern auch Repräsentanten eines im Aufbau befindlichen und expandierenden Staates, der die Last der Bauern durch Steuerforderungen und Rekrutierungen für den Kampf gegen die Japaner eher noch erhöhte. Verfehlungen der bäuerlichen Kader begegnete die Partei durch behutsame Korrekturen. Gleichzeitig sorgte die Dominanz städtisch-intellektueller Funktionäre auf den höheren Führungsebenen für ein hohes Maß an Kontrolle, zumal die Voraussetzungen für bäuerliche Erhebungen – nämlich eine außerhalb staatlicher Kontrolle stehende Elite – nicht mehr gegeben waren.

Indem es der Partei während dieser Phase gelang, alle widerstreitenden Ziele und Kräfte in dieser spannungsreichen Balance zu halten und gleichzeitig die staatliche Macht zu vergrößern, legte sie das Fundament für die vierte Phase, die im Norden Chinas bereits mit Beginn des Bürgerkriegs 1946, im Süden erst nach der Gründung der Volksrepublik begann und 1952 endete. Auf der Grundlage der Parteidokumente aus den frühen 1930er Jahren und in direkter Anknüpfung an die Strategie der Kampfversammlungen wurde nun die Landreform durchgeführt, der Grundbesitz umverteilt, die dörflichen und Lineage-Institutionen wenigstens nominell zer-

Abb. 27: Ein Grundbesitzer vor der Anklageversammlung. Der Holzschnitt von Yan Han (*1916) aus der Zeit des Krieges gegen Japan betont vor allem den Tribunalcharakter sowie die demütige Haltung des Angeklagten.

schlagen, ohne dass das Denken in verwandtschaftlichen und territorialen Kategorien völlig beseitigt werden konnte. Im Gegensatz zur Praxis der Kriegszeit wurden jedoch nunmehr überkommene Loyalitäten vielerorts gänzlich außer Kraft gesetzt und die sozial Schwächeren, die nun Gelegenheit erhielten, alte Rechnungen – oft mit brutaler Gewalt – zu begleichen, zumindest in ihrer Mehrheit zu Komplizen der kommunistischen Herrschaft gemacht. Auch in den bislang nicht kommunistisch kontrollierten Gebieten entstand eine janusköpfige Schicht von Kadern, die einerseits den lokalen Gemeinschaften entstammte, andererseits in die Strukturen der beherrschenden Monopolpartei eingebunden war.

Die kommunistische Agrarrevolution übersprang jedoch nicht nur die „Epochenscheide“ von 1949, sondern trat noch in die fünfte Phase der Kollektivierung, die von 1953 bis 1956 währte und eigentlich erst zur Schaffung einer sozialistischen Gesellschaftsordnung auf dem Land führte. Die Partei ging dabei zunächst vorsichtig und in mehreren Etappen vor: Am Beginn wurden die Bauern erst auf freiwilliger Basis, dann verpflichtend in „Gruppen zur gegenseitigen Hilfe“ zusammengefasst. Die nächste Stufe bildeten die „landwirtschaftlichen Produktionsgenossenschaften niederen Typs“, bestehend aus 20 bis 50 Haushalten. In diesen Genossenschaften blieb das Land zwar formal noch in Privatbesitz, doch wurden die Felder zusammengelegt, und die Genossenschaft traf alle die Produktion betreffenden Entscheidungen. Erst mit den im Anschluss gebildeten „Produktionsgenossenschaften höheren Typs“ ging der gesamte Grundbesitz an die Kollektive über, die noch einmal enorm vergrößert wurden, bis zu 300 Familien umfassen konnten und damit in der Regel mit den früheren Dörfern identisch waren. Im Zuge des „Großen Sprungs nach vorn“ wurde 1958 die Kollektivierung mit der Gründung der Volkskommunen als Basiseinheiten für Verwaltung und Produktion auf dem Land nochmals weitergetrieben und radikalisiert. Diese waren quasi-militärisch in Produktionsbrigaden und -gruppen unterteilt, wobei letztlich die Brigade die wesentlichste Einheit bildete, da sich die Volkskommunen mit durchschnittlich 5.000 Haushalten als kaum handhabbar erwiesen.

4.2.5 Die Volksrepublik: Von der Mobilisierung zur Kontrolle?

Die Kommunistische Partei stand 1949 vor den gleichen Problemen wie die GMD 1927, fand jedoch andere und insgesamt effektivere Lösungen, um ihre Herrschaft zu konsolidieren. Im Bürgerkrieg unter dem Schlagwort der „Neuen Demokratie“ angetreten, besaßen die Kommunisten zunächst gar nicht die Mittel, die alte Bürokratie abzulösen, sondern mussten sie fürs Erste auf ihren Posten belassen. Der KPCh und ihren Massenorganisationen gelang es aber in den folgenden Jahren, durch zahlenmäßige Expansion und strukturellen Ausbau die Gesellschaft in beispiellosem Maß zu durchdringen. Allein die Partei selbst zählte 1945 1,2 Millionen Mitglieder, zehn Jahre später über zehn Millionen, 1977 rund 35 und 1997 etwa 58 Millionen Mitglieder. Dass der von ihr gelenkte Staat trotz des Verzichts auf eine Geheimpolizei nach dem Vorbild des sowjetischen NKVD über ein effektiveres

Sicherheitssystem verfügte als alle seine Vorgänger, hängt wesentlich damit zusammen, dass er in den Städten wie auf dem Land ein großes Netzwerk von Aktivisten aufbaute, die sich (je nach zeitlichem Kontext) als Milizionäre, Mitglieder der neu eingerichteten Nachbarschafts- und Dorfkomitees etc. an der Überwachung der Gesellschaft beteiligten. Die Schaffung der *danwei* (vgl. Kap. 4.1.2) als neuer sozialer Einheiten im Prozess der sozioökonomischen Transformation in den Städten sowie, wenn auch mit gewissen Grenzen, die ländliche Kollektivierung begründeten eine Verteilungsfunktion des Staates und damit auch der ihn tragenden Partei. Auf diese Weise verstärkten sie die politischen und ökonomischen Kontrollmöglichkeiten noch zusätzlich. Zudem erleichterte das zwischen 1955 und 1961 eingeführte System der Haushaltsregistrierung (*hukou*) den staatlichen Zugriff auf die Bevölkerung, da es jeden Wohnsitzwechsel von einer vorherigen behördlichen Genehmigung abhängig machte (vgl. Kap. 5.2.3).

Darüber hinaus entwickelte die Kommunistische Partei in den ersten Jahren ihrer Herrschaft ihren Politikstil weiter und mobilisierte die Bevölkerung durch zahllose Massenkampagnen für eine ideologische Ausrichtung, die Transformation der Gesellschaft sowie den wirtschaftlichen Aufbau des Landes. Dieser Kampagnenstil war bereits in den 1930er Jahren entwickelt worden; mit der Ausrichtungs-Kampagne von 1942-1944 hatte er einen ersten Höhepunkt erreicht. In der frühen Volksrepublik erfuhr er zwei bedeutsame Neuerungen: Erstens wurde nun auch die städtische Bevölkerung in die Kampagnen einbezogen, wobei die KPCh wie zuvor schon auf dem Land das Ziel verfolgte, die angesichts der ungeheuren Größe ihres Herrschaftsbereichs besonders dringlich erscheinende staatliche Zentralisierung voranzutreiben. Die im engeren Sinne politischen Bewegungen dienten dazu, wirkliche oder eingebildete politische Gegner und einflussreiche soziale Gruppen auszuschalten. Definiert wurden diese nach höchst unterschiedlichen Kategorien: ökonomischen, politischen, beruflichen und rechtlichen. Wichtige Kampagnen der ersten Phase in den Jahren 1950 bis 1953 richteten sich gegen zwei wirtschaftlich einflussreiche Gruppen, nämlich Grundbesitzer (Landreform) sowie Kapitalisten und Unternehmer (Fünf-Anti-Kampagne). Gegen die allein politisch bestimmbaren „Konterrevolutionäre“ wurde eine eigene Kampagne in Szene gesetzt. Zweitens wandten sich einige dieser Massenaktionen auch gegen Parteifunktionäre und staatliche Bürokratie, insbesondere auf den unteren Ebenen, und damit gegen jenes Scharnier zwischen Staat und Gesellschaft, das unter der kommunistischen Herrschaft an die Stelle des fragilen und oftmals konflikthaften Zusammenspiels zwischen lokaler Verwaltung und gesellschaftlichen Eliten aus früheren Perioden getreten war. Wenigstens zwei Kampagnen, die Drei-Anti-Kampagne von 1951-1952 gegen bürokratische Korruption, Verschwendung und Obstruktion sowie die Sozialistische Erziehungsbewegung von 1963-1966, lassen sich als Versuche zur Lösung des Problems lesen, dass kommunistische Funktionäre häufig in einem doppelten Loyalitätsverhältnis standen: gegenüber Partei und Staat einerseits, gegenüber ihren Einheiten oder lokalen Gemeinschaften andererseits. Eine Ausnahmestellung unter den politischen Kampagnen hatte die kurze Hundert-Blumen-Bewegung vom Frühjahr 1957 inne, weil sie zunächst von Vorgaben und Reglementierungen relativ frei war. Gerade deshalb geriet sie aus der Perspektive der Regierenden praktisch sofort außer Kontrolle und musste in die gegen die politische Kategorie der „Rechtsabweichler“ gerichtete Kampagne „normalen“ Zuschnitts verwandelt werden.

Die Kampagnen waren nicht immer einheitlich, sondern konnten je nach Kontext differieren. So war die Sozialistische Erziehungsbewegung in den Städten eine relativ harmlose Angelegenheit, in deren Rahmen beispielsweise Lokalgeschichten verfasst und die Leute dazu angehalten wurden, die pfadfinderhafte Hilfsbereitschaft des nach seinem frühen Tod zum sozialistischen Helden stilisierten Soldaten Lei Feng (1940-1962) nachzuahmen. Auf dem Land hingegen orientierte sie sich am Vorbild der Landreformperiode, nur dass die in die Dörfer entsandten Arbeitsgruppen die Bauern nicht mehr gegen Grundherren und reiche Bauern, sondern gegen die dörflichen Kader mobilisierten. Dennoch setzten sich alle Kampagnen aus einer Reihe von Grundelementen zusammen: Am Beginn stand in der Regel die umfangreiche Indoktrination der Bevölkerung durch Parteiabteilungen und Polizei, wobei die wesentlichen Inhalte durch ein reichhaltiges Spektrum von Kommunikationsformen wie Plakate und Radiosendungen, Ausstellungen, Mas-

Abb. 28: Kampfversammlung Ende der 1950er Jahre. Zhang Bojun (1895-1969), Vorsitzender einer der „demokratischen" Parteien, wird als Rechtsabweichler kritisiert. Das Bild hat den Charakter einer theatralischen Inszenierung.

sendemonstrationen und andere mehr vermittelt wurden. Die aktive Einbeziehung der „Massen“ erfolgte im Allgemeinen durch die gruppenweise Lektüre und Diskussion zentraler Parteidokumente, an die sich häufig eine moralische Ermahnung zur Durchführung der Kampagne anschloss. Solche Versammlungen fanden routinemäßig auch in den Ruhephasen zwischen größeren Mobilisierungsaktionen statt.

Im Zentrum vieler politisch ausgerichteter Kampagnen standen die sogenannten Kampfsitzungen bzw. Anklageversammlungen oder „Volksprozesse“, in deren Rahmen Angehörigen der Zielgruppen teils innerhalb der jeweiligen *danwei*, teils in einem noch stärker öffentlichen Rahmen, etwa in Sportstadien, ihre Verbrechen vorgehalten wurden, wobei ihnen zumeist die Möglichkeit von „Geständnissen“ oder Selbstkritik eingeräumt wurde. Diese Verfahren dienten der Demütigung der Angeschuldigten und der Emotionalisierung, aber auch der Einschüchterung der Bevölkerung. Sie liefen dabei keineswegs spontan ab, sondern folgten einer von den verantwortlichen Stellen sorgfältig vorgeplanten Inszenierung. Besonders in den Anfangsjahren der Volksrepublik reagierten die Teilnehmer jedoch nicht immer drehbuchgemäß, sondern zeigten sich irritiert; in solchen Fällen wurden dann die für die Organisation verantwortlichen Kader gemaßregelt.

Psychoterror und menschliche Enttäuschungen

In ihren von der amerikanischen Sinologin Carolyn Wakeman aufgezeichneten Erinnerungen beschreibt Yue Daiyun, Literaturdozentin an der Universität Peking, ihre leidvollen Erfahrungen zwischen der Hundert-Blumen-Bewegung und dem Ende der 1970er Jahre. Unter anderem schildert sie die durch eine Mischung aus Psychoterror und Zerstörung zwischenmenschlicher Beziehungen geprägte Atmosphäre bei einer Kampfsitzung im Jahr 1957.

Außen am Hörsaalgebäude empfingen mich Anschläge, die unsere Zeitschrift angriffen. Einige behaupteten, Lao Lu und ich würden individuelles Heldentum befürworten und gegen das Denken des Vorsitzenden Mao opponieren. Andere verlangten: „Die Verräterin Yue Daiyun muß ausgestoßen werden“, oder: „Erkennt das wahre Gesicht der ‚Helden unserer Zeit‘.“ Im Innern des Gebäudes erklärte ein Anschlag, dies sei eine „Versammlung zur öffentlichen Bloßstellung der reaktionären Bande von ‚Helden unserer Zeit‘“, und ein noch bedrohlicheres Transparent verkündete: „Wenn sich die Rechtsabweichler nicht ergeben, werden wir sie zerschmettern.“
[...]
Im Wochenblatt der Universität, das Lao Tang am Morgen vor mir versteckt hatte und das ich erst 1979 in der Bibliothek aus Neugier las, nahm ein einziges Thema die ganze zweite Seite ein. In riesigen Lettern forderten die Schlagzeilen: „Erkennt das wahre Gesicht der großen Verräterin Yue Daiyun.“ Man behauptete, ich hätte die kommunistische Sache verraten, und beschuldigte mich und Lao Lu, den Individualismus zu unterstützen und den sozialistischen Kollektivgeist zu unterminieren, die Volksbefreiungsarmee zu beleidigen und den Führer der Sparte Literatur in China anzugreifen. Das alles waren antikommunistische Akte. Obwohl ich gar nicht die Leiterin der Planungsgruppe unserer Zeitschrift war, machte man mich wegen meines Parteiamtes

für die Gründung verantwortlich. Das Universitätsblatt brachte vier Artikel über uns, der Hauptartikel stammte vom Parteisekretär meiner Abteilung.
[...]
Als nun in der Kritikversammlung Lao Lin aufstand und behauptete, ich hätte die Poesie wie Opium benutzt, um der jüngeren Generation zu schaden, versetzte es mir einen schmerzhaften Stich, daß er mein Vertrauen so verriet. Mit kalter Stimme erklärte der junge Mann, mein Gedicht „An den Sturm" habe zwar meine Seele erneuern sollen, aber ein Mensch mit Seele hätte gewiß nicht versucht, der Jugend Chinas zu schaden. Dann wurde er zornig und schrie: „Steh auf, steh auf! Du mußt die Verantwortung für die Vergiftung vieler Studenten übernehmen!" [...] Später, nach meiner Rehabilitierung [im Jahre 1979], sagte Lao Lin zu mir, er bedauere, daß er den Parteiführern so blind gehorcht habe. Ich wußte jedoch, daß er gerade wegen unserer nahen Bekanntschaft gemeint hatte, unbedingt einen Strich zwischen uns ziehen zu müssen, nachdem ich zur Feindin erklärt worden war.
Tief trafen mich auch die Worte von Lao Pan, einem jungen Lehrer, gegen dessen Beteiligung an der Planung unserer Zeitschrift ich zunächst protestiert hatte. Selbst bereits als Rechtsabweichler eingestuft, nutzte er die Chance, durch eine entsprechende Aussage seine eigene Position zu verbessern. Er stellte die extremsten Behauptungen auf. [...] Die Zuhörer gerieten bei seinen Anklagen in zunehmende Erregung; sie hielten unsere ganze Gruppe für machtgierig. Als Lao Pan endete, begannen sie zu rufen: „Steh auf, du mußt aufstehen!" Ich tat es, stand aber nicht lange, denn der stellvertretende Sekretär sagte: „Laßt sie sich setzen und das Urteil des Volkes anhören!"
[...]
Ich versuchte, meine neue Lage zu begreifen, aber ich konnte einfach nicht glauben, was da eben passiert war. Der Hörsaal leerte sich, doch ich blieb sitzen, von Selbstzweifeln gequält. Bin ich tatsächlich eine Konterrevolutionärin, fragte ich mich und dachte daran, wie tief ich den revolutionären Idealen verpflichtet war.

(Yue Daiyun, Als hundert Blumen blühen sollten. Die Odyssee einer modernen Chinesin vom Langen Marsch bis heute. Aufgezeichnet von Carolyn Wakeman. München: Deutscher Taschenbuchverlag 1989, S. 42-48. Übersetzung von Helga Künzel)

Obgleich nicht alle Kampagnen gleichermaßen auf Strafen im juristischen Sinne, sondern manche eher auf eine gesellschaftliche Ächtung zielten, spielte der aus Sicherheits- und Rechtsprechungsorganen bestehende Repressionsapparat im Ablauf der Kampagnen stets eine zentrale Rolle. Er steuerte den gesamten Prozess von Verhaftung, juristischer Aburteilung und Vollstreckung der unterschiedlichen Strafen. Besonders in der Frühphase wurde (jedenfalls in absoluten Zahlen) eine beispiellose Zahl von Menschen zum Tode verurteilt. Allein für die Kampagne zur Unterdrückung von Konterrevolutionären (1951-1953), die brutalste in der Geschichte der Volksrepublik, belaufen sich Schätzungen auf zwischen 700.000 und zwei Millionen Hinrichtungen, rund 20 Prozent aller Fälle. Bei anderen Kampagnen führten Denunziationen und Anklageversammlungen zu einem enormen Anstieg der Selbsttötungsrate. Gleichzeitig wurde ein System von Gefängnissen und Arbeitslagern aufgebaut, das bis 1952 rund zehn Millionen Insassen hatte, davon mehr als zwei Drittel politische Häftlinge. Die in den ersten Jahren der Volksrepublik etablierten Prinzipien blieben für mehr als zwei Jahrzehnte gültig: Erstens zeigte sich die KPCh nach einem Jahr relativ milder Behandlung von Gegnern ab 1950 zum Einsatz von Gewalt und Terror auch gegen die eigene Bevölkerung bereit; zweitens schuf sie ein System der Rechtsunsicherheit, in dem gesetzliche Vorschriften jederzeit aus politischen Gründen abgeändert werden konnten.

Alle diese Grundelemente finden sich in verdichteter und übersteigerter Form in der ersten Phase der Kulturrevolution wieder. Die Mobilisierung von Studenten und Schülern durch Mao Zedong und Teile der Parteiführung war zwar kein flächendeckendes Phänomen, da Teile des flachen Landes nicht davon erfasst wurden. Dennoch wurde China in eine Anarchie beispiellosen Ausmaßes gestürzt, als die Roten Garden die durch die Ermächtigung der Parteiführung zur Bekämpfung der „Vier Alten Dinge“ (alte Gedanken, Kultur, Sitten und Gebräuche) und derjenigen Menschen, die „den kapitalistischen Weg gehen“, entstandenen Freiräume zum Angriff auf Autoritätspersonen aller Art nutzten. Dies war umso einfacher, als keine der genannten Kategorien klar definiert war und man missliebige Personen willkürlich beschuldigen konnte. In der von der Führungsgruppe von Mao geschürten Atmosphäre der Hysterie waren Parteifunktionäre und Verwaltungsbeamte, Lehrer und Professoren, Intellektuelle, aber auch buddhistische und daoistische Mönche und Nonnen einer Orgie physischer und psychischer Gewalt ausgesetzt. Zudem wurden weitreichende Versuche zur Normierung sozial-kultureller Verhaltensweisen unternommen. So wurden Bankzinsen und Schulprüfungen abgeschafft, Friseure wandten sich gegen „bourgeoise“ Haartrachten, und es gab sogar einen Vorschlag, bei Verkehrsampeln das rote Licht zum Zeichen für Weiterfahren umzufunktionieren.

Infolge ihrer mangelnden Praktikabilität hatten solche zum Teil gänzlich absurden Initiativen in der Regel keinen Erfolg. Sie verdeutlichen jedoch das Ausmaß, in dem der von Teilen der Regierenden angefachte Terror in die Gesellschaft eindrang. Das Resultat waren die bis heute nicht vollständig bewältigte Traumatisierung einer kaum abschätzbaren, wenigstens in die Hunderttausende gehenden Zahl von Opfern, bis in die Familien hinein reichende Konflikte, aber auch eine weitgehende Lähmung der Institutionen von Partei und Staat. Zudem spalteten sich die Roten Garden in rivalisierende, oft durch personelle Bindungen zusammengehaltene Gruppierungen auf, die sich gegenseitig an revolutionärem Aktivismus zu übertreffen suchten und einander häufig mit Gewalt bekämpften. Auf dem Land verliefen gewalttätige Auseinandersetzungen in schätzungsweise einem Drittel aller Fälle entlang traditioneller Konfliktlinien zwischen Lineages oder Dörfern. Diese eigentümliche Mischung aus revolutionärer Penetration der Gesellschaft und Anarchie wurde erst durch das Einschreiten der Pekinger Führung in zähem Ringen beendet. Seit dem Frühjahr 1967 wurde die Volksbefreiungsarmee, die einzige intakt gebliebene Institution, mit zunächst wechselndem Erfolg zur Wiederherstellung von Ruhe und Ordnung eingesetzt. Im Sommer 1968 wurden dann auch Arbeiter und Bauern gegen die Schüler und Studenten mobilisiert und so der letzte Widerstand in Schulen und Universitäten gebrochen.

Noch während die durch die Kulturrevolution an die Macht gekommene Parteiclique die politischen Geschicke der Volksrepublik bestimmte, setzte ein institutioneller

Wiederaufbau ein, und die Mobilisierung der Bevölkerung wurde deutlich zurückgefahren. In der Reformperiode nach 1978 zog die politische Führung endgültig die Konsequenzen aus den materiellen und psychologischen Schäden der Kulturrevolution und räumte parallel zu ihren Bemühungen um die materielle Besserstellung der gesellschaftlichen Stabilität Vorrang vor der Mobilisierung ein. Zwar wurden unter Deng Xiaoping und Jiang Zemin nach wie vor Kampagnen als politisches Instrument eingesetzt, doch unterschieden sie sich in Form und Inhalt insofern von denen der Mao-Ära, als sie auf das Element der öffentlichen Inszenierung und Emotionalisierung durch Kampfsitzungen verzichteten. Häufig stand die ideologische Indoktrination im Mittelpunkt, wie bei den Kampagnen gegen die geistige Verschmutzung und die bürgerliche Liberalisierung, die sich beide gegen liberale Tendenzen unter den Intellektuellen richteten, oder auch bei der Kampagne für patriotische Erziehung von 1994, mit der nationalistische Werte verbreitet wurden. In anderen Fällen wurden vor allem die Sicherheitsorgane aktiviert, wie z. B. zwischen 1983 und 1986 im Rahmen der Kampagne des „harten Schlags" (*yan da*) gegen zahlreiche Kategorien von Schwerkriminellen, aber auch „aktive Konterrevolutionäre" (insbesondere Anhänger Lin Biaos und der Viererbande). Dieser Versuch, den aus Sicht der Regierenden gefährdeten Respekt vor Partei und Staatsorganen wiederherzustellen, führte jedoch zu unkontrollierter Brutalität und administrativem Chaos. Zum einen befolgten die mit der Ausführung betrauten lokalen Kader häufig nur den ersten Teil der Parteidirektive, gleichzeitig hart und im Einklang mit den Gesetzen vorzugehen, zum anderen erwies sich das dünn und mit überwiegend schlecht ausgebildeten Beamten besetzte Justizwesen als überfordert. Mit rund 10.000 Hinrichtungen erreichte die bald verlangsamte und nach dreieinhalb Jahren endgültig abgebrochene Kampagne keineswegs die Dimension der frühen 1950er Jahre, stellte aber sehr wohl eine Form staatlicher Überreaktion dar. Dennoch stieg infolge der von den Wirtschaftsreformen geförderten zunehmenden sozialen Ungleichheit die Kriminalität weiter an, so dass man sich 1995 zu einer Neuauflage dieser Kampagne entschloss.

In noch größerem Maße entpuppte sich die Unfähigkeit des kommunistischen Regimes, mit gesellschaftlichen Herausforderungen adäquat umzugehen, bei der Niederschlagung der Demokratiebewegung von 1989. Die chinesische Regierung selbst erklärte die Brutalität der Aktion vom 4. Juni mit dem Hinweis, dass weder die nötigen Institutionen noch geeignete technische Ausrüstung vorhanden gewesen seien, um urbane Proteste zu unterdrücken. Tatsächlich beruhte die Entscheidung, diese Aufgabe der bis an die Zähne bewaffneten und für den Einsatz gegen innere Gegner nicht ausgebildeten Armee zu übertragen, auf einer weiteren Überreaktion der politischen Führung angesichts des ungewohnten Ausmaßes politischer Proteste. Nicht die Repression als solche, wohl aber der Überschuss an Gewalt und Blutvergießen sind hierauf zurückzuführen.

Trotz der Kontinuität politischer Repression hat sich der kontrollierende Zugriff von Partei und Staat seit 1978 und besonders in den 1990er Jahren gelockert. Zwar ist China, auch wenn die Verrechtlichung gegenüber der Kulturrevolution deutlich zunahm, nach wie vor alles andere als ein Rechtsstaat, zumal das Recht nach wie vor als ein manipulierbares politisches Instrument in den Händen der Partei betrachtet wird. Auch verteidigt die KPCh ihr Herrschaftsmonopol weiterhin mit repressiven Mitteln gegen konkurrierende Ansprüche. Jedoch übt sie dabei größere Zurückhaltung und lässt im Gegensatz zu früheren Perioden auch kritische Äußerungen zu, solange diese nicht als unmittelbar gefährdend eingestuft werden. Durch die Ökonomisierung von Ideologie und politischer Praxis hat sich das Regime zudem – wenigstens im Ansatz – externen gesellschaftlichen Einflüssen geöffnet. Die Wiedereinführung der bäuerlichen Einzelwirtschaft seit Ende der 1970er Jahre, besonders aber das Anwachsen des privatwirtschaftlichen Sektors in den 1990er Jahren haben zur Formierung neuer ökonomisch-sozialer Eliten geführt, die dem Staat selbstbewusster gegenübertreten können. Das gegenwärtig als besonders brennend empfundene Problem der massiv angewachsenen Korruption erweist sich in diesem Kontext als doppelgesichtig, da es die Umwandlung von politischer Macht in wirtschaftlichen Nutzen und umgekehrt von wirtschaftlichem Einfluss in politischen Nutzen beinhaltet: Einerseits verleiht die Ausnutzung von Amtsbefugnissen zur persönlichen Bereicherung den Herrschaftsstrukturen einen parasitären Charakter, andererseits machen Bestechungen Vertreter von Partei und Staat manipulierbar, was die kommunistische Herrschaft insgesamt schwächt. Besonders auf dem Land dürfte die Korruption die doppelte Loyalität von Parteifunktionären auf den unteren Ebenen noch zusätzlich verstärken. Die zahlenmäßige Verminderung lokaler Kader in den 1980er Jahren, die den Kampagnenstil früherer Jahrzehnte ablösen sollte, hat das Problem nicht wirklich gelöst, zumal den Übriggebliebenen – gewissermaßen als Ausgleich – weiterhin eine wichtige Führungsrolle zugesichert wurde.

Gleichzeitig nahmen in der Reformperiode auch die sozialen Probleme zu: Die sukzessive Privatisierung der Staatsbetriebe beendete die Absicherung der Arbeiter gegen Lebensrisiken und entließ viele von ihnen in die bislang unbekannte Arbeitslosigkeit. Der bereits erwähnte Anstieg der Kriminalität, aber auch Formen des kollektiven Protests besonders auf dem Land stellen als Schattenseiten des wirtschaftlichen Reformprozesses zunehmend die Fähigkeit des kommunistischen Regimes in Frage, die Sicherheit seiner Bürger zu garantieren. In der Reformära hat die KPCh somit nicht nur weitgehend auf die Stabilisierung ihrer Herrschaft durch die permanente Mobilisierung der Gesellschaft verzichtet. Auch das Ausmaß der gesellschaftlichen Kontrolle durch das Regime wurde reduziert, teils infolge einer bewussten Politik, teils als Folge unbeabsichtigter sozialer Entwicklungen.

4.3 Dissens und Protest: Ansätze einer Zivilgesellschaft

In Europa und der westlichen Welt allgemein verbindet man mit der Idee der Zivilgesellschaft die Existenz einer autonomen öffentlichen Sphäre, die einerseits ihre Unabhängigkeit vom Staat behauptet, andererseits diesen zur Erfüllung ihrer politisch-gesellschaftlichen Forderungen bringen kann. Infolge der unterschiedlichen geistesgeschichtlichen, politischen und gesellschaftlichen Voraussetzungen lässt sich diese Konzeption nicht ohne weiteres auf China übertragen. Vielmehr kann man dort zwei unterschiedliche Tendenzen feststellen: Einerseits existierte bereits um 1800 ein historisch gewachsenes kulturelles Repertoire von Dissens und Protest, das sich infolge der Transformationsprozesse im 19. und 20. Jahrhundert erweiterte. Andererseits spielte der Staat bei der Formierung der öffentlichen Sphäre eine viel größere Rolle als etwa in Europa oder Nordamerika. Verschiedenste Regierungen duldeten und förderten eine Vielzahl unterschiedlicher sozialer Organisationen in der Absicht, diese als Kontaktstellen zur Gesellschaft zu nutzen und sich ihrer bei der Erfüllung bestimmter öffentlicher Aufgaben zu bedienen. Im Ergebnis entstand eine spezifische Form von Zivilgesellschaft, die zwar auch durch Autonomie und Konflikt, aber weitaus stärker durch Kooperation mit dem Staat gekennzeichnet ist.

4.3.1 Etablierte Konfliktmuster

Die unter der Qing-Dynastie bestehenden gesellschaftlichen Freiräume resultierten aus der Widersprüchlichkeit eines Staates, der einerseits einen umfassenden Herrschaftsanspruch erhob, andererseits in weiser Selbstbeschränkung einen Teil der öffentlichen Aufgaben an die Gesellschaft delegierte. Als Hüter einer konfuzianischen Orthodoxie, welche die gesellschaftliche und kulturelle Stabilität des riesigen Reiches gewährleisten sollte, duldeten die Vertreter des Staates keine abweichenden Weltanschauungen oder kultischen Praktiken (vgl. Kap. 3.1.1).

Kritik war in dem nicht allein auf politischen Vorgaben, sondern auf kulturellen Normen beruhenden System der Orthodoxie lediglich der Beamtenschaft vorbehalten, die im Sinne der konfuzianischen öffentlichen Moral geradezu dazu verpflichtet war, gegen ungerechte Maßnahmen eines Herrschers zu protestieren. Bei aller Sorge der Regierenden um das materielle Wohl der Bevölkerung wurden dieser keine angemessenen Kommunikationskanäle zur Verfügung gestellt, um Beschwerden gegen den Staat und seine Vertreter zu führen oder gar alternative politisch-gesellschaftliche Vorstellungen zu artikulieren. Dass sich der Staat die Definitionsmacht darüber vorbehielt, welche Überzeugungen und Lehren mit der offiziellen Orthodoxie vereinbar waren und welche nicht, zeigt vor allem der Umgang mit kleineren religiösen Gruppen. Trotz des von der Dynastie und ihrer Bürokratie geduldeten religiösen Pluralismus wurden abweichende Positionen als „heterodox" (*xie*) verfemt, sobald sie als für den Staat gefährlich erschienen. Auf diese Weise wurden sie kriminalisiert und konnten mit unbarmherziger Strenge verfolgt werden.

Dass Herrscher und Bürokratie keine alternativen Ordnungsentwürfe zuließen und jegliche Opposition misstrauisch verfolgten, bedeutet jedoch nicht, dass die

Bevölkerung über keine Freiräume und Protestmöglichkeiten verfügte. Da der Staat nicht in der Lage war, eine lückenlose Kontrolle auszuüben, hatten einfache Menschen hinreichend Gelegenheit, ihre Sicht der Dinge zu artikulieren. Sammlungen von bäuerlichen Sprichwörtern und von an Hauseingängen angebrachten Paarreimen, die überwiegend im 20. Jahrhundert angelegt und untersucht wurden, verweisen auf zweifellos wesentlich ältere Praktiken. Diese waren nicht an sich subversiv, wurden aber immer wieder zur Artikulation von Kritik an der Ungerechtigkeit der Beamtenschaft, der Steuerbelastung und der Arroganz sozialer Eliten in Anspruch genommen. Eine ähnliche Funktion übten auch vielfach die volkstümlichen Geschichtenerzähler aus. Allerdings handelte es sich bei all diesen Praktiken eher um den Ausdruck von Dissens oder „Eigen-Sinn“ (A. Lüdtke), der an andere Unzufriedene weitergegeben oder unter dem Schutz der Anonymität öffentlich gemacht, aber nicht unmittelbar an die Adressaten der Kritik, die Repräsentanten des Staates, adressiert wurde. Dafür weist diese Form des Dissenses eine bemerkenswerte Kontinuität auf: Sie überdauerte den Sturz der Monarchie und hat sich bis in die Gegenwart gehalten.

Daneben existierten auch direkte Formen des Protestes, die sich unmittelbar gegen Beamte und andere staatliche Repräsentanten richteten, in der Regel gewalttätige Formen annahmen und im Kontext des (zumal auf dem Land) generell hohen Gewaltpotentials gesehen werden müssen. Ein gutes Beispiel bieten die im Lauf des 19. Jahrhunderts zunehmenden Rebellionen gegen die staatliche Besteuerung im Allgemeinen oder missbräuchliche Praktiken bei der Steuereintreibung im Besonderen, beispielsweise die Erhebung unrechtmäßiger Gebühren oder die unvorteilhafte Berechnung der zu zahlenden Steuersätze. In solchen Fällen fanden sich Hunderte oder gar Tausende meist notdürftig, etwa mit landwirtschaftlichen Geräten, bewaffneter Menschen vor den Amtssitzen der zuständigen lokalen Beamten ein, um gegen diese Maßnahmen Beschwerde zu führen. Schlug der Protest in die Demolierung von Amtsgebäuden oder auch tätliche Angriffe auf die Amtspersonen selbst um, war in der Regel das Stadium einer offenen Rebellion erreicht. Dabei entstanden die Unruhen selten spontan, sondern setzten einen bestimmten Organisationsgrad voraus, dessen Gerüst im 19. Jahrhundert häufig die im Zuge der inneren Unruhen aufgestellten lokalen Milizen bildeten. Die Führung lag zumeist bei Angehörigen der örtlichen Eliten. Im Zuge der Eskalation begannen sich die Rebellen explizit antidynastischer Symbole zu bedienen: Sie griffen auf die Rhetorik des Ming-Loyalismus zurück und forderten die Wiederherstellung der untergegangenen Dynastie. Vielfach schnitten sie sich die Zöpfe ab, um ihren Dissens zum herrschenden Kaiserhaus deutlich zu machen. Religiöse Inspiration und religiöse Elemente konnten, mussten aber nicht unbedingt eine Rolle spielen. Die großen Rebellionen um die Mitte des 19. Jahrhunderts zeigen, welches Ausmaß die Proteste annehmen konnten; in der Regel blieb der gewaltsame Widerstand gegen den Staat jedoch lokal begrenzt.

Mit ihrem gewalttätigen Charakter wie mit ihrer antidynastischen Symbolik bestanden Gemeinsamkeiten zwischen solchen lokalen Rebellionen und zwei an-

Ausbruch einer Rebellion: Hubei 1842

Anfang 1842 brach im Kreis Chongyang (Hubei) eine Rebellion aus, an der sich mehrere tausend Menschen beteiligten. Obwohl sie nach kurzer Zeit niedergeschlagen wurde, betrieb die Regierung eine intensive Ursachenforschung. Eine langfristige antidynastische Einstellung, als deren Kriterium die Ablehnung des Zopfes angesehen wurde, konnte schließlich ausgeschlossen werden. Ebenso ein Zusammenhang mit irregulären Gebühren oder der pauschalen Steuerzahlung durch die lokalen Eliten, obgleich die zuständigen Beamten in beiden Bereichen Verbesserungen anmahnten. Das Geständnis des Anführers der Rebellion, des bereits mit dem Gesetz in Konflikt geratenen ehemaligen Literaten Zhong Renjie, zeigt ein anderes Bild. Zhong schildert, wie ein gewalttätiger Konflikt außer Kontrolle gerät und in eine Rebellion umschlägt:

Weil wir dem Schreiber Wang Shiqi das Haus zerstört hatten, brachte Cai Shaoxun eine Klage gegen uns vor und stachelte die Schreiber [in der Kreisbehörde] dazu an, uns bei der Provinzverwaltung zu verklagen. [Diese] erhielt die Anweisung, einen Bevollmächtigten in den Kreis zu schicken und uns festzunehmen. Die in dem Schreiben aufgeführten Jin Taihe und Cai Dezhang wurden beide festgenommen und ins Gefängnis gebracht. Jin Taihe beauftragte mehrmals seinen Sohn Jin Panxian, Briefe mitzunehmen, in denen er mich bat, einen Weg zu seiner Befreiung zu finden. Ich dachte daran, jemanden zu bitten, Cai Shaoxun festzunehmen, um ihn zu zwingen, Frieden zu schließen und den Fall zu beenden. Daraufhin beratschlagte ich mit Chen Baoming und Wang Dunzu, und am Abend des 10. Tages des 12. Monats im 21. Jahr Daoguang [= 10. Januar 1842] begaben wir uns mit [12 weiteren Personen] zu Cai Shaoxun nach Hause. Von seiner Familie erfuhren wir, dass er bereits in die Kreisstadt fortgelaufen sei. Wir legten daraufhin Feuer an sein Haus und begaben uns mit allen Leuten zur Kreisstadt. Es war schon spät, und die Stadttore waren verschlossen. Am 11. Tag wurde die Stadt nicht geöffnet. Wir waren außerhalb der Stadt und verlangten, dass der Kreisbeamte Cai Shaoxun festnähme und uns übergäbe, dann würden wir uns zerstreuen. Kreismagistrat Shi versammelte seine Truppen, nahm Leute auf die Stadtmauer mit und rief laut. Weil ich Cai Shaoxun nicht bekam, wollte ich nicht gehen. Am Morgen des 12. Tages errichtete Jin Qingmao mit anderen Leuten an einer schwachen Stelle der Westmauer einen Turm aus Holzbrettern, und sie drangen in die Stadt ein. Sie öffneten das Tor, und alle drangen ein. Wir suchten Cai Shaoxun und fanden ihn nicht. Daraufhin umringten wir Kreismagistrat Shi und verlangten, er solle einen Bericht an die Provinzverwaltung schicken und bitten, Jin Taihe freizulassen. Kreismagistrat Shi weigerte sich und sagte, er wolle uns alle festnehmen. Ich wurde wütend und befahl Wang Kuizi und Rao Routasan, den Kreismagistraten zu töten.

Als ich sah, dass der Kreismagistrat bereits getötet war, fürchtete ich, dass Regierungstruppen uns festnehmen würden. Ich kam daher mit [den anderen] überein, dass wir uns nicht zerstreuen würden. [...] Ich ernannte mich selbst zum Großmarschall und machte Chen Baoming und Wang Dunzu zu Vizemarschällen und [andere] zu Anführern. Im Westen der Stadt ließ ich ein Marschallspodest errichten und [dort] die Flagge des Befehlshabers, das Marschallssiegel sowie [Banner mit den Aufschriften] „Befehlshaber dreier Armeen" [und] „der Oberkommandierende und Großmarschall" aufstellen. [...] Ich befahl Chen Baoming, sich in 48 bao *zu begeben und sie zu zwingen, uns mit je 1.000 Mann auszuhelfen. Wer sich nicht fügte, sollte sofort getötet werden. Ein Mönch namens Bai Qing, der von sich sagte, er habe Amulette, die Kugeln aus*

Vogelflinten abwehren könnten, kam und schloss sich uns an. [...] Chen Baoming, Wang Dunzu und die Anführer hatten jeder 700-800 oder 800-900 Mann unter sich, die sie zusammengebracht und zum Anschluss gezwungen hatten. Es waren insgesamt über 10.000 Mann. Weil schon soviel Zeit vergangen ist, erinnere ich mich nicht mehr genau an die Namen und die Zahl, nur dass jedem ein Stück rotes Tuch als Erkennungszeichen gegeben wurde. Jeder Mann erhielt zwei sheng *an Reis und 20* jiao *an Geld. Den Anführern befahl ich, an alle Orte zu gehen und Barrikaden zur Verteidigung zu errichten. Die Stadtmauer wurde mit Ziegeln verstärkt, und an allen wichtigen Knotenpunkten wurden Gräben gegraben, um sie abzuriegeln. Einerseits öffneten wir die Getreidespeicher und schälten Reis, andererseits zwangen wir die reichen Haushalte in allen* bao, *uns mit Getreide zum Essen zu helfen.*

(*Zhong Renjie koushu* [Mündliche Darstellung des Zhong Renjie], in: *Jindaishi ziliao* [Materialien zur neueren Geschichte] 1963/1, S. 2 f. Übersetzt von Thoralf Klein.)

deren Phänomenen, die sich im Grenzbereich zwischen Dissidenz und Kriminalität ansiedeln lassen: den religiösen Laiengruppen und Geheimgesellschaften einerseits sowie bestimmten Formen des Banditentums andererseits. Laiengruppen deuteten politische, wirtschaftliche und Umweltkrisen häufig als Anzeichen einer Endzeit, die zu einer totalen Umwälzung und der Errichtung einer neuen Weltordnung führen würde. Unter dem Eindruck solcher Deutungen konnte es zu einer offenen Rebellion gegen den Qing-Staat kommen, wobei die Festlegung einer Inkarnation des Zukunftsbuddhas Maitreya sowie eines Erben der Ming-Dynastie den völligen Bruch mit der bestehenden politischen Ordnung symbolisierten. Noch komplizierter ist das Verhältnis zum Staat im Formierungsprozess der Geheimgesellschaften (vgl. Kap. 4.1.2). Ihre Aktivitäten richteten sich nicht von vornherein unmittelbar gegen die Qing-Dynastie, doch bedienten sie sich schon frühzeitig einer Rhetorik und Symbolik des Ming-Loyalismus. Und bereits aus der Zeit um 1800 existieren Belege, wonach sie offen auf den Sturz der Mandschu hinarbeiteten – eine Einstellung, die sich um die Mitte des 19. Jahrhunderts verfestigte. Zahlreiche antidynastische Rebellionen gingen deshalb auf das Konto der Geheimgesellschaften oder fanden zumindest unter ihrer Beteiligung statt. Unter den verschiedenen Formen der Räuberei wiesen vor allem jene in der Wissenschaft als soziales Banditentum bezeichneten Fälle eine Dimension des Protestes gegen Staat und gesellschaftliche Ordnung auf: Diese zeigte sich darin, dass die Räuber ihre Opfer bewusst unter den Angehörigen der Elite wählten und sich nicht nur selbst als Beschützer der Armen betrachteten, sondern von diesen selbst als Helden bewundert wurden. Wenn auch empirische Nachweise erst für das frühe 20. Jahrhundert existieren, so konnte doch eine sozialromantische Räuberethik bereits auf eine viel längere Tradition zurückblicken, wie sie beispielsweise in dem populären Roman *Shuihu zhuan* (deutsch unter dem Titel „Die Räuber vom Liangshan-Moor“) aus dem 14. Jahrhundert ihren Ausdruck fand. In der Praxis war eine solche Haltung bei chinesischen Banditen keineswegs die Regel. Dennoch bestanden zwischen dem Banditentum und den antidynastischen bzw. antistaatlichen Protesten enge Verbindungen, nicht nur weil der Raub vor allem für Bauern eine mögliche Form des sozialen Protestes darstellte, sondern auch weil Räuberbanden häufig als Vorläufer und organisatorische Basis für Rebellionen dienten.

Ein Grundproblem dieser Protestform, die im Kontext der kollektiven Gewalt besonders auf dem Land gesehen werden muss, bestand jedoch darin, dass es spätestens dann praktisch keine Möglichkeit für Arrangements und Kompromisse mit dem Staat mehr gab, wenn das Stadium der gewaltsamen Rebellion erreicht war. In diesem Fall wurde der staatliche Machtapparat mobilisiert, um die Ordnung wiederherzustellen. Zumindest für die Rädelsführer bedeutete dies das sichere Todesurteil, wenn sie gefasst wurden, während der Staat gegenüber ihren Gefolgsleuten in der Regel Milde walten ließ, schon um nicht neue Erbitterung zu säen. Während zivilgesellschaftliche Strukturen ein wie auch immer geartetes Arrangement zwischen Gesellschaft und Staat über die Natur der gegenseitigen Beziehungen und die dafür notwendigen Kontaktzonen voraussetzen, schufen gewalttätige Proteste und Rebellionen ein Klima der Konfrontation, aus dem es praktisch keinen Ausweg gab. Dennoch muss hier angemerkt werden, dass diese Art der gesellschaftlichen Auseinandersetzung mit dem Staat durch neu auftretende Formen nicht abgelöst, sondern nur ergänzt wurde und unter geänderten Rahmenbedingungen weiter existierte. Geheimgesellschaften erreichten den Höhepunkt ihrer politischen Wirksamkeit, als sie die Revolution von 1911 unterstützten, verlegten sich bis Ende der 1940er Jahre sowohl in den Städten als auch auf dem Land auf kriminelle Aktivitäten und sollen seit den 1980er Jahren in der Volksrepublik eine Renaissance erlebt haben. Auch die Bandenkriminalität war bis zum Ende der Republikzeit ein weit verbreitetes Phänomen, das in den 1980er Jahren wieder auflebte. Und gewalttätige antistaatliche Proteste sind mit einer gewissen Ausnahme in der frühen Volksrepublik, als das größte Ausmaß von Gewalt vom Staat selbst ausging, ebenfalls fast durchgängig nachzuweisen; in den 1990er Jahren erlebten sie vor allem auf dem Land eine Renaissance.

Von den bislang geschilderten Tendenzen hebt sich ein weiterer Trend deutlich ab, nämlich die Bereitschaft des Qing-Staates, eine Reihe von Funktionen an gesellschaftliche Institutionen wie Lineages, Landsmannschaften, Gilden und auf der Grundlage gemeinsamer Interessen gebildete Vereinigungen (wie z. B. literarische Gesellschaften) zu delegieren. Dass der Staat ein hohes Maß an sozialer Selbstorganisation duldete, stand mit seiner diskutierten organisatorischen Schwäche und der daraus resultierenden Selbstbeschränkung in engem Zusammenhang. Die Bürokratie entlastete sich dadurch auf dreifache Weise: In einer ersten Sphäre zentraler staatlicher Aufgabenfelder, besonders der Steuerverwaltung, band sie Vertreter der Gesellschaft auf Routinebasis als Mittelsmänner ein. Daneben leisteten manche Organisationen (etwa Vereinigungen von Kaufleuten) auch noch direkte finanzielle Unterstützung durch Zuwendungen an die Lokalverwaltung. In einer zweiten Sphäre konnte sie ihre Interventionen auf ein Mindestmaß beschränken und sich auf die Selbstregelungskapazität gesellschaftlicher Institutionen verlassen. Auf diese Weise funktionierten etwa das *baojia*-System und die internen Regelungsmechanismen landsässiger Lineages, wobei letztere freilich von den Beamten gelegentlich auch als problematische Konkurrenz zur staatlichen Verwaltung empfunden wurden. Gegen die ganz ähnliche Praxis städtischer Gilden und Landsmannschaften bestanden offensichtlich weitaus weniger Vorbehalte. Typischerweise beruhten die Regelungsmechanismen in diesen Fällen auf dem Gewohnheitsrecht; so wurde Regelbrechern zur Auflage gemacht, ihre Kontrahenten in ein Teehaus einzuladen oder eine Theateraufführung auszurichten.

Ein dritter Bereich wurde der Gesellschaft beinahe vollständig überlassen. Im Erziehungswesen beispielsweise beschränkte sich der Staat im Wesentlichen auf die Organisation von Prüfungen und die Verleihung von Stipendien an erfolgreiche Absolventen, während das Schulwesen als solches größtenteils von Familien, Lineages, Tempeln und Stiftungen getragen wurde. Angesichts der chronischen Finanzprobleme von Provinz- und lokalen Verwaltungen hielten diese sich auch aus der sozialen Fürsorge weitgehend heraus. Karitative Institutionen, die beispielsweise Kranke, Witwen und alte Menschen finanziell unterstützten, wurden von Menschen aus unterschiedlichen sozialen Schichten mit Hilfe freiwilliger Spenden unterhalten. Seit dem 19. Jahrhundert übernahmen zusehends gewerbliche Organisationen solche Aufgaben. In den Dörfern erfüllten Vereinigungen auch agrarwirtschaftliche Funktionen wie den Unterhalt von Bewässerungssystemen, die Bereitstellung von Krediten und die Organisation kooperativer Arbeit bei der Feldbestellung.

Die gesellschaftlichen Institutionen traten dem Staat nicht nur als Unterstützer gegenüber, sondern hatten zugleich auch die Aufgabe, die Interessen ihrer Mitglieder gegenüber anderen Institutionen und auch gegenüber der Lokalverwaltung zu vertreten. Sie waren insofern mehr als nur eine Form substaatlicher Verwaltung, da sie nicht nur unter der Aufsicht der lokalen Beamten standen, sondern zugleich als Partner mit ihnen kooperierten. Dabei war das Verhältnis zwischen Staat und Gesellschaft nicht zu allen Zeiten gleich: Im 18. Jahrhundert, als der Qing-Staat auf der Höhe seiner Machtentfaltung stand, war der Umfang der sozialen Aktivitäten geringer als in der Früh- und Spätphase der Dynastie. Verboten blieb jedoch während der gesamten Herrschaft der Dynastie die Bildung von Vereinigungen zur Verfolgung gemeinsamer politischer Ziele, da nur Beamte über Staatsangelegenheiten diskutieren durften und die einzig anerkannte gemeinsame Sache die des Staates war. Der Staat setzte dem gesellschaftlichen Engagement also deutliche Grenzen.

Schließlich setzten bereits in der Hochphase der Qing-Zeit, besonders in den Städten, eine Reihe ökonomischer und kultureller Entwicklungen ein, die den Ausbau dieses rudimentären öffentlichen Raums mit vorbereiteten. Die Entwicklung von Handel und Geldwirtschaft begünstigte den gesellschaftlichen Einfluss der Kaufleute und trug zur Entstehung eines ausgeprägten Vereinslebens bei, mit dessen Hilfe die ökonomische und soziale Infrastruktur in Betrieb gehalten wurde. Mit dem Teehaus verfügte die urbane Kultur über ein Zentrum zum Austausch und zur Weitergabe von Informationen. Die zahlenmäßige Zunahme der Druckereien und eine hinreichend hohe Alphabetisierungsrate begünstigen die Zirkulation einiger im 18. Jahrhundert verfasster gesellschaftskritischer Romane, besonders der erstmals um 1745 erschienenen „Geschichten aus dem Gelehrtenwald" (*Rulin waishi*) von Wu Jingzi. Dieser Roman ist zugleich ein Indikator für die Verschiebung des Begriffs „öffentlich" (*gong*), der nun zunehmend die Artikulation unabhängiger gesellschaftlicher Positionen bezeichnete. Solche Tendenzen erfuhren seit Ende des 19. Jahrhunderts eine zunehmende Verstärkung.

4.3.2 Die Formierung der öffentlichen Sphäre

Die Herausbildung einer öffentlichen Sphäre seit dem späten 19. Jahrhundert war ein integrierender Bestandteil der umfassenden Transformation Chinas. Sie war von einer Reihe neuer Entwicklungen geprägt, gleichzeitig aber knüpfte sie erkennbar an das bereits bestehende Verhältnis zwischen Staat und Gesellschaft an. Trotz der jeweils unterschiedlichen Fähigkeit des Staates zu Kontrolle und Mobilisierung der Gesellschaft folgten die zivilgesellschaftlichen Tendenzen in der ausgehenden Monarchie, der frühen Republik und unter der GMD-Herrschaft einem vergleichsweise einheitlichen Muster. Im Gegensatz zur Situation bis zum späten 19. Jahrhundert und nach 1949 waren alle unterschiedlichen Regierungsformen von einer Diskrepanz zwischen dem Anspruch des Staates auf Erweiterung seiner Kompetenzen und der Bereitschaft gekennzeichnet, die Selbstorganisation der Gesellschaft weitgehend zu dulden. Dass aufgrund der außenpolitischen Schwäche wie der innenpolitischen Zersplitterung keine Regierung zwischen der Mitte des 19. Jahrhunderts und 1949 mehr das gesamte chinesische Territorium kontrollierte, schuf zusätzliche Nischen, die zur freimütigen Kritik an den Regierenden genutzt werden konnten. Die Erweiterung der chinesischen Auslandsbeziehungen und die damit verbundenen Migrationsprozesse taten ein Übriges. Diese Entwicklung vollzog sich allerdings nicht völlig unabhängig vom Staat, sondern wenigstens teilweise unter dessen Einfluss. Hinsichtlich der strukturellen Basis verdienen drei Aspekte besondere Aufmerksamkeit: die Entwicklung der Vereinigungen, die Entstehung einer modernen Presse und die Besetzung des öffentlichen Raums.

Bereits in den Jahren nach der Taiping-Rebellion erhielt die Selbstorganisation eine neue Dynamik, als Vertreter der lokalen Eliten sich in steigendem Maße für die Erfüllung öffentlicher Aufgaben engagierten. Die von der Qing-Dynastie ab 1901 initiierte Neue Politik war von einer enormen Expansion des Vereinswesens begleitet (vgl. Kap. 4.1.2). Eine gesetzliche Grundlage schuf die Qing-Regierung bereits 1902, als sie die rechtliche Kategorie der legalen Körperschaften (*fatuan*) einführte. Die Gründung von Handelskammern erfolgte unmittelbar auf ein 1904 erlassenes Gesetz hin. Der republikanische Staat erkannte solche gesellschaftlichen Organisationen formal dadurch an, dass er sie offiziell registrieren ließ. Zu den nationalen Vereinigungen kamen in der Republikzeit noch chinesische Abteilungen internationaler Organisationen wie des Roten Kreuzes und des YMCA hinzu.

Mehr und mehr verschob sich in dieser Phase die Organisationsform von den etablierten landsmannschaftlichen und berufsspezifischen Vereinigungen hin zu solchen, die auf gemeinsamen Interessen beruhten. Von 153 untersuchten Vereinigungen im Shanghai der Jahre 1937-1941 sind 65 diesem Typ zuzurechnen; allerdings verwiesen sie die 60 berufsspezifischen Vereinigungen nur knapp auf den zweiten Platz. Besonders in Krisensituationen (z. B. am Vorabend der Revolution von 1911 oder während des Widerstandskriegs gegen Japan) übten aus aktuellem Anlass gegründete Organisationen mit offen politischem Charakter besonders großen Einfluss aus, zumal sie mit den etablierten Vereinigungen personell verflochten waren und eng mit diesen kooperierten. Hinsichtlich der sozialen Zusammensetzung erweiterte sich das zunächst auf die sozialen Eliten beschränkte Spektrum in der Republikzeit um nichtelitäre Gruppen, da sich die Industriearbeiter und selbst unterprivilegierte Berufssparten wie Rikschakulis und Wasserträger ebenfalls organisierten. Auch in ihrer inneren Verfasstheit handelte es sich um neuartige Organisationsformen, die ihre Vorstände in geheimer Abstimmung wählten und auch sonst auf dem Grundsatz des Mehrheitsprinzips beruhten, mithin zumindest ansatzweise demokratische Strukturen aufwiesen.

Das Verhältnis der Vereinigungen zum Staat bietet dennoch kein einheitliches Bild. Auf der einen Seite gewannen sie zu Beginn des 20. Jahrhunderts nicht nur zusätzliche Kompetenzen, die bislang den lokalen Beamten vorbehalten waren. Beispielsweise erhielten die Handelskammern jetzt die Zuständigkeit für Streitigkeiten in Handelsfragen. Überdies konnten die Vereinigungen mit gewissem Erfolg Eingriffe des Staates in ihre Selbstverwaltung abwehren. So widersetzten sich 1914 die Handelskammern mit Erfolg einem von der Pekinger Regierung entworfenen „Handelskammergesetz", das erhebliche Eingriffe in ihre Organisationsstruktur und in das Verhältnis zur Beamtenschaft bedeutet hätte. Den Kammern sollte im alten kaiserzeitlichen Stil nur noch gestattet sein, „Eingaben" an die Beamten zu richten. Damit wären sie symbolisch zu Hilfsorganen der Verwaltung degradiert worden und hätten eine untergeordnetere Position eingenommen als in der Endphase der Monarchie. Nach über einem Jahr von Protesten und Boykotten gab die Regierung schließlich nach und revidierte die umstrittenen Passagen. Schließlich konnten Interessengruppen gelegentlich auch konkreten Einfluss auf die Regierungspolitik nehmen: 1921 etwa setzten sich Bankiers mit Hilfe ihrer Interessenverbände bei der Pekinger Regierung für eine umfassende Finanzreform ein. Wenige Jahre später trat auf Betreiben Shanghaier Wirtschaftskreise eine Nationalversammlung zusammen, scheiterte allerdings mit ihren Bemühungen, die politische Zersplitterung des Landes zu überwinden. Ihre politische Bedeutung vergrößerten die gesellschaftlichen Organisationen noch durch ihre vor allem in Krisenzeiten immer wieder unter Beweis gestellte Bereitschaft zum Zusammenschluss und zur gemeinsamen Aktion. Die Organisation gesellschaftlicher Proteste gegen die japanische Invasion in China in den 1930er Jahren, aber auch gegen das wirtschaftspolitische Versagen der GMD in den 1940er Jahren bieten hierfür anschauliche Beispiele.

Auf der anderen Seite blieb die Abhängigkeit der Vereinigungen vom Staat bestehen. Dass weder in der späten Kaiser- noch in der Republikzeit eine verlässliche Rechtsgrundlage für ihre ungestörte Existenz bestand, dürfte ein wichtiger Grund für ihre nach wie vor enge Bindung an die Bürokratie gewesen sein. Die Guomindang hob zwar missliebige Organisationen nicht auf, schikanierte sie jedoch durch geheimpolizeiliche Überwachung und politische Morde stärker als alle Regierungen zuvor. Wie kompliziert die Beziehungen zivilgesellschaftlicher Strukturen zum staatlichen Machtapparat sein konnten, zeigt das Beispiel der Ende 1932 gegründeten Chinesischen Liga zum Schutz der Bürgerrechte, einer der eher seltenen Organisationen mit offen politischem Charakter. Ihrer Leitung gehörten mit Sun Yatsens Witwe Song Qingling und dem bekannten Wissenschaftler und *elder statesman* Cai Yuanpei zwei hochrangige Mitglieder der GMD an, so dass sich ein direktes Eingreifen staatlicher Stellen praktisch von selbst verbot. Stattdessen wurde eine indirekte Vorgehensweise gewählt: Nach einer Reihe von Drohungen ermordeten Geheimpolizisten 1933 den Generalsekretär der Liga, Yang Quan, worauf sich die Organisation auflöste. Der GMD-Staat schaltete zivilgesellschaftliche

Abb. 29: Die Druckerei der *Dianshizhai huabao*, Zeichnung von Wu Youru 1884. Zu sehen sind unterschiedliche Typen von Pressen sowie verschiedene lithographische Arbeitsgänge.

Opposition nicht durch Verbote aus, sondern sicherte seine Herrschaft mittels Schikanen und Terror.

Neben den zahlreichen Vereinigungen bildete die moderne Presse einen zweiten Pfeiler, auf den sich zivilgesellschaftliche Strukturen stützen konnten. Inwieweit dies auch auf die bislang noch wenig erforschten audiovisuellen Medien (Radio, Film und sehr viel später Fernsehen) zutrifft, die sich seit den 1920er Jahren in China verbreiteten, ist weniger klar. Die Verbindung von Medien und Zivilgesellschaft ist jedenfalls nicht selbstverständlich, weil die gleichen Medien auch von autoritären und totalitären Regimes zu Propagandazwecken genutzt und freimütige Meinungsäußerungen durch eine staatliche Zensur beschnitten werden konnten. Tatsächlich bewegten sich Presse- und andere Medienerzeugnisse genau in diesem Spannungsfeld.

Von der Endphase der Kaiserzeit bis zum Ende der Republik auf dem chinesischen Festland 1949 kam der Presse, jedenfalls was das Aufgreifen politisch-gesellschaftlicher Themen angeht, ohne Zweifel die Rolle des Leitmediums zu. Die ersten, in den 1870er Jahren entstandenen kommerziellen Zeitungen konnten einerseits aus der Tradition der Hof- und Beamtenzeitungen schöpfen, imitierten aber zugleich Presseerzeugnisse in europäischen Sprachen, die von in China lebenden Ausländern vertrieben wurden. Zu den wichtigsten Gründungen gehörten die Zeitungen *Shenbao* (Shanghai 1872) und *Shibao* (Shanghai 1904) sowie die Zeitschrift *Dongfang zazhi* (ebenfalls 1904 in Shanghai). Diese und andere Organe boten schon von den 1870er Jahren an ein neuartiges Forum öffentlicher Kommunikation, indem sie beispielsweise das Fehlverhalten von Beamten kritisierten, Gerichtsurteile einer Prüfung unterwarfen oder Petitionen an die lokale Verwaltung abdruckten. Die Herstellung von Öffentlichkeit erfolgte dabei nicht allein durch die jeweilige Redaktion, sondern durch deren Zusammenspiel mit den Lesern, etwa durch den Abdruck von Leserbriefen. Eine Vorstellung vom Ausmaß dieser Kommunikation liefert die Zahl der jährlich mit der Post verschickten Zeitungsexemplare: Sie stieg zwischen 1908 und 1920 von etwa 36 auf mehr als 91 Millionen. Dazu kam eine mindestens gleich große Zahl von Exemplaren, die direkt vor Ort verkauft wurden.

Der Qing-Staat reagierte auf die Herausforderung durch die Presse, indem seine Vertreter eigene „Beamtenzeitungen" herausgaben und die Pressefreiheit zu beschneiden versuchten. Eine systematische Pressegesetzgebung setzte allerdings erst 1898 ein und mündete 1908 in Chinas erstes umfassendes Pressegesetz, das jegliche Veröffentlichung an eine vorherige Zensur knüpfte. Die meisten bedeutenden Zeitungen erschienen freilich in den ausländischen Konzessionen und waren häufig auf die Namen ausländischer Herausgeber eingetragen, so dass der Staat hier wenig Eingriffsmöglichkeiten hatte. Allerdings ließen auch ihre Redaktionen eine gewisse Vorsicht walten und waren bemüht, sich nicht mit den mächtigsten chinesischen Würdenträgern anzulegen. Diese Situation bestand in der frühen Republik ebenso wie unter der GMD-Herrschaft ab 1927 fort. Blätter, die in China selbst herauskamen, konnten nur aufgrund guter Beziehungen zu den Mächtigen im Staat die

Unabhängigkeit ihrer Berichterstattung wahren. Trotz der offensichtlichen Grenzen für einen regierungsunabhängigen Journalismus ist der gesamte Prozess gesellschaftlicher Selbstmobilisierung im späten Kaiserreich und in der Republik ohne die journalistische Berichterstattung kaum denkbar.

Die Presse und die Mächtigen: Das Beispiel der *Dagongbao*

Die 1902 in Tianjin gegründete Tageszeitung *Dagongbao* war in den letzten Jahren der Monarchie ein Sprachrohr der konstitutionellen Bewegung. 1916 wurde sie an einen Parteigänger Duan Qiruis verkauft und unterstützte von da an die Anfu-Clique. Nach ihrem neuerlichen Verkauf 1926 entwickelte sie sich zur bedeutendsten Zeitung der nationalistischen Ära. Ihre relative Freiheit verdankte sie in den 1920er und 1930er Jahren in erster Linie den hervorragenden Kontakten ihres langjährigen Chefredakteurs Zhang Jiluan (1888-1941) zur Elite der GMD, besonders zu Jiang Kaishek selbst. Dass Zhang nach 1931 die *appeasement*-Politik Jiangs gegenüber Japan verteidigte, dürfte sich gleichfalls günstig ausgewirkt haben. Eingriffe in die Unabhängigkeit der Redaktion blieben unter Zhangs Leitung eine Seltenheit, und die *Dagongbao* konnte sogar über die verfemten Kommunisten und ihren Langen Marsch ungehindert berichten. Nach Zhangs Tod verschlechterten sich jedoch die Beziehungen seiner Nachfolger zur GMD-Regierung. 1948 verlegte die Zeitung schließlich ihren Sitz nach Hongkong und begab sich damit unter ausländische Jurisdiktion. Mit ihrer sehr freimütigen Berichterstattung stellte die *Dagong bao* eine Ausnahmeerscheinung in der Presselandschaft der GMD-Ära dar.

(Literatur: Wang Huilin/Zhu Hanguo [Hrsg.], *Zhongguo baokan cidian* [Wörterbuch chinesischer Presseerzeugnisse] (1815-1949). Taiyuan: Shuhai Chubanshe 1992, S. 21; L. Sophia Wang: The Independent Press and Authoritarian Regimes: The Case of the Dagong bao in Republican China, in: Pacific Affairs 67 (1994), S. 216-241.)

Ein dritter Faktor bei der Entstehung zivilgesellschaftlicher Strukturen war die neue Definition und Besetzung städtischer öffentlicher Räume. Die Voraussetzung hierfür bildete die grundlegende Umgestaltung und Modernisierung chinesischer Städte seit der Jahrhundertwende (vgl. Kap. 5.2.1). Waren Straßen seit jeher Zentren gesellschaftlicher Aktivitäten gewesen – als Markt für Händler, als Arbeitsplatz für Handwerker, als Bühne für Unterhaltungskünstler und als Ort religiöser Aktivitäten aller Art –, so wandelten sie sich nun zu Stätten, an denen die Artikulation gesellschaftlicher Bedürfnisse inszeniert werden konnte. Die gleiche Funktion erfüllten auch die neu angelegten öffentlichen Parks. Gerade die allgemeine Zugänglichkeit dieser Räume trug dazu bei, dass sich Vertreter aller gesellschaftlichen Schichten Gehör verschaffen konnten und sich öffentliche Proteste zu einem Massenphänomen entwickelten.

Im Zusammenwirken von gesellschaftlichen Organisationen, Medien und der Besetzung öffentlicher Räume entstand so eine neuartige, überwiegend städtische Protestkultur, die auf die Artikulation von Interessen und Überzeugungen sowie auf symbolische Aktionen setzte. Das dabei entwickelte Repertoire von Mobilisierungstechniken und Aktionsformen war ausgesprochen vielfältig und umfasste Massendemonstrationen und Spendensammlungen ebenso wie den Einsatz der damals noch neuen Printmedien, Protesttelegramme und Petitionen sowie Straßentheater, Lieder und Plakate für Analphabeten. Streiks und Boykotte, die auf eine längere Tradition unter dem *ancien régime* zurückblicken konnten (z. B. als Marktstreiks oder Weigerung von Examenskandidaten, an den staatlichen Prüfungen teilzunehmen), bildeten ebenfalls ein wichtiges Mittel der Auseinandersetzung. Wurden Wirtschaftsboykotte primär von Intellektuellen und Wirtschaftskreisen initiiert, so setzten Schüler und Studenten sowie Industriearbeiter den Boykott von Lehrveranstaltungen sowie Arbeitsniederlegungen zur Artikulation politisch-gesellschaftlicher Ziele ein. Gewalt gegen Sachen und Personen spielte dagegen in der Regel eine untergeordnete Rolle und resultierte zumeist aus Versuchen von staatlicher Seite, Proteste mittels polizeilicher Gewalt zu unterdrücken. In solchen Fällen kam es entweder zu Übergriffen der Sicherheitskräfte oder zu einer Radikalisierung der Protestierenden, umso mehr, als nach 1911 Studenten eine immer stärker dominierende Rolle zu spielen begannen.

Rahmen und Zielsetzungen zivilgesellschaftlicher Aktionen konnten sehr unterschiedlich ausfallen. Vielfach standen lokale Fragen wie Steuern, Lebensmittelknappheit infolge der häufigen Bürgerkriege oder schlechte Wasser- und Stromversorgung im Vordergrund. Fast über den ganzen Zeitraum zwischen dem Beginn der Neuen Politik 1901 und dem Rückzug der GMD vom Festland 1949 kam es jedoch auch zu stärker politisierten Kundgebungen von nationaler Tragweite. Diese konnten eine innen- oder außenpolitische Stoßrichtung haben und richteten sich gegen den Zentralismus der Qing-Regierung in den letzten Jahren der Monarchie, die Zersplitterung in Warlord-Herrschaften und den Bürgerkrieg zwischen Kommunisten und Nationalisten einerseits sowie den ausländischen Imperialismus andererseits. Beide Zielsetzungen überschnitten sich jedoch häufig: In den letzten Jahren der Monarchie bekämpfte die Bewegung zur Rückgewinnung der Eisenbahnrechte den ausländischen Einfluss auf das chinesische Verkehrswesen und versuchte gleichzeitig, die Rechte der Provinzen gegenüber der Zentralregierung in Peking zu stärken. Ähnliches galt für die 30.-Mai-Bewegung von 1925, die sich gleichermaßen gegen ausländische Imperialisten wie Warlords richtete. In den späten 1940er Jahren schließlich schlossen Demonstrationen gegen den Bürgerkrieg mehr oder weniger indirekt auch den ausländischen Hauptunterstützer der GMD, die USA, in ihre Kritik ein. Aber auch vordergründig antiimperialistische Kundgebungen richteten sich in der Regel zugleich gegen die zu große Nachgiebigkeit der eigenen Regierung gegenüber den ausländischen Zumutungen: Der Widerstand gegen die 21 Forderungen Japans 1915 wie gegen die japanische Expansionspolitik in den 1930er Jahren legen hiervon ein beredtes Zeugnis ab.

Trotz der beeindruckenden Kraft und Vitalität solcher Proteste blieb die Wirksamkeit zivilgesellschaftlichen Engagements im Grunde zwiespältig. Häufig verfehlten sie ihre unmittelbaren Ziele, wie z. B. die Proteste von 1915, die 4.-Mai-

Abb. 30: Studentinnen bei einer Demonstration gegen den Schwarzmarkt, 1949. Trotz ihrer Politik der Einschüchterung und Kontrolle konnte die GMD Proteste niemals vollständig unterbinden.

Bewegung oder selbst die antiimperialistische Bewegung der 1920er Jahre. Oftmals schufen sie jedoch ein gesellschaftliches Klima, das langfristig die Realisierung ihrer Forderungen begünstigte. Beispielsweise haben die antijapanischen Demonstrationen der 1930er Jahre das Zustandekommen der zweiten Einheitsfront zwischen Nationalisten und Kommunisten bedeutend erleichtert, vielleicht sogar erst möglich gemacht. Gleichwohl wurde der gesellschaftliche Einfluss der zivilgesellschaftlichen Protestkultur durch ihre weitgehende Beschränkung auf die Städte gemindert. Letztlich erwies sich die kommunistische Mobilisierung des Landes als wirkungsmächtiger. Schließlich waren die zivilgesellschaftlichen Strukturen gerade bei ihrer größten Leistung, der politisch-gesellschaftlichen Massenmobilisierung, nicht nur anfällig für staatliche Repression, sondern vor allem auch für die Indienstnahme durch politische Kräfte, die gerade die Abschaffung autonomer gesellschaftlicher Sphären anstrebten. Diese Anfälligkeit lag darin begründet, dass Nationalisten und Kommunisten sich trotz ihrer autoritären bzw. totalitären Herrschaftsansprüche eines ganz ähnlichen Repertoires von Symbolen und Aktionen bedienten wie die zivilgesellschaftlichen Akteure, das sich in beiden Fällen auf die 4.-Mai-Bewegung zurückführen ließ. Dies zeigte sich bereits während der nationalen Revolution von 1925-1927, dann aber auch in der Bürgerkriegsphase Ende der 1940er Jahre, als sich die Studentenschaft in radikale Anhänger der KPCh und loyale Unterstützer der GMD-Regierung spaltete. Als schließlich die Kommunisten den Bürgerkrieg gewonnen hatten, löste ihr System aus sozialer Kontrolle und Massenmobilisierung die bis dahin bestehenden zivilgesellschaftlichen Strukturen auf.

4.3.3 Die abhängige Zivilgesellschaft

Im Vergleich zur Situation von vor 1949 bedeutete die Machtübernahme der Kommunistischen Partei einen radikalen Einschnitt für die zivilgesellschaftlichen Strukturen in China. Im Gegensatz zu allen bisherigen Regierungen im 20. Jahrhundert ließen die Kommunisten in den ersten Jahrzehnten nur noch solche gesellschaftlichen Organisationsformen zu, die sie selbst kontrollierten, d. h. entweder Unterabteilungen der Partei wie den Kommunistischen Jugendverband oder Körperschaften wie die „demokratischen Parteien", religiösen Organisationen usw., die sich im Rahmen der Einheitsfrontpolitik als Massenorganisationen gleichschalten ließen. Die wenigen formalen Elemente politischer Partizipation standen nicht der gesamten Bevölkerung zur Verfügung, da als regimefeindlich eingestufte Bevölkerungsgruppen wie Grundherren und „Konterrevolutionäre" durch das 1953 erlassene Wahlgesetz für die Abgeordneten der lokalen Volkskongresse ausdrücklich von der Stimmabgabe ausgeschlossen wurden und Wahlen zu den Dorf- und den städtischen Nachbarschaftskomitees keine gesetzliche Grundlage erhielten. Zwar erkannte die von Mao Zedong entwickelte „Massenlinie" (vgl. Kap. 3.1.5) die Artikulation gesellschaftlicher Interessen als durchaus notwendig an, beschränkte sie jedoch auf formelle und informelle Kommunikationswege innerhalb der offiziellen Institutionen: *danwei*, staatliche Verwaltung und Volkskongresse, politische Organisationen wie die KPCh und ihre Unterorganisationen, die „demokratischen" Parteien und die Gewerkschaften usw. Infolge der Medienkontrolle durch Partei und Staat fallen auch Beschwerdebriefe an Zeitungen in diese Kategorie. Diese konnten abgedruckt werden, sofern sie der aktuellen Parteilinie entsprachen, ansonsten wurden sie für den internen Gebrauch von Partei- und staatlichen Funktionären gesammelt. Hingegen wurde die gesellschaftliche Selbstorganisation zur Vertretung von Gruppeninteressen nicht geduldet. Die beständige Mobilisierung der Bevölkerung mit Hilfe der sukzessiven politisch-gesellschaftlichen Kampagnen dürfte die Spielräume hierfür noch zusätzlich eingeengt haben.

Durch ihre radikalen Maßnahmen zur Umgestaltung der Gesellschaft erzeugte die KPCh in den 1950er Jahren jedoch auch ein erhebliches Protestpotential. Zu den Unzufriedenen zählten nicht nur Angehörige politisch diskriminierter Gruppen wie Grundherren und „Konterrevolutionäre", sondern in zunehmendem Maße auch Bauern und Arbeiter, die die zunehmenden Interventionen des Staates als massiven Eingriff in ihre Lebensverhältnisse ablehnten. Bauern leisteten sowohl offenen als auch verborgenen Widerstand gegen die Landreform, das staatliche

Ankaufsprogramm für Getreide sowie die Kollektivierung. Beim Rückgriff auf die überlieferten Formen des gewaltsamen Protests, bei denen Amtsgebäude zerstört oder lokale Kader ermordet wurden, fungierten kleine religiöse Laiengruppen häufig als Katalysatoren. Wie manche ihrer Vorläufer im 18. und 19. Jahrhundert stilisierten sich die Führer der Proteste gerne als Kaiser und orientierten sich an der vormodernen Tradition, in der sich das himmlische Mandat und damit die Legitimation der imperialen Herrschaft an einen erfolgreichen Bauernaufstand knüpfen konnten. Damit repräsentierten sie zugleich eine alternative politische Ordnung. Wenn auch die imperiale und in geringerem Maße auch die religiöse Symbolik sich in den Jahren nach der Kulturrevolution teilweise verflüchtigt haben, so weist der gewaltsame ländliche Protest dennoch eine beachtliche Kontinuität bis in die Gegenwart auf. Verschärften sich zu Beginn der Reformphase, als die Verantwortlichkeit für die agrarische Produktion von den staatlich gelenkten Kollektiven auf die Gesellschaft zurückverlagert wurden, vor allem die Konflikte innerhalb und zwischen lokalen Gemeinschaften, so kam es in den 1990er Jahren wieder vermehrt zu Angriffen auf staatliche Institutionen sowie Funktionäre und zu Plünderungen von Nahrungsmitteln, Brennstoffen etc. Neben diesen offenen Protesten existierte in den 1950er und 1960er Jahren jedoch auch eine Strategie des heimlichen Widerstands im Rahmen des bestehenden Systems, indem es Bauern bewusst vermieden, ihre „Interessen" zu artikulieren, oder mit Unterstützung lokaler Kader ihre Ernten dem staatlichen Zugriff zu entziehen versuchten (vgl. Kap. 5.2.2).

Während die Bauern sehr stark an überkommene Formen des (gewalttätigen) Protests anknüpften, herrschte in den Städten eine andere Situation. Auch unter der Arbeiterschaft erzeugte die Politik der KPCh in den 1950er Jahren erhebliche Unruhe. Die Überführung der Privatbetriebe in kollektives Eigentum erlebten die Belegschaften als Verlust von Mitspracherechten und ökonomischer Sicherheit. Besonders die nicht dauerhaft angestellten Mitarbeiter und die Lehrlinge waren davon betroffen. Parallel zur „Hundert-Blumen-Kampagne" unter den Intellektuellen erlebte China im Frühjahr und Sommer 1957 die größte Streikwelle seiner Geschichte. Neben Arbeitsniederlegungen und absichtlicher Bummelei wurden auch zahlreiche Formen des zivilgesellschaftlichen Protests aus der Zeit vor 1949 wiederbelebt: kollektive Petitionen und „Einkreisung" (*baowei*) von Kadern, öffentliche Demonstrationen, Hungerstreiks und Suiziddrohungen, die Gründung von Verbindungsbüros für Koordinationsaufgaben sowie einer demokratischen Partei usw. Eine neue Form politischer Artikulation war die Wandzeitung (*dazibao*, wörtlich: „Zeitung mit großen Schriftzeichen"), die in der Anti-Rechts-Kampagne dann auch Einzug in das Arsenal der kommunistischen Agitation hielt, in der Kulturrevolution eine zentrale Rolle spielte und zwischen 1975 und 1980 sogar Verfassungsrang hatte. Wie im ländlichen Bereich, so gab es auch bei den Arbeiterprotesten eine Kontinuität über die Kulturrevolution hinaus, da Streiks und Langsamarbeit seit der Endphase der Kulturrevolution für die Arbeiterschaft ein wichtiges und effektives Vehikel zur Artikulation von Beschwerden darstellte.

Ungeachtet solcher Kontinuitäten bedeutete die Kulturrevolution einen tiefen Einschnitt in das Verhältnis des kommunistischen Parteienstaats zur Gesellschaft. Die Mobilisierung von Teilen der Bevölkerung gegen Partei und Staat und die daraus resultierenden Cliquen- und Flügelkämpfe führten zu einem erheblichen Legitimationsverlust des herrschenden Regimes. Ihre Grundlage, die permanente ideologische Besetzung der öffentlichen Sphäre, erwies sich langfristig als ebenso kontraproduktiv, da die zahlreichen politischen Kampagnen von einzelnen beteiligten Gruppen in regimekritischem Sinn umgedeutet wurden. Nach der politischen Durchsetzung der Reformfraktion um Deng Xiaoping gelangten nicht nur viele in der Mao-Ära Verfemte wieder in Amt und Würden, sondern es vollzog sich ein genereller Wandel in der Rekrutierungspolitik von Partei und Staat: Statt der bislang präferierten linientreuen Kader bevorzugte man nun eher ideologieferne Fachleute. Schließlich vergrößerte sich infolge der Wirtschaftsreformen die Rolle des Geldes als politischer Einflussfaktor; zugleich entstand ein Markt für publizistische Erzeugnisse. Das Zusammenwirken all dieser Faktoren trug dazu bei, dass Partei- und Staatsführung nicht mehr zu ihrer Monopolstellung aus der Zeit der 1950er und frühen 1960er Jahre zurückkehren konnten. Sie durchdrangen nicht mehr einseitig die Gesellschaft, sondern mussten sich im Gegenzug gesellschaftlichen Einflüssen öffnen.

Zur verstärkten Einflussnahme der öffentlichen Sphäre auf das kommunistische Herrschaftssystem trug die Vermehrung sozialer Organisationen in den 1980er Jahren erheblich bei. Anfang der 1990er Jahre wurden knapp 1.500 Vereinigungen auf nationaler, beinahe 20.000 auf Provinz- und mehr als 160.000 auf Kreisebene gezählt. Das Spektrum war dabei sehr heterogen und reichte von Unternehmer- und Berufsverbänden über den Frauenbund bis hin zu einer Studiengesellschaft für die Heiltechnik *qigong*. Dabei ist die Fülle von Körperschaften, Diskussionsgruppen, Forschungsinstituten usw., die gleichfalls auf das politisch-gesellschaftliche Klima Einfluss nahmen, noch gar nicht berücksichtigt. Hinsichtlich der Stellung dieser Organisationen im Herrschaftssystem lassen sich drei Typen unterscheiden: offizielle, halboffizielle und inoffizielle. Zum ersten Typ sind diejenigen Institutionen zu rechnen, die formell Partei oder Staat unterstanden und auch faktisch von diesen kontrolliert wurden, beispielsweise die parteioffizielle Tageszeitung *Renmin ribao* und die zentrale Fernsehanstalt. Zur zweiten Gruppe gehören Einrichtungen, die *de jure* nicht zum Partei- bzw. Staatsapparat gehörten, etwa die vom Kommunistischen Jugendverband herausgegebene Jugendzeitung *Zhongguo qingnian bao* und viele sozialwissenschaftliche Forschungsinstitute auf nationaler und Provinzebene. Beide profitierten von den Folgen der politisch-ökonomischen Dezentralisierung, in deren Rahmen trotz des Führungsanspruchs der Parteizentrale die Leiter der jeweiligen *danwei* eigenständig über die Richtigkeit oder Fehlerhaftigkeit von politischen Ansichten ihrer Mitarbeiter entscheiden konnten. Dadurch vergrößerte sich der Freiraum für die Artikulation abweichender Meinungen. Bei der dritten Kategorie schließlich handelt es sich um private Vereinigungen wie z. B. das Computerunternehmen Sitong Jituan (international bekannt als Stone Group) in Peking und das von ihm finanzierte Forschungsinstitut. Diese waren jedoch ebenfalls nicht völlig unabhängig vom Staat. In den 1980er Jahren wurden zwar die Leitungen üblicherweise von den Mitgliedern gewählt, doch war in der Regel die Anbindung an eine *danwei* erforderlich, die als Überwachungsinstanz fungierte. Der „offizielle" Anstrich wurde noch dadurch hervorgehoben, dass man Amtsträger für den Ehrenvorsitz oder sonstige Titularfunktionen gewann. Finanziert wurden solche Organisationen zumeist von akademischen Einrichtungen oder Unternehmen. Doch lebten manche auch von Geldern, die ihre in offizieller Funktion tätigen Mitglieder illegal aus ihren *danwei* abzweigten – was man durchaus als Form der Korruption betrachten kann. Konten wurden daher in der Regel verschleiert, um sie vor dem Zugriff des Staates zu schützen. Zwar versuchte die Regierung besonders während der Kampagne gegen geistige Verschmutzung, alle Vereinigungen an die Kandare zu nehmen, doch erwies sich die Kampagne wegen ihres vorzeitigen Abbruchs als ineffektiv.

Auf diese Weise entwickelte sich ein kritisches, zivilgesellschaftliches Potential nicht in offener Opposition zum Staat, obwohl seit der Endphase der Kulturrevolution auch eine regimekritische Untergrundliteratur verbreitet wurde. Im Gegenteil organisierte sich der Großteil unabhängiger und kritischer Kräfte mehr oder weniger direkt im staatlichen Rahmen. Auf diese Weise formierte sich eine Gegenelite, die ihre Positionen im Rahmen von Versammlungen, in Zeitschriften, Zeitungen, Büchern und TV-Sendungen artikulierte. Von besonderer Bedeutung waren dabei Buchserien (*congshu*), die sich bei einem Lesepublikum mit akademischer oder Mittelschulbildung großer Popularität erfreuten. Ihre auf Langfristigkeit angelegte Erscheinungsweise ermöglichte es den jeweiligen Herausgeberkomitees, sich über Jahre hinaus auf legaler Basis zu treffen. Darüber hinaus wurde in den 1980er Jahren die auf die Zeit vor der kommunistischen Machtübernahme zurückgehende Tradition der „Veröffentlichungen für Kollegen" (*tongren kanwu*) wiederbelebt, eines vergleichsweise elitären Publikationsmediums für Menschen mit gemeinsamen Interessen. Alle diese Medien boten ein Forum für die Verbreitung eigenständiger, nichtamtlicher Meinungen.

Zugleich entstanden Spielräume für die Auseinandersetzung gesellschaftlicher Kräfte mit Vertretern von Partei und Staat. Kleine Gruppen traten nach einer vorbereitenden, geheimen Organisationsphase an die Öffentlichkeit, um sich gegen konkrete politische Maßnahmen oder einzelne Funktionäre zu wenden. Die betreffenden Personen wurden entweder bei ihren Vorgesetzten angeschwärzt, oder man suchte ihr Ansehen bei ihren Untergebenen zu unterminieren. Beschuldigungen wegen Vorteilsnahme oder wegen Fehlern bei der Umsetzung politischer Richtlinien, die Karikierung persönlicher Schwächen oder die Verbreitung von Gerüchten über Familienmitglieder konnten eine Untersuchung von höherer Stelle veranlassen oder einen leitenden Kader so zermürben, dass er sein Verhalten änderte oder sich versetzen ließ. Dieses Mittel stand nicht allein kritischen Intellektuellen zur Verfügung, sondern auch einfachen Leuten, etwa den Belegschaften in Industriebetrieben. Von den höheren Instanzen in Partei und Staat wurde es geduldet, solange die einzelnen Aktionen auf die lokale Ebene beschränkt blieben und sich zwischen ihnen keine Vernetzung nachweisen ließ. Die politische Führung kapitulierte dabei einerseits vor der Schwierigkeit, zwischen spontanen und organisierten Protesten zu unterscheiden, andererseits setzte sie der Infiltration von Partei und Staat durch die Gesellschaft deutliche Grenzen.

Dagegen forderten die Massenproteste, die in mehreren Wellen zwischen 1976 und 1989 die nationale Politik erfassten, die Führung von Partei und Staat offen heraus. Sie wiesen eine Reihe von Gemeinsamkeiten auf: die Besetzung zentraler symbolischer Räume, besonders des Tian'anmen-Platzes in Peking, den Rückgriff auf Inhalte und Aktionsformen der 4.-Mai-Bewegung und in zwei Fällen das Totengedenken als Anlass und Folie für politische Inszenierungen. Gleichzeitig gab es jedoch auch signifikante Unterschiede: Die ersten landesweiten Massendemonstrationen, die zwischen Januar und April 1976 anlässlich der Trauer um den im Januar verstorbenen, populären Ministerpräsidenten Zhou Enlai veranstaltet wurden, entwickelten sich über die Vorstufe kleinerer, regional begrenzter Proteste noch aus der rebellischen Tradition der Kulturrevolution. Allein in Peking umfasste der aktive Kern der Demonstranten, der sich anlässlich des Totengedenktags (*qingming*) zwischen dem 31. März und 5. April auf dem Tian'anmen-Platz zusammenfand, rund 100.000 Personen. Zusammen mit der überwältigenden Mehrheit der Schaulustigen waren rund eine Million Menschen auf den Beinen. Indem die aktiven Demonstranten mittels Kundgebungen, Trauersymbolen wie Blumen, Gedichten und der Blockade von Eisenbahngleisen die Altkader um Deng Xiaoping gegen die kulturrevolutionäre Linke unterstützten, brachten sie gleichzeitig ihre Sehnsucht nach der „friedlichen“ Zeit vor den chaotischen Jahren seit 1966 zum Ausdruck. Organisiert wurden sie vor allem von einzelnen *danwei*, wobei wissenschaftlich-technische Institutionen eine größere Rolle spielten als Universitäten. Demgegenüber waren die Organisatoren der „Mauer der Demokratie“ im Peking der Jahre 1978 und 1979 eine sehr viel kleinere und homogenere Gruppe. Es handelte sich vor allem um Menschen im Alter zwischen 20 und 35 Jahren, die durch das Chaos der Kulturrevolution in ihren Bildungsambitionen enttäuscht worden waren. Die Bewegung, die sich vor allem auf die Publikation von Untergrundliteratur stützte, war wesentlich nüchterner als diejenige zwei Jahre zuvor und suchte weniger nach einer verklärten Vergangenheit als nach Lösungen für die Zukunft. Sie war auch stärker an Kontakten mit dem westlichen Ausland interessiert.

Nach dem Vorspiel der Studentendemonstrationen von 1986/87 vereinigten sich in der Demokratiebewegung von 1989, die sich anlässlich des Todes des ehemaligen Parteichefs Hu Yaobang zusammenfand, zahlreiche zivilgesellschaftliche Elemente. Ob die Demonstranten vom Platz des Himmlischen Friedens und in den Provinzen wirklich eine Demokratie nach europäisch-nordamerikanischem Muster anstrebten, kann man in Frage stellen. Trotz des Rückgriffs auf Symbole wie die in den letzten Tagen der Kundgebungen errichtete „Göttin der Demokratie“ stand die Bewegung nicht allein in der Tradition der 4.-Mai-Bewegung. In ihrem Bemühen, einen Dialog mit der Partei- und Staatsführung zu ertrotzen, griff

Abb. 31: Die „Göttin der Demokratie" auf dem Tian'anmen-Platz, errichtet am 30. Mai 1989. Ihr Blick in Richtung auf das Porträt Mao Zedongs symbolisiert die Herausforderung der Staatsmacht durch die Demonstranten.

sie auch auf das konfuzianische Ideal des Beamtenprotestes zurück. Zugleich fußte sie auf einer viel breiteren sozialen Grundlage als ihre Vorläufer. Neben den Studenten, die den intellektuellen Kern bildeten, schlossen sich auch Arbeiter und private Kleinunternehmer den Protesten an. Einige größere Privatunternehmen wie die bereits erwähnte Stone Group leisteten finanzielle Unterstützung; insgesamt hielt sich die Unternehmerschaft jedoch zurück. Wie 1976, so beruhte auch diesmal die Organisationsstruktur auf der Verbindung einer Vielzahl von *danwei*, doch spielten daneben auch die in der Reformära entstandenen gesellschaftlichen Vereinigungen eine bedeutende Rolle.

Dialog als Ziel: Die Studentenbewegung von 1989

In einem Interview der unabhängigen Studentenzeitung *Xinwen daobao* vom 2. Mai 1989 machen Führer der Demokratiebewegung klar, dass es ihnen vor allem um einen Dialog mit den Regierenden ging.

Frage: Welche Ziele hat diese Studentenbewegung?
Antwort: Wir wollen weder die von der KPCh geführte Regierung noch irgendwelche führenden Persönlichkeiten stürzen. Allerdings wollen wir auf gewaltfreie Weise auf die gegenwärtig im Amt befindliche Regierung Druck ausüben, die Reform der politischen Strukturen vorantreiben und dadurch das Ziel, eine wirklich demokratische Regierung zu schaffen, erreichen. Nur auf diese Weise kann schließlich jede Erscheinung von Korruption beseitigt werden, kann der Fortschritt der Gesellschaft vorangetrieben werden. Die jetzige Studentenbewegung gleicht nicht der „4. Mai-Bewegung", da nämlich der Sturz der Regierung weder richtig noch realistisch ist. Wir stehen vor

folgender Situation: Das gegenwärtige China hat keine perfekten demokratischen politischen Strukturen; die Regierung verfügt noch nicht über sich selbst erneuernde Strukturen, weshalb es einer äußeren Kraft bedarf, um die augenblicklich von oben nach unten durchgeführte Reform der politischen Strukturen voranzutreiben; die jetzige Studentenbewegung paßt sich der historischen Entwicklung an und übernähme am besten gleich die Rolle dieser [äußeren] Kraft.

[...]

Frage: Welche langfristigen Ziele hat diese Studentenbewegung?

Antwort: Die gegenwärtige Studentenbewegung sollte zwei Ziele erreichen. Das eine ist die Gründung einer landesweiten autonomen Studentenorganisation, die die Führung und Koordination einer nationalen studentischen Dachorganisation übernimmt. Die Gründung des „Autonomen Studentenverbandes Beijing" war der erste Schritt. Dieses Ziel ist für die augenblickliche und die zukünftige Studentenbewegung äußerst wichtig. Das zweite Ziel ist, mittels Unterrichtsboykott, Propaganda in der Öffentlichkeit und anderen Methoden die Unterstützung aller Kreise der Gesellschaft zu gewinnen, um so die Regierung zur Anerkennung der „Sieben Forderungen" [der neu gegründeten Nationalen Vereinigung autonomer Studentenverbände vom 24. April, u. a. Gewährleistung der Menschenrechte, Freilassung politischer Häftlinge und eine demokratische Verfassung] und zum Dialog mit den Kommilitonen zu bewegen. Alle derzeitigen Aktionen der Studenten sollten sich auf diese Ziele konzentrieren.

(Peter Schier/Ruth Cremerius/Doris Fischer [Hrsg.]: Studentenprotest und Repression in China April-Juni 1989. Chronologie, Dokumente, Analysen. 3. Aufl. Hamburg: Institut für Asienkunde 1993, S. 140-141.)

In allen vier Fällen reagierte der Staat mit harscher Repression. Der Einsatz von Panzern und Soldaten mit Sturmgewehren gegen die Demonstranten im Juni 1989 stellte dabei nur die Spitze eines Eisbergs gewaltsamer Repression dar. Allgemein üblich war hingegen die „alltäglichere" Praxis von Hausdurchsuchungen und Massenverhaftungen, teilweise ohne Vorliegen von Beweisen. Nur 1976 griff man zudem noch auf Elemente des Kampagnenstils wie Massenkritikversammlungen mit öffentlicher Vorführung von „Konterrevolutionären" zurück, die in der Reformära diskreditiert waren. Dass die zivilgesellschaftlichen Strukturen in China anders als in Osteuropa nicht zum Zusammenbruch der sozialistischen Ordnung führten, hängt vor allem damit zusammen, dass die chinesischen Sicherheitsorgane intakt blieben und sich die Desintegrationsprozesse innerhalb der herrschenden Partei auf die untere und mittlere Ebene beschränkten, die Zentrale jedoch nicht erreichten. Zudem existieren in China keine vom Staat potentiell autonomen Großorganisationen, die eine ähnliche Rolle wie etwa die der Kirchen beim Transformationsprozess in Osteuropa hätten spielen können.

Die Ereignisse von 1989 führten jedoch keineswegs zum Zusammenbruch der zivilgesellschaftlichen Strukturen. Zwar wurde nicht nur ein Großteil der bekannten Dissidenten und Studentenführer verhaftet und/oder ins Exil getrieben, sondern auch kritische Intellektuelle und Sympathisanten der Demokratiebewegung innerhalb von Partei und Staat. Dennoch existierte auch innerhalb Chinas eine zwar kleine und isolierte, gleichzeitig aber professionelle und realistisch auf Verbesserungen innerhalb des bestehenden Systems hinarbeitende Opposition. Von wesentlich größerer Bedeutung ist jedoch, dass Partei und Staat 1989 die offiziellen, halboffiziellen und inoffiziellen Organisationen keineswegs zerschlagen, sondern im Gegenteil verstärkt als Steuerungsinstrument zur Kontrolle der Gesellschaft sowie als Mittel zur Abfederung sozialer Probleme genutzt haben. So können Nichtregierungsorganisationen angesichts knapper öffentlicher Kassen dazu beitragen, private Gelder zur Sozialfürsorge oder zum Aufbau von Schulen zu mobilisieren und so den Staat zu entlasten.

Diese Instrumentalisierung hatte jedoch zur Voraussetzung, dass Partei und Staat seit 1989 die Kontrolle über die Zivilgesellschaft zurückgewonnen haben. Dies ermöglicht eine symbiotische Beziehung, in der vielfältige Netzwerke zwischen Parteiinstanzen und staatlichen Stellen auf der einen, gesellschaftlichen Organisationen auf der anderen Seite bestehen. Die zivilgesellschaftlichen Strukturen verfügen über einen gewissen Handlungsspielraum, dessen Grenzen aber von Partei und Staat definiert werden, so dass Überschreitungen Sanktionen (etwa die Auflösung der betreffenden Vereinigung) nach sich ziehen. Zwar gibt es eine Reihe von Indikatoren, die auf die Lockerung des politisch-sozialen Klimas hindeuten, aber an der Grundkonstellation hat sich nichts geändert. Dass die Generation von 1989 durch eine neue, zynischere Jugend abgelöst wurde, die das Vertrauen in die politischen Institutionen weitgehend verloren hat, deutet zwar auf eine größere persönliche Unabhängigkeit und Distanz vom Staat. Es ist jedoch keineswegs ein Indikator für eine größere politisch-gesellschaftliche Autonomie oder gar die Existenz einer Gegenelite. Als solche fungieren auch die Unternehmer und ihre Verbände nicht, obgleich die in den 1990er Jahren forcierte ökonomische Privatisierung die Balance zwischen politischem und ökonomischem Einfluss zugunsten des letzteren verschoben hat. Insgesamt haben Chinas Unternehmer jedoch bei Konflikten mit staatlichen Instanzen in der Regel den kürzeren gezogen, nicht zuletzt, weil sie in solchen Fällen wenig Gruppensolidarität bewiesen haben. Außerdem gehören sie zu den Hauptbegünstigten der neoliberalen Wirtschaftspolitik in den 1990er Jahren. Korruption kann Unternehmern zwar Einfluss auf die Politik ermöglichen, wegen ihres illegalen, geheimen und Einzelinteressen begünstigenden Charakters steht sie jedoch in der Regel im Widerspruch zu zivilgesellschaftlichen Strukturen.

Schließlich hat sich im vergangenen Jahrzehnt eine gewisse Meinungsvielfalt herausgebildet, deren Grenzen aber wiederum von Partei und Staat definiert werden. Die Entstehung unabhängiger Gewerkschaften haben die herrschenden Kreise bezeichnenderweise bislang zu verhindern gewusst. Auch das im Westen als Vermittler demokratischer Werte gepriesene Internet, das sich in China seit den frühen 1990er Jahren verbreitete und neben Telefon, Faxgerät und rund 30 Millionen illegalen Satellitenschüsseln den wichtigsten Zugang zu unzensierten ausländischen Informationen darstellt, darf in seiner Wirkung nicht überschätzt werden. Es gibt

Hinweise darauf, dass die Internetnutzer so viel Zeit in das neue Medium investieren, dass sie ihre sozialen Kontakte vernachlässigen und das Potential zur Formierung autonomer gesellschaftlicher Gruppen sich so eher verringert, auch wenn einzelne politische Ereignisse in den chinesischen Chatrooms durchaus kontrovers debattiert werden.

Ein nochmals anderes Licht auf das Verhältnis zwischen Staat und Zivilgesellschaft werfen schließlich die öffentlichkeitswirksamen landesweiten Proteste seit Ende der 1990er Jahre. Diese richten sich – wie im Fall der antiamerikanischen Demonstrationen von 1999 oder der antijapanischen von 2005 und in starkem Kontrast zu den späten 1970er und 1980er Jahren – gegen äußere Gegner und betreiben damit in gewisser Weise das Geschäft der politischen Führung, die mit ihrer Propagierung nationalistischer Werte auch die ideologische Plattform dafür geschaffen hat. Gleichzeitig wird aber die Handlungsfreiheit der Regierung insofern eingeschränkt, als diese die Demonstranten nicht einfach ignorieren oder gar mundtot machen kann, ohne selbst in den Ruf der Unglaubwürdigkeit zu geraten. Dennoch hat die Partei- und Staatsführung diese öffentlichen Bekundungen in ihrem Interesse genutzt und die Demonstranten zunächst gewähren lassen, um sich im Nachhinein doch mit den jeweiligen ausländischen Regierungen zu arrangieren. Daher scheint das spezifisch chinesische Modell einer weitgehend vom Staat gelenkten Zivilgesellschaft, das in der Frühphase kommunistischer Herrschaft stark eingeengt wurde und in den 1980er Jahren einen vorübergehenden Emanzipationsprozess erlebte, im Wesentlichen wiederhergestellt zu sein.

5. Widersprüche und Spannungsfelder der Moderne

Wie überall auf der Welt, so war die Herausbildung der Moderne auch in China kein eindeutiger, radikaler Umbruch, sondern von inneren Spannungen und Widersprüchen gekennzeichnet. Das scheinbar Vor- oder Unmoderne wurde zu einem integralen Bestandteil der Moderne. Die Besonderheit der chinesischen Entwicklung ist von der politischen, ökonomischen und kulturellen Auseinandersetzung mit dem westlichen Ausland nicht zu trennen. Bei der Formulierung von Strategien und Programmen stellte sich in China daher die Frage nach dem Zusammenhang von Modernisierung und Verwestlichung. Zudem variierte das Tempo des Wandels in den unterschiedlichen Regionen Chinas, wobei der Unterschied zwischen Stadt und Land eine wesentliche Rolle spielte. Schließlich ergaben sich Konflikte zwischen Modernisierungseliten und weiten Teilen der Bevölkerung. Der Versuch, religiöse Konzepte und Praktiken durch ein säkulares, rationales, wissenschaftlich begründbares Denken abzulösen, bietet hierfür ein besonders anschauliches Fallbeispiel.

5.1 Eigenes und Fremdes auf dem Weg in die Moderne

Chinas Weg in die Moderne war ein Prozess, bei dem sich praktisches Handeln mit intellektuellen Entwicklungen verband. Eine geistige Standortbestimmung war besonders dort vonnöten, wo Modernisierungsprogramme von politischen Entscheidungsträgern und Angehörigen der Eliten geplant, legitimiert und gegen Kritik verteidigt wurden. Chinas politische und ökonomische Stellung in der Welt des 19. und 20. Jahrhunderts war dafür verantwortlich, dass Anstöße zur Veränderung zu einem beträchtlichen Teil von außen kamen. Keinesfalls jedoch wurden ausländische Vorbilder in China unkritisch übernommen, sondern stets den spezifischen chinesischen Bedingungen angepasst. Zudem waren Modernisierungsschritte stets in einen Diskurs über das Selbstverständnis Chinas eingebettet. Das Verhältnis von Übernahmen aus dem Westen und Beibehaltung genuin chinesischer Elemente entwickelte sich daher komplex und widersprüchlich.

5.1.1 Debatten und die Semantik der Moderne

Um 1800 war die wirtschaftliche, technische und kulturelle Leistungsfähigkeit Chinas im Weltmaßstab immer noch herausragend. Es gibt keinen Grund anzunehmen, dass das Land über keinerlei eigenständiges Entwicklungspotential verfügt hätte. Die Kriegsniederlagen gegen westliche Staaten um die Mitte des 19. Jahrhunderts veränderten jedoch die Situation insofern, als es insbesondere der chinesischen Elite nunmehr unumgänglich schien, zumindest einen Teil der westlichen Errungenschaften zu übernehmen. Es handelte sich dabei um einen graduellen Entscheidungsprozess, dessen langfristige Konsequenzen die Vorstellungskraft der Entscheidungsträger zweifellos überstiegen. Dennoch war er von der permanenten Diskussion über die Frage begleitet, welches Ausmaß die Übernahmen erreichen und wo ihre Grenzen liegen sollten.

Es wäre allerdings falsch zu glauben, dass China erst seit etwa 1850 bereit gewesen sei, Kenntnisse des Westens nutzbringend zu übernehmen. Tatsächlich wurde hier unter anderen machtpolitischen Verhältnissen ein Trend fortgeführt, der schon lange vor 1800 eingesetzt hatte. Zwar mag es vielen Europäern im 18. Jahrhundert so vorgekommen sein, als begegne China allem Ausländischen mit Überheblichkeit und Ignoranz, doch verwechselten sie lediglich die Tatsache, dass China seine Außenbeziehungen streng und nach eigenem Gutdünken kontrollierte, mit Arroganz. Wohl gab es im Reich der Qing auch keine so umfassende Auseinandersetzung mit europäischer Wissenschaft und Kultur wie zur gleichen Zeit mit den sogenannten Hollandstudien in Japan, doch zeigten die Chinesen an manchen Errungenschaften des Westens schon früh großes Interesse. Als Informationsquellen standen zum einen die Jesuiten am kaiserlichen Hof in Peking, zum anderen die europäischen, bald auch nordamerikanischen Händler im südchinesischen Guangzhou zur Verfügung. Noch in der ersten Hälfte des 19. Jahrhunderts bemühten sich einflussreiche Beamten, ihr Wissen über den politisch immer stärker virulent werdenden Westen zu erweitern.

Vor dem Hintergrund der Niederlage im Zweiten Opiumkrieg und des verheerenden, teilweise mit ausländischen Waffen geführten Kriegs gegen die Taiping-Rebellen mündeten diese frühen Ansätze ab 1861 erstmals in ein konsistentes Modernisierungsprogramm, die sogenannte Selbststärkungsbewegung (*Ziqiang yundong*), auch als „Bewegung für westliche Angelegenheiten" (*Yangwu yundong*) bezeichnet. Der Begriff der „Selbststärkung" (*ziqiang*) war dem „Buch der Wandlungen" (*Yijing*) entlehnt, einem Klassiker des chinesischen Altertums. Er bezeichnet Bemühungen, den Staat gegen äußere Bedrohungen zu wappnen, in diesem Fall durch die Übernahme westlicher Technologien. Der Bereich, in dem die Vorreiterrolle des Westens anerkannt wurde, war jedoch relativ eng umschrieben. Die berühmte Maxime „Chinesische Wissenschaft als Substanz, westliche Wissenschaft für den praktischen Gebrauch (*zhongxue wei ti, xixue wei yong*)" wurde zwar erst Ende der 1890er Jahre von dem Reformpolitiker Zhang Zhidong formuliert, kennzeichnete die Selbststärkungsbewegung aber von Anfang an. Dieses letztlich illusorische Konzept einer steuerbaren Teilmodernisierung enthielt bereits die später noch schärfer akzentuierte Gegenüberstellung der westlichen Kultur als materialistisch und der chinesischen als durch geistig-moralische Werte überlegen. So traten die *ziqiang*-Reformer auch für eine moralische Erneuerung Chinas auf konfuzianischer Grundlage ein. Gleichzeitig sahen sie sich einer konservativen Gegenrichtung gegenüber, der *qingyi*-Schule, deren Mitglieder schon die begrenzten Modernisierungsschritte als zu weitgehend kritisierten und statt dessen administrative, fiskalische, landwirtschaftliche sowie Erziehungsreformen nach klassischen chinesischen Vorbildern einforderten.

Obwohl die Selbststärkungsbewegung durchaus Erfolge vorweisen konnte, war sie durch die von ihren führenden Vertretern zu verantwortende Kriegsniederlage gegen Japan im Jahre 1895 politisch diskreditiert. Neue und weitergehende Lösungswege wurden zunächst während der kurzlebigen Reformbewegung von 1898 gesucht, ehe das Reformedikt des Qing-Hofes von Anfang 1901 ein ganzes Jahrzehnt der Reformen einleitete. Hatte eine Hauptschwäche der Selbststärkungsbewegung in der mangelnden Koordination von Reformprojekten bestanden, da diese von den Provinzgouverneuren teilweise wie persönliche Pfründen verwaltet wurden, so entwickelte sich jetzt die Zentralregierung zum Schrittmacher der Modernisierung. Die Umwandlung der klassischen Sechs Ministerien in moderne Fachressorts trug dazu bei, den Handlungsspielraum des Staates zu erweitern. Ein weiterer grundlegender Unterschied zur *ziqiang*-Bewegung bestand in einer neuen Semantik der Modernisierung. Waren die Innovationen zur Zeit der Selbststärkungsbewegung unter dem Begriff „westlich" (*yang*) subsumiert worden, so lautete das neue, bis weit in die Republikzeit wirksame Schlagwort „neu" (*xin*), das man als Gegenbegriff dem „Alten" (*jiu*) gegenüberstellen konnte.

Die von der GMD (wie später bezeichnenderweise auch von der KPCh) verwendete Metapher des „Aufbaus" (*jianshe*), in für das Ausland gedachten Selbstdarstellungen mit dem englischen Wort *reconstruction* übersetzt, wurde bereits 1919 als Titel einer Parteizeitschrift gewählt. Diese Namensgebung fand ihre Fortsetzung bei den ersten mit der Planung und Durchführung von Modernisierungsaufgaben betrauten Institutionen, dem 1928 gegründeten Aufbauministerium und der Aufbaukommission, die kurz darauf an seine Stelle trat. Zugleich wurde zwischen 1933 und 1935 im Zusammenhang mit der Bewegung für neues Leben eine intellektuelle Debatte über die Frage ausgetragen, ob China die Kultur des Westens selektiv übernehmen könne oder ob eine „totale Verwestlichung" (*quanpan xihua*) der einzige Ausweg sei. Dabei waren sich alle Beteiligten über die Notwendigkeit der Verwestlichung einig; offen blieb letztlich die Frage von deren Ausmaß.

Die KPCh übernahm nach 1949 die Semantik des Aufbaus, reicherte sie aber schon Ende der 1950er Jahre mit eigenen Elementen an. Nach Maos Willen sollte China mittels des „Großen Sprungs" innerhalb weniger Jahre den Kommunismus und damit die nach dem marxistischen Geschichtsmodell fortschrittlichste und endgültige Gesellschaftsordnung erreichen. Indem diese Form der Modernisierung sich primär darauf verließ, den Enthusiasmus der Massen zu mobilisieren, stimmte sie mit dem von Mao „sinisierten" Marxismus überein. Während des „Großen Sprungs" ebenso wie später während der Kulturrevolution wurde die ursprünglich aus der Yan'an-Periode stammende Parole vom „Vertrauen auf die eigene Kraft" (*zili gengsheng*) ausgegeben, die bedeutete, dass China seine Ziele ohne Hilfe von außen erreichen könne und müsse.

Einen Gegenentwurf zum „Großen Sprung“ bildeten die sogenannten „Vier Modernisierungen“, die erstmals Mitte der 1960er Jahre propagiert und von Deng Xiaoping und seinen Gefolgsleuten ab 1978 als politische Leitlinie durchgesetzt wurden. Der Begriff bezieht sich auf das Ziel, Landwirtschaft, Industrie, Wissenschaft und Technik sowie Verteidigung bis zum Ende des 20. Jahrhunderts zu modernisieren. Seine Bedeutung erlangte das Konzept im Rahmen von Dengs Politik von „Reform und Öffnung“, die eine Belebung durch Einführung marktwirtschaftlicher Elemente bewirken sollte. Dabei sollte ausländische Hilfe China langfristig vom Ausland unabhängig machen. Dass als Zielvorstellung ein „Sozialismus chinesischer Prägung“ (*you Zhongguo tese de shehuizhuyi*) ausgegeben wurde, verweist auf ein eigenständiges Modernisierungsziel, das weder dem Sozialismus sowjetischer Prägung noch dem liberaldemokratisch-kapitalistischen Muster Westeuropas und Nordamerikas folgen sollte. In gewisser Weise ähnelt dieser Standpunkt der *ti-yong*-Formel der Selbststärkungsbewegung, da auch er die Moderne auf eine neutrale Technologie reduziert, dem der Sozialismus als kulturelle Essenz Chinas gegenübersteht. Allerdings wird diese Essenz im Ergebnis eines fundamentalen soziokulturellen Wandels völlig anders definiert, nämlich mit Hilfe einer Ideologie, die selbst „westlichen“ Ursprungs ist.

Das Konzept der Vier Modernisierungen wurde von der KPCh vehement gegen andersartige Auffassungen verteidigt. Das bekannteste Beispiel ist der Umgang der Partei mit der 1988 ausgestrahlten und von rund 400 Millionen Zuschauern verfolgten Fernsehserie „Flusselegie“ (*Heshang*). Deren Autoren stellten die Bedeutung bestimmter kultureller Symbole (wie des Gelben Flusses und der Großen Mauer) in Frage und vertraten die These, dass die traditionelle chinesische Kultur mit der Moderne unvereinbar sei. Obwohl es ihnen nicht um eine Fundamentalkritik an der chinesischen Zivilisation ging, sahen sie dennoch den einzigen Ausweg in einer vollständigen Verwestlichung. Sie waren damit die Ersten, die in der Volksrepublik eine solche Position artikulierten. Die Serie wurde von der kommunistischen Führung als bürgerlich-liberal und pro-kapitalistisch kritisiert und nach ihrer Erstausstrahlung verboten.

In jüngerer Zeit haben dagegen kulturkonservative neokonfuzianische Wissenschaftler, die an ältere Strömungen aus dem frühen 20. Jahrhundert anknüpfen können, den genau umgekehrten Weg eingeschlagen und eine Rückbesinnung auf die konfuzianische Werte eingefordert (vgl. auch Kap. 5.3.2). Mit dieser Position stoßen sie bei den Regierenden auf ein gewisses Wohlwollen, da konfuzianischen Werten eine potenziell gesellschaftsstabilisierende Funktion zugeschrieben wird. In den Augen ihrer Kritiker dagegen streben sie einerseits nach einer Transzendierung der Moderne und konstruieren andererseits eine chinesische Kultur, die zukünftig die Weltzivilisation anführen könnte – dies alles jedoch in einer westlich geprägten Wissenschaftssprache. Der zwischen diesen beiden Polen von der KPCh eingeschlagene Weg eines spezifisch chinesischen Sozialismus ist zwar politisch nach wie vor dominant. Es bleibt jedoch zu fragen, ob er angesichts des wirtschaftlichen, gesellschaftlichen und kulturellen Wandels in den 1990er Jahren nicht zu einer Absichtserklärung ohne praktischen Wert geworden ist bzw. ob unter seinem Deckmantel mittlerweile nicht andere Modernisierungsziele angesteuert werden.

5.1.2 Modelle

Für viele Chinesen ließen sich die aus dem Ausland kommenden Modernisierungsimpulse nicht von der rücksichtslosen Machtdemonstration der imperialistischen Mächte trennen und waren insofern mit traumatischen Erfahrungen verbunden (vgl. Kapitel 6.1). Dennoch musste sich der zeitliche Rückstand Chinas beim Eintritt in die Moderne nicht, wie lange Zeit angenommen, ausschließlich als Nachteil erweisen. Denn auf diese Weise konnte das Reich der Mitte die in anderen Ländern gemachten Erfahrungen auf ihre Brauchbarkeit für das eigene Land überprüfen und sich gegebenenfalls zunutze machen. Dies erklärt die große Bedeutung von Modellen im chinesischen Modernisierungsprozess. Modelle konnten verschiedene Formen annehmen: Erstens ließ sich ein fremdes Land als Ganzes oder wenigstens zu weiten Teilen zum Vorbild erklären, das China so vollständig wie nötig nachahmen sollte. Zweitens konnte man in spezifischen Sektoren wie Militär und Erziehungswesen auf ausländische Vorbilder zurückgreifen, wobei eine Wahlmöglichkeit zwischen den konkurrierenden Systemen verschiedener Staaten gegeben war. Drittens war China in der Lage, bestimmte technische Errungenschaften wie etwa die Eisenbahn als geschlossenes, in anderen Ländern bereits erprobtes System einzuführen. Viertens schließlich schuf man Modellinstitutionen, zum Beispiel Fabriken, Schulen, Dörfer, Städte und ganze Landkreise. Diese häufig auf Initiative von Einzelpersonen zustande gekommenen Einrichtungen boten Spielraum für Experimente und konnten im Erfolgsfall zur Nachahmung empfohlen werden. Alle diese Varianten beruhten auf der Beschaffung von Informationen mittels ausländischer Berater, der Entsendung von Studienkommissionen sowie der Förderung des Auslandsstudiums. Fünftens gab es die Möglichkeit, ohne Hilfe von außen selbst zu experimentieren und aus eigenen Erfahrungen zu lernen.

Während der Zeit der Selbststärkungsbewegung wurde die Gewinnung von Expertise eher selektiv betrieben, was auch mit dem dezentralen Charakter der Bewegung zusammenhängt. Ein gutes Beispiel bietet die Reform des Militärs. So erfolgte die Offiziersausbildung an der Fuzhou-Werft und der 1880 gegründeten Marineschule von Tianjin durch englische Instrukteure und nach dem englischen Reglement – mit Ausnahme der schweren Artillerie, wo infolge des dominierenden Marktanteils der Firma Krupp das deutsche Reglement maßgeblich war. Erst zwischen 1901 und 1911 wurde mit Japan ein einziges Land zum alleinigen Vorbild der chinesischen Reformpolitik. In so gut wie allen Bereichen war der Einfluss japanischer Vorbilder oder Berater sichtbar: bei der Umstrukturierung des Militärs, der Aufstellung einer modernen Polizei, der Errichtung von Gefängnissen, der Erziehungsreform und der Schaffung eines modernen Rechtswesens. Diese Vorbildfunktion, die erst durch den japanischen Imperialismus während des Ersten Weltkriegs diskreditiert wurde, beruhte auf zwei Voraussetzungen: Erstens bot Japan ein Beispiel für ein nichteuropäisches Land, das erfolgreich zu den westlichen Großmächten aufgeschlossen hatte; zweitens stellte das östliche Nachbarland Konzepte und Modelle zur Verfügung, die aus dem Westen (und zwar ganz besonders aus Deutschland) übernommen, aber bereits für den Gebrauch im ostasiatischen Kulturraum adaptiert waren.

War der Modernisierungsgedanke aus dem politischen Handeln der Republikzeit niemals ganz verschwunden, so hat ihn doch erst die Guomindang wieder zum expliziten Bestandteil eines nationalen politischen Programms gemacht. Sie war damit jedoch keineswegs die erste Modernisierungsdiktatur in China. Auf regionaler Ebene lassen sich bereits in der Warlord-Periode solche Versuche einer „Modernisierung von oben" erkennen. Nicht alle Warlords waren brutale und beschränkte Militaristen, welche die Bevölkerung mittels einer ebenso erfinderischen wie rücksichtslosen Steuereintreibung auspressten. Manche, wie Chen Jiongming in Guangdong und Yan Xishan in Shanxi, entwickelten eigene Modernisierungsprogramme, und selbst der ungebildete und hartgesottene Zhang Zuolin setzte in der Mandschurei eine modernisierungsorientierte und ziemlich effektive, freilich vom Militär abhängige Zivilregierung ein. Dahinter stand natürlich das wohlverstandene Eigeninteresse dieser Militärmachthaber, durch Entwicklungsmaßnahmen ihre Herrschaft zu konsolidieren.

In der Praxis konnten die Modernisierungsbestrebungen der GMD-Regierung seit 1927 an die Politik der genannten Warlords anknüpfen; ihre legitimatorische Unterfütterung stand in der Tradition des verstorbenen Parteiführers Sun Yatsen. 1928 rief man ein Aufbauministerium ins Leben, das rasch durch eine Aufbaukommission, 1931 durch den Nationalen Wirtschaftsrat abgelöst wurde. Die GMD richtete sich dabei nicht nach einem bestimmten nationalen Vorbild – im Gegenteil war sie eher bestrebt, zwischen konkurrierenden Modellen wählen zu können –, sondern legte großes Gewicht darauf, auf wissenschaftlicher Grundlage und auf internationalem Niveau planen zu können. Nicht zuletzt deshalb kooperierte China zu dieser Zeit intensiv mit dem Völkerbund (vgl. Kap. 6.2.2).

Ein völlig entgegengesetztes Modell vertrat zunächst die Kommunistische Partei Chinas. Sie übernahm nach der Gründung der Volksrepublik 1949 in vollem Umfang das sowjetische Modell und trat mit dem 1. Fünfjahresplan von 1953 in die Phase des Sozialismus ein. Wohl in keiner anderen Periode der neueren Geschichte Chinas dürfte ein ausländisches Vorbild derartigen Einfluss erlangt haben. Die Sowjets errichteten in China 166 Industriebetriebe und gaben Blaupausen sowie technische Daten weiter. Hatten sich die Chinesen bislang vor allem mit Übersetzungen russischer Texte behelfen müssen, so entsandten die Sowjetunion und ihre osteuropäischen Satellitenstaaten jetzt weit über 10.000 Experten der verschiedensten Sparten als Berater nach China (aufgrund fehlender Statistiken kann man die Zahl lediglich schätzen). Umgekehrt gingen rund 10.000 chinesische Techniker und Wissenschaftler, nach anderen Angaben auch rund 30.000 Arbeiter zur Weiterbildung in die Sowjetunion; hinzu kamen schätzungsweise 11.000 chinesische Studierende an sowjetischen Hochschulen (vgl. Kap. 6.2.3).

Allerdings fanden die chinesischen Kommunisten am sowjetischen Modell relativ früh auch Eigenschaften, die ihnen weniger gefielen. Aus der Sicht Mao Zedongs und seiner Gefolgsleute erschien vor allem die zentrale Planung zu starr

Abb. 32: Bauern beim Bau eines Staudamms in Guangdong während des Großen Sprungs. Überall in China sollte die Mobilisierung menschlicher Arbeitskraft für einen wirtschaftlichen Aufschwung sorgen.

und dogmatisch. Mit der Propagierung des „Großen Sprungs nach vorn" zwischen Ende 1957 und Ende 1958 verfochten sie nicht nur eine stärkere Dezentralisierung der Wirtschaft. Vielmehr sollte der Übergang zum Kommunismus durch eine gewaltige Mobilisierung der gesamten Bevölkerung erreicht werden, während die Priorität des schwerindustriellen Aufbaus und die Indienstnahme der Landwirtschaft zu diesem Zweck (vgl. Kap. 5.2.3) nicht in Frage gestellt wurden. In dieser Mobilisierungsanstrengung bestand die eigentliche Innovation, die nach dem Scheitern des Großen Sprungs vorübergehend aufgegeben, Ende der 1960er Jahre jedoch wiederbelebt wurde. Allerdings wurde der Aufbau der Schwerindustrie im Rahmen der sogenannten Dritten Front von 1964 bis 1971 (vgl. Kap. 5.1.3) keineswegs dezentral organisiert, sondern zentral geplant und gesteuert. Die Volksrepublik konnte jetzt trotzdem den Anspruch erheben, ein eigenständiges Entwicklungsmodell zu repräsentieren, das in den 1960er und 1970er Jahren allerdings nur von einem einzigen Land – Albanien – ohne Einschränkungen nachgeahmt wurde. Dabei ging es nicht nur um ökonomische Aspekte. Eine andere Facette der Modellbildung steuerten die kulturpolitischen Bemühungen Jiang Qings in der zweiten Phase der Kulturrevolution bei. Jiang hatte bereits 1966 begonnen, den Kulturbetrieb durch eine Reihe revolutionärer „Musterstücke" (*yangbanxi*) – Ballette, Opern und sinfonische Musik – zu politisieren und zugleich zu standardisieren. Diese Stücke wurden in vielfältiger Weise popularisiert, etwa indem Auszüge während der Arbeitspausen oder im Schulunterricht aufgeführt wurden. Die seit 1970 hergestellten Filmversionen machten sie einem Millionenpublikum zugänglich. Allein die Oper „Mit Geschick den Tigerberg erobert" (*Zhiqu weihushan*) sah sich zwischen 1970 und 1974 jeder Chinese statistisch sieben Mal an.

Abb. 33: Szene aus der Oper „Geschichte der roten Laterne" (*Hongdengji*) aus dem Jahr 1963. Gegenüber der klassischen Pekingoper sollte die realistische Kostümierung und Ausstattung den „revolutionären" Gehalt der Stücke hervorheben.

Die Reformpolitik Deng Xiaopings entwickelte einen neuen Umgang mit Modellen. Ausländische Einflüsse sollten wieder eine große Rolle spielen, doch wurde, ähnlich wie in den 1930er Jahren, die explizite Anlehnung an ein spezifisches Vorbild tunlichst vermieden. Das Ziel bestand vielmehr darin, China Zugang zu internationalem Kapital und ausländischer Technologie zu ermöglichen (vgl. Kap. 5.1.3). Zwischen 1979 und 1993 wurden auch rund 350.000 westliche Ausländer als Experten nach China eingeladen. Außerdem waren besonders die frühen Reformjahre von einer großen Experimentierfreudigkeit geprägt, die es ermöglichte, Bewährtes zu übernehmen und gescheiterte Projekte fallenzulassen. Damit existierte neben der Vorbildrolle des (westlichen) Auslandes auch eine Modellbildung im Inneren.

Implizit war Chinas atemberaubende wirtschaftliche und technologische Entwicklung in den letzten zwei Jahrzehnten allerdings sehr wohl von der Auseinandersetzung mit einem bestimmten Land geprägt: den USA, die als einziger Staat eine politische, militärische und wirtschaftliche Führungsrolle in der Welt mit einem hohen Lebensstandard verbinden. Dies bedeutet nicht unbedingt, dass die Regierenden in Peking oder selbst die Bevölkerung der Volksrepublik ihr Land in eine Kopie der USA verwandeln wollen. Ungeachtet der wechselnden Konjunkturen im Verhältnis zwischen beiden Ländern, die auf chinesischer Seite von einem vehementen Nationalismus begleitet werden (vgl. Kapitel 6.2), übt der *American way of life* eine seltsam ambivalente Faszination auf viele Chinesen aus. Insgesamt dienen die USA jedoch eher als eine Folie, auf der sich die chinesischen Erwartungen in Bezug auf die Prosperität und das internationale Ansehen ihres Landes spiegeln.

5.1.3 Industrialisierung zwischen Markt und Plan

Bereits in der Qing-Zeit war China seit langem eine freie, von Kleinkapitalismus gekennzeichnete Marktwirtschaft, in der der Staat sich auf die Regulierung der ökonomischen Rahmenbedingungen beschränkte. Die Regierung griff in privatwirtschaftliche Belange nur wenig ein, so dass ein Großteil der wirtschaftlichen Aktivitäten von den Produzenten in Landwirtschaft und Handwerk sowie den Kaufleuten untereinander geregelt wurde. Zugleich entwickelte die staatliche Verwaltung eine Reihe unterschiedlicher Strategien zum Umgang mit der privaten Wirtschaft. Sie erhob Steuern und regulierte Produktion und Verkauf bzw. Verteilung einer Reihe von Schlüsselgütern. Neben dem Steuergetreide, das in staatlichen Getreidespeichern gehortet wurde, gehörten hierzu die für das Währungssystem wichtigen Metalle Kupfer, Blei und Silber, ferner Salz. Ihr Abbau wurde vom Staat finanziell subventioniert, der zugleich auch rund 80 Prozent der Produktion abnahm. Schließlich wurde für viele staatliche Projekte privates Kapital mobilisiert. Ein gutes Beispiel für diese „Mobilisierung von Kaufleuten“ (*zhaoshang*) bieten die 13 Hong-Firmen in Guangzhou, denen vom späten 17. bis in die erste Hälfte des 19. Jahrhunderts die Abwicklung des Außenhandels mit dem Westen übertragen wurde.

Bis zur Mitte des 19. Jahrhunderts betraf diese Politik ausschließlich den florierenden Handel sowie das technisch anspruchsvollere Handwerk. Als ab den 1860er Jahren eine chinesische Industrie entstand, wurden verschiedene Strategien entwickelt, die teils eher auf das Engagement des entstehenden Privatkapitalismus, teils auf eine Lenkungsrolle des Staates und manchmal auf eine Mischung aus beiden setzte. Den Anfang machten die Verfechter einer Selbststärkung, die sich vor allem auf den militärischen Bereich konzentrierten. China sollte in die Lage versetzt werden, die notwendigen Rüstungsgüter selbst produzieren zu können. Erste zivile Industriebetriebe wurden zuerst von Ausländern in den Vertragshäfen gegründet, ehe sich die chinesischen Reformer in den 1870er und 1880er Jahren in diesem Sektor zu engagieren begannen. Unternehmensgründungen erfolgten vorrangig in den Bereichen Verkehr (Dampfschifffahrt, Eisenbahn und Telegraphie), Rohstoffgewinnung (Kohlebergbau und Kupferminen) sowie Textilproduktion. Besonders bekannt wurden die China Merchants' Steam Navigation Company (1872) und die Kaiping-Kohlenbergwerke bei Tianjin (1878), die 1908 mit dem 1890 von Zhang Zhidong gegründeten Hanyang-Stahlwerk sowie der Daye-Eisenerzmine zum Hanyeping-Komplex verschmolzen wurden.

In wirtschaftspolitischer Hinsicht griff man auf die *zhaoshang*-Strategie zurück: Für die meisten der zivilen Unternehmen beschafften Kaufleute das Kapital und wurden mit der operativen Leitung betraut, während Beamte die Oberaufsicht führten. Dieses als „Lenkung durch Beamte, Betrieb durch Kaufleute" (*guandu shangban*) bekannt gewordene Prinzip blieb während der gesamten Dauer der Selbststärkungsbewegung ein wichtiges Merkmal der betrieblichen Organisation. Die wichtigste Innovation gegenüber der hergebrachten Praxis bestand darin, dass die Unternehmen jetzt als Aktiengesellschaften organisiert wurden. Sie erwiesen sich als profitabel, solange die unternehmerische Freiheit der kaufmännischen Leitung gewahrt blieb. Dass sich in der Leitungsstruktur die hergebrachte politische und gesellschaftliche Vorrangstellung des Beamtentums spiegelte, war aus unternehmerischer Sicht oft nachteilig, da ihr Mangel an wirtschaftlichem Verständnis die Beamten nicht von selbstherrlichen Interventionen in die Betriebsführung abhielt. Nach 1895 wurde das *guandu-shangban*-System rasch aufgegeben. Staatlich geförderte Unternehmen wurden nun vollständig privatisiert, und viele neue Betriebe gingen aus Familienunternehmen hervor. Bei manchen Firmen, die sich auf die regionale Wirtschaftsförderung konzentrierten, stellte der Gründungsprozess eine Mischform aus den beiden genannten Entwicklungen dar. Die Wirkungen des *guandu-shangban*-Systems blieben freilich noch länger spürbar: Die neue Unternehmerschicht rekrutierte sich zum Teil aus ehemaligen Beamten; außerdem blieben Industriebetriebe, besonders in der Gründungsphase, auf die Protektion einflussreicher Beamter angewiesen.

Zwischen 1895 und 1937 schritt der industrielle Aufbau kontinuierlich voran und erlebte in den Jahren nach dem Ende des Ersten Weltkriegs, als die vom Krieg gezeichneten Industrien Europas und Nordamerikas sich vorrangig auf die heimischen Märkte konzentrieren mussten, einen ungeheuren Boom. Neben der Gründung produzierender Betriebe waren die Entwicklung der Infrastruktur und des Geldwesens von großer Bedeutung. Nach ersten Anfängen in der Periode der Selbststärkungsbewegung wurde zwischen 1895 und 1937 ein Eisenbahnnetz geschaffen, das im Wesentlichen den Nord-Süd-Verkehr in Ostchina erleichterte. Bis in die 1930er Jahre wurde fast der gesamte Bahnbau in China durch ausländische Anleihen finanziert; zudem lagen bei fast allen Bahnlinien der gesamte Bau und Betrieb in ausländischen Händen. Dies lässt sich nicht allein durch den Kapitalmangel erklären, sondern spiegelt auch die imperialistischen Strukturen wider, in die China eingebunden war. Erst die Guomindang-Regierung konnte nach 1928 den Eisenbahnbau, unabhängig von der jeweiligen Finanzierung, nach ihren eigenen Prioritäten durchführen. Aus finanziellen Gründen förderte sie allerdings besonders den weniger kapitalintensiven Ausbau des Fernstraßennetzes, das Mitte der 1930er Jahre auch entlegenere Gebiete ebenso einbezog wie der nach zögernden Anfängen 1930 in Angriff genommene regelmäßige Luftverkehr.

Neben dem Ausbau der Infrastruktur wandelte sich auch der Geldmarkt. Bis etwa 1900 wurde er von zwei im 18. Jahrhundert entstandenen Institutionen do-

Abb. 34 und 35: Unfertige Brücke der Kanton-Hankou-Bahn Ende der 1920er Jahre (oben), Autobusse auf der Straße von Nanjing nach Wuhu um 1935. Während der Bahnbau kostspielig und langwierig war, erwies sich der Bau von Fernstraßen als billiger und schneller.

miniert, den lokalen „Geldläden" (*qianzhuang*) und den überregionalen *piaohao*, die mehrheitlich in Shanxi ansässig waren. Letztere unterhielten im Unterschied zu den *qianzhuang* Zweigstellen in allen Provinzen und auch in vielen Grenzgebieten und übernahmen so den bargeldlosen Zahlungsverkehr zwischen den einzelnen Regionen. In der zweiten Hälfte des 19. Jahrhunderts drängten ausländische Banken auf den chinesischen Markt und errangen rasch die Kontrolle über den internationalen Handel. Gegen Ende des Jahrhunderts war der chinesische Geldmarkt folgendermaßen aufgeteilt:

qianzhuang	36 %
piaohao	32 %
ausländische Banken	32 %

(Cheng Linsun: Banking in Modern China. Entrepreneurs, Professional Managers, and the Development of Chinese Banks, 1897-1937. Cambridge: Cambridge University Press 2003, S. 19)

Mit der Gründung der Imperial Bank of China (die sich trotz ihres Namens größtenteils in Privatbesitz befand) etablierte sich 1897 ein modernes Bankwesen. Grund dafür war der wachsende Kapitalbedarf der chinesischen Unternehmen, der von den etablierten Institutionen nicht bewältigt werden konnte, während man aus nationalistischen Motiven den ausländischen Banken das Feld nicht überlassen wollte (vgl. Kap. 6.1.3). Den zuerst ins Leben gerufenen staatlichen Banken trat bald eine Vielzahl privater Unternehmungen an die Seite. Gab es 1911 insgesamt 17 Banken, so wurden in der Republikzeit bis 1927 insgesamt 312 neue Geldinstitute gegründet. Eine Konzentrationswelle war die Folge. Da gleichzeitig zahlreiche staatliche Banken privatisiert wurden, errangen die Privatbanken die Dominanz. Zwei Grundprobleme blieben jedoch ungelöst: Zahlreiche unterschiedliche Währungen existierten nebeneinander, zudem konnten Banknoten grundsätzlich zum Nennwert in Silber umgetauscht werden. Die dadurch notwendigen großen Silberreserven machten die Banken besonders in der Warlord-Periode anfällig für die Geldgier regionaler Machthaber. Schon in der späten Qing-Zeit hatte es Versuche zu einer Vereinheitlichung gegeben, aber erst die GMD verwirklichte dieses Ziel 1935 durch die Ausgabe eines nicht konvertierbaren Papiergeldes (*fabi*).

Die Struktur der chinesischen Industrie zwischen etwa 1905 und Mitte der 1930er Jahre wies eine Reihe von Besonderheiten auf: Erstens kam es zu einem noch weiter gehenden, wenn auch nicht totalen Rückzug des Staates aus der Wirtschaftspolitik, der mit der Legalisierung von Kapitalgesellschaften als Unternehmensform im Jahre 1904 einsetzte und sich nach 1911 beschleunigte. Zweitens blieben die chinesischen Unternehmen überwiegend Familienbetriebe; große, den japanischen *zaibatsu* vergleichbare und politisch einflussreiche Konzerne fehlten weitgehend. Dabei variierten der Grad der Mechanisierung und im Zusammenhang damit auch der Kapitalausstattung sehr stark. Während man im Maschinenbau mit einer klei-

Abb. 36 und 37: Staatliche Uniformenfabrik in Peking um 1920 (rechts), Baumwollspinnerei in Shanghai Anfang der 1930er Jahre (unten). Unter den chinesischen Fabriken der Republikzeit fanden sich Werkstätten mit einfachen Maschinen ebenso wie hochgradig mechanisierte Betriebe.

nen Werkstatt beginnen und diese allmählich vergrößern konnte, benötigten Baumwollspinnereien von Anfang einen umfangreichen Maschinenpark und eine entsprechend große Kapitalausstattung. Drittens wurden die Betriebe dezentral geführt: Unternehmer warben ihre Arbeiter durch selbständige Mittelsmänner an, was durch die modernen Maschinen und den dadurch wachsenden Anteil Ungelernter erleichtert wurde. Erst in den 1920er Jahren wurde das Management zentralisiert, und die Mittelsmänner wurden durch angestellte Vorarbeiter ersetzt. Viertens lässt sich trotz unzuverlässiger Statistiken der hohe ausländische Anteil an der Industrie leicht erkennen. Zwischen 1895 und 1913 entstanden neben 549 chinesischen Industriebetrieben mit einem Anfangskapital von insgesamt 120.000 Yuan auch 96 ausländische sowie 40 gemischte Firmen unter ausländischer Kontrolle, die zusammengenommen über ein Anfangskapital von über 100.000 Yuan verfügten. Diese waren also bedeutend kapitalkräftiger als die chinesischen Unternehmen, die sich der ausländischen Konkurrenz nur schwer erwehren konnten. Bis in die Nanjing-Dekade hinein dominierten ausländische Firmen bestimmte Industriesektoren; im Kohlebergbau und in der Herstellung von Baumwolltextilien betrug ihr Anteil an der Gesamtproduktion noch 1936 rund zwei Drittel. Fünftens schließlich blieb die gesamtwirtschaftliche Bedeutung der Industrie bescheiden. Ihr Anteil am Bruttoinlandsprodukt betrug 1913 weniger als ein Prozent und kletterte bis 1933 nur auf bescheidene 2,5 Prozent. Zwar ist unstrittig, dass China zum Zeitpunkt der japanischen Invasion die Grundlagen einer modernen Industrie gelegt hatte. Ob es aber wirklich vor einem industriellen Durchbruch stand, den nur die Japaner unterbrachen, ist zwar viel diskutiert worden, angesichts der großen regionalen Unterschiede jedoch kaum zu entscheiden.

Mit dem Zehnjahresplan des mit der GMD alliierten Warlords Yan Xishan in Shanxi 1931 und der Umstellung der Nanjinger Zentralregierung auf Kriegswirtschaft 1932 hatte ohnehin ein Umschwung von der bisherigen staatlichen *laissez-faire*-Politik hin zu einer staatlich gelenkten Wirtschaft eingesetzt. Bei dieser auch von vielen Intellektuellen begrüßten Planwirtschaft konnte sich die Nationalregierung auf die Maßnahmen vieler westlicher Staaten nach der Weltwirtschaftskrise berufen, die auch China schwer getroffen hatte. Das wichtigste Vorbild war die Sowjetunion, allerdings nur in Bezug auf die technische Seite staatlicher Wirtschaftsplanung. Denn die gesellschaftspolitischen Vorstellungen übernahm die mittlerweile strikt antikommunistische Guomindang selbstredend nicht, so dass ihr planwirtschaftliches System im Grunde auf Staatskapitalismus hinauslief. Bis zum Ende der nationalistischen Herrschaft auf dem Festland befanden mehr als zwei Drittel der Unternehmen unter staatlicher Regie, darunter auch der so wichtige Banksektor. Diesen brachte der mit Jiang Kaishek verschwägerte Finanzminister Kong Xiangxi zwischen 1935 und 1937 in einem handstreichartigen Unternehmen weitgehend unter Kontrolle der Regierung, indem er eine Reihe von Banken zwang, Staatsanleihen als Kapital anzunehmen, und so den Staat auf einen Schlag zum größten Aktionär machte. Allerdings lieferte auch diese dirigistische Politik kein Gegenmittel gegen die schweren Schäden des Zweiten Weltkriegs, als in manchen Städten bis zu 80 Prozent der Industrie zerstört wurden. Auch die Verlagerung von mehreren hundert Industriebetrieben mit mehr als 40.000 Arbeitern und einem Materialumfang von 110.000 Tonnen ins Landesinnnere, vor allem nach Sichuan, konnte die Schäden nicht kompensieren. Nach dem Krieg schätzte die Nationalregierung die Verluste an Industriebetrieben und Bergwerken auf 55, im Schiffstransport auf 72 und bei den Eisenbahnen gar auf 96 Prozent. Dass die Guomindang ihre Haushaltsdefizite über die Notenpresse finanzierte, führte in den 1940er Jahren zu einer Hyperinflation von mehr als 200 Prozent und trug dadurch ganz wesentlich zum Autoritätsverlust der Partei und ihrer schließlichen Bürgerkriegsniederlage bei.

Die KPCh setzte nach 1949, wie schon geschildert, gänzlich auf die Planwirtschaft nach sowjetischem Vorbild. Hierzu wurden bis 1953 zunächst die sozioökonomischen Voraussetzungen geschaffen, indem man das Privateigentum an den Produktionsmitteln nach und nach gänzlich abschaffte. Der erste Fünfjahresplan von 1953 räumte, wie für das Sowjetmodell typisch, dem Aufbau der Schwerindustrie Priorität ein. Hierbei hatte die KPCh im Gegensatz zu ihrer Vorgängerregierung zwei Vorteile: Erstens gelangte sie schon 1948 endgültig in den Besitz der Mandschurei, die von den Japanern seit der Besetzung 1931, freilich unter Rückgriff auf die chinesische Aufbauleistung der 1920er Jahre, zu einem Zentrum der Schwerindustrie ausgebaut worden war. Zweitens lieferte die Sowjetunion in den 1950er Jahren in großem Umfang komplette Produktionsanlagen samt Technikern und Betriebsanleitungen. Der Anteil der Industrie am Bruttoinlandsprodukt stieg von 12,3 % (1952) auf 44,3 % (1978). Allerdings führte diese Dominanz der Schwerindustrie rasch zu einem erheblichen strukturellen Ungleichgewicht, das sich daran erkennen lässt, dass ihr Anteil in China erheblich höher war als in Ländern mit vergleichbarem Pro-Kopf-Einkommen. Vernachlässigt wurde dagegen die Produktion von Konsumgütern, die den Lebensstandard der Bevölkerung hätte heben und für die ländliche Entwicklung Impulse setzen können.

Der Große Sprung nach vorn sollte diese Fehlentwicklung eigentlich korrigieren und für eine gleichzeitige Entwicklung von Schwer- und Leichtindustrie sowie Landwirtschaft sorgen, driftete aber rasch ebenfalls in Richtung der Schwerindustrie. Nichts belegt die Realitätsferne des Vorhabens, binnen 15 Jahren wirtschaftlich zu Großbritannien aufzuschließen – diese Zeit wurde von Mao später sogar auf sieben Jahre reduziert, in weiteren acht wollte er die USA einholen –, so deutlich wie Kampagne zur Herstellung von Eisen und Stahl. Im Rahmen dieser Kampagne wurde die Bevölkerung im Verlauf des Jahres 1958 dazu angehalten, die begehrten Metalle in sogenannten „Hinterhof-Schmelzöfen" zu schmelzen – die Erzeugnisse waren freilich minderwertig und nicht weiter verwertbar. In der kurzen Phase der „Readjustierung" zu Beginn der 1960er Jahre schwenkte man wieder auf eine stärker zentralisierte Planwirtschaft zurück. Die Kulturrevolution führte zwar zu einer ähnlichen Mobilisierung menschlicher Arbeitskraft wie während des Großen Sprungs, jedoch keiner Abkehr vom zentralistischen Dirigismus. Im Gegenteil wurde schon ab 1964 mit dem Programm der sogenannten Großen Dritten Front

Abb. 38: Sogenannte „Hinterhof-Schmelzöfen" Ende der 1950er Jahre. Sie erwiesen sich als untauglicher Versuch, die Stahlproduktion zu erhöhen.

(*da san xian*) der vor allem sicherheitspolitisch motivierte Versuch unternommen, im vergleichsweise unzugänglichen Hinterland Südwest- und Nordwestchinas eine autarke und vor feindlichen Angriffen sichere industrielle Basis zu schaffen. Das zentral gesteuerte Programm absorbierte den Großteil der industriellen Investitionen; lediglich der gleichzeitig erfolgte Ausbau der Ölförderung sowie der petrochemischen Industrie bewegte sich nicht in seinem Rahmen. Als erfolgreich erwies sich insbesondere der Anschluss der entlegenen Hinterlandsprovinzen an das nationale Eisenbahnnetz. Dagegen verursachte die Errichtung von Fabriken an unzugänglichen Orten enorme Kosten, während die überhastete Planung und mangelhafte Ausführung der Bauarbeiten die Betriebe ineffizient und unrentabel machte. Nach 1971 wurde das Programm so abrupt zurückgefahren, wie es begonnen wurde. 1977 entfielen rund 37 Prozent des staatlichen Industriekapitals auf Betriebe aus der Zeit der Dritten Front, die jedoch nur 23 Prozent der gesamten Industrieerzeugung leisteten. In der Reformära wurden dann viele Fabriken geschlossen oder in Städte mittlerer Größe verlegt.

Die 1978 initiierte Reform- und Öffnungspolitik hat der wirtschaftlichen Entwicklung Chinas in mehrfacher Hinsicht eine neue Richtung gewiesen. Erstens erhielt nun die Leichtindustrie ein höheres Gewicht, was zu einer Erhöhung von Konsum und Lebensstandard führte. Zweitens ließen Staat und Partei marktwirtschaftliche Strukturen und das Privateigentum an Unternehmen wieder zu, wobei der Staat sich nicht völlig von der Lenkung der Wirtschaft verabschiedet hat, aber eher auf informelle Kontrolle setzt. Drittens wurde gezielt ausländisches Kapital angelockt und zumindest in den ersten Jahren gleichzeitig einer strikten Kontrolle unterworfen. Zu diesem Zweck erfolgte 1979 die Gründung von zunächst vier

Wirtschaftssonderzonen an der Küste, deren Anzahl bis 1992 kontinuierlich vermehrt wurde; in diesem Jahr wurden 24 Städte des Binnenlandes den Sonderzonen gleichgestellt. Gleichzeitig erließ der Staatsrat ein Gesetz über die Gründung von chinesisch-ausländischen Gemeinschaftsunternehmen (*joint ventures*), wobei zunächst darauf geachtet wurde, dass der Anteil des ausländischen Partners 50 Prozent nicht überschritt. Bereits 1986 wurden auch zu 100 Prozent in ausländischem Besitz befindliche Unternehmen zugelassen. Tatsächlich war China mit der Anwerbung von Auslandsinvestitionen ungemein erfolgreich: Ihr realisierter Umfang wuchs bis 1998 auf 264 Milliarden US-Dollar, das vereinbarte Volumen betrug sogar 564 Milliarden Dollar. Unter der Ägide Deng Xiaopings führte diese Politik zu einem beispiellosen Wirtschaftswachstum mit jährlichen Steigerungsraten von durchschnittlich 9-10 Prozent. Gleichzeitig hat diese Entwicklung China vor neue Aufgaben gestellt. Darunter ist im Bereich der Industriepolitik wohl die Privatisierung der unrentablen Staatsbetriebe die mit Abstand wichtigste, da sie zu städtischer Arbeitslosigkeit und damit zu sozialen Verwerfungen führt.

5.1.4 Wissenschaft und Bildung

Bis zum Beginn des 20. Jahrhunderts beschränkte sich der chinesische Staat auf die Organisation von Prüfungen auf verschiedenen Verwaltungsebenen und nahm die Absolventen der höheren Stufen als Beamte in seine Dienste. Hingegen erstreckte sich sein Einfluss auf die Vermittlung der dazu erforderlichen Bildung lediglich auf einzelne staatlich finanzierte Schulen. Überwiegend lag der Unterricht in den Händen von privaten Hauslehrern oder von Privatschulen, die von Lineages oder Dörfern betrieben wurden (*sishu*). Die Auswirkungen dieser Ordnung waren zwiespältig: Einerseits beruhte sie im Grundsatz ausschließlich auf Leistung und förderte in einem gewissen Maße den sozialen Aufstieg der Befähigten; andererseits verfügten nur die Wohlhabenden über die Ressourcen, die den Erwerb von Bildung ermöglichten. Dennoch besaßen auch jenseits der Beamten- und Literatenschicht viele Chinesen zumindest rudimentäre Lese- und Schreibkenntnisse, da schriftliche Texte wie Kaufverträge, Dorfhandbücher oder religiöse Literatur auch im Alltagsleben der einfachen Bevölkerung eine wichtige Rolle spielten. Für das 18. Jahrhundert wird der Anteil der schriftkundigen Chinesen auf etwa 30 Prozent der Bevölkerung geschätzt.

Das Ziel der Staatsprüfungen und damit der Erziehung bestand nicht im Erwerb von Spezialwissen, selbst wenn es für eine Beamtenkarriere von Nutzen sein mochte, sondern in der Ausbildung von Generalisten. Hierzu wurden die Kenntnis der konfuzianischen Klassiker, die angehende Gelehrte von klein auf auswendig lernen mussten, und die Fähigkeit zur Abfassung von Texten nach einem vorgegebenen Schema, dem „achtfüßigen Aufsatz" (*baguwen*) gefordert. Auf neue wissenschaftliche Entwicklungen reagierte das System eher langsam. Dennoch hatte sich gerade hier im 17. und 18. Jahrhundert eine neue Entwicklung angebahnt, die teilweise auf ausländischen Einfluss zurückging. Die Konfrontation mit der von den Jesuiten verbreiteten europäischen Astronomie und Mathematik trug wesentlich dazu bei, dass sich in konfuzianischen Gelehrtenkreisen eine neue Richtung, die *kaozheng*-Schule, herausbildete. Ihre Vertreter betrachteten philologische Textkritik und Experimente als Grundlagen wissenschaftlicher Erkenntnis, ohne daraus allerdings eine unabhängige und als Selbstzweck betriebene Naturwissenschaft abzuleiten – Mathematik und Astronomie bildeten wichtige Ausnahmen. Die Geringschätzung einer theoretisch begründeten Wissenschaft stand nicht im Widerspruch zum hohen Stand der Technologie, die bis etwa 1800 derjenigen in Europa und Nordamerika zumindest ebenbürtig, teilweise sogar überlegen war. Vielmehr förderte die konfuzianische Weltanschauung in erster Linie die praktische Anwendbarkeit von Wissen und ließ eine freie, erkenntnisfördernde Diskussion zwischen Individuen nur in begrenztem Maße zu, weil in der Regel auf Statushierarchien Rücksicht genommen werden musste – so durfte ein Schüler seinen Lehrer nicht kritisieren.

Prüfungsthemen

Um 1890 verfasste der chinesische Jesuit Etienne Xu (im Shanghaier Dialekt: Zi) eine Übersicht über die Staatsprüfungen, die sich an ausländische Leser wandte. In diesem Buch stellte er umfangreiches chinesisches Material zu den Staatsprüfungen im Originaltext mit französischer Übeersetzung zusammen. Dazu gehörten auch Muster von Prüfungsfragen. Es folgen die Themen für die erste Runde des Provinzexamens von Nanjing im Jahre 1889:

Erster Teil.
Themen aus den Vier Büchern.

„Der Edle hat vor drei Dingen Ehrfurcht: vor dem Befehl des Himmels, vor den großen Männern und vor den Worten der Weisen." [Gespräche des Konfuzius 16, 8]
„Wenn man die Riten beim Opfer für Himmel und Erde und beim Opfer für die Ahnen begreift und wenn man das Prinzip beim Opfer für die Vorfahren begreift..." [Traktat über die Anwendung der Mitte 19]
„Wenn der Himmelssohn sich zu den Lehnsfürsten begibt, so nennt man dies Inspektion. Inspektion bedeutet, dass man persönlich die Ländereien der Vasallen inspiziert. Wenn die Lehnsfürsten dem Himmelssohn ihre Aufwartung machen, so nennt man dies einen Bericht über die Amtsführung. Bericht über die Amtsführung bedeutet, dass man persönlich über seine Amtsführung berichtet." [Menzius 2,4]

Thema aus der Poesie.
Verfassen Sie ein Gedicht nach dem Muster von „Flusslauf, Herbstschatten, Wildgänse fliegen fort" [Anfang eines Gedichts von Du Mu aus dem 8. Jahrhundert]. *[Als Reimwort] wählen Sie das Schriftzeichen qiu [für Herbst]. [Das Gedicht] soll acht Zeilen zu fünf Zeichen haben.*

Es folgt eine Liste mit 60 in Frage kommenden Reimwörtern sowie detaillierte Anweisungen zur Abfassung des Textes. Unter anderem sollen die Aufsätze 700 Zeichen nicht überschreiten.

[Etienne Zi, Pratique des examens littéraires en Chine. Shanghai: Imprimerie de la Mission Catholique 1894, S. 139. Übersetzungen der zitierten Textstellen von Ralf Moritz (Gespräche), Li Shengchao/Thoralf Klein (Traktat, Menzius).]

Einmal mehr gab auch auf dem Feld von Erziehung und Wissenschaft die Selbststärkungsbewegung den Anstoß für eine systematischere Auseinandersetzung mit dem Westen. Innerhalb des gesetzten Rahmens waren die Reformer von Anfang an bemüht, für die notwendige Vermittlung westlichen Wissens zu sorgen. Bereits in den Jahren 1862 bis 1864 wurden drei Sprachenschulen in Peking, Shanghai und Guangzhou ins Leben gerufen, deren Hauptaufgabe in der Übersetzung westlicher wissenschaftlich-technischer Literatur ins Chinesische bestand. Darüber hinaus machten sich auch viele ausländische christliche Missionare als Übersetzer wissenschaftlicher Werke verdient. Mit der Entsendung einer Gruppe von Studenten in die USA 1872 schuf die chinesische Regierung einen Präzedenzfall für die Förderung des Auslandsstudiums. Allerdings gelang es den Reformern nicht, westliche Wissenschaft in die Ausbildung chinesischer Beamter zu integrieren. 1867 wurde die Forderung einer Reihe von Reformpolitikern nach einer naturwissenschaftlichen Ausbildung für die Absolventen der höchsten Staatsprüfungen vom Thron abschlägig beschieden. Da den modern ausgebildeten Spezialisten auf diese Weise eine berufliche Perspektive verwehrt blieb, fehlten die institutionellen und gesellschaftlichen Voraussetzungen für die Entwicklung einer modernen Wissenschaft.

Erst zu Beginn des 20. Jahrhunderts vollzog sich ein Wandel auf mehreren Ebenen. Von 1904 an gestaltete die Qing-Regierung das Erziehungswesen grundlegend neu, indem sie ein mehrstufiges staatliches Erziehungssystem mit Primar- und Sekundarschulen, Lehrerbildungsanstalten und der bereits während der Reformen von 1898 gegründeten kaiserlichen Universität (zu der bald weitere hinzukamen) an der Spitze ins Leben rief. Gleichzeitig verkündete der Hof 1905 überraschend die Aufhebung der Staatsprüfungen. Entscheidend war dabei weniger die Abschaffung des Prüfungssystems als solchem, denn schon 1907 wurden Prüfungen zur Beamtenrekrutierung in veränderter Form wieder eingeführt und auch in der Republik beibehalten. Von langfristiger Bedeutung war, dass das primär moralisch grundierte Wissensverständnis des Konfuzianismus durch wissenschaftliche Fachkenntnisse abgelöst werden sollte. Zudem erforderte das neue Schulsystem den Aufbau einer Erziehungsbürokratie mit einem Erziehungsministerium an der Spitze, um eine zentrale Planung und Kontrolle des Erziehungswesens zu gewährleisten. Die Erziehungsbehörden verabschiedeten die Lehrpläne und genehmigten das Unterrichtsmaterial, führten die Fachaufsicht über das Lehrpersonal und sorgten dafür, dass Lehrer als erste Berufsgruppe überhaupt eine systematische berufliche Bildung erhielten.

Beim Aufbau des Schulsystems hatte der chinesische Staat durchaus Erfolge aufzuweisen. Die Zahl der Schüler in staatlichen Schulen stieg von 1.300 im Jahre 1903 auf 9 Millionen im Jahre 1929; sieben Jahre später waren es bereits 20 Millionen. Trotz intensiver Bemühungen gelang es jedoch nicht, die Qualität des Erziehungssystems zu vereinheitlichen. Während die Hochschulen und die Schulen in den stärker urbanisierten Küstenregionen oft finanziell und personell gut ausgestattet waren, litten besonders Primarschulen auf dem Land unter chronischer Unterfinanzierung sowie teils schlecht ausgebildeten, teils unmotivierten Lehrern.

Dabei dürfte sich besonders in der frühen Republikzeit eine unbeabsichtigte Konsequenz der ersten Erziehungsreformen bemerkbar gemacht haben: In den Jahren nach 1905 drängten nämlich gerade die überflüssig gewordenen Literaten auf den Arbeitsmarkt für Lehrer, insbesondere in den ländlichen Privatschulen. Aufgrund der unzureichenden staatlichen Kapazitäten spielten private Institutionen, darunter auch die von Ausländern betriebenen Missionsschulen und -universitäten, im chinesischen Erziehungssystem auch nach der weitgehenden Ausschaltung der überlebten *sishu* in den 1930er Jahren eine unverzichtbare Rolle. Allerdings konzentrierten auch sie sich auf die mittleren und höheren Ebenen des Erziehungssystems: Während private Anstalten im Grundschulbereich einen nur geringen Anteil aufwiesen, steigerte sich ihr Anteil bei den Schulen wie an der Schülerpopulation im Mittelschulbereich in der Republikzeit bis 1945 auf rund 40 Prozent, bei den Universitäten war es immer noch ein knappes Drittel. Zudem suchten zahlreiche Studenten im Ausland nach besseren Bildungsmöglichkeiten – auch dies ein Trend, der mit den Qing-Reformen zu Beginn des 20. Jahrhunderts einsetzte. Zum bevorzugten Studienland entwickelte sich zunächst Japan. Zwischen 1901 und 1911 studierten insgesamt rund 20.000 Chinesen an japanischen Hochschulen. Obwohl das Interesse an einem Studium in Japan bereits gegen Ende der Dekade nachließ, als moderne Bildung auch in China selbst zu haben war, blieb der östliche Nachbar trotz aller politischen Auseinandersetzungen bis weit in die Republikzeit das bevorzugte Studienland vor allem für Chinesen – und zwar vor allem für die ärmeren Studenten, während die Reicheren eher in die USA, seltener nach Europa gingen. Je besser die Ausbildung in China selbst wurde, desto eher war der Auslandsaufenthalt die Krönung eines Studiums, nachdem man den Bachelorgrad noch in der Heimat erworben hatte.

Neben der Entwicklung eines modernen Schulwesens war die Herausbildung neuer Sprachformen ein weiterer entscheidender Faktor für die Entwicklung der Wissenschaft. Benötigt wurden neue Wörter, die die neuen und überwiegend von außen übernommenen Ideen und Konzepte wiedergeben konnten, für manches – etwa die chemischen Elemente – wurden auch neue Schriftzeichen benötigt. Die Anfangsgründe hatten in der zweiten Hälfte des 19. Jahrhunderts wissenschaftlich ausgebildete Missionare und ihre chinesischen Mitarbeiter gelegt, wo bei die Übersetzung naturwissenschaftlicher Texte im Mittelpunkt stand. Um 1900 verschob sich nicht nur die Übersetzungsarbeit hin zu den Geistes- und Gesellschaftswissenschaften, sondern man schöpfte auch die Mehrzahl der Neologismen aus einer neuen Quelle: Japan gewann jetzt einen überwältigenden Einfluss auf die chinesische Sprache, da die japanischen Neubildungen nicht nur mit chinesischen Schriftzeichen geschrieben wurden und deshalb nur chinesisch gelesen zu werden brauchten, sondern teilweise aus klassischen chinesischen Texten übernommen waren. Die meisten fachwissenschaftlichen Übersetzungen stammten nunmehr aus der Feder von Chinesen, aber erst ab 1932 übernahm der Staat mit der Gründung des Nationalen Instituts für Kompilation und Übersetzung die Standardisierung der Wissenschaftssprache in seine Regie.

Die Kombination einer neuen Sprache mit einem institutionellen Unterbau führte in der Republikzeit zu einem enormen Aufschwung des Wissenschafts- und Bildungssystems. Zugleich verbreitete sich im Zuge der Bewegung für neue Kultur unter den modern Gebildeten eine in der Forschung als Szientismus bezeichnete Weltsicht. Ihre Anhänger betrachteten die Welt unter einer streng säkularen Perspektive, lehnten also jegliche Diskussion über Transzendenz und Metaphysik ab. Zudem ließen sie sich von einer – wie sie meinten – streng wissenschaftlichen Methode leisten, die auf Rationalität, Skepsis, Empirie (besonders Experiment und Messung) sowie Fortschritt beruhen sollte und ihrem Anspruch nach auf alle Bereiche anwendbar war. In einer Zeitschriftendebatte über die Frage, ob die Wissenschaft das Leben lenken und ob sie alle Fragen beantworten könne, setzten sich 1923 namhafte Vertreter des Szientismus mit ihrer Auffassung gegen die Verfechter einer Lebensphilosophie durch, die auch außerwissenschaftliche Erkenntnisquellen zulassen wollten.

Betrachtet man die Entwicklung einzelner Wissenschaften und ihr Verhältnis zur Gesellschaft, so ergibt sich ein komplexes Bild. Chemie beispielsweise war wie die meisten anderen Naturwissenschaften eine Disziplin ohne einheimische Vorläufer. Erst in den 1920er Jahren wurden, zunächst mit Hilfe von renommierten Rückkehrern aus dem Ausland, Labors aufgebaut, die bis zum Ende des folgenden Jahrzehnts international konkurrenzfähige Forschungsergebnisse vorlegen konnten. Chemische Forschungen wurden in China besonders vom Militär, aber auch von der in den 1930er Jahren entstandenen chemischen Industrie nachgefragt. Anders stellte sich die Lage auf dem Gebiet der Medizin dar, die auf eine lange Tradition zurückblicken konnte. Zwar förderte das öffentliche Gesundheitswesen besonders in der GMD-Zeit allein die moderne westliche Medizin, doch vermochte es weder in der Republikzeit noch auch später in der Volksrepublik die traditionelle chinesische Medizin zu verdrängen. Die Vertreter einer „nationalen“ Medizin, die sogar eigene Medizinschulen unterhielten, waren hervorragend organisiert und errangen durch intensive Lobbyarbeit 1937 schließlich die offizielle staatliche Anerkennung. Auch nichtwissenschaftliche Heiltechniken wie das *qigong* konnten sich in beiden politischen Systemen einen Platz sichern, obwohl sie offiziell bloß geduldet waren.

Ein ähnlich uneinheitliches Bild bietet auf geistes- und gesellschaftswissenschaftlichem Gebiet die Geschichtswissenschaft. Geschichtsschreibung war in China nicht nur ein seit zwei Jahrtausenden florierendes Genre, sie war in Form der offiziellen Dynastiegeschichten auch eine staatliche Angelegenheit von eminenter politischer Bedeutung. In den ersten beiden Jahrzehnten des 20. Jahrhunderts entwickelten chinesische Historiker unter dem Einfluss amerikanischer Vorbilder sowie des deutschen Historismus eine moderne Geschichtswissenschaft, die auf hermeneutisch-philologischer Quellenkritik beruhte. Gleichzeitig wandten sie jedoch ihre neue Methodologie auf die alte Geschichte Chinas an und kamen durch neue Herangehensweisen zu überraschenden Resultaten: Die zwischen 1928 und 1934 von einem Archäologenteam des Pekinger Instituts für Geschichte und Phi-

Abb. 39: Plakate zur Förderung der Hygiene, ca. 1935. Wissenschaftliche Erkenntnisse der medizinischen Forschung wurden auch in den Dienst der Allgemeinheit gestellt. Allerdings konnte sich die „nationale" chinesische Medizin gegenüber der modernen westlichen gut behaupten.

lologie in Anyang (Henan) gemachten Funde aus der Zeit der Shang-Dynastie (ca. 17.-11. Jahrhundert v. Chr.) bestätigten das hohe Alter der chinesischen Kultur, das manche Historiker unter Berufung auf textkritische Methoden in Zweifel gezogen hatten. Deutlicher als die Geschichtswissenschaft emanzipierte sich in den 1920er Jahren die chinesische Soziologie von ihren westlichen, besonders amerikanischen Vorbildern, von denen sie auch weitaus nachhaltiger bestimmt worden war. Ihre verschiedenen Strömungen lassen sich auf keinen gemeinsamen Nenner bringen. Eine Richtung, die Sozialanthropologie, wandte sich bewusst der chinesischen Gesellschaft auf dem Lande zu. Auch war die bereits erwähnte Debatte über die „totale Verwestlichung" (vgl. Kap. 5.1.1) eine Diskussion unter Soziologen, in der einige der Diskutanten für den eigenständigen Aufbau einer nationalen chinesischen Kultur eintraten.

Unter der Herrschaft der GMD kam es zu einer hinsichtlich ihres Ausmaßes beispiellosen Einflussnahme des Staates auf Wissenschaft und Erziehungssystem, von den großen Forschungsinstitutionen wie der 1925 gegründeten und 1949 nach Taiwan verlegten Academia Sinica bis hin zu den Schulen. Insbesondere die konservativen Kräfte innerhalb der Partei betrachteten Wissenschaft weniger als Selbstzweck, sondern als nützliches Mittel zur Stärkung des Staates im Rahmen der dominierenden Ideologie der Drei Volksprinzipien. Dies wirkte sich auch auf das Erziehungssystem aus: Teils weil Geistes-, Gesellschafts- und Rechtswissenschaftler im Verdacht politischer Unzuverlässigkeit standen, teils um den nationalen Aufbau voranzutreiben, förderte die Nationalregierung neben der beruflichen Bildung vor allem die Natur- und Ingenieurwissenschaften. Die Erziehungsreformen zwischen 1932 und 1936 bezweckten eine Erhöhung der Ausgaben für die Berufsschulen, die jedoch weit hinter dem gesteckten Ziel zurückblieb. Außerdem wurde den Sekundarschulen ein Pflichtcurriculum unter Einschluss von Englisch, Mathematik und Naturwissenschaften verordnet, um die Schüler besser auf das Studium technischer Fächer vorzubereiten. Hinsichtlich der Forschung legte die Regierung Wert auf Anwendbarkeit, weshalb nicht zufällig industriell verwertbare sowie agrarwissenschaftliche Vorhaben Priorität genossen. Während Geisteswissenschaftler, insbesondere die Historiker, dieser Politik eher kritisch gegenüberstanden, wurde sie von den Naturwissenschaftlern, die von ihr profitierten, eher unterstützt. Diese waren trotz ihrer persönlichen Sympathien für liberales Gedankengut auch weitaus zurückhaltender, wenn es darum ging, sich politisch zu artikulieren. In der zweiten Hälfte des Jahrzehnts kam es jedoch zunehmend zu Konflikten zwischen staatlicher Kontrolle und dem Anspruch der Naturwissenschaftler auf professionelle Autonomie. Im Zentrum stand die Frage, ob Wissenschaft eine Suche nach Wissen oder lediglich ein Mittel zur Erzielung praktischer Resultate sei. Der seit 1937 herrschende Kriegszustand beantwortete diese Frage zugunsten der zweiten Position, da die in den unbesetzten Westen und Südwesten geflüchteten Wissenschaftler unter den erschwerten Bedingungen zunehmend improvisieren mussten.

Diese Frage prägte auch den Umgang der KPCh mit Wissenschaft und Bildung, zumal die Kommunisten in ihren Herrschaftsbereichen noch in den 1930er Jahren eine ganz ähnliche Einstellung entwickelten wie die Nationalisten. Auch sie betonten vor allem die praktischen Resultate wissenschaftlicher Forschung und ordneten diese den politischen Zielen von Partei und Staat unter. Nicht nur Geistes- und Gesellschaftswissenschaftler, die sich den ideologischen Vorgaben des Marxismus-Leninismus anzupassen hatten, sondern auch die weniger den Intellektuellentypus verkörpernden Naturwissenschaftler wurden streng reglementiert, zuerst während der Ausrichtungskampagne ab 1942, dann wieder während der Kampagne gegen rechte Tendenzen ab 1957. Seit Ende der 1950er Jahre wurden zahlreiche Wissenschaftler wegen ihrer praxisfernen Haltung kritisiert und aufs Land verschickt, um dort „von den Massen zu lernen". Ihre Aufgaben sollten von Parteikadern und Vertretern der Massenorganisationen übernommen werden. Allerdings kam der Wissenschaftsbetrieb dadurch keineswegs vollständig zum Erliegen; im Gegenteil wurden noch während der Mao-Ära eine Reihe international beachteter Forschungsergebnisse erzielt.

Die Wissenschaftspolitik war in der Volksrepublik China in den breiteren Kontext der Erziehungspolitik eingebettet. In den 1950er Jahren zielte die Bildungsplanung in erster Linie auf die Hochschulvorbereitung ab, wobei die Schulen selbst weniger vom sowjetischen Vorbild geprägt waren als die Hochschulen. Machte in

Nobelpreisverdächtig?

Die englischsprachige Pekinger Zeitung *China Daily* veröffentlichte 1999 eine Liste der zehn wichtigsten wissenschaftlichen Errungenschaften im China des 20. Jahrhunderts. Diese Liste wurde von Dong Guangbi zusammengestellt, einem Mitglied des Instituts für Geschichte der Naturwissenschaften an der Chinesischen Akademie der Wissenschaften. Dabei ließ er sich nach eigenem Bekunden von einer internationalen und akademischen Perspektive als Auswahlgrundlage leiten.

Jahr	*Art der wissenschaftlichen Leistung*	*beteiligte Wissenschaftler, sofern namentlich genannt*
1928	Entdeckung des Schädels eines „Pekingmenschen"	Pei Wenzhong
1930	Experimente zur Elektron-Positron-Annihilation	Zhao Zhongyao
1947	Abhandlung zur additiven Primzahlentheorie	Hua Luogeng
1959	Entdeckung des Anti-Sigma-Hyperons	Wang Ganchang
1964	erster chinesischer Atombombentest	
1965	erstmalige synthetische Herstellung von Rinderinsulin	
1970	Start des ersten chinesischen Satelliten *Dongfanghong 1*	
1976	versuchsweiser Anbau eines langkörnigen, nicht klebenden Hybridreises	Yuan Longping
1985	Entdeckung der Chengjiang-Fauna in Yunnan	
1995	Feststellung, dass sich der Erdkern schneller als der Erdmantel bewegt	

Einige dieser Leistungen gerieten rasch in Vergessenheit, während ausländische Wissenschaftler auf ihrer Grundlage aufbauten und dafür mit dem Nobelpreis ausgezeichnet wurden.

(Chinese wins of science century, in: China Daily, 30.12.1999, S. 9)

den Primarschulen der chinesische Sprachunterricht knapp die Hälfte des Stundenplans aus, so dominierten in den Sekundarschulen Mathematik und naturwissenschaftliche Fächer. Nach Aufhebung aller privaten Schulen wurden jedoch neben den staatlichen auch kommunale (*minban*) Schulen zugelassen, die wegen ihrer insgesamt schlechten personellen und finanziellen Ausstattung ihren Absolventen keine Chance auf Zugang zu höherer Bildung bieten konnten. Ihre Funktion bestand eher darin, in strukturschwachen ländlichen Gebieten für ein Minimum an Bildung zu sorgen. Dies muss auch im Zusammenhang mit den staatlichen Bemühungen um Alphabetisierung unter der erwachsenen Bevölkerung gesehen werden. Ihren Höhepunkt markieren die Alphabetisierungskampagnen 1955 bis 1956 und 1958 bis 1960, die Anfang der 1960er Jahren in geringerem Umfang fortgesetzt wurden. Zwei flankierende Maßnahmen dienten ihrer Unterstützung: die Vereinfachung von insgesamt mehr als 2.000 Schriftzeichen sowie die Einführung der als Hilfsmittel gedachten Buchstabenumschrift *Hanyu Pinyin*. Tatsächlich gelang es, die Analphabetenrate von geschätzten 80 Prozent im Gründungsjahr der Volksrepublik auf unter 20 Prozent Ende der 1990er Jahre zu drücken.

Während des Großen Sprungs und dann wieder während der Kulturrevolution brach die Bildungspolitik radikal mit dem bisherigen Modell und verwandelte das Bildungssystem zum Instrument einer ideologischen Mobilisierung. Dabei wurde der Klassencharakter von Bildung betont, d. h. es sollten in erster Linie Arbeiter- und Bauernkinder gefördert werden. Die intellektuell-akademische Ausbildung wurde zugunsten eines stärkeren Praxisbezugs abgewertet, und die Gründung von Teilzeitschulen diente dazu, Schüler in die Produktion zu integrieren. An die Stelle der bislang allein maßgeblichen hochschulvorbereitenden Sekundarschule traten nun vielfältige Formen mit unterschiedlichen, auch praxisnahen Ausbildungszielen. Auch die Durchlässigkeit unter den Schulsystemen wurde gefördert, allerdings führte die Erleichterung der Übertritte in höhere Schulformen dort zu enormen Kapazitätsproblemen.

Die Reformperiode brachte auch hier eine Rückkehr zu bewährten Formen, da nun intellektuelle Kompetenz und Exzellenz wieder höher bewertet wurden. Dies beinhaltete die Orientierung am international üblichen Schema der Primar- und Sekundarausbildung von 6+3+3 Jahren, wobei die letzten drei Jahre der (höheren) Mittelschule der Hochschulvorbereitung dienen. Schulabsolventen mussten nun wieder in einen leistungsorientierten Wettbewerb um die begehrten Studienplätze eintreten. Zur elitären Ausrichtung des Schulwesens trug die Aufgabe des staatlichen Bildungsmonopols in den frühen 1990er Jahren bei, die die Einrichtung privater Anstalten von der Primar- bis hin zur Hochschule möglich machte. Zugleich richtete der Staat sein Augenmerk auch auf die quantitative Erweiterung der schulischen Bildung. Ein Gesetz aus dem Jahre 1986 verpflichtete alle chinesischen Kinder zu einem neunjährigen Schulbesuch. Insgesamt wurde das Erziehungswesen beträchtlich dynamisiert, ohne dass eine Vereinheitlichung erreicht werden konnte.

Gleichzeitig mit der leistungsbezogenen Neuausrichtung des Schulwesens verstärkten Partei und Staat auch ihre Bemühungen um eine langfristige angelegte wissenschaftlich-technologische Entwicklung. Zwei 1978 und 1984 beschlossene Leitpläne sollten dazu beitragen, die industrielle Verwertbarkeit natur- und ingenieurwissenschaftlicher Forschung zu erleichtern. Erst Mitte der 1990er Jahre flossen vermehrt direkte Investitionen des Staates in die Forschung. Nicht nur begreifen die chinesischen Entscheidungsträger die Wissenschaft zunehmend als ein Mittel, um drängende Probleme wie die unzureichende Agrarproduktion und die wachsende Umweltverschmutzung zu lösen. Auch in der Bevölkerung verbreitete sich seit Ende der 1990er eine „Nobelpreis-Hysterie", derzufolge ein chinesischer Forscher innerhalb der nächsten zehn Jahre die begehrte Auszeichnung erhalten wird. Alle sechs chinesischen Naturwissenschaftler, die bislang den Nobelpreis erhielten, wuchsen zwar in China auf, forschten jedoch im Ausland. Das damit zusammenhängende Abwanderungsproblem ist zwar von den Verantwortlichen erkannt, aber nach wie vor ungelöst. Von 580.000 chinesischen Auslandsstudenten seit 1978 sind nur rund 150.000 in die Heimat zurückgekehrt. Dies wurde lange Zeit mit den schlechteren Arbeitsbedingungen in China begründet. Infolge des Wirtschaftsbooms der letzten Jahre ist die Rückkehrwilligkeit chinesischer Akademiker jedoch dramatisch gestiegen.

5.2 Räumliche Disparitäten: Stadt und Land im Modernisierungsprozess

Das Spannungsverhältnis zwischen der Übernahme ausländischer bzw. „westlicher" Modelle und der Bewahrung überkommener Elemente war nicht das einzige, das den spezifisch chinesischen Weg in die Moderne beeinflusste. Mindestens ebenso bedeutsam war ein zweiter, räumlich-zeitlicher Spannungszustand, der durch die unterschiedliche Entwicklung von Stadt und Land hervorgerufen wurde. Diese Entwicklung war ein Produkt des Modernisierungsprozesses selbst, denn erst das Aufkommen der modernen Stadt hat in China das Bewusstsein eines grundsätzlichen Gegensatzes zwischen Stadt und Land geschaffen. Die wachsenden Unterschiede zwischen urbanem und ländlichem Leben, die sich in Wirtschaftskraft, Lebensstandard und kulturellem Angebot manifestierten, ließen sich nun als Modernitätsgefälle beschreiben. In dieser Dominanz einer städtischen Sichtweise spiegelt sich eine umfassende sozioökonomische und kulturelle Transformation, bei der die agrarische Produktions- und Lebensweise beständig an Bedeutung verliert.

5.2.1 Die Entstehung der modernen Stadt

China kann auf eine lange urbane Tradition zurückblicken. Während der gesamten Kaiserzeit fungierten Städte als Sitze der staatlichen Verwaltung, Handelszentren, Stätten handwerklicher Tätigkeit sowie Mittelpunkte des kulturellen Lebens. Allerdings bildeten die Städter innerhalb der chinesischen Bevölkerung nur eine äußerst geringe Minderheit. In der Qing-Zeit lebten schätzungsweise vier bis neun Prozent der Gesamtbevölkerung in Städten, womit die Verstädterungsrate deutlich geringer war als etwa in Japan, wo der Anteil auf 12-24 Prozent geschätzt wurde.

Ähnlich verschieden war das Verhältnis von kleineren zu größeren Städten. Während in Japan die Anzahl beider Kategorien etwa gleich groß war, machten in China kleinere Märkte mit weniger als 3.000 Einwohnern die überwältigende Mehrheit städtischer Siedlungen aus. Dabei kann von einem integrierten Städtesystem keine Rede sein, weil trotz der umfangreichen Binnenmigration regionale Zentren nicht miteinander verbunden waren und eine das ganze Land dominierende Metropole fehlte.

Obwohl in der Qing-Zeit besonders die großen Städte von einer ausgesprochen urbanen Kultur geprägt waren, blieb die Vorstellung eines fundamentalen Unterschiedes zwischen Stadt und Land bis zum frühen 20. Jahrhundert weitgehend unbekannt. Allenfalls wurde unter den Gesichtspunkten konfuzianischer Moral das Land als soziales Ideal der verdorbenen und moralisch korrupten Stadt gegenübergestellt. Vorherrschend war jedoch die Tendenz, beide als komplementär anzusehen, wofür es eine Reihe von Gründen gab: Die Bedeutung der Städte für ihr Umland lag in deren administrativen und kommerziellen Funktionen begründet. Städte produzierten jedoch weder für das Land, noch dienten sie als religiöse Mittelpunkte, und auch ihre kulturelle Ausstrahlung auf das Umland hielt sich in Grenzen. Sie hatten auch nicht den Status sich selbst verwaltender Einheiten, sondern wurden von den Behörden derjenigen Verwaltungseinheit, deren Sitz sie waren, mitregiert. Zudem war in China nicht nur das Konzept des Stadtbürgers unbekannt, sondern die Stadtbewohner waren durch vielfältige soziale Kontakte, z. B. als Mitglieder von Lineages oder landsmannschaftlichen Verbänden, eng mit dem Land verknüpft. Gerade die Literatenelite war trotz einer gewissen Tendenz zur Landflucht immer noch zu einem großen Teil landsässig. Schließlich waren Städte zwar durch ihre Ummauerung vom Umland abgegrenzt, doch bestand der Unterschied zum Land eher in der Größe der Anlage und der dominierenden Position der Verwaltungsgebäude, da wegen der Unsicherheit durch Räuber und lokale Fehden seit dem frühen 19. Jahrhundert auch zahlreiche Dörfer mit festen Mauern versehen waren.

Diese Situation änderte sich erst mit dem Aufkommen der modernen Stadt um 1850. Tatsächlich nahm sie ihren Ausgangspunkt an der Küste, wo sich nach den beiden Opiumkriegen Europäer und Nordamerikaner in den Vertragshäfen ansiedelten. Die Konfrontation mit den von ihnen geschaffenen städtischen Strukturen führte auf chinesischer Seite zu Bestrebungen, Errungenschaften der modernen europäisch-nordamerikanischen Stadtentwicklung auch in China einzuführen. Die Transformation der Städte unterminierte dann auch die Fähigkeit der alten Literatenelite, durch Berufung auf gemeinsame moralische Werte den Zusammenhang von Stadt und Land aufrechtzuerhalten, die bei der Mobilisierung ländlicher Netzwerke gegen die Taiping-Rebellion ein letztes Mal bekräftigt worden war.

Die Vertragshäfen – allen voran Shanghai – standen auch Pate bei der beginnenden Industrialisierung Chinas. Diese war in mancher Hinsicht das erste Element, durch das manche chinesischen Städte ein neues Gesicht anzunehmen begannen. Schon seit den 1860er Jahren hatten die in China ansässigen Europäer

Produktionsanlagen zur Deckung ihrer eigenen Bedürfnisse errichtet, wo in erster Linie Nahrungs- und Genussmittel hergestellt wurden. Die chinesische Regierung tolerierte dieses Vorgehen, obwohl erst der Vertrag von Shimonoseki 1895 den Ausländern das Recht gewährte, innerhalb der Vertragshäfen Produktionsanlagen zu errichten. Die ersten im Zuge der Selbststärkungsbewegung errichteten chinesischen Industriebetriebe entstanden ebenfalls in den chinesischen Sektoren oder in der Nähe der zwangsweise geöffneten Städte, während den wenigen im Landesinneren errichteten Produktionsstätten keine lange Lebensdauer beschieden war. In ihren Grundzügen hielt diese Tendenz bis 1949 an. Erst unter der Herrschaft der GMD wurden in den 1930er Jahren, als man China auf Kriegswirtschaft umzustellen begann, auch Städte im Landesinneren (etwa in Shanxi oder Shaanxi) stärker in die Industrialisierung einbezogen. Dies hatte hauptsächlich strategische Gründe, denn die Anlagen waren hier sicherer vor möglichen japanischen Angriffen. Als Japan ab 1937 tatsächlich große Teile Ost- und Südchinas eroberte, verlagerte man Produktionsanlagen in den noch unbesetzten Westen, wohin auch die Nationalregierung geflohen war. Japan trieb zur gleichen Zeit die Industrialisierung der Mandschurei und Nordchinas voran, wobei es freilich auf chinesische Ansätze aus dem vorhergehenden Jahrzehnt zurückgreifen konnte. Bis 1949 entstanden jedoch nur wenige reine Industriestädte (z.B. Tangshan in der Provinz Hebei), wie ja überhaupt der Umfang der Industrialisierung bescheiden blieb.

Die Industrialisierung, verstanden als Ansiedlung industrieller Produktion, stellte demnach nur einen und lange Zeit nicht einmal den wichtigsten Faktor städtischer Modernisierung in China dar. Damit richtet sich die Aufmerksamkeit auf andere wichtige Funktionen moderner Städte. Obwohl in den letzten zwei Jahrhunderten insgesamt vier Städte Hauptstadtfunktionen ausübten (Peking bis 1928 und seit 1949, Nanjing unter den Taiping 1853-1864 und dann wieder unter der GMD 1928-1937 und 1945-1949, Wuhan 1926-1927 und Chongqing 1937-1945), ist nur die Umgestaltung Nanjings seit 1928 und Pekings seit 1949 vorrangig unter politischen Gesichtspunkten erfolgt. Im Zentrum stand dabei die Errichtung von Repräsentationsbauten, welche die Hauptstadtrolle und mehr noch den Charakter des herrschenden politischen Systems unterstreichen sollten. Ansonsten stützte sich die Entwicklung der modernen Großstädte bis zum Ende der Republik vor allem auf deren verkehrstechnische Bedeutung – insbesondere als Eisenbahnknotenpunkte – sowie den Sitz höherer Bildungseinrichtungen, während Schulen der Sekundarstufe sich auch in kleineren Städten fanden. So blieb Peking, dessen politische Bedeutung in der Republikzeit in stetigem Sinken begriffen war, auch nach 1912 ein bedeutendes geistig-kulturelles und später auch touristisches Zentrum. Neben Peking wurden auch noch einige andere Städte, allen voran Hangzhou (Zhejiang) mit seinem berühmten Westsee, zu touristischen Zentren ausgebaut.

Die Entstehung der modernen Großstädte zwischen 1895 und 1949 war insofern ein vergleichsweise homogener Vorgang, als die getroffenen stadtplanerischen Maßnahmen praktisch überall dem gleichen Muster folgten. Es handelte sich dabei

Abb. 40: Straße in Shanghai zu Beginn des 20. Jahrhunderts, vermutlich in einer der ausländischen Konzessionen. Die Oberfläche wird mit Hilfe einer Dampfwalze befestigt, Rikschabetrieb ist bereits möglich.

nicht um den Beginn einer Stadtplanung überhaupt, da die geplante Stadt in China auf eine lange Tradition zurückblicken konnte. Erstmals jedoch erfolgte die Planung auf der Grundlage einer genauen kartographischen Erfassung des städtischen Areals. Eine wichtige Voraussetzung bildete das kontinuierliche Bevölkerungswachstum, so z. B. in Shanghai von rund 250.000 Einwohnern Mitte des 19. Jahrhunderts auf das Zehnfache 1920, in Tianjin im gleichen Zeitraum von 60.000 auf sage und schreibe 837.000 und selbst im abgelegenen Chengdu (Sichuan) von rund 220.000 Menschen im Jahre 1869 auf mehr als 350.000 in der frühen Republikzeit. Hieraus ergab sich zwangsläufig eine räumliche Expansion der besiedelten Fläche über die Stadtmauern hinaus. In vielen Fällen markierte die Niederlegung der Stadtmauern den Beginn der Umgestaltung, zumal diese auch ein Verkehrshindernis darstellten. Parallel dazu wurden Straßen verbreitert und zunächst mit einem Makadambelag versehen, später zumeist betoniert oder asphaltiert. Diese Befestigung war nicht nur Voraussetzung für den Verkehr von Kraftfahrzeugen, sondern auch für den Betrieb der von Menschenkraft gezogenen Rikschas mit ihren Luftreifen und metallenen Speichenrädern.

Insgesamt wurden die großen Städte nach funktionalen und ästhetischen Kriterien umgestaltet. In den sich nach 1900 herausbildenden Stadtzentren konzentrierten sich der Handel, der besonders in den neu entstehenden Kaufhäusern seine moderne Verkörperung fand, daneben auch die moderne Freizeit- und Erholungs-

Abb. 41: Shanghai Ende der 1930er Jahre. Das Hochhausensemble machte die Stadt zum Symbol der chinesischen Moderne. Die Gebäude wurden teils von Ausländern errichtet – wie das der Hong Kong and Shanghai Banking Corporation (ganz vorne) –, teils in chinesischer Regie wie das der Bank of China (im Hintergrund mit dem flachen chinesischen Dach).

kultur. Diese beruhte auf einem neuen Zeitgefühl, indem mittels genauer Messung durch Uhren die in Büros und Fabrikhallen verbrachte Zeit deutlich von den Mußestunden getrennt wurde. So traten nun Theater, Kinos, öffentliche Parks, zoologische Gärten an die Seite von etablierten Einrichtungen wie etwa Teehäusern. Dass die Parks, etwa zur Zeit der 4.-Mai-Bewegung, auch Foren für politische Kundgebungen abgaben, verweist auf den Zusammenhang zwischen städtischer Modernisierung und Entstehung einer politischen Öffentlichkeit. Im Gegenzug siedelte man Industrie- und Handwerksbetriebe aus den ehemaligen Stadtzentren an den Stadtrand bzw. die neu entstehenden Vorstädte um, was wiederum die Einrichtung eines öffentlichen Personennahverkehrs (Straßenbahn und/oder Omnibus) erforderlich machte, damit die Einwohner zu ihren Arbeitsstellen gelangen konnten. Gas- und später elektrisches Licht erhellten die Straßen; letzteres erforderte ebenso wie die Einrichtung von Telefonnetzen die Gründung von Elektrizitätswerken, von denen die ersten ebenfalls kurz nach 1900 ihren Betrieb aufnahmen. Architektonisch gaben sich viele der großen Städte international, wobei gleichzeitig darauf geachtet wurde, dass sie ein chinesisches Gesicht behielten. Besonders in der Republikzeit wurden öffentliche Gebäude in einem Mischstil errichtet, bei dem Ziegelmauern westlicher Provenienz eine Verbindung mit geschwungenen chinesischen Ziegeldächern eingingen. Ähnliche Tendenzen machten sich aber auch in der privaten Wohnarchitektur bemerkbar.

Stadtplanung erschöpfte sich jedoch nicht in der räumlichen, infrastrukturellen und architektonischen Umgestaltung, sondern erstreckte sich auch auf die Lebensführung der Bewohner. Hygienische Maßnahmen sollten dazu beitragen, das städtische Leben gesünder und sicherer zu machen. Wasserleitungen und Abwassersysteme begannen die Belieferung durch Wasserträger und die Entsorgung durch Fäkaliensammler zu ersetzen. In Guangzhou wurden 1923 die ersten öffentlichen Toiletten eingerichtet. Darüber hinaus führten die Verwaltungsbehörden Impfaktionen durch und verhängten in Notfällen Quarantänemaßnahmen. In manchen Städten verstanden sich die Behörden auch als Hüter der öffentlichen Moral und als Träger von Bildung und Erziehung; demzufolge überwachten sie die neuen Freizeiteinrichtungen, boten Kurse und Fortbildungsveranstaltungen zu Themen von öffentlichem Interesse an, etwa zu Kindererziehung oder dem Verhältnis von Wissenschaft und Religion.

Diese umfangreiche Transformation von Raum und Infrastruktur erfolgte im Wechselspiel mit einer zunehmenden Professionalisierung städtischer Verwaltungsaufgaben. Besonders in den Jahren unmittelbar nach 1900 war in manchen Städten die neu aufgestellte uniformierte Polizei ein aktiver Träger der Modernisierung. Ihre Zuständigkeit umfasste, weit über die Wahrung der öffentlichen Sicherheit hinaus, viele der oben beschriebenen Maßnahmen. 1905 beziehungsweise 1907 wurden in Shanghai und Tianjin die ersten Stadträte eingerichtet. Obwohl es sich um Städte mit ausländischen Konzessionen und damit westlichen Selbstverwaltungsgremien handelte, waren die administrativen Neuerungen auf chinesischer Seite nicht ausschließlich durch die Auseinandersetzung mit ausländischen Vorbildern motiviert. Vielmehr orientierte man sich auch an der seit dem ersten Viertel des 19. Jahrhunderts in einigen Städten nachweisbaren Praxis, lokale Verwaltungsaufgaben an karitative Einrichtungen, Gilden, spezielle Behörden oder Kreisversammlungen der Literaten zu übertragen (vgl. Kap. 4.3.1). 1909 erließ die Qing-Regierung Regelungen für die städtische Selbstverwaltung und erkannte damit Städte erstmals als autonome Verwaltungseinheiten an. Nach dem Sturz der Dynastie griffen zunächst die Regierung in Peking, kurz darauf die Gegenregierung in Guangzhou diese Praxis wieder auf, dekretierten 1919 bzw. 1921 die Bildung von Stadtverwaltungen mit Bürgermeistern an der Spitze und lösten damit die Städte endgültig aus der Administration durch territoriale Verwaltungseinheiten heraus. Die neuen Stadtverwaltungen, bei denen es sich keineswegs um gewählte Repräsentationsorgane der städtischen Bevölkerung handelte, hatten nicht zuletzt die Aufgabe, die finanzielle Grundlage für die städtische Modernisierung bereitzustellen. Dies gelang jedoch oft nur unvollkommen, da in fast allen Städten große Haushaltsdefizite an der Tagesordnung waren. Infolgedessen befanden sich die meisten kommunalen Versorgungsbetriebe in privater, oft sogar ausländischer Hand. Mancherorts, wie in Jinan (Shandong), wurden sie in den 1930er Jahren verstaatlicht.

Obwohl der Prozess städtischer Modernisierung überall die gleiche Richtung einschlug, verlief er keineswegs einheitlich. Beginn und Geschwindigkeit waren von Ort zu Ort unterschiedlich. Dabei entwickelte sich ein neues Verhältnis von Zentrum und Peripherie: Während die ersten Veränderungen in Küstenstädten wie Shanghai oder Tianjin bereits kurz nach 1900 einsetzten, erreichten sie viele Städte des Binnenlandes wie Chengdu oder Chongqing (beide in der Provinz Sichuan) entweder später oder brauchten zumindest länger, um sich durchzusetzen. Infolgedessen entstand schon in der Republikzeit eine große Sensibilität für das Modernitätsgefälle zwischen Städten. Spätestens in dieser Zeit verkörperte Shanghai die chinesische Moderne schlechthin, obwohl es als Weltstadt mit starkem internationalem Einschlag den Rahmen einer genuin chinesischen Urbanität sprengte. Aus der Perspektive der Küstenmetropolen galten schon die großen städtischen Zentren des Binnenlandes als rückständig. Viel mehr noch musste dies für mittlere und kleine Städte zutreffen – immerhin galten um 1920 bereits alle Ortschaften mit mehr als 2.500 Einwohnern als städtische Siedlungen. Tatsächlich verfügten kleinere Städte nur über einen Bruchteil der modernen Infrastruktur (z.B. Post, Telefon, Bahnhof, Bank), wie sie die großen Städte aufweisen konnten. Der Wahrnehmung von Städten als „fortschrittlich" oder „rückständig" stand allerdings eine andere Perspektive gegenüber: Auch wenn die Kommunikation zwischen unterschiedlichen Städten nichts grundsätzlich Neues war (z. B. hielten Landsmannschaften seit jeher Kontakt zu Organisationen aus der gleichen Region in anderen Städten), so bildete sich erst durch die moderne Infrastruktur und Telekommunikation ein integriertes urbanes Netzwerk heraus.

Schattenseiten städtischer Moderne

Zur inoffiziellen Hymne und gewissermaßen zum Abgesang des republikanischen „Sündenbabels" Shanghai wurde das Lied „Nächtliches Shanghai " *(Ye Shanghai)*. Es wird in dem 1947 in Hongkong produzierten Film „Langes Sehnen" *(Chang xiangsi)* von der populären Shanghaier Schauspielerin und Sängerin Zhou Xuan vorgetragen. Der Text des Liedes thematisiert die Leere hinter Tempo und Fröhlichkeit des Nachtlebens. Bereits zwei Jahre später machte die kommunistische Machtübernahme dieser Form urbaner Kultur ein Ende.

Nächtliches Shanghai,
Für dich gibt es keine Nacht:
Grelles Licht,
Fahrzeuglärm,
Tanz und Gesang.
Lächelnd grüßt
Dich die Stadt,
Wer merkt, dass sie traurig ist?
Nur dem Ziel
Dient die Nacht,
Dass man überlebt.

Man berauscht sich an sich selbst.
In der Fremde
Lässt man die Jugend entfliehn.
Kommt der Morgen,
Müden Auges
Geht man heimwärts.
Mit den Rädern drehn sich die Seelen im Kreis.

Kommt man nur
Einmal her,
Ist es eine neue Welt.
Ist man dann
Öfter hier,
Ist bald aus der Traum.

(www.comp.nus.edu.sg/~nghoongk/lyrics/singer128-1.html#lyric1. Übertragung von Thoralf Klein)

Noch aus einem anderen Grund erscheint die Polarität zwischen „fortschrittlichen" und „rückständigen" Städten sehr fragwürdig. Denn an der städtischen Moderne partizipierte sowieso nur derjenige Teil der Bevölkerung, der sich dies auch leisten konnte. Selbst in Shanghai, *dem* Symbol der chinesischen Moderne überhaupt, war dies in erster Linie die gut ausgebildete urbane Mittelklasse, auf die das Konsumangebot der glitzernden Einkaufswelt weitgehend zugeschnitten war. Dagegen lebte ein Großteil der Bewohner in Vorstädten oder gar in Slums, wo es weder asphaltierte Straßen noch Wasserleitungen und Anschlüsse an die Kanalisation gab. Die ärmsten Städter benutzten keine öffentlichen Verkehrsmittel und bewegten sich hauptsächlich innerhalb ihres eigenen Stadtteils; sie trugen in Handarbeit gefertigte Kleidung, die vor Ort angeboten wurde. Zu den Schattenseiten städtischen Lebens in der Republikzeit gehörten Bettelei, Kriminalität und Prostitution. Diese wurden nun gerade deshalb deutlicher als gesellschaftliche Defekte wahrgenommen, weil sie einen so schrillen Kontrast zum Idealbild der städtischen Moderne bildeten.

Die Machtübernahme durch die KPCh im Jahre 1949 stellt in mehrfacher Hinsicht einen tiefen Einschnitt in der Geschichte der urbanen Modernisierung in China dar. Erstens wurde durch eine administrative Neugliederung die Anzahl der Städte beträchtlich vergrößert, so dass um 1970 rund 15-20 Prozent der chinesischen Gesamtbevölkerung in Städten lebten. Seit 1955 konnten alle

Abb. 42: Verschlag aus Bambus, 1920er bis 1940er Jahre. In solchen unbequemen Unterkünften lebten die Ärmsten der in die Städte Zugewanderten.

Siedlungen mit mehr als 100.000 Einwohnern zu Städten, mit mehr als 2.000 Einwohnern zu Landstädten ernannt werden. Diese Regelung wandte man auch auf Orte mit geringerer Einwohnerzahl an, sofern sie als Verwaltungszentren fungierten. Im Allgemeinen hat die Politik der KPCh bis 1980 die Entwicklung kleinerer Städte begünstigt, während sie das Wachstum der Großstädte (wenn auch zunächst mit wenig Erfolg) einzudämmen versuchte. Zweitens wurde gemäß der 1949 von Mao Zedong ausgegebenen Parole, die Städte aus Zentren der Konsumtion in solche der Produktion zu verwandeln, die Industrialisierung weiter vorangetrieben. Nunmehr profitierten davon jedoch vor allem Städte im Landesinneren wie Shijiazhuang (Hebei), Zhengzhou (Henan) oder Xi'an (Shaanxi), während im ersten, 1953 begonnenen Fünfjahresplan keinem der alten städtischen Zentren Schlüsselprojekte zugewiesen wurden. Eine Ausnahme bildete lediglich Peking, das als Hauptstadt eines sozialistischen Staates über ein zahlenmäßig starkes Proletariat verfügen sollte, wozu man die Industrialisierung der Stadt erst einmal massiv vorantreiben musste. Drittens richtete sich die Stadtplanung bis in die 1980er Jahre nach dem sowjetischen Modell. Diese Form der sozialistischen Stadtplanung sollte die Städte in die Lage versetzen, die wirtschaftlichen Planvorgaben zu erfüllen; gleichzeitig wollte man ihre Größe begrenzen und alle städtischen Funktionen wie Wohnen, Arbeit, Konsum, Kultur und Erholungsräume gleichmäßig über die städtische Fläche verteilen. Marktmechanismen wurden außer Kraft gesetzt, indem man das Privateigentum an Wohnraum abschaffte und die Inanspruchnahme städtischer Dienstleistungen (etwa im öffentlichen Nahverkehr) subventionierte. Während die ersten Planungsstadien in den 1950er Jahren eine strikte Trennung von Industrieanlagen und Wohngebieten favorisierten, um negative Auswirkungen der Umweltverschmutzung zu vermeiden, gaben die chinesischen Planer seit dem Großen Sprung einer stärkeren Durchsetzung der Wohnsiedlungen mit Fabriken den Vorzug. Dies war die einzig nennenswerte Abkehr von den Vorgaben des Sowjetmodells. Insgesamt sollte die sozialistische Stadtplanung durch ihre funktionale Aufgliederung das tägliche Leben der Bewohner erleichtern. Der Preis dafür bestand in ästhetischer Armut und Monotonie besonders in den geplanten Wohnsiedlungen.

Verlief die Urbanisierung in den ersten Jahrzehnten der kommunistischen Herrschaft eher kontinuierlich, so hat sie infolge der Reform- und Öffnungspolitik seit etwa 1980 eine erhebliche Beschleunigung und Diversifikation erfahren. Grund dafür war neben einer weiteren Vermehrung von Städten und Landstädten vor allem die wirtschaftliche Transformation, welche die Städte, die in der Volksrepublik primär Zentren industrieller Produktion gewesen waren, auch zu Handels- und Dienstleistungszentren machte. Die durch die Einführung marktwirtschaftlicher Elemente eingeleitete „Revolution der Verbraucher" ermöglichte einer in der Geschichte Chinas beispiellosen Zahl von Städtern den Zugang zu Konsumgütern wie Waschmaschinen, Kühlschränken oder Mobiltelefonen. Gleichzeitig kam es in vielen Städten zu einer Revitalisierung und Neugestaltung der Stadtzentren, die sich optisch vor allem in der Entstehung von Skylines nach amerikanischem Vorbild bemerkbar macht. Gleichzeitig sind diese Zentren architektonisch diversifiziert, da sich Bürotürme, Luxushotels und Einkaufszentren in enger Nachbarschaft befinden. Manche Städte haben binnen weniger Jahre ihr Erscheinungsbild völlig verändert. Mit der Ernennung Chongqings zur vierten regierungsunmittelbaren Stadt der VR China im Jahre 1997 (nach Peking, Tianjin und Shanghai) hat die Zentralregierung die Rolle dieser Stadt für den wirtschaftlichen Aufbau Westchinas unterstrichen, der seit 1999 nochmals intensiviert worden ist. Insgesamt hat der Reformprozess allerdings dazu geführt, dass sich das Schwergewicht städtischer Modernisierung auf die Küstenregionen zurückverlagert hat. Dabei haben Guangzhou und in etwas geringerem Maße Shanghai ihre alte Führungsposition zurückgewonnen; die südchinesische Metropole profitiert dabei auch vom rapiden Wachstum der Sonderwirtschaftszone Shenzhen, die mit dem 1997 an China zurückgefallenen Hongkong und anderen Städten im Perlflussdelta zu einem großen Ballungsraum zusammenwachsen könnte. Shanghai und Tianjin wurden bereits 1995 als Megastädte klassifiziert und nehmen weltweit den sechsten beziehungsweise 13. Platz ein. Andererseits befinden sich die führenden Städte Chinas in einem harten wirtschaftlichen Wettbewerb mit kleineren, ebenfalls im Wachstum begriffenen Städten in ihrem Hinterland. Die Frage, wie sich China angesichts regionaler Disparitäten entwickeln wird, wird gegenwärtig nicht ohne Berechtigung häufig gestellt.

Die rapide wirtschaftliche Entwicklung der Städte bringt in Verbindung mit der Zunahme der städtischen Bevölkerung noch weitere Probleme mit sich. Hierzu gehört die Knappheit von Wohnraum, der man durch kommerzielle Wohnungsbauprojekte zu begegnen sucht, ebenso wie die Infrastruktur, deren Unzulänglichkeit sich durch die Anlage neuer Vorstädte und die zunehmende Motorisierung der Bevölkerung noch verschärft hat. Die wachsende Umweltverschmutzung hat derzeit ihre Hauptursache nicht in den größten Städten, zieht diese jedoch stark in Mitleidenschaft. In kultureller Hinsicht stellt sich die Frage, wie Chinas Städte mit ihrem architektonischen Erbe umgehen sollen. Dies betrifft nicht nur Bausubstanz, die man als traditionell klassifizieren könnte; so mussten dem U-Bahnbau in Guangzhou Mitte der 1990er Jahre auch Häuserensembles weichen, die im Zuge der ersten Welle urbaner Modernisierung in den 1920er Jahren entstanden waren. Allgemeiner noch stellt sich die Frage, wie die Entwicklung der Städte kontrolliert werden kann und wie die finanziellen Grundlagen bereitgestellt werden sollen. Am generellen Trend wird sich vorläufig nichts ändern: Schätzungen besagen, dass in wenigen Jahrzehnt die Hälfte bis zwei Drittel der chinesischen Bevölkerung in Städten leben werden. Die Dynamik der städtischen Modernisierung erscheint gegenwärtig unaufhaltsam.

5.2.2 Die Umgestaltung des Landes

Wie bereits mehrfach erwähnt (vgl. Kap. 4.1.1 und 4.2.3), beurteilt die neuere Forschung die Entwicklung der chinesischen Landwirtschaft vergleichsweise optimistisch. Folgt man dieser Interpretation, so änderten sich im Verlauf des 19. Jahrhunderts

Abb. 43: Bäuerin beim Pflügen in Guangdong 1991. Noch heute ist die Feldbestellung in vielen Teilen Chinas wenig mechanisiert.

weniger die Existenzbedingungen der Bauern als solche, sondern eher die von außen an diese angelegten Beurteilungsmaßstäbe. Daher wurde seit der späten Qing-Zeit die Notwendigkeit einer Verbesserung der agrarischen Verhältnisse unter politischen Entscheidungsträgern und wissenschaftlich-technischen Experten allgemein anerkannt. Umstritten war hingegen, welches die Ursachen für die Misere der Bauern waren und welche Lösungswege zu deren Behebung eingeschlagen werden sollten. Während ein Teil die Probleme der Landbevölkerung in erster Linie auf soziale Konflikte zurückführte (vgl. Kap. 4.2.4), sahen andere in erster Linie technologische, organisatorische und infrastrukturelle Mängel am Werk, insbesondere die aus den geringen Betriebsgrößen resultierende Unterbeschäftigung und die hohe Kreditbelastung der Bauern. Kredite in Geld, häufiger in Naturalien, dienten zur Finanzierung familiärer Rituale wie Hochzeiten und Begräbnisse, oftmals aber auch zur bloßen Sicherung der physischen Existenz in Krisenzeiten. Gerade in Notsituationen konnte der ohnehin schon hohe Zinssatz von rund 30 Prozent astronomische Höhen erreichen. Kein Wunder, dass um 1930 mehr als 40 Prozent aller chinesischen Bauernhaushalte verschuldet waren.

Erste gezielte Maßnahmen zur landwirtschaftlichen Entwicklung lassen sich bis auf die Zeit nach der Taiping-Rebellion zurückverfolgen, als Beamte und westliche Missionare sich in manchen Gebieten für den Anbau neuer Feldfrüchte engagierten. Auf diese Weise stellte etwa das Yangzi-Delta Mitte der 1860er Jahre von Baumwoll- auf Seidenproduktion um. Systematisiert wurden diese frühen Ansätze erstmals in der Periode der Neuen Politik ab 1901. Der Staat, der mit der Errichtung des Ministeriums für Landwirtschaft, Industrie und Handel erstmals über einen bürokratischen Apparat zur Intervention verfügte, förderte nun die Gründung von Bauernvereinigungen (*nonghui*) auf verschiedenen administrativen Ebenen. Diese hatten mit den späteren kommunistischen Bauernvereinigungen nicht mehr als den Namen gemein und sollten in erster Linie dem Austausch und der Kooperation der Bauern dienen sollten. Ebenso wurde ein mehrstufiges System landwirtschaftlicher Schulen ins Leben gerufen, an denen 1909 rund 6.000 Schülern Kenntnisse in der Landwirtschaft vermittelt wurden. Ferner gründete man eine große Anzahl landwirtschaftlicher Versuchsanstalten und betraute sie mit der Aufgabe, neues Saatgut zu züchten und neue landwirtschaftliche Geräte (vorwiegend aus Japan und den USA) zu erproben. Eines der wichtigsten Projekte bestand in der Einführung und Verbreitung qualitativ höherwertiger amerikanischer Baumwollsorten, die sich jedoch erst langsam durchsetzten. Hingegen erfolgte die Einführung chemischen

Düngers um 1910 nicht durch staatliche Initiative, sondern durch eine in Guangzhou gegründete Privatfirma. Insgesamt erwiesen sich diese Ansätze jedoch als wenig erfolgreich, da sie die Mehrheit der Bauern nicht erreichten.

Gleichwohl wurde diese Politik in der Republikzeit wieder aufgegriffen: zunächst von einigen Warlords, seit Mitte der 1920er Jahre von einer ländlichen Aufbaubewegung, die auf der Grundlage lokaler Modellprojekte mittels Erziehung, lokaler Selbstverwaltung und der Bildung von Genossenschaften ein landwirtschaftliches Rekonstruktionsprogramm für ganz China in Angriff nahm. Nach dem Bruch der Einheitsfront mit der KPCh im Jahre 1927 verschrieb sich auch die GMD dieser Strategie. Programmatisch erkannte die Partei den Aufbau des flachen Landes als notwendig an, da erstens die Landwirtschaft die Grundlage des gesamten Staates bilde und China trotz der zunehmenden Industrialisierung vorläufig noch ein Agrarstaat bleiben werde. Die Nationalregierung übernahm Rezepte wie die Förderung von Erziehung und Wissenschaft, die Organisation von Musterfarmen und die Ersetzung von Fäkalien durch Kunstdünger. Daneben war sie bemüht, die Infrastruktur der bäuerlichen Wirtschaft im wörtlichen wie im übertragenen Sinn zu verbessern: Die Förderung von Eisenbahn- und später Straßenbau hatte nicht zuletzt den Zweck, den Bauern den Marktzugang zu erleichtern, und verstärkte die schon für die frühe Republikzeit nachgewiesenen Trends zu einer verstärkten Kommerzialisierung auf dem Land. Flutkontrolle, Bewässerungs- und Aufforstungsprojekte sollten die ökologischen Rahmenbedingungen verbessern; die Gründung von Kooperativen diente nicht nur einer Verbreitung effektiverer Arbeitsmethoden, sondern auch einer verbesserten Vermarktung und vor allem der Bereitstellung von Krediten, welche die Bauern aus der Schuldenfalle befreien konnten. Während sich die GMD einerseits bemühte, der Besitzzersplitterung zu begegnen und nach Möglichkeit größere Parzellen zu schaffen, hat sie ihre von Sun Yatsen übernommene Maxime, wonach „der Pflüger sein Land haben" solle, mit wenigen Ausnahmen Ende der 1920er Jahre nicht in die Praxis umgesetzt.

Der Erfolg der landwirtschaftlichen Modernisierung in der Republikzeit ist insgesamt schwierig zu beurteilen: Man kann darin eine „Grüne Revolution" erblicken, die anders als die europäische und nordamerikanische Landwirtschaft nicht auf Mechanisierung, sondern vor allem auf Biotechnologie setzte. Im Mittelpunkt stand dabei vor allem die Entwicklung neuer Sorten, die in Verbindung mit Düngereinsatz eine Ertragssteigerung versprachen. In manchen Bereichen versuchte man, Qualitätsstandards durchzusetzen und dadurch chinesische Produkte international konkurrenzfähig zu machen. In der Seidenproduktion etwa ordnete die Regierung in Nanjing an, dass die Aufzucht von Seidenraupen nur noch kollektiv betrieben dürfe und die dazu benötigten Eier von staatlich lizenzierten Betrieben zu erwerben seien. Dieser Schritt war bei den Bauern höchst unpopulär, erzielte aber die gewünschte Wirkung. Während Maßnahmen dieser Art in Japan und nach 1945 auch in Taiwan tatsächlich zu einer Modernisierung der Landwirtschaft beitrugen, lässt sich in China infolge des 1937 ausgebrochenen Krieges gegen Japan (wie in so vielen anderen Bereichen auch) eine eindeutige Bilanz nicht ziehen.

Die Herrschaft der Kommunistischen Partei war in mehrfacher Hinsicht ein beispielloser Einschnitt im Prozess der agrarischen Modernisierung. Hatten die vorhergehenden Regime sich auf die Veränderung der Rahmenbedingungen beschränkt, so griffen Partei und Staat nunmehr massiv und unmittelbar in die landwirtschaftlichen Produktionsverhältnisse ein. Dabei waren zwei Ziele zu berücksichtigen: Zum einen wurde die Notwendigkeit des Klassenkampfes auch auf dem Land spätestens seit 1927 zum Leitmotiv kommunistischer Bauernpolitik. Die Ursprünge dieses Motivs lagen in den frühen 1920er Jahren, als die ersten kommunistischen Theoretiker das Konzept der Klasse auf die Verhältnisse des agrarischen China zu übertragen begannen (vgl. Kap. 4.2.4). Zum anderen hatte die KPCh mit dem Übergang zur territorialen Herrschaft in den Sowjetgebieten auch die Aufgabe übernommen, ihre Kader, die Armee und die Bevölkerung zu versorgen, wozu sie eine hinreichende agrarische Produktion gewährleisten musste. Vor der gleichen Aufgabe stand sie während der Yan'an-Periode, der Ausdehnung ihrer Herrschaft im Bürgerkrieg und schließlich auch in den ersten Jahren der Volksrepublik. Nun sollte die Landwirtschaft die Grundlage für das ehrgeizige Industrialisierungsprogramm liefern – und das bei einem geringen Anteil an den staatlichen Investitionen, der im ersten Fünfjahresplan 1953 nur acht Prozent betrug.

Mit ihrer Agrarpolitik verfolgte die KPCh den Zweck, die Bauern einen Überschuss erwirtschaften zu lassen, den der Staat abnehmen und für seine Zwecke, insbesondere für die Förderung des industriellen Aufbaus, verwenden konnte. Der Wahl der Mittel, die zur Erreichung dieses Zwecks geeignet schienen, setzte jedoch das Konzept des Klassenkampfes entschiedene Grenzen. Für diejenigen, die auch nach der Durchsetzung der sozialistischen Gesellschaftsordnung an der Notwendigkeit des Klassenkampfes festhielten – d.h. den Vorsitzenden Mao Zedong und die ihn stützende Parteifraktion –, war nur eine Methode gerechtfertigt, die beiden Zielen zugleich dienen konnte. Als Folge davon waren die landwirtschaftlichen Modernisierungsanstrengungen in den Jahren bis zu Maos Tod 1976 hochgradig politisiert.

Diese Politisierung zeigte sich unter anderem darin, dass die seit 1950 durchgeführten politischen Kampagnen für die Bauern zumeist in den einfachen Slogan übersetzt wurden, mehr Getreide zu produzieren. So wurden Bauern aufgefordert, „patriotisches Getreide“ (*aiguo liang*) oder „Treue zu Mao-Getreide“ (*zhong Mao liang*) abzuliefern. Weit grundsätzlicher noch erscheint die nach dem Abschluss der Landreform in den 1950er Jahren durchgeführte Kollektivierung als Schnittmenge politischer Zielsetzungen und Erfordernissen der agrarischen Modernisierung (vgl. Kap. 4.2.4). Im Anfangsstadium der Kollektivierung wurden zunächst Ressourcen gebündelt und die Feldarbeit gemeinsam organisiert; bereits ab der nächsten Stufe, den landwirtschaftlichen Produktionsgenossenschaften niederen Typs, traf die Genossenschaft alle die Produktion betreffenden Entscheidungen. In den folgenden beiden Stadien, den landwirtschaftlichen Produktionsgenossenschaften höheren Typs und den Volkskommunen, wurde zum einen das gesellschaftspolitische Ziel des Kommunismus, das Privateigentum an den Produktionsmitteln abzuschaffen, auch auf dem Land durchgesetzt. Dies war der Grund, weshalb Mao und seine Anhänger trotz aller späteren Kritik hartnäckig an der Kollektivierung festhielten. Zum anderen aber verfolgte die KPCh das Ziel, durch die Schaffung größerer Produktionseinheiten die Landwirtschaft umfassend zu modernisieren. Zu diesem Zweck wurde nicht nur die Kontrolle über die Produktion von den einzelnen Bauernhaushalten auf die verantwortlichen Kader der Genossenschaften und später der Produktionsbrigaden und –gruppen verlagert. Umgekehrt waren diese nun auch für die Versorgung der Bauern verantwortlich, wozu die bislang herrschenden Marktmechanismen außer Kraft gesetzt wurden. Die Kader rechneten die Tätigkeiten der Gruppenmitglieder in ein Arbeitspunktesystem um; neben einer Grundversorgung erhielt jeder Haushalt soviel Geld und Getreide, wie der Gesamtzahl der von den Mitgliedern erworbenen Arbeitspunkte entsprach.

Neben diesem Rationalisierungs- und Bürokratisierungsschub sollten die durch die Kollektivierung geschaffenen Einheiten auch eine verstärkte Mechanisierung

Abb. 44: Kinder „stehen" auf dicht gesäten Weizenhalmen. Diese Fotografie aus der für die Auslandspropaganda bestimmten, englischsprachigen Zeitschrift *China pictorial* ist eine propagandistische Fälschung aus der Zeit des Großen Sprungs, die die angeblichen Rekordernten belegen sollte. Tatsächlich standen die Kinder auf einer verdeckten Bank.

ermöglichen. Bereits Ende der 1940er Jahre waren in den kommunistisch beherrschten Gebieten Nordchinas die ersten Traktoren eingesetzt worden; diese Tendenz wurde im folgenden Jahrzehnt forciert, wobei sich schnell herausstellte, dass Chinas Traktoren- und Benzinproduktion den Bedarf unmöglich decken konnte. Noch heute dienen Traktoren nicht der Feldarbeit, die je nach Feldgröße vielfach noch von Hand oder mittels Zugtieren erfolgt, sondern der Anbindung an den Markt. Ferner wurden im Zuge der Kollektivierung zur Bewässerung Brunnen gebohrt, Kanäle gebaut und Dieselpumpen installiert; Kunstdünger und Pestizide kamen verstärkt zum Einsatz, wobei man letztere auch von Flugzeugen aus versprühte. Während des „Großen Sprungs" setzte man besondere Hoffnungen auf die von Trofim Lysenko (1898-1976) und anderen sowjetischen Agrarwissenschaftlern entwickelten, aber eher auf Wunschdenken als auf wissenschaftlicher Analyse beruhenden Methoden, durch besonders tiefes Pflügen und extrem dichtes Säen die Produktion zu steigern.

War die landwirtschaftliche Kollektivierung mit ihrem Mehr an Bürokratie, Rationalisierung und Mechanisierung den landläufigen Definitionen zufolge moderner als die bäuerliche Einzelwirtschaft, so war sie jedoch keineswegs effizienter. Erstens bot sie den Bauern keinerlei effektiven Anreize zur Steigerung der Produktion, da diese den Entzug der Eigenverantwortung als Autonomieverlust erfahren mussten. Während des Großen Sprungs war sogar eine so elementare Handlung wie das Essen der familiären Privatsphäre entzogen und fand ausschließlich in Gemeinschaftsküchen statt. Zweitens waren nicht nur die sowjetischen Methoden, sondern auch ein Teil der anderen technologischen Neuerungen kontraproduktiv, da sie beispielsweise zum Sinken des Grundwasserspiegels und zur Bodenversalzung führten, wozu auch die rücksichtslose Abholzung von Wäldern zur Befeuerung der „Hinterhof-Schmelzöfen" beitrug. Das rücksichtslose Versprühen von Pestiziden hatte eine Rattenplage zur Folge, weil es die Beutegreifer am

Abb. 45: Wandgemälde in einer Volkskommune in der Provinz Shaanxi. Die agrarische Modernisierung wird als Kampf gegen die Natur dargestellt. Der Bauer versetzt Berge und verändert den Lauf des Wassers.

Ende der Nahrungskette schädigte, und eine Kampagne zur Ausrottung der Spatzen führte zur Vermehrung der Insekten, wodurch die Ernte stark beeinträchtigt wurde.

Die Situation spitzte sich noch dadurch zu, dass der Staat die überschüssige Produktion der Bauern nicht nur für sich beanspruchte und zu einem künstlich niedrig festgesetzten Preis weit unter Marktwert ankaufte, sondern auch deren Höhe definierte. Dies geschah auf Grund eines mehrstufigen Prozesses von Ernteprognosen, die von den Produktionsgruppen aus nach oben gemeldet wurden, und Quotenfestsetzungen in umgekehrter Richtung. Zwar verfügten die Leiter der Produktionsgruppen, die als Parteikader und als Angehörige der Gruppen in einem doppelten Loyalitätsverhältnis standen, über Mittel und Wege, Kontrollen zu umgehen und so dem Staat wenigstens einen Teil der abzuliefernden Quote widerrechtlich vorzuenthalten. Dennoch ließen sich auch so Exzesse nicht verhindern. Übertriebene Erfolgsmeldungen des Jahres 1958 führten in den beiden Folgejahren, in denen die Ernten sehr schlecht ausgefallen waren, zu einer Politik der rücksichtslosen Eintreibung festgesetzter Quoten. Das Resultat war die katastrophale Hungersnot der Jahre 1959-1962 in weiten Teilen Chinas, eine der größten von Menschen verursachten Katastrophe der Geschichte. Die in den meisten Standardwerken angegebene Zahl von 20-30 Millionen Toten ist vermutlich weitaus zu niedrig gegriffen und sagt allein noch wenig über das Leiden von Menschen aus, die in ihrer Not alles Essbare bis hin zu Unkraut und Baumrinde verschlangen. Dennoch führte dieses Desaster nur zu einer kurzfristigen Kurskorrektur. Wurden die radikalsten Kollektivierungsmaßnahmen rückgängig gemacht, die Produktionsgruppen verkleinert und sogar ein kleiner Teil der Felder zur privaten Bestellung freigegeben, so propagierten Mao und seine Gefolgsleute seit 1964 das „Lernen von Dazhai". Dieser Kommune in der Provinz Shanxi war nach einer Flutkatastrophe nicht nur angeblich ohne jede staatliche Hilfe der Wiederaufbau gelungen, sondern sie hatte auch noch Getreide an den Staat geliefert. Aus eigener Initiative und gestützt lediglich auf ihren Aktivismus, so hieß es, hätten die Bauern von Dazhai Hügel eingeebnet und mittels herantransportierter Erde fruchtbare Terrassenfelder geschaffen. Seit 1964 und besonders intensiv während der Kulturrevolution wurde Dazhai zum Modell für ganz China erhoben und behielt diese Rolle bis etwa 1980.

Eine Änderung der Verhältnisse trat erst ein, als sich im Zuge der Wirtschaftsreformen mit dem System der Haushaltsverantwortlichkeit (*baochan dao hu*) eine Rückkehr zum bäuerlichen Familienbetrieb durchsetzte und die damit überflüssig gewordenen Volkskommunen aufgelöst wurden. Zwar räumte der Staat den Bauern keine Eigentumsrechte auf Land ein – sie konnten es nur auf 50 Jahre pachten –, jedoch vereinbarte er mit ihnen nur die Ablieferung einer festgesetzten Quote, während sie die Überschüsse selbst verkaufen konnten. Freilich handelte es sich dabei um keine eigentliche Neuerung: Wenigstens in drei Phasen hatte man damit bereits experimentiert – in den Jahren 1956 und 1957 als bäuerlicher Widerstand gegen die Kollektivierung, 1961 und 1962 als Versuch, den Auswirkungen der

Hungerkatastrophe zu begegnen, sowie 1967, als das Chaos der Kulturrevolution das staatliche Kontrollsystem vorübergehend zusammenbrechen ließ. Neu war vor allem, dass die Bauern nach Maos Tod die Initiative ergriffen und die lokalen Kader, weitgehend mit Hilfe von Bestechung, zu dieser neuen Politik überredeten, noch ehe Staat und Partei sie sich zu eigen gemacht hatten.

Neben dieser geschickten Vorgehensweise profitierten die Bauern von einer Reihe weiterer Entwicklungen: erstens von der grundsätzlichen Bereitschaft der Reformer um Deng Xiaoping, wirtschaftliche Experimente zuzulassen und zu fördern, zweitens von einer Erhöhung der staatlichen Ankaufspreise und drittens von einer Reihe technischer Innovationen, die – zumindest in den fruchtbareren Gebieten Ost- und Südchinas – in den 1970er Jahren begonnen und im Zuge der Reformen fortgeführt wurden. Seit 1979 kommen vor allem Geräte und Methoden zum Einsatz, die nach dem Zweiten Weltkrieg in Japan entwickelt wurden, wie z. B. Kleintraktoren und andere kleine Maschinen, neue Kunstdünger und neues Saatgut sowie neue Aufzuchtmethoden für Reissetzlinge. Gemeinsam ist ihnen, dass sie auch für den landwirtschaftlichen Einzelbetrieb geeignet sind. Besonders günstig wirkte sich für die Bauern aus, dass sie nunmehr gezielt für den Markt produzieren konnten. Galt seit Anfang der 1960er Jahre die Parole „Macht Getreide zum Hauptkettenglied“, so konnten die Bauern nun mehr Geld verdienen, indem sie städtische Märkte mit Gemüse, Obst, Fleisch und Fisch belieferten. Dennoch hatte auch der Getreideanbau, der seit Ende der 1950er Jahre stagniert hatte, einen beträchtlichen Anteil an der Produktionssteigerung zwischen 1978 und 1984:

Jahr	**Pro-Kopf-Erzeugung in kg**				
	Getreide	**Baumwolle**	**Speiseöl**	**Fleisch**	**Meeres-produkte**
1957	306	2,5	6,6	6,3	4,9
1978	319	2,3	5,5	9,0	4,9
1984	397	5,9	11,6	14,9	5,9

(R. Keith Schoppa, The Columbia Guide to Modern Chinese History. New York/London: Columbia University Press 2002, S. 320)

Noch weitaus folgenreicher war jedoch die seit 1978 verstärkte ländliche Industrialisierung. Ihre Anfänge reichen noch in die im Allgemeinen so ungünstig beurteilte Phase des Großen Sprungs zurück, als die Herstellung bzw. Gewinnung von Zement, Kunstdünger, Kohle und Eisen auch auf dem Land propagiert wurden und die Kommunen zahlreiche Reparaturwerkstätten etwa für landwirtschaftliche Maschinen errichteten. So sind auch alle ländlichen Industriebetriebe, soweit sie nicht nach 1984 gegründet wurden, aus den Kommunen hervorgegangen, wobei es unterschiedliche Eigentumsformen gibt: Teilweise befinden sie sich im Besitz von

Landstädten (*zhen*) und Gemeinden, teils in dem von Dörfern; es gibt private sowie sogenannte Gemeinschaftsunternehmen, die von mehreren Familien gemeinsam betrieben werden. Dass hierbei verwandtschaftliche und Lineage-Strukturen (und die Rekonstruktion ihres kulturellen Unterbaus in Form von Genealogien, Ahnenhallen etc.) eine große Rolle spielen, kann nicht einfach als Retraditionalisierung oder Wiederkehr des Gleichen beschrieben werden, da diese Strukturen in einem gewandelten politischen, sozialen und vor allem wirtschaftlichen Kontext zum Tragen kommen.

Mit ihrer Konzentration auf die Herstellung von Konsumgütern (vor allem Textilien, aber auch Spielwaren oder Papier) konnte die ländliche Industrie innerhalb von nur anderthalb Jahrzehnten beispiellose Erfolge verbuchen. Lag der Bruttoproduktionswert der Gemeinde- und Landstadtunternehmen (*xiangzhen qiye*) 1978 noch bei einem guten Drittel des landwirtschaftlichen, so betrug er Mitte der 1990er Jahre fast das Dreifache. Zu diesem Zeitpunkt zeichnete die ländliche Industrie für knapp die Hälfte des chinesischen Exportumsatzes verantwortlich und beschäftigte rund 120 Millionen Menschen.

Mit den Wirtschaftsreformen kehrte in China auch auf dem Land vielerorts ein bescheidener Wohlstand ein. Häuser wurden erweitert oder völlig neu gebaut, und Bauernfamilien erwarben Konsumgüter wie Fernsehgeräte, Satellitenschüsseln etc. Allerdings ist auch hier der Wohlstand ungleich verteilt. Aussichten, dem vielzitierten Ideal des „10.000-Yuan-Bauern" nahe zu kommen, hatte in erster Linie die Landbevölkerung im Einzugsbereich der großen Städte, weil sie hier einen leichten Zugang zu lukrativen Märkten für Agrar- wie Industrieprodukte fand. Damit wirkte sich auch hier die Tendenz der Deng Xiaoping-Ära zu einer bevorzugten Entwicklung der Küstenregionen im Osten und Süden Chinas aus. Das Problem regionaler wirtschaftlicher Disparitäten stellt sich auch für den ländlichen Raum.

5.2.3 Stadt und Land – Partnerschaft oder Konkurrenz?

Weder der städtische noch der ländliche Weg in die Moderne verliefen gerade und widerspruchslos. Immer wieder kam es zu lokalen Widerstandsaktionen: Bauern protestierten seit der späten Qing-Zeit gegen moderne Schulen oder wehrten sich gegen staatliche Eingriffe wie 1933 in Zhejiang, als es zu Protesten gegen die Regulierung der Seidenproduktion kam. In Städten protestierten die Rikschakulis gegen die übermächtige Konkurrenz der Straßenbahnen, wie 1929 in Peking. Dessen ungeachtet wurde das Verhältnis von Stadt zu Land spätestens seit den 1920er Jahren unter dem Gesichtspunkt des zwischen beiden bestehenden Modernisierungsgefälles debattiert. Besonders intensiv griff die neu formierte städtische Intelligentsia vor dem Hintergrund der eigenen Lebenssituation diese Thematik auf. Nicht nur waren die Intellektuellen durch ihr Selbstverständnis wie ihre Ausbildung prädestiniert zu einer Auseinandersetzung mit dem Thema. Obendrein stammten sie fast durchweg vom Land, fanden aber nur in den Städten jene litera-

Abb. 46: Bauern stürmen eine moderne Schule, Illustration aus der Zeitschrift *Xingqi huabao* von 1906. Im Hintergrund, mit Strohhüten und langen Übergewändern, die entsetzten Reformer. Solche Protestaktionen richteten sich freilich nicht allein gegen die kulturellen Neuerungen, sondern vor allem auch gegen die damit verbundene Steuerbelastung.

rische Infrastruktur und ungebundene Lebensweise vor, von denen ihre Existenz ganz wesentlich abhing. Dabei entwickelten sie völlig unterschiedliche Ansätze: Während überzeugte Nativisten den gesamten Urbanisierungsprozess als dem chinesischen Nationalcharakter nicht gemäß verurteilten, erblickten andere Richtungen in der städtischen Entwicklung geradezu die Voraussetzung für einen Aufbau des Landes. Die Vorstellung, wonach Land und Stadt sich gegenseitig in ihrer Entwicklung unterstützen sollten, war natürlich besonders für die politischen Machthaber attraktiv und hatte ihre Wurzeln nicht ausschließlich in den Debatten der modernen Intelligenz. Bereits zum Ende der Qing-Zeit hatten Reformpolitiker eine gegenseitige Unterstützung von Bauern, Handwerkern und Kaufleuten angemahnt, wobei allerdings eher an soziale Gruppen als an eine räumliche Unterscheidung von Stadt und Land gedacht war. In der Folge ist der Gedanke einer Partnerschaft zwischen Stadt und Land sowohl in der Republikzeit als auch in der Volksrepublik immer wieder artikuliert worden.

Entfremdung vom Landleben

Die Fremdheit zwischen Stadt- und Landleben und die damit verbundene Suche von Städtern nach ihren ländlichen Wurzeln waren in der Republikzeit (und dann wieder in den 1980er Jahren) ein wichtiges Thema der Literatur, in der sich die eigene Erfahrung von Schriftstellern spiegelte. In der 1921 entstandenen Erzählung „Meine Heimat" des vielleicht bedeutendsten modernen chinesischen Schriftstellers Lu Xun (Pseudonym für Zhon Shuren) reist der Ich-Erzähler auf die Suche nach seinen Wurzeln in seinen Geburtsort auf dem Land zurück – nur um festzustellen, dass ihm nicht nur die Lebensverhältnisse, sondern auch die Menschen dort fremd geworden sind. Der Gedanke der Entfremdung wird bereits in der Eingangssequenz entwickelt:

> *Der bitteren Kälte trotzend, hatte ich mich auf den Weg in meine Heimat gemacht, von der mich mehr als zweitausend Meilen und mehr als zwanzig Jahre trennten.*
> *Es war mitten im Winter. Der Himmel wurde immer dunkler, je näher ich der Heimat kam. Ein kalter Wind blies heulend in die Schiffskajüte. Durch einen Spalt im Verdeck warf ich einen Blick nach draußen. Unter einem schmutzig-gelben Himmel streckten sich nah und fern einige kümmerliche Dörfer, die ohne jedes Zeichen von Leben waren. Unwillkürlich begann mir das Herz schwer zu werden.*
> *Das war doch nicht die Heimat, an die ich zwanzig Jahre so oft gedacht hatte?*
> *Die Heimat, die ich in meiner Erinnerung trug, war vollkommen anders. Meine Heimat war sehr viel schöner. Aber wollte ich mir ihre Schönheit ins Gedächtnis rufen, ihre Vorzüge zur Sprache bringen, fehlte es mir an Vorstellungskraft und Worten. Sie schien wohl doch nur so zu sein, wie ich sie jetzt vor Augen hatte. Eigentlich ist meine Heimat nie anders gewesen, überlegte ich. Aber selbst wenn es keinerlei Fortschritte in ihrer Entwicklung gegeben hatte, war es doch nicht notwendig, so traurig zu werden. Aber das mag wohl an meiner Stimmung gelegen haben. Sie war umgeschlagen, weil ich dieses Mal die Heimreise ohne besondere Erwartungen angetreten hatte.*
>
> (Lu Xun: Die Methode, wilde Tiere abzurichten. Auswahl, Übertragung und Einführung von Wolfgang Kubin. 2. Aufl. Berlin: Oberbaumverlag 1981, S. 37-48, hier S. 37)

Dabei hat die Stadt bis zum Ende der Republikzeit dem Land eher Impulse vermittelt als umgekehrt, und zwar in dreierlei Hinsicht: Erstens konnte sie den Bauern neue Verdienstmöglichkeiten verschaffen, indem diese dazu angeregt wurden, Rohstoffe für die städtische Industrie zu produzieren. In manchen Gegenden hat man sich dieses Potential bewusst zunutze gemacht; so förderte die Zivilverwaltung der Mandschurei in den 1920er Jahren gezielt den Anbau von Baumwolle, um damit die neu gegründeten Baumwollspinnereien beliefern zu können. Freilich war diese Art der Arbeitsteilung nicht immer so vorteilhaft: In den Teilen des Yangzi-Deltas etwa, die traditionell Zentren der Seidenverarbeitung gewesen waren, führte sie zum Auseinanderbrechen der familiären Seidenproduktion, da das Spinnen der Rohseide nun nicht mehr in Heimarbeit, sondern industriell erfolgte. Zudem bedeutete die Integration von Stadt und Land in einen einheitlichen Produktionszusammenhang keine Annäherung der beiden Sphären; vielmehr wurde ihre Trennung zementiert. Zweitens bot die Industrie in den Städten bzw. in deren Einzugsbereich Beschäftigungsmöglichkeiten für Menschen vom Land. Dies galt allerdings weitgehend nur für diejenigen Bauern bzw. deren Familienangehörige, die in der Umgebung der großen Städte lebten. Diese wurden einerseits in den industriellen Arbeitsprozess mit seinem spezifischen Zeitrhythmus und seinen Disziplinierungsmaßnahmen eingegliedert, andererseits bewirtschafteten viele daneben noch ihre Felder. Drittens wurde die Stadt zum Rettungshafen für Flüchtlinge vom Land, die Schutz vor den endlosen Bürgerkriegen oder vor Naturkatastrophen suchten. Für solche Migranten versprach ein Leben am Rande der städtischen Gesellschaft, beispielsweise als Rikschakulis oder sogar als Bettler, mehr Sicherheit als der Verbleib auf dem Land. Diese Tendenzen sind von republikanischen Regierungen auf verschiedenen Verwaltungsebenen teils gefördert, teils geduldet worden, ohne dass das Verhältnis von Stadt und Land zum Gegenstand einer konsistenten Politik geworden wäre.

Dies änderte sich erst mit der Machtübernahme durch die KPCh, nachdem diese während des Bürgerkrieges von ihren ländlichen Basen aus erstmals die Herrschaft über größere Städte übernommen hatte. Dabei ist nur auf den ersten Blick erstaunlich, wie rasch sich die Partei eine städtische Perspektive zu Eigen machte. Erstens hatte der Großteil der Führungskader eine Sozialisation als urbane Intellektuelle hinter sich, zweitens mussten die Kommunisten die Städte gerade deshalb mit einer gewissen Vorsicht behandeln, weil sie hier einen deutlich geringeren Rückhalt hatten als auf dem Land, und drittens erforderte die Übernahme des Sowjetmodells mit ihrer Priorität für die Schwerindustrie eine Konzentration auf städtische Belange. Die bereits beschriebene agrarpolitische Strategie, einen Überschuss an landwirtschaftlichen Produkten zu erwirtschaften, diente denn auch dem Ziel, eine Nahrungsgrundlage für das ehrgeizige Industrialisierungsprogramm zu liefern. Hieraus erklärt sich auch die Rücksichtslosigkeit, mit der die Partei dabei vorging.

Gleichzeitig war dem kommunistischen Regime daran gelegen, den nach dem Bürgerkrieg eher noch gestiegenen Migrationsdruck vom Land auf die Städte zu verringern. Nicht nur war größenmäßige Begrenzung der Städte generell ein Ziel der sozialistischen Stadtplanung in China, sondern mehr noch ging es darum, Verteilungskonflikten in den Städten vorzubeugen. Zu diesem Zweck bediente sich die KPCh einer doppelten Strategie. Das zwischen 1955 und 1961 eingeführte System der Haushaltsregistrierung (*hukou*) ermöglichte nicht nur eine verbesserte Überwachung der Menschen, sondern sollte auch zur Kontrolle der Binnenmigration dienen. Die strenge Unterscheidung zwischen agrarischen und nicht-agrarischen *hukou* machte – in flagranter Verletzung der verfassungsmäßig garantierten Freizügigkeit – eine legale Abwanderung der Landbevölkerung in die Stadt praktisch unmöglich. Zugleich wurde in den Städten ein umfangreiches System von Sozialleistungen installiert, das den Stadtbewohnern u. a. Wohnung, Wasser-, Gas- und Stromversorgung, Abwasserentsorgung, Arbeit, Schulbildung, öffentlichen Transport, medizinische Versorgung, Lebensmittel, Einkaufsmöglichkeiten und sogar Freizeitaktivitäten kostenlos oder zu subventionierten Niedrigpreisen zur Verfügung stellte. Da diese Leistungen an eine nicht-agrarische *hukou* gebunden waren, konnten Migranten vom Land sie nur illegal in Anspruch nehmen. Besonders erschwert war der Zugang zu Grundnahrungsmitteln, die nur gegen Lebensmittelmarken erhältlich waren. Dass dieses System ausschließlich in den Städten praktiziert wurde, während für das Land der Grundsatz der Selbstversorgung galt, führte im Ergebnis zu einer Trennung zwischen Stadt und Land, die mit Recht als „duale Gesellschaft“ bezeichnet worden ist. Auf diese Weise wurden Migrationsbewegungen vom Land in die Stadt zwar nicht völlig verhindert, zumal der Zusammenbruch der staatlichen Kontrollsysteme während des „Großen Sprungs“ und der Kulturrevolution zu dramatischen Bevölkerungsverschiebungen führte. Allein 1960 verließen 1,3 Millionen Menschen die Provinz Shandong, um den Auswirkungen der Hungersnot zu entgehen. Soweit das System funktionierte, gelang es jedoch, Wanderungsbewegungen weitgehend auf von Partei und Staat gewollte Umsiedlungsprogramme zu begrenzen; zudem führten die politischen Auseinandersetzungen während der Mao-Ära zu Verschiebungen in die umgekehrte Richtung, indem Oppositionelle zur „Umerziehung" aufs Land geschickt wurden.

Mit der Reform- und Öffnungspolitik hat sich dieses System jedoch gelockert. 1984 erlaubte eine Verordnung des Staatsrats den Bauern, das Land zu verlassen, wodurch Wohnsitzwechsel außerhalb des *hukou*-Systems möglich wurden. Die Zahl der Migranten ist seither erheblich angestiegen und lag Mitte der 1990er Jahre bei schätzungsweise 110 Millionen, von denen mit rund 90 Millionen der überwiegende Teil seine ländliche *hukou* beibehält. Das ergibt eine jährliche Migrationsrate von zwischen zwei und vier Prozent der Bevölkerung, was im internationalen Vergleich sogar eher niedrig ist. Die Migranten sind überwiegend männlich, jung, und ihr Bildungsniveau liegt unter dem städtischen, aber über dem ihrer Herkunftsgebiete. Getrieben werden sie von höheren städtischen Einkommen als *pull*-Faktor und den fehlenden Perspektiven auf dem Land als *push*-Faktor. Entgegen der offiziellen Charakterisierung der nicht staatlich kontrollierten Migration als *mangliu* („blinde Strömung") erfolgt die Umsiedlung nur selten aufs Geratewohl; vielmehr wird der überwiegende Teil von städtischen Arbeitsämtern oder privaten Kontraktnehmern angeworben oder stützt sich auf Freunde und Verwandte in der Stadt. Ebenso wenig ist der Anstieg der Migration einfach mit einer Zunahme der Stadtbevölkerung gleichzusetzen. Denn erstens hält sich ein Teil der Migranten nur temporär in der Stadt auf und bestellt in der übrigen Zeit die heimatlichen Felder. Zweitens macht Migration vom Land in die Stadt nur einen Teil der Wanderungsbewegungen aus, während ein erheblicher Teil – einer Studie zufolge sogar die Mehrheit – ländliche Gebiete als Ziel wählt. Gerade in den stärker industrialisierten Landgebieten, wo die Mehrheit der Bewohner einer Vollzeitbeschäftigung in den Industriebetrieben nachgeht, muss die Feldbestellung häufig an Auswärtige verpachtet werden.

Besonders die Migration in die Städte hat tiefgreifende soziopolitische Folgen. Einerseits sind die ländlichen Migranten mehrheitlich marginalisiert und üben diejenigen anstrengenden oder unangenehmen Tätigkeiten aus, welche für die Stadtbevölkerung unattraktiv geworden sind, z. B. als Bauarbeiter, Haushaltshilfen, Straßenhändler oder bei der Abfallbeseitigung. Zwar ist das System der Haushaltsregistrierung gelockert worden, doch ist der Erwerb einer städtischen *hukou* an die Fähigkeit zur Selbstversorgung sowie an eine Gebühr gebunden, die 1994 je nach Größe und Status der betreffenden Stadt zwischen 2.000 und 10.000 Yuan lag. Diese Möglichkeit steht daher nur den wenigen Wohlhabenden offen. Die Mehrheit der Zuwanderer ist somit den Stadtbewohnern nicht gleichgestellt und hat auch nach der Abschaffung der Lebensmittelrationierung Anfang der 1990er Jahre kein Anrecht auf die in den Städten üblichen Sozialleistungen. Andererseits sind die städtischen Behörden nicht mehr in der Lage zu kontrollieren, ob diese Leistungen auch von Unberechtigten in Anspruch genommen werden. Obwohl sich die Mi-

Abb. 47: Buden aus Holz und Plastikplanen, von Migranten aus Sichuan auf einem Abrissgelände in Guangzhou errichtet, 1997. Im Zuge der Binnenmigration kommt es häufig zur Bildung von Stadtvierteln durch Menschen aus der gleichen Provinz.

granten in der Regel mit den staatlichen Regelungen zu arrangieren versuchen, unterminiert ihre reine Präsenz das städtische Wohlfahrtssystem, zumal ihnen gerade die Tatsache, dass sie (zumindest offiziell) keine Sozialleistungen in Anspruch nehmen, Vorteile auf dem Arbeitsmarkt verschafft.

Das historisch gewachsene Verhältnis zwischen Stadt und Land in China ist gegenwärtig durch eine grundlegende Ambivalenz gekennzeichnet. Einerseits bestehen nicht nur die ökonomischen Ungleichgewichte fort, sondern – wenn auch in abgeschwächter Form – ebenso manche Aspekte der von den Kommunisten eingeführten strikten Trennung zwischen Stadt und Land. Unlängst beklagte ein in den USA tätiger chinesischer Wissenschaftler in einer umfangreichen, unter Pseudonym erschienen Studie, Chinas Bauern, die noch rund 70 Prozent der Bevölkerung ausmachen, seien nach wie vor nur „Bürger zweiter Klasse“. Im Einzelnen verwies er auf die zahlreichen Benachteiligungen der Bauern von der schlechteren Energieversorgung über die geringeren Bildungsmöglichkeiten bis hin zu stärkeren finanziellen Belastungen. Andererseits gibt es Anzeichen für eine Verringerung des Gegensatzes zwischen Stadt und Land. Im Einzugsbereich der Großstädte entstehen suburbane, durch einen Übergang von vorwiegend agrarischer zu industrieller Landnutzung gekennzeichnete Strukturen. Hierdurch können freilich auch neue Probleme, etwa eine weitere Verringerung der Ackerfläche pro Kopf, entstehen. Ohnehin ist noch nicht erkennbar, welcher der beiden Trends sich langfristig durchsetzen wird.

5.3 Entzauberung der Welt? Säkularisierung und ihre Grenzen

Lange Zeit galt die Säkularisierung als ein charakteristischer Trend der Entwicklung zu einer modernen Gesellschaft. Unter Säkularisierung sollen im Folgenden zwei unterschiedliche Aspekte der Transformation verstanden werden: zum einen Veränderungen im religiösen Denken und in der religiösen Praxis, durch die sich eine Religion an die Postulate der modernen Wissenschaft anpasst; zum anderen atheistisch geprägte

Bemühungen, alle Formen von Religion zum Verschwinden zu bringen. Auch in China verbreitete sich seit dem späten 19. Jahrhundert innerhalb der Modernisierungselite aus Intellektuellen, Wissenschaftlern und politischen Aktivisten die Auffassung, dass Religion mit der Moderne unvereinbar und daher langfristig zum Verschwinden verurteilt sei. Tatsächlich jedoch haben sich religiöse Konzepte und Praktiken, vielleicht gerade wegen des ausgeprägten religiösen Pluralismus, auf höchst pragmatische Weise mit den Erscheinungsformen des modernen Lebens zu arrangieren vermocht. Die Säkularisierung stieß daher in China ebenso wie in anderen Teilen der Welt trotz vieler Erfolge letztlich an unüberwindbare Grenzen.

5.3.1 Grundstruktur und Modernisierungspotential chinesischer Religion

Ursprünglich kannte die chinesische Sprache keinen abstrakten Religionsbegriff. Der heute gebräuchliche Terminus *zongjiao* ist, wie so viele andere Wörter, ein um 1900 aus dem Japanischen übernommener Neologismus und damit indirekt westlicher Provenienz. Zuvor sprach man allenfalls von *jiao* („Lehren") und verwies damit auf die drei Traditionen des Konfuzianismus (der im strengen Sinne eigentlich keine Religion ist), Buddhismus und Daoismus. Damit fand eine folgenreiche begriffliche Verengung statt, indem die zentralen kultisch-rituellen Aspekte chinesischer Religion ausgeklammert blieben.

Grundlegend konstitutiv für China war ein religiöser Pluralismus, der die Koexistenz unterschiedlicher Formen von Religion erlaubte. Diese Pluralität wurde vom kaiserlichen Staat durchaus toleriert, wenn auch der Herrscher und seine Beamten sich letztlich die Definitionsmacht darüber vorbehielten, welche religiösen Formen mit der Staatsraison vereinbar seien. Sogenannte „heterodoxe Lehren" (*xie jiao*), die dem Staat gefährlich zu werden drohten, wurden daher rigoros bekämpft. Begrifflich fielen sie jedoch unter die gleiche Kategorie *jiao* wie die offiziell geduldeten Religionen. Und in der Tat war Chinas politische und soziale Elite selbst tief in den religiösen Kosmos eingebunden, woran auch das konfuzianische Erbe nichts änderte. Nach der etablierten chinesischen Begrifflichkeit war auch Konfuzius (551-479 v. Chr.) Begründer einer religiösen Lehre. Nach der Überlieferung der konfuzianischen Klassiker hat er sich jedoch zu religiösen Konzepten bzw. Glaubensvorstellungen bewusst nicht geäußert, sondern sich allein auf die politisch-soziale Funktion religiöser Rituale konzentriert. Eine gewisse Skepsis gegenüber einzelnen religiösen Phänomenen haben auch manche der späteren Konfuzianer von ihrem Meister übernommen, jedoch kann von einer grundsätzlichen Religionskritik nicht die Rede sein.

Trotz der heterogenen Grundstruktur chinesischer Religiosität lassen sich die unterschiedlichen religiösen Praktiken in struktureller Hinsicht in verschiedene Kategorien einteilen, wofür der chinesische Religionswissenschaftler C. K. Yang das analytische Instrumentarium geliefert hat. Yang unterscheidet institutionalisierte Religionen (Daoismus, Buddhismus, Islam sowie später das Christentum) von „diffusen" Religionen, zu denen der Staatskult sowie alle Phänomene gehören, die sich unter den Oberbegriff der Volksreligion fassen lassen.

Die institutionalisierten Religionen Chinas zeichneten sich durch eigenständige Strukturen und einen fest umrissene Religionszugehörigkeit aus, die sich freilich beim buddhistischen *mainstream* sowie im Daoismus im Wesentlichen auf das organisierte Mönchtum beschränkte, während zahlenmäßig kleine, buddhistisch inspirierte Laiengruppen sowie Islam und Christentum feste Gemeindestrukturen aufbauten. Der Daoismus ist eine im zweiten nachchristlichen Jahrhundert entstandene, genuin chinesische Religion, welche die Pflege des menschlichen Lebens durch Atemtechnik, Gymnastik, eine besondere Ernährung sowie Gebet und Meditation in den Mittelpunkt stellt. Der in Indien entstandene Buddhismus wurde in China zwischen dem 2. und 5. Jahrhundert heimisch und fächerte sich rasch in zahlreiche Schulen auf. Zu deren Entstehung trugen einzelne Lehrerpersönlichkeiten bei, die sich auf ihre Interpretation spezifischer Texte stützten. Im Zentrum des Buddhismus steht die Vorstellung der Befreiung des Menschen von den Fesseln der durch die transzendente Vergeltung menschlichen Handelns geprägten Wiedergeburt. In China verbreiteten sich in der Tradition des Mahāyāna-Buddhismus Vorstellungen von der Wiederkehr eines zukünftigen Buddha, von einem Paradies oder von der Meditation als der wesentlichen Technik, um den Idealzustand des Nirvana zu erreichen. An solche Vorstellungen knüpften organisierte Laiengruppen an, die in der älteren Literatur in der Regel als „Sekten" bezeichnet werden und eine soziale Alternative, aber auch ein antidynastisches Protestpotential verkörperten (vgl. Kap. 4.1.2 und 4.3.1). Schließlich führte die Expansion des Qing-Reiches im 17. und 18. Jahrhundert auch zur Eingliederung des tibetischen Buddhismus in den Herrschaftsbereich der mandschurischen Dynastie.

Die gleiche Expansion bescherte dem Qing-Reich Mitte des 18. Jahrhunderts in den Angehörigen der zentralasiatischen Turkvölker auch eine große Zahl neuer muslimischer Untertanen. Allerdings hatte der Islam schon seit dem 8. Jahrhundert Eingang ins chinesische Kerngebiet gefunden. Im Gegensatz etwa zum Buddhismus wurde der Islam jedoch nicht sinisiert, da seine religiösen Führer und seine Anhänger auf dem Absolutheitsanspruch ihrer Religion bestanden. Auch wenn es keine islamische Missionierung und damit keine offene Herausforderung des religiösen Pluralismus gab, befanden sich die Muslime in einem ständigen latenten Spannungszustand mit dem chinesischen Staat und generell mit der chinesischen Kultur. Von den Chinesen wurden sie nicht zuletzt deshalb verachtet, weil sie sich an zentralen Handlungen wie dem Ahnenritual nicht beteiligten.

Bei den „diffusen" Religionen waren religiöse und gesellschaftliche Strukturen nicht zu trennen, und es gab auch keinerlei systematisierte Lehrinhalte. Zwar existierte eine Trennung zwischen der elitären Staats- und der in allen Schichten verwurzelten Volksreligion, doch bezog sich diese Unterscheidung in erster Linie auf den Teilnehmerkreis, während die wesentlichen Grundprinzipien beiden gemeinsam waren. Im chinesischen Altertum noch vor dem Konfuzianismus entstanden, wurde der Staatskult dennoch erst durch diese Lehre zum Ausdruck des langfristig gültigen chinesischen Staatsverständnisses. Von Anfang an unterstrich der Konfuzianismus die Bedeutung der korrekten Durchführung staatlicher Rituale für die soziale und politische Stabilität. Damit wurde der Staat nicht nur ethisch durch die konfuzianische Moral legitimiert, sondern zugleich auch kosmologisch, indem der Kaiser als „Himmelssohn“ zum Garanten der Weltordnung wurde. Gleichzeitig konstituierte sich China damit auch in Abgrenzung von der nichtchinesischen Peripherie als die Mitte der Welt. Oberster Priester war der Kaiser, der die höchsten Opfer an Himmel, Erde, die kaiserlichen Ahnen, Erdboden und Hirse selbst durchzuführen hatte. Erst 1907 wurde ihnen das Opfer für Konfuzius gleichgestellt. Alle diese Opfer waren Teil einer kultischen Hierarchie, innerhalb derer die Beamten der jeweiligen Verwaltungseinheiten für die rangniedrigeren Opfer zuständig waren. Der Staatskult wurde das ganze 19. Jahrhundert hindurch ungebrochen praktiziert und erlosch auch nicht unmittelbar mit dem Ende der Monarchie im Jahre 1912. Kein Geringerer als Präsident Yuan Shikai versuchte, den restaurativen Charakter seiner Herrschaft durch eine Wiederbelebung des Staatskults zu unterstreichen. Seinen ersten symbolischen Ausdruck fand dieses Vorhaben bei Yuans Opfer am Himmelsaltar zur Wintersonnenwende 1914. Allerdings versuchte der Präsident die Inhalte des Rituals an die neuen politischen Bedingungen anzupassen. Zu diesem Zweck ersetzte er das hergebrachte Pantheon des Staatskults durch ein „modernes“, aus vergöttlichten Helden zusammengesetztes, das Loyalität zur Nation verkörpern sollte. Grundsätzlich war die chinesische Staatsreligion ebenso vereinbar mit dem modernen Leben wie sein japanisches Pendant, das Staatsshintō. Im chinesischen Fall brach allerdings mit Yuans Tod die politische Unterstützung für eine religiöse Fundierung des Staates zusammen.

Die chinesische Volksreligion (entlehnt aus englisch: *popular religion*, daraus auch abgeleitet chinesisch: *minjian zongjiao*) schließlich stellte eine heterogene Mischung aus Kulten und Techniken dar, deren gemeinsames Ziel in der Bewältigung von Problemen des alltäglichen Lebens und Überlebens bestand. Als prinzipiell offenes System war sie im Gegensatz zu den geschlossenen Formen der institutionalisierten Religion in der Lage, fremde religiöse Elemente vorbehaltlos aufzunehmen. Die Grenzen zu den volkstümlichen Aspekten des Buddhismus und mehr noch des Daoismus waren daher fließend. In ihrer Selbstwahrnehmung erscheint die chinesische Volksreligion als ein großer Markt, auf dem man nach Gutdünken aus einem reichhaltigen Angebot auswählen konnte. Bei der Entscheidung für einen bestimmten Kult oder eine bestimmte Technik war ausschlaggebend, inwieweit sie sich als effizient erwies. Auf diese Weise konnten neue Kulte und Praktiken eingeführt, gegebenenfalls auch schon bestehende aufgegeben werden.

Allerdings darf man sich die chinesische Volksreligion nicht als völlig gestaltloses Gebilde vorstellen. Eine Reihe konzeptueller und organisatorischer Prinzipien hielt die unterschiedlichen Praktiken zusammen. Was die Konzeptionen betrifft, so sind die Kulte für transzendente Wesen sowie die Vorstellungen von Raum und Zeit, die den meisten Techniken zugrunde lagen, von grundlegender Bedeutung. Im

Zentrum der Kulte standen zum einen die als grundsätzlich gut wahrgenommenen Ahnen, daneben ein beliebig erweiterbares Pantheon von Göttern. Die Götter bildeten eine Art himmlischer Bürokratie mit dem „Jadekaiser" an der Spitze; ein großer Teil von ihnen wurde, in offensichtlicher Analogie zum kaiserlichen Verwaltungspersonal, als Beamte mit territorial definiertem Zuständigkeitsbereich aufgefasst. Ihnen gegenüber standen stärker individuell profilierte Erlösergottheiten wie die aus dem Buddhismus übernommene Göttin der Barmherzigkeit Guanyin oder die besonders in Südostchina und auf Taiwan u. a. als Schutzpatronin der Seeleute verehrte Göttin Mazu. Grundsätzlich war es möglich, dass Menschen zu Göttern wurden, etwa im Falle des Generals Guan Yu († 220), der späterhin als Kriegsgott Guandi verehrt wurde. Im Vergleich zu den Ahnen hielt man die Hilfe der Götter, besonders in Krisenzeiten (etwa in Fällen von Dürre oder Krankheit) für effizienter, allerdings auch für weniger verlässlich. Grundsätzlich galt für beide (wie übrigens auch im Staatskult) der Grundsatz der Reziprozität, d. h. die Menschen konnten für ihre Opferleistungen eine Gegenleistung in Form von Schutz und Hilfe erwarten und zumindest bei den Göttern im Verweigerungsfalle zu Sanktionen greifen, etwa indem man ihre Statuen bei lang anhaltender Dürre in der Sonne schmoren ließ. Die dritte Kategorie der Geister umfasste schließlich alle Personen, die eines unnatürlichen Todes gestorben waren oder keine Hinterbliebenen hatten, von denen sie als Ahnen versorgt wurden. Sie wurden zu bestimmten Zeiten durch Opfer zufrieden gestellt, aber auch durch Exorzisten ausgetrieben.

Daneben sah man in Raum und Zeit Kräfte verborgen, die Einfluss auf die Geschicke der Menschen nehmen konnten. Um die im Raum verborgenen Energien harmonisch zu gestalten, so dass sie positiven Einfluss auf das menschliche Leben nehmen konnten, bediente man sich der Technik der Geomantie, des in jüngster Zeit auch im Westen so populär gewordenen *fengshui*. Mit ihrer Hilfe wurde der optimale Platz für die Anlage von Gräbern, dann auch für menschliche Siedlungen bestimmt, wobei Bergen und fließenden Gewässern eine zentrale Rolle als Energieträger und -leiter zugeschrieben wurde. Von der Missachtung des *fengshui* wurde dagegen aller erdenkliche Schaden befürchtet. In ganz ähnlicher Weise konnte auch der richtige Umgang mit der Zeit den Menschen nützen, während ein falscher Umgang Unheil nach sich zog. Der Auswahl geeigneter Tage für wichtige Handlungen wie Hausbau oder Eheschließung kam dabei eine zentrale Bedeutung zu. Die zahlreichen Formen der Wahrsagerei dienten nicht nur dazu, Auskünfte über die Zukunft zu erhalten, sondern mit ihrer Hilfe versuchte man auch die Ursachen von Unglücksfällen zu ermitteln und damit eine Vergangenheitsdimension zu ergründen.

Volksreligiöse Praktiken

Eine Vorstellung von der Vielfalt ländlicher religiöser Bräuche im Lauf eines Jahres gibt die Zusammenstellung des deutschen katholischen Missionars Georg Stenz, die auf persönlichen Beobachtungen in Shandong beruht. Wie viele christliche Missionare verbindet Stenz die weltanschauliche Kritik am chinesischen „Aberglauben" mit einem anthropologischen Interesse für ihre kulturellen Praktiken.

1. In der Neujahrsnacht geht der Bauer, nachdem er vor dem Bilde des Tian lao yeye *[svw. „ehrwürdiger Großvater im Himmel"] sein Opfer dargebracht auch in die Ställe, um dort auf den Trögen eine Räucherkerze anzuzünden, dann ebenso zur Mühle und auf den Misthaufen. Er will dadurch die Geister versöhnen, die in diesen wohnen. Auf seine Wagen klebt er ein rotes Stückchen Papier mit dem Buchstaben „fu", Glück.*
2. Am 1. des Jahres bindet man ein Büschel Stroh oben zusammen und teilt es unten in drei Teile. Letztere zündet man zu gleicher Zeit an. Auf der Seite des Dorfes, wo das Stroh zuerst abgebrannt ist und niederfällt, wird man in diesem Jahre gute Ernte haben.
3. Wenn am 1. und 2. des neuen Jahres gutes Wetter ist, wird die Sommer- und Herbsternte gut ausfallen, wenn nur am 1. gutes Wetter herrscht, wird nur die halbe Ernte günstig ausfallen.
4. In den ersten drei Tagen des Jahres darf der Kochtopf niemals ganz leer sein. Man ißt auch keine Hirsensuppe, weil man sonst keine Hirse erntet. Ebenso wird am 7. des II. Monats keine Hirse gegessen, weil das der Geburtstag der Hirsengöttin ist.
5. Wenn am 8., 18. und 28. des I. Monats gutes Wetter herrscht, erntet man gute Baumwolle.
6. Am 10. des I. Monats wird nicht gemahlen. Es ist der Geburtstag des „Steingeistes", den man durch Mahlen beleidigen würde.
7. Am 15. des I. Monats stellt man auf die Misthaufen Dornzweige, an die man kleine rote und grüne Papierschnitzel, einige Weizenähren und eine kleine Strohpuppe bindet.
8. Am 16. treibt man die Tiere aus dem Stalle aufs Feld, damit sie im Jahre nicht krank werden.
9. Am 2. Tage des II. Monats streut man mit einer Schaufel Asche in großen Kreisen auf die Tenne, in den Hof und in die Zimmer. Mitten im Kreise wird eine kleine Grube gegraben, in die man allerhand Getreide und etwas Geld legt. Am selben Tage wird wieder nicht gemahlen. Man ißt gern huagao, *d. i. kleine aus Reis und Zizyphusfrüchten gemachte Brötchen, „damit die Pflugschar nicht zerbreche."*
10. Am 6. des VI. Monats ist der Geburtstag des „Ochsengottes" (niuwang) *und werden ihm Opfer von Schafen gebracht. Man geht an diesem Tage auch hinaus aufs Feld, um das Getreide zu besichtigen.*
11. Am 15. des VII. Monats werden die Teufel eingefangen, damit sie draußen auf dem Felde nicht schaden. Zu diesem Zwecke bittet man den „Stadtgeist" (chonghuang) *in feierlicher Prozession, da er Gewalt über die Geister seines Bezirkes hat. Am 1. des X. Monats werden die Geister wieder losgelassen.*
12. Am 8. des XII. Monats ißt man eine Suppe labazhu, *„Tagessuppe", in der sich allerhand Getreide, auch Pflaumen, Kastanien und anderes Obst befindet. Nachdem man [dem] Türgeist etwas davon gegeben, auch die Pflaumenbäume hat kosten lassen, „damit sie im nächsten Jahre schön blühen", ißt man selbst, „damit man im Winter nicht friert".*
Zur Zeit großer Trockenheit werden allgemeine Fasttage vom Mandarine befohlen. Man bringt dann Opfer in den Pagoden, zieht in Prozessionen umher, schlägt stundenlang auf Glocken und große Trommeln. Einmal sah ich, daß man ein grosses Götzenbild auf einen Tisch vor das Dorf gestellt hatte und von Groß und Klein allerhand Allotria um den Götzen gemacht wurde. Als ich nach dem Grund dieser Ausgelassenheit fragte, sagte man mir, daß man längere Zeit umsonst um Regen gebeten und ihn deshalb jetzt zur Strafe der glühenden Sonnenhitze ausstelle und ihn verspotte.

(Georg M. Stenz, Der Bauer in Schantung, in: Anthropos 1 [1906], S. 435-452, 838-863, hier S. 861-863. Romanisierung nach *Pinyin* geändert.)

Abb. 48: Papiernachbildung eines Autos nebst Chauffeur, die als Grabbeigabe für einen Verstorbenen verbrannt werden soll, um 1920. Moderne Gegenstände ließen sich ohne weiteres in die chinesische Volksreligion integrieren.

Kern der Verehrung von Göttern und Ahnen, in abgewandelter Form auch des Umgangs mit Geistern, waren ähnlich wie beim Staatskult Opferrituale, meistens Speise- und Trankopfer, wobei das Geopferte von der opfernden Gemeinschaft anschließend gemeinsam verzehrt wurde. Sie fanden in den Haushalten, Tempeln, an den Ahnengräbern und in Ahnenhallen statt. Es entspricht dem diffusen Charakter der chinesischen Volksreligion, dass die Opfergemeinschaften mit den Basiseinheiten des sozialen Lebens identisch waren: Ein großer Teil der religiösen Aktivitäten fand im familiären Rahmen statt, für die Verehrung weiter entfernter Ahnen waren die Abstammungsgruppen zuständig, und der Götterkult war in großen Teilen eine dörfliche Angelegenheit. Die Leitung der Rituale lag in den Händen von Mitgliedern der Eliten innerhalb der jeweiligen Abstammungsgemeinschaften und Dörfer. Daneben aber war man auf eine Vielzahl ritueller Spezialisten angewiesen, zu der daoistische und buddhistische Mönche, *fengshui*-Meister, aber auch Medien und Schamanen zählten. Neben den zahlreichen lokal bestimmten Opfern für Ahnen und Götter gab es eine Reihe in ganz China verbreiteter Feste mit stark religiösen Bezügen – das Neujahrsfest, das Totenfest *qingming*, das Drachenboot- und das Herbstfest –, die den Jahreslauf prägten.

Gerade die pluralistische, ritual- und effizienzorientierte Volksreligion hat sich relativ unproblematisch mit der modernen Welt arrangiert. Bereits aus der Republikzeit existieren Belege dafür, dass Gegenstände des modernen Lebens wie Autos,

Telefone o. ä. den Ahnen als Opfergaben dargebracht wurden. Umgekehrt ließ sich beispielsweise das *fengshui* auch auf den modernen städtischen Raum übertragen. Auch die zeitliche Dimension blieb religiös geprägt: Zwar führte bereits die provisorische republikanische Regierung 1912 den gregorianischen Kalender ein (wenn auch in Jahren der Republik gezählt wurde). Schon nach wenigen Jahren zeigte sich jedoch, dass die Mehrheit der Bevölkerung weiterhin an dem alten lunisolaren Kalender festhielt, weil sich der Jahreslauf der Festtage nach diesem richtete. Er blieb daher bis heute als zweiter, inoffizieller Kalender neben dem im Alltagsleben seit langem dominierenden modernen Kalender bestehen. Zweifellos hängt all dies damit zusammen, dass die chinesische Volksreligion den Hauptakzent auf die religiöse Praxis legt und über kein komplexes Glaubenssystem verfügt, das auf seine Stimmigkeit zu überprüfen wäre. Eine genaue Untersuchung dieses Arrangements und seiner historischen Entwicklung steht noch aus; die Hinweise sind jedoch schon jetzt unübersehbar.

Dass religiöse Phänomene dazu beitragen können, mit den Herausforderungen des modernen Lebens umzugehen, hat in den letzten Jahren der Erfolg der Falungong vor allem bei der städtischen Bevölkerung gezeigt. Diese seit 1992 von Li Hongzhi verbreitete „Meditationstechnik" verbindet Bruchstücke des Buddhismus, des Daoismus und der Heiltechnik des *qigong* und soll dazu dienen, Störungen im menschlichen Leben zu beseitigen. Wie andere volksreligiöse Techniken kennt sie keine formale Mitgliedschaft und kann individuell ausgeübt werden, hat aber dennoch so etwas wie eine „Heilsgemeinschaft" hervorgebracht. Falungong greift dabei auf etablierte religiöse Konzepte zurück, baut aber auch moderne Vorstellungen wie den Glauben an Aliens ein. Sie geißelt Krisensymptome der Moderne nicht nur in allgemeiner Form, sondern setzt sich auch mit konkreten Erscheinungsformen auseinander; so etwa wird die moderne westliche Medizin zugunsten der traditionellen chinesischen abgelehnt. Somit lässt sich Falungong als Prototyp einer modernen Religiosität deuten, die denjenigen Krisenerscheinungen, gegen die sie sich wendet, überhaupt erst ihre Existenz verdankt.

5.3.2 Das Christentum und die Modernisierung der Religion

Eine erste Herausforderung für die chinesische Religion und die von ihr entwickelten Konzepte und Praktiken ging vom Christentum in seiner katholischen und protestantischen Variante aus. Beide Konfessionen kooperierten nur wenig miteinander und wurden in China häufig als zwei getrennte Religionen wahrgenommen, die (katholische) „Lehre vom Himmelsherrn" (*Tianzhujiao*, abgeleitet von dem seit dem 18. Jahrhundert vom Heiligen Stuhl verordneten Gottesbegriff *Tianzhu*) und die (protestantische) „Jesus-Lehre" (*Yesujiao*) oder „neue Lehre" (*xin jiao*).

In seiner neuzeitlichen Form war das Christentum erstmals Ende des 16. Jahrhunderts mit den ersten Jesuitenmissionaren nach China gekommen. In der Folge des sogenannten „Ritenstreits", der 1742 endgültig zum päpstlichen Verbot der Verwendung des aus der chinesischen Antike übernommenen Gottesnamens

Shangdi sowie der Teilnahme chinesischer Christen am Ahnenkult führte, wurden die katholischen Missionare jedoch bereits in den 1720er Jahren aus dem Reich der Qing ausgewiesen. Eine Ausnahme wurde lediglich für die am Kaiserhof tätigen Wissenschaftler und Künstler gemacht. Seither war das Christentum in China illegal und existierte lediglich im Untergrund. Auch den protestantischen Missionaren, die seit 1807 an der Südküste Fuß zu fassen suchten, war China zunächst verschlossen.

Erst die ab 1842 geschlossenen „ungleichen" Verträge und die in der Folge dem Kaiser aufgezwungenen Toleranzedikte legalisierten das Christentum aufs Neue. Katholische wie protestantische Missionare ließen sich seit 1860 in größerer Zahl im Landesinneren nieder, um hier zu evangelisieren, und um 1900 gab es kaum noch eine Region, in der nicht wenigstens einige wenige christliche Prediger tätig waren. Die Bedeutung der christlichen Mission stand in keinem Verhältnis zu den zahlenmäßig eher bescheidenen Resultaten – bis 1949 kamen gerade einmal zwei Christen auf 1.000 Einwohner. Dabei überwogen zunächst die negativen Aspekte (vgl. auch Kap. 6.1.1): Das oftmals aggressive Auftreten der Missionare und ihrer chinesischen Mitarbeiter, besonders ihre Unduldsamkeit gegenüber allen Formen chinesischer Religion führte zu Spannungen zwischen Christen und Nichtchristen, die sich häufig in gewaltsamen antichristlichen Ausschreitungen, den sogenannten Missionszwischenfällen (*jiao'an*) entluden. Deren politische Instrumentalisierung, insbesondere in den 1890er Jahren, verschärfte die Auseinandersetzungen noch, ehe nach dem Boxerkrieg alle Beteiligten – chinesische Beamte, Diplomaten und die Missionare selbst – sich zunehmend und letztlich mit Erfolg um Entspannung bemühten.

Der positive Aspekt, das Engagement der Mission für die Modernisierung Chinas, machte sich denn auch vor allem in den beiden Jahrzehnten nach 1900 bemerkbar. Begonnen hatte es jedoch weitaus früher. Schon in den 1860er Jahren hatten einige Missionare der Selbststärkungsbewegung vor allem mit Übersetzungen wissenschaftlicher Werke zugearbeitet, andere gründeten Krankenhäuser, Schulen und Universitäten. Sie setzten sich auch für gesellschaftliche Reformen ein, etwa für die Abschaffung des Füßebindens bei Frauen oder die Bekämpfung des Opiumkonsums. Mit diesen Maßnahmen unterstützten sie den chinesischen Staat in seinen Modernisierungsbestrebungen und machten sich dort unentbehrlich, wo dessen Kapazitäten nicht ausreichten. Insgesamt gingen die Protestanten mit größerem Einsatz zu Werke als die Katholiken, wobei die führende Rolle wiederum den Amerikanern zufiel. Viele von diesen stützten sich auf die Idee des „Social Gospel", der zufolge die Christianisierung nicht mehr durch direkte Evangelisierung, sondern mittels sozialer Projekte erfolgen sollte. Diese Impulse wirkten sich auch auf die chinesischen Christen aus: In den Großstädten wurden sie infolge ihrer modernen Ausbildung Teil der neuen professionellen Mittelklasse; auf dem Land galt dies hingegen nur für diejenigen, die den Sprung in die Städte schafften. Infolgedessen galt das Christentum in China bis in die 1920er Jahre als genuin moderne Religion.

Tatsächlich verschleierte eine solche Sichtweise jedoch die Komplexität des Christentums in China. Die christlichen Missionare in China entstammten – abgesehen von der Minderheit mit akademischer Ausbildung, die vor allem aus den USA kam – gerade jenem konservativem Spektrum, das sich den modernen Tendenzen widersetzte und mittels einer weltweiten Evangelisierung neue Lehren wie Darwinismus, Liberalismus und Sozialismus zu bekämpfen trachtete. Andererseits aber erblickten selbst die Konservativsten unter ihnen in der modernen Wissenschaft sehr wohl ein Indiz für die Überlegenheit ihrer Religion und ein Instrument zu deren Ausbreitung, wenigstens soweit sie biblischen Grundsätzen nicht widersprach.

Zudem ist auch das Verhältnis von Christentum und chinesischer Religion zu berücksichtigen. In ihrer Mehrzahl waren die chinesischen Christen ganz selbstverständlich mit volksreligiösen Praktiken aufgewachsen. Auch wenn die Missionare von den Neubekehrten die Trennung von jeder nicht christlichen Form von Religion verlangten und mittels Belehrung und Strafen durchzusetzen versuchten, konnten sie dies dennoch nicht vollständig durchsetzen. In Folge davon entstand ein Christentum, das oftmals stark volksreligiöse Züge aufwies. Dies galt besonders in Kontexten, in denen eine Kontrolle durch europäische Missionare oder von diesen ausgebildete chinesische Geistliche kaum möglich war. Besonders auf dem Land hat sich dieses Problem immer wieder gestellt. Seit den 1980er Jahren ist es erneut zur Entstehung zahlreicher quasi-christlicher Gruppierungen unter charismatischen Führern und Führerinnen gekommen, die sich teilweise selbst göttliche Eigenschaften zuschreiben.

Ungeachtet seiner geringen zahlenmäßigen Stärke hat das Christentum dennoch die Entwicklung der chinesischen Religionen beeinflusst. Ein besonders frühes und eindringliches Beispiel bildet die Religion der Taiping-Bewegung, die von deren charismatischem Führer Hong Xiuquan nach dem Studium christlicher Texte eigenständig entwickelt wurde. Hongs Lehre lehnte sich in zentralen Punkten stärker an volksreligiose chinesische Traditionen als an einen orthodoxen Protestantismus an, so z. B. in seiner Vorstellung vom biblischen Jesus und von Maria als Medien, in seiner Ablehnung der Dreieinigkeit zugunsten einer Vorstellung von Gott und Christus als zwei getrennten Gottheiten und schließlich in der Idee, Gott habe eine Familie einschließlich weiblicher Mitglieder. Seine Bewegung wandte sich entschieden gegen etablierte religiöse und kulturelle Formen, insbesondere gegen den Konfuzianismus. Zahlreiche Tempel wurden zerstört. Dieser Radikalismus war jedoch an sich kein Kennzeichen für Moderne, da er von jeglicher Auseinandersetzung mit rationalen Formen der Weltdeutung gänzlich unbeeinflusst blieb. Die seit 1859 im Taiping-Staat unternommenen Reformen zeigen, dass es keine religiösen Vorbehalte gegen moderne Technik gab, mehr aber auch nicht.

Ebenfalls am Christentum orientierten sich diejenigen konservativen Gelehrten, die sich in den letzten Jahren der Qing-Herrschaft und in der frühen Republik um die Erhebung des Konfuzianismus zur Staatsreligion – oder genauer, „Staatslehre" (*guojiao*) – bemühten (vgl. Kap. 3.1.1). Besonders Kang Youwei forderte eine weitgehende Institutionalisierung des Konfuzianismus, u. a. durch Einrichtung eines

Abb. 49: Daofengshan in Hongkong 1997: Von einem norwegischen Missionar gegründete Stätte für den christlich-buddhistischen Dialog im Stil eines buddhistischen Tempels. Ursprünglich in Nanjing beheimatet, wurde sie Ende der 1920er Jahre aufgrund der antiimperialistischen Spannungen nach Hongkong verlegt.

Religionsministeriums und Gründung einer konfuzianischen Kirche. Daoistische und buddhistische Tempel sollten in konfuzianische umgewandelt werden. Dies war nicht nur ein Versuch zur innenpolitischen Stabilisierung, sondern es ging auch darum, sich ein religiöses Fundament als Attribut eines modernen Nationalstaats zuzulegen. Zudem sollte China gegen ausländische Ideologien und besonders gegen das Christentum immunisiert werden; gleichzeitig wollte man mit der Staatsreligion eine Institution kopieren, der der Westen seine Stärke zu verdanken schien. Gegen eine Allianz aus liberalen Republikanern und Vertretern verschiedener Religionsgemeinschaften konnten sich die kulturkonservativen Konfuzianer mit diesen Plänen aber letztlich nicht behaupten. Erst in den letzten Jahren haben neokonfuzianische Gelehrte in der Volksrepublik wie Jiang Qing (*1953) und Kang Xiaoguan (*1963) wieder offen an das Projekt einer konfuzianischen Kirche anzuknüpfen versucht. Anders als vor 100 Jahren geht es dabei aber stärker um die Möglichkeit eines interreligiösen Dialogs sowie um die Verwirklichung einer Trennung von Staat und Kirche.

Am stärksten hat der chinesische Buddhismus die Herausforderung des Christentums zu einer religiösen Modernisierung angenommen. Gruppierungen um die Laien Yang Wenhui (1837-1911) und Ouyang Jingwu (1871-1943) sowie den Mönch Taixu (1899-1947) bemühten sich darum, aus dem Buddhismus (wieder) eine Religion der Intellektuellen zu machen, historische und philologische Kritik an den kanonischen Texten zuzulassen und eine umfassende Auseinandersetzung zwischen buddhistischer Lehre und moderner Wissenschaft zu ermöglichen, wobei die Wissenschaft freilich auch wegen ihrer fehlenden moralischen Grundlage kritisiert wurde. Außerdem versuchten sie ein neues Mönchtum zu schaffen, das auch über eine hinreichende Allgemeinbildung verfügen sollte, engagierten sich für Erziehungsprojekte und betonten die Notwendigkeit, soziale Probleme zu lösen. Allerdings erreichten ihre Ideen keine Breitenwirkung, und sie setzten sich wegen ihrer Kontakte zu japanischen Buddhisten zeitweise auch dem Vorwurf des mangelnden Patriotismus aus. Unter diesen Umständen war es nicht so sehr die religiöse Modernisierung, sondern die Herausforderung der Religion durch antireligiöses Denken, welche die Entwicklung im China des 20. Jahrhunderts maßgeblich beeinflusste.

5.3.3 Atheismus, Moderne und die Grenzen staatlicher Religionspolitik

Seit dem späten 19. Jahrhundert strömte eine Reihe neuer Weltanschauungen nach China, die sich in teils bewusster Opposition zur Religion befanden. Dazu gehörten Sozialdarwinismus und der in China häufig damit verbundene Nationalismus ebenso wie Liberalismus und Sozialismus. Gemeinsam war all diesen Weltanschauungen, dass sie Utopien oder allgemeiner gesagt Zielvorstellungen anboten, die *innerweltlich* zu verwirklichen waren: einen starken Staat oder eine starke Nation, die Freiheit des Individuums, die klassenlose Gesellschaft. Zudem standen sie in engem Zusammenhang mit der szientistischen Ideologie, wie sie sich im Zuge der Bewegung für neue Kultur in China verbreitete (vgl. Kap. 5.1.4). Diese verurteilte jede Form von Religion wegen ihres irrationalen Charakters. So betrachteten manche Kritiker Religion als ein Phänomen von ausschließlich emotionaler Bedeutung, das in der modernen Zeit durch eine ästhetische Erziehung abzulösen sei. Andere forderten, dass die Menschen sich nicht mehr auf göttliche Hilfe, sondern auf die eigene Kraft verlassen und zum Nutzen der Gesellschaft beitragen sollten. Szientismus und neue Ideologien begünstigten das Aufkommen eines modernen Atheismus, der im Folgenden mit der Ablehnung jeglicher Form von Religion gleichgesetzt wird. Dabei griffen die modernen intellektuellen Kritiker durchaus auch auf die chinesische Tradition zurück (besonders auf Konfuzius selbst), indem sie behaupteten, China habe eigentlich überhaupt keine Religion gekannt, und alle Religionen seien ausländisches Importgut – eine Auffassung, die von anderen Gelehrten, allen voran Kang Youwei, energisch bestritten wurde.

Für die Praxis des modernen chinesischen Atheismus, der Religion grundsätzlich als mit dem wissenschaftlichen Denken unvereinbar und für den gesellschaftlichen Fortschritt schädlich erklärte, war eine grundsätzliche Unterscheidung von großer Tragweite: diejenige zwischen Religion im engeren Sinne (*zongjiao*) und „Aberglauben" (*mixin*), ein neuer Begriff, der den weit weniger verabsolutierenden, traditionell-konfuzianischen Begriff der Heterodoxie (*xie jiao*) ablöste. Die Grenze zwischen Religion und „Aberglauben" war nicht eindeutig und nicht zu allen Zeiten gleich gezogen: Bald verlief sie entlang der Trennlinie zwischen institutionalisierter und diffuser Religion, bald wurden die Unterschiede zwischen Religion als Lehre (im Sinne von Texten) und als kultischer Praxis (im Sinne von religiösen Ritualen, aber auch Kultstätten) betont. In jedem Fall fasste man unter „Aberglauben" praktisch alles, was dem Bereich der Volksreligion zuzuordnen ist, unter teilweisem Einschluss von Buddhismus und Daoismus. Mit dieser Trennung ging keineswegs eine Hochschätzung der „Religion" einher – ganz im Gegenteil –, aber diese wurde doch als höher stehend bewertet.

Der „Aberglaube" wurde um 1900 zum ersten und auch in der Folgezeit am weitaus hartnäckigsten bekämpften Ziel staatlicher Repression. Erste Maßnahmen wurden bereits nach der Niederschlagung der Boxerbewegung unter orthodoxkonfuzianischen Gesichtspunkten ergriffen. Aus Skepsis gegenüber einer gescheiterten Bewegung, die ihre Anhänger mittels Massentrancen, durch den Glauben an die Besitzergreifung durch Gottheiten und Unverwundbarkeitsrituale mobilisiert hatte, wurde nun eine „Kampagne gegen religiöse Verschwendung" initiiert, durch die man potentiell gefährliche religiöse Aktivitäten unter Kontrolle halten wollte. Erst die Revolution von 1911 aber sah den ersten massiven Ansturm eines aggressiven Ikonoklasmus, als zahlreiche Kultstätten zerstört wurden.

Insgesamt schien die Revolution für die verschiedenen Religionen Chinas jedoch zunächst Vorteile zu bringen. Die Verfassung von 1912 gewährte grundsätzlich Religionsfreiheit und verwirklichte zum ersten Mal die Trennung von Staat und Religion. Diese Freiheit blieb jedoch prekär und umstritten und hatte insbesondere für den sogenannten „Aberglauben" keine Gültigkeit. Während der Präsidentschaft Yuan Shikais wurde in Nordchina die erste große Kampagne zur Unterdrückung der Volksreligion durchgeführt. Mit Unterstützung lokaler Eliten und gegen gelegentlichen Widerstand der einfachen Leute wurden religiöse Vereinigungen in staatliche Amtsstellen umgewandelt, Tempel in großem Stil konfisziert und ihre Einkünfte für die dörfliche Verwaltung verwendet. Dadurch erschloss sich der Staat zusätzliche Ressourcen, während Mönche und Nonnen ihrer Lebensgrundlagen beraubt wurden.

Während der Bewegung für neue Kultur respektive der 4.-Mai-Bewegung dehnte die Religionskritik ihren Gegenstand beträchtlich aus. Neben der Aufforderung, den „Konfuziusladen" als Sinnbild der zu bekämpfenden veralteten Kultur zu zerschlagen, rückten jetzt praktisch alle Religionen ins Blickfeld. Ihren vorläufigen Höhepunkt fand die Religionskritik in der Gründung der Antireligiösen Liga im Jahre 1922. Bezeichnenderweise wurde nun auch kein Unterschied mehr zwischen dem Christentum, das bislang als so modern gegolten hatte, und den anderen Religionen gemacht, nachdem die neue Intellektuellengeneration den konservativen Charakter der christlichen Missionare in China und deren teilweise geringes gesellschaftliches Ansehen in ihren Heimatländern entdeckt hatte. Die Gegnerschaft zum Christentum wurde dabei zusehends politisiert und mündete zwischen 1924 und 1927, parallel zur Nationalen Revolution, in eine Antichristliche Bewegung (*Fei Ji yundong*), die das Christentum als Helfershelfer des Imperialismus denunzierte und sich in erster Linie gegen die „Sonderrechte" der Missionen im Erziehungswesen, d. h. gegen Missionsschulen und -universitäten richtete. Erst mit der Regierungsübernahme der Guomindang 1927 wurde allerdings das Stadium einer staatlichen atheistischen Politik erreicht.

Sowohl die GMD als auch die KPCh stellten ihre Religionspolitik nicht allein in den Dienst eines szientistisch untermauerten Modernitäts- und Fortschrittskonzepts. Als „politische Kulte" verfügten beide vielmehr über eine ihre Herrschaft legitimierende, säkulare Ideologie, deren Oberhoheit über alle religiösen Konzepte und Formen es in den Augen ihrer Führer und Mitglieder durchzusetzen galt. In mancher Hinsicht traten sie dabei das Erbe des Konfuzianismus an, freilich unter Verzicht auf einen eigenen, transzendental ausgerichteten Staatskult. Zumindest was die Volksreligion betraf, griffen beide Parteien auch zu ähnlichen Maßnahmen. Insgesamt erwies sich die GMD als weniger durchsetzungsfähig, die KPCh hatte demgegenüber ein weitaus systematischeres Konzept.

Nach ihrer Machtübernahme 1927 bekämpften die Nationalisten aus politischen Gründen weiterhin das christliche Erziehungswesen. Diese Politik speiste sich weiterhin aus den antiimperialistischen Zielen der Partei, aber auch aus dem bereits beschriebenen Anspruch auf ideologische Suprematie. Denn ganz wesentlich ging es der Partei darum, die Institutionalisierung der „Drei Volksprinzipien" in den Missionsschulen durchzusetzen, wobei sie auch einigen Erfolg hatte. Weiter gehende Ziele verfolgte sie indessen nicht; Missionare durften auch weiterhin in China tätig bleiben, und Ende der 1930er Jahre wurde die repressive Politik gegenüber dem Christentum wieder gelockert. Für diese Religion dürfte es sich positiv ausgewirkt haben, dass Sun Yatsen und seine Familie ihr ebenso angehörten wie (zumindest der Form nach) Jiang Kaishek, der sich 1930 anlässlich seiner Eheschließung mit der Christin und Schwägerin Sun Yatsens, Song Meiling, taufen ließ.

Neben dem Christentum war die Volksreligion im Zeitraum von 1927 bis etwa 1930 das zweite Hauptziel der GMD-Religionspolitik. Eine vor allem im unteren Yangzi-Raum, dem geographischen Machtzentrum der Partei, initiierte Kampagne knüpfte an diejenige unter Yuan Shikai an. Sie war zugleich Ausdruck eines internen Machtkampfes, da die Parteilinke, die unter Jiang Kaishek an politischem Gewicht verloren hatte, dadurch ihren Einfluss wiederherzustellen hoffte. Durchgeführt wurde die Kampagne schließlich von untergeordneten Verwaltungsstellen, die sich vom Widerstand gegen ihr wohlgemeintes Vorhaben überrascht zeigten und schließlich einen Rückzieher machen mussten, um die Kontrolle über ihre Amtsbezirke wiederherzustellen.

Auf der provinzialen und nationalen Ebene versuchte die GMD, das Problem durch den Erlass von Rechtsvorschriften in den Griff zu bekommen. Sie versuchte dabei einerseits, den „Aberglauben" als Hindernis auf dem Weg zum Fortschritt zu bekämpfen. Andererseits sollte die Religionsfreiheit prinzipiell erhalten bleiben. So legte ein 1928 verkündetes Statut fest, welche Praktiken, Institutionen und Objekte als „abergläubisch" abzuschaffen und welche als angemessen zu erhalten seien. Unter die erste Kategorie fielen Naturgötter und Götter, die mit Zaubermitteln und magischen Texten in Verbindung gebracht wurden. Zur zweiten gehörten vergöttlichte historische Persönlichkeiten, denen eine positiver Einfluss auf die Gemeinschaft zugeschrieben wurde (wie z. B. Konfuzius) oder die angeblich einen „reinen Glauben" verkündet hatten wie Buddha oder der Mitbegründer des Daoismus Laozi. Weitere Verordnungen untersagten allen Arten von religiösen Spezialisten wie Geomanten, Wahrsagern, Schamanen oder traditionellen Heilern die Ausübung ihrer Tätigkeit. Allerdings war die GMD aufs Ganze gesehen nicht durchsetzungsfähig genug, um volksreligiöse Rituale und Praktiken ernsthaft zu behindern. Mit Ausnahme des Christentums scheint sie auch die institutionalisierten Religionen nicht behindert zu haben, zumal sich der Buddhismus in den 1920er Jahren in einer Nationalen Buddhistischen Vereinigung organisiert hatte und nun mit einigem Erfolg Lobbyarbeit gegen die Kampagne zur Unterdrückung der Volksreligion leistete.

Die Wurzeln der kommunistischen Religionspolitik reichen (wie auch in anderen wichtigen Politikfeldern) weit über die Gründung der Volksrepublik hinaus in die Periode der ländlichen Sowjets um 1930. Dabei griffen die verantwortlichen Parteikader auf noch frühere Erfahrungen aus der Zeit der Einheitsfront mit der GMD und der 4.-Mai-Bewegung zurück. Grundsätzlich sah sich die Partei in der Tradition des Marxismus und damit gleichzeitig auch eines wissenschaftlichen Rationalismus. Hatte die Partei in ihren Gründungsjahren in den Städten noch den Zusammenschluss aller Arbeiter über alle Unterschiede einschließlich der religiösen hinweg betont, um eine Massenbasis aufbauen zu können, so verfolgte sie gleichzeitig auf dem Land eine strikt antireligiöse Politik. Im Programm einer Verfassung der Chinesischen Sowjetrepublik von 1931 legte die Partei erstmals die Grundlage einer staatlichen Religionspolitik. Das Programm garantierte die Freiheit des religiösen Glaubens und propagierte die Trennung von Staat und Religion, gewährte aber gleichzeitig ausdrücklich die Freiheit zu atheistischer Propaganda und verlangte von „imperialistischen religiösen Vereinigungen" (d. h. den christlichen Kirchen), sich der Sowjetregierung zu unterwerfen. Diese Ziele blieben auch langfristig für die Religionspolitik der KPCh verbindlich und waren gerade in ihrer Widersprüchlichkeit für die Kurswechsel späterer Jahre verantwortlich. Dass keine generelle Religionsfreiheit, sondern nur Glaubensfreiheit gewährt wurde, gab den Sowjets gleichzeitig die Möglichkeit, im Zuge der Landreform den Grundbesitz religiöser Institutionen und Spezialisten zu beschlagnahmen und ihnen dadurch ihre Existenzgrundlage zu nehmen.

Dieses Problem blieb auch bestehen, als die KPCh nach 1949 in der Religionspolitik einen stärker utilitaristischen Kurs einschlug. Nunmehr wurde der Umgang mit den Religionen Teil der Einheitsfrontpolitik, die es der Partei ermöglichen sollte, nicht-kommunistische soziale Gruppen in den Prozess von Revolution und Staatsaufbau einzubinden. Somit konnte sie trotz ihrer Ablehnung religiöser Lehren ein Bündnis mit religiösen Gruppen eingehen. Zu diesem Zweck wurden sogenannte „patriotische" religiöse Vereinigungen gegründet, um die fünf offiziell anerkannten Religionen Chinas zu repräsentieren: Buddhismus, Daoismus, Islam, Katholizismus und Protestantismus. Im Fall der Patriotischen Vereinigung der chinesischen Katholiken und der protestantischen Patriotischen Drei-Selbst-Bewegung war von Bedeutung, dass sie von chinesischen Christen und nicht mehr von ausländischen Missionaren geleitet wurden, die nach dem Beginn des Koreakrieges 1950 sämtlich aus China vertrieben worden waren. Der Name der Drei-Selbst-Bewegung verweist ausdrücklich auf die Selbstverwaltung, Selbstfinanzierung und Selbstausbreitung des chinesischen Protestantismus, d. h. seine Unabhängigkeit vom Ausland. Bei diesen Vereinigungen handelte es sich nicht um religiöse Institutionen, sondern um Massenorganisationen im Sinne der kommunistischen Einheitsfrontpolitik, die faktisch dem Machtanspruch der Partei unterworfen wurden.

Während die Pflege des „Bündnisses" mit den religiösen Vereinigungen in den Zuständigkeitsbereich der Partei fiel, oblag die Kontrolle der Religionen dem Staat. Die Verfassung von 1954 garantierte wiederum die Freiheit des religiösen Glaubens, ohne dass näher erläutert wurde, was darunter zu verstehen sei. Als Verbindungsglied zwischen dem Staat und den „patriotischen" religiösen Vereinigungen sowie als Kontrollorgan wurde im gleichen Jahr das Büro zur Kontrolle religiöser Angelegenheiten beim Staatsrat gegründet, das untergeordnete Stellen auf allen Verwaltungsebenen einrichtete. Die Büros für religiöse Angelegenheiten erwiesen sich in der Folge als ein Instrument, mit dessen Hilfe der kommunistische Staat Druck auf alle religiösen Organisationen ausüben konnte.

In diese ungleiche Partnerschaft zwischen Partei und Staat einerseits und den religiösen Vereinigungen andererseits waren allerdings nur die „institutionalisierten" Religionen einbezogen, weil man sie aufgrund ihrer Organisationsstruktur verhältnismäßig leicht kontrollieren konnte. Ausgeschlossen blieb die Volksreligion, die in allen ihren Erscheinungsformen vehement und zunächst mit sichtbarem Erfolg bekämpft wurde. Besonderes Ziel waren dabei die von lokalen Gemeinschaften (Lineages und Dörfern) ausgeübten Kulte, denn sie waren Ausdruck der kommunalen Solidarität und wurden deshalb von den Kommunisten als Hindernis auf dem Weg zu Klassenbewusstsein und Integration in die sozialistische Gesellschaftsordnung betrachtet. Ihre Unterdrückung fällt insbesondere in die Perioden der Landreform und der anschließenden Kollektivierung in den 1950er Jahren. Hinter dieser unterschiedlichen Behandlung von institutionalisierter und „diffuser" Religion stand nicht zuletzt eine Neuauflage der alten Unterscheidung zwischen Religion und „Aberglauben", die in der aufgeheizten Atmosphäre der politischen Richtungskämpfe in der frühen Volksrepublik heftig debattiert wurde. Selbst die Radikaleren, die beide Phänomene ohne Umschweife gleichsetzten, räumten doch ein, dass es primitivere und systematisiertere Formen von Religion gebe, und lieferten damit in gewissem Sinne Argumente für eine Ungleichbehandlung. Unter den Prämissen des Klassenkampfes sahen sie jedoch die Notwendigkeit, allen Formen von Religion entgegenzutreten, wenn auch zunächst nur durch Überredung und Erziehung.

Damit aber bereiteten sie die neue Stufe der antireligiösen Eskalation während der Kulturrevolution vor. Diese stand unter dem Einfluss einer Propaganda, die Religion als einen Teil der „Vier Alten Dinge" (vgl. Kap. 2.4 und 4.2.5) identifizierte und der Zerstörung anheimgab. Infolgedessen zertrümmerten die „Roten Garden" Kultstätten und -objekte, vernichteten heilige Schriften, misshandelten und demütigten Kleriker und religiöse Spezialisten. Die politischen Ziele dieser brutalen Verfolgung scheinen in der Verfassung von 1975 auf, die den in der Kulturrevolution erreichten Zustand fixieren sollte. Sie gewährte einmal mehr die Freiheit des religiösen Glaubens, aber ebenso die Freiheit, nicht an eine Religion zu glauben sowie Atheismus zu propagieren. Mit anderen Worten war atheistische Propaganda verfassungsgemäß, religiöse jedoch nicht.

Erstaunlicherweise aber zeichnete sich die Kulturrevolution trotz ihres dezidierten Atheismus durch ein ambivalentes Verhältnis zur Religion aus. Mit der

Abb. 50: Die Eröffnung der ersten Volkskommune 1958. Banner und Gongs geben der Veranstaltung das Gepräge einer religiösen Zeremonie.

Denunziation politischer Gegner als „Rindsteufel" und „Schlangengeister" griffen Propagandisten und Aktivisten unmittelbar auf eine volksreligiöse Dämonologie zurück. Und der Personenkult um Mao hatte nicht nur eine politische, sondern auch eine religiöse Dimension. Sein Porträt nahm den zentralen Platz in der Wohnung ein, der vorher den Hausaltar beherbergt hatte; Porzellantafeln mit seinem Bild traten die Stelle der Ahnentafeln, und eine Reihe von Ritualen – tägliche dreimalige Verneigung vor seinem Porträt, Danksagungen an ihn vor jeder Mahlzeit, Verwendung seiner Aussprüche als Amulette etc. – wiesen auffällige Parallelen zu den Götterkulten der chinesischen Volksreligion auf. Kein Wunder, dass Mao nach seinem Tod von weiten Teilen der Bevölkerung endgültig als Gott akzeptiert wurde, wobei der Höhepunkt dieses Kultes in den frühen 1990er Jahren lag und dann allmählich abebbte, ohne völlig zu verschwinden. Schließlich konnten die „Roten Garden" langfristig nicht verhindern, dass ihr Handeln in volksreligiösen Kategorien umgedeutet wurde. Dorfbewohner in Sichuan etwa führten den Tod von Rotgardisten auf deren Zerstörung buddhistischer Skulpturen während der Kulturrevolution zurück – eine typische Umkehrung des religiösen Prinzips der Reziprozität.

Nach dem Ende der Kulturrevolution kehrte die KPCh im Wesentlichen zu ihrer Religionspolitik der 1950er Jahre zurück. Ohne ihre These vom allmählichen Verschwinden der Religion aufzugeben, erkannte die Partei nun an, dass diese in China noch auf absehbare Zeit fortbestehen werde. Die Ursache dafür erblickten chinesische Religionswissenschaftler in sozialen Konflikten und materiellen Problemen ebenso wie in psychischen Bedürfnissen. Für die Unterstützung der Reform- und Öffnungspolitik könnten religiöse Personen auf Grund ihrer hohen moralischen Standards sogar einen besonders wertvollen Beitrag leisten. Die Verfassung von 1982, die von einer Reihe religionspolitischer Parteidokumente flankiert wird, garantiert neuerlich die „Freiheit des religiösen Glaubens" und schützt

„normale“ religiöse Aktivitäten, verbietet aber religiöse Handlungen, welche die öffentliche Ordnung stören, die Gesundheit der Bürger beeinträchtigen oder mit dem staatlichen Erziehungssystem kollidieren. Außerdem dürfen religiöse Vereinigungen nicht unter ausländischem Einfluss stehen. Damit ist das zentrale Problem aber nicht behoben, nämlich dass der Staat für sich die letztgültige Definitionsmacht darüber beansprucht, welche religiösen Aktivitäten von der Verfassung geschützt sind und welche nicht. Das Vorgehen gegen protestantische nicht-offizielle „Hauskirchen“ oder romtreue katholische Untergrundgemeinden ist nur ein Beispiel dafür, dass diese Frage nichts von ihrer Brisanz verloren hat.

Parteikader und Religion

Im Zuge der religiösen Wiederbelebung in den 1980er Jahren kam es besonders auf dem Land zu einzelnen Vorfällen, bei denen sich Parteikader an Ritualen beteiligten. Solche Ereignisse erregten den Unmut der parteioffiziellen Presse, deren Toleranzbereitschaft dadurch eindeutig überschritten wurde. Denn für Parteikader ist Atheismus Vorschrift. Beispielhaft ist der folgende Artikel in der Guangzhouer Zeitung *Nanfang ribao* vom 20. März 1989:

Der Vizevorsitzende des Ständigen Ausschusses des Kreises Wu Quan, Liang Rurong, und andere Parteimitglieder nahmen an einer sogenannten Ahnenverehrungsfeier teil. Das war schockierend. Auch wenn dies ein einmaliges Vorkommnis war, ist es ein negatives Beispiel, und seine Auswirkungen sind ausgesprochen widerwärtig.

Bräuche wie das Qingming-*Grabfest, die Ahnenverehrung und Ermutigung der Nachkommen sind menschlich verständlich und jenseits von Tadel. Aber das Opfern auf Gräbern, das als „südliche Schlange geht zum Meer“ bekannt ist, übersteigt die normale Ahnenverehrung und ist typisch für feudalistische Praktiken. 12.000 Menschen mobilisierte dieses lärmende Spektaktel, 140 Lastwagen wurden benötigt, 160 Schweine wurden geschlachtet. Arbeitskraft und materielle Güter werden dafür verschleudert, die Produktivität nimmt ab und die soziale Ordnung ist gefährdet, weil die Massen von feudalistischen Ideen beeinflußt werden. Als ein führendes Mitglied der kommunistischen Partei hätte Liang Rurong dieses verhindern müssen. Die Massen hätten ihn verstanden, wenn man mit ihnen diskutiert und ihnen die Gefahr geschildert hätte. Diese abergläubische und irreführende Verehrung hätte dann vermieden werden können.*

Doch wie sind Liang Rurong und die anderen vorgegangen? Sie stritten sich um die Führung, vergaßen darüber alles, was sie in parteipolitischen Schulungen gelernt hatten, benützten öffentliche Fahrzeuge für ihre Privatfahrten zum Friedhof, nahmen an den Kulthandlungen teil, hielten Reden und fühlten sich eher geehrt als beschämt. [...] Dadurch wird die Parteilinie ernstlich unterhöhlt, das Ansehen der Partei geschädigt und das soziale Klima vergiftet. Eine Bestrafung von Liang Rurong und den anderen ist unbedingt erforderlich.

Wie erklärt sich das Vorgehen von Liang Rurong und den anderen? Dachten sie, daß mit dieser großangelegten feudalistischen Zeremonie ihre Ahnen geehrt würden? War die Benutzung öffentlicher Fahrzeuge eine Art eigener Machtentfaltung? Doch damit offenbart sich ihre irrige Einstellung, die das Ergebnis eines üblen Erbes ist: Prunksucht, eine ideologisch falsche Einstellung zur Arbeit, feudalistisches Gedankengut.

(Donald MacInnis: Religion im heutigen China. Nettetal: Steyler Verlag 1993, S. 547-548. Übersetzt von Christa Nagel.)

Dennoch ist seit den 1980er Jahren eine Wiederbelebung aller religiösen Sphären zu beobachten, die auch als „Religionsfieber" (*zongjiao re*) bezeichnet worden ist. Im Gegensatz zur Situation vor der Kulturrevolution haben davon auch volksreligiöse Aktivitäten profitiert, obwohl sie von der Garantie der „Freiheit des religiösen Glaubens" nur bedingt gedeckt werden und der Staat nach wie vor die institutionalisierten Formen von Religion bevorzugt. Vor allem auf dem Land, wo die Kontrolldichte geringer ist, können neu entstandene Freiräume genutzt werden. Gemeinschaftskulte werden vom Staat zumindest nicht mehr unterbunden, so dass Ahnenhallen und Tempel wieder errichtet werden konnten. Und religiöse Spezialisten haben insofern wieder einen größeren Freiraum, als ihre Tätigkeiten nur dann unter Strafe stehen, wenn sie zum Zweck des Betrugs verwendet werden – trotz der auch hier vorhandenen definitorischen Probleme. Die Entzauberung der Welt hat in China nur in sehr begrenztem Maß stattgefunden.

6. Internationalisierung und Nationalismus

Der westliche und später der japanische Imperialismus gliederten China gewaltsam in ein fremd bestimmtes internationales Ordnungssystem ein und lösten gerade dadurch einen von traumatischen Erfahrungen begleiteten Prozess nationaler Selbstvergewisserung aus, dessen Auswirkungen bis heute zu spüren sind. Da China nunmehr zum Teil einer globalen Gemeinschaft zumindest theoretisch gleichberechtigter Nationalstaaten wurde, ergaben sich noch während des Hochimperialismus erste Möglichkeiten zu internationaler Kooperation. Im Verlauf des 20. Jahrhunderts stieg China schließlich in einem von internationalen Partnerschaften und Rivalitäten gekennzeichneten Prozess zu einem wichtigen Mitspieler im internationalen System auf. Drittens wurde das politisch-gesellschaftlich bestimmende Konzept eines ethnischen chinesischen Nationalstaats durch eine transnationale Dimension erweitert und zugleich in Frage gestellt: Taiwan und die chinesische Auslandsdiaspora stehen nicht bzw. nicht mehr unter chinesischer Kontrolle, und unter den nationalen Minderheiten innerhalb Chinas haben zumindest die größten Ansprüche auf kulturelle Autonomie oder sogar eine unabhängige nationale Staatlichkeit artikuliert.

6.1 Zwischen Unterwerfung, Selbstbestimmung und Traumatisierung: China und der Imperialismus

Für China stellte der Imperialismus eine zwangsweise Integration in eine internationale Ordnung dar, in der das Land wichtige Souveränitätsrechte einbüßte und zu einer zweitklassigen Rolle degradiert wurde. Dennoch standen die Chinesen den imperialistischen Mächten nicht einfach als wehrlose Objekte gegenüber, sondern nutzten bestehende Handlungsspielräume, um eigene Interessen durchzusetzen. Europäer und Nordamerikaner genossen einerseits einen durch rigide Segregation untermauerten Status als privilegierte Minderheit, scheiterten jedoch in ihrem Bestreben einer ökonomischen Penetration Chinas häufig an der einheimischen Konkurrenz. Seit etwa 1900 forcierte die chinesische Regierung eine Politik der Importsubstitution sowie des Rückkaufs verloren gegangener Rechte, die sich mit einem gesellschaftlichen Diskurs über „nationale Schande" verband. Der allmähliche Niedergang der imperialistischen Politik und die Aufhebung der letzten Privilegien im Zuge des Zweiten Weltkriegs wurde von der Kommunistischen Partei in einen Sieg über den Imperialismus umgedeutet. Insbesondere in den Jahren nach 1989, als Staats- und Parteiführung angesichts des Glaubwürdigkeitsverlusts der kommunistischen Ideologie auf einen ungebremsten Nationalismus setzten, wurde der Opferdiskurs neu aktiviert, politisch instrumentalisiert und gesellschaftlich verankert.

6.1.1 Imperialismus als internationales Ordnungskonzept

Mit der Niederlage in beiden Opiumkriegen wurde das Qing-Reich einem neuartigen Ordnungskonzept unterworfen, das die bisherigen Strukturen, die den chinesischen Außenbeziehungen zugrunde lagen, teils überlagerte und teils ablöste. Bis dahin hatte die Qing-Dynastie ihre zwischenstaatlichen Beziehungen sehr flexibel gestaltet und an die jeweiligen Bedingungen angepasst. Erstens erbten die Qing mit der symbolisch-kulturellen Vorrangstellung Chinas innerhalb der ostasiatischen Staatenwelt zugleich das Tributsystem, das eine Reihe ost- und südostasiatischer Staaten mehr oder weniger eng an China band. Mit der symbolischen Unterordnung unter den chinesischen Kaiser waren für diese Staaten eine Reihe von Vorteilen verbunden: Die Investitur durch Peking steigerte Legitimation und Prestige der Herrscher; der „Austausch" von Tributgeschenken und kaiserlichen Gegengaben war in Wirklichkeit eine Praxis verschleierten Handels; schließlich sammelten Tributgesandtschaften auch wichtige politische Informationen. Die Einbindung in die chinesische Weltordnung gestaltete sich dabei unterschiedlich. Staaten im engeren Einzugsbereich Chinas verzichteten noch in den ersten Jahrzehnten des 19. Jahrhunderts völlig auf eine eigenständige Außenpolitik wie Korea oder verschleierten ihre faktische Zugehörigkeit zu Japan wie die Ryūkyū-Inseln, während weiter entfernte Länder wie Siam das System flexibler und mit Blick auf die eigenen Vorteile handhabten. Zweitens erkannten zwei Staaten, Vietnam und Japan, zwar die kulturelle Vorbildfunktion Chinas an, gingen jedoch im Interesse ihrer Unabhängigkeit auf Distanz zum Qing-Reich. Während sich Vietnam immerhin an den etablierten diplomatischen Spielregeln des Tributsystems orientierte, obwohl es sich seinerseits mit einem Gürtel aus Tributstaaten umgab, unterhielt Japan seit dem 17. Jahrhundert lediglich informelle Handelskontakte mit China. Ein drittes Beziehungsmuster bildete die koloniale Expansion des Qing-Reiches in Zentralasien. Im Verhältnis zu den Mongolen, Tibetern sowie den muslimischen Ethnien in Turkestan kam es dabei zu einem grundlegenden Wandel: Was ursprünglich als auswärtige Politik begann, mündete bereits Mitte des 18. Jahrhunderts in ein Protektorat über Tibet sowie Ansätze kolonialer Durchdringung in der Mongolei und Turkestan und wurde damit zu einer inneren Angelegenheit des Qing-Reichs. Viertens betrieben die mandschurischen Herrscher eine Politik des imperialen Interessenausgleichs mit Russland und fanden sich in diesem Zusammenhang zu einer bemerkenswerten diplomatischen Innovation bereit: Im 1689 auf mehr oder weniger gleichberechtigter Basis geschlossenen Vertrag von Nerčinsk wurde erstmals in der chinesischen Geschichte eine territoriale Grenze rechtlich fixiert, wobei der tatsächliche Grenzverlauf den chinesischen Wünschen entsprach. Da dieser Vertrag die Handelsbeziehungen nicht zufrieden stellend regelte, wurde 1727 in Kjachta ein neuer geschlossen, der Russland gestattete, alle drei Jahre eine Handelsgesandtschaft nach Peking zu entsenden. Das „Kjachta-System" erwies sich bis ins 19. Jahrhundert als enorm stabil, wobei China, das Manufakturwaren (besonders Textilien) gegen Pelze tauschte, der ökonomisch dominierende Partner war.

Fünftes bildete sich zwischen den 1680er und 1750er Jahren im Handel mit den seefahrenden europäischen Nationen und den USA ein streng formalisiertes Regime heraus, das als „Kanton-System“ bekannt wurde. Europäischen Kaufleuten war nur mehr der Hafen von Guangzhou (Kanton) zugänglich, wo sich allerdings der Handel aus rein wirtschaftlichen Gründen ohnehin schon konzentriert hatte. Sie durften nur auf einem kleinen Areal außerhalb der Stadtmauern wohnen und mussten sich außerhalb der Handelssaison im seit 1557 portugiesischen Macau aufhalten. Zudem waren sie gezwungen, ihre Geschäfte nur mit einer Reihe staatlich zugelassener Handelsfirmen abzuwickeln, den sogenannten 13 *hang* (von den Ausländern als „Hong“ oder „Co-Hong“ bezeichnet). Sowohl das Kjachta- als auch das Kanton-System beinhalteten ein Element der Kontrolle, das zur äußeren Sicherheit des Qing-Imperiums beitragen sollte. Trotz ihrer Bereitschaft zu pragmatischen Lösungen dachten die mandschurischen Herrscher in imperialen Kategorien, keineswegs in solchen zwischenstaatlicher Gleichberechtigung.

Die Ordnung, die der Imperialismus ab 1840 mit Gewalt in China durchsetzte, bedeutete daher ein Novum in der chinesischen Geschichte, das auf einer bis dahin unbekannten europäischen Idee beruhte: der Konzeption eines Systems souveräner und zumindest theoretisch gleichberechtigter Nationalstaaten, deren diplomatische und ökonomische Beziehungen verrechtlicht, d. h. durch allgemein verbindliche Normen und Regeln geschützt waren. Die Durchsetzung imperialistischer Wirtschaftsinteressen setzte einerseits voraus, dass dem europäischen Völkerrecht auch in China Geltung verschafft wurde, andererseits beruhte sie in der Praxis auf erheblichen Einschränkungen der chinesischen Souveränität und damit einer Verletzung des Prinzips der Gleichberechtigung. Dieser Widerspruch resultierte daraus, dass sich das imperialistische System gegen chinesischen Widerstand nur mit Gewalt durchsetzen ließ. Zudem wurden der chinesischen Regierung seit Ende des 19. Jahrhunderts die Aufhebung nachteiliger Regelungen und ein gleichberechtigter internationaler Status unter der Bedingung in Aussicht gestellt, dass sie sich zu einer umfassenden Anpassung an das internationale System (insbesondere auf dem Gebiet des Rechts) bereit fand.

Geistesgeschichtlich wurde der Imperialismus durch den Wandel des euro-amerikanischen Chinabildes in der zweiten Hälfte des 18. Jahrhunderts vorbereitet. Der auf die frühneuzeitliche Jesuitenmission zurückgehende und vor allem in der Periode der Aufklärung weit verbreitete positive Diskurs über China wich seit 1800 zusehends dem negativen Stereotyp einer despotischen Monarchie und überheblichen Kultur, die jedoch gleichzeitig als dekadent, in Stagnation verfallen und damit rückschrittlich wahrgenommen wurde. In diplomatischer Hinsicht hatte Großbritannien mit den Missionen von Lord Macartney 1793 und Lord Amherst 1816 zwei erfolglose Vorstöße zum Zweck erweiterter Handelsbeziehungen unternommen. Dennoch war die britische Regierung im Gegensatz zu den Kaufleuten noch in den 1830er Jahren bereit, sich den chinesischen Forderungen bezüglich des Opiumhandels zu unterwerfen. Ihre Kriegsentscheidung erfolgte vor dem Hintergrund einer akuten außen- und innenpolitischen Krise, nicht aufgrund einer langfristigen Strategie zur Öffnung Chinas. Der Vertrag von Nanjing, der 1842 den Krieg beendete, war daher nur der Beginn eines Prozesses, in dem die imperialistischen Mächte China ihr neues System internationaler Beziehungen gewaltsam aufzwangen.

Dieses System ist in Abgrenzung von der zeitgleichen direkten europäischen Kolonialherrschaft in Afrika und Asien als „informelles Imperium" bezeichnet worden, da China niemals formell kolonialisiert, sondern einem Regime völkerrechtlich verbindlicher, wenn auch zu Ungunsten Chinas abgeschlossener und damit im Rückblick zu Recht als ungleich bezeichneter Verträge unterworfen wurde. Auch wenn sich manche Eigenschaften dieses Regimes nicht von formeller Kolonialherrschaft abhoben, ist diese Unterscheidung fast für den gesamten Zeitraum der imperialistischen Durchdringung Chinas nach wie vor sinnvoll. Denn die imperialistischen Mächte ersparten sich den finanziellen und organisatorischen Aufwand, der mit der Errichtung direkter kolonialer Herrschaftsstrukturen verbunden war. Stattdessen schufen sie Rahmenbedingungen, die ihnen wirtschaftliche Profite versprachen und sich mit Hilfe punktueller militärischer Interventionen aufrechterhalten ließen. Infolgedessen stand der chinesischen Bevölkerung ein viel breiteres Spektrum von Handlungsoptionen zur Verfügung als in formalen kolonialen Herrschaftssystemen.

Drei Phasen des informellen Imperialismus in China lassen sich dabei unterscheiden: eine Phase des Freihandels zwischen etwa 1840 und 1895; eine Phase des Finanzimperialismus und der Abgrenzung territorialer Einflusssphären bis zum Ersten Weltkrieg; schließlich eine dritte Phase, in der Japan parallel zum Niedergang des europäischen Imperialismus eine neue imperiale Ordnung in Ostasien zu schaffen versuchte. In der ersten Phase wurden zunächst die Grundlagen der imperialistischen Beherrschung Chinas gelegt. In den beiden Vertragsrunden nach den beiden Opiumkriegen (1839-1842 und 1856-1860) hatte eindeutig Großbritannien die Führung inne. Ihm traten eine Reihe weiterer Imperialmächte wie Frankreich, Russland und die USA, später das zunächst als Juniorpartner auftretende Deutsche Reich (bzw. vor 1871 Preußen) und Japan an die Seite, wobei Japan als einzigem Staat der machtpolitische Aufstieg vom Objekt des informellen Imperialismus zur Kolonialmacht gelang. Von der Öffnung Chinas für den Freihandel, wie er auch die Wirtschaftsbeziehungen in Europa und Nordamerika zwischen etwa 1840 und 1880 prägte, profitierten aber zumindest in ökonomischer Hinsicht auch kleinere Staaten. Dabei handelte es sich um weniger bedeutende Kolonialmächte wie die Niederlande (Vertrag mit China 1863), europäische Länder ohne koloniale Ambitionen wie Schweden (1847) und sogar einige außereuropäische Staaten wie Peru (1874) und Brasilien (1881).

Dass die ungleichen Verträge einen so großen Wert auf zwischenstaatliche Gleichberechtigung legten, erscheint aus heutiger Perspektive paradox, war es aber für die Zeitgenossen in Europa und den USA keineswegs. Für sie bildete die Demontage des zivilisatorischen Überlegenheitsgefühls der Chinesen die unmittelbare Voraussetzung für die Durchsetzung der europäisch-nordamerikanischen Handelsinteressen. In den Verträgen der 1840er Jahre wurde zunächst die Stationierung von Konsuln festgelegt. Im Gegensatz zur bisherigen Praxis erhielten diese das Recht, mit den chinesischen Behörden auf gleicher Ebene zu kommunizieren; gleichzeitig sollten sie zwischen diesen und den europäischen Kaufleuten vermitteln und damit den Chinahandel fördern. Die 1860 mit Großbritannien und Frankreich abgeschlossene Konvention von Peking, die den zweiten Opiumkrieg beendete, untersagte die Verwendung abwertender Formulierungen wie *Yi* (meist mit „Barbaren" übersetzt) in der offiziellen Korrespondenz. Damit maßten sich die Ausländer eine Deutungshoheit über die chinesische Sprache und Kultur an. Ferner wurde die Einrichtung von Gesandtschaften in der chinesischen Hauptstadt festgelegt. Die sich hieraus ergebende Forderung der imperialistischen Mächte nach einem Recht auf ungehinderte Audienz beim Kaiser wurde allerdings erst im Zuge des Boxerkriegs 1901 zu deren Zufriedenheit gelöst.

Die zugunsten der ausländischen Kaufleute erlassenen Bestimmungen der ungleichen Verträge bedeuteten zugleich gravierende Einschnitte in die chinesische Souveränität. Erstens führte die Öffnung der *treaty ports* für den Handel mit dem Ausland zur Einrichtung von Konzessionsgebieten in insgesamt 19 Städten. Diese blieben zwar formell chinesisches Hoheitsgebiet, wurden jedoch von der chinesischen Regierung den jeweiligen ausländischen Mächten dauerhaft überlassen und faktisch von deren Konsuln, seltener von Selbstverwaltungskörperschaften regiert. Zweitens entzogen die Bestimmungen bezüglich Exterritorialität und Konsulargerichtsbarkeit sämtliche Angehörigen der vertragschließenden Staaten dem von den westlichen Ausländern als drakonisch und barbarisch empfundenen chinesischen Recht. Umgekehrt wurde seit etwa 1900 der Erlass neuer Gesetze, die von den Chinesen ihrerseits als barbarisch und undurchschaubar betrachtet wurden, explizit zu einer wesentlichen Voraussetzung für die Revision der Verträge erklärt. Drittens griffen die Verträge auch in die chinesische Zollhoheit ein, indem sie niedrige Zolltarife mit dem Ziel festlegten, günstige Absatzchancen für westliche Importwaren zu schaffen. Da die westlichen Mächte andererseits Interesse daran hatten, den chinesischen Staat mittels geregelter Einnahmen zu stabilisieren, unterstützten sie seit 1854 die Gründung und den Ausbau des Kaiserlichen Seezollamtes (Imperial Maritime Customs). Dies war eine nominell chinesische Behörde, deren höhere Ränge einschließlich des Direktorenpostens jedoch von Ausländern besetzt waren. Das gleiche Prinzip wurde 1913 bei der Reorganisation des Salzinspektorats angewendet. Viertens gewährte die Meistbegünstigungsklausel dem jeweiligen vertragschließenden Staat alle Privilegien, die China zukünftig anderen Staaten gewähren würde. Besonders kleinere Staaten und deren Angehörige konnten hierauf die Verfolgung ihrer wirtschaftlichen Interessen in China stützen.

Schließlich war der Imperialismus in China auch ein weit gespanntes kulturelles Projekt. Von Exterritorialität und Konsulargerichtsbarkeit profitierte nicht zuletzt die große Zahl von Forschungsreisenden, die seit 1860 als Geographen, Linguisten, Anthropologen, Kunstexperten usw. zur Sammlung einer bislang beispiellosen Fülle von Kenntnissen über China beitrugen. Auch wenn ihre Tätigkeit oftmals

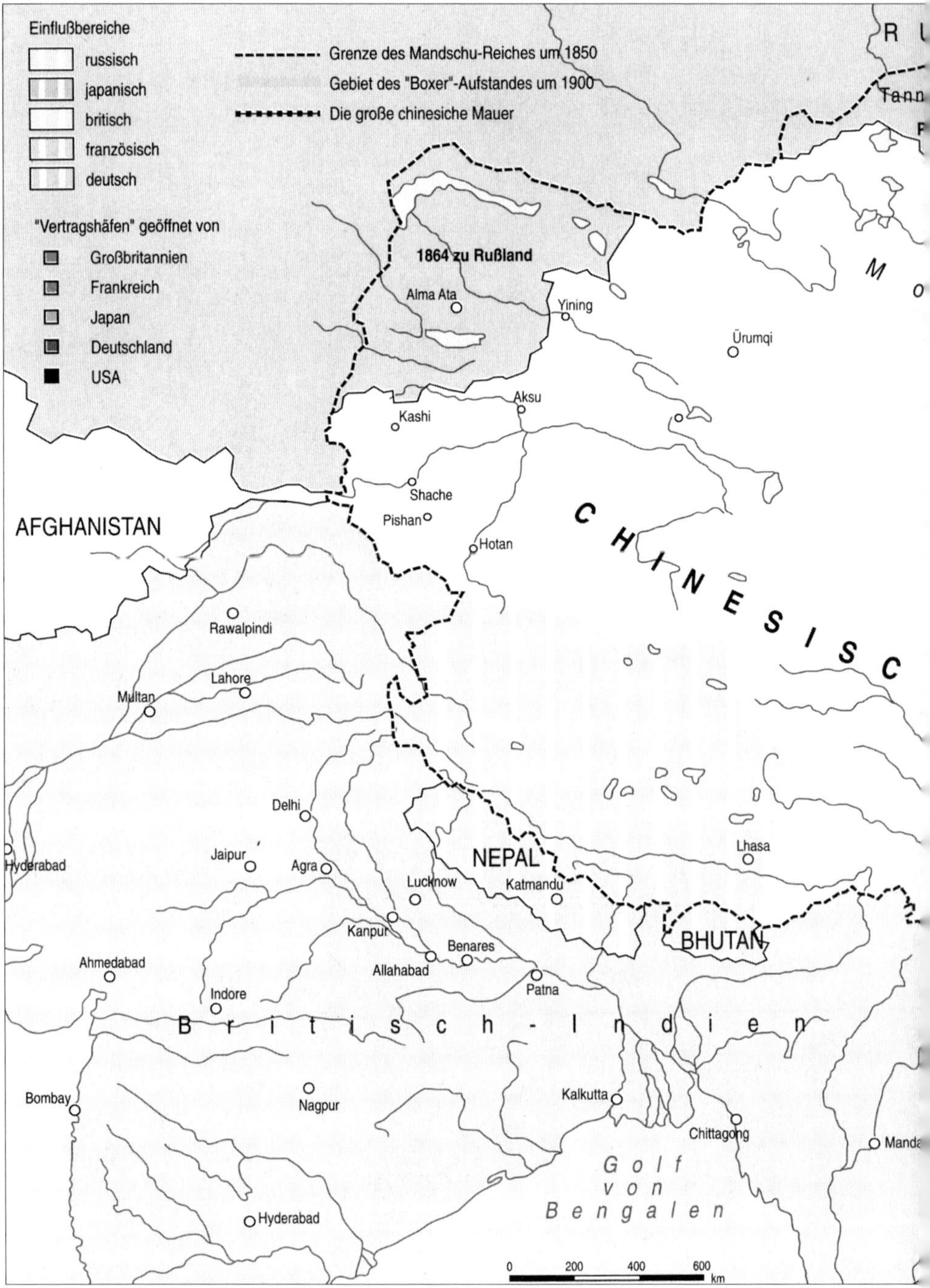

Abb. 51: Die Ausdehnung des Imperialismus in China

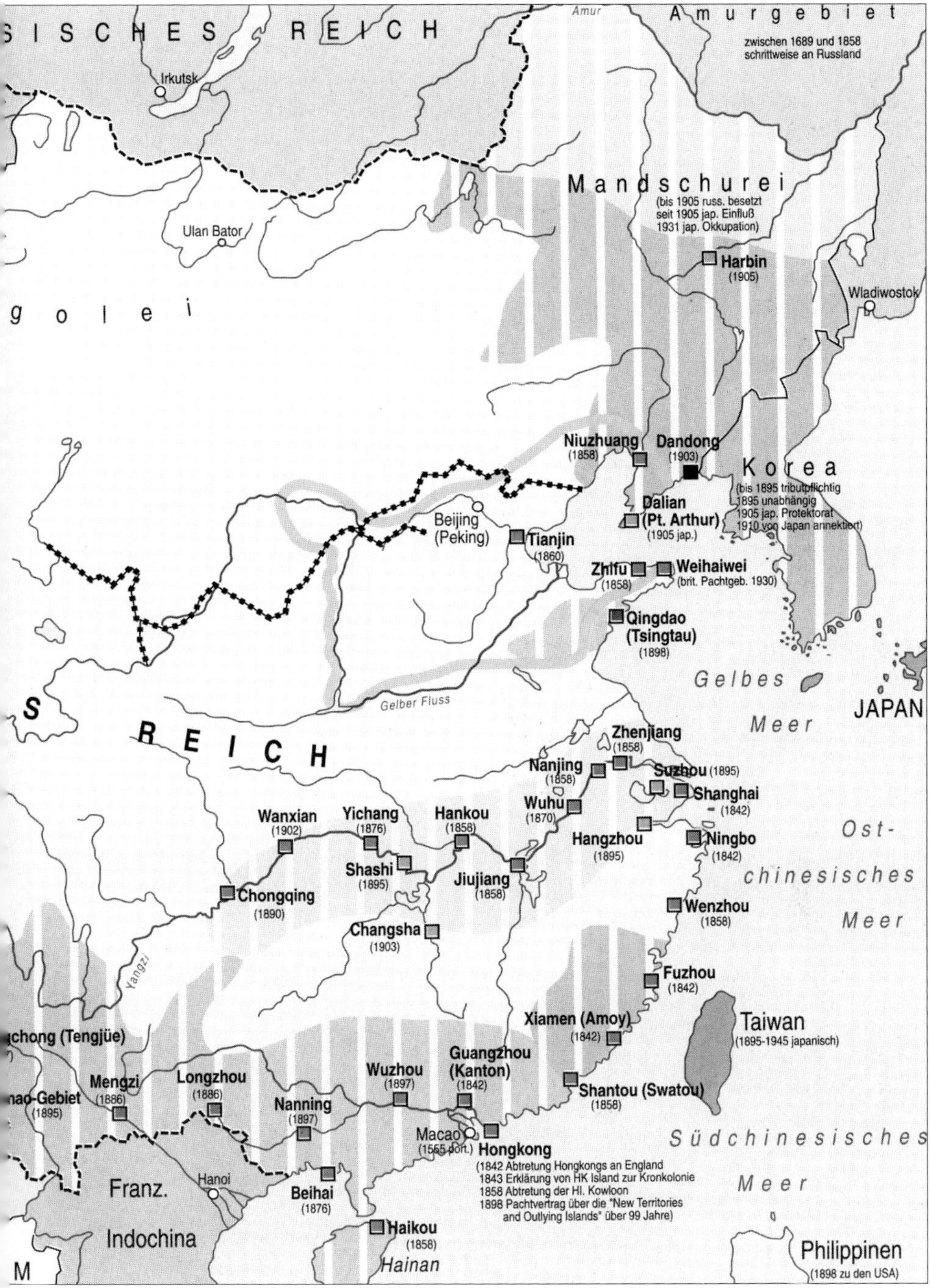
ISCHES REICH
Irkutsk
Amur
Amurgebiet
zwischen 1689 und 1858 schrittweise an Russland
Ulan Bator
golei
Mandschurei
(bis 1905 russ. besetzt seit 1905 jap. Einfluß 1931 jap. Okkupation)
Harbin (1905)
Wladiwostok
Niuzhuang (1858)
Dandong (1903)
Korea
(bis 1895 tributpflichtig 1895 unabhängig 1905 jap. Protektorat 1910 von Japan annektiert)
Beijing (Peking)
Tianjin (1860)
Dalian (Pt. Arthur) (1905 jap.)
Zhifu (1858)
Weihaiwei (brit. Pachtgeb. 1930)
Qingdao (Tsingtau) (1898)
Gelbes Meer
JAPAN
Gelber Fluss
S
REICH
Zhenjiang (1858)
Nanjing (1858)
Suzhou (1895)
Shanghai (1842)
Wuhu (1870)
Hangzhou (1895)
Ningbo (1842)
Ost-chinesisches Meer
Wanxian (1902)
Yichang (1876)
Hankou (1858)
Shashi (1895)
Jiujiang (1858)
Chongqing (1890)
Changsha (1903)
Wenzhou (1858)
Fuzhou (1842)
Yangzi
Xiamen (Amoy) (1842)
Taiwan (1895-1945 japanisch)
chong (Tengjüe)
Mengzi (1886)
Longzhou (1886)
Wuzhou (1897)
Guangzhou (Kanton) (1842)
Shantou (Swatou) (1858)
nao-Gebiet (1895)
Nanning (1897)
Macao (1555 port.)
Hongkong
(1842 Abtretung Hongkongs an England
1843 Erklärung von HK Island zur Kronkolonie
1858 Abtretung der Hl. Kowloon
1898 Pachtvertrag über die "New Territories and Outlying Islands" über 99 Jahre)
Südchinesisches Meer
Hanoi
Franz. Indochina
Beihai (1876)
Haikou (1858)
Hainan
Philippinen (1898 zu den USA)
M

reiner Selbstzweck war, so trug sie dennoch zur Produktion nützlichen Herrschaftswissens bei. Gleichermaßen war die christliche Mission nicht nach ihrem Selbstverständnis, wohl aber in der Praxis ein funktionaler Bestandteil des Imperialismus, der von den westlichen Großmächten im wohlverstandenen Eigeninteresse gefördert wurde. Zwar waren die Beziehungen zwischen katholischen und protestantischen Missionaren einerseits, Diplomaten und Kaufleuten andererseits oftmals gespannt, doch hatten letztere vor allem an den kulturpolitischen Bemühungen der ersteren großes Interesse. Insbesondere die Missionsschulen konnten aus ihrer Sicht dazu beitragen, Vorurteile der Chinesen gegenüber den Ausländern abzubauen, und der hier erteilte Sprachunterricht würde einheimische Mittelsmänner für den Handel heranbilden. In den 1840er Jahren gestand die chinesische Regierung den Ausländern das Recht zu, ihre Religion in den Vertragshäfen zu praktizieren, musste aber besonders auf französischen Druck auch das chinesische Christentum durch erste Toleranzedikte legalisieren. In der Konvention von Peking erlangten die Missionare 1860 nicht nur Reisefreiheit im ganzen Land, sondern durch eine vom französischen Übersetzer – einem Missionar – in den chinesischen Text geschmuggelte Klausel auch das Recht auf Erwerb von Grundbesitz. Die Protestanten nahmen mit Unterstützung ihrer diplomatischen Vertreter unter Berufung auf die Meistbegünstigungsklausel das gleiche Recht für sich in Anspruch, erhielten es offiziell aber erst etwa 20 Jahre später.

Das Wettrennen der imperialistischen Mächte um die koloniale Aufteilung Afrikas und weiter Teile Asiens, das verschärfte Konkurrenzdenken angesichts der rapiden technologischen und ökonomischen Umwälzungen sowie der damit verbundene Übergang vom Freihandel zur Schutzzollpolitik läuteten um die Mitte der 1890er Jahre eine zweite Phase des Imperialismus in China ein, die vom Wettbewerb um Einflusssphären und finanzielle Durchdringung geprägt war. Erste Ansätze zu territorialer Beherrschung gab es freilich schon in der Periode des Freihandels, beginnend mit der dauerhaften Abtretung der Hongkong-Insel an Großbritannien. Eine Vorreiterrolle nahm das wenig industrialisierte und handelspolitisch eher desinteressierte Russland ein, als es in zwei Verträgen 1858 und 1860 sein kontinentales Imperium auf Kosten Chinas um einen großen Landstreifen am Amur erweiterte und dort den Hafen Vladivostok anlegte. Zwischen 1871 und 1881 hielten die Russen zusätzlich das Yili-Gebiet in Ostturkestan besetzt. Andere Staaten richteten ihre Begehrlichkeiten nicht auf China selbst, sondern auf seinen Gürtel aus Tributstaaten: 1879 verleibte Japan die ohnehin japanisch besiedelten Ryūkyū-Inseln als Präfektur Okinawa formal seinem Territorium ein; Frankreich erlangte im Krieg von 1884/85 das Protektorat über Annam und Tongking im heutigen Vietnam. Im Friedensschluss mit Japan 1895 schließlich wurde Korea faktisch ein japanisches Protektorat.

Dass gerade diese Friedensverhandlungen mit Japan die Schwelle zu einer neuen Phase des Imperialismus markieren, hängt damit zusammen, dass die Regierung in Tōkyō dabei auch Ansprüche auf chinesische Gebiete erhob. Während Taiwan eine japanische Kolonie wurde, scheiterte die japanische Forderung nach der Abtretung der Liaodong-Halbinsel am gemeinsamen deutschen, französischen und russischen Einspruch. Dennoch war nun der *scramble for concessions* ausgelöst, in dessen Verlauf das Deutsche Reich, Russland, Großbritannien und Frankreich, teilweise unter Zuhilfenahme militärischer Gewalt, eine Reihe von Stützpunkten an der chinesischen Küste „pachteten". Der wiederum vertraglich geregelte Rechtsstatus dieser Pachtgebiete unterschied sich von demjenigen der Konzessionen in den Vertragshäfen dadurch, dass China für einen begrenzten Zeitraum von maximal 99 Jahren auf seine Hoheitsrechte an diesen Territorien verzichtete und diese deshalb wie Kolonien verwaltet werden konnten. Gleichzeitig ließen sich die Mächte im Hinterland dieser Pachtgebiete exklusive Einflusszonen zusichern – z. B. Deutschland die Provinz Shandong, Großbritannien das Yangzi-Tal und Frankreich ein Territorium in Südchina von Yunnan bis Guangdong –, so dass den Zeitgenossen in China wie im Ausland die Gefahr einer Aufteilung Chinas unter den Mächten sehr real erschien. In dieser unsicheren Atmosphäre übernahmen die USA, die in Ostasien zwar intensive kommerzielle, aber keine territorialen Interessen verfolgten, die Rolle eines Garanten des Freihandels. Die *open-door*-Note ihres Außenministers John Hay von 1899 und der daran anschließende Notenwechsel stellten Garantieerklärungen für die territoriale Integrität Chinas dar, die auch durch den Boxerkrieg von 1900/01 nicht mehr in Frage gestellt wurden.

Für die Zeit zwischen 1895 und dem Ersten Weltkrieg lässt sich auch eine deutliche Verlagerung der mit dem Imperialismus verbundenen wirtschaftlichen Aktivitäten beobachten. Lag der Schwerpunkt bis dahin auf dem Chinahandel, so wurden nun neue Felder erschlossen, allen voran das der Infrastruktur. Schon seit den 1860er Jahren genossen die ausländischen Staaten das weltweit einmalige Privileg, dass ihre Schiffe im chinesischen Binnenverkehr fahren durften. Im Zusammenhang mit der Gewährung von Einflusssphären Ende der 1890er Jahre ertrotzten sich unterschiedliche Mächte, teilweise in scharfer Konkurrenz zueinander, Konzessionen für den Eisenbahnbau. Den Anfang machte bereits 1896 Russland, das die sogenannte Ostchinesische Eisenbahn zum Flottenstützpunkt Vladivostok über chinesisches Territorium hinweg bauen konnte. Neue Bahnstrecken wurden durch Anleihen teils nationaler Investoren, häufig aber auch internationaler Konsortien finanziert, so dass sich 1911 rund 90 Prozent der chinesischen Eisenbahnen in ausländischer Hand befanden. Bis in die 1930er Jahre blieb China auf fremdes Kapital für den Bahnbau angewiesen. Ein zweites Feld bildete der Erwerb von Bergbaukonzessionen. Hinter all diesen Aktivitäten stand ein internationaler Finanzimperialismus, der neben solchen Investitionen auch noch die Zahlung chinesischer Auslandsschulden, besonders die Kriegsentschädigungen für den chinesisch-japanischen und den Boxerkrieg, durch Anleihen garantierte. Seinen Höhepunkt fand diese Form des Imperialismus, die das Prinzip der offenen Tür geradezu voraussetzte und sich insofern in einem gewissen Spannungsverhältnis zur Politik der Interessensphären befand, in der Reorganisationsanleihe für Yuan Shikai im Jahre 1913. Seit dem Ersten Weltkrieg verlagerte sich der Schwerpunkt wieder zurück auf den Chinahandel.

Zur Aufrechterhaltung des Vertragssystems stützten sich die imperialistischen Mächte in den ersten beiden Phasen (und sogar darüber hinaus) auf eine Pädagogik der Gewalt, wie sie auch bei formaler Kolonialherrschaft üblich war. Dadurch sollte eine Auflehnung Chinas im Keim erstickt werden. Nach den beiden Opiumkriegen richteten die größten Mächte eine militärische Eingreiftruppe in Form von Kanonenbooten ein, die bei den immer wiederkehrenden fremdenfeindlichen Ausschreitungen und sonstigen Vertragsverletzungen für schnelle Vergeltung sorgen konnten. Die quasi internationale Kanonenbootflotte war bis Mitte der 1930er Jahre im Einsatz. Hongkong, Shanghai, die Pachtgebiete und seit dem Boxerkrieg auch das Gesandtschaftsviertel in Peking sowie die Bahnstrecke von der Hauptstadt nach Tianjin waren durch Landstreitkräfte geschützt; noch um 1930 waren dies einige tausend Mann. Diese Politik beständiger Nadelstiche stellte eine Zwangsjacke für China dar und erfüllte aus Sicht der Imperialmächte den Zweck, langwierige und kostspielige Militärinterventionen zu verhindern. In den beiden Fällen, in denen diese wegen chinesischer „Angriffe auf die Zivilisation" nötig wurde – im Zweiten Opiumkrieg und im Boxerkrieg – griffen die ausländischen Invasoren zu einer Strategie massiver Vergeltung und kalkulierter Brutalität. Dabei verband sich rücksichtsloses militärisches Vorgehen mit gezielten Angriffen auf kulturelle Symbole. 1860 gaben die britischen und französischen Befehlshaber den Sommerpalast (Yuanmingyuan) zur Plünderung frei. Im Zuge der Intervention von 1900 wurden nicht nur zahlreiche „Boxer" in oftmals massakerähnlichen Kämpfen getötet oder hingerichtet, sondern auch der Kaiserpalast okkupiert, Stadtmauern geschleift, Beamte für Vergehen in ihrem Amtsbereich bestraft und die chinesische Regierung gezwungen, als Strafe für die Ermordung des deutschen Gesandten sowie eines japanischen Legationssekretärs zwei Sühnegesandtschaften nach Berlin und Tōkyō zu schicken.

Angesichts dieses militärischen Drohpotentials stellt sich die Frage, über welche Handlungsspielräume die chinesische Seite verfügte. Dabei ist zu betonen, dass es zumindest auf lokaler Ebene schon vor dem Opiumkrieg möglich schien, einige der von den Kaufleuten angestrebten Ziele zu erreichen. Die Besatzung des 1832, unmittelbar vor dem Erlöschen ihres Chinamonopols von der britischen East India Company ausgerüsteten Schiffs *Lord Amherst* konnte durch provokantes, aber weitgehend gewaltfreies Auftreten in mehreren chinesischen Hafenstädten Verhandlungen erreichen, wobei die irritierten chinesischen Beamten sich u. a. bereit zeigten, auf die als abwertend empfundene Bezeichnung *Yi* zu verzichten. Allerdings fielen die von den Briten angestrebten Handelskontakte eher mäßig aus. Der Vertrag von Nanjing spiegelt das Bemühen der Qing-Diplomaten wider, die Briten durch Zugeständnisse zu besänftigen. Die kaiserlichen Unterhändler griffen dabei auf Erfahrungen zurück, die man bei der Sicherung der innerasiatischen Landgrenze gemacht hatte. So war es 1835 gelungen, das kleine, aber aggressive zentralasiatische Fürstentum Khoqand durch einen Handelsvertrag zu beschwichtigen. Infolgedessen vermochte keiner der Verantwortlichen auf chinesischer Seite die Folgen des Nanjinger Vertragsschlusses richtig abzuschätzen. Nachdem das Desaster des

Abb. 52: Deutsche Soldaten ziehen durch Peking, 1900 oder 1901. Besonders nach dem Zweiten Opiumkrieg 1860 und dem Boxerkrieg 1900 wurden Chinesen einer gezielten symbolischen Demütigung unterworfen. Dazu gehörten neben drakonischen Strafen (Erschießungen und Enthauptungen) auch vergleichsweise alltägliche Handlungen. Dass ausländisches Militär nach der Eroberung Pekings durch ein internationales Truppenaufgebot mit klingendem Spiel durch die Stadt zog, sollte die chinesische Bevölkerung beeindrucken und ihr Respekt abnötigen.

Zweiten Opiumkriegs einen intensiven Lernprozess eingeleitet hatte, versuchte es die Zentralregierung – mit wenigen Ausnahmen – nicht mehr mit offenem, sondern mit hinhaltendem Widerstand. Bei Verhandlungen suchte sie aktiv die vorhandenen Spielräume zu nutzen, wobei sie gegebenenfalls das Beispiel der Ausländer nachahmte. Ein gutes Beispiel ist die Berthémy-Konvention von 1865, in der die chinesischen Unterhändler nach dem Vorbild des Vertrags von Peking heimlich eine Klausel unterbrachten, wonach Grundstückskäufe von Missionaren zunächst den lokalen Beamten zur Genehmigung vorzulegen seien. Dieser Passus sorgte für ein jahrzehntelanges diplomatisches Tauziehen, ehe sich die chinesische Regierung Mitte der 1890er Jahre bereit erklärte, auf ihn zu verzichten.

Auf der lokalen Ebene waren die Interessen der Ausländer gegenüber einer oftmals feindseligen Bevölkerung und kooperationsunwilligen Beamten noch schwerer durchzusetzen. Obwohl Interventionen bei den Provinzbehörden oder bei der Zentralregierung schließlich meist zum von den Ausländern gewünschten Ergebnis führten, funktionierte das Vertragssystem oft nur mühsam und gelegentlich auch nicht im Sinne der imperialistischen Mächte. Besonders die zahlreichen sogenannten Missionszwischenfälle (*jiao'an*) legen nicht nur hiervon Zeugnis ab, sondern verdeutlichen auch, dass das internationale Vertragssystem im Zuge eines Lernprozesses von der örtlichen Bevölkerung in ihrem Interesse manipuliert werden konnte. Da sich die diplomatische und gegebenenfalls militärische Unterstützung für die Missionare zumeist als verlässlich erwies, wurde ihr Einsatz von Dörfern und Abstammungsgruppen seit den 1890er Jahren häufig für lokale Auseinandersetzungen mobilisiert und funktionalisiert. Demonstratives Interesse am Christentum und Ausnutzung konfessioneller und nationaler Gegensätze auf der einen Seite kombiniert mit Unkenntnis der genauen Zusammenhänge auf der anderen führten zur Eskalation von Konflikten, die oftmals von den jeweiligen diplomatischen Vertretern weitergeführt wurden. Nach dem Boxerkrieg, an dessen Genese der Mission auch in Europa und den USA eine erhebliche Mitschuld angelastet wurde, bemühten sich alle Beteiligten, solche Auseinandersetzungen möglichst zu vermeiden.

Die Grenzen imperialistischer Einflussnahme: Deutsche Firmen in Hankou

Wie schwer es den Ausländern oft fiel, trotz diplomatischer und gegebenenfalls militärischer Unterstützung ihre Interessen durchzusetzen, zeigt der Boykott chinesischer Händler gegen die beiden deutschen Firmen Carlowitz & Co. sowie Arnhold, Karberg & Co. in Hankou (Hubei) im Jahre 1904. Ausgangspunkt war der Bankrott zweier chinesischer Mittelsmänner, sogenannter Kompradoren (vgl. Kap. 6.1.2), die für beide Handelshäuser große Mengen chinesische Waren vorbestellt hatten. Die geschädigten chinesischen Händler forderten von den deutschen Firmen die Begleichung der ausstehenden Schulden. Diese weigerten sich nicht nur, sondern ließen auch bereits bestellte Waren in chinesischen Lagerhäusern beschlagnahmen. Daraufhin verhängten die Acht Gilden von Hankou Anfang Dezember 1904 gegen beide einen Boykott, der auch auf andere ausländische Firmen ausgedehnt wurde.

Nachdem Verhandlungen zwischen deutschen Firmenvertretern und chinesischen Zollbehörden keine Entspannung gebracht hatten, beorderte der deutsche Konsul Scholz zwei Kanonenboote zum Schutz des deutschen Handels nach Hankou. Diese sollten die Chinesen allerdings nur einschüchtern, so dass es zu keinerlei Gewaltaktionen kam. Zugleich versuchte Scholz, mit Hilfe des deutschen Gesandten in Peking Druck auf die lokalen chinesischen Behörden auszuüben, um mit ihrer Hilfe eine Beendigung des Boykotts zu erzwingen. Keine dieser Maßnahmen hatte Erfolg, zumal der Konsul besonders bei der Shanghaier Zentrale von Carlowitz & Co., die zu keinem Kompromiss bereit war, mit seinen Vermittlungsbemühungen auf hartnäckigen Widerstand stieß. Scholz wies die Firma darauf hin, dass sie sich widerrechtlich Vermögenswerte ihres Kompradors angeeignet habe, was auch den Chinesen bekannt sei. Auch die deutsche Konsulargerichtsbarkeit müsse den chinesischen Standpunkt anerkennen, was zu großem finanziellen Schaden für Carlowitz & Co. führen könne.

Anfang 1905 kam es schließlich zu einem Vergleich: Die beiden deutschen Firmen zahlten 40.000 Taels, die chinesischen Behörden 60.000 Taels bei der Deutsch-Asiatischen Bank in Shanghai ein. Mit dieser Summe sollten die Ansprüche der chinesischen Kaufleute befriedigt werden. Im Gegenzug wurden die Boykottmaßnahmen aufgehoben. Damit hatten die Chinesen ihre Forderungen im Wesentlichen durchgesetzt.

(Literatur: Peter Merker, Zwischen Konfrontation und Kooperation. Das deutsch-chinesische Handelsgeschäft in Hankou. Interessenlagen, Interaktionen, Konfliktfelder, Interventionsmuster, in: Mechthild Leutner/Klaus Mühlhahn (Hrsg.): Deutsch-chinesische Beziehungen im 19. Jahrhundert. Mission und Wirtschaft in interkultureller Perspektive. Münster: LIT 2001, S. 43-85.)

In der dritten Phase versuchten die Westmächte unter dem Eindruck zunehmenden antiimperialistischen Widerstandes (vgl. Kap. 6.1.3), ihre Interessen in China so weit wie möglich zu verteidigen. Dabei ging es zunehmend um die Frage, unter welchen Bedingungen das Vertragssystem beendet werden könnte. Zugleich sah sich China mit den japanischen Bestrebungen konfrontiert, eine neuartige imperiale Ordnung in Ostasien unter Einschluss Chinas zu begründen. Bis zu diesem Zeitpunkt war der japanische Imperialismus eine eigentümliche Mischung aus formellen und informellen Elementen: Seit 1895 unterstand Taiwan, seit 1910 auch der ehemalige chinesische Tributstaat Korea einer japanischen Kolonialadministration. Durch den Sieg gegen Russland 1904/05 erhielt Japan die informellen Rechte des Zarenreichs in der Mandschurei zugesprochen, die das Pachtgebiet Guandong auf der Liaodong-Halbinsel mit den Hafenstädten Dalian und Lüshun (Port Arthur) sowie die Konzession der Südmandschurischen Eisenbahn umfassten. 1914 okkupierte Japan das deutsche Pachtgebiet Jiaozhou und sicherte sich die Rechte über die Shandong-Bahn; beide wurden ihm auf der Pariser Friedenskonferenz gegen die chinesischen Proteste zugesprochen und erst 1922 an China zurückgegeben.

Von 1915 an etablierten sich in der japanischen Politik und öffentlichen Meinung zwei Alternativen zur Fortentwicklung seiner Position in China: Der erste, bis Ende der 1920er Jahre dominierende Ansatz zielte auf den Ausbau der informellen Rechte in Kooperation mit den imperialistischen Westmächten ab, wovon lediglich die als Protektorat beanspruchte Mandschurei ausgenommen wurde. Der zweite bezweckte das genaue Gegenteil, nämlich die Einbeziehung Chinas in einen Zusammenschluss der asiatischen Staaten unter japanischer Hegemonie gegen den „weißen" Imperialismus. Solche Vorstellungen eines antiimperialistischen und damit letztlich transnationalen Panasianismus waren nach 1900 auch in China populär; nicht zuletzt Sun Yatsen hat im Laufe seines gesamten politischen Lebens mehrfach auf diese Idee zurückgegriffen. In Japan fand sie unter dem Schlagwort des „gemeinsamen Wohlstands" erstmals in den 21 Forderungen vom Mai 1915 konkreten politischen Ausdruck. Diese umfassten neben Bestimmungen zum Ausbau formeller Herrschaftsrechte und informeller Wirtschaftsprivilegien auch jene berüchtigte, auf internationalen Druck zurückgezogene fünfte Gruppe von Forderungen nach Anstellung japanischer Berater und chinesischen Rüstungskäufen in

Japan, die China in ein willfähriges Instrument seines östlichen Nachbarn verwandelt hätten.

Im Zuge des Angriffs auf die Mandschurei 1931 nahm Japan seine nach dem Ersten Weltkrieg aufgegebene Suche nach kooperationsbereiten Kräften in China wieder auf. Die Regierung von Manzhouguo wurde mit ihrer Mischung aus chinesischer Führung und von Japanern besetzten Schlüsselpositionen zum Vorbild für eine Reihe von Kollaborationsregimes, die auf japanische Initiative 1936 in der Inneren Mongolei und Nordchina, im Zuge des ein Jahr später begonnenen chinesisch-japanischen Krieges auch in anderen Teilen Chinas errichtet wurden. Die bedeutendste dieser Regierungen wurde 1940 unter Führung des GMD-Renegaten Wang Jingwei in Nanjing installiert. Diese abhängigen Gebiete sollten mit Japan als Vormacht zu einem einheitlichen Wirtschaftsraum zusammengeschlossen werden, zunächst seit Ende 1938 unter dem Schlagwort der „neuen Ordnung" in Ostasien, nach der Eroberung weiterer Gebiete in Südchina und Südostasien unter dem Begriff der „Großostasiatischen Wohlstandssphäre". Die japanische Propaganda erklärte, diese Neuordnung liege im Interesse der Chinesen, während Japan China gleichzeitig den längsten, grausamsten und verlustreichsten Krieg der imperialistischen Ära bescherte: 1,3 Millionen gefallene chinesische Soldaten, Misshandlungen der Zivilbevölkerung – allein das Nanjing-Massaker vom Dezember 1937 kostete mindestens 150.000 Menschen das Leben –, rücksichtslose Versuche an Menschen und ein unermesslicher wirtschaftlicher Schaden. Der japanische Imperialismus der 1930er Jahre steht somit für Höhepunkt und Peripetie imperialistischer Einflussnahme in China; sein Ende bedeutete dort das unwiderrufliche Ende des Imperialismus insgesamt.

6.1.2 Penetration und Segregation

Die mittels der ungleichen Verträge geschaffenen Möglichkeiten für Handel und Mission zog eine beträchtliche Zahl von Angehörigen westlicher Staaten nach China. Diese ließen sich mehrheitlich in Hongkong, den größeren Konzessionen (vor allem in Shamian bei Guangzhou sowie Shanghai, Tianjin und Hankou) sowie den Ende der 1890er Jahre erworbenen Pachtgebieten nieder. Hier entstanden zum Teil bis heute im Stadtbild erhaltene Siedlungen in europäischem Stil mit der gesamten Infrastruktur, die Europäer zum Leben benötigten, einschließlich Zeitungen und Freizeiteinrichtungen. Wenn auch der größte Teil dieser überwiegend männlichen Ausländer, deren Zahl sich näherungsweise mit rund 150.000 im Jahre 1911 und mehr als 250.000 im Jahre 1931 angeben lässt (davon jeweils mehr als die Hälfte Japaner), nach mehr oder weniger langem China-Aufenthalt in die Heimat zurückkehrte, so boten wenigstens die großen ausländischen Enklaven die Voraussetzungen für das Entstehen einer Siedlergesellschaft. Besonders galt dies für Shanghai, dessen International Settlement nicht wie die meisten Konzessionen, die Pachtgebiete und die Kronkolonie Hongkong von Konsuln oder Gouverneuren, sondern seit 1854 von einem britisch dominierten Stadtrat, dem Shanghai Munici-

Abb. 53: Die Insel Gulangyu im Hafen von Xiamen 1991. Es handelt sich eine der europäisch-amerikanischen Enklaven, die in manchen chinesischen Städten auch im heutigen Stadtbild noch gut zu erkennen sind. Auf Gulangyu lebten zwischen 1851 und 1946 die meisten Ausländer Xiamens. Der Großteil des heutigen Baubestandes stammt aus den 1920er und 1930er Jahren.

pal Council (SMC) regiert wurde. Infolgedessen bestand hier ein hoher Bedarf an Verwaltungsangestellten einschließlich Polizisten (wobei sich die uniformierte Polizei zu einem beträchtlichen Teil aus Indern zusammensetzte). Andere typische Tätigkeiten europäischer Siedler, etwa im Immobiliengeschäft, den seit dem chinesischen Friedensvertrag mit Japan 1895 zugelassenen Industriebetrieben und besonders auch im Handel sowie im Dienstleistungssektor (Einzelhändler, Betreiber von Hotels und Gaststätten etc.), fanden sich auch in anderen Konzessionen. Teilweise außerhalb dieses Systems standen die katholischen und protestantischen Missionare – um 1905 etwa 5.000 Personen –, von denen nur ein Teil in den Vertragshäfen lebte und wirkte. Bis 1900 überzogen Missionsgesellschaften und -orden das Hinterland mit einem flächendeckenden Netz von Stationen, wo sich ihr europäischer bzw. nordamerikanischer Mitarbeiterstab zwar ebenfalls so gut wie möglich nach westlichen Maßstäben einrichtete und die Vertragshäfen als logistische Stützpunkte nutzte, gleichzeitig aber als kleine Minderheit unter der chinesischen Bevölkerung lebte und stärker als irgendeine andere Gruppe von Ausländern von diesen beeinflusst wurde. Allerdings waren auch die Fremden in den ausländischen kontrollierten Gebieten durchweg in der Minderzahl: Im International Settlement von Shanghai, dem weitaus größten Konzessionsgebiet, lebten 1935 weniger als 40.000 Ausländer (einschließlich der Japaner), aber über eine Million Chinesen. Im weitaus kleineren Qingdao, dem urbanen Mittelpunkt des deutschen Pachtgebiets Jiaozhou, standen 1913 2.000 Ausländer etwa 53.000 Einheimischen gegenüber.

Für die Chinesen war die Konfrontation mit den Menschen aus dem Westen im eigenen Land eine durchaus gemischte Erfahrung. Sicherlich waren diese eine wichtige, wenn auch bei weitem nicht die einzige Quelle für politische Ideen, Anstöße zu sozialen Reformen, einen Teil des für die ökonomische Modernisierung notwendigen Kapitals (etwa im Eisenbahnbau) und kulturelle Alternativen zur bestehenden Ordnung. Auf diese Weise spielten sie im chinesischen Transformationsprozess des 19. und 20. Jahrhunderts eine wesentliche Rolle. Vertragshäfen und Pachtgebiete boten oftmals neuartige Arbeitsmöglichkeiten und dienten als Zufluchtsorte und Stützpunkte für Dissidenten, sei es für republikanische Revolutionäre vor der Revolution von 1911 oder für konservative Monarchisten in den

Jahren danach. Eine wichtige Rolle spielte das ausländische, keineswegs nur missionarische Engagement im Erziehungswesen, auch wenn der Sprachunterricht häufig primär als Mittel zur Förderung von Absatzchancen begriffen wurde.

Im alltäglichen Umgang dürften jedoch die problematischen Seiten des Verhältnisses zu den Ausländern überwogen haben. Wo immer die Verhältnisse dies zuließen – d. h. wiederum in Hongkong, den größeren Konzessionen und den Pachtgebieten –, bildete sich unter dem Einfluss der Ausländer eine auf ethnischer Hierarchisierung und möglichst strenger Segregation begründete Gesellschaft, wie sie im Allgemeinen auch unter formeller Kolonialherrschaft üblich war. Dabei ergänzten sich rassische, kulturelle und soziale Komponenten zu einer komplexen und durchaus widersprüchlichen Konstellation. So bestand beispielsweise in Hongkong oder während der kurzen Periode der deutschen Kolonialherrschaft in Qingdao eine strikte räumliche Segregation zwischen Weißen und Chinesen; in den für die Kolonialherren reservierten Zonen war lediglich das chinesische Dienstpersonal geduldet. Im International Settlement von Shanghai war der chinesischen Bevölkerung zwischen den 1880er und 1928 Jahren das Betreten bestimmter Parks untersagt. Zudem waren die europäischen und amerikanischen Clubs, Fixpunkte sozialen Lebens in den Vertragshäfen, selbst höhergestellten Chinesen bis zum Ersten Weltkrieg verschlossen. In den Shanghaier Clubs etwa wurden die Rassenschranken erst ab 1917 nach und nach gelockert. Selbst die meisten christlichen Missionen gestanden den Chinesen einerseits eine potentielle Gleichheit zu, achteten jedoch andererseits auf eine strikte Trennung der Lebensstile von westlichen Missionaren und einheimischen Mitarbeitern und neigten dazu, die chinesischen Christen zu bevormunden. Die in China ansässigen Japaner, zweifellos von allen Ausländern die am stärksten auf sich selbst fixierte Gruppe, standen hinsichtlich der Verachtung für die Chinesen und die Abschottung von der chinesischen Gesellschaft den Europäern und Nordamerikanern nur wenig nach.

„Für Hunde und Chinesen verboten": Eine Legende und ihre Hintergründe

Um die diskriminierende Behandlung von Chinesen durch den westlichen Imperialismus zu illustrieren, verweisen auch manche seriösen Darstellungen auf ein Schild, das angeblich bis 1928 am Eingang des heutigen Huangpu-Parks in Shanghai aufgestellt war und „Hunden und Chinesen" den Zutritt verbot. Tatsächlich durften Chinesen den Park spätestens seit 1890 nicht mehr betreten, und seit 1903 enthielt die Parkordnung auch ein Hundeverbot. Allerdings wurden diese beiden Bestimmungen niemals in einer gemeinsamen Verbotsformel zusammengefasst, ja sie folgten nicht einmal unmittelbar aufeinander und waren auch nur zehn Jahre zusammen in derselben Parkordnung aufgeführt. 1913 wurde bei deren Neufassung die Formel, die Chinesen das Betreten untersagte, abgeschwächt. Nunmehr hieß es, dass der Zutritt auf Mitglieder der ausländischen Gemeinschaft beschränkt sei. Tatsächlich wurden Chinesen in Shanghai ebenso diskriminiert wie in anderen Vertragshäfen, jedoch nicht offiziell in der Weise dehumanisiert, dass man sie explizit mit Tieren auf eine Stufe gestellt hätte.

Es ist sehr wahrscheinlich, dass die Legende eines Zutrittsverbots für „Hunde und Chinesen" auf Angehörige jener chinesischen Personengruppe zurückgeht, die von dem Verbot ausgenommen wurde: den Bediensteten und Kindermädchen in Diensten der Ausländer. Westliche Autoren, die die Formulierung seit 1914 schriftlich fixierten, griffen mit ziemlicher Sicherheit auf eine bereits existierende mündliche Tradition zurück. Seit Anfang der 1920er Jahre wurde sie in chinesischen Texten als argumentative Waffe im Kampf gegen den Imperialismus verwendet. Dabei liegt die Wirkung der Legende in der Radikalität, mit der sie die Konsequenz aus den beiden historisch ja tatsächlich existierenden Verboten zieht. Aus diesem Grund hat sie sich als antiimperialistische Chiffre besonders in der VR China als sehr langlebig erwiesen. Zwar wurde ihr Realitätsgehalt seit den 1980er Jahren sowohl von westlichen als auch von chinesischen Historikern in Zweifel gezogen. Allerdings sind solche revisionistischen Interpretationen im Rahmen der nationalistischen Debatten der 1990er Jahre in den chinesischen Medien heftig attackiert worden – ein Zeichen für die hochgradige Politisierung der Legende.

(Literatur: Robert A. Bickers/Jeffrey N. Wasserstrom: Shanghai's „Dogs and Chinese Not Admitted" Sign: Legend, History and Contemporary Symbol, in: China Quarterly 142 [1995], S. 444-466.)

In der Praxis wurde jedoch der Gegensatz zwischen westlichen Ausländern (einschließlich der Japaner) und Chinesen durch zahlreiche Gruppen durchbrochen, die sich nicht ohne weiteres in dieses Muster einordnen ließen: europäische und nordamerikanische Kriminelle und Prostituierte (die auch Chinesen zu ihrer Kundschaft zählten), die nach 1917 vor dem Bolschewismus nach China geflüchteten Russen („Weißrussen"), die aus Mischehen zwischen Chinesen und westlichen Ausländern hervorgegangenen sogenannten Eurasier und Angehörige kolonialisierter Ethnien wie die besonders häufig anzutreffenden Inder. Die letzten beiden Gruppen wurden von den Angehörigen imperialistischer Staaten als ähnlich minderwertig betrachtet wie die Chinesen; jedoch galten aus rechtlichen Gründen viele Segregationsbestimmungen nur für chinesische Staatsangehörige.

Ohnehin waren die Ausländer aufgrund ihrer (freiwillig oder gezwungenermaßen) beschränkten kommunikativen Möglichkeiten, aber auch infolge der für sie oftmals unüberschaubaren Komplexität der chinesischen Lebensverhältnisse besonders in der Anfangsphase auf chinesische Mittelsmänner angewiesen. Das galt für Missionare, die zumindest Sprachlehrer benötigten, sich aber aufgrund ihrer beschränkten Anzahl auch bei der Verbreitung der christlichen Lehre auf einheimische Mitarbeiter stützen mussten. Noch mehr traf dies auf die westlichen Kaufleute zu, denen die Erschließung des chinesischen Marktes ohne die Beteiligung einheimischer Netzwerke kaum gelungen wäre. An der Spitze dieser Netzwerke standen entweder ein unabhängiger Agent oder aber, was häufiger vorkam, einer oder mehrere Kompradoren (*maiban*). Dieses aus dem Portugiesischen entlehnte Wort bezeichnete einen relativ eigenständig operierenden Firmenangestellten mit umfangreichem Aufgabenbereich: Ihm unterstand das gesamte chinesische Personal, das er anheuerte und aus seinem Gehalt bezahlte; er überwachte sämtliche finanziellen Transaktionen, oftmals auch den Versand; im Hinterland fungierte er als Aufkäufer für den Export bzw. als Verkaufsagent für Importgüter. Dass viele Kompradoren bereits im späten 19. Jahrhundert zu den reichsten Männern Chinas zählten, verdankten sie weniger ihrem mageren Gehalt, das weniger als ein Zehntel ihrer Einkünfte ausmachte, als vielmehr den zahlreichen Provisionen aus ihren Vermittlungsaktionen sowie ihren eigenen kaufmännischen Aktivitäten. Als angebliche Helfershelfer des ökonomischen Imperialismus avancierten die Kompradoren schon zu Beginn des 20. Jahrhunderts für nationalistisch denkende Chinesen, schließlich auch für die Kommunisten, zum Feindbild. Tatsächlich jedoch hegten viele von ihnen selbst nationalistische Überzeugungen, etablierten sich mit ihren selbständigen kommerziellen Aktivitäten als Konkurrenten der ausländischen Firmen, investierten in industrielle Unternehmungen und leisteten so einen Beitrag zur Modernisierung Chinas.

Aufgrund der unklaren Loyalitäten der Kompradoren, die oftmals für mehrere Firmen gleichzeitig arbeiteten, gingen seit etwa 1900 zuerst der japanische Mitsui-Konzern, dann auch große westliche Unternehmen zu einer Neustrukturierung über: An die Stelle des relativ flexibel und unabhängig agierenden Kompradors trat ein leichter zu beaufsichtigender Stab aus sprachkundigen ausländischen Mitarbeitern sowie fest in den Betrieb integrierten chinesischen Angestellten. Trotz dieser „Verwestlichung" der Personalstruktur blieben die großen ausländischen Unternehmen (mit Ausnahme der japanischen) mehr oder weniger auf ein Netz einheimischer Verkaufsagenten, die kleineren nach wie vor auf Kompradoren angewiesen. An der wirtschaftlichen Durchdringung Chinas durch das Ausland waren daher immer auch Chinesen beteiligt, so dass bereits seit den 1890er Jahren viele ausländische Firmen auf Direktimporte verzichteten und stattdessen Waren im Auftrag von Chinesen einzuführen begannen. Auch bei den chinesischen Exporten bestand das Vertriebsnetz bis zum Erreichen der Vertragshäfen vorwiegend aus Chinesen.

Diese Strukturen von Einkauf und Vertrieb bildeten die Schnittstelle zwischen soziokultureller und ökonomischer Durchdringung. In der Forschung sind die wirtschaftlichen Folgen des Imperialismus heftig debattiert worden, wobei auch manche westliche Historiker die These vertreten, der Imperialismus habe die Entwicklung Chinas negativ beeinflusst. Tatsächlich erweist es sich als schwierig, den ökonomischen Einfluss des Imperialismus in seiner Gesamtheit abzuschätzen. Er gestaltete sich von Region zu Region unterschiedlich und hing von der jeweiligen infrastrukturellen Anbindung an die *treaty-port*-Ökonomie ab, die sich wiederum im Lauf der Zeit verändern konnte. Während viele Importgüter kaum jemals den Bereich der Vertragshäfen verließen, trafen andere auf vorteilhafte Bedingungen, entweder weil sie billiger oder in höherer Qualität hergestellt werden konnten als in China oder dort – wie etwa Streichhölzer und Kerosin – überhaupt nicht produziert wurden. Dennoch kam es nicht einfach zu einer Verdrängung chinesischer Erzeugnisse: Vielfach erwiesen sich Handwerk und Heimarbeit in China als billig und leistungsfähig genug, um Importwaren sowohl im Preis zu unterbieten als auch Güter in der im Inland gewünschten Qualität herzustellen. Die Komplexität der Problematik lässt sich sehr gut am Beispiel importierter Baumwollgarne aufzeigen: Einerseits verdrängten sie allmählich die in Heimarbeit hergestellten Garne, deren Marktanteil zwischen 1875 und Ende der 1930er Jahre von 100 auf 14 Prozent sank, und spalteten den bislang einheitlichen Prozess der Textilherstellung in bäuerlichen Haushalten auf. Andererseits waren die von Chinesen aus Importgarn hergestellten Stoffe auf dem heimischen Markt eine überlegene Konkurrenz für eingeführte Tuche und Kleidungsstücke. Schließlich wurde China bis Mitte der 1930er Jahre sogar zum Nettoexporteur von Baumwollgarnen und -tuchen. Für die Konkurrenz zwischen den seit 1895 entstandenen ausländischen Industriebetrieben in den Vertragshäfen und der im Wachsen begriffenen chinesischen Industrie galt Ähnliches: Profitierten die ausländischen Unternehmen von den vorteilhaften Bedingungen in den Vertragshäfen – Freiheit vor staatlichen Interventionen und günstigen Krediten –, so konnte die chinesische Konkurrenz ihr besseres Wissen über die heimischen Märkte und ihre bessere soziale Vernetzung in die Waagschale werfen.

Auch im Exportsektor ist eine Bilanz nicht einfach zu ziehen: Zwar lassen sich die mit der zunehmenden weltwirtschaftlichen Integration Chinas verbundenen Probleme nicht leugnen. Chinesische Bauern hatten zum Teil schon seit dem späten 16. Jahrhundert vor allem Tee und Seide für den Weltmarkt produziert, aber erst seit dem späten 19. Jahrhundert entwickelte sich eine ernsthafte Abhängigkeit. Angelockt durch kurzfristige Gewinne, stiegen viele Bauern von der Nahrungsmittelerzeugung auf die Produktion von Exportgütern um. Dadurch wurden sie jedoch anfällig für Schwankungen der Weltmarktpreise, und besonders während der Weltwirtschaftskrise in den Jahren nach 1929 wurden sie von sinkenden Preisen hart in Mitleidenschaft gezogen. Die strukturellen Voraussetzungen dieser Abhängigkeit wurden zweifellos durch das imperialistische Freihandelssystem geschaffen; für das Endergebnis wird man den Imperialismus jedoch nur indirekt verantwortlich machen können. Als eigentliche Ursache hat die Forschung die sinkende Qualität der klassischen chinesischen Ausfuhrprodukte Tee und Seide identifiziert, die seit 1880 zunehmend mit Konkurrenz aus den britischen Kolonien Indien und Ceylon (wo die Briten den Teestrauch eingeführt hatten) bzw. aus Japan zu kämpfen hatten. Auf der anderen Seite gelang es China in den Jahrzehnten vor dem Ersten Weltkrieg, seine Exporte zu diversifizieren, wobei neben Kohle auch Nahrungsmittel wie Sojabohnen und Eier eine wichtige Rolle spielten. Positive und negative Effekte hielten sich somit die Waage. Das Gleiche trifft auch für die mit dem Imperialismus verbundenen infrastrukturellen Projekte zu, da insbesondere vom Eisenbahnbau (weniger vielleicht vom Bergbau) auch die chinesische Bevölkerung profitierte. Das größte Problem stellten vermutlich die erzwungenen Anleihen dar, da sie die Einkünfte der Regierung schmälerten und die Steuerbelastung der Bevölkerung erhöhten. In ihrer Gesamtheit sind die ökonomischen Effekte des Imperialismus weder als einseitig positiv noch als einseitig negativ zu bewerten.

Eine neue Form der wirtschaftlichen Penetration entwickelten erst die Japaner mit der Gründung von Manzhouguo im Jahre 1932. Bis dahin hatte die japanische Kolonialherrschaft in der Mandschurei an den *scramble for concessions* angeknüpft und sich auf die Nutzung von Eisenbahn- und Bergbaurechten sowie die Ansiedlung von Japanern konzentriert. Bereits in den 1920er Jahren hatte man ein Kondominium über die Mandschurei zusammen mit dem Herrscher über diese Region, dem Warlord Zhang Zuolin, angestrebt. Die Beziehungen zu Zhang kühlten sich jedoch im Lauf der Jahre ab, und als der General 1928 von fanatischen japanischen Offizieren ermordet wurde, hatte die japanische Politik ihr Ziel nicht erreicht. Nach der Besetzung der Mandschurei 1931 schlug Tōkyō den auch von anderen Kolonialmächten beschrittenen Weg einer stärkeren wirtschaftlichen Integration von Kolonie und Metropole ein. Im japanischen Fall wurde diese Politik besonders konsequent verfolgt, indem man sich bemühte, durch die Industrialisierung der Kolonien, des Satellitenstaats Manzhouguo und der Kollaborationsregimes in China einen geschlossenen, vereinheitlichten und autarken Wirtschaftsraum zu schaffen. Die Japaner nahmen also von einem arbeitsteiligen Austausch von Fertigwaren und Rohstoffen zwischen Kolonie und Metropole bei gleichzeitiger Trennung der Märkte Abstand und gingen zu einer marktwirtschaftlichen Integration über. Gleichzeitig wurde durch eine Wechselkursparität zwischen den Währungen der besetzten Territorien und dem japanischen Yen eine Art Währungsunion geschaffen, der Yen-Block. Die Industrialisierung war dem Grundsatz nach privatwirtschaftlich organisiert, wurde aber in den unterschiedlichen Industriezweigen wie Bergbau, Eisen- und Autoindustrie jeweils von einer Holding-Gesellschaft koordiniert, die von den japanischen Militärbehörden bzw. den Kollaborationsregimes dazu autorisiert worden war. Das Management der Betriebe lag völlig in japanischer Hand; Chinesen wurden lediglich als Arbeiter eingestellt. Das ehrgeizige Ziel dieses Industrialisierungsprogramms, Japan in die Lage zu einer langfristigen Kriegführung zu versetzen, wurde jedoch nicht erreicht; im Gegenteil führte der Krieg zu sinkenden Investitionen sowie Mangel an Arbeitskräften und Maschinen. Das ehrgeizigste Programm imperialistischer Durchdringung, das zudem in völliger Isolation von der *treaty-port*-Ökonomie durchgeführt wurde, muss damit letztlich als gescheitert gelten. Mit der Niederlage Japans endete der letzte und umfassendste Versuch einer ökonomischen Penetration Chinas, dessen Initiierung sich gegen den allgemeinen Niedergang des seit 1842 etablierten imperialistischen Systems abhob.

6.1.3 Antiimperialismus und Nationalismus

Die gewaltsame Einbindung Chinas in ein imperialistisches Ordnungssystem und die physische wie ökonomische Penetration des Landes durch die Ausländer hatten von Anfang an mit chinesischem Widerstand zu kämpfen. Insbesondere in der Anfangsphase wurde dieser von einer Fremdenfeindlichkeit motiviert, die sich aus kulturellen Ressentiments der Chinesen gegenüber den Ausländern speiste und sich gegen deren aggressives Auftreten richtete. Typische Beispiele sind die „Missionszwischenfälle“, d. h. Angriffe auf Missionare bzw. chinesische Christen seit den 1860er Jahren, und die in den 1890er Jahren einsetzenden Attacken gegen Eisenbahningenieure und -arbeiter. Im ersten Fall sind die Ursachen in sozialen Spannungen zu suchen, die durch die Christianisierung hervorgerufen wurden oder zu deren Austragung das Christentum instrumentalisiert wurde; im zweiten Fall waren religiöse Motive ausschlaggebend, da man durch die Eisenbahntrassen, Telegraphenleitungen u. ä. die Ahnengräber oder das *fengshui* verletzt sah bzw. in einem weiteren Sinne ausländische Maschinen als Urheber von Unglücksfällen verantwortlich machte. In aller Regel wurde dieser Widerstand von etablierten sozialen

Abb. 54: „Die [ausländischen] Teufel töten und ihre Bücher verbrennen“. Chinesische antichristliche Literatur schürte oftmals mittels Gruselgeschichten sowie sexueller Anspielungen den Widerstand gegen Missionare und propagierte drastische Lösungen. Auf diesem Bild aus der Sammlung *Jinzun shengyu bixie quantu* [Vollständige Bildserie über die ehrerbietige Verehrung des Heiligen Edikts und die Vertreibung heterodoxer Lehren] werden Missionare getötet, während Literaten christliche Bücher den Flammen übergeben.

Gemeinschaften wie Lineages, Dörfern, aber auch Geheimgesellschaften getragen. Die Boxerbewegung von 1900 bildete den Kulminationspunkt dieser Art von Widerstand, da sie sich in ganz umfassender Weise gegen die physische Präsenz von Ausländern wie gegen die ausländische Technik richtete. Sie war gleichzeitig insofern eine Ausnahmeerscheinung, als sie sich zu einer Massenbewegung entwickelte, wobei die einzelnen lokalen Gruppen ihre Aktivitäten allerdings ganz überwiegend vor Ort durchführten. Obwohl die spektakulären und von den internationalen Medien weithin rezipierten Angriffe auf die Ausländer im Raum Peking-Tianjin nur die Spitze des Eisbergs bildeten, waren alleine sie die Ursache für die internationale Militärintervention mit ihren katastrophalen Folgen für das Qing-Reich.

Neben diesem primär von Ressentiments und Kulturkonflikten beeinflussten Widerstand entwickelte sich in den letzten Jahrzehnten der Qing-Dynastie seit etwa 1860 ein bewusst politischer und zunehmend nationalistischer Antiimperialismus, in dem sich Regierungskreise und Privatpersonen zu einer freilich oftmals prekären Allianz zusammenfanden. Wie bereits erwähnt (vgl. Kap. 3.1.3), bestand dabei ein enger Zusammenhang zwischen der Konstruktion einer nationalen Identität und den Anstrengungen zur internationalen Selbstbehauptung Chinas. Der chinesische Antiimperialismus stützte sich dabei nicht allein auf die Erfahrungen im eigenen Land, sondern registrierte daneben auch sehr aufmerksam die Folgen des Imperialismus in anderen Teilen der Welt. Chinesische Zeitschriften berichteten beispielsweise um die Jahrhundertwende über den Widerstand der Filipinos gegen die Okkupation ihrer Heimat durch die USA und den Kampf der Buren gegen die britische Herrschaft, nach dem Ersten Weltkrieg über die Selbstbehauptung der Türkei unter Mustafa Kemal gegen die Besatzung durch die Ententemächte.

Der chinesische Antiimperialismus umfasste verschiedene Elemente: Erstens rekonstituierte sich China durch die Demarkation seiner staatlichen Grenzen als territorial definierter Nationalstaat. Ansätze dieses Konzepts liegen in einem Zeitraum zwischen ca. 1760 und 1820, an dessen Ende die chinesische Beamtenschaft die zunächst vielfach kritisierten territorialen Eroberungen in Turkestan als integralen Reichsbestandteil akzeptierte. Die Strategiedebatte der 1870er Jahre über die Frage, ob der Verteidigung der Küsten oder derjenigen der zentralasiatischen Territorien Priorität einzuräumen sei, führte dann endgültig zum Durchbruch eines Konzepts, das die Grenzen Chinas mit jenen des Qing-Reichs gleichsetzte. Ungeachtet des an anderer Stelle (vgl. Kap. 6.3.3) noch eingehender zu behandelnden Konflikts zwischen dem han-chinesischen Nationalismus und dem multiethnischen Erbe der Mandschu-Herrschaft haben die wechselnden chinesischen Regierungen mit wenigen Ausnahmen an dieser Definition festgehalten.

Zweitens machte sich zusehends die Vorstellung breit, dass China sich in einem Handels- bzw. Wirtschaftskrieg (*shangzhan*) mit den imperialistischen Mächten befinde. Spätestens seit Mitte der 1870er Jahre war den Befürwortern einer Selbststärkung klar, dass nicht nur kein Weg mehr zum streng regulierten „Kanton-System“ aus der Zeit vor 1840 zurückführte, sondern dass China aktive Schritte unternehmen müsse, um sich im internationalen wirtschaftlichen Wettbewerb zu behaupten. Nunmehr lag es im Bestreben der Regierenden, den Handel auszuweiten, ohne weitere Souveränitätsrechte preisgeben zu müssen. Zu diesem Zweck regten hochrangige chinesische Beamte seit Mitte der 1880er Jahre die Errichtung sogenannter selbst geöffneter Handelshäfen (*zikai shangbu*) an; zu den ersten tatsächlichen Gründungen kam es seit 1898. Von den Vertragshäfen unterschieden sich diese Orte dadurch, dass China dort alle Hoheitsrechte behauptete. Die industrielle Modernisierungspolitik der Selbststärkungsbewegung diente demselben Ziel, da man sich den Handelskrieg als Nullsummenspiel vorstellte: Sie sollte durch Importsubstitution die heimische Wirtschaft stärken und die ausländische schwächen. Dies trifft bereits auf die Anfänge der industriellen Rüstungsproduktion in den 1860er Jahren zu, mehr noch auf die 1873 von Li Hongzhang ins Leben gerufene China Merchants' Steam Navigation Company, die den in der Binnenschifffahrt tätigen ausländischen Reedereien Konkurrenz machen sollte. Trotz ihres Namens folgte sie zunächst dem *guandu-shangban*-Prinzip von privatem Kapitel und staatlicher Aufsicht, wurde allerdings 1885 faktisch in ein Staatsunternehmen umgewandelt. Nach 1895 wurde im Zuge der geänderten Industriepolitik auch die Aufgabe der Importsubstitution an Privatunternehmen delegiert, die allerdings vom Staat, beispielsweise durch Steuererleichterungen, gefördert wurden. Spätere Regierungen, besonders die GMD, haben diese Vorgehensweise wieder aufgegriffen.

Ein chinesischer Sieg im Handelskrieg: Das Beispiel Mehl

Ein erfolgreiches Beispiel für die Strategie der Importsubstitution bietet der Kampf um den chinesischen Mehlmarkt. Weizenmehl gehört zu den von der Forschung bislang weniger beachteten Erzeugnissen, die in großen Mengen nach China importiert wurden und dort erhebliche Wettbewerbsvorteile genossen. Tatsächlich wurde der chinesische Mehlmarkt in der zweiten Hälfte des 19. Jahrhunderts von den USA dominiert. Industriell hergestelltes amerikanisches Mehl erreichte eine deutlich höhere Qualität als das Konkurrenzprodukt aus den einfachen, durch Menschen- oder Tierkraft angetriebenen ländlichen Mühlen Chinas. Es traf deshalb in den chinesischen Städten auf eine große Nachfrage. Der höhere Preis hielt sich dabei insofern in Grenzen, als Mehl unter Berufung auf Bestimmungen aus den ersten ungleichen Verträgen zollfrei nach China eingeführt werden durfte. Aufgrund der wirtschaftlichen Bedeutung der Mehlexporte weigerten sich die USA bei Vertragsrevisionen um 1900 energisch, auf das Privileg der Zollfreiheit für dieses Handelsgut zu verzichten.
Erst Ende der 1890er Jahre ging man auch in China zur industriellen Mehlproduktion über. Die erste moderne Mühle wurde 1897 von einem Briten eingeführt, ging aber schnell wieder ein. Dagegen erwies sich die Gründung der Fufeng-Mehlfabrik durch die beiden aus Anhui stammenden Brüder Sun Duosen und Sun Duoxin im Jahre 1898 als voller Erfolg. Das Kapital wurde von Verwandten aufgebracht, die Maschinen und die für ihren Betrieb verantwortlichen Fachkräfte stammten aus den USA. Nach dem Vorbild der Fufeng-Mühle wurden zwischen 1902 und 1910 17 weitere Mehlfabriken errichtet, die mit ihrer enormen Produktionssteigerung einen heftigen Konkurrenz-

kampf gegen das amerikanische Mehl führten. Dabei profitierten sie von ihren günstigeren Preisen und den für die USA ungünstigen Wechselkursen, aber auch vom antiamerikanischen Boykott des Jahres 1905. Innerhalb eines Jahrzehnts gelang es der Mehlindustrie in China, ihre amerikanischen Konkurrenten weitgehend aus dem chinesischen Markt zu verdrängen.

(Literatur: Daniel J. Meissner, Imports and Industrialization. China's War Against American Flour Imports, 1895-1910, in: Twentieth-Century China 28:2 [2003], S. 1-40.)

Drittens war diese gezielte Importsubstitution Teil einer Strategie zur Wiedergewinnung von an die Ausländer abgetretenen Rechten, insbesondere von Eisenbahnen und Minen. Diese wurde bereits seit den 1890er Jahren von chinesischen Regierungsvertretern selbst betrieben, die eine Balance zwischen ausländischen Investitionen und einer Begrenzung fremder Einflüsse suchten. Seit dem russischen Einmarsch in die Mandschurei 1900 traten ihnen soziale Vereinigungen an die Seite, die stärker auf eine emotionale Mobilisierung setzten. Die Bewegung für die Rückgewinnung von Rechten erzielte eine Reihe symbolischer Erfolge, allen voran den Rückkauf der Konzession für die Kanton-Hankou-Linie durch den Generalgouverneur von Hunan und Hubei Zhang Zhidong im Jahre 1905. Wirtschaftliche Erwartungen blieben jedoch insgesamt unerfüllt, da sich die Erwerbungen häufig als unrentabel erwiesen und manchmal sogar nur von kurzer Dauer waren, da ein Teil der Konzessionen schließlich doch wieder an Ausländer zurückfiel.

Langfristig wirksamer waren ohnehin zwei andere Aspekte des antiimperialistischen Nationalismus, die sich im Zusammenhang mit den bereits geschilderten Strategien herausbildeten, aber eher reaktiver Natur waren: die Rhetorik der nationalen Krise sowie die Entwicklung eines Repertoires antiimperialistischer Protestformen. Seit den 1890er Jahren verbreitete sich die Angst vor einer „Aufteilung" Chinas (*guafen*), verbunden mit der Beschwörung eines Schicksalskampfes auf Leben und Tod (*cunwang*, wörtlich: „Existenz oder Untergang"). In diesem Kampf fiel den patriotischen Staatsbürgern die Aufgabe zu, das Land zu retten (*jiuguo*). Ihre Gegner waren nicht nur die ausländischen Imperialisten, sondern auch inländische Verräter (*maiguozhe*, wörtlich: „diejenigen, die das Land verkaufen"; *hanjian*, wörtlich: „Han-Verräter"), die mit jenen kollaborierten und so China von innen korrumpierten. Objekt des Widerstandes, und zwar in mehrfachem Sinn, war die „nationale Schmach" (*guochi*). Darunter verstand man zum einen den generellen Zustand der Erniedrigung Chinas, zum anderen konkrete Übergriffe der ausländischen Imperialisten, die zu diesem Zustand beitrugen. Dazu gehörte auch der seit den 1920er Jahren als „Kulturimperialismus" kritisierte Einfluss der christlichen Mission auf das chinesische Erziehungswesen. Die Erniedrigung Chinas sollte einerseits bekämpft werden; andererseits musste die Erinnerung an sie wachgehalten werden, da man gerade in ihrem Vergessen die Ursache für neue ausländische Übergriffe und damit neue Schmach erblickte. Auf diese Weise entstand ein Vokabular, das die Auseinandersetzung mit dem imperialistischen Ordnungssystem in den folgenden Jahren prägen sollte. War dieses vor allem durch eine negative Abgrenzung gegen den ausländischen Imperialismus gekennzeichnet, so wurde in den 1930er Jahren ein positives Gegenbild geschaffen, das den heroischen Widerstand der chinesischen Nation gegen den japanischen Aggressor in den Mittelpunkt rückte. Es liegt auf der Hand, dass diese Mythisierung mit der Realität der japanischen Besatzung nur wenige Berührungspunkte hatte und ihre Wirksamkeit gerade darin begründet lag, dass sie sich fernab vom Kriegsschauplatz entwickelte.

Die Praxis des antiimperialistischen Widerstands stützte sich auf das gesamte Repertoire des urbanen Protests, wie es sich nach der Jahrhundertwende entwickelte (vgl. Kap. 4.3.2): Massendemonstrationen, Protesttelegramme, Straßentheater und vieles mehr. Der Antiimperialismus war ein Teil der zivilgesellschaftlichen Mobilisierung, setzte dabei jedoch zugleich spezifische Akzente. Als besonders charakteristisches und wirkungsvolles Mittel im Kampf gegen den Imperialismus erwies sich jedoch der Boykott ausländischer Waren, der stark von der Idee der Importsubstitution beeinflusst war. Gerade weil sich Boykottbewegungen zumeist nur für eine bestimmte Zeit durchhalten ließen, bemühte sich die 1911 gegründete Chinesische Gesellschaft für den Schutz nationaler Produkte (*Zhonghua Guohuo Weichihui*) darum, eine längerfristige Bewegung für „nationale Produkte" am Leben zu halten. Eine dritte Kategorie von Aktivitäten bildeten Spendensammlungen, die oftmals in Fonds angelegt wurden und nicht zuletzt die Widerstandsaktionen am Leben erhalten sollten. Als Trägergruppen fungierten neben etablierten sozialen Organisationen wie Handelskammern und Erziehungsgesellschaften spezielle Organisationen, die jeweils aus aktuellem Anlass neu gegründet wurden. Ihr Ziel lag in der Überwindung des imperialistischen Ordnungssystems, aber ihr Widerstand richtete sich auch gegen die eigene Regierung, sofern diese zu Zugeständnissen an die imperialistischen Mächte bereit war, und gegen alle chinesischen Kollaborateure des Imperialismus.

Wenn es auch bereits in den 1880er Jahren zu lokalen Boykottaktionen gegen Ausländer kam, so stellte die antiamerikanische Boykottbewegung von 1905 den ersten landesweiten Protest dieser Art dar. Obwohl dieses Ereignis sich gegen die Verlängerung des Immigrationsverbots für Chinesen durch den US-Kongress und damit nur mittelbar gegen den ausländischen Imperialismus in China richtete, kam hier das Repertoire der antiimperialistischen Proteste erstmals zum Tragen. Bis zum Ende der Monarchie gab es zahlreiche weitere Proteste wegen Grenzzwischenfällen, Streitigkeiten um Hoheitsrechte und Misshandlungen von Chinesen durch Ausländer, aber auch gegen angebliche Pläne der Großmächte, China untereinander aufzuteilen. Die von Japan Anfang 1915 übermittelten 21 Forderungen an die chinesische Regierung boten nicht nur den Anlass für den ersten großen Protest der frühen Republikzeit, sondern führten zur Begründung einer neuen, erinnerungspolitischen Widerstandsform: Der 7. Mai als Tag des Ultimatums bzw. der 9. Mai als Tag von dessen Annahme wurden zu Tagen der nationalen Schmach erklärt. Diese Tage, deren Zahl sich bis 1928 um andere markante Daten aus der Geschichte des Imperialismus in China auf 26 vermehrte, wurden rasch zu einem wesentlichen Bestandteil des chinesischen Nationalismus. Zunächst ein dezentral organisiertes gesellschaftliches Ereignis, wurde ihre Organisation 1927 vom GMD-Staat übernommen und zentral geregelt. Die vierte Wiederkehr des 7. Mai 1915 bot den Hintergrund für die Initiierung der 4.-Mai-Bewegung, die Demonstrationen von bis dahin ungekanntem Ausmaß und wiederum einen antijapanischen Boykott beinhaltete. Gleiches lässt sich auch über die 30.-Mai-Bewegung von 1925 sagen. Zu diesem Zeitpunkt hatte sich unter sowjetischem Einfluss eine ausgesprochen breite Definition des Imperialismus entwickelt, die ausländische Waren und christliche Missionsschulen ebenso einschloss wie Warlords, korrupte Beamte und lokale Eliten. Im Zuge der Bauernbewegung Mitte der 1920er Jahre und später in den kommunistischen Sowjetgebieten wurden diese Vorstellungen auch auf dem Land verbreitet. Seit dem Angriff auf die Mandschurei 1931 geriet das expansionistische Japan, schon zuvor häufiger als alle anderen Staaten Ziel von Demonstrationen und Boykotten, ganz allein ins Visier antiimperialistischer Bestrebungen. Diese flackerten bis 1937 mehrfach auf und kamen während des Zweiten Weltkriegs praktisch nicht mehr zum Erliegen.

Die antiimperialistischen Bewegungen erfordern trotz ihrer scheinbar einfachen Botschaft eine differenzierte Bewertung. Erstens richteten sie sich nicht bloß gegen die Imperialisten selbst und deren angebliche oder tatsächliche Helfershelfer unter den Chinesen, sondern sie setzten in der Regel auch die allzu kompromissbereit erscheinende eigene Regierung unter Druck. Dies galt für die projapanischen Kräfte um Duan Qirui zwischen 1915 und 1919 ebenso wie für die GMD Jiang Kaisheks in den 1930er Jahren, als dieser der Vernichtung der Kommunisten Vorrang gegenüber der Bekämpfung Japans einräumte. Die Nationale Revolution Mitte der 1920er Jahre kann demgegenüber als Ausnahme gelten. Zweitens wurden die antiimperialistischen Aktivitäten von einer Koalition heterogener Kräfte getragen, und für manche der beteiligten Gruppen waren diese Aktivitäten nicht ausschließlich Selbstzweck, sondern ebenso ein Mittel zur Erreichung anderer Ziele. Besonders den Geschäftsleuten diente die Bewegung zur Förderung nationaler Produkte nicht nur zur Befreiung Chinas von den Imperialisten, sondern ebenso der Erlangung von Wettbewerbsvorteilen gegenüber unliebsamer Konkurrenz. Schließlich beanspruchten die antiimperialistischen Bewegungen die Definitionsmacht darüber, wer im Interesse der Nation handelte und wer nicht. Aus Sicht der Aktivisten mochte dieser Anspruch selbstverständlich sein; trotz ihres gewichtigen politischen Einflusses gab es unter den Zeitgenossen jedoch auch abweichende Meinungen. So glaubten viele projapanische Kollaborateure in der Zeit zwischen 1931 und 1945, im besten nationalen Interesse zu handeln, da China nur von seinem östlichen Nachbarn eine Wiederherstellung seiner Souveränität, der ostasiatischen kulturellen Werte und eine vollständige rassische Gleichberechtigung mit den Weißen erreichen könne. Letztlich war es der machtpolitische Sieg antiimperialistischer Kräfte, genauer gesagt der KPCh, der die Perspektive der antiimperialistischen Protestbewegungen in der Rückschau rechtfertigte und über das Ende des Imperialismus hinaus historische Geltung verschaffte.

6.1.4 Ende und Erbe des Imperialismus

Es ist schwer zu sagen, ab wann der Imperialismus in China nur noch einen Einflussfaktor auf Abruf darstellte. Seinen machtpolitischen und symbolischen Höhepunkt erreichte er mit der Boxerintervention von 1900-1901, deren Folgen China vor allem ökonomisch belasteten, aber dem Qing-Reich seine Handlungsfähigkeit beließen. Hingegen gipfelte der Finanzimperialismus erst in der Reorganisationsanleihe von 1913, die mit einem Umfang von 25 Millionen Pfund Sterling die größte und zugleich die letzte von einem internationalen Konsortium bereitgestellte Anleihe war. Mit ihrer Hilfe sollte Yuan Shikais Herrschaft stabilisiert und seine Regierung zum kooperativen Partner des Auslandes aufgebaut werden. Aber wie die Qing-Dynastie im letzten Jahrzehnt ihres Bestehens, so trat auch die frühe Republik den Begehrlichkeiten des Auslands sehr viel energischer entgegen, als dies noch in den 1890er Jahren möglich gewesen war.

Der tiefe Einschnitt, den der Erste Weltkrieg für den Imperialismus bedeutete, machte sich auch in China bemerkbar. Er fokussierte die politischen und militärischen Anstrengungen der Großmächte auf Europa und ließ am Ende nicht nur die Verlierer, sondern auch die Sieger ökonomisch ausgeblutet und politisch wie gesellschaftlich gespalten zurück. Zudem zerbrach die Einheitsfront der imperialistischen Mächte, die ungeachtet aller Rivalitäten bis 1914 weitgehend aufrechterhalten worden war. Der damit verbundene Prestigeverlust kann kaum überschätzt werden: Die Barbarei in den Schützengräben erschütterte den europäisch-nordamerikanischen Anspruch auf zivilisatorische Überlegenheit und gab damit antiimperialistischen Strömungen neuen Auftrieb. Sowohl die im Januar 1918 verkündeten 14 Punkte des US-Präsidenten Woodrow Wilson als Manifest nationaler Selbstbestimmung wie auch die revolutionäre Diplomatie Sowjetrusslands seit 1917 verstärkten diese Tendenz noch zusätzlich. Gleichzeitig brach mit dem Aufkommen der Warlord-Herrschaften auch das politische System Chinas auseinander.

Ansehensverlust und Schwächung der ausländischen Mächte, paradoxerweise aber auch die innenpolitische Fragmentierung Chinas stellten das *informal empire* zunehmend in Frage. Die Position der frühen republikanischen Regierungen, ausländischen Mächten keine einseitigen vertraglichen Privilegien mehr zu gewähren, wurde durch den Macht- und Ansehensverlust der Großmächte begünstigt. Zwischen der Gründung der Republik und der Pariser Friedenskonferenz lag eine Übergangsphase, in der sich diese Position noch nicht in jedem Fall durchsetzen ließ. Dass es der Schweiz 1918 als letztem Land gelang, einen ungleichen Vertrag mit China abzuschließen, hatte seinen Grund im Wunsch der chinesischen Regierung nach einer diplomatischen Vertretung in einem neutralen Land, die Informationen über die laufenden Friedensverhandlungen in Europa sammeln sollte. Bereits 1915 aber war in einem Vertrag mit Chile die heikle Frage der Exterritorialität ausgeklammert worden, und nach dem Ersten Weltkrieg gelang es der chinesischen Diplomatie, einer Reihe außereuropäischer sowie kleinerer europäischer Staaten wie Polen und der Tschechoslowakei die geforderten Vertragsprivilegien rundweg zu verweigern. Nachdem 1919 und 1920 Bolivien und Persien gleichberechtigte Verträge mit China geschlossen hatten, folgte 1921 das Deutsche Reich als erste ehemalige Vertragsmacht diesem Beispiel. Die in der Folge ausgesprochen gute Behandlung der Deutschen, die wesentlich zum Wiederaufstieg Weimar-Deutschlands zu einem wichtigen Handelspartner Chinas beitrug, sollte anderen Mächten einen Anreiz zur Vertragsrevision bieten. 1924 verzichtete die Sowjetunion wenigstens *de jure* ebenfalls auf alle vertraglichen Privilegien (vgl. Kap. 6.2.2).

Gleichzeitig zeigte sich, dass die bislang zur Aufrechterhaltung des *informal empire* angewandten Methoden der diplomatischen und militärischen Intervention nicht mehr wie gewohnt funktionierten. Mit dem Auseinanderbrechen Chinas in regionale Herrschaftsbereiche fehlte eine zentrale Anlaufstelle für Interventionen an der Spitze, während Eingriffe vor Ort an den oftmals anarchischen Verhältnissen, aber auch am zunehmenden nationalen Selbstbewusstsein der chinesischen Bevölkerung scheiterten. Gerade jene ausländischen Unternehmungen, die über ein weit verzweigtes Distributionsnetz innerhalb Chinas verfügten, ließen sich mit den herkömmlichen Mitteln der Interventionsdiplomatie nicht mehr schützen. Infolgedessen orientierten sich viele westliche Unternehmen mehr und mehr an den neuen Bedingungen bis hin zu gemischten chinesisch-ausländischen Firmen, einer Art Vorform der *joint ventures* seit Ende der 1970er Jahre. Beispielsweise kam es unter der GMD-Herrschaft in den 1930er Jahren zur Beteiligung chinesischer Machthaber an britischen Firmen.

Die Nationale Revolution mit ihren emotional überhitzten antiimperialistischen Bewegungen trieb die Entwicklung noch einen Schritt weiter und drängte die Vertragsmächte und ihre Staatsangehörigen zunehmend in die Enge. Nachdem bereits der große Kanton-Hongkong-Streik von Juni 1925 bis Oktober 1926 das wirtschaftliche Leben der britischen Kronkolonie fast vollständig zum Erliegen gebracht hatte, kam es während des Nordfeldzugs zu handfesten Ausschreitungen gegen die Ausländer: Anfang Januar 1927 besetzte eine aufgebrachte Volksmenge die britische Konzession in Hankou, die daraufhin umgehend an China zurückgegeben wurde. Nach der Einnahme von Nanjing Ende März wurden das britische und das amerikanische Konsulat sowie Missionseinrichtungen attackiert, wobei mehrere Ausländer zu Tode kamen. Zwar griffen britische und US-amerikanische Kanonenboote ein und beschossen die Stadt. Doch im Endergebnis veranlasste der „Nanjing-Zwischenfall“ einen großen Teil der Missionare (besonders Briten und Amerikaner), ihre Stationen im Landesinneren zu räumen und die christlichen Gemeinden ausschließlich einheimischen Christen anzuvertrauen.

Hatte die GMD während der Nationalen Revolution vehement die sofortige Aufhebung der ungleichen Verträge gefordert, so verfolgte sie seit der Bildung der Nationalregierung 1928 eine eher moderate, vorsichtige Politik und setzte auf bilaterale Verhandlungen. Sie konnte zunächst mit einer Reihe von Staaten Handelsverträge abschließen, die Chinas Zollhoheit in hohem Maße wiederherstellten. Als schwieriger erwies sich das Problem der Exterritorialität. Auch in dieser Frage konnte die Nanjing-Regierung einige Staaten zum Verzicht bewegen und gleichzeitig zwei der größten und als Haupthindernis betrachteten Länder, Großbritannien und die USA, an den Verhandlungstisch bringen, während es mit Frankreich nur zu einem schroffen Notenwechsel kam. Die einseitige Aufkündigung der Verträge zum 1. Januar 1930 durch die chinesische Nationalregierung richtete sich hingegen eher an innenpolitische Gegner Jiang Kaisheks und hatte auf den Verlauf der Gespräche kaum Einfluss. Diese kamen erst durch den japanischen Einmarsch in die Mandschurei im September 1931 zum Erliegen, und auch ein Teil der bis dahin geschlossenen Abmachungen zur Aufhebung ungleicher Verträge wurde nicht realisiert. Immerhin konnte die Nationalregierung einige Teilerfolge verbuchen, vor allem die Rückgabe des britischen Pachtgebiets Weihaiwei, der britischen Konzessionen in Zhenjiang (Jiangsu) und Xiamen sowie der belgischen Konzession in Tianjin. Noch weitaus wichtiger war die Tatsache, dass die vertraglichen Privilegien bereits Ende der 1920er Jahre in der Praxis derart ausgehöhlt waren, dass sie kaum noch ins Gewicht fielen und ihre Abschaffung nur noch eine Frage der Zeit war.

Allerdings verfolgte der japanische Imperialismus in seiner 1931 einsetzenden Hochphase nicht nur weiter reichende Ziele als die westlichen Mächte zuvor; ihm war auch mit den bewährten Mitteln des Antiimperialismus nicht beizukommen. Im Gegenteil veranlassten die Demonstrationen und Boykotte die in China ansässigen Japaner, ein härteres Einschreiten des Militärs zu fordern, und trugen damit zur Eskalation des schwelenden Konflikts bei. Nachdem dieser 1937 schließlich in einen offenen und umfassenden Krieg umgeschlagen war, zeigte sich die Jiang Kaishek im Zuge des Xi'an-Zwischenfalls abgetrotzte, brüchige Einheitsfront aus GMD und KPCh nicht in der Lage, die Japaner militärisch aus China zu vertreiben. Dazu bedurfte es erst des japanischen Angriffs auf Pearl Harbor im Dezember 1941 und des dadurch provozierten Eingreifens der USA auf dem asiatischen Kriegsschauplatz.

Nachdem die USA ebenso wie Großbritannien auf diese Weise zu unmittelbaren Verbündeten Chinas geworden waren, trug der Krieg dazu bei, das formelle Ende des Imperialismus in China zu beschleunigen. Beide Staaten erklärten sich im Oktober 1942 gegenüber der nach Chongqing geflüchteten Regierung Jiang Kaisheks zur Aufgabe aller Vertragsprivilegien bereit; am 11. Januar 1943 wurden die entsprechenden Verträge geschlossen. Zwischenzeitliche Unstimmigkeiten zwischen China und Großbritannien über den künftigen Status Hongkongs nutzte Japan, um zwei Tage vorher zugunsten der Kollaborationsregierung Wang Jingweis in Nanjing seinerseits auf alle Rechte aus den ungleichen Verträgen zu verzichten. Italien, dessen Privilegien von Chongqing schon seit 1940 nicht mehr anerkannt wurden, sowie Vichy-Frankreich verzichteten ebenfalls gegenüber Nanjing auf ihre Rechte. Für die kleineren Staaten, deren Wirtschaftsinteressen eher im japanisch besetzten Teil Chinas lagen, ergab sich durch die Existenz zweier konkurrierender chinesischer Regierungen ein Dilemma, das erst durch die Kriegsniederlage Japans gelöst werden konnte. Wie schon Ende der 1920er Jahre von der GMD-Regierung vorausgesehen, folgten die kleineren Länder dem Beispiel der Großmächte, so dass die Revision der ungleichen Verträge 1947 abgeschlossen werden konnte.

Als die einzigen Reste des Kolonialismus in China blieben die britische Kronkolonie Hongkong und das portugiesische Macau. Es ist wahrscheinlich, dass nach 1949 eine chinesische Inbesitznahme Hongkongs auch gegen britischen Widerstand nicht zu verhindern gewesen wäre. Die Volksrepublik hatte jedoch wegen der damit verbundenen wirtschaftlichen Vorteile Interesse am Erhalt des *status quo*. Während die Exporte aus Hongkong in die Volksrepublik zwischen 1950 und 1970 von 1,6 Mrd. auf 65 Mio. Hongkong-Dollar sanken, kletterten die Importe in umgekehrter Richtung von rund 780 Mio. auf mehr als 2,8 Mrd. Erst als sich das Auslaufen der Pachtverträge für die New Territories abzeichnete, schlossen China und Großbritannien 1984 ein Abkommen über die Rückgabe der gesamten Kolonie. Dieses folgte dem von der chinesischen Führung verkündeten Prinzip „ein Land, zwei Systeme" (*yi guo liang zhi*): Für einen Zeitraum von 50 Jahren wurde Hongkong als Sonderverwaltungszone der Fortbestand seiner kapitalistischen Wirtschafts- und Gesellschaftsordnung garantiert. Der Übergabeprozess war ein mit zahlreichen Konflikten gepflasterter Weg, vor allem weil der letzte britische Gouverneur Christopher Patten ab 1992 zahlreiche politische Reformen einleitete, die das koloniale System in eine parlamentarische Demokratie umwandeln sollten. Die termingerechte Übergabe zum 1. Juli 1997 stand jedoch niemals in Frage, und im Schatten der Lösung für Hongkong wurde mit Portugal eine ähnliche Regelung ausgehandelt, so dass Macau 1999 ebenfalls an China zurückfiel.

Die Geschichte von Imperialismus und Antiimperialismus endete in China jedoch weder 1949 noch 1999. Tatsächlich prägte sie als erfahrenes und inszeniertes kollektives Trauma die Volksrepublik von der kommunistischen Machtübernahme bis heute. Dabei erfüllte sie zwei Funktionen: Zum einen legitimierte sich die KPCh als diejenige Kraft, die den Imperialismus am konsequentesten bekämpft hatte. Die Leistungen der GMD wurden dabei aus politischer Rivalität bewusst missachtet. Zum anderen ließ sich der Imperialismusvorwurf propagandistisch auf neue außenpolitische Konfliktlagen übertragen, zunächst vor allem auf das Spannungsfeld zu den USA, später auch auf dasjenige zur Sowjetunion. Auch das von der Volksrepublik stets hochgehaltene Prinzip der Nichteinmischung in innere Angelegenheiten speist sich aus einem Diskurs über den Imperialismus. Dabei ist ein grundsätzlicher Wandel nicht zu übersehen: Nach der kommunistischen Machtergreifung wurden lange Zeit die heroischen Züge des antiimperialistischen Widerstandes in den Vordergrund gerückt. In Übereinstimmung mit der Legitimationsstrategie der kommunistischen Machthaber wurde somit die *Überwindung* des Imperialismus bzw. deren Vorgeschichte thematisiert. Diese Interpretation blieb bis Ende der 1980er Jahre gültig.

Als Staats- und Parteiführung sich nach der Niederschlagung der Demokratiebewegung von 1989 bemühten, das ideologische Vakuum durch eine Wiederbelebung des offiziell als „Patriotismus" (*aiguozhuyi*) bezeichneten Nationalismus zu füllen, erfuhr auch die Rolle des Imperialismus eine Neubewertung. Nunmehr lag der Akzent auf der Unterdrückung und Leidenserfahrung der chinesischen Bevölkerung und damit auf der *Opferrolle* Chinas. Nicht zufällig erschienen seit Anfang der 1990er Jahre zahlreiche Publikationen über die „nationale Schmach“. Dieser Begriff avancierte zum Leitmotiv einer Geschichtserzählung, die das Jahrhundert zwischen 1842 und 1945 als eine Kette fortgesetzter Demütigungen beschreibt. Die Erfahrungen des Zweiten Weltkriegs werden in diese Erzählung eingeordnet und erfahren besonders seit dem 60. Jahrestag des von Japanern verübten Massakers in Nanjing 1997 und dem Erscheinen des auch in China viel gelesenen Buches „The Rape of Nanking“ der chinesisch-amerikanischen Journalistin Iris Chang (Zhang Chunru) im selben Jahr erhöhte Aufmerksamkeit, die auch der bereits 1985 errichteten Gedenkstätte mit der eingeschriebenen, von der chinesischen Regierung offiziell festgelegten Opferzahl von 300.000 zugute kommt. Unter der Bevölkerung hat die Vergangenheitspolitik der Regierung so großen Widerhall erfahren, dass man hinter den nationalistischen Demonstrationen seit Ende der 1990er Jahre keineswegs wie bis zum Ende der Kulturrevolution die steuernde Hand von Partei und Staat vermuten muss. Vielmehr artikulieren die Protestierenden spontane patriotische Gefühle und greifen zugleich auf etablierte Widerstandsformen wie Demonstrationen und Boykotte ausländischer Waren zurück, wie bei den Protesten gegen den Beschuss der chinesischen Botschaft in Belgrad durch NATO-Flugzeuge 1999 und gegen die Zulassung japanischer Schulbücher, die angeblich die Kriegsgräuel des Zweiten Weltkriegs verharmlosen, im Frühjahr 2005. Das eigentliche Problem dieser nationalistischen Manifestationen liegt darin, dass die in Schwarzweiß gemalte historische Erfahrung des Imperialismus auf eine völlig gewandelte internationale Situation übertragen wird.

6.2 Organisationen, Allianzen, Rivalitäten: Chinas Integration in die internationale Gemeinschaft

Noch während China in die imperialistische Machtordnung eingebunden war, setzte eine zweite, gegenläufige Entwicklung ein, in deren Verlauf China als gleichberechtigtes Mitglied in die Staatengemeinschaft integriert wurde und schließlich den Status einer regionalen Vormacht, wenn nicht gar einer Weltmacht erreichte. Nach einer bis zum Ende des Ersten Weltkriegs reichenden Frühphase lassen sich drei wesentliche Etappen unterscheiden. Die Zeit zwischen 1919 und dem Ende der 1930er Jahre war geprägt von der chinesischen Enttäuschung über die auf der Pariser Friedenskonferenz etablierte internationale Ordnung und machte das Land zum natürlichen Verbündeten anderer „Verlierer“ dieser Ordnung, allen voran Sowjetrusslands und des Deutschen Reiches. Nachdem sich China seit dem Beginn des Krieges gegen Japan auf die USA hin orientiert hatte, wurde seine Entwicklung nach 1945 ganz wesentlich vom Kalten Krieg und der Notwendigkeit bestimmt, zwischen den rivalisierenden Supermächten USA und UdSSR seinen eigenen Weg finden zu müssen. Seit dem Ende des Kalten Krieges, das mit der Niederschlagung der Demokratiebewegung auf dem Tian'anmen-

Platz zusammenfiel, hat Chinas internationale Rolle, vor allem wegen seines zunehmenden weltwirtschaftlichen Gewichts und seines dramatisch gewachsenen militärischen Potentials, nochmals eine beträchtliche Aufwertung erfahren. Infolge einer in den 1990er Jahren aufgeheizten nationalistischen Rhetorik, die eher auf Unsicherheit über die eigene Rolle hindeutet, und aufgrund von Chinas Verwicklung in eine Reihe regionaler und globaler Konfliktherde hat diese Aufwertung jedoch nicht zu größerer Stabilität und Sicherheit beigetragen.

6.2.1 Neuorientierung und internationale Kooperation

Die Integration Chinas in eine internationale Gemeinschaft souveräner Nationalstaaten war eine Folgeerscheinung des Imperialismus. Gewiss gab es auch schon vor 1840 Abstufungen innerhalb jener hierarchischen, auf Tributbeziehungen zu China gegründeten ostasiatischen Weltordnung, die man als Analogie zur gleichfalls hierarchisch geordneten chinesischen Familie sehen kann. Grundsätzlich führte die Übernahme des chinesischen Kaiserthrons durch die „barbarischen“ Mandschu zu einer Pluralisierung des Gegensatzes zwischen Zivilisierten und Unzivilisierten, auf dem die Diplomatie aller ostasiatischen Staaten beruhte. Außerdem existierten Alternativen, wie die 1689 begründeten Beziehungen zu Russland deutlich zeigen. Aber erst der Imperialismus zwang China jene radikale Neudefinition seiner Stellung in der Welt auf, durch die aus der zumindest in der Theorie nach wie vor existierenden Universalmonarchie ein integrationsfähiger Nationalstaat wurde. Die Anfänge dieser Neuorientierung kann man um 1850 verorten, als das für die Tributbeziehungen zuständige Ritenministerium die klassischen Klientelstaaten wie Siam als im Vergleich zu neuen Akteuren wie Frankreich weniger bedeutend einzustufen begann – auch wenn noch bis etwa 1880 immer noch regelmäßige Tributgesandtschaften registriert wurden (die letzte kam 1908 aus Nepal).

Der Wandel in Chinas Außenbeziehungen beruhte auf einem fundamentalen, wenn auch nicht bewusst artikulierten Widerspruch: Einerseits drängten die ausländischen Mächte China in ihrem eigenen politischen, ökonomischen und kulturellen Interesse in ein Vasallenverhältnis und suchten seinen Überlegenheitsanspruch durch gezielte Demütigungen zu untergraben. Andererseits wurde dieses Vorgehen gerade mit der im Europa und Nordamerika des 19. Jahrhunderts selbstverständlich vorherrschenden Idee der Gleichberechtigung im Verkehr zwischen Staaten und Gesellschaften gerechtfertigt. In Verbindung mit der bereits geschilderten Aussicht auf eine Revision der ungleichen Verträge ergab sich damit für China und die Chinesen das realistische Fernziel eines gleichberechtigten Ranges innerhalb der nach europäischem Muster entworfenen, auf zwischenstaatlicher Gleichrangigkeit gegründeten „Familie der Nationen“.

Chinas Repräsentation innerhalb der Weltgemeinschaft beruhte auf einer Reihe institutioneller und symbolischer Veränderungen. Einige davon erfolgten auf den unmittelbaren Druck der imperialistischen Mächte hin. Hierzu gehörte vor allem die Verrechtlichung der internationalen Beziehungen mittels zwischenstaatlicher Verträge, die von der Qing-Dynastie bis dahin nur ansatzweise praktiziert worden war. Da die chinesischen Beamten in dem neuen System nur mehr operieren konnten, wenn sie sich die entsprechenden Rechtsvorstellungen aneigneten, ließen sie seit den 1860er Jahren völkerrechtliche Lehrbücher aus europäischen Sprachen ins Chinesische übersetzen. Ebenfalls auf Verlangen der Ausländer wurden besondere Behörden als Agenturen für die Abwicklung der diplomatischen Beziehungen mit den ausländischen Vertragsmächten geschaffen: 1860 zunächst das mit seinem abgekürzten Namen als *Zongli Yamen* bekannte Amt für die Verwaltung ausländischer Angelegenheiten, 1901 in Erfüllung des Boxerprotokolls ein regelrechtes Außenministerium (*Waiwubu*) mit Vorrang vor allen anderen Ministerien, wodurch die Außenbeziehungen Chinas auch symbolisch aufgewertet wurden.

Den Entschluss zur Errichtung der Gesandtschaft in Großbritannien 1876, der weitere feste diplomatische Vertretungen in anderen Staaten folgten, traf der chinesische Kaiserhof jedoch aus freien Stücken. Er wandte sich damit von der bislang geübten *ad-hoc*-Diplomatie ab, in deren Rahmen Studienkommissionen oder Sondermissionen zur Regelung spezifischer Probleme ins Ausland entsandt worden waren. Allerdings suchte Peking die Zahl seiner Botschaften in den ersten Jahrzehnten auf die wichtigsten Staaten Europas sowie die USA und Japan zu begrenzen und betraute seine Diplomaten nur selten mit unmittelbar politischen Aufgaben. Tendenziell fungierten sie eher als kulturelle Repräsentanten, beschafften Informationen über die westliche Welt, überwachten chinesische Studenten im Ausland, bemühten sich um den Schutz chinesischer Emigranten und fädelten besonders zu Beginn auch Rüstungskäufe ein. Erst im Zuge der Niederlage gegen Japan 1895 und des darauf folgenden Wettlaufs um Konzessionen begannen die chinesischen Gesandten eine aktivere Rolle zu spielen. In den Jahren bis zum Ersten Weltkrieg formierte sich eine Elite versierter Diplomaten, die wenigstens einen Teil ihrer Ausbildung im Ausland absolviert hatten. Mit der Einführung einer Eingangsprüfung im ersten Jahr der Republik wurde die Professionalisierung des auswärtigen Dienstes auf eine formale Grundlage gestellt.

Mit diesen institutionellen Reformen war auch eine symbolische Reorientierung verbunden. Der erzwungene Verzicht auf die bis ins 19. Jahrhundert üblichen Formen ostasiatischer Diplomatie, die die Anerkennung der chinesischen Oberhoheit zeremoniell überhöhten, ließ ein Vakuum entstehen. Dieses musste wieder gefüllt werden, indem China sich rituelle Attribute eines modernen Nationalstaats zulegte. Während das Qing-Reich bereits 1872 eine Flagge besaß, ließ es sich auf dem Gebiet der musikalischen Repräsentation mehr Zeit: Nachdem man Mitte der 1880er und Mitte der 1890er Jahre mit zwei Provisorien experimentiert hatte, wurde die erste offizielle Nationalhymne erst wenige Tage vor der Revolution von 1911 eingeführt. Beide Traditionen wurden von der Republik umgehend fortgeführt und erlangten eine eminente Bedeutung für die Bemühungen zur Erzeugung staatsbürgerlicher Loyalität und nationaler Integration.

Abb. 55: Ausländische Diplomaten beim Empfang anlässlich des 70. Geburtstags von Li Hongzhang 1892. Die Herkunftsländer der Gäste sind durch ihre Nationalflaggen repräsentiert. In der Mitte unter dem Kronleuchter ist auch die chinesische Fahne mit der Darstellung eines Drachen zu sehen, der sich nach der Sonne streckt.

Trotz dieser Formen praktischer und symbolischer Aneignung war an eine Gleichberechtigung in den bilateralen zwischenstaatlichen Beziehungen zu den ausländischen Vertragsmächten selbstverständlich nicht zu denken, so lange diese ungeachtet ihrer sonstigen Rivalitäten an der Einheitsfront des informellen Imperialismus festhielten. Multilaterale Projekte und kulturelle Aktivitäten waren daher zunächst erfolgversprechender und wurden seit etwa 1900 von der Qing-Diplomatie intensiver genutzt. So nahm China als einer von vier asiatischen Staaten – die anderen waren Persien, Siam und Japan – an den Haager Friedenskonferenzen von 1899 und 1907 teil. Dass der chinesische Vertreter bei der ersten Konferenz auf Weisung seiner Regierung unter mehreren Abkommen ausgerechnet die Landkriegsordnung nicht unterzeichnete, sollte China im folgenden Jahr während des Boxerkrieges allerdings teuer zu stehen kommen. Denn während der Intervention der acht verbündeten Mächte im Sommer 1900 nutzten deren Militärs die Nichtunterzeichnung als ein Argument zur Rechtfertigung der an Chinesen verübten Grausamkeiten und der rücksichtslosen Verhängung von Strafen. Dennoch unterzeichnete China bis zum Ende des Kaiserreiches 17 der insgesamt 22 Haager Konventionen.

Auch auf anderen Feldern zeigte sich das chinesische Bemühen um internationale Kooperation. 1904 trat der Qing-Hof beispielsweise der Genfer Konvention von 1864 bei und schuf damit die Voraussetzung für eine Mitgliedschaft im Roten Kreuz. Allerdings dauerte es noch einige Jahre bis zur Gründung einer selbständigen chinesischen Rot-Kreuz-Organisation, die schließlich 1912 vom Internationalen Komitee in Genf aufgenommen wurde. Ebenfalls 1904 nahm China in St. Louis zum ersten Mal offiziell an einer Weltausstellung teil. Im Jahre 1910 wurde sogar parallel zur Weltausstellung in London eine internationale Ausstellung in Nanjing organisiert, die zwar kein überragender Erfolg wurde, aber immerhin 14 andere Nationen anlockte. Vor dem Hintergrund des Imperialismus war es von besonderer symbolischer Tragweite, dass China 1909 die Ausrichtung der ersten Internationalen Opiumkonferenz in Shanghai übernahm. Auf dieser Tagung berieten die Vertreter von Staaten aus drei Kontinenten über eine mögliche Zusammenarbeit bei der Drogenbekämpfung. Auf einer drei Jahre später einberufenen Folgekonferenz in Den Haag einigten sich die Teilnehmer auf die beiden Grundsätze, den Export von Opium zu verbieten und den Anbau der Drogen innerhalb der eigenen Staatsgrenzen zu unterbinden. Die Bedeutung dieser Konferenzen für China ergab sich daraus, dass die Auseinandersetzung um das Opium am Beginn des Imperialismus gestanden hatte, andererseits der chinesische Opiumbedarf seit etwa 1880 vorwiegend aus heimischer Produktion gedeckt wurde. Mit Rücksicht auf die zunehmende öffentliche Agitation gegen die Droge hatte der Qing-Hof 1906 ein Anti-Opiumgesetz erlassen. Wie andere Ansätzen zur internationalen Kooperation stand auch die chinesische Drogenpolitik in engem Zusammenhang mit der Modernisierung des Landes. Ausmaß und Wirkung dieser frühen Internationalisierung sind bislang nur unzureichend erforscht, doch gibt es genug Anhaltspunkte dafür, dass sie sich mit dem Verweis auf das imperialistische System in China nicht hinreichend erklären lässt.

Der Beginn des Ersten Weltkriegs wurde schon von den chinesischen Zeitgenossen als tiefer Einschnitt gesehen, der Gefahren, aber auch die Chance zur Erlangung internationaler Gleichberechtigung mit sich brachte. Hatte doch Präsident Yuan Shikai bereits ein Jahr zuvor emphatisch die Aufgabe der chinesischen Isolation und den Eintritt seines Landes in die „Familie der Nationen“ verkündet. China begnügte sich daher nicht allein damit, ein Übergreifen der Kämpfe auf sein Territorium zu verhindern, sondern bemühte sich schon im August 1914 aktiv um den Kriegseintritt. Bei einem zweiten Vorstoß in dieser Richtung spielten dann auch innenpolitische Motive eine Rolle, da Yuan Shikai von diesem Schritt eine rasche Anerkennung seiner Kaiserherrschaft erwartete. Beide Male optierte China für die Entente, obwohl die Beziehungen zum Deutschen Reich während der Kriegsjahre sehr viel entspannter waren als zu Großbritannien und Frankreich. Nach dem Verlust Qingdaos war jedoch die deutsche Stellung in China stark geschwächt, während man von einer Kooperation mit den Ententemächten substanzielle Gegenleistungen erwarten konnte. Besonders die Regierung in Tōkyō widersetzte sich jedoch dem chinesischen Kriegseintritt, da sie hierdurch ihre Expansionsbestrebungen gefährdet sah. Da auch mehrere Angebote zur Stellung von Soldaten für die Entente ausgeschlagen wurden, beschränkte sich der chinesische Beitrag zum Krieg auf die Entsendung von insgesamt rund 150.000 Arbeitern nach Frankreich, Russland und Mesopotamien seit Mai 1916. Neben dem Ausheben von Gräben setzte man sie vor allem in der Rüstungsproduktion, als Hafenarbeiter bei der Entladung von Gütern und bei Munitionstransporten ein. Ihre trotz vielfacher rassistischer Diskriminierungen insgesamt hoch bewertete Arbeitsleistung machte Männer in Frankreich und Großbritannien für den Militärdienst frei und ist daher als bedeutsamer Beitrag zur Kriegführung der Ententemächte einzustufen. Zudem fielen rund 10.000 der chinesischen Arbeiter, da diese häufig in Lagern unweit der Front untergebracht waren.

Erst als die japanische Regierung ihre Ansprüche in China auf diplomatischem Wege abgesichert hatte, machte sie den Weg für den chinesischen Kriegseintritt frei. Nachdem die Mächte eine formelle Kriegserklärung Chinas an die Mittelmächte zur Vorbedingung für eine limitierte Modifikation der ungleichen Verträge erklärt hatten, brach die Zentralregierung in Peking im April 1917 ihre Beziehungen zu den Mittelmächten ab und ließ vier Monate später die Kriegserklärung folgen. Die Bedeutung dieses Schritts für die chinesische Öffentlichkeit lässt sich daran erkennen, dass die Gegenregierung in Guangzhou sich trotz ihrer Bedenken in einem ungewöhnlichen Akt politischer Solidarität dieser Kriegserklärung anschloss. Nach wie vor wünschten die Verbündeten jedoch keine chinesischen Streitkräfte in Europa, so dass sich der chinesische Kriegsbeitrag in der Aufkündigung aller Rechte Deutschlands und Österreich-Ungarns aus den ungleichen Verträgen, der Beschlagnahme deutschen und österreichischen Eigentums sowie dem Abbruch des Handels mit diesen Staaten erschöpfte. Militärisch griff China in den Krieg nicht ein, sondern setzte sich lediglich mit seinen mittelbaren Folgen auseinander, als es sich zwischen Mai 1918 und Juli 1920 an der alliierten Intervention in Sibirien beteiligte.

Dennoch gab die Kriegserklärung von 1917 China das Recht, auf der Pariser Friedenskonferenz als Siegermacht aufzutreten. An diesen Status knüpften sich innerhalb der politischen Elite, aber auch in einer größeren Öffentlichkeit ebenso gewaltige Hoffnungen wie an die Verheißung nationaler Selbstbestimmung in den 14 Punkten des US-Präsidenten Wilson. Bei den Friedensverhandlungen präsentierte die aus Vertretern der Nord- und Südregierung zusammengesetzte chinesische Delegation einen Forderungskatalog, der auf nichts weniger als eine vollständige Liquidierung des Imperialismus hinauslief: Aufhebung der Exterritorialität von Ausländern, Wiederherstellung der chinesischen Zollhoheit Chinas, Internationalisierung und langfristig Rückgabe aller ausländischen Konzessionen, Abzug aller fremden Truppen und Unterstellung der Eisenbahnen unter die Zentralregierung. Außerdem verlangte die chinesische Regierung die direkte Rückgabe der deutschen Rechte in Shandong an China.

Beide Ziele waren jedoch von vornherein unrealistisch. Keine der Siegermächte wollte ihre Privilegien in China aufgeben, so dass nur die Verlierer Deutschland und Österreich-Ungarn auf sie verzichten mussten (einschließlich ihrer Anteile aus der Boxerentschädigung). Die japanische Regierung hatte sich ihren Anspruch auf das eroberte Shandong nicht nur von allen Ententemächten mit Ausnahme der USA, sondern auch von China selbst bestätigen lassen. Die Angelsachsen wiederum waren in der Shandong-Frage zu Konzessionen an Japan bereit, nachdem sie den von China ausdrücklich unterstützten Vorstoß der japanischen Delegation zur Aufnahme eines Passus über die Rassengleichheit in die Satzung des geplanten Völkerbundes in einem höchst zweifelhaften Verfahren abgewehrt hatte. Angesichts der allgemeinen Empörung in China entschied sich die chinesische Regierung, nicht den Versailler Vertrag, sondern lediglich den Vertrag von St. Germain mit Österreich-Ungarn zu unterzeichnen. Die deutschen Rechte in Shandong erhielt China erst auf der Washingtoner Konferenz von 1921/22, die im Übrigen den territorialen *status quo* in Ostasien bestätigte, von Japan zurück.

Wie schon mehrfach betont, können die Proteste gegen die „nationale Erniedrigung" Chinas auf der Pariser Friedenskonferenz in ihren Folgen für die kulturelle und soziale Entwicklung Chinas kaum überschätzt werden. Dennoch beruhten sie insofern auf einer Fehleinschätzung, als die chinesische Delegation keineswegs auf der ganzen Linie gescheitert war. Die empörte Öffentlichkeit in China übersah, dass auf der Pariser Friedenskonferenz eine Lücke in die bisherige Einheitsfront der imperialistischen Staaten gebrochen wurde und die im Versailler Vertrag geschaffene Ordnung Spielräume schuf, die China eine Neuorientierung in der internationalen Staatenwelt ermöglichten.

6.2.2 Völkerbund, Konferenzdiplomatie und die Allianzen der „Verlierer" von Versailles

Bekanntlich stellte die auf der Pariser Friedenskonferenz geschaffene neue Ordnung die Sieger des Ersten Weltkriegs fast ebenso wenig zufrieden wie die Besiegten. In China lag dies an einem fundamentalen Widerspruch: Auf der einen Seite wurde das Land als Gründungsmitglied des Völkerbundes und Teilnehmer an wichtigen internationalen Konferenzen ein gleichberechtigtes Mitglied der internationalen Gemeinschaft. Auf der anderen Seite scheiterten in Paris sowohl die von der chinesischen Delegation unterstützten Bemühungen Japans um eine ideologisch-symbolische Gleichstellung in Form einer Erklärung zur Rassengleichheit wie die chinesischen Initiativen, durch die Aufhebung aller Sonderrechte aus den ungleichen Verträgen die juristische Gleichberechtigung innerhalb der internationalen Staatengemeinschaft zu erlangen. Da die neue Ordnung zudem die Bedeutung bilateraler zwischenstaatlicher Beziehungen keineswegs außer Kraft setzte, bot sich für China in erster Linie die Kooperation mit anderen „Verlierern" von Versailles als Ausweg an. Nach Lage der Dinge waren dies in erster Linie die Sowjetunion und das Deutsche Reich.

Die Mitgliedschaft im Völkerbund erbrachte für China, das von 1920 bis 1923 auch nichtständiges Mitglied des Völkerbundsrats war, ambivalente Resultate. Das zunächst verfolgte Ziel, die Genfer Organisation als Instrument zur Aufhebung der ungleichen Verträge zu nutzen, war von vornherein zum Scheitern verurteilt. Zwar enthielt die Völkerbundssatzung einen Artikel zur Revision unanwendbar gewordener Verträge, doch hätte dessen Inanspruchnahme durch China die gesamte Nachkriegsordnung auch in Europa in Frage stellen können. Entsprechende chinesische Vorstöße scheiterten besonders am Widerstand Frankreichs und Polens und waren vermutlich eher taktischer Natur. Hingegen waren das Völkerbundssekretariat ebenso wie einige Unterorganisationen von Beginn an daran interessiert, China zu einem Schwerpunkt internationaler kultureller, humanitärer und wirtschaftlicher Zusammenarbeit zu machen. Erste Ansätze zur Kooperation in den frühen 1920er Jahren wurden seit der Bildung der Nationalregierung durch die GMD 1928 intensiviert und mündeten schließlich 1931 in die Bildung einer eigenen Chinakommission des Völkerbundes. Aus Genf entsandte man Studienkommissionen oder einzelne Spezialisten nach China, um die dortigen Verhältnisse zu untersuchen und chinesische Institutionen zu beraten; einzelne Mitarbeiter wurden auch für längere Zeit im Lande stationiert. Umgekehrt wurde der Aufenthalt chinesischer Fachleute im Ausland gefördert. Nach einer mehrjährigen Planungsphase konzentrierte sich die Zusammenarbeit seit 1928 zunächst auf die Bildungsförderung durch den Austausch von Publikationen und Lehrpersonal sowie durch Vorschläge zur organisatorischen Reform des Erziehungssystems, ferner auf den Ausbau der modernen Medizin durch die Propagierung von Hygiene, Seuchenbekämpfung u. ä. Nach der Machtübernahme der GMD kam als dritter wichtiger Schwerpunkt die wissenschaftlich-technische Zusammenarbeit hinzu, beispielsweise durch Förderung von Straßenbau, Wasserregulierung und landwirtschaftlichen Projekten, aber auch durch Ratschläge für Verwaltungsreformen. So hatten Völkerbundsexperten Anfang der 1930er Jahre beträchtlichen Anteil an der Zentralisierung des chinesischen Gesundheitswesens sowie an der Gründung des Nationalen Wirtschaftsrats, der die Kooperation mit Genf weitgehend koordinierte. Mit diesen Maßnahmen leistete der Völkerbund einen beachtenswerten Beitrag zur Modernisierung Chinas. Umgekehrt sollte die Einrichtung einer internationalen Bibliothek in Genf den Westen mit besseren Informationen über China versorgen.

Mit dem japanischen Einmarsch in die Mandschurei im September 1931 rückte die Bedeutung des Völkerbundes als Instrument zur Regelung zwischenstaatlicher Konflikte wieder in den Vordergrund. Unmittelbar nach der Besetzung der Mandschurei durch die japanischen Truppen rief China den Völkerbund um Unterstützung an. Dieser schloss sich zunächst der von US-Außenminister Henry L. Stimson Anfang 1932 formulierten Doktrin an, derzufolge die USA (die dem Völkerbund nicht angehörten) die von Japan geschaffenen Veränderungen des territorialen *status quo* in China nicht anerkennen würden. Darüber hinaus wurde in Genf eine Untersuchungskommission unter dem britischen Kolonialbeamten und Diplomaten Lord Bulwer-Lytton eingesetzt, die sich im Frühjahr 1932 zu einer sechswöchigen Inspektion in die Mandschurei begab. Der im Herbst dem Völkerbundsrat und der Bundesversammlung vorgelegte Bericht der Lytton-Kommission bestätigte im Wesentlichen die chinesische Position, verhängte jedoch nur moralische Sanktionen gegen Japan. Hierin zeigten sich deutlich die Schwächen einer internationalen Organisation, die über keinerlei eigene Instrumente zur Durchsetzung ihrer Beschlüsse verfügte und damit völlig vom Willen ihrer Mitgliedstaaten abhing. Die Verweigerung einer gleichberechtigten Kooperation durch die Vertreter der Großmächte sowie ihre nach wie vor durch kolonialistisches Überlegenheitsdenken geprägte Sichtweise auf Ostasien verstärkten die strukturellen Probleme noch zusätzlich. Paradoxerweise war der Völkerbund bei der Vermittlung eines Waffenstillstands in den Kämpfen um Shanghai 1932 sogar erfolgreich. Seine Beschlüsse bezüglich der Mandschurei ignorierte die japanische Regierung jedoch und schuf durch ihre Austrittserklärung vom März 1933 einen Präzedenzfall, den ein halbes Jahr später das Deutsche Reich und 1937 auch Italien nachahmten.

Als Instrument für eine gleichberechtigte Integration Chinas in die internationale Gemeinschaft war der Völkerbund daher nur bedingt geeignet und keinesfalls ein Ersatz für bilaterale Partnerschaften. Bevorzugte Kooperationspartner der chinesischen Regierung und der politisch interessierte Öffentlichkeit Chinas waren dabei die Sowjetunion und das Deutsche Reich. Die deutschen Regierungen hielten sich jedoch trotz des Vertragsabschlusses von 1921 zunächst zurück, weil sie für ihr Hauptziel eines Wiedererstarkens in Europa auf die Kooperation mit Großbritannien oder Frankreich angewiesen waren und deshalb deren von den ungleichen Verträgen geprägte Interessen in China nicht unterlaufen konnten. Demgegenüber musste die Sowjetunion gerade wegen ihrer internationalen Isolierung keine solchen Rücksichten nehmen. Für die sowjetrussische Regierung sprach aus chinesischer Sicht zudem, dass sie in der sogenannten Karakhan-Erklärung vom 25. Juli 1919 aus freien Stücken die ungleichen Verträge für null und nichtig erklärt hatte. Allerdings wurde diese Verlautbarung in der Zeit des russischen Bürgerkriegs zwischen „Roten“ und „Weißen“ abgegeben und muss daher mit Vorsicht beurteilt werden.

In Wirklichkeit war die sowjetrussische Chinapolitik ein Konglomerat aus widerstreitenden Zielen und Konzepten: Einerseits war die sowjetrussische Führung bestrebt, die vom Zarenreich errungenen macht- und geopolitischen Positionen im Fernen Osten zu verteidigen, insbesondere die Kontrolle über die Ostchinesische Eisenbahn nach Vladivostok und die 1921 von sowjetischen Truppen besetzte Äußere Mongolei. Andererseits wollte sie ihre revolutionären Ziele durch die Unterstützung kommunistischer, aber auch nationalistischer antikolonialer Befreiungsbewegungen fördern. Diesen unterschiedlichen außenpolitischen Zielen entsprach eine Aufgabenteilung zwischen dem Volkskommissariat des Auswärtigen und der Kommunistischen Internationale, die freilich beide ihre Direktiven vom Politbüro der russischen Kommunistischen Partei erhielten. Gleichzeitig spiegelte sich die Mehrgleisigkeit sowjetischer Politik auch in der Vielfalt der Ansprechpartner in China. Die durch die Unterstützung der Komintern ins Leben gerufene KPCh blieb in den ersten Jahren ihres Bestehens ohne größeren politischen Einfluss, und Sun Yatsens Gegenregierung war international nicht anerkannt und obendrein vom geographischen Schwerpunkt sowjetischer Interessen weit entfernt. Die Bolschewisten verhandelten daher bis Mitte der 1920er Jahre auch mit der Pekinger Regierung als der legitimen Repräsentantin Chinas und nahmen mit ihr 1924 diplomatische Beziehungen auf. Dabei erreichten sie die Restitution russischer Liegenschaften in China und eine faktische Exterritorialität sowjetischer Geschäftsleute, die nunmehr in staatlichem Auftrag tätig waren und deshalb mit diplomatischer Immunität ausgestattet wurden. Dies war eine Milderung gegenüber den traditionellen imperialistischen Privilegien, aber keinesfalls eine Anerkennung der chinesischen Gleichberechtigung. Da Peking auf der 1919 versprochenen entschädigungslosen Rückgabe der Ostchinesischen Eisenbahn bestand, schloss die sowjetische Regierung im Herbst 1924 ein Geheimabkommen mit dem Beherrscher der Mandschurei Zhang Zuolin, das ihr die faktische Kontrolle über diese Bahnlinie sicherte. Daneben nahm die Sowjetführung mit Hilfe der Komintern Kontakte zu einigen der „fortschrittlicheren" Warlords Nord- und Mittelchinas auf und unterstützte sie zum Teil auch mit Waffenlieferungen. In China verfolgten die politischen Entscheidungsträger wie auch die öffentliche Meinung die scheinbar widersprüchliche sowjetische Politik durchaus mit Sorge.

Die 1923 zwischen Sun Yatsen und dem Komintern-Vertreter Adolf Joffe geschmiedete Allianz war deshalb weniger zwangsläufig, als sie im Rückblick wirkt, und sie war alles andere als frei von Spannungen. Sun stellte in den Verhandlungen harte Bedingungen, um seine Unabhängigkeit zu wahren, und die schließlich getroffene Vereinbarung, wonach die Kommunisten der GMD individuell beitreten sollten, bestätigte die politische Dominanz der Nationalisten. Dennoch schwelten sowohl innerhalb der Einheitsfront (nicht nur zwischen Kommunisten und Nationalisten, sondern auch innerhalb der „alten" GMD) Konflikte weiter.

Das Bündnis der nationalen Revolutionäre mit der Sowjetunion hatte für China eine Reihe von Auswirkungen. Noch vor seinem Zustandekommen hatten intellektuelle Kreise unter dem Eindruck der leninistischen Theorie einen ökonomisch orientierten Imperialismusbegriff in China eingeführt, der dann während der revolutionären Hochphase zwischen 1925 und 1927 massenwirksam verbreitet wurde. Rund 60 sowjetische Militärberater trugen wesentlich dazu bei, die Armee der GMD in ein ideologisch diszipliniertes, hoch motiviertes Kampfinstrument zu verwandeln. Einen Schlüssel zu dieser Transformation bildete die neu eingerichtete Institution politischer Führungsoffiziere, sogenannter Politkommissare, nach sowjetischem Vorbild, während die im eigentlichen Sinne politische Propaganda den chinesischen Partnern in GMD und KPCh überlassen wurde. Die militärische Ausbildungsstätte der GMD, die Huangpu (Whampoa)-Akademie, wurde fast vollständig mit sowjetischen Geldern finanziert; sowjetische Instrukteure bildeten einen Teil des Lehrpersonals. Schließlich wurde der Nordfeldzug der mit sowjetischen Waffen ausgerüsteten Nationalrevolutionären Armee Jiang Kaisheks wesentlich von Jiangs sowjetischen Militärberatern, allen voran Vassilij K. Bljucher, geplant.

Seine langfristige Wirkung entfaltete das sowjetische Bündnis vor allem im Bereich der politischen Kultur. Die Reorganisation der GMD als leninistische Kaderpartei lag in erster Linie in den Händen von Sun Yatsens politischem Berater Michail M. Borodin. Zur Kaderausbildung wurde in Moskau eine eigene Ausbildungsstätte eingerichtet, die Sun-Yatsen-Universität. Das von Borodin eingeführte Prinzip des demokratischen Zentralismus hatte in der GMD noch Bestand, als sich die Partei ideologisch längst vom Kommunismus distanziert hatte. Auch die nationalistischen Strategien der ideologischen Massenmobilisierung und -kontrolle hatten ihre Wurzeln in der Kooperation mit der Sowjetunion. Dass die KPCh dem Vorbild ihrer sowjetischen Schwesterpartei folgen würde, war eher zu erwarten. Nach dem Debakel von 1927, das Stalin vollkommen überrascht hatte, empfahl das Exekutivkomitee der Komintern (EKKI) den chinesischen Kommunisten sogar eine ländliche Partisanenstrategie, die dem von Mao entwickelten Konzept relativ nahe kam. Dennoch lockerte sich nach 1931 der Einfluss der Komintern auf die KPCh, vor allem weil sich immer mehr zeigte, dass man in Moskau die tatsächliche Lage in den chinesischen Sowjetgebieten keinesfalls realistisch beurteilen konnte. Nachdem der Lange Marsch 1935 die Verbindungen zwischen KPCh und Komintern völlig unterbrochen hatte, blieb die Sowjetunion für die neue Führung in Yan'an ein wichtiger, aber in seiner Bedeutung deutlich reduzierter Faktor.

Als die GMD 1927 mit der ersten Einheitsfront zugleich das Bündnis mit der Moskauer Führung aufkündigte, musste sie sich nach neuen Verbündeten umsehen. Hierfür schien das Deutsche Reich als weiterer Außenseiter des Versailler Systems und wegen des Verzichts auf seine imperialistischen Privilegien im Vertrag von 1921 besonders geeignet. Seit der nationalsozialistischen Machtergreifung zu Beginn des Jahres 1933 bot Deutschland außerdem ein in Ostasien, nicht nur in China, mit Bewunderung und Sympathie verfolgtes Modell für einen scheinbar erfolgreichen nationalen Wiederaufstieg. GMD-Ideologen entdeckten nun eine Wahlverwandtschaft mit der deutschen (in geringerem Maße auch mit der italienischen) Spielart des Faschismus, von der sie sich eine geistige Erneuerung erhofften. Für Deutschland lagen die Vorteile besonders im militärischen Bereich: China war infolge des Bürgerkriegs in den 1920er Jahren weltweit einer der größten Abnehmer von Waffen; es ließ sich in die Strategie der Reichswehr und der Rüstungsindustrie integrieren, die militärischen Beschränkungen des Versailler Vertrags durch Kooperation mit Partnern im Ausland zu unterlaufen; schließlich verfügte es über rüstungswichtige Bodenschätze wie Wolfram und Antimon.

Ähnlich wie im Fall der Sowjetunion konzentrierten sich die Interessen Deutschlands zunächst vorwiegend auf Nordchina. Bei der Erholung des deutschen Chinahandels seit dem Vertragsschluss von 1921 spielte der Transit von Waffen aus nichtdeutscher Produktion eine bedeutende Rolle, ehe er 1928 durch ein spezielles Reichsgesetz über den Waffenhandel nach China unterbunden wurde. Beliefert wurden jedoch in erster Linie die nord- und zentralchinesischen Warlords. Obwohl Sun Yatsen von 1917 bis zu seinem Tod dem Deutschen Reich eine Reihe von Offerten unterbreitet hatte, konnte er dessen Interesse nicht in hinreichendem Maße wecken. Erst Jiang Kaishek gelang es nach der Entlassung der sowjetischen Berater 1927, ehemalige Offiziere als Militärberater anzuwerben. Dieser Schritt wurde vom Auswärtigen Amt in Berlin missbilligt, vom Reichswehrministerium jedoch spätestens seit 1930 gefördert. Während die ersten Berater als Privatpersonen in chinesische Dienste traten, waren als Folge der stärkeren Unterstützung durch deutsche militärische Kreise später auch aktive Reichswehroffiziere für die Nanjing-Regierung tätig. Prominenteste Mitglieder der deutschen Beraterschaft, die insgesamt über 130 Personen umfasste und zu der neben Militärs auch zivile Experten gehörten, waren der ehemalige Chef der Heeresleitung, Generaloberst Hans von Seeckt, sowie der spätere Militärbefehlshaber im besetzten Belgien und Nordfrankreich, General Alexander von Falkenhausen. Auch wenn eine direkte Beteiligung der Berater an militärischen Aktionen gegen die Kommunisten und später die Japaner von der chinesischen Regierung offiziell dementiert wurde, so waren sie doch an der Ausarbeitung der jeweiligen Strategie beteiligt und hielten sich auch teilweise an der Front auf. Ihre Hauptaufgabe bestand jedoch in der Ausbildung chinesischer Offiziere.

Mehr als die chinesische Zusammenarbeit mit der Sowjetunion entfaltete sich diejenige mit Deutschland auch in den Bereichen Wirtschaft und Kultur. Dabei steht außer Frage, dass die ökonomischen Beziehungen zwischen beiden Ländern von den politischen enorm profitierten. Zwischen 1929 und 1936 schoss der deutsche Anteil am Chinahandel explosionsartig in die Höhe und katapultierte Deutschland bei den Importen nach China auf Platz zwei hinter den USA, aber vor Großbritannien und Japan. Gleichzeitig verdrängte das Deutsche Reich Großbritannien auch als drittgrößten Abnehmer chinesischer Produkte. Für Deutschland wiederum war China der drittgrößte Handelspartner außerhalb Europas. Über diesen quantitativen Aspekt hinaus waren die Strukturen der deutsch-chinesischen Wirtschaftsbeziehungen von Bedeutung. In Zusammenarbeit mit der deutschen Seite entwickelte das GMD-Regime eine neue Strategie für den Umgang mit Auslandsinvestitionen, der seinem Ziel entsprach, ausländisches Kapital gleichzeitig anzulocken und zu kontrollieren. Dabei kam den Chinesen entgegen, dass die Deutschen ebenso wie sie selbst auf eine Kombination aus staatlicher Planung und Privatkapital setzten. Auf der chinesischen Seite hatte dabei die Nationale Ressourcenkommission, auf der deutschen die halbamtliche, 1934 gegründete und der Reichswehr unterstellte Handelsgesellschaft für Industrielle Produkte (HAPRO) die Federführung, besonders bei der im HAPRO-Vertrag vom April 1936 vereinbarten Organisation von Tauschgeschäften deutscher Rüstungsgüter, Fertigungsanlagen und Verkehrstechnik (Eisenbahnen, Hafeninstallationen) gegen kriegswichtige Rohstoffe aus China. Darüber hinaus wurden zahlreiche *joint ventures* gegründet, in denen nicht – wie bis dahin üblich – chinesischen Beteiligten lediglich der Status eines Juniorpartners eingeräumt wurde. Diese Gemeinschaftsunternehmen konnten drei verschiedene Formen annehmen: erstens Vergabe staatlicher Aufträge an ausländische Vertragsnehmer, zweitens Zusammenführung privaten chinesischen und deutschen Kapitals unter der Aufsicht der China Development

Finance Corporation und drittens Bereitstellung von Baumaterial sowie Beratung und Ausbildung von Technikern für chinesische Staatsunternehmen durch deutsche Firmen. Während die zweite Form insofern zukunftweisend war, als sie in den 1980er Jahren von der Volksrepublik wieder aufgegriffen wurde, war die dritte gegen Ende der Nanjing-Dekade die weitaus häufigste und nahm oft ebenfalls den Charakter von Tauschgeschäften an.

Ein frühes *joint venture*

Bereits am 2. Februar 1930 schlossen die Lufthansa und das chinesische Verkehrsministerium einen Vertrag über die Errichtung eines gemeinsamen Luftpostunternehmens, der Europäisch-Asiatischen Luftpost-Aktiengesellschaft. Im Gegensatz zu den bislang üblichen Abmachungen verblieb diesmal die Kontrolle im Wesentlichen bei der chinesischen Seite. Diese sollte zwei Drittel des Stammkapitals von drei Millionen Yuan aufbringen und erhielt dadurch eine Zweidrittelmehrheit in Vorstand und Aufsichtsrat des Unternehmens. Zudem sollte bei Meinungsverschiedenheiten nicht der deutsche, sondern der chinesische Vertragstext maßgeblich sein.
Die Europäisch-Asiatische Luftpost-Aktiengesellschaft konnte sich in der Folgezeit allerdings nur einen kleinen Anteil am chinesischen Markt sichern. Die eigentliche Bedeutung des Abkommens liegt deshalb darin, dass es die letztlich erfolgreichere amerikanische Konkurrenz trotz der noch bestehenden ungleichen Verträge dazu zwang, sich mit den Chinesen auf die gleichen Bedingungen zu einigen.

(Literatur: Bodo Wiethoff, Luftverkehr in China 1928-1949. Materialien zu einem untauglichen Modernisierungsversuch. Wiesbaden: Harrassowitz 1975, S. 264-269.)

Unterfüttert wurde die wirtschaftliche Kooperation durch vielfältige Formen kultureller Aktivität. Zum Austausch von Informationen über das jeweils andere Land wurde eine Reihe von Institutionen gegründet, allen voran 1931 die China-Studienkommission als Kontaktstelle für wirtschaftliche Fragen sowie im selben Jahr – auf chinesische Initiative – das Deutschland-Institut in Beiping, wie Peking unter den Nationalisten von 1928 bis 1949 hieß. Seit Anfang der 1930er Jahre erschienen in China zahlreiche neue deutschsprachige Zeitungen. Unter den zahlreichen deutschen Bildungsinstitutionen nahm die 1907 gegründete Tongji-Universität in Shanghai den Spitzenplatz ein; sie wurde seit 1927 als dem Erziehungsministerium in Nanjing unterstehendes deutsch-chinesisches Gemeinschaftsunternehmen geführt. Für chinesische Auslandsstudenten, vorzugsweise solche aus technischen Fachrichtungen, war Deutschland ein wichtiges Zielland, dessen Bedeutung sich allerdings mit derjenigen Japans und der USA keineswegs messen konnte.

Wie stark diese vielfältigen Aktivitäten von der Verständigung auf Regierungsebene abhingen, zeigte sich nach dem Beginn des chinesisch-japanischen Kriegs 1937. Deutschland arbeitete nicht nur mit China eng zusammen, sondern war mit Japan durch den Antikominternpakt vom 25. November 1936 verbündet und hatte obendrein ein weiteres halbes Jahr zuvor ein Handelsabkommen mit Manzhou-

Abb. 56: Das Hauptgebäude der Tongji-Universität Ende der 1920er Jahre. Die 1907 als deutsche Sprach-, Medizin- und technische Hochschule für Chinesen gegründete Einrichtung war in den 1930er Jahren ein wichtiges Zentrum der deutsch-chinesischen Zusammenarbeit.

guo geschlossen. In diesem Dilemma optierte die deutsche Führung schließlich für Tōkyō, berief im Mai 1938 die deutsche Beraterschaft ab und erkannte Manzhouguo an; Ende November 1941 trat Wang Jingweis Regierung dem Antikominternpakt bei und rückte damit an die deutsche Seite. Jiang Kaisheks Nationalregierung zog daraus die Konsequenz und erklärte Deutschland zwei Tage nach dem japanischen Überfall auf Pearl Harbor den Krieg. Damit schuf die Kriegssituation eine neue Konstellation, indem neben einer eher kurzfristigen Wiederannäherung an die Sowjetunion die bislang freundlichen, aber dennoch zögerlichen USA zum neuen Hauptverbündeten der Republik China wurden. Die USA gewährten materielle Unterstützung im Rahmen ihres Lend-Lease-Programms, leisteten Beiträge zum wirtschaftlichen Wiederaufbau und lieferten dringend benötigte Lebensmittel und Hilfsgüter, um die materielle Not der Kriegsjahre zu lindern. Im Verlauf des Krieges wurde nicht nur der Imperialismus in China endgültig liquidiert, sondern auch eine neue Weltordnung begründet, in deren Rahmen die Suche Chinas nach seinem Platz in der Welt stattfinden musste.

6.2.3 Der Kalte Krieg

In den Jahren zwischen 1945 und 1989 wurde Chinas Stellung in der Welt wesentlich von der Konfrontation zwischen den neuen Supermächten USA und UdSSR sowie der von ihnen kontrollierten Machtblöcke bestimmt. China war eines der durch den Kalten Krieg geteilten Länder, wobei die Asymmetrie zwischen den beiden politischen Einheiten, die sich als die legitimen Vertretungen des gesamten Landes betrachteten, nirgends größer war als in diesem Fall: Auf der einen Seite stand die kommunistische Volksrepublik mit ihrer ungeheuren Landesfläche und ihren um 1950 rund 550 Millionen Einwohnern, auf der anderen die Republik China auf Taiwan, etwa so groß wie Holland und zur selben Zeit von acht Millionen Menschen bewohnt. Hingegen war hinsichtlich der internationalen Repräsentation zunächst Taiwan im Vorteil: Die chinesische Nationalregierung war 1945 auf amerikanischen Wunsch nicht nur Gründungsmitglied der UNO geworden, sondern hatte auch einen Sitz in deren Sicherheitsrat und damit die faktische wie symbolische Anerkennung als eine der Großmächte erhalten, die zukünftig die Weltordnung bestimmen sollten. Dass sie nach ihrer Bürgerkriegsniederlage von ihrer kleinen Inselrepublik aus mit amerikanischer Unterstützung diesen Status wahren konnte, zeigt, wie sehr die Rolle Chinas als Mitglied der internationalen Staatengemeinschaft jetzt – im Gegensatz zur Zwischenkriegszeit – von seinen bilateralen Beziehungen zu den führenden Weltmächten geprägt war. Erst die zahlenmäßige Verdopplung der UNO-Mitgliedstaaten im Zuge der Dekolonisierungswelle in den 1960er Jahren schuf die Voraussetzung für die Aufnahme der Volksrepublik China und den gleichzeitigen Ausschluss der Republik China im Herbst 1971.

Während Taiwan zudem seit 1950 stets auf den Schutz der USA angewiesen war und daher vergleichsweise geringe Handlungsspielräume hatte, profitierte die Volksrepublik von der deutlich verbesserten internationalen Position Chinas 1945. Sie erntete damit in gewisser Weise die Früchte, die die Nationalregierung durch ihre Beteiligung am Zweiten Weltkrieg gesät hatte: China gehörte zu den Siegermächten, wenn es auch nur im zweiten Glied stand. Vor allem aber war die Behinderung seiner Außenbeziehungen durch die ungleichen Verträge weggefallen. Die Volksrepublik konnte daher in den folgenden Jahren, je nach dem Stand ihrer Außenbeziehungen und der internationalen Politik insgesamt, zwischen einer Reihe unterschiedlicher Beziehungsmuster wählen: Sie konnte sich an die Sowjetunion anlehnen, ein gutes Verhältnis zu den USA anstreben oder zwischen beiden einen dritten Kurs verfolgen. In allen Fällen handelte es sich nicht ausschließlich um Beziehungen zwischen Regierungen, sondern zugleich auch um gesellschaftliche bzw. interkulturelle Kontakte.

Obwohl die Allianzen zwischen GMD und USA einerseits, KPCh und Sowjetunion andererseits durchaus folgerichtig zu sein schienen, war der Weg in diese Konstellation bei Kriegsende keineswegs vorgezeichnet. Alle vier Akteure verfolgten innerhalb des außenpolitischen Kräfteverhältnisses ihre eigenen Interessen. Die rivalisierenden Regimes der GMD in Nanjing und der KPCh in Yan'an rangen um die alleinige Herrschaft in China. Den USA ging es primär darum, ihre in der Zwischenkriegszeit errungene wirtschaftliche und kulturelle Dominanz auch nach dem Ende der ungleichen Verträge zu behaupten. Insbesondere amerikanische Wirtschaftskreise strebten weitgehende Privilegien an, die an die Zeit des Imperialismus erinnerten. Dabei wurde vorausgesetzt, dass sich in China eine kapitalistische freie Marktwirtschaft durchsetzen müsse, während in der Praxis die Wirtschaftshilfe von USA und UNO eher die ökonomische Rolle des Staates stärkte. Schließlich suchten die Amerikaner einen zuverlässigen Verbündeten im Fernen

Osten, der zur Stabilisierung der Region beitragen konnte. Demgegenüber knüpfte die Sowjetunion an ihre Politik der 1920er Jahren an und bemühte sich um eine Wiederherstellung des russischen Einflusses im Fernen Osten. Damit verband sich zugleich der Wunsch nach Sicherheitsgarantien gegen ein Wiedererstarken des besiegten Japan.

Die Suche nach Bündnispartnern erwies sich für alle Seiten als schwierig: Zwar sahen sich die USA vorrangig der GMD Jiang Kaisheks verpflichtet, aber schon während des Krieges waren Zweifel an seiner Zuverlässigkeit laut geworden. Und während ein Teil der amerikanischen Medien China als künftige Demokratie mit enger Anlehnung an die USA pries, betrachteten manche Experten die kommunistische Herrschaft als kompetenter und effizienter als das in ihren Augen korrupte GMD-Regime. Die Versuche der USA, durch die Vermittlung zwischen den Konfliktparteien und die Bildung einer Koalitionsregierung mit der KPCh als Juniorpartner den drohenden Bürgerkrieg zu verhindern, wurden durch dieses Misstrauen nicht eben erleichtert. Die beiden Sondermissionen unter Botschafter Hurley 1945 und General Marshall 1946/47 scheiterten an den unvereinbaren Positionen der Bürgerkriegsparteien.

Zur gleichen Zeit betrieb die sowjetische Führung unter Stalin in China ein raffiniertes Doppelspiel, da sie die Fähigkeit der chinesischen Kommunisten zu einem erfolgreichen Kampf gegen die GMD unterschätzte. Auf der einen Seite schloss die Sowjetunion im August 1945 einen Vertrag mit der Nationalregierung, der die russischen Privilegien aus der Zeit vor 1905 wenn nicht *de jure*, so doch faktisch wiederherstellte. Vor allem erhielt Moskau auf 30 Jahre die Kontrolle über die beiden großen mandschurischen Eisenbahnlinien sowie über einen gemeinsamen sowjetisch-chinesischen Flottenstützpunkt in Lüshun (Port Arthur). Auf der anderen Seite verhinderten die Sowjets, die beim Kriegseintritt gegen Japan die Mandschurei besetzt hatten, die von den USA mit Lufttransporten von GMD-Soldaten unterstützte Inbesitznahme dieser Region durch die Nationalregierung – möglicherweise mit dem Hintergedanken, hier ein abhängiges kommunistisches Satellitenregime zu errichten. Auf diese Weise fiel der Nordosten Chinas nach dem sowjetischen Truppenabzug im März 1946 in die Hände der chinesischen Kommunisten und diente ihnen als Basis für ihren Sieg im Bürgerkrieg.

Je mehr sich der Erfolg der Kommunisten abzeichnete, umso mehr klärten sich auch die Fronten. Die sowjetische Führung orientierte sich deutlicher zur KPCh hin und stattete die Volksbefreiungsarmee in der Mandschurei bereits 1946/47 mit modernen sowjetischen Waffen aus, während der Gesamtumfang ihrer Hilfsleistungen bis Anfang 1949 eher bescheiden blieb. Demgegenüber legten die lange Zeit schwankenden USA 1948 wieder ein umfangreiches finanzielles Hilfsprogramm für die GMD-Regierung auf, von dem allerdings bis zum endgültigen kommunistischen Sieg nur ein kleiner Teil China tatsächlich erreichte. Angesichts des Scheiterns der amerikanischen Chinapolitik wurde schon von Zeitgenossen die Frage nach alternativen, größeren Erfolg versprechenden Strategien aufgeworfen. Jedoch hätten die USA bei einer stärkeren Unterstützung der chinesischen Kommunisten wohl kaum, wie angestrebt, ihre Dominanz in China wahren können. Angesichts der gigantischen Aufbauarbeit und der angespannten wirtschaftlichen Lage war die KPCh zwar weiterhin an wirtschaftlichen Kontakten mit dem westlichen Ausland interessiert. Eine engere Zusammenarbeit mit den USA schloss sie aufgrund der Verschiedenheit der politisch-gesellschaftlichen Konzeptionen jedoch aus. Die von Mao noch vor der Proklamation der Volksrepublik verkündete Politik der „Anlehnung an eine Seite“ (*yibiandao*), nämlich an die Sowjetunion, war insofern nur konsequent.

Die sowjetisch-chinesische Allianz erwies sich bis Ende der 1950er Jahre denn auch als vergleichsweise stabil. Trotz mancher Nadelstiche Stalins fand sich die chinesische Führung recht gut in die Rolle eines Juniorpartners, zumal China im Rahmen der ökonomischen Zusammenarbeit primär als Empfänger-, die Sowjetunion als Geberland auftrat. Der Freundschafts- und Beistandspakt vom Februar 1950, der nach dem einzigen persönlichen Treffen Maos und Stalins in Moskau geschlossen wurde, bestätigte zwar die sowjetischen Interessen in Zentralasien, besonders in der nun von China endgültig als unabhängig anerkannten Mongolischen Volksrepublik (vgl. Kap. 6.3.3). Andererseits sah er die fast vollständige Rückgabe der sowjetischen Sonderrechte in der Mandschurei bis 1952 vor, die allerdings erst 1955 von Stalins Nachfolgern verwirklicht wurde. Das gleichzeitig geschlossene Kreditabkommen über 300 Millionen US-Dollar beinhaltete jedoch einen für die chinesische Seite unvorteilhaften Umrechnungskurs, so dass China für seine Importe aus der Sowjetunion überhöhte Preise zahlte und im Gegenzug für seine Exporte zu wenig erhielt. Zudem wurden die paritätisch besetzten sowjetisch-chinesischen Handelsgesellschaften besonders in der Anfangsphase von den Sowjetvertretern dominiert, da die Volksrepublik noch über zu wenig qualifiziertes Personal verfügte. Dass die Volksrepublik China insgesamt ungünstiger behandelt wurde als die kommunistischen Satellitenstaaten Osteuropas, zeigt, dass China in der sowjetischen Politik keinesfalls Priorität genoss. Umgekehrt hatte die Führung in Peking von vornherein nicht die Absicht, sich allzu sehr von der Sowjetunion abhängig zu machen. So trat die Volksrepublik China beispielsweise nicht dem Rat für gegenseitige Wirtschaftshilfe (RGW) bei, sondern begnügte sich mit einem Beobachterstatus. Das erkennbare Konfliktpotential wurde aber durch eine Reihe von Berührungspunkten zwischen beiden Ländern abgemildert: einen hinreichenden Vorrat an ideologischen Gemeinsamkeiten und eine sehr ähnliche politische Kultur, die Übereinstimmung hinsichtlich der Notwendigkeit, neue Formen zwischenstaatlicher Beziehungen sowie eine staatliche Kontrolle über den Außenhandel zu etablieren, und schließlich das Bewusstsein eines unversöhnlichen Gegensatzes zwischen dem kommunistischen und dem bürgerlich-kapitalistischen Lager.

Demgegenüber gingen die USA – im Gegensatz zur Auffassung anderer westlicher Regierungen – seit dem Frühjahr 1950 auf Konfrontationskurs zur Volksrepublik. Auslöser dieser neuen Politik war neben der mit dem Namen von Senator Joseph McCarthy verbundene Kommunistenfurcht vor allem der Beginn des Koreakrieges, den Nordkorea von Anfang an mit Hilfe von chinesischen Militärs und mit sowjetischer Rückendeckung führte. War noch 1949 die amerikanische Unterstützung für das GMD-Regime stark zurückgefahren worden, so dass zumindest eine Arbeitsbeziehung zwischen Washington und Peking im Bereich des Möglichen lag, so traf die US-Regierung nunmehr eine Reihe weitreichender Entscheidungen: Erstens rettete sie durch die Entsendung der Siebten US-Flotte in die Taiwan-Straße unmittelbar nach Kriegsausbruch nicht nur die von der GMD fortgesetzte Republik China vor einer möglichen Invasion vom Festland, sondern zementierte – zumindest aus festlandschinesischer Perspektive – die Teilung Chinas. Die abweichende Haltung von Teilen der alteingesessenen Taiwanesen blieb in dieser Perspektive unberücksichtigt (vgl. Kap. 6.3.1). In den beiden Taiwan-Krisen von 1954/55 und 1958 testete die Volksrepublik durch Beschuss der unmittelbar vor dem Festland gelegenen, aber zur Republik China gehörigen Inseln Jinmen (Quemoy) und Mazu die Sicherheitsgarantie der USA für Taiwan. Da seitens der US-Regierung von Präsident Eisenhower beide Male die bereits in der Endphase des Koreakriegs geäußerte Drohung mit einem Nuklearwaffeneinsatz wiederholt wurde, musste Peking beide Male einen Rückzieher machen. Zudem schloss Washington während und nach dem Ende des Koreakriegs im Zuge seiner antikommunistischen Eindämmungsstrategie bilaterale Bündnisverträge mit Japan, Taiwan sowie einer Reihe südostasiatischer Staaten und organisierte zwei regionale Verteidigungsbündnisse in Ozeanien und Südostasien. Schließlich verhängte die UNO bereits 1951 auf Drängen der USA ein Wirtschaftsembargo gegen die Volksrepublik China, schnitt sie damit auf lange Sicht vom Handel mit dem Westen ab und drängte sie umso mehr an die Seite der Sowjetunion.

Auf der Gegenseite hatte die von der chinesischen Führung während des Koreakriegs unter der eher defensiv-nationalistischen, nicht weltrevolutionär-offensiven Devise „sich den USA widersetzen, Korea unterstützen" (*kang Mei yuan Chao*) ausgelöste antiamerikanische Protestbewegung (nicht zum letzten Mal) eine doppelte Stoßrichtung: Einerseits erhob sie die Massenmobilisierung maoistischer Prägung zum Mittel der Außenpolitik, andererseits diente sie im Verein mit den anderen Kampagnen dieser Zeit der von den Kommunisten angestrebten sozialen Transformation. Eine internationale Konfliktlage wurde somit für innen- und gesellschaftspolitische Belange funktionalisiert. Nachdem die US-amerikanischen Diplomaten bereits Anfang 1950 China verlassen mussten, inhaftierte man in der Kriegsatmosphäre ab 1951 die noch im Land verbliebenen Ausländer (überwiegend Missionare, Ärzte und Lehrer) unter Spionageverdacht und wies sie schließlich aus. Damit kappte die Volksrepublik die letzten sozialen, ökonomischen und kulturellen Verbindungslinien mit dem Westen. Die Kommunikation beschränkte sich auf die 1955 in Genf begonnenen und später nach Warschau verlegten regelmäßigen Gespräche zwischen chinesischen und amerikanischen Diplomaten, die lediglich der Offenhaltung der Gesprächskanäle dienten. Dennoch führte die Volksrepublik China schon in dieser Zeit so viele Unterredungen mit den USA wie mit keinem anderen Land, obwohl Peking keine diplomatischen Beziehungen zu Washington unter-

Abb. 57: Seite aus einem Englisch-Lehrbuch von 1960. Die Darstellung verdeutlicht, in welchem Maß die chinesische Bevölkerung anti-amerikanisch indoktriniert wurde. Zugleich zeigt sie das Selbstbewusstsein der chinesischen Führung, in einem Konflikt mit der westlichen Supermacht bestehen zu können.

hielt. Überhaupt brachten die Kriege und Krisen der 1950er Jahre der Volksrepublik trotz der großen Verluste an Menschenleben und der wirtschaftlichen Schäden ein in der jüngeren chinesischen Geschichte beispielloses internationales Ansehen ein. Die führende Rolle von Premier- und Außenminister Zhou Enlai auf der Genfer Indochinakonferenz von 1954, die einen Schlussstrich unter die französische Kolonialherrschaft in Südostasien zog, kann hierfür als symptomatisch gelten.

Nach Stalins Tod wurde die chinesische Zusammenarbeit mit der Sowjetunion noch intensiviert, da die neue Sowjetführung unter Chruščev die Volksrepublik sehr viel vorbehaltloser unterstützte als der alte Diktator. China erhielt nun nicht nur günstigere Kredite als zuvor, sondern auch umfangreiche technische Aufbauhilfe sowie sowjetische Berater (vgl. Kap. 5.1.2). Deren Stellung war nicht unumstritten, da sie mit den Eigenheiten Chinas nicht vertraut waren und oftmals überheblich auftraten; auch wurden enge soziale Kontakte zwischen Sowjetbürgern und Chinesen von den Verantwortlichen beider Seiten nicht gewünscht. Obwohl die sowjetischen Experten während ihres Aufenthalts einer strengen Kontrolle durch die chinesischen Behörden unterworfen waren, wurde ihre Anwesenheit zumindest in dienstlichem Rahmen durchaus geschätzt. Da die Volksrepublik das sowjetische Modell praktisch vollständig ihrer Modernisierungsstrategie zugrunde legte und der sowjetische Einfluss auch im kulturellen Bereich dominierte (etwa in Form von Kinofilmen, Ausstellungen und Sprachunterricht), schienen die sino-sowjetischen Beziehungen auf einer soliden Grundlage zu stehen. Ende der 1950er Jahre legte Chruščev der chinesischen Führung sogar Pläne für den Beginn einer militärischen Integration vor.

Dennoch zeigten sich bereits zu diesem Zeitpunkt deutliche Risse im sino-sowjetischen Bündnis. Eine erste Kontroverse entzündete sich um die auf dem XX. Parteitag der KPdSU von 1956 eingeleitete Entstalinisierung, von der sich die chinesischen Kommunisten völlig überrumpelt fühlten. Diese betrachteten die Auseinandersetzung mit Stalin als Gefahr für die Legitimation kommunistischer Herrschaft überhaupt und sahen sich in dieser Auffassung durch die Krise in Polen sowie den ungarischen Aufstand, die sich beide noch im selben Jahr ereigneten, nur bestätigt. Ein zweites Problem bildete der Große Sprung nach vorn. Dieser verfolgte aus sowjetischer Sicht nicht nur völlig unrealistische Ziele (eine, wie sich herausstellen sollte, nur zu berechtigte Auffassung). Er wurde zudem von der Volksrepublik als alternatives Entwicklungsmodell propagiert und fand in Albanien und Bulgarien Nachahmer. Für Mao und seine Gefolgsleute war die sowjetische Kritik vor allem auch deshalb so unerträglich, weil die gleichen Bedenken auch von den innerparteilichen Kritikern Maos erhoben wurden, sich also außen- und innenpolitische Probleme vermischten. Genau umgekehrt verhielt es sich mit einem dritten Konfliktfeld, der Sicherheitspolitik. Während Chruščev sich aus Angst vor einem Nuklearkrieg unter dem Schlagwort der „friedlichen Koexistenz" um eine Entspannung des Ost-West-Konflikts bemühte, setzte die noch von ihren eigenen revolutionären Erfolgen getragene Führung der Volksrepublik mit der Parole „Der Ostwind siegt über den Westwind" weiterhin auf Konfrontation und begünstigte so ihrerseits Chruščevs parteiinterne Kritiker. Die Sowjetführung war daher auch nicht mehr bereit, China in seinem Streben nach eigenen Kernwaffen zu unterstützen, mit denen die chinesische Führung ein eigenständiges Gegengewicht gegen die wahrgenommene nukleare Bedrohung durch die USA aufbauen und sich zugleich vom nuklearen Schirm der UdSSR unabhängiger machen wollte. Von 1958 an verlangsamte die sowjetische Regierung den Transfer nuklearer Technologie – ein Bruch bereits gemachter Zusagen. China baute schließlich in den 1960er Jahren ohne sowjetische Hilfe eine zwar begrenzte, aber doch ernstzunehmende Atomstreitmacht auf.

Hinter all diesen Auseinandersetzungen standen letztlich unvereinbare Selbst- und Fremdwahrnehmungen der beiden Kontrahenten. Die Volksrepublik China hatte in den vergangenen Jahren an Reputation und Selbstbewusstsein gewonnen und forderte von Moskau nun vehement einen gleichrangigen Status und größere Eigenständigkeit ein. Die Sowjetunion hingegen sah durch die chinesischen Ansprüche ihre Führungsposition innerhalb des Ostblocks herausgefordert und suchte diese zu verteidigen. Es entsprach der politischen Kultur der herrschenden Parteien in beiden Staaten, dass dieser Konflikt öffentlich vor allem auf dem Feld der Ideologie ausgetragen wurde, wobei sich beide Seiten gegenseitig der Abweichung vom Marxismus-Leninismus beschuldigten.

Der Konflikt zwischen der Volksrepublik China und der Sowjetunion vollzog sich dennoch nicht als radikaler Bruch, sondern als allmähliche Eskalation. Die Sowjetunion zog 1960 ihre Experten aus China ab und beeinträchtigte so die ökonomische Entwicklung des widerspenstigen Partnerlandes, weil die chinesische

Wirtschaft sich in den folgenden Jahren als weitgehend unfähig erwies, große industrielle Aufbauprojekte aus eigener Kraft effektiv zu gestalten (vgl. Kap. 5.1.3). 1961 traten beide Staaten in einen Wettbewerb um die Unterstützung der übrigen sozialistischen Staaten, wobei China lediglich Albanien auf seine Seite ziehen konnte. Die militärische Zusammenarbeit jedoch dauerte in manchen Bereichen noch bis Anfang 1963 an. Der Sturz Chruščevs im folgenden Jahr brachte keine Erleichterung. Die chinesische Führung meldete jetzt Vorbehalte gegen die innerasiatische Landgrenze mit der Sowjetunion an und verlangte nicht nur Verlaufskorrekturen, sondern auch eine Entschuldigung für die vom zaristischen Russland erzwungenen ungleichen Verträge, auf denen diese Grenze beruhte. Gegenseitige Schikanen auf den Grenzflüssen entluden sich im Frühjahr 1969 in den von China provozierten Schießereien auf der Zhenbao- bzw. Damanskij-Insel im Ussuri. Die im Zusammenhang mit der Intervention des Warschauer Pakts in der Tschechoslawakei 1968 veröffentlichte Brežnev-Doktrin heizte den Konflikt noch zusätzlich an. Obwohl sich die darin enthaltene Formel von der „beschränkten Souveränität" nur auf Europa bezog, erblickte die Führung der Volksrepublik hierin die Rechtfertigung für eine Invasion der jetzt als „sozialimperialistisch" denunzierten Sowjetunion in China.

In den 1960er Jahren zeigte sich in China eine enge Verklammerung internationaler Konfliktlagen mit wirtschafts- und gesellschaftspolitischen Problemen. Nach dem Wegfall der sowjetischen Unterstützung verfolgte die chinesische Führung eine Politik der Autarkie durch Importsubstitution. Zahlreiche gegen andere Länder gerichtete, staatlich gelenkte Massendemonstrationen dienten nicht zuletzt dem Zweck, die Bevölkerung für Produktionssteigerungen im Rahmen dieser Politik zu mobilisieren. Angesichts der nicht völlig abwegigen Möglichkeit eines amerikanischen oder sowjetischen Angriffs (oder sogar eines gemeinsamen Angriffs beider Supermächte) auf Chinas im Aufbau befindliche Atomstreitmacht verbreiteten die Regierenden zudem eine regelrechte Invasionshysterie: Die Bevölkerung wurde angeleitet, Tunnel zu graben und ganze unterirdische Städte sowie riesige Getreidereserven anzulegen. Das Modernisierungsprojekt der Dritten Front (vgl. Kap. 5.1.3) war ganz wesentlich von sicherheitspolitischen Erwägungen motiviert. Während der Kulturrevolution waren die internationalen Beziehungen völlig auf Eis gelegt, da die Linken und Roten Garden das außenpolitische Establishment attackierten und zwischen 1967 und 1969 alle diplomatischen Vertreter von ihren Posten abberufen wurden. Die „revolutionäre" Außenpolitik der Massenbewegung kam auch in der Belagerung der sowjetischen und der Zerstörung der britischen Botschaft in Peking im Januar bzw. August 1967, ferner in Kampagnen gegen in der Volksrepublik lebende Ausländer (darunter auch langjährige Sympathisanten der KPCh) zum Ausdruck.

Soweit die genannten Behinderungen dies zuließen, verfolgten Partei- und Staatsführung zwei unterschiedliche außenpolitische Strategien. Die erste bestand darin, an Stelle der festgefahrenen Beziehungen zu den beiden Supermächten die Kooperation mit anderen für eine Partnerschaft in Frage kommenden Ländern zu intensivieren. Dies waren zum einen die Staaten Afrikas und Asiens. Die Grundlage für eine Kooperation waren bereits durch das Engagement des kommunistischen China auf der Konferenz der afroasiatischen Staaten in Bandung 1955 gelegt worden. In diesem Zusammenhang wiederholten die Vertreter der Volksrepublik jene erstmals im Jahr zuvor in einem Vertrag mit Indien formulierten Fünf Prinzipien, auf denen die Volksrepublik langfristig ihre Beziehungen zu nichtkommunistischen Staaten gestaltete: gegenseitiger Respekt für Souveränität und territoriale Integrität, gegenseitiger Gewaltverzicht, gegenseitige Nichteinmischung in innere Angelegenheiten, Gleichheit und gegenseitiger Nutzen und schließlich friedliche Koexistenz. Freilich kühlte die anfangs enge Beziehung zu Indien als dem wichtigsten der in Bandung vertretenen Staaten aufgrund des Konflikts um den Verlauf der gemeinsamen Grenze in Tibet rasch ab und mündete in den kurzen, für die Volksrepublik siegreichen Grenzkrieg von 1962. Ab etwa 1964 verstärkte China seine antiimperialistische Plattform und unterstützte sogenannte „Volkskriege zur nationalen Befreiung", allen voran den Krieg Nordvietnams gegen den Süden des Landes und die USA, ebenso auch einen katastrophal verlaufenden kommunistischen Umsturzversuch in Indonesien, der letztlich als Katalysator für die Machtergreifung der antikommunistischen Diktatur von Haji Muhammad Suharto fungierte. Auch in Afrika wendeten die chinesischen Kommunisten eine Mischung aus revolutionärer Rhetorik und Entwicklungshilfe an, hatten angesichts der sowjetischen, aber auch nationalchinesischen Konkurrenz beim Aufbau diplomatischer Beziehungen jedoch nur begrenzte Erfolge.

Zum anderen bot sich die Möglichkeit zu einer verbesserten Kooperation mit den bürgerlich-kapitalistischen Staaten des Westens wie etwa Frankreich, mit dem die Volksrepublik 1964 diplomatische Beziehungen aufnahm. Gerechtfertigt wurde diese Politik mit Maos Theorie der aus kapitalistischen und halbkolonialen Staaten sowie Kolonien zusammengesetzten „Zwischenzonen", die nützliche, wenn auch unfreiwillige Verbündete des sozialistischen Lagers sein könnten. Nachdem der Einmarsch des Warschauer Pakts in Prag der chinesischen Führung den Zerfall des sozialistischen Lagers deutlich gemacht hatte, wurde mit der sogenannten Drei-Welten-Theorie eine umfassende Interpretation der internationalen Staatengemeinschaft entwickelt. Danach bildeten USA und UdSSR als die größten internationalen Ausbeuter und Unterdrücker die Erste Welt. Den von diesen abhängigen kapitalistischen bzw. sozialistischen Staaten der Zweiten Welt (Japan, Kanada, Australien sowie die west- und osteuropäischen Staaten) wurde ein Doppelcharakter zugeschrieben, da sie einerseits ebenfalls Ausbeuter seien, andererseits aber selbst unter der Ausbeutung durch die imperialistischen Supermächte litten. Die Mehrheit der wirtschaftlich rückständigen und politisch unterdrückten Länder bildete die Dritte Welt. Diese sollten sich zu einer Allianz zusammenschließen, an der sich auch China – das sich selbst zur Dritten Welt rechnete – beteiligen würde. Nach seinem UNO-Beitritt begann China, auch diese Organisation als Forum einer solchen „antihegemonistischen" Politik zu nutzen.

Die zweite Alternative bestand darin, angesichts der doppelten Bedrohung durch Sowjetunion und USA die Beziehung zu einem der beiden Kontrahenten zu verbessern. Dabei boten die USA günstigere Voraussetzungen: Hier hatte man bereits seit den frühen 1960er Jahren nach Möglichkeiten zu suchen begonnen, der wahrgenommenen chinesischen Bedrohung mit den Mitteln der Entspannungspolitik zu begegnen. Insbesondere für einen Ausweg aus dem Debakel des Vietnamkriegs schien eine Verständigung mit Peking geradezu unumgänglich. Zur Schaffung einer Vertrauensbasis mussten jedoch zunächst auf beiden Seiten feindselige Rhetorik zurückgefahren und eingebürgerte Stereotypen mühsam revidiert werden. Nach einer langen Serie diplomatischer Vorgespräche und vorbereitender gesellschaftlich-kultureller Begegnungen unterhalb der staatlichen Ebene (der sogenannten Pingpong-Diplomatie) brachten die Chinareisen des Sicherheitsberaters und späteren Außenministers Henry A. Kissinger im Juli und Oktober 1971 sowie der Staatsbesuch von Präsident Richard Nixon Ende Februar 1972 den Durchbruch. Im Zuge dieser Annäherung nahm die Volksrepublik China diplomatische Beziehungen zu weiteren westlichen Staaten wie Kanada und Italien (1970), der Bundesrepublik Deutschland (1971) und dem ehemaligen Kriegsgegner und treuen US-Verbündeten Japan (September 1972) auf. Die Pekinger Führung vermochte dabei jedes Mal ihren Alleinvertretungsanspruch für China durchzusetzen, so dass der Ausgleich mit den USA zugleich den Beginn der diplomatischen Isolierung Taiwans bedeutete. Nach seiner Aufnahme in die UNO im Herbst 1971 trieb Peking zudem seine Integration in die Staatengemeinschaft voran, wurde bis 1989 Mitglied in 37 internationalen Organisationen und unterzeichnete zwischen 1971 und 1987 103 internationale Konventionen.

Die Normalisierung der Beziehungen zwischen Peking und Washington ließ dennoch auf sich warten. Ein Grundproblem bildete zum einen die aus chinesischer Sicht ambivalente Politik der US-Regierungen, die innerhalb der strategischen Dreiecksbeziehung zwischen China und der Sowjetunion optieren konnten und daher gegenüber Peking im Vorteil waren. Das wichtigste konkrete Hindernis stellte die Taiwanfrage dar: Peking verlangte von den USA nicht nur den Abbruch der diplomatischen Beziehungen, sondern die Kündigung des Verteidigungsvertrags und den Abzug der amerikanischen Truppen von der Insel. Erst nach Erfüllung dieser Bedingungen konnten mit der Regierung Carter Anfang 1979 diplomatische Beziehungen aufgenommen werden. Allerdings setzten die immer noch einflussreichen taiwanfreundlichen Kreise im Kongress noch im selben Jahr den Taiwan Relations Act durch, der die Inselrepublik entgegen dem Abkommen mit der Volksrepublik als de facto unabhängigen Staat anerkannte (wenn auch unter dem Namen Taiwan und nicht Republik China) und ihr Sicherheitsgarantien gewährte.

Seit dem Beginn der Reform- und Öffnungspolitik orientierte sich die VR China an den von Deng Xiaoping ausgegebenen politischen Grundsätzen: kein Nachgeben gegenüber äußerem Druck, keine Allianzen mit Supermächten oder Blöcken, keine Entwicklung eines eigenen Blocks, Verzicht auf Wettrüsten und militärische Expansion. Zugleich erfuhren die Beziehungen Chinas zu den westlichen Staaten eine beträchtliche Veränderung. Neben den bis dahin dominierenden diplomatischen und militärisch-sicherheitspolitischen Interessen, die von hoher Bedeutung blieben und sich nun auch in Rüstungsgeschäften mit China niederschlugen, spielten ökonomische Kontakte, wie vor dem Zweiten Weltkrieg, eine zunehmend bedeutende Rolle. Diese beruhte auf dem chinesischen Umschwenken von einer Wirtschaftskontakte ausschließenden Autarkiepolitik hin zu einer Modernisierung mittels ausländischer Technologien und ausländischen Kapitals und des Zugangs zu internationalen Märkten. Damit wurde China von einem Land, das seit den 1960er Jahren Entwicklungshilfe vergab, zu einem Empfänger internationaler finanzieller und technischer Unterstützungsleistungen. Neben der ökonomischen Kooperation wurden auch gesellschaftliche und kulturelle Kontakte mit dem Ausland gefördert (wenn auch auf chinesischer Seite in begrenztem Umfang), insbesondere durch das Studium von Chinesen im Ausland (rund 75.000 im Jahrzehnt zwischen 1979 und 1989) und umgekehrt, die Einladung ausländischer Experten (vgl. Kap. 5.1.2) sowie den Ausbau des Tourismus in China. Wie in der Periode der Anlehnung an die Sowjetunion waren die Kontakte von Ausländern mit der einheimischen Bevölkerung relativ strengen Regelungen unterworfen; auf Europäer und Nordamerikaner wirkte die von ihren chinesischen Partnern dennoch gern gebrauchte Vokabel „Freundschaft“ deshalb oft irritierend.

Aufgrund ihrer weltwirtschaftlichen Dominanz, der Attraktivität ihres Wissenschaftssystems sowie der Tatsache, dass viele Überseechinesen in Amerika ansässig waren, nahmen die USA in all diesen Prozessen eine führende Rolle ein. Nicht nur garantierten sie weiterhin Chinas Integration in die internationale Staatengemeinschaft (z. B. bei der Aufnahme der Volksrepublik in die Weltbank und den Internationalen Währungsfonds 1980), stellten den mit Abstand wichtigsten Markt, dessen Anteil am chinesischen Export sich zwischen 1979 und 1985 mehr als verdoppelte, und waren in den 1980er Jahren nach Hongkong der zweitgrößte Investor in der Volksrepublik. Als führende westliche Nation dienten sie den Regierenden und Teilen der Gesellschaft in China als Maßstab für den erreichten Fortschritt. Ein wachsender Apparat von USA-Spezialisten in Verwaltung und Hochschulwesen, der über Landeskenntnisse aus erster Hand verfügte, eine stark zunehmende Zahl von Übersetzungen aus dem Amerikanischen sowie chinesischen Publikationen, der Zugang zu amerikanischen Zeitungen und Zeitschriften usw. dienten der Erzeugung von Wissen über die USA. Die Zunahme verfügbarer Informationen bedeutete freilich keineswegs den Abbau existierender Vorurteile (was auch umgekehrt für die Wahrnehmung Chinas in den USA und Europa gilt). Dies zeigen zum einen die Kontroversen zwischen politischer Führung und Studenten über Liberalismus und Demokratie, zum anderen die Tatsache, dass chinesische Amerika-Experten bereits Ende der 1980er Jahre das angebliche Streben der USA nach globaler Hegemonie beargwöhnten.

Nur einen geringen Anteil an all diesen Entwicklungen hatten vorläufig die wirtschaftlich wenig attraktive UdSSR und die Staaten Osteuropas. Nachdem die chinesische Führung in den 1970er Jahren noch alle Normalisierungsbemühungen Moskaus zurückgewiesen hatte, gelang es dem seit 1985 amtierenden sowjetischen

Partei- und Staatschef Michail Gorbačev, die von Peking identifizierten sogenannten Drei Hindernisse für eine Normalisierung aus dem Weg zu räumen: Erstens reduzierte er die sowjetischen Truppen in der Mongolischen Volksrepublik und an der chinesischen Grenze; zweitens kündigte er den Abzug der Sowjettruppen aus Afghanistan an, deren Einmarsch im Dezember 1979 von Peking heftig kritisiert worden war; drittens bewog er Vietnam zur Beendigung seiner Besetzung Kambodschas, die China ebenfalls 1979 einen allerdings katastrophal verlaufenen Straffeldzug wert gewesen war. Trotz dieser Renormalisierung, deren Höhepunkt Gorbačevs Besuch in Peking inmitten der Studentendemonstrationen vom Mai 1989 bildete, übten Deng und andere chinesische Marxisten hinter vorgehaltener Hand vehemente Kritik an der Reformpolitik des KPdSU-Generalsekretärs und den Reformen in Osteuropa und erklärten sie zu einer Abweichung vom Marxismus-Leninismus. Die Niederschlagung der Demokratiebewegung und mehr noch der Zusammenbruch des Sozialismus im selben Jahr veränderten Chinas Stellung in der Welt nochmals von Grund auf.

6.2.4 Zwischen US-Hegemonie und regionaler Vormachtstellung

Das Jahr 1989 führte auf verschiedenen Ebenen zu einem tiefgreifenden Wandel in den internationalen Beziehungen Chinas. Die Niederschlagung der Demokratiebewegung durch die Pekinger Führung verstärkte die negative Wahrnehmung Chinas durch das westliche Ausland, wo man schon seit Mitte der 1980er Jahre die repressiven Züge des „reformerischen" Regimes von Deng Xiaoping entdeckt hatte. Der Zusammenbruch des Sozialismus in Osteuropa im selben Jahr und die 1991 endgültig vollzogene Auflösung der Sowjetunion manifestierten das Ende des Kalten Krieges und brachten veränderte Machtstrukturen und Wahrnehmungsmuster mit sich. In den USA und den mit ihnen alliierten Staaten in Europa und Ostasien zeigten sich Regierungen und Öffentlichkeit infolge des Wegfalls der sowjetischen Bedrohung an einer strategischen Partnerschaft mit China zunehmend desinteressiert. Hingegen war das Interesse an der seit 1992 wieder dramatisch wachsenden chinesischen Volkswirtschaft nach wie vor ungebrochen. Aus chinesischer Sicht bot die Auflösung der bislang gültigen bipolaren Weltordnung in zwei unterschiedliche, in einem Spannungsfeld zueinander stehende Tendenzen – eine multipolare mit verschiedenen regionalen Zentren und Konflikten sowie eine unipolare mit der Vormachtstellung der einzigen verbliebenen Supermacht USA – nicht nur Risiken, sondern auch Chancen. Hatte sich die Volksrepublik bislang an das jeweils bestehende internationale System angepasst, so konnte sie nunmehr zu einem unabhängigen Akteur und Gestalter werden. Diese Ansicht fand nicht nur innerhalb der politischen Elite, sondern auch in einer breiteren, interessierten Öffentlichkeit Verbreitung. Überhaupt machte sich in den Beziehungen zwischen China und den westlichen Staaten auf beiden Seiten zunehmend der Einfluss von Medien und Interessengruppen bemerkbar, wenn auch in China wegen der herrschenden rigiden Zensur mit starken Einschränkungen.

Die Führung der KPCh hatte sicherlich die außenpolitischen Risiken ihres brutalen Vorgehens gegen die Demokratiebewegung, für die man zunächst ausländische Kräfte verantwortlich machte, ganz richtig kalkuliert. Zwar verhängten sowohl die USA als auch die westeuropäischen Staaten Wirtschaftssanktionen gegen China, die zum Teil noch immer in Kraft sind. Diese betrafen jedoch in erster Linie den Bereich der Militärtechnologie, während die meisten wirtschaftlichen und kulturellen Austauschbeziehungen bis zum Herbst 1990 wieder aufgenommen wurden und bis heute mit unverminderter Intensität fortgesetzt werden. Dabei spielte das Wachstumspotential einer Wirtschaft, die sich bis 2004 zur sechstgrößten Volkswirtschaft und zur drittgrößten Handelsnation der Welt entwickelte, eine wichtige Rolle. Zudem bemühte sich die chinesische Führung um eine kooperative Diplomatie. So unterstützte sie 1991 alle UNO-Resolutionen gegen die irakische Invasion in Kuwait – mit der bezeichnenden Ausnahme der letzten, die das militärische Vorgehen gegen das Regime des irakischen Präsidenten Saddam Hussein legitimierte. Insgesamt jedoch war die fragile, von Konflikten und Missverständnissen nicht freie Romanze zwischen China und dem Westen unwiderruflich zu Ende. An ihrer Stelle bestimmte nun eine eigentümliche Mischung aus neuen Wahrnehmungsproblemen und dem Bemühen um die Lösung von Interessenkonflikten Chinas Stellung in der Welt.

Das aus der Perspektive einer westlichen Öffentlichkeit prominenteste Feld der Beziehungen zu China bildete zweifellos die Menschenrechtsproblematik, da die Medien hierüber intensiv berichteten. Bis Mitte der 1980er Jahre spielte dieses Thema nur eine geringe Rolle, da es einerseits von den strategisch-sicherheitspolitischen Interessen überlagert wurde und andererseits die Situation der Reformära auch in internationaler Perspektive im Vergleich mit den Exzessen der Kulturrevolution positiv abschnitt. Nicht zufällig begann sich dieses Urteil seit den späten 1980er Jahren zu ändern, als die zunehmende Entspannung im Verhältnis zur Sowjetunion, der Zusammenbruch des Sozialismus und die darauf folgende historische Auseinandersetzung mit dem Kommunismus strategische Rücksichten auf China zunehmend überflüssig machten. Obwohl das Urteil über die Menschenrechtslage in der Volksrepublik höchst negativ ausfiel, wurden die von westlichen Medien sowie Nichtregierungsorganisationen bei den eigenen Regierungen angemahnten Maßnahmen zu ihrer Verbesserung in der Praxis nur höchst selten ergriffen. Nicht zufällig machten die USA den einzigen ernsthaften Versuch. Nachdem gegen Ende der Amtsperiode von Präsident George Bush zwei Vorstöße demokratischer Kongressabgeordneter, die Menschenrechtsfrage mit den wichtigen handelspolitischen Vergünstigungen der jährlich zu erneuernden Meistbegünstigung (MFN) zu verknüpfen, gescheitert waren, deutete sich unter dem neu gewählten Präsidenten Bill Clinton zunächst ein Umschwung an. Clinton erklärte 1993 konkrete Fortschritte bei den Menschenrechten zur Voraussetzung für die anstehende Verlängerung des MFN-Status, musste aber schließlich auf Druck der amerikanischen Wirtschaftslobby einen Rückzieher machen. Seither beschränkte sich die US-Regierung, wie auch diejenigen Westeuropas, auf kritische Bemerkungen im Rahmen von Staatsbesuchen oder Gipfeltreffen.

Weniger öffentlichkeitswirksam, aber politisch substanzieller waren Probleme auf dem Feld der Handelspolitik. Sie zeigten sich insbesondere im Zusammenhang mit Chinas Wunsch nach einem Beitritt zur Welthandelsorganisation (WTO), die zum 1. Januar 1995 aus dem Allgemeinen Zoll- und Handelsabkommen (GATT) hervorgehen sollte. Die chinesische Mitgliedschaft wurde von den USA, aber auch von der Europäischen Gemeinschaft und Japan blockiert: Diese hielten die chinesische Forderung nach Konzessionen, wie sie den Entwicklungsländern gewährt wurden, angesichts der chinesischen Wirtschaftskraft und -dynamik für nicht mehr angemessen. Außerdem verlangten sie von der Volksrepublik eine weitreichendere Öffnung ihrer Märkte, die Anerkennung von Urheberrechten usw. Hatten gerade die USA in der Zeit des Kalten Krieges zum Zweck der Eindämmung des Kommunismus einigen asiatischen Staaten gestattet, ihre Märkte abzuschotten, so war unter den Bedingungen der 1990er Jahren die Bereitschaft hierzu nicht mehr vorhanden. Die chinesische Regierung konnte daher erst nach substanziellen Zugeständnissen im Dezember 2001 der WTO beitreten.

Sicherheitspolitische Fragen spielten aus westlicher Perspektive nach 1990 zunächst eine eher untergeordnete Rolle und wurden mit wenigen Ausnahmen allein von Fachleuten diskutiert. Besorgnis erregte neben chinesischen Waffenverkäufen in Krisengebiete wie den Nahen Osten oder Pakistan vor allem der Ausbau der Volksbefreiungsarmee. Bereits 1989 waren die chinesischen Streitkräfte die viertgrößten der Welt, und während der folgenden Jahre wuchs das Verteidigungsbudget der Volksrepublik stetig an. Seit der zweiten Hälfte der 1990er Jahre ist in Teilen der politischen Elite ebenso wie in den Medien der USA eine merkwürdig ambivalente Debatte mit tiefen historischen Wurzeln wieder aufgelegt worden, in der China einerseits als repressives und für die USA bedrohliches Regime dämonisiert, andererseits seine bereits im Gang befindliche Amerikanisierung in Aussicht gestellt wird.

Die chinesische Position wurde von dem seit 1989 propagierten Nationalismus bestimmt, der ursprünglich zur innenpolitischen Stabilisierung dienen sollte. Er speiste sich neben der bereits beschriebenen Erinnerung an den Imperialismus aus einer Vorstellung von China als geeintem Nationalstaat und herausragendem Akteur auf der Weltbühne. Für die Tatsache, dass das Land von diesem Idealziel noch weit entfernt war, wurde in erster Linie die Politik der USA verantwortlich gemacht, die nach wie vor eine Schwächung Chinas anstrebe. Der 1996 erschienene Bestseller „China kann nein sagen“ (*Zhongguo keyi shuo bu*), von dem binnen weniger Monate 200.000 Exemplare verkauft wurden, und eine Reihe ähnlicher Bücher fassten die wesentlichen Argumente dieses chinesischen Selbstverständnisses zusammen und gaben sie an eine interessierte, weitgehend intellektuelle Öffentlichkeit weiter. Es handelt sich bei diesen Werken keineswegs um Regierungspropaganda, auch wenn sie im Wesentlichen die Sache der chinesischen Führung betrieben. „China kann nein sagen“ ist Teil einer intellektuellen Abrechnung mit der angeblichen politischen Eindämmungsstrategie der USA, es attackiert aber auch deren kulturelle Dominanz und beinahe mehr noch diejenigen Chinesen, die in Amerika nach wie vor ein Vorbild erblickten. Tatsächlich sahen die politische Klasse wie die intellektuelle Elite die chinafeindliche, hegemoniale Politik der USA in so verschiedenen Sachverhalten wie der gescheiterten Olympiabewegung Pekings von 1993, dem Jugoslawienkrieg von 1999 und der im gleichen Jahr verkündeten Clinton-Doktrin, derzufolge die USA mit oder ohne Unterstützung der UNO gewaltsam gegen Menschenrechtsverletzungen vorgehen sollten. Während die Volksrepublik die Kriege der USA im Irak 1991 und 2003 vorsichtig unterstützte oder wenigstens nicht behinderte, da sie von UNO-Resolutionen gedeckt waren, bekämpfte sie den Jugoslawienkrieg von vornherein deshalb, weil er von der NATO unter Umgehung der Vereinten Nationen geführt wurde. Das aufgeheizte politische Klima war ein wesentlicher Auslöser für die Demonstrationen gegen den Raketenbeschuss der chinesischen Botschaft in Belgrad und den dadurch verursachten Tod dreier Journalisten.

„China kann nein sagen" – Das Beispiel der Menschenrechte

Typisch für den sarkastisch-herausfordernden Ton von „China kann nein sagen" und damit zugleich für den antiamerikanischen Diskurs im chinesischen Nationalismus der Gegenwart ist die Behandlung der Menschenrechte, eines besonders kontroversen Themas. Durchaus berechtigte Einwände gegen die amerikanische Politik leiden unter extremen Verkürzungen, einzelne Verfehlungen werden sogleich auf die Ebene einer systematischen Politik gehoben.

Sanktionen sind eine Lieblingsvokabel der amerikanischen Führer. Ihre Motive und Arten sind äußerst vielfältig. Wenn man eine „Enzyklopädie der amerikanischen Sanktionen" zusammenstellen würde, dann wäre dies für die gegenwärtige Welt ein wirklich großartiges Buch. Man könnte auch eine „Sanktionologie" begründen und Wissenschaftler auf der ganzen Welt veranlassen, gemeinsam die amerikanische Sanktionskultur zu erforschen. Aber egal wie viele Gründe es für Sanktionen gibt, der letzte Gesichtspunkt besagt, dass du dich auf keinen Fall dem Willen Amerikas widersetzen darfst. Dies ist das Grundprogramm, wenn du es nicht begreifst, kannst du auf keinen Fall den Doktortitel erwerben.
Seit dem Vietnamkrieg haben die Antikriegsstimmung unter der amerikanischen Bevölkerung und die internationale öffentliche Meinung das Weiße Haus dahin gebracht, dass es nicht mehr wagt, offen Truppen auszuschicken, um in andere Staaten einzufallen. Da die amerikanischen Führer aber auch nicht bereit sind, sich nicht in die innere Politik anderer Staaten einzumischen, sind Wirtschaftssanktionen die wichtigste Waffe in ihren Händen geworden. [...] Dies ist die Fratze des amerikanischen Neokolonialismus.
Die sogenannten Sanktionen umfassen im Wesentlichen zwei Mittel: das eine ist die wirtschaftliche Blockade, das andere die militärische Einkreisung. Die USA führen gegenüber den kleinen und schwachen Staaten Jahr für Jahr die Taschenspielertricks der Sanktionen vor und bedrohen gelegentlich sogar ihre westlichen Verbündeten. Menschenrechte und Demokratie sind die von den Amerikanern am lautesten ausgerufenen Vokabeln, sie sind auch ein immer wieder benutzter Vorwand für Sanktionen. Aber unter dem Einfluss der amerikanischen Sanktionen erleidet die Wirtschaft vieler Länder einen nicht wieder gut zu machenden Rückschlag, verlieren Menschen ihre

Arbeit, werden Lebensmittel knapp, wird die Existenz [der Menschen] aufs Äußerste bedroht. So werden mittels des Entzugs der Menschenrechte einige Staaten dazu gezwungen, ihre „Menschenrechte" zu verbessern – das Motiv dafür ist wirklich einfach.
[...]
Betrachten wir einmal die Menschenrechtsbilanz der USA. Gerade im April 1996 wurde auf einem Highway im amerikanischen [Bundesstaat] Kalifornien ein mit mehr als 20 Mexikanern besetzter Lastwagen von der amerikanischen Polizei gestoppt, die Mexikanerin Leticia Gonzalez und ihr Freund wurden von zwei weißen amerikanischen Polizisten brutal verprügelt. [...] Dies war jedoch nicht das einzige Mal, dass sich die amerikanische Polizei roh und unzivilisiert verhielt. 1991 löste der Zwischenfall, bei dem der Schwarze Rodney King verprügelt wurde, in Los Angeles sofort Unruhen aus, bei denen 58 Menschen starben und mehr als 3.000 verletzt wurden. [Dies] ist den Amerikanern sicher unvergesslich. Aber wer hätte bei all dem Sanktionen gegen die USA verhängt? Von den amerikanischen Führern, die Demokratie und Menschenrechte über alles stellen, hat auch nicht einer die Verantwortung übernommen und ist zurückgetreten. Offensichtlich ist Amerika anders!
[...]
Wir können nur sagen, dass Amerikaner schließlich Amerikaner sind. Wenn Amerikaner andere Menschen angreifen, dann verletzen sie nicht die Menschenrechte. Wenn aber andere Menschen Amerikaner angreifen, dann verletzen sie die Menschenrechte ... Deshalb beginnen Amerikaner immer mit der Respektierung der Menschenrechte und enden mit der Missachtung der Menschenrechte. Egal, ob in ihrem eigenen Land oder auf der [ganzen] Welt.

(Song Qiang/Zhang Zangzang/Qiao Bian u. a., *Zhongguo keyi shuo bu*, 5. Aufl. Hongkong: Mingbao Chubanshe 1996, S. 188-190. Übersetzt von Thoralf Klein.)

Ein weiteres zentrales Feld des chinesischen Nationalismus bildeten die Ansprüche auf Gebiete jenseits der bestehenden Grenzen. Da Hongkong und Macau 1997 bzw. 1999 an die Volksrepublik China zurückfielen, blieben das hinsichtlich seines völkerrechtlichen Status umstrittene Taiwan, die von Japan kontrollierten Diaoyutai-Inseln sowie eine Reihe von Inselgruppen im Südchinesischen Meer als Konfliktfelder. Die offene Taiwanfrage brachte die Volksrepublik auch in Konflikt mit den USA, die nach wie vor als Schutzmacht der Inselrepublik auftraten. Zwar konnte Peking die Clinton-Administration auf Formulierungen bezüglich des *status quo* verpflichten, die weiter gingen als alle bisherigen Verlautbarungen von US-Regierungen. Clintons Formel der Drei Nein, die er 1995 in einem Brief an Jiang Zemin und drei Jahre später in Shanghai öffentlich formulierte, verpflichtete die USA dazu, die Unabhängigkeitsbestrebungen Taiwans nicht zu unterstützen, die Formeln von „zwei China" oder „ein China, ein Taiwan" nicht zu tolerieren und die Mitgliedschaft Taiwans in internationalen Organisationen nicht zuzulassen. Andererseits konnte China weder unter Bush noch unter Clinton verhindern, dass Washington Waffen nach Taiwan lieferte. Während der „Raketenkrise" von 1995/96 erreichten die Spannungen eine Intensität wie seit Ende der 1950er Jahre nicht mehr.

Mit dem Abfeuern von Raketen auf die Taiwan-Straße sowie der Abhaltung amphibischer Landemanöver mischte sich die Volksrepublik in die innenpolitische Situation Taiwans ein, reagierte aber auch auf die Erteilung eines Visums für den taiwanesischen Präsidenten Li Denghui zu einem Privatbesuch in den USA. Die Entsendung von zwei Flugzeugträgergruppen in die Taiwan-Straße unterstrich die Bereitschaft der US-Regierung, die Republik China zu schützen. Dem steht der Anspruch der Volksrepublik entgegen, eine Unabhängigkeitserklärung Taiwans gegebenenfalls durch Einsatz militärischer Gewalt zu verhindern, zu dem die Regierung durch das im Frühjahr 2005 vom Nationalen Volkskongress erlassene Anti-Abspaltungsgesetz sogar verpflichtet ist. Eine Konfliktlösung ist nicht in Sicht.

Gleiches gilt für die chinesischen Ansprüche auf eine Reihe von Inselgruppen im Südchinesischen Meer, darunter die Spratly- und Paracel-Inseln. In diesem Fall vermischen sich ideelle und materielle Ziele, da diese Inseln über große Rohstoffvorkommen verfügen, mit denen China seinen infolge des Wirtschaftswachstums gestiegenen Bedarf teilweise decken könnte. Indem die chinesische nationalistische Rhetorik darauf verweist, dass diese Inseln „von alters her" zu China gehört hätten, überträgt sie die Konzeption des territorialen Nationalstaats unbedenklich auf die chinesische Vergangenheit. Diese Übertragung ist zugleich vage und beliebig, da sie sich auf keine konkrete Periode der chinesischen Geschichte bezieht und damit die territoriale Demarkation Chinas offen lässt. Auf diese Weise sollen die Ansprüche anderer Staaten auf Teile des Gebiets entkräftet werden. Tatsächlich hat die Volksrepublik China ungelöste Grenzkonflikte mit zehn Staaten in der Region, die bislang nur zu kleineren Zwischenfällen geführt haben, aber Zündstoff auch für größere Auseinandersetzungen bieten.

Nach wie vor hat China seine Stellung in einer internationalen Gemeinschaft von Nationalstaaten nicht wirklich gefunden. Zweifellos ist es aufgrund seiner wirtschaftlichen und militärischen Potenz bereits eine regionale Vormacht in Ost- und Südostasien. Bislang sind jedoch die chinesischen Bemühungen um territoriale Abrundung allen historischen Argumenten zum Trotz ebenso an den realen Machtverhältnissen gescheitert wie der Anspruch der Volksrepublik, als herausragender Akteur auf der internationalen Bühne aufzutreten – zumal nicht mehr ganz klar ist, ob Peking immer noch wie früher internationale Gleichberechtigung oder doch schon eine hegemoniale Position anstrebt. Das Anfachen einer Rhetorik der nationalistischen Frustration bedeutet für die Führung in Peking nicht nur Unterstützung ihrer außenpolitischen Linie, sondern birgt auch Risiken. Sie könnte eines Tages den Handlungsspielraum der politischen Führung einengen und sie zwingen, die von ihr selbst mit geschürten Versprechungen auch zu erfüllen. Diesem Dilemma könnte die chinesische Regierung allenfalls entgehen, wenn sie die Bevölkerung davon überzeugte, wie sehr die Volksrepublik mittlerweile international respektiert wird. Damit ist eines der Grundprobleme der Internationalisierung Chinas nach wie vor offen.

6.3 China transnational: Taiwaner, Überseechinesen und ethnische Minderheiten

Die Konzeption Chinas als homogener Nationalstaat war von Anfang an von Widersprüchen gekennzeichnet. Einerseits lebte eine beträchtliche Mehrheit von Han-Chinesen außerhalb der Territorien des Qing-Reichs – sei es durch freiwillige Migration, sei es durch erzwungene Abtretungen im Zuge der imperialistischen Expansion. Auf Taiwan hat ein beträchtlicher Teil der Bevölkerung mittlerweile ein ethnisch-kulturell begründetes Selbstverständnis entwickelt, das die Zugehörigkeit der Insel zu China grundsätzlich in Frage stellt. Die Überseechinesen sind mehrheitlich einer doppelten Loyalität unterworfen, da sie einerseits in die Gesellschaft ihrer gegenwärtigen Heimatländer integriert sind, andererseits vielfach noch Bindungen an ihre Ursprungsheimat pflegen und dort nach wie vor einen bedeutenden Wirtschaftsfaktor darstellen. Andererseits hat China auch nach dem Ende der Monarchie das Erbe des multiethnischen Qing-Staates stets gepflegt. Hieraus ergab sich zum einen die Notwendigkeit, Han-Nationalismus und Vielvölkerstaat gegeneinander auszubalancieren. Gleichzeitig haben zumindest die größeren Ethnien eigene Nationalismen entwickelt, die vielfach separatistische Züge tragen und das Einheitskonzept des chinesischen Staates zu sprengen drohen.

6.3.1 Taiwan

Um 1800 hatte die Insel Taiwan unter allen Regionen des Qing-Imperiums eine fast einzigartige Stellung inne: Als einziges von den Qing erobertes Territorium außerhalb des Kernlandes der 18 Provinzen stand sie als Kolonisationsgebiet für Han-Chinesen zur Verfügung. Während andere Teile der Randzone, besonders die Mandschurei, erst seit 1870 eine intensive Einwanderung erlebten, begann die Kolonisierung Taiwans durch Migranten aus den nahegelegenen Provinzen Guangdong und Fujian bereits im 18. Jahrhundert. Gleichzeitig herrschten an dieser kolonialen Peripherie noch weitgehend *frontier*-Verhältnisse. Denn noch um 1800 beherrschten die Chinesen weniger als die Hälfte des Territoriums, das in etwa der Größe Hollands entspricht, und erst im Verlauf des 19. Jahrhundert stellten sie die Mehrheit gegenüber der austronesischen Urbevölkerung, die in unterschiedliche Ethnien und zwei große kulturelle Lebensbereiche zerfiel. Während die sesshafte und Ackerbau treibende Population in der Küstenebene sich mit den Chinesen vermischte und schließlich von ihnen assimiliert wurde, bewahrten die im Bergland von Jagd und Fischerei lebenden Gruppen ihre Eigenständigkeit, auch wenn sie von den Han-Chinesen zusehends majorisiert wurden und heute nur noch rund zwei Prozent der Bevölkerung stellen.

Obwohl Taiwan schon seit dem 13. Jahrhundert von Chinesen besiedelt wurde, machte China lange Zeit keinerlei Anstalten, die Insel seinem Territorium einzuverleiben. Grund dafür war wahrscheinlich die geringe Zahl von Siedlern, die als Flüchtlinge in der Regel die Beziehungen zu ihrem Heimatland abbrachen. Nach einem kurzen kolonialen Zwischenspiel der Spanier und Holländer im 17. Jahrhundert und dem Intermezzo einer ersten, lokalen chinesischen Herrschaft unter der antimandschurisch eingestellten Zheng-Familie eroberte die Qing-Dynastie Taiwan 1683 und machte es zu einem festen Bestandteil ihres Reiches. Bis Ende des 19. Jahrhunderts war die Insel eine Präfektur der Provinz Fujian. Die Einwanderer brachten die sozialen Strukturen und kulturellen Prägungen ihrer südchinesischen Heimat mit nach Taiwan. Im 19. Jahrhundert formierte sich eine in lokale Abstammungs- und Territorialgemeinschaften gegliederte, von einer ländlichen Elite dominierte Gesellschaft, die zudem durch einen regionalen und dialektalen Partikularismus gekennzeichnet war: Blutige Fehden zwischen einzelnen Lineages und Dörfern, zwischen Leuten aus den Präfekturen Quanzhou und Zhangzhou in Fujian sowie zwischen Sprechern des Minnan- bzw. Hakka-Dialekts (von denen die ersten rund zwei Drittel, die letzteren ein Drittel der han-chinesischen Emigranten ausmachten) waren an der Tagesordnung und machten den Verwaltungsbeamten das Leben schwer.

Die Umwälzungen seit Mitte des 19. Jahrhunderts machten auch vor Taiwan nicht Halt. Seit 1860 waren europäische und nordamerikanische Kaufleute sowie christliche Missionare in einigen Küstenorten präsent, obwohl nur zwei, Danshui und Anping, im Vertrag von Peking zu Vertragshäfen erklärt worden waren. Im folgenden Jahrzehnt wurde Taiwan in die Selbststärkungspolitik einbezogen. Während die Bemühungen um eine stärkere Kontrolle der bislang von der Verwaltung ignorierten unzugänglichen Bergregionen und ihrer austronesischen Bevölkerung von einigem Erfolg gekrönt waren, blieben Vorhaben zur Entwicklung einer modernen Infrastruktur weitgehend im Planungsstadium stecken. Daneben zeichnete sich die Notwendigkeit ab, die Insel gegen eine ausländische Invasion zu schützen. Japan entsandte bereits 1874 eine „Strafexpedition" als Vergeltung für ein drei Jahre zuvor von Ureinwohnern verübtes Massaker an 54 Seeleuten von den Ryūkyū-Inseln. Angesichts einer weiteren großen außenpolitischen Krise, des Krieges mit Frankreich, wertete die Qing-Regierung den Status Taiwans auf und erhob es Ende 1884 in den Rang einer Provinz.

Mit der Abtretung an Japan in Folge der chinesischen Kriegsniederlage von 1894/95 nahm die Geschichte Taiwans eine radikale Wendung. Da auf Unterstützung durch den Qing-Hof nicht zu rechnen war, suchten die taiwanesischen Eliten im Mai 1895 ihr Heil in der Ausrufung der Republik. Damit wurde Taiwan zur ersten Republik auf chinesischem Boden und nach der ähnlich kurzlebigen Republik auf der japanischen Insel Ezo (Hokkaidō) von 1868 zur zweiten in Asien überhaupt. So paradox dies klingen mag: Es handelte sich dabei um einen Akt dynastischer Loyalität, der auch in der von der Republik gewählten Regierungsdevise Yongqing („ewig Qing") die Verbindung zum Mutterland demonstrierte. Gegen den Einmarsch der japanischen Truppen im Oktober 1895 konnte die Republik jedoch nur wenige Wochen Widerstand leisten, ihre vom Festland stammenden

Anführer flohen nach China zurück. In den folgenden beiden Jahrzehnten zerschlugen die Japaner den zunächst von lokalen Milizen getragenen, in späterer Zeit von der chinesischen Revolution beeinflussten und stärker politisierten Widerstand. Um 1915 konnten sie sich im Besitz Taiwans weitgehend sicher fühlen.

Unabhängigkeitserklärung zum Zweck des Verbleibs bei China

Die Unabhängigkeitserklärung der Republik Taiwan vom 23. Mai 1895 hat folgenden Wortlaut:

Im Zuge seiner Erniedrigung des Qing-Reichs verlangte Japan, dass Taiwan, ein Territorium unseres Landes, abgetreten werden müsse. Das Volk von Taiwan richtete Petitionen an den Qing-Hof, aber sie waren wirkungslos. Wir haben erfahren, dass die Wa-Sklaven [Wa, chinesisch Wo: alte Bezeichnung Japans] in wenigen Tagen hierher kommen werden. Wenn wir uns fügen, dann werden unser Land und unsere Familien alle auf [das Niveau] fremder Völker herabsinken. Wenn wir Widerstand leisten, so ist zu fürchten, dass wir nicht lange aushalten können, weil unsere tatsächliche Kraft schwach ist. Wir haben mehrfach mit den [ausländischen] Mächten verhandelt. Einige erklärten, Taiwan müsse zuerst unabhängig werden, danach könne man ihm Hilfe leisten.

Wir, das taiwanesische Volk, geloben, dass wir uns den Wa nicht fügen werden und lieber sterben wollen, als unseren Feinden zu dienen. Deshalb haben wir auf einer Versammlung beschlossen, dass die ganze Insel Taiwan unabhängig und in eine Republik umgewandelt werden soll. Alle Beamten sollen vom Volk gewählt, alle politischen Angelegenheiten von der Allgemeinheit geregelt werden. Aber um uns gegen den Feind zu verteidigen und die politischen Angelegenheiten zu betreiben, muss ein Oberhaupt da sein, das uns führt, um die Ordnung aufrecht zu erhalten und den inneren Frieden zu bewahren. Gouverneur Tang Jingsong, der zugleich auch mit der Verteidigung Taiwans beauftragt ist, wurde seit jeher vom Volk verehrt. Deshalb ist er auf der Versammlung mit allgemeiner Zustimmung zum Präsidenten der Republik gewählt worden. Das öffentliche Siegel ist bereits verfertigt und am zweiten Tag in der sechsten Doppelstunde [zwischen 9 und 11 Uhr vormittags] unter eine öffentliche Petition der Literaten und des Volks von ganz Taiwan gesetzt worden. Alle unsere Landsleute, ganz gleich ob Gelehrte, Bauern, Handwerker oder Kaufleute, sollen am Morgen dieses Tages beim Amt für Verteidigungsplanung zusammenkommen und eine prächtige Zeremonie durchführen. Wir hoffen, dass ihr sie nicht versäumt.

Bekanntmachung des Volks von Taiwan

(Zheng Zhimin, Hello! *Taiwan shi* [Hello! Die Geschichte Taiwans]. Wugu: Quanwei 2001, S. 112. Übersetzt von Thoralf Klein.)

Die neuen Herren der Insel leiteten rasch umfangreiche Modernisierungsmaßnahmen ein, die freilich einseitig den wirtschaftlichen Interessen Japans dienten. Das Gouvernement, das auf Taiwan beinahe absolutistisch herrschen konnte, legte Eisenbahnlinien und Fernstraßen an und ließ Häfen ausbaggern, um sie für moderne Dampfschiffe zugänglich zu machen. Gleichzeitig erfassten anthropologische

Feldstudien Lebensgewohnheiten und Kultur der Bevölkerung, und in ähnlicher Weise wurde eine Übersicht über sämtliche Grundbesitzverhältnisse erstellt. Das Ziel dieser Maßnahmen bestand darin, Taiwan in ein agrarisches Zulieferungsgebiet Japans mit den Schwerpunkten Zuckerrohr- und Reisanbau zu verwandeln. Japanisches Kapital strömte in taiwanesische Zuckerrohrplantagen und Raffinerien, womit zugleich der Grundstein für den Aufbau einer taiwanesischen Industrie gelegt wurde. Erst als Taiwan in den 1930er Jahren zu einem wichtigen Sprungbrett der japanischen Expansion nach Südostasien ausgebaut wurde, kam es zu einer raschen und umfassenden Industrialisierung.

In sozial- und kulturpolitischer Hinsicht verhielten sich die Kolonialherren demgegenüber zunächst recht vorsichtig und respektierten einheimische Sitten und Gebräuche nicht zuletzt in der Absicht, kein zusätzliches Konfliktpotential zu schaffen. Die Abschaffung des Zopfes und des Füßebindens sowie ein erleichtertes Scheidungsrecht für Frauen (während das Konkubinat legal blieb) wurde erst um 1915 in die Wege geleitet, als sich die japanische Herrschaft konsolidiert hatte, und damit später als auf dem chinesischen Festland. Zur gleichen Zeit beseitigte die Kolonialverwaltung allmählich das überkommene Privatschulwesen und ersetzte es durch ein modernes, mehrstufiges Schulsystem, das allerdings bis 1922 die taiwanesischen Schüler benachteiligte. Diese wurden getrennt von japanischen Kindern unterrichtet und durften keine Hochschulen in Japan besuchen. Erst 1928 wurde in Taibei eine Kaiserliche Universität eingerichtet. Die ab 1919 propagierte Integration Taiwans in Staat und Gesellschaft Japans hatte somit deutliche Grenzen. Erst in den 1930er Jahren forcierte Japan die Assimilierung der Taiwaner an die japanische Kultur, indem es die Verwendung des Japanischen als „Reichssprache" (*guoyu*, auf dem chinesischen Festland die Bezeichnung für Mandarin), die Annahme japanischer Namen sowie durch die Anlage von Schreinen die Staatsreligion des Shintō propagierte.

Diese Maßnahmen zielten darauf ab, die taiwanesische Bevölkerung in loyale Untertanen zu verwandeln, führten jedoch nur zu mäßigen Erfolgen. Gleichzeitig formierte sich auf Seiten der Kolonisierten ein von der aus dem japanischen Erziehungssystem hervorgegangenen, modernen intellektuellen Elite geführter ziviler Widerstand. Seine Angehörigen strebten nicht mehr die vollständige Vertreibung der Kolonialherren, sondern konkrete Verbesserungen im Rahmen des kolonialen Herrschaftssystems an. Zu den wichtigsten Aktivitäten dieses Widerstandes gehörte die Bewegung für die Errichtung eines taiwanesischen Parlaments, die – wenn auch erfolglos – dem japanischen Reichstag zwischen 1921 und 1934 insgesamt 15 Petitionen überreichte, sowie die Gründung der Taiwanesischen Volkspartei (*Taiwan Minzhongdang*) als politische Interessenvertretung der Taiwaner im Jahre 1927. Wenn dieser Widerstand auch sein Maximalziel verfehlte, so bedeutete die erstmalige Abhaltung lokaler Wahlen im Jahre 1935 doch einen Teilerfolg. Erst in den letzten Monaten des Zweiten Weltkriegs verlieh die japanische Regierung Taiwan im Angesicht der Niederlage den Status einer Provinz mit insgesamt acht Sitzen in beiden Kammern des japanischen Parlaments.

Im Kräftefeld zwischen japanischer Assimilierungspolitik und antikolonialem Widerstand blieb die Selbstdefinition der taiwanesischen Bevölkerung eigentümlich ambivalent. Für keine der zur Verfügung stehenden Optionen – Autonomie im Rahmen des japanischen Reichsverbandes, Unabhängigkeit Taiwans oder Wiedervereinigung mit der von vielen Taiwanesen als wirtschaftlich und kulturell rückständig betrachteten Republik China – gab es eine eindeutige Präferenz. Die Loyalität der Bevölkerungsmehrheit Taiwans zu Japan lässt sich auch daran ablesen, dass rund 200.000 Taiwanesen im Zweiten Weltkrieg in der japanischen Armee dienten, von denen ein kleinerer Teil seit 1942 als Freiwillige, die Mehrheit nach Einführung der Wehrpflicht im Januar 1945 rekrutiert wurden. Allerdings gehörten davon nur 80.000 Personen der kämpfenden Truppe an, während der Rest zu Hilfsdiensten herangezogen wurde. Außerdem wurden nur wenige Taiwanesen in China eingesetzt.

Als Taiwan mit dem Einverständnis der USA 1945 von der Republik China übernommen (und nicht wie andere ehemalige Kolonien Japans unter Treuhandschaft gestellt) wurde, sah sich seine Bevölkerung einem ähnlich dramatischen

Abb. 58: „Terror-Untersuchung", Holzschnitt des in Sichuan geborenen Künstlers Huang Rongcan (*1918). Das Bild stellt die gewalttätige Unterdrückung der Unruhen vom 28. Februar 1947 in den Mittelpunkt. Huang wurde im Zuge des „weißen Terrors" der GMD in den 1950er Jahren hingerichtet.

Umschwung ausgesetzt wie 1895. Standen die Aussichten für eine friedliche Integration zunächst nicht schlecht, so wurden sie durch die korrupte GMD-Verwaltung rasch zunichte gemacht, da diese die Taiwanesen nicht als zurückgekehrte Landsleute, sondern als Kollaborateure der Japaner und damit beinahe wie Feinde behandelte. Die Taiwaner hielten ihrerseits ihre Insel in Folge der japanischen kolonialen Modernisierung für fortgeschrittener als das chinesische Festland und begegneten dessen Vertretern mit einer gewissen Geringschätzung. Ihre Beschwerden entluden sich seit dem 28. Februar 1947 aus einem zunächst eher geringfügigen Anlass in Massenprotesten, die in die Forderung nach Selbstverwaltung Taiwans mündeten. Provinzverwaltung und Armee schlugen diese Proteste nach anfänglichem Zögern brutal nieder. Die genaue Opferzahl ist kaum noch zu ermitteln; weitgehend akzeptierte Schätzungen gehen von rund 10.000 Toten und 30.000 Verletzten aus, unter denen sich besonders Angehörige der sozialen und kulturellen Elite Taiwans befanden. In den folgenden Jahren wurden alle Kräfte ausgeschaltet, die eine politische Alternative zur GMD darstellen konnten. Die infolge des Bürgerkriegs in der GMD verbreitete Kommunistenfurcht schlug sich in einem „weißen Terror“ gegen die taiwanesische Bevölkerung nieder, obwohl es auf der Insel in Wirklichkeit nur wenige Kommunisten gab.

Repression nach dem 28. Februar 1947 – Die Erfahrungen von Yang Jinhu

In seinen ursprünglich 1967 im Selbstverlag erschienenen Erinnerungen schildert der 1898 geborene Arzt und Lokalpolitiker Yang Jinhu, der sich bereits im gewaltlosen Widerstand gegen die japanische Herrschaft engagiert hatte, wie er nach dem 28. Februar 1947 ins Visier der GMD-Behörden geriet. Unter der GMD-Herrschaft wurde er noch weitere zwei Mal inhaftiert.

Eines Morgens hörte ich ein drohendes Klopfen an der Tür. Überrascht öffnete ich die Tür, um nachzusehen. Ein Gendarm trat ein und stieg direkt in den zweiten Stock hinauf. Er rüttelte mich wach und sagte, der Kommandeur wolle, dass ich zu einem Gespräch zur Gendarmerie komme. Die Sache kam so überraschend, dass ich sie mir nicht erklären konnte. Sofort wechselte ich meine Kleider, und wir gingen zusammen los. Als wir zur Gendarmerie von Gaoxiong kamen, waren schon einige gute Freunde von mir dort, einer von ihnen war He Dongshan. Ich wurde in einen Raum gewiesen, wo ich auf das Verhör warten sollte. Vom Morgen bis zum Abend kam niemand, um mich zu befragen. Als am Abend befohlen wurde, [mich] einzusperren und das Zimmer abzuschließen, ahnte ich, dass mir ein unvorhergesehenes Unheil drohte. Am nächsten Tag wurde ich zum Verhör herausgerufen. Ein Gendarm namens Long begann mich auszufragen:
Erste Frage: Haben Sie junge Leute angestiftet, an diesem Zwischenfall teilzunehmen, oder nicht?
Zweite Frage: Haben Sie eine Organisation gegründet oder nicht?
Dritte Frage: Sind Sie in eine Partei eingetreten oder nicht?
[...]
Da er sah, dass ich keine ungesetzliche Handlung zugab, befahl er einem Untergebenen, mir mit einer Stange zehn Hiebe auf den Hintern zu geben. Erst als ich auf den Boden fiel, hörte er auf. Danach merkte ich, wie mein Hintern schwarz wurde und

schmerzte, und ich begann zu spüren, wie hart er mich geschlagen hatte. Aber ich sagte: „Sie sind hinter Leuten her, die nicht schuldig sind. Es steht Ihnen frei, mich totzuschlagen; ich kann nur eines sagen: nicht heißt nicht." Er wusste nicht, was er machen sollte, und sandte mich am fünften Tag nach meiner Verhaftung ins Militärgefängnis des Hauptquartiers auf dem Berggipfel. [...]
Ich erinnerte mich, wie ich das erste Mal im Gefängnis gesessen hatte. Das war während der japanischen Zeit, als ich wegen [meiner Teilnahme an] der Bewegung gegen die japanische Herrschaft verhaftet worden war. [...] Wie hätte ich annehmen können, dass ich nach der Wiedergewinnung [Taiwans durch die Republik China] wieder im Gefängnis würde sitzen müssen? Das war für mich unvorstellbar. Ich war sicher, weil wir in der 50jährigen Beherrschung durch ein fremdes Volk von keinem Japaner misshandelt worden waren. Und nun hatte man mich mit verletztem Schamgefühl wieder ins Gefängnis geworfen, keine zwei Jahre nachdem wir in den Schoß des Vaterlandes zurückgekehrt waren...

(Zhang Yanxian/Li Xiaofeng [Hrsg.], *Ererba shijian huiyiji* [Gesammelte Erinnerungen an den 28. Februar]. Banqiao: Daoxiang Chubanshe 1989, S. 84 f. Übersetzt von Thoralf Klein.)

Der Rückzug der GMD nach Taiwan im Frühjahr 1949 brachte eine neue Einwanderungswelle, nachdem die Japaner die Immigration vom Festland weitgehend unterbunden hatten. Die rund anderthalb Millionen Festländer machten ein rundes Sechstel der Bevölkerung aus. Zwar gab es vielfältige soziale Interaktionen zwischen ihnen und den alteingesessenen Taiwanen (zum Beispiel waren Heiraten zwischen beiden Gruppen nicht selten), zwar öffnete sich die GMD im Zuge einer Reorganisation für die Bewohner von der Insel, die schon 1952 rund 57 Prozent der Mitglieder stellten – dennoch waren die Schlüsselpositionen in Staat, Wirtschaft und Militär für die Neuankömmlinge reserviert und blieben es auf Jahrzehnte. Zudem war das unter der autoritären Diktatur des Präsidenten Jiang Kaishek geschaffene politische System ein getreues Abbild desjenigen auf dem Festland vor 1949, das übernommen und gleichsam eingefroren wurde. Ermöglicht wurde dies durch die 1948 verkündeten Vorläufigen Maßnahmen für die Zeit der nationalen Mobilmachung zur Unterdrückung der kommunistischen Rebellion, die auf Taiwan weiterhin gültig blieben und auf zweierlei Weise wirksam waren: Erstens ermächtigten sie den Präsidenten, den nationalen Notstand zu verkünden und das Kriegsrecht auszurufen, das auf Taiwan zwischen 1949 und 1987 in Kraft war. Zweitens gestatteten sie den Mitgliedern der Verfassungsorgane, auf unbegrenzte Zeit zu amtieren. Für verstorbene Abgeordnete wurden Nachwahlen abgehalten, zu denen sich jedoch nur Kandidaten der letzten (freien) Wahlen von 1948 stellen durften. Erst 1972 wurden in Folge des Bevölkerungswachstums zusätzliche Parlamentssitze eingerichtet und wie die regionalen und lokalen Institutionen durch regelmäßig abgehaltene Wahlen besetzt.

Ihre Legitimität stützte die GMD daher nicht auf Mechanismen politischer Repräsentation und Partizipation, sondern vor allem auf zwei Säulen: ihre erfolgreiche Wirtschaftspolitik und ihren Anspruch auf Alleinvertretung Chinas. Nach ihrer Machtübernahme auf Taiwan führte die nationalistische Regierung zunächst eine erfolgreiche Landreform durch und leitete mit einem umfangreichen Industrialisierungsprozess ein regelrechtes Wirtschaftswunder ein, das Taiwan in den 1960er Jahren mit jährlichen Wachstumsraten von knapp 10 Prozent zur am schnellsten wachsenden Wirtschaft der Welt machte. Der Alleinvertretungsanspruch der Republik China auf Taiwan wurde dadurch möglich, dass die Insel mit US-amerikanischer Unterstützung in ein Bollwerk des Antikommunismus verwandelt wurde. Nach dem Ausbruch des Koreakrieges schützten die USA das GMD-Regime durch die Entsendung der 7. Flotte in die Taiwan-Straße vor einer Invasion aus der Volksrepublik. Im folgenden Jahr setzten sie eine Friedensvertragsregelung für den Pazifischen Krieg durch, bei der Japan seine Hoheit über Taiwan aufgab, ohne sie einer anderen Partei zu übertragen. Damit wurde die Teilung Chinas von einer nationalen zu einer internationalen Angelegenheit. Ebenfalls mit Hilfe der USA konnte die Republik China für die ersten Nachkriegsjahrzehnte auch den chinesischen Sitz in der UNO und in deren Sicherheitsrat besetzen, auch wenn sich trotz mancherlei rhetorischer Ermutigung letztlich keine amerikanische Regierung zur Unterstützung des besonders in den 1950er Jahren beständig artikulierten GMD-Traums einer Rückeroberung des chinesischen Festlandes bereit fand.

Die Umorientierung einer Mehrheit der internationalen Staatengemeinschaft – besonders der Schutzmacht USA – auf die Volksrepublik China und der damit verbundene Verlust eines Großteils der diplomatischen Beziehungen sowie der UNO-Mitgliedschaft der Republik China (1971) bedeuteten daher für die Legitimation der GMD-Regierung einen schweren Schlag (vgl. Kap. 6.2.3). Auch der Wirtschaftsaufschwung trug dazu bei, das Taiwan von der GMD aufgestülpte politische System zu destabilisieren. Der gestiegene Lebensstandard führte zu Verstädterung, Herausbildung einer starken Mittelklasse und Erhöhung des Bildungsstandards. In Verbindung mit einem breiten Spektrum von Massenmedien entstanden zivilgesellschaftliche Strukturen, die sich seit den 1970er Jahren in sozialen Bewegungen bemerkbar machten. Die zunächst als *dangwai* („außerhalb der Partei") bezeichnete Opposition widmete sich einer Vielzahl von Themen, die von der Korruption der GMD über soziale Fragen bis hin zum Umweltschutz reichten. Vor allem trug das von ihr übernommene, erstmals Mitte der 1960er Jahre artikulierte Konzept eines kulturellen taiwanesischen Nationalismus dazu bei, die legitimatorischen Schwächen des GMD-Regimes bloßzulegen. Dieser Auffassung nach war Taiwan aufgrund seiner eigenständigen historisch-kulturellen Entwicklung kein Teil Chinas und hatte daher ein Recht auf politische Eigenständigkeit. Das GMD-Regime wurde daher als quasi-koloniale Fremdherrschaft porträtiert, die die Bedürfnisse der Insel zugunsten einer gesamtchinesischen Politik vernachlässige. Aus der informellen Koalition verschiedener Oppositionsgruppen ging 1986, noch unter den Bedingungen des Kriegsrechts, die Demokratische Fortschrittspartei (DFP) hervor.

Abb. 59: Nach den Wahlen in Taiwan vom Dezember 2004: Ein erfolgreicher Kandidat bedankt sich bei seinen Wählern. Obwohl die Demokratisierung die Identitätsdebatte in Taiwan angeheizt hat, war die unabhängigkeitsorientierte Opposition in Wahlen fast nie siegreich.

Obwohl die Phase des „harten Autoritarismus" etwa 1965 ihren Abschluss gefunden hatte, reagierte das Regime sowohl unter Präsident Jiang Kaishek (amtierte 1949-1975) wie auch zunächst unter seinem Sohn und Nachfolger Jiang Jingguo (amtierte 1975-1988) mit rücksichtsloser Repression. Diese erreichte 1979 ihren Höhepunkt mit Massenverhaftungen im Anschluss an eine friedliche Demonstration in der südtaiwanesischen Stadt Gaoxiong, der Schließung der für den Protest verantwortlich gemachten Zeitschrift „Formosa" (*Meilidao*) und der Aburteilung mehrerer Redakteure. Mitte der 1980er Jahre war dem zweiten Präsidenten jedoch die Unhaltbarkeit der Situation klar geworden, so dass er mit der Aufhebung des Kriegsrechts 1987 den Demokratisierungsprozess einleitete. Unter seinem Nachfolger Li Denghui, dem ersten gebürtigen Taiwaner im Präsidentenamt, erfolgte eine durchgreifende Reform der Verfassung von 1946. Damit erfüllten sich die Erwartungen der Opposition auf eine völlig neue Konstitution zwar nicht, jedoch wurde das politische System wie gefordert, an die tatsächliche Situation Taiwans angepasst. Zugleich legte man die Grundlagen für die Verwandlung der Inselrepublik in eine offene Gesellschaft mit einer pluralistischen Demokratie.

In den 1990er Jahren wurde die politische Kultur zusehends taiwanisiert (etwa durch den bislang verpönten Gebrauch der lokalen Dialekte in Politik und Medien), jedoch kam es weder zu einem Regimewechsel noch zum Wandel der internationalen Situation Taiwans. Dafür waren hauptsächlich zwei Faktoren verantwortlich: Erstens behielt die GMD zunächst weitgehend die Kontrolle über den politischen Prozess, wofür einerseits ihr etabliertes politisches Netzwerk, andererseits die dominierende Persönlichkeit des Präsidenten verantwortlich waren. Zweitens wurde die taiwanesische Politik unmittelbar durch die Einmischung der Volksrepublik beeinflusst. Die kommunistische Führung machte keinen Hehl daraus, dass sie Li Denghuis Politik einer *de-facto*-Existenz zweier chinesischer Staaten der Unabhängigkeitsrhetorik der Opposition bei weitem vorzog. Sie bot Taiwan ihrerseits einen Status ähnlich dem Hongkongs unter der Formel „ein Land, zwei Systeme" an, bekräftigte aber zugleich mehrfach ihre Entschlossenheit, die *de-jure*-Unabhängigkeit Taiwans notfalls mit Waffengewalt zu verhindern. Die schärfste Geste erfolgte während der „Raketenkrise" parallel zur Wahlrunde von 1995/96, als die Volksbefreiungsarmee Raketen in Richtung Taiwan abschoss und in der Taiwan-Straße amphibische Landemanöver veranstaltete. Mit der Verabschiedung des Anti-Abspaltungsgesetzes Anfang 2005 hat der Nationale Volkskongress in Peking hierfür eine rechtliche Basis geschaffen. Unter diesen Bedingungen war es für die DFP unmöglich, eine adäquate politische Strategie zu formulieren und in Wahlen eine mehrheitlich am *status quo* orientierte Bevölkerung hinter sich zu bringen.

Die Wahl des Oppositionspolitikers Chen Shuibian von der DFP zum Präsidenten im März 2000 verdankte sich daher eher dem Zerfall der GMD als eigener Stärke. Zwar wurde er vier Jahre später wiedergewählt, doch hat die Opposition bislang noch niemals eine parlamentarische Mehrheit erringen können. Das Resultat ist eine in doppelter Hinsicht ungelöste Situation: Zum einen existiert in Taiwan selbst eine tiefgreifende Spaltung zwischen den Befürwortern der Unabhängigkeit, die eine eigenständige taiwanesische Identität postulieren und dabei vor allem an die historische Bedeutung der Ureinwohner und an die japanische Kolonialzeit anknüpfen. Zum anderen hat die Volksrepublik China eine Unabhängigkeit Taiwans zu verhindern vermocht, ohne jedoch am *status quo* etwas ändern zu können. Dass Taiwan rund ein Fünftel seiner gesamten Auslandsinvestitionen auf dem Festland getätigt hat und damit einer der größten ausländischen Investoren in der Volksrepublik ist verstärkt die gegenseitige Abhängigkeit beider politischer Einheiten und bildet so einen Kontrastpunkt zu den politisch-kulturellen Spannungen. Die nationale Frage ist damit sowohl für Taiwan wie für China in jeder Beziehung offen.

6.3.2 Emigration und Diaspora: Die Überseechinesen

Auswanderung aus China war keineswegs ein neuzeitliches, sondern vielmehr ein bis ins 12. Jahrhundert zurückreichendes Phänomen und zudem von unausgesetzter Binnenmigration begleitet. Seit der Mitte des 19. Jahrhunderts erfuhr sie jedoch eine neue und neuartige Dynamik: Erstens globalisierten sich die Migrationsströme, so dass die chinesische Diaspora heute alle Kontinente umfasst, wobei die Schwerpunkte aus historischen Gründen in Südostasien, dem seit alters her wichtigsten Ziel chinesischer Emigranten, sowie in Nordamerika liegen. Zweitens explodierte die Anzahl der Migranten, bei denen es sich mehr als zuvor um Personen handelte, die in keinerlei Verbindung zu politischen oder ökonomischen Eliten in China bzw. im Zielland standen. Drittens gelangten die auswandernden Chinesen nun vielfach in Länder, die mehrheitlich von Weißen besiedelt oder als Kolonien unter die Herrschaft einer weißen Minderheit geraten waren; in beiden Fällen konnten sie leicht zum Objekt rassistischer Diskriminierung werden.

Die chinesische Auswanderungsdynamik ist umso bemerkenswerter, als sie ein erhebliches kulturelles Widerstandspotential überwinden musste. Die Migranten waren überwiegend Bauern, die sich an den Boden und die sozialen Strukturen ihrer Heimatorte gebunden fühlten (vgl. Kap. 4.1.2). Ebenso waren sie vielfach von einer lokalen Kultur und Identität geprägt, in deren Kontext alle Formen von Abwesenheit und Exil als Strafe erschienen. Konfuzianisches Denken hat mit seiner Betonung von Ordnung und Stabilität diese Wahrnehmung von Migration noch gefördert, und in diesem Geist verhängte die Qing-Dynastie zwar nicht die ersten, wohl aber die schärfsten Verbote gegen jegliche Form von Auswanderung. Diese war zwischen Mitte des 17. Jahrhunderts und Mitte des 19. Jahrhunderts ein Kapitalverbrechen, das – im Falle der Rückkehr – mit der Todesstrafe geahndet werden konnte, wenn auch die tatsächliche Durchsetzung des Verbots weit hinter der drakonischen Strafandrohung zurückblieb.

Diesen Hindernissen standen seit dem 19. Jahrhundert beträchtliche Migrationsanreize gegenüber. Zu den *push*-Faktoren, die Menschen aus China forttrieben, sind zunächst das enorme Bevölkerungswachstum sowie die daraus resultierenden Phänomene von wachsender Armut und Verteilungskonflikten zu rechnen. Hierzu gehörten auch die durch die Schwäche des Staates begünstigten großen Rebellionen der 1850er und 1860er Jahre und die von diesen ausgelösten Verwüstungen. In Südchina, das sich im Gegensatz zum sprachlich homogeneren Nordchina durch dialektale Vielfalt auszeichnet, kam es um die gleiche Zeit zu blutigen Auseinandersetzungen zwischen Angehörigen unterschiedlicher han-chinesischer Gruppierungen, die viele der Unterlegenen zur Auswanderung trieben. Dem standen als *pull*-Faktor die wirtschaftlichen Entfaltungsmöglichkeiten in Übersee gegenüber, die in erster Linie mit dem durch das Ende der Sklaverei in vielen europäischen Kolonien und den USA ausgelösten Arbeitskräftemangel zusammenhingen. Daher handelte es sich bei der Mitte der 1840er Jahre einsetzenden chinesischen Auswanderungswelle zunächst primär um Arbeitsmigration. Seit 1870, in größerer Anzahl seit der Jahrhundertwende folgten den Arbeitern, wenn auch in deutlich geringerem Umfang, Studenten und Schüler auf der Suche nach moderner westlicher Bildung. Ihr Ziel war neben den USA vor allem Japan, das in den Jahren nach 1900 uneingeschränkte Vorbild chinesischer Modernisierung.

Mit der Ausweitung und Diversifizierung chinesischer Migration nach Übersee verkomplizierte sich die Beziehung zwischen den Auswanderern und dem chinesischen Staat. Im Zentrum des Problems stand die Frage, wo die Loyalität der Migranten lag: bei ihrer Ursprungsheimat China oder bei ihren neuen Heimatländern? Die Beantwortung dieser Frage hängt von der Wahl der Perspektive ab, je nachdem ob die Perspektive der chinesischen Regierung oder aber der chinesischen Diaspora zu Grunde gelegt wird.

Was die chinesische Regierung betrifft, so unterzog sie ihre Antiauswanderungspolitik seit etwa 1850 einer grundlegenden Revision. Hatten chinesische Beamte zunächst den Kulihandel stillschweigend gebilligt, so musste China 1860 in der Konvention von Peking seinen Untertanen auf ausländischen Druck hin den Aufenthalt im Ausland gestatten. Seither erhoben hochrangige Mandarine die Forderung, China müsse ebenso wie die ausländischen Mächte die Interessen seiner Untertanen im Ausland vertreten. Diese Forderung wurde vor allem mit Blick auf den in den 1840er Jahren begonnen Kulihandel erhoben, da chinesische Männer häufig mit Gewalt zum Arbeitsdienst gepresst wurden. Zugleich spielte sie eine wichtige, wenn auch keine entscheidende Rolle in den Überlegungen zur Einrichtung diplomatischer Vertretungen Chinas im Ausland. Eine 1873 von Li Hongzhang nach Peru und Kuba entsandte Untersuchungskommission erreichte zahlreiche Verbesserungen im Kulihandel. Dass das Qing-Reich seine erste Auslandsvertretung 1877 in London und nicht, wie bereits Ende der 1860er Jahre vorgeschlagen, in einer der stark von Chinesen frequentierten Hafenstädte einrichtete, lag letztlich in der größeren Bedeutung der Beziehungen zu den imperialistischen Mächten begründet. Doch noch im gleichen Jahr wurde das chinesische Konsulat in Singapur gegründet, dem in rascher Folge weitere Konsulate in Yokohama, San Francisco (im Zuge der Aufnahme diplomatischer Beziehungen mit den USA), Honolulu auf Hawaii und Havanna auf Kuba folgten. Bis 1912 waren praktisch in allen wichtigen chinesischen Einwanderungsgebieten Vertreter der Qing-Regierung präsent.

Das Elend der Kulis anhören: Die chinesische Kuba-Kommission

Im November 1873 beauftragte die Qing-Regierung den Beamten Chen Lanbin sowie zwei Kommissare des Kaiserlichen Seezollamts namens MacPherson und Huber mit einer Untersuchung der Lebensbedingungen chinesischer Kulis auf Kuba. Auf der Grundlage eines vom *Zongli Yamen* vorbereiteten Fragebogens sammelten die drei Abgesandten 1.176 Aussagen und 85 Petitionen mit insgesamt 1.665 Unterschriften und legten im Oktober 1874 einen Bericht vor, der – zweifellos im Hinblick auf eine internationale Öffentlichkeit – auch ins Englische übersetzt wurde. Die Aussagen der Kulis bieten einen Einblick in das oft harte Schicksal chinesischer Arbeiter, aber auch in die komplexen Beziehungen zwischen Angehörigen verschiedener Kulturen und ethnischer Gruppen. Sie sind gleichwohl nur für einen Teil der Emigrationsgebiete repräsentativ.

Lü Achen sagt aus: „Die Aufseher waren Neger, und obwohl ich kein Unrecht beging, wurde ich ständig geprügelt. Ich habe gesehen, wie Männer totgeschlagen wurden. Die Leichen wurden danach begraben, und die Behörden wurden nicht benachrichtigt." […]

Xie Ahou sagt aus: „Vier Männer aus einer Gruppe von 30 Neuankömmlingen starben im Krankenhaus, vier Stunden nachdem sie es betreten hatten, angeblich an einer Krankheit. Daraufhin erhoben 20 Männer Anklage wegen Mordes, und auf Bitten des Verwalters hin besuchte ein Beamter niederen Ranges die Besitzung. Ich fungierte als Dolmetscher und übersetzte die Aussage von zwei Zeugen, die erklärten, die Todesursache sei eine Krankheit gewesen. Am nächsten Tag setzten andere Beamten die Untersuchung fort. Alle waren zugegen, und auf die Frage nach einer bereits existierenden Krankheit war die allgemeine Antwort, dass die Männer nicht krank gewesen seien. Der Beamte niederen Ranges erklärte daraufhin, dass ich bei der früheren Gelegenheit falsch übersetzt hätte, und ich wurde ins Gefängnis geworfen. Ich wurde später auf eine von meinem Herrn gestellte Kaution freigelassen." [...]
Huang Ade sagt aus: „ Letztes Jahr sah ich den Mord an einem Mann aus Xiangshan. Ein Beamter besuchte die Besitzung, um die Leiche zu untersuchen, verhaftete jedoch den Täter nicht. Letzterer war ein Neger, und das war unserem Herrn bekannt. Aber er verhängte nur eine leichte Züchtigung über ihn, und damit galt die Sache als abgeschlossen. Neger erhalten tatsächlich eine bessere Behandlung als Chinesen."
[...]
Die Petition von Ren Shizhen und zwei anderen besagt: „Wir wurden hier an Plantagen verkauft, wo wir acht Jahre lang unter Hunger und Grausamkeit litten. Da wir gezwungen waren, zusätzliche Nahrung und Kleidung im Laden der Plantage zu kaufen, sparten wir nichts. Und als wir am Ende der Vertragslaufzeit dachten, wir könnten andere und besser bezahlte Arbeit erhalten, so dass wir in einigen Jahren genug für die Überfahrt nach Hause zusammenbekommen könnten, lieferte uns unser Arbeitgeber beim Depot ab, von wo wir am nächsten Tag in Ketten zur Arbeit auf die Straßen geschickt wurden. Wir erhielten keinen Lohn und wurden in jeder Hinsicht wie Strafgefangene behandelt. Danach wurden wir gezwungen, neue Verträge zu unterzeichnen und in den Dienst von Pflanzern zu treten. Von dem Lohn, den diese zahlten, behielt der Beamte $ 10 von $ 15 für sich, während er uns von $ 30 nur $ 6 aushändigte. Und als diese neuen Verträge abgelaufen waren, wurden wir wieder den Depots übergeben. In diesen verbrachten wir mehrere Monate, danach wurden uns neue Verträge aufgezwungen, so dass uns infolge dieser aufeinander folgenden Anstellungen nicht ein Tag der Freiheit gewährt wurde." [...]
Die Petition von Yu Axia besagt: „Ich wurde an eine Eisenbahngesellschaft verkauft mit einer Anstellung für acht Jahre. Aber obwohl dieser Zeitraum vor sieben Jahren abgelaufen ist, ist kein Entlassungsschreiben für mich ausgestellt worden. Ich möchte manchmal draußen spazieren gehen, aber ich kann es nicht, denn ich habe Angst, dass mein Herr es erfährt und dass er mich prügelt, in Ketten legt und misshandelt."
[...]
Daher sagt Lu Axing aus: „Seit meine Vertragslaufzeit erfüllt ist, bin ich immer noch ein Opfer ungerechter Behandlung. Meine Unzufriedenheit ist groß, und ich möchte abreisen, egal wohin. Jeder Ort ist besser als diese Insel. Die Ungerechtigkeit ist unerträglich geworden, und der Tod ist [dem Leben hier] vorzuziehen."

(The Cuba Commission Report. A Hidden History of the Chinese in Cuba. The Original English-Language Text of 1876. Baltimore, MD/London: Johns Hopkins University Press 1993, S. 66 f., 73. f., 77. Übersetzt von Thoralf Klein. Die Umschrift der chinesischen Namen wurde in *Pinyin* konvertiert.)

Die chinesische Auslandsmigration hatte ferner erheblichen Einfluss auf das Konzept der chinesischen Staatsbürgerschaft. Nachdem 1893 das Emigrationsverbot für Chinesen offiziell aufgehoben worden war, legte der Qing-Staat im ersten Staatsbürgerschaftsgesetz von 1909 das Verhältnis der Überseechinesen zum chinesischen Staat fest. Es beruhte auf dem *ius sanguinis*, d. h. jeder Abkömmling eines chinesischen Vaters oder, falls dieser unbekannt war, einer chinesischen Mutter galt als Chinese. Dieses Gesetz, das mit der Zugrundelegung ethnischer Kriterien die Grenzen eines rein territorialen Nationalstaatskonzepts bewusst sprengte, wurde 1929 von der Nationalregierung übernommen und ist auf Taiwan bis heute in Kraft. Die frühe Republik zog daraus Konsequenzen für das politische System: In der Verfassung von 1912 wurden den Überseechinesen sechs Parlamentssitze garantiert; auch dies eine Bestimmung, die später von der GMD übernommen und noch im Demokratisierungsprozess auf Taiwan beibehalten wurde. Gleiches galt für die mit praktischen Fragen betrauten Organe: Noch in den 1890er Jahren richtete die Qing-Regierung sogenannte Büros zum Schutz von Kaufleuten ein, die vor allem Rückkehrer aus Übersee bei der Repatriierung unterstützen sollten. In der frühen Republikzeit rief Yuan Shikai die Jinan-Büros ins Leben und betraute sie neben der Wiedereingliederung mit der Aufsicht über Arbeitsfragen, Investitionen und Erziehung von Auslandschinesen. Die GMD-Regierung konzentrierte diese Kompetenzen 1927 im neu gegründeten Büro für Angelegenheiten der Überseechinesen in Shanghai, das 1932 den Rang eines dem Exekutivyuan unterstellten Ministeriums mit acht angegliederten lokalen Büros erhielt.

Diese bemerkenswert kontinuierliche Politik verfolgten die sukzessiven chinesischen Regierungen selbstredend nicht allein aus humanitären Erwägungen. Vielmehr erschienen aus der Perspektive des chinesischen Mutterlandes die Überseechinesen, besonders natürlich die zu Wohlstand gekommenen Geschäftsleute, als Quelle dringend benötigten Kapitals sowie westlichen Wissens und damit als Helfer bei der Modernisierung. Dabei änderte sich trotz der Aufhebung des Emigrationsverbots die Einstellung der Regierungskreise in Peking bzw. Nanjing keineswegs: Nach wie vor ging man vom temporären Charakter der chinesischen Auslandsmigration aus und unterstellte, dass die Chinesen in Übersee in Verbindung mit China und seiner Kultur bleiben und schließlich zurückkehren würden. Deshalb legten chinesische Regierungen besonderen Wert auf die Verbreitung der chinesischen Kultur in den von chinesischen Kindern in Übersee besuchten Schulen. Diese ethnisch-nationalistische Konzeption spiegelt sich in dem seit den 1890er Jahren zur Bezeichnung der Überseechinesen verwendeten Begriff *huaqiao* (wörtlich: „Chinese, der sich vorübergehend [im Ausland] aufhält") im Gegensatz zu *huaren* (wörtlich: „Person chinesischer Abstammung"). Sie beruhte zwar auf keiner völligen Fehlperzeption, wohl aber auf einer verkürzten Sichtweise.

Aus der Perspektive der Emigranten selbst war das Verhältnis zu China ungleich komplizierter. Hinsichtlich ihrer Herkunft waren sie keineswegs ein Abbild Chinas *en miniature*, sondern sie stammten aus wenigen Schwerpunktregionen in Südostchina, besonders den Provinzen Guangdong, Fujian und (in weitaus geringerem

Maße) Zhejiang. So kamen im 19. Jahrhundert rund 80 Prozent der chinesischen Einwanderer in die USA aus den sogenannten Vier Landkreisen (*Siyi*) in der Provinz Guangdong, davon mehr als zwei Drittel aus dem Kreis Taishan. Verwandtschaftliche, lokale, regionale und dialektale Orientierungen bestimmten zunächst den Migrationsvorgang selbst, da bis in die Gegenwart Kettenmigration eine bedeutende Rolle spielt: Die sich im Migrationsprozess herausbildenden personellen Netzwerke und Kommunikationsstrukturen führten dazu, dass sich Migranten aus den immer gleichen Herkunftsgebieten rekrutierten. Sie prägten dann auch das Leben in der Diaspora, da sich insbesondere die allgegenwärtigen Vereinigungen und damit die Selbstorganisation der chinesischen *communities* an solchen partikularistischen Kriterien orientierten und mit Ausnahme weniger Länder (der USA, Singapurs und der Philippinen) die bestehenden Barrieren auch nicht übersprangen. Dass die sozialen Institutionen der Überseechinesen ursprünglich einem ländlichen Kontext entstammten und im Zuge der Migration in eine urbane Situation übertragen wurden, da die große Mehrheit der *huaren* sich in Städten niederließ, hat am Regionalismus der Diaspora lange Zeit nichts geändert. Schließlich richtete sich das Verhältnis zur chinesischen Heimat nach den gleichen Kategorien. Die Mehrheit der Emigranten sandte einen Teil ihrer Ersparnisse zurück, entweder um eine Rücklage für die Heimkehr zu schaffen oder um, wenn auch in Einzelfällen etwas widerwillig, ihre verwandtschaftlichen Verpflichtungen zu erfüllen. Diese Geldsendungen, für die eine spezielle Infrastruktur geschaffen wurde, gingen in erster Linie in die eigene Heimatregion oder den eigenen Heimatort. Ihr Ausmaß ist kaum zu

Abb. 60: Chinesen in Malaya bei einem Familientreffen 1918. Ihre Kleidung zeigt westliche und lokale Einflüsse und verdeutlicht damit die kulturelle Anpassungsleistung vieler Überseechinesen.

Abb. 61: Chinesen in San Francisco in der Zeit des Exclusion Act Ende des 19. Jahrhunderts. Aufgrund der verschärften Einreisebestimmungen blieb die Gemeinschaft der Chinesen in den USA männlich dominiert.

überschätzen. Für Guangdong hat man für den Zeitraum von 1862 bis 1949 einen Jahresdurchschnitt von 4,4 Millionen Yuan errechnet, für Fujian knapp 1,8 Millionen zwischen 1871 und 1949. Zudem investierten chinesische Geschäftsleute aus Übersee in lokale Industrien sowie den überregionalen Eisenbahn- und Straßenbau. Allerdings erwiesen sich infolge der instabilen politischen Verhältnisse sowie bürokratischer Hindernisse die wenigsten dieser Investitionen als profitabel.

Beruhten diese Trennlinien vor allem auf den soziokulturellen Gegebenheiten der Herkunftsgebiete, so ergaben sich weitere Spannungen unter den Überseechinesen aus dem unterschiedlichen Grad der Akkulturation bzw. Assimilation an die Kultur der Gastländer. Diese beruhten sowohl auf deren Aufnahmebereitschaft als auch auf der Disposition der chinesischen Einwanderer. Die Bereitschaft, die Integration eingewanderter Chinesen zu akzeptieren oder zu fördern, war je nach

Zielland höchst unterschiedlich. In vielen Ländern Südostasiens war sie vergleichsweise hoch. Dagegen diskriminierten viele europäische Kolonialregimes in Asien und Afrika und mehr noch (ehemalige) weiße Siedlerkolonien wie Australien und die USA, aber auch die lateinamerikanischen Staaten, chinesische Immigranten aus rassistischen Motiven sowohl rechtlich als auch im Alltagsleben. Unter den zahlreichen Immigrationsbeschränkungen gegen Chinesen ist der US-amerikanische Chinese Exclusion Act von 1882 besonders bekannt geworden, nicht zuletzt deshalb, weil seine Verlängerung auf unbestimmte Zeit im Jahre 1904 die antiamerikanische Boykottwelle des Folgejahres in einer Reihe chinesischer Städte hervorrief. Im Zeichen des chinesischen Nationalismus wurde die Aufmerksamkeit weiter Teile der chinesischen Bevölkerung vorübergehend auf die Probleme der Diaspora gelenkt, was gleichzeitig zur Entwicklung des Antiimperialismus in China beitrug.

Einwanderer-Graffiti

Außergewöhnliches historisches Material zur Situation der Auslandschinesen in der Exklusionszeit wurde 1976 auf Angel Island in der Bucht von San Francisco entdeckt, wo sich zwischen 1910 und 1940 die Station der Einwanderungsbehörde befand. Es handelt sich um Gedichtkalligraphien an der Wand der zweistöckigen Baracke, in der oft 400-500 chinesische Immigranten zugleich untergebracht waren. Die Texte handeln von den Schwierigkeiten, dem quälenden, oft monatelangen Warten auf den Anhörungstermin sowie von der diskriminierenden Behandlung durch die amerikanischen Verwaltungsbeamten. Ein Beispiel:

Einst bewunderte ich das Land des Blumenbanners [die USA] als Land des Überflusses.
Rasch trieb ich Geld auf und reiste los.
Über einen Monat war ich inmitten von Wind und Wellen.
Meine Reise verlängert sich unfreiwillig durch einen Aufenthalt im Knast.
Das schlimme Los eines Häftlings muß ich nun erleiden.
Aufblickend sehe ich, ganz nahe, Oakland.
Ich sehne mich danach, ins Heimatland zurückzukehren und nach der Hacke für das Feld zu greifen.
Unzufrieden bin ich und kann schlecht schlafen.
Ich schreibe diese Zeilen nur, um auszudrücken, was ich fühle.

(Angelika Dierkes, Eingepfercht in einem Haus aus Holz. Barackenwand-Gedichte auf Angel Island und Aussagen aus Interviews mit Immigranten, die zwischen 1910 und 1940 über Angel Island in die USA einwanderten, in: die horen 139 [1985], S. 142.)

Die soziokulturelle Disposition der chinesischen Migranten variierte mit dem zeitlichen Fortschreiten des Migrationsprozesses und erbrachte höchst ambivalente Resultate. Bis zum Ende des 19. Jahrhunderts gingen ganz überwiegend Männer ins Ausland, die einerseits eher eine Rückkehr nach China anstrebten, andererseits aber eine größere Bereitschaft zeigten, einheimische Frauen zu heiraten (unabhängig davon, ob sie bereits in China verheiratet waren oder nicht). Als Folge solcher massenhaften Einheiraten bildeten sich chinesisch-indigene Mestizengruppen mit starker Tendenz zur Assimilierung an die einheimische Bevölkerung. Ausnahmen bildeten die Peranakan in Niederländisch-Indien und die Baba in Britisch-Malaya, weil sie zum einen durch Verbote der Kolonialherren daran gehindert wurden, zum anderen der Islam als dominierende Religion der einheimischen Bevölkerung einer Angleichung entgegenwirkte. Der ständige Zustrom chinesischer Neuankömmlinge führte in manchen Ländern im frühen 20. Jahrhundert zur Formation von Gruppen, deren Angehörige den eigenen Maßstäben zufolge „reinere“ Chinesen waren, wie z. B. den indonesischen Totoks. Durch den Nachzug von Familienangehörigen (in der Regel von Söhnen, nicht von Ehefrauen) und die zunehmende Migration ganzer Familien in der ersten Hälfte des 20. Jahrhunderts kam es einerseits zur Resinisierung mancher Mestizengruppen, andererseits zu einer Bereitschaft, sich in der neuen Heimat auf Dauer niederzulassen. Allerdings bestand kein direkter Zusammenhang zwischen der ethnischen Zugehörigkeit, der chinesischen Identität und dem Festhalten an der chinesischen Sprache und Kultur: Viele Mestizen klammerten sich an ihr Chinesentum, während sich auch „reine“ Han-Chinesen an ihre neue kulturelle Umgebung anglichen. Gerade diese Heterogenität der *huaqiao* erklärt, warum ein Teil von ihnen vom chinesischen Nationalismus nicht erfasst wurde und ein anderer doppelte Loyalitäten gegenüber China und dem neuen Heimatland entwickelte.

Dennoch hat der Nationalismus nicht zuletzt wegen der Fremdheitserfahrung in den Gastländern unter den Überseechinesen großen Anklang gefunden. Mit den nationalen Modernisierungsanstrengungen war die Diaspora untrennbar verbunden, da sie erstens einen Absatzmarkt für Konsumgüter aus der alten Heimat bildete und zweitens Geldsendungen und Investitionen aus Übersee, obwohl sie sich primär an die Herkunftsgebiete der Emigranten richteten, zu Recht als Stimulans für die wirtschaftliche Entwicklung des gesamten Landes betrachtet wurden. Auch die Einrichtung chinesischer Schulen trug zur Aufrechterhaltung von Bindungen bei. Neben dieser kontinuierlichen Aufbauleistung aber haben die Überseechinesen auch immer wieder konkret nationalistische Parteien und Bewegungen unterstützt. Seit den späten 1890er Jahren nutzten sowohl die republikanischen Revolutionäre um Sun Yatsen als auch die zeitweilige Konkurrenz der konstitutionalistischen Bewegung Kang Youweis die chinesischen Gemeinschaften in Übersee als unentbehrliches finanzielles und personelles Reservoir. Nicht zufällig fanden sich in der Führung der aus der Revolutionsbewegung hervorgegangenen Guomindang eine Reihe prominenter Überseechinesen wie Sun selbst, der in Singapur geborene Wu Tingfang (1842-1922) sowie der aus Trinidad gebürtige Eugene Chen (Chen Youren, 1878-1944). Die Errichtung der Republik wurde von Überseechinesen ebenso durch Geldsammlungen, Massendemonstrationen und Warenboykotte unterstützt wie die Nationale Revolution in den 1920er Jahren und ganz besonders der Widerstandskrieg gegen Japan zwischen 1931 und 1941. Das organisatorische Rückgrat bildeten dabei Vereinigungen wie die Liga zur Unterstützung des Nordfeldzugs und die Liga zur Rettung der Nation; auch die chinesischsprachige Presse der Überseechinesen fungierte als einflussreiches Sprachrohr eines chinesischen Nationalismus, der die Chinesen in aller Welt mit einschloss. In Südostasien haben die Leiden unter der japanischen Besatzung zwischen 1941 und 1945 Resinisierungstendenzen verstärkt, da die neuen Herren alle ethnischen Chinesen ohne Rücksicht auf den Grad ihrer Akkulturation in gleicher Weise diskriminierten.

Multiple Identitäten: Hu Wenhu

Hu Wenhu (auch bekannt als Aw Boon Haw) wurde 1882 in Rangun in Burma (dem heutigen Myanmar) geboren. Sein Vater, ein Angehöriger der Hakka-Dialektgruppe, war aus der Provinz Fujian dorthin ausgewandert und hatte später eine Frau aus Guangdong geheiratet. Er betrieb in Rangun eine chinesische Apotheke. Wenhu wuchs in einer Umgebung auf, die seit der Annexion Burmas durch die Briten im Jahre 1886 durch westliche Einflüsse geprägt war. Für die Schule hatte der Junge nicht viel übrig und erwies sich als so schwierig, dass er für eine Reihe von Jahren in die Heimat zurückgeschickt wurde. Dahinter stand offensichtlich die Hoffnung seines Vaters, in einer chinesischen Umgebung werde sein Sohn die maßgeblichen Werte des Konfuzianismus besser verinnerlichen. Nach dem Tod seines Vaters 1908 übernahm er mit seinem Bruder die väterliche Apotheke. Eines der Produkte, die die beiden Brüder gemeinsam entwickelten, war das Tigerbalsam, das sich als großer Verkaufserfolg erwies. Bereits am Ende des Ersten Weltkriegs war Hu Wenhu Millionär. 1926 errichtete er einen Firmenzweig in Singapur, und bei Beginn des Zweiten Weltkriegs hatte das Unternehmen 22 Filialen in verschiedenen Städten Südostasiens, in China, Hongkong und Taiwan. Im Januar 1929 gründete Hu in Singapur die Zeitung *Xingzhou ribao* und legte damit den Grundstein für ein Zeitungsimperium. Anfang der 1950er Jahre zog Hu infolge von Spannungen mit den neuen kommunistischen Machthabern seine Investitionen aus China ab.

Hu Wenhu vereinigte in sich eine Reihe unterschiedlicher Identitäten, wie sie für Chinesen in Übersee typisch waren: Erstens war er ein glühender Nationalist und unterstützte in den 1930er Jahren den chinesischen Widerstandskrieg gegen Japan mit Geldspenden und Medikamentenlieferungen. Nach dem Krieg entwickelte er ein Programm zum Wiederaufbau seiner Heimatprovinz und forderte eine Beendigung des verheerenden Bürgerkrieges. Dies hinderte ihn allerdings nicht, während des Krieges in Hongkong mit den japanischen Besatzern zu kooperieren, die ihn 1941 dort interniert hatten. Zweitens war er ein britischer kolonialer Untertan und Träger eines britischen Ordens. Nach seinem geschäftlichen Rückzug aus China setzte er verstärkt auf die Integration der Überseechinesen in die neu entstandenen Nationalstaaten Südostasiens. Drittens pflegte er auch seine lokalen Wurzeln und war eine Zeitlang Präsident der Hakka-Dachorganisation in Hongkong. 1954 starb er auf einer Reise in die USA.

(Literatur: John S. N. Chan, An Exploratory Study of Aw Boon Haw's Thought, in: Journal of the South Seas Society 52 [1998], S. 22-57.)

Die Jahre nach dem Zweiten Weltkrieg bedeuteten für die Überseechinesen in ihrer Gesamtheit einen tiefgreifenden Wandlungsprozess. Die im Zuge der Dekolonisierung unabhängig gewordenen Nationalstaaten Südostasiens erschwerten die Bedingungen für chinesische Migranten, so dass die Einwanderung von Chinesen seit den 1950er Jahren drastisch zurückging. In der Atmosphäre des Kalten Krieges wurden die *huaren* völlig unterschiedslos als fünfte Kolonne Pekings verdächtigt. Dass zudem chinesische Geschäftsleute die bislang dominierenden Angehörigen der Kolonialmächte als tonangebende wirtschaftliche Kraft ablösten, erschwerte die Position der ethnischen Chinesen. Sowohl die Frage ihrer rechtlichen Gleichstellung als auch diejenige ihrer kulturellen Autonomie erwiesen sich als Problemfelder. In Staaten, die sich auf das *ius sanguinis* stützten (wie Indonesien in der längsten Zeit seit seiner Unabhängigkeit), wurde den Chinesen die Einbürgerung aus Prinzip verwehrt. Aber auch dort, wo das *ius soli* galt (wie in Burma/Myanmar), wurden sie nicht automatisch zu gleichberechtigten Staatsbürgern. In kultureller Hinsicht schlugen die neuen nationalen Regierungen unterschiedliche Wege ein: Manche verfolgten eine rigide Assimilationspolitik, während andere eher auf Arrangements der unterschiedlichen Ethnien und kulturellen Pluralismus setzten. Wie stark der Assimilationsdruck sich auswirkte, hing auch von der Größe der ethnisch chinesischen Gemeinschaften ab. Eine besonders starke Diskriminierung erfuhren die ethnischen Chinesen in islamischen Staaten wie Indonesien und Malaysia, wo sie aus religiösen Gründen in einem starken Spannungsverhältnis zur propagierten Nationalkultur standen. Während Malaysia den Chinesen den Zugang zu höherer Bildung beschnitt, wurden in Indonesien chinesische kulturelle Institutionen wie Schulen, Massenmedien und Vereinigungen verboten. In beiden Ländern kam es wiederholt zu antichinesischen Pogromen, bei denen die Chinesen zu Sündenböcken für politische oder soziale Spannungen gemacht wurden, zuletzt in Indonesien 1998. Dennoch war hier wie in vielen Ländern Südostasiens die Politik gegenüber den Chinesen insgesamt inkonsistent und zahlreichen Schwankungen unterworfen.

Demgegenüber wurden Staaten wie die USA und Australien seit der schrittweisen Liberalisierung ihrer Einwanderungspolitik in Bezug auf Asiaten in den Jahrzehnten nach dem Zweiten Weltkrieg zu bevorzugten Zielländern chinesischer Emigranten. Dabei kam es zu einer Diversifikation, weil seit den 1970er Jahren der Anteil Mandarin sprechender Nordchinesen proportional anstieg; außerdem kamen nun sehr viele Studenten, während gleichzeitig der Männerüberschuss, der die chinesische Emigration so lange gekennzeichnet hatte, einem annähernd gleichen Geschlechterverhältnis wich. Immer noch sind aber viele Einwanderer, besonders die Nichtakademiker aus der VR China, in schlecht bezahlten Berufen tätig, obwohl der Bildungsstand der ethnischen Chinesen insgesamt den Bevölkerungsdurchschnitt deutlich übertrifft. Angesichts der in vielen Staaten der westlichen Hemisphäre verschärften Einwanderungspolitik reisten seit Beginn der 1990er Jahre viele Chinesen illegal ein, häufig mit Hilfe von Schlepperbanden.

Parallel zu diesen Veränderungen wandelte sich auch die Haltung der chinesischen Regierungen, besonders in der Volksrepublik China. Während sich die GMD auf Taiwan im beginnenden Kalten Krieg nach wie vor als Schutzmacht der Überseechinesen betrachtete und nach 1950 Chinesen aus dem umkämpften Korea evakuierte bzw. 1954/55 die Ansiedlung nordvietnamesischer Chinesen in Südvietnam organisierte, nahm die Volksrepublik den *huaqiao* gegenüber eine andere Haltung ein. Zweifellos war die Bindung der KPCh-Führung zu den Überseechinesen weniger eng als bei der GMD, da der Großteil der hohen Funktionäre nicht aus den klassischen Emigrantenzentren stammte und zumeist ein Auslandsstudium in Europa einschließlich der Sowjetunion absolviert hatte. In ihrem Bemühen, die Beziehungen zu den südostasiatischen Staaten zu verbessern, verzichtete die Führung der Volksrepublik seit Mitte der 1950er Jahre in bilateralen Verträgen auf die Doppelstaatsangehörigkeit ethnischer Chinesen und zwang sie damit zu einer Entscheidung für die alte oder die neue Heimat. Generalisiert wurde diese Praxis allerdings erst durch ein 1980 erlassenes Staatsbürgerschaftsgesetz. Bis Anfang der 1960er Jahre folgten rund eine halbe Million Menschen, zumeist aus patriotischen Motiven oder wegen ethnisch motivierter Verfolgungen, dem Aufruf der Volksrepublik zur Rückkehr. Die Integration dieser „zurückgekehrten Überseechinesen" (*guiqiao*) erwies sich jedoch als schwierig, weil der Staat mit dieser Aufgabe völlig überfordert war und trotz der Gewährung staatlicher Zuwendungen sowie einer Vorzugsbehandlung innerhalb der sozialistischen Gesellschaft bei den Rückkehrern Unzufriedenheit auslöste. Zudem bestanden zwischen der chinesischen Bevölkerung und den *guiqiao*, die vielfach an in Südostasien übernommenen kulturellen Praktiken festhielten, kulturelle Unterschiede. Da nur ein Teil der Rückkehrer in ihrer ursprünglichen Heimat angesiedelt werden konnte, kamen vielerorts dialektale Barrieren hinzu. Die im Ruf politischer Unzuverlässigkeit stehenden und wegen ihrer Privilegien verhassten *guiqiao* wurden daher während der Kulturrevolution zu einem Hauptziel der Verfolgungsmaßnahmen. Ihre Rehabilitation im Zuge der Reform- und Öffnungspolitik kam zu spät, da bis Mitte der 1970er Jahre bereits vier Fünftel von ihnen China wieder den Rücken gekehrt hatten.

Während viele der *guiqiao* dem kommunistischen China seither kritisch gegenüberstanden, hat sich die Volksrepublik im Zuge der Reform- und Öffnungspolitik erfolgreich um die wirtschaftliche Unterstützung ethnischer Chinesen bemüht, die wiederum bevorzugt in ihren Heimatregionen investieren. Damit trugen Überseechinesen – allerdings vorwiegend Einwanderer der ersten Generation, die Mandarin und/oder regionale Dialekte beherrschen – dazu bei, die Volksrepublik in ein weltweit vernetztes *Greater China* einzubeziehen. Dieses beruht auf informellen Wirtschaftskontakten im Rahmen des sogenannten *guanxi*-Kapitalismus sowie auf dem intellektuellen Kapital der Auslandsstudenten, um deren Rückkehr sich der chinesische Staat gleichfalls bemüht. Zugleich versuchen die Behörden der Volksrepublik auch, die muttersprachliche Erziehung der Kinder von Überseechinesen sicherzustellen. Ein beträchtlicher Teil der ethnischen Chinesen hat jedoch Sprache und kulturelle Praktiken Chinas zugunsten derjenigen der neuen Heimatländer aufgegeben. Angesichts dieser Pluralisierung von Lebensstilen beruht Identität in der chinesischen Diaspora mehr denn je auf einer individuellen Selbstdefinition. Prognosen, die in einem auch politisch geeinten *Greater China* schon die Weltmacht der Zukunft sehen, sind deshalb wohl doch verfrüht.

6.3.3 Ethnische Minderheiten und konkurrierende Nationalismen

Neben der Tatsache, dass in den letzten beiden Jahrhunderten zahlreiche ethnische Chinesen außerhalb der Territorialgrenzen Chinas lebten und noch heute leben, wird das Konzept eines chinesischen Nationalstaates auch noch durch ein genau entgegengesetztes Problem in Frage gestellt: die Tatsache, dass teils durch die Eroberungen der Qing-Dynastie im 17. und 18. Jahrhundert, teils infolge noch älterer historischer Prozesse eine große Zahl nichtchinesischer Ethnien auf chinesischem Boden leben. Als gegen Ende des 19. Jahrhunderts das dynastische Prinzip zunächst schleichend, dann mit der Revolution von 1911 abrupt durch das nationale abgelöst wurde, ergaben sich hieraus zwei Probleme: Erstens musste eine theoretisch begründete Verfahrensweise gefunden werden, um die nichtchinesischen Ethnien in den chinesischen Nationalstaat zu integrieren. Seit die politische Elite zu Beginn des 19. Jahrhunderts die Zugehörigkeit der neu eroberten Territorien zum Qing-Reich akzeptiert hatte, galt es zweitens, wie bereits erwähnt (vgl. Kap. 6.1.3), die territorialen Grenzen dieses Reiches zu verteidigen – und zwar nicht nur gegen den Landhunger einiger imperialistischer Mächte, sondern auch gegen Autonomiebestrebungen bzw. Nationalismen der Minderheitenvölker selbst.

Problematisch waren dabei trotz zahlreicher Erhebungen vom 19. bis zur Mitte des 20. Jahrhunderts nicht die zahlreichen Ethnien Zentral- und Südchinas. Mit wenigen Ausnahmen wie den Zhuang – der größten Minderheit mit (1990) über 15 Millionen Menschen – sowie den Yao und Yi weisen sie nur geringe Kopfzahlen auf und waren aufgrund ihrer geographischen Lage inmitten han-chinesisch besiedelter Gebiete zur Begründung eigener Nationalstaaten nicht in der Lage. Anders gestaltete sich die Lage in den Grenzgebieten, wo verhältnismäßig große Ethnien leben und die günstigen geopolitischen Voraussetzungen für eine Sezession durch die Inkongruenz von Staats- und ethnischen Besiedlungsgrenzen sowie durch Interventionen ausländischer Mächte noch verstärkt wurden. Eine Ausnahmestellung hatte dabei die Mandschurei inne: Hatte die Qing-Dynastie zunächst versucht, die ethnische Exklusivität ihres Stammlandes durch ein Ansiedlungsverbot für Chinesen rein zu erhalten, so vollzog sie nach 1860 einen Kurswechsel und gab die Region 1887 endgültig für chinesische Migranten frei. Damit setzte sie einen Assimilierungsprozess in Gang, in dessen Verlauf die Mandschu zwar ihr ethnisches Bewusstsein bewahrten, sich in Sprache und Kultur aber fast völlig an die Chinesen anglichen.

Obwohl die auf die Qing-Monarchie folgenden Regimes das territoriale Erbe der letzten Dynastie zu bewahren suchten, erkannten sie die Existenz kulturell eigenständiger Ethnien an. Dass diese ebenso wie die Han-Nation als *minzu* bezeichnet wurden (in der Volksrepublik seit 1962 offiziell mit dem vorangestellten Zusatz *shaoshu*, wörtlich: „zahlenmäßig kleine Nationen", meistens mit „nationale Minderheiten" übersetzt), suggeriert eine Gleichrangigkeit mit der han-chinesischen Bevölkerungsmehrheit. Im Übergang von der Monarchie zur Republik

Abb. 62: Auf dem GMD-Parteitag von 1948 setzen uigurische Mädchen aus Xinjiang Sun Yatsens Witwe Song Qingling eine landestypische Mütze auf. Bereits unter der GMD wurde das Nebeneinander verschiedener Ethnien folkloristisch inszeniert. Auch die von der KPCh garantierte kulturelle Autonomie erschöpft sich oft in dieser Art Folklore.

propagierten so unterschiedliche politische Akteure wie die Ratgeber des letzten Kaisers (in dessen Abdankungserklärung), Yuan Shikai und Sun Yatsen das Konzept einer Fünf-Nationen-Republik aus Han-Chinesen, Mandschu, Mongolen, Tibetern und Muslimen. Ihr Symbol wurde die neue, fünffarbig quergestreifte Nationalflagge. Diese Lösung entstand aus konkreten politischen Erfordernissen, war jedoch in ihrer Ignorierung der zahlreichen Ethnien Zentral- und Südchinas alles andere als systematisch. Unter der Herrschaft Jiang Kaisheks wurden dann alle fünf ethnischen Großgruppen als gemeinsame „chinesische Nation“ definiert. Erst die Kommunisten, die sich, vermutlich aus taktischen Gründen, lange für eine Emanzipation zumindest der zahlenmäßig großen Ethnien ausgesprochen hatten, schufen nach der Gründung der Volksrepublik das integrierende theoretische Konzept eines „einheitlichen Vielvölkerstaats“ (*tongyi duominzu guojia*).

Zugleich initiierte die KPCh einen gänzlich neuen Ansatz für die praktische Minderheitenpolitik. Bis in die 1920er Jahre hatte sich an dem System indirekter Herrschaft, das auf der Kooperation des chinesischen Staates mit einheimischen

Führern (*tusi*) basierte, wenig geändert, während die GMD zwar eine Assimilationspolitik verfolgte, wegen ihrer schwachen Verankerung in den Grenzregionen aber nicht umsetzen konnte. Unter der kommunistischen Herrschaft wurde in den 1950er Jahren das Prinzip der regionalen Gebietsautonomie eingeführt, ein Mittelding zwischen tatsächlicher Selbstverwaltung der Minderheiten und deren effektiver Kontrolle durch die han-chinesisch dominierte Zentralregierung. Ihre Grundlage bildete die ethnographische Erfassung und staatliche Anerkennung der einzelnen Minoritäten auf der Grundlage rationaler, dem Anspruch nach wissenschaftlich-objektiver Kriterien, die man aus Stalins Nationsdefinition von 1913 übernommen hatte: gemeinsame Sprache, gemeinsames Territorium, gemeinsame Wirtschaft und gemeinsame Kultur. 1956 waren bereits 45 Nationalitäten anerkannt, bei der 1981 erreichten Zahl von 55 Minoritäten ist es bislang geblieben. Offiziell sollte mit dieser Politik ein goldener Mittelweg zwischen den beiden Extremen des „Groß-Han-Chauvinismus" auf Kosten der Minoritäten auf der einen Seite und des „lokalen Nationalismus", d. h. separatistischer Tendenzen, auf der anderen beschritten werden. In der Praxis aber erwies sich die Identitätsbestimmung von Ethnien als komplexes Problem und konnte bis in die Gegenwart nicht endgültig abgeschlossen werden. Noch weitaus schwerwiegender war, dass die politische, ökonomische und kulturelle Dominanz der Han-Chinesen bestenfalls verschleiert wurde. Zwischen dem Großen Sprung und der Mitte der 1970er Jahre wurden die nichtchinesischen Ethnien sogar einer radikalen Zwangsassimilierung unterworfen. In der Ära Deng Xiaopings und Jiang Zemins wurden die Minderheiten insoweit begünstigt, dass sich mehr Menschen als zuvor zu ihrer nicht han-chinesischen Nationalität bekannten. Dennoch kann bis heute von einer echten Autonomie keine Rede sein, da Interessen der Minderheiten immer wieder den Prioritäten von Modernisierung und staatlicher Einheit geopfert wurden.

Als besonders gravierend erwies sich im gesamten Zeitraum seit 1800 die Situation in der Mongolei, Tibet und Turkestan/Xinjiang, die in ihren heutigen Grenzen immerhin rund 40 Prozent des Territoriums der VR China umfassen. Im Allgemeinen folgte die Qing-Dynastie dem Prinzip indirekter kolonialer Herrschaft, doch infolge der unterschiedlichen Umstände bei der Eingliederung dieser Gebiete in das Reich gestaltete sich ihr Status höchst ungleich. In besonderem Maße galt dies für die Mongolen, die bis weit ins 20. Jahrhundert überwiegend Hirtennomaden waren: Die Gruppen südlich der Wüste Gobi, in der heutigen Inneren Mongolei, die sich den Qing-Herrschern bis 1636 unterworfen hatten, waren den Mandschu und Chinesen gleichberechtigt und in die Acht Banner eingegliedert; ihre Angehörigen wurden mit Verwaltungsposten auf Reichsebene betraut. Demgegenüber wurde bei den nordmongolischen Qalqa im Zuge ihrer Unterwerfung 1691 ein ganz anderes Bannersystem installiert. Dieses wies jedem Banner ein festes Territorium zu, um ein administratives Gegengewicht gegen die bestehenden Stammesloyalitäten zu schaffen. Die endgültig Mitte des 18. Jahrhunderts unterworfenen Westmongolen schließlich bildeten lediglich eine abhängige Bevölkerung kolonialisierter Untertanen. In Tibet fungierten zwei kaiserliche Ambane (ein mandschurisches Wort, das ursprünglich soviel wie Staatsrat bedeutete) als Gouverneure, während die Herrschaft des Dalai Lama als höchster geistlicher und weltlicher Autorität Ende des 18. Jahrhunderts nach einer vorübergehenden Unterbrechung in etwas verkleinertem Umfang wieder institutionalisiert wurde und die einheimischen Gesellschaftsstrukturen im Wesentlichen unangetastet blieben. Auch in Turkestan und der Äußeren Mongolei führten die Qing das Amban-System ein. Gleichzeitig wurden in den landwirtschaftlichen Kernzonen, den für Ackerbau geeigneten Oasenstädten des Tarim-Beckens, nach der Beseitigung der zahlreichen lokalen politisch-religiösen Führer, der Khojas, entsprechend den Bedürfnissen vor Ort lokale Führungsämter neu besetzt oder geschaffen. Auf diese Weise entstand eine neue Führungselite, die als Vermittlungsinstanz zwischen der Qing-Bürokratie und der einheimischen Bevölkerung fungierte. In Turkestan und – in geringerem Ausmaß – Tibet wurde die Qing-Herrschaft durch eine dauerhafte, wenn auch nicht gleichmäßig über das beherrschte Territorium verteilte Militärpräsenz gestützt. In Xinjiang förderte die Qing-Administration neben der Anlage von Militärkolonien, die sich der Landwirtschaft widmeten, auch die Ansiedlung von Zivilisten, meist Han-Chinesen aus den nordwestlichen Provinzen; zudem wurde Xinjiang zum bevorzugten Verbannungsort für abgesetzte Beamte wie für gewöhnliche Kriminelle. Dabei wurde die Siedlungsstruktur von einer strikten ethnischen Trennung geprägt: Für Mandschu, Chinesen, Mongolen und Muslime bestanden jeweils eigene Wohnquartiere. In den Randgebieten der Inneren Mongolei wurden Chinesen erst seit Beginn des 20. Jahrhunderts angesiedelt. Stärker als Tibet waren Turkestan und die Mongolei auch wirtschaftlich mit dem chinesischen Kernland verbunden. In der Mongolei stand der Handel im Mittelpunkt, wobei die chinesischen Händler zugleich als Geldverleiher fungierten. In Xinjiang wurde vor allem die Pferdezucht gefördert und Eisen (sowie in geringerem Maße Gold) abgebaut. Daneben profitierte die Region von der Politik der Qing-Herrscher, Steuerüberschüsse aus reichen Provinzen in arme Grenzgebiete zu transferieren. Eine administrative Klammer für alle zentralasiatischen Teile des Qing-Reichs bildete das Amt für die Verwaltung der Grenzvölker (*Lifanyuan*), dessen Zuständigkeitsbereich von den Mongolen auf Tibet und Turkestan erweitert wurde. Mit Ausnahme der islamischen Turkvölker fungierte das Patronat der Qing-Herrscher über den in Zentralasien verbreiteten tibetischen (lamaistischen) Buddhismus als weiteres verbindendes Element.

Mit dem Vordringen des europäischen Imperialismus in Asien wurde die Qing-Herrschaft in Zentralasien einschließlich der Mongolei seit 1850 einem rapiden Wandel unterworfen. Insbesondere die englisch-russische Rivalität in der Region trug dazu bei, die Probleme ihrer Integration in das Qing-Reich zu internationalisieren. Ging in der ersten Hälfte des 19. Jahrhunderts in der unruhigsten Provinz Xinjiang die Gefahr in der Regel von lokalen Erhebungen bzw. von Mitgliedern der Khoja-Familie in ihrem Exil im noch unabhängigen Fürstentum Khoqand aus, so nahm die mit dem Namen Ya'qūb Begs verbundene Rebellion von 1865 bis 1877 ein bis dahin ungeahntes Ausmaß an. Zwar war sie nur eine von mehreren muslimischen Erhebungen, die auch die fest ins Reich eingegliederten Provinzen Nordwestchinas erfassten, wies jedoch anders als diese eine internationale Dimension auf. Denn Ya'qūb Beg bemühte sich, seine Legitimation einerseits durch die Anerkennung der türkischen Oberhoheit, andererseits durch Verträge mit Großbritannien und Russland, den beiden Hauptkontrahenten im Machtpoker um Zentralasien, zu stärken. Russland schloss Mitte der 1860er Jahre die Eroberung des westlichen Zentralasien ab und dehnte seine Herrschaft auf Ethnien wie die Kasachen und Kirgisen aus, die zum Teil auch auf der chinesischen Seite der Grenze siedelten. Zwischen 1871 und 1881 hielten die Russen unter Ausnutzung der schwachen chinesischen Position in Turkestan das Yili-Tal besetzt. Bereits 1874/75 hatte am Qing-Hof eine große Strategiedebatte über die Frage stattgefunden, ob nach dem japanischen Angriff auf Taiwan die Verteidigung der Küsten oder des zentralasiatischen Hinterlandes Priorität genießen solle. Nachdem sich die Befürworter einer Verteidigung der kontinentalen Grenze durchgesetzt hatten, wurde einer ihrer führenden Vertreter, Zuo Zongtang, mit der 1877 abgeschlossenen Rückeroberung Turkestans beauftragt. Zeitgleich mit Taiwan wurde auch Xinjiang aufgrund seiner strategischen Bedeutung 1884 in den Rang einer Provinz erhoben. Die bereits am stärksten integrierte Region des von den Qing beherrschten Teils Zentralasiens wurde damit nicht nur formal in die Reichsstruktur integriert. Vielmehr brachte der neue Status eine vermehrte chinesische Einwanderung sowie die Gründung konfuzianischer Schulen mit dem Ziel, sowohl unter den Han wie unter den Uiguren eine Literatenelite zu schaffen. Allerdings widersetzten sich die Uiguren dieser kulturellen Assimilationspolitik überwiegend mit Erfolg.

Eine zweite, für China weitaus weniger erfolgreich verlaufende Runde der Internationalisierung ethnischer Fragen in Zentralasien begann in den 1890er Jahren. Nachdem Großbritannien im späten 19. Jahrhundert alle anderen Anrainerstaaten des Himalaya annektiert oder zu Protektoraten gemacht hatte, entsandte es 1903/04 eine Militärexpedition, um Tibet, das angeblich aufgrund der Schwäche Chinas in russische Hände zu fallen drohte, unter Kontrolle zu bringen. Zwar gelang es China noch einmal, seine Autorität in Tibet wiederherzustellen. Mit dem Sturz der Monarchie Anfang 1912 ergab sich jedoch eine völlig neue Situation: Da sich die Mongolei und Tibet zwar an die Qing-Dynastie, nicht jedoch an den chinesischen Staat als solchen gebunden fühlten, erklärten beide ihre Unabhängigkeit. Tibet wurde dabei von Großbritannien unterstützt, das auf der Dreierkonferenz von Simla 1913/14 eine Kompromissformel vorschlug, nach der China unter dem etwas schwammigen Begriff der Suzeränität die nominelle Oberhoheit über Tibet behalten und weiterhin einen Amban in Lhasa stationieren durfte, ansonsten aber das ehemalige Protektorat in eine *de-facto*-Unabhängigkeit entlassen sollte. Zudem erhielt Großbritannien eine Reihe rechtlicher und kommerzieller Privilegien in Tibet und erreichte eine Korrektur des tibetisch-indischen Grenzverlaufs zu seinen Gunsten. Allerdings konnten die britischen Vertreter den chinesischen Delegierten zwar derart unter Druck setzen, dass er das Abkommen paraphierte. Da die Regierung in Peking jedoch gegen den Vertrag protestierte, wurde er nur von Großbritannien und Tibet ratifiziert. Nach demselben Muster setzte Russland 1915 den von China akzeptierten Vertrag von Kjachta für die Mongolei durch.

Obwohl die neuen Regierungen in Tibet und der Mongolei nicht unmittelbar von modernen nationalistischen Vorstellungen beeinflusst waren, strebten sie sehr wohl die politische Integration aller Tibeter bzw. Mongolen an. Sie wurden jedoch in ihren Hoffnungen enttäuscht: Die Simla-Konvention teilte Tibet in einen äußeren, autonomen Teil, der dem hergebrachten Herrschaftsbereich des Dalai Lama entsprach, und einen inneren Teil, der bei China verblieb. In ähnlicher Weise hatte Russland 1912 in einem Vertrag mit Japan eine Teilung der Mongolei vereinbart. China konnte so die Kontrolle über die Innere Mongolei wahren. Die chinesische Regierung strebte ihrerseits die Konsolidierung der verbliebenen und langfristig die Wiedergewinnung der verlorenen Territorien an. Zur Stabilisierung begann sie 1914 mit der Neugliederung der chinesischen Grenzgebiete, die mit der Schaffung der mongolischen Provinzen Suiyuan, Chahar und Rehe (Jehol) sowie der vorwiegend tibetisch besiedelten Provinzen Qinghai und Xikang 1928 abgeschlossen wurde.

Die Politik gegenüber den autonom gewordenen Gebieten, die von der Republik China nach wie vor als chinesisches Territorium betrachtet wurden, nahm einen unterschiedlichen Verlauf: Mit dem „äußeren" Tibet kam es um 1915 zu Grenzkonflikten, die 1930-1932 in einen Krieg ausarteten. Hingegen geriet die Äußere Mongolei infolge des russischen Bürgerkrieges 1921 unter sowjetrussischen Einfluss und konstituierte sich 1924 als Mongolische Volksrepublik neu. Der sowjetische Schutz garantierte seither ihre Unabhängigkeit. Die Innere Mongolei wurde dagegen zu Beginn der 1930er Jahre der japanischen Einflusssphäre einverleibt: Zwischen 1932 und 1934 entstand aus Teilen der Mandschurei sowie der eroberten Provinz Rehe (Jehol) die mongolische Xing'an-Provinz, während in den westlichen Teilen der Inneren Mongolei ein Staat namens Mengjiang mit einem Kollaborationsregime unter dem Mongolenprinzen Demčugdongrub (De Wang) installiert wurden. Den Japanern kam zustatten, dass sie von vielen der mongolischen Fürsten als Befreier von der chinesischen Herrschaft begrüßt wurden, nachdem die Anfang der 1930er Jahre ins Leben gerufene innermongolische Autonomiebewegung an der Blockadepolitik der chinesischen Behörden gescheitert war. Die Region Xinjiang wurde seit 1912 nominell von chinesischen Militärgouverneuren regiert, die faktisch unabhängig waren und seit Beginn der 1920er Jahre mehr oder weniger offen unter sowjetischem Einfluss standen. Im gleichen Zeitraum verbreitete sich, teilweise unter dem Einfluss islamischer Reformbewegungen, nationalistisches und pantürkisches Gedankengut unter den turksprachigen Ethnien. Zweimal, 1933 in Südwest-Xinjiang und 1944 im Yili-Tal, riefen Unabhängigkeitsbewegungen eine Ostturkestanische Republik aus, zweimal führte sowjetischer Einfluss deren Scheitern herbei. Nachdem Xinjiang zwischen 1934 und 1941 faktisch ein Satellitenstaat der UdSSR gewesen war, ermöglichte Stalins außenpolitische Zurückhaltung der GMD 1946 die erneute Inbesitznahme großer Teile der Provinz.

Die japanische Niederlage 1945 und der anschließende kommunistische Sieg im chinesischen Bürgerkrieg schufen eine grundlegend neue Situation. Japan wurde als politisch-militärischer Faktor ausgeschaltet, und aufgrund der zunächst freundlichen Beziehungen zur UdSSR fiel es den Kommunisten leicht, 1947 die Innere Mongolei und 1949 auch Xinjiang militärisch zu besetzen und in ihren Herrschaftsbereich zu integrieren. Im Gegenzug musste die Volksrepublik die Unabhängigkeit der Äußeren Mongolei anerkennen. In Bezug auf Tibet war die Situation komplizierter. Bereits 1943 hatten die eher desinteressierten USA der Regierung Jiang

Kaisheks versichert, dass sie Tibet als Bestandteil Chinas betrachteten, während die skeptischeren, aber auch weniger mächtigen Briten an dem ambivalenten Status eines autonomen Tibet unter chinesischer Suzeränität festhielten. Auch der beginnende Kalte Krieg führte keine grundsätzliche Änderung herbei, zumal die GMD als Vertreterin Chinas in der UNO in der Tibetfrage mit den Kommunisten übereinstimmte. China konnte daher im Oktober 1950 ungehindert mit der Invasion Tibets beginnen, dessen Appell an die Vereinten Nationen ohne Erfolg blieb. Die Regierung in Lhasa unter dem vorzeitig für mündig erklärten 14. Dalai Lama musste kapitulieren und sah sich im April 1951 zum Abschluss eines 17-Punkte-Abkommens mit China gezwungen, das die chinesische Souveränität wiederherstellte, der tibetischen Seite jedoch große Freiheit bei der Durchführung sozialer Reformen und darüber hinaus kulturelle Eigenständigkeit gewährte.

Alle (zurück-)eroberten Regionen wurden nun in die Autonomiepolitik der KPCh einbezogen. Noch vor der Gründung der VR China wurde 1947 aus den drei innermongolischen Provinzen die Autonome Region (AR) Innere Mongolei gebildet; 1950 folgte Xikang, das 1955 teilweise Sichuan zugeschlagen wurde, während der größere Teil in der 1965 gegründeten AR Tibet aufging; ebenfalls 1955 wurde die AR Xinjiang der Uiguren (der größten Ethnie Ostturkestans) gegründet. Drei von fünf AR auf Provinzstufe lagen damit in der riesigen zentralasiatischen *frontier*-Zone (die beiden übrigen waren Guangxi als AR der Zhuang und das ebenfalls erstmals 1928 zur Provinz erhobene Ningxia als AR der Mandarin sprechenden, aber islamischen Mischbevölkerung der Hui). Von Anfang an arbeiteten die Kommunisten mit Vertretern der einheimischen Bevölkerung zusammen, die häufig repräsentative Posten in der Regierungsspitze erhielten, während die eigentlichen Schlüsselpositionen Chinesen vorbehalten blieben.

Ulanhu: Wegbereiter der kommunistischen Herrschaft in der Inneren Mongolei

Ulanhu (chinesisch: Wulanfu; sein eigentlicher chinesischer Name lautete Yun Ze) war der einzige Mongole, der in die Spitze der KPCh aufgenommen wurde, und gleichzeitig ein Wegbereiter der kommunistischen Herrschaft über die Innere Mongolei. 1904 in das weitgehend sinisierte Tümed-Banner geboren, besuchte er von 1922 bis 1924 eine chinesische Schule in Peking und studierte anschließend in Moskau an der für chinesische Revolutionäre gegründeten Sun-Yatsen-Universität. 1925 trat er der von der Komintern unterstützten Revolutionären Volkspartei der Inneren Mongolei bei, die sich für eine Abschaffung der Feudalstrukturen und für die Unabhängigkeit einsetzte. 1929 ging er in die Äußere Mongolei, wo er sich ebenfalls in der Autonomiebewegung engagierte. In China stand er auf der Seite von Gegnern Jiang Kaisheks. Angesichts des japanischen Vordringens in den 1930er Jahren gehörte er zu den Gegnern der Kollaboration und näherte sich damit den Kommunisten an, die diese Haltung unterstützten. 1939 ging er ans Nationalitäteninstitut nach Yan'an und wurde 1945 als erster Nicht-Chinese Kandidat des Zentralkomitees der KPCh.

Nach der japanischen Kapitulation gelang es Ulanhu, den Einfluss der GMD auszuschalten und die Innere Mongolei zu einigen. Bereits 1947, trat er für zwei Jahrzehnte

Abb. 63: Ulanhu.

an die Spitze der Volksregierung der Autonomen Region Innere Mongolei. 1956 wurde Ulanhu ZK-Vollmitglied und zugleich Kandidat des Politbüros. Durch die Vereinigung hoher Ämter in Partei, Staat und Armee erlangte Ulanhu eine Machtfülle wie kein anderer Minoritätenkader vor oder nach ihm. Dadurch war er in der Lage, die Umsetzung problematischer Direktiven in der Inneren Mongolei (wie z. B. bei der Kollektivierung) zu verhindern oder abzumildern. In der Kulturrevolution geriet er deshalb ins Visier der Roten Garden und verlor alle Ämter, wurde jedoch 1973 wieder ins ZK gewählt. 1975 wurde er Mitglied des Ständigen Ausschusses des Nationalen Volkskongresses und damit kollektives Staatsoberhaupt. In den folgenden Jahren unternahm er zahlreiche Auslandsreisen und krönte seine Karriere mit dem Amt des stellvertretenden Staatsoberhauptes, das er von 1983 bis zu seinem Tod 1988 innehatte. Während er in seinen letzten Lebensjahren von der Inneren Mongolei ferngehalten wurde, besetzten seine Kinder und Verwandten hohe Führungsämter in der AR. Seit Anfang der 1990er Jahre wurde das Gedenken an Ulanhu zu einem Bestandteil der offiziellen Erinnerungskultur erhoben, u. a. durch die Einrichtung eines Ulanhu-Forschungsinstitutes, eine sechsteilige Fernsehserie und ein 1992 errichtetes Mausoleum. Ulanhus Doppelrolle als Verfechter einer Integration der Inneren Mongolei in die VR China und zugleich als Sachwalter mongolischer Interessen macht ihn für beide Seiten zu einer Identifikationsfigur.

(Literatur: Uradyn E Bulag: The Mongols at China's Edge. History and the Politics of National Unity, Lanham MD u. a.: Rowman & Littlefield 2002)

In den 1950er Jahren bemühte sich Peking um die wirtschaftlich-technische Modernisierung der Minoritätengebiete, griff jedoch auch nachhaltig in die bestehenden sozialen Strukturen ein, die in Tibet und der Mongolei noch stark von adliger und klösterlicher Grundherrschaft geprägt waren. Vor allem in Tibet wurde diese Politik als Bedrohung der hergebrachten, vom lamaistischen Buddhismus geprägten Kultur und damit als Provokation begriffen. Besonders angespannt war die Situation in den innertibetischen Gebieten von Qinghai und Sichuan: Zwar herrschten hier die gleichen Verhältnisse wie in Zentraltibet, doch hatte aus Pekinger Sicht die tibetische Bevölkerung chinesischer Provinzen keinen Anspruch auf die dem Dalai Lama gewährte Autonomie und wurde deshalb von Anfang an in die Landreform einbezogen. Daher regte sich hier bereits seit Anfang der 1950er Jahre bewaffneter Widerstand. Gegen Ende des Jahrzehnts griffen die Auseinandersetzungen auch auf Zentraltibet über und mündeten in den großen Aufstand von 1959, der von der Armee brutal niedergeschlagen wurde. Der Dalai Lama, der bis dahin mit China kooperiert hatte, floh nach Indien und bildete dort eine Exilregierung. Zur gleichen

Zeit kam es auch zu Erhebungen in Xinjiang, wo die Volksrepublik zudem infolge des beginnenden sino-sowjetischen Konflikts ihr Grenzregime verschärfte und nomadisierenden Turkvölkern den bislang üblichen Grenzübertritt nicht mehr gestattete. Auf dem Höhepunkt der Krise flohen 1962/63 zwischen 100.000 und 200.000 Menschen, vorwiegend Kasachen, in die Sowjetunion. Viele von ihnen kehrten in den 1990er Jahren angesichts der schlechten wirtschaftlichen Verhältnisse im sowjetischen Nachfolgestaat Kasachstan nach Xinjiang zurück.

Einen wesentlichen Beitrag zur Verschärfung der Situation leistete die Politik des Großen Sprungs, da die kommunistische Führung in dieser Phase zum ersten Mal offen zu einer Assimilierungspolitik überging. Während der Kulturrevolution verschärfte man diese Politik deutlich und ging zum Generalangriff auf Religion und Kultur der Minderheiten über. Tempel und Moscheen wurden zerstört, heilige Texte verbrannt und der Klerus dezimiert. Zwar gingen die Roten Garden mit der chinesischen Kultur nicht unbedingt pfleglicher um, doch verbanden sich für Tibeter, Mongolen und muslimische Ethnien die traumatischen Erfahrungen zusätzlich mit der Tatsache der chinesischen Fremdherrschaft, zumal Menschen auch wegen einheimischer, nicht chinesischer Kleidung und Haartracht von Rotgardisten misshandelt wurden. Diese Exzesse wurden seit den späten 1970er Jahren beendet, und die Minoritäten erhielten wieder eine größere kulturelle Autonomie. Aus der Sicht der Minderheiten war das grundsätzliche Problem der Fremdbestimmung jedoch in mehrfacher Hinsicht ungelöst: Erstens hielt Peking, trotz eines verstärkten Bemühens um Ausbildung von Kadern aus den Minoritäten, an der Schlüsselstellung von Chinesen in den AR fest und war zu keiner echten Autonomie bereit, die eine faktische Selbstregierung der Minoritäten bedeuten würde. Dies führte zweitens dazu, dass die Minderheitenbevölkerung der AR zwar ihre eigene Sprache und Kultur pflegen konnten, Aufstiegschancen für Einheimische jedoch an die Beherrschung des Chinesen geknüpft waren, während sich umgekehrt chinesische Verwaltungskader kaum je mit der einheimischen Sprache und Kultur befassten. Drittens siedelte die Pekinger Regierung in großem Umfang Han-Chinesen in den Grenzgebieten an. In der Mongolei ist der Anteil ethnischer Mongolen mittlerweile auf rund 14 Prozent gesunken. In Xinjiang nahm die Han-Bevölkerung zwischen 1949 und 1982 um das 28-fache zu, von fünf auf etwas über 40 Prozent der Gesamtbevölkerung. Ein Großteil dieser Neusiedler kam in den 1950er Jahren teils freiwillig, teils gezwungenermaßen nach Xinjiang. Allerdings haben sich auch andere muslimische Ethnien, insbesondere die Hui, stärker vermehrt als die größte Ethnie der Uiguren, so dass es auch zu Spannungen zwischen den Minderheiten gekommen ist. In Bezug auf Tibet sind die Daten weniger verlässlich. Fest steht jedoch, dass Peking die Siedlungspolitik seit Beginn der 1990er Jahre verschärft hat, wenn dies auch kaum jemals öffentlich eingestanden wird. Damit soll auch der im Verhältnis zu den Minoritäten geringeren Geburtenrate der Han begegnet werden. Vor allem aber können der Autonomiestatus und die damit verbundenen Rechte widerrufen werden, sobald die Han die größte Bevölkerungsgruppe stellen. Viertens schließlich brachte die Reform- und Öffnungspolitik den

Abb. 64: Chinesische bewaffnete Polizei verhaftet einen Tibeter. Bilder wie diese lenkten vor allem in den späten 1980er und frühen 1990er Jahren die Aufmerksamkeit der Weltöffentlichkeit auf Tibet.

AR sicherlich ökonomische Vorteile – so konnten sich beispielsweise die Uiguren erfolgreich in den überregionalen Handel einschalten –, verstärkte jedoch gleichzeitig die Sinisierungstendenzen (etwa im Bereich der Architektur und des Alltagslebens).

Unter diesen Umständen konnten Konflikte nicht ausbleiben. Zwischen Herbst 1987 und Frühjahr 1989 kam es in Tibet zu schweren Unruhen, bei denen mit Steinen bewaffnete Mönche und Laien es mit schwer bewaffneten chinesischen Polizisten und Soldaten aufnahmen. Etwa zur gleichen Zeit hatte der Dalai Lama begonnen, die Tibetfrage durch Appelle an die Weltöffentlichkeit zu internationalisieren, nachdem die chinesische Regierung seinen Vorschlag einer tibetischen Autonomie nach dem Muster „ein Land, zwei Systeme“ abgelehnt hatte. In der Tat hat er in den 1990er Jahren besonders in Nordamerika und Westeuropa eine Welle der Sympathie für sein Land hervorgerufen. Dabei treten die exiltibetischen Vertreter häufig mit dem Anspruch auf Repräsentation aller Tibeter in China (also auch derjenigen außerhalb der AR) auf. Weniger internationale Beachtung fand der von pantürkischem und panislamischem Gedankengut getragene, teilweise aus dem Exil operierende Widerstand der muslimischen Ethnien in Xinjiang, der sich auch des Mittels terroristischer Anschläge bediente. Durch den Zerfall der Sowjetunion und die Entstehung ihrer zentralasiatischen Nachfolgestaaten sowie den aufkommenden internationalen Islamismus hat er zusätzlichen Auftrieb erhalten. Zwischen 1990 und 2001 soll es zu rund 200 militanten Aktionen gekommen sein. Allerdings konnte die chinesische Diplomatie die Regierungen von Kirgistan, Kasachstan und Tadschikistan bewegen, ihre Unterstützung separatistischer Exilgruppen aufzugeben. Zudem existieren innerhalb der turksprachigen Ethnien Spannungen, die auf der Zugehörigkeit zu unterschiedlichen religiösen Gruppen und Lokalitäten beruhen und von der chinesischen Führung ausgenutzt werden können. Im Rahmen des Kampfes der USA und ihrer Verbündeten gegen Taliban und al-Qaida in Afghanistan seit 2001 konnte Peking sein hartes Vorgehen gegen den muslimisch-ethnischen Widerstand ausweiten und auf eine neue Legitimationsgrundlage stellen – auch wenn die amerikanische Regierung erklärte, sie betrachte die uigurischen Nationalisten nicht als Terroristen.

Auf der einen Seite erreichte Pekings Kontrolle über Tibet, Xinjiang und die weniger unruhige Innere Mongolei nach 1949 ein zuvor nie gekanntes Ausmaß. Dennoch sind in keiner der Regionen die Konflikte wirklich gelöst. Die Identifikation mit dem Qing-Reich hat dazu geführt, dass die VR China weder ihren Anspruch auf Taiwan aufzugeben noch den nichtchinesischen Ethnien eine Autonomie zu gewähren bereit ist, die diesen Namen verdient. Der Ausnahmefall der Äußeren Mongolei verdankt sich einer besonderen historischen Situation. Damit bleibt das Nationalstaatskonzept, ohne dass die KPCh dies zuzugeben bereit wäre, von inneren Widersprüchen gekennzeichnet.

Anhang

Hinweise zur Aussprache des Chinesischen (Pinyin-Umschrift)

1. Silbenanlaut

c	z wie in Zeit	sh	sch wie in *Sch*iff
ch	tsch wie in Pei*tsche*	w	englisches w wie in *w*ell
h	ch wie in la*chen* (aber nur gehaucht)	x	ch wie in i*ch*
j	dj wie in ma*dj*arisch	y	j wie in *j*ung
q	tch wie in Hü*ttch*en	z	ds wie in *Ds*ungarei
r	ähnlich dem englischen r wie in *r*ose (auch im Auslaut)	zh	dsch wie in *Dsch*ungel
s	stimmloses s wie in Fa*ss*		

2. Silbenauslaut

ai	wie in H*ai*	iu	ju wie in *Ju*gend
an	wie in *An*kunft; nach y wie in M*än*ner	ong	ung wie in *Zung*e
ao	au wie in H*au*s	ou	wie in engl. sh*ow*
e	kurzes geschlossenes e wie in Na*s*e	u	wie in *zu;* nach j, q, x: ü wie in gr*ün*
eng	leicht nasal, zwischen eng und öng	uai	wai wie engl. *wi*se
i	nach c, ch, r, s, sh, z und zh langes geschlossenes e	uan	wan wie in R*uan*da; nach j, q, x: üän wie in H*yä*ne
ian	jän wie in österr. *Jän*ner	ue	nur nach j, q, x: üe
iang	jang	ui	wie in engl. *way*
iao	jau wie in *jau*len	un	un wie in M*un*d; nach j, q, x: ün wie in k*ün*stlich
iong	jung	uo	ähnlich engl. *what*, aber langes offenes o

Glossar

Bewegung für neue Kultur (*Xin wenhua yundong*, 1915-1924): Versuch einer umfassenden Erneuerung der chinesischen Gesellschaft und Kultur auf moderner Grundlage.

Bewegung für neues Leben (*Xin shenghuo yundong*, 1934-1937): Von der GMD initiierte Massenbewegung, die die Gesellschaft reformieren und gleichzeitig stabilisieren sollte.

Boxerbewegung (*Yihetuan yundong*, 1900): Volkstümliche Bewegung, die die Qing-Dynastie unterstützte und Ausländer sowie das Christentum aus China herausdrängen wollte. Sie löste den für China verheerenden Boxerkrieg (endete im September 1901) aus.

30.-Mai-Bewegung (*Wusa yundong*, 1925): Antiimperialistische Massenbewegung, ausgelöst durch die Erschießung chinesischer Demonstranten durch britisch-indische Soldaten.

21 Forderungen (1915): Forderungen Japans an die chinesische Regierung, die auf eine weitgehende japanische Kontrolle über China hinausliefen.

Großer Sprung nach vorn (*Dayuejin*, 1958-61): Maßgeblich von Mao Zedong initiierter Versuch, durch Massenmobilisierung die Industrieländer wirtschaftlich einzuholen und den Kommunismus zu verwirklichen.

guandu-shangban-Prinzip: Versuch einer Industrialisierung, bei dem Managern des operative Geschäft und Beamten die Kontrolle der Unternehmen oblag.

Hundert-Blumen-Bewegung (1957): Ursprünglich Bewegung zur Kritik an der KPCh, später in eine Kampagne gegen politische Gegner umgewandelt.

Kulturrevolution (eigentlich Große Proletarische Kulturrevolution, *Wuchanjieji wenhua da geming*, 1966-1969 bzw. 1976): Zugleich ein Machtkampf in der Führung der KPCh und eine Mobilisierung der Jugend gegen Feinde des Kommunismus. In einer zweiten Phase Kampf um die Nachfolge Maos und Versuche zur Standardisierung der Kultur.

Langer Marsch (*Changzheng*, 1934-1936): Ausbruch der Kommunisten aus der Einkreisung durch die GMD und verlustreicher Marsch von Süd- nach Nordchina, wo die KPCh in Yan'an eine neue Basis aufbaute.

Nanjing-Periode: Bezeichnung für die ersten zehn Jahre der GMD-Herrschaft über China (1927-1937), als die Nationalisten ein ehrgeiziges Modernisierungsprogramm umzusetzen versuchten.

Nationale Revolution (*Guomin geming*, 1925-1927): Von GMD und KPCh gemeinsam getragene politisch-soziale Bewegung zur nationalen Einigung und zur Beendigung des Imperialismus, endete mit dem Bruch der ersten Einheitsfront. In ihrem Rahmen wurde der *Nordfeldzug* als revolutionärer Einigungsfeldzug geführt.

Neue Politik (*Xin zheng*, 1901-1911): Umfassendes politisches, militärisches und ökonomisches Reformprogramm der Qing-Dynastie.

Reform der Hundert Tage (1898): Erster Versuch einer Umgestaltung Chinas, die das politische System mit einschloss, durch den Putsch der Kaiserinwitwe Cixi beendet.

Reform- und Öffnungspolitik (seit 1978): Von Deng Xiaoping initiierter Kurswechsel, der das Hauptaugenmerk auf die wirtschaftliche Entwicklung richtete und bereit war, ausländische Investitionen in China zuzulassen.

Selbststärkungsbewegung (*Ziqiang yundong*, ca. 1860-1895): Erster Versuch einer Modernisierung Chinas durch Übernahme der westlichen Technologie, wobei gleichzeitig die chinesische Kultur bewahrt werden sollte.

Südreise (*nanxun*, 1992): Im 17. und 18. Jahrhundert von den Qing-Herrschern unternommene Reisen zur Inspektion des politisch für unzuverlässig erachteten Südens. 1992 Reise Deng Xiaopings, um die Wirtschaftsreformen wieder anzukurbeln.

Taiping-Rebellion (1851-1864): Teilweise christlich inspirierte Rebellion, die den Sturz der Qing-Dynastie und eine umfassende Neuordnung der Gesellschaft anstrebte.

4.-Mai-Bewegung (*Wusi yundong*, 1919): Antiimperialistische Protestbewegung im Zusammenhang mit der Bewegung für neue Kultur.

Warlords (*junfa*): Regionale Militärmachthaber zwischen 1916 und Mitte der 1930er Jahre.

Xi'an-Zwischenfall (1936): Festsetzung Jiang Kaisheks durch zwei seiner Generale, um Verhandlungen zwischen GMD und KPCh im Interesse eines gemeinsamen Kampfes gegen Japan zu ermöglichen.

Yan'an-Periode: In der Entwicklung der KPCh die Zeit zwischen 1936 und 1949, als sich das Parteihauptquartier in Yan'an befand.

Zongli Yamen: 1860 gegründete Behörde zur Abwicklung der Beziehungen zu den westlichen Staaten, 1901 in ein Außenministerium (*Waiwubu*) umgewandelt.

Auswahlbibliographie

Nachschlagewerke

Chinesischer Biographischer Index, hrsg. von Stephan von Minden. München: Saur 2000.
Chinesisches Biographisches Archiv, hrsg. von Stephan von Minden. München: Saur 1999.
Leung, Edwin Pak-wah: Historical Dictionary of Revolutionary China. New York u. a.: Greenwood Press 1992.
Staiger, Brunhild/Stefan Friedrich/Hans-Wilm Schütte (Hrsg.): Das große China-Lexikon. Darmstadt: Wissenschaftliche Buchgesellschaft 2003.
Sullivan, Lawrence R.: Historical Dictionary of the People's Republic of China. Lanham, MD u. a.: Scarecrow Press 1997.

Einführungen, Gesamtdarstellungen

The Cambridge History of China, hrsg. von Dennis Twitchett/John K. Fairbank. Bd. 10-15. Cambridge: Cambridge University Press 1978-1991.
Eastman, Lloyd E.: Family, Fields, and Ancestors. Constancy and Change in China's Social and Economic History, 1550-1949. New York/Oxford: Oxford University Press.
Fairbank, John K.: Geschichte des modernen China: 1800-1985. München: Deutscher Taschenbuchverlag 1989.
Gray, Jack: Rebellions and Revolutions. China from the 1800s to 2000. 2. Aufl. Oxford: Oxford University Press 2002.
Hsü, Immanuel C. Y.: The Rise of Modern China. 6. Aufl. New York/Oxford: Oxford University Press 2000.
Mitter, Rana: A Bitter Revolution. China's Struggle with the Modern World. Oxford: Oxford University Press 2004.
Osterhammel, Jürgen: China und die Weltgesellschaft. Vom 18. Jahrhundert bis zur Gegenwart. München: Beck 1989.
Schmidt-Glintzer, Helwig: Das neue China. Von den Opiumkriegen bis heute. München: Beck 1999.
Schoppa, R. Keith: The Columbia Guide to Modern Chinese History. New York: Columbia University Press 2000.
Spence, Jonathan: Chinas Weg in die Moderne. München: Deutscher Taschenbuchverlag 2001.
Weggel, Oskar: Geschichte Chinas im 20. Jahrhundert. Stuttgart: Kröner 1989.

Kapitel 1

1.1 Vielfalt und Einheit

Bauer, Wolfgang (Hrsg.): China und die Fremden. 3000 Jahre Auseinandersetzungen in Krieg und Frieden. München: Beck 1980.

Blunden, Caroline/Mark Elvin: Cultural Atlas of China. 2. Aufl. New York: Checkmark Books 1998.
de Francis, John: The Chinese Language. Fact and Fantasy. Honolulu, HI: University of Hawaii Press 1984.
Honig, Emily: Creating Chinese Ethnicity. Subei People in Shanghai, 1850-1980. New Haven, CT/London: Yale University Press.
Moser, Leo J.: The Chinese Mosaic. The Peoples and Provinces of China. Boulder, CO/London: Westview Press 1985.
Schmidt-Glintzer, Helwig: China. Vielvölkerreich und Einheitsstaat. München: Beck 1997.
Waldron, Arthur: The Great Wall of China. From History to Myth. Cambridge: Cambridge University Press 1990.
Zhao Songqiao: Geography of China. Environment, Resources, Population and Development. New York u. a.: Wiley & Sons 1994.

1.2 Meistererzählungen der neueren Geschichte Chinas und die Suche nach Alternativen

Mühlhahn, Klaus: Nation, Markt und Moderne: Paradigmen der chinabezogenen Geschichtswissenschaft, in: asien afrika lateinamerika 25 (1997), S. 629-650.

1.2.1 Revolution

Dirlik, Arif: Revolution and History. The Origins of Marxist Historiography in China, 1919-1937. Berkeley, CA/Los Angeles/London: University of California Press 1978.
Esherick, Joseph W.: Ten Theses on the Chinese Revolution, in: Modern China 21 (1995), S. 45-76.
Franke, Wolfgang: Das Jahrhundert der chinesischen Revolution. München: Oldenbourg 1958.
Fu Zhengyuan: Autocratic Tradition and Chinese Politics. Cambridge u. a.: Cambridge University Press 1993.
Lazzerini, Edward J.: The Chinese Revolution. Westport, CT/London: Greenwood Press 1999.
Osterhammel, Jürgen: Shanghai, 30. Mai 1925. Die chinesische Revolution. München: Deutscher Taschenbuchverlag 1997.
Schrecker, John E.: The Chinese Revolution in Historical Perspective. 2. Aufl. Westport, CT/London: Praeger 2004.
Song Yanshen u. a.: *Zhongguo shixue shi gangyao* [Grundriß der Geschichte der chinesischen Geschichtswissenschaft]. Peking: Beijing Shifan Daxue Chubanshe 1992.
Waldron, Arthur: China's Coming Constitutional Challenges, in: Orbis 39 (1995), S. 19-36.

1.2.2 Modernisierung/Moderne

Cohen, Paul: Discovering History in China. American Historical Writing on the Recent Chinese Past. New York: Columbia University Press 1984.
Elvin, Mark: The Pattern of the Chinese Past. Stanford, CA: Stanford University Press 1973.
Grasso, June/Jay Corrin/Michael Kort: Revolution and Modernization in China. 2. Aufl. Armonk, NY/London: Sharpe 1997.
Osterhammel, Jürgen: Modernisierungstheorie und die Transformation Chinas 1800-1949. Kritische Überlegungen zur historischen Soziologie, in: Saeculum 35 (1984), S. 31-72.
Pomeranz, Kenneth: The Great Divergence. China, Europe, and the Making of the Modern World Economy. Princeton, NJ/Oxford: Princeton University Press 2000.

Rozman, Gilbert u. a.: The Modernization of China. New York: Free Press/London: Collier Macmillan 1981.
Wong, R. Bin: China Transformed. Historical Change and the Limits of European Experience. Ithaca, NY/London: Cornell University Press 1997.

1.2.3 Nation

Duara, Prasenjit: Rescuing History from the Nation. Questioning Narratives of Modern China. Chicago, IL: University of Chicago Press 1995.
Kirby, William C.: The Internationalization of China: Foreign Relations at Home and Abroad in the Republican Era, in: China Quarterly 150 (1997), S. 433-458.
Schubert, Gunter: Chinas Kampf um die Nation. Dimensionen nationalistischen Denkens in der VR China, Taiwan und Hongkong an der Jahrtausendwende. Hamburg: Institut für Asienkunde 2002.
Unger, Jonathan: Chinese Nationalism. Armonk, NY/London: Sharpe 1996.
Waley-Cohen, Joanna: The Sextants of Beijing. Global Currents in Chinese History. New York: Norton 1999.

Kapitel 2

2.1 Das Reich der Qing im Umbruch

Crossley, Pamela Kyle: The Manchus. Cambridge, MA/Oxford: Blackwell 1997.
Elliott, Mark C.: The Manchu Way. The Eight Banners and Ethnic Identity in Late Imperial China. Stanford, CA: Stanford University Press 2001.
Melancon, Glenn: Britain's China Policy and the Opium Crisis. Balancing Drugs, Violence and National Honour, 1833-1840. Aldershot: Ashgate 2003.
Naquin, Susan: Millenarian Rebellion in China. The Eight Trigrams Uprising of 1813. New Haven, CT/London: Yale University Press 1976.
–/Evelyn S. Rawski: Chinese Society in the Eighteenth Century. New Haven/London: Yale University Press 1987.

2.2 Die späte Qing-Zeit bis zum Ende der Monarchie

Cohen, Paul A.: History in Three Keys. The Boxers as Event, Experience, and Myth. New York: Columbia University Press 1997.
Esherick, Joseph: Reform and Revolution in China. The 1911 Revolution in Hunan and Hubei. Berkeley, CA/Los Angeles/London 1976.
Fay, Peter W.: The Opium War. Barbarians in the Celestial Empire in the Early Part of the Nineteenth Century and the War by which they Forced Her Gates Ajar. 2. Aufl. Chapel Hill, NC: University of North Carolina Press 1997.
Karl, Rebecca E./Peter Zarrow (Hrsg.): Rethinking the 1898 Reform Period. Political and Cultural Change in Late Qing China. Cambridge, MA/London: Harvard University Asia Center 2002.
Kuhn, Philip A.: Rebellion and Its Enemies in Late Imperial China. Militarization and Social Structure, 1796-1864. 2. Aufl. Cambridge, MA/London: Harvard University Press 1980.

Rhoads, Edward J. M.: China's Republican Revolution: The Case of Kwangtung, 1895-1913. Cambridge, MA/Harvard University Press 1975.
Scalapino, Robert A./George T. Yu: Modern China and Its Revolutionary Process. Recurrent Changes to the Traditional Order. Berkeley, CA/Los Angeles/London: University of California Press 1985.
Wright, Mary Clabaugh: The Last Stand of Chinese Conservatism. The T'ung-chih Restoration, 1862-1874. Stanford, CA: Stanford University Press 1957, ND New York: Atheneum 1967.

2.3 Die Republik China

Barrett, David P.: China in the Anti-Japanese War. Politics, Culture, and Society. New York u. a.: Lang 2001.
Eastman, Lloyd E. u. a.: The Nationalist Era in China, 1927-1949. Cambridge: Cambridge University Press 1991.
Jordan, Donald A.: The Northern Expedition. China's National Revolution of 1926-1928. Honolulu, HI: University Press of Hawaii 1976.
Kuhn, Dieter: Die Republik China von 1912 bis 1937. Eine politische Ereignisgeschichte. 2 Bde. Heidelberg: edition forum 2004.
Schwarcz, Vera: The Chinese Enlightenment. Intellectuals and the Legacy of the May Fourth Movement of 1919. Berkeley, CA/Los Angeles/London: University of California Press 1986.

2.4 Die Volksrepublik China

Barnouin, Barbara: Ten Years of Turbulence. The Chinese Cultural Revolution. London/New York: Kegan Paul 1993.
Chan, Alfred L.: Mao's Crusade. Politics and Policy Implementation in China's Great Leap Forward. Oxford u. a.: Oxford University Press 2001.
Edmonds, Richard Louis (Hrsg.): The People's Republic of China after 50 Years. Oxford: Oxford University Press 1999.
Herrmann-Pillath, Carsten/Michael Lackner (Hrsg.): Länderbericht China. Politik, Wirtschaft und Gesellschaft im chinesischen Kulturraum. Bonn: Bundeszentrale für politische Bildung 1998.
Lin Bih-jaw/James T. Myers (Hrsg.): Contemporary China in the Post Cold-War Era. Columbia, SC: University of South Carolina Press 1996.
Teiwes, Frederick C./Warren Sun: China's Road to Disaster. Mao, Central Politicians, and Provincial Leaders in the Unfolding of the Great Leap Forward. Armonk, NY/London: Sharpe 1999.
Tien Hung-mao/Chu Yun-han (Hrsg.): China Under Jiang Zemin. Boulder, CO/London: Rienner 2000.

Kapitel 3

3.1 Ideologische Grundlagen

3.1.1 Konfuzianismus

Berthrong, John H.: Transformations of the Confucian Way. Boulder, CO/Oxford: Westview Press 1998.

Fu Zhengyuan: China's Legalists. The Earliest Totalitarians and Their Art of Ruling. Armonk, NY/London: Sharpe 1996.
Hsiao, Kung-chuan: A Modern China and a New World. K'ang Yu-wie, Reformer and Utopian. Seattle, WA/London: University of Washington Press 1975.
Lee Ming-huei: Der Konfuzianismus im modernen China. Leipzig: Leipziger Universitätsverlag 2001.
Levenson, Joseph: Confucianism and its Modern Fate. 3 Bde. Berkeley, CA/Los Angeles/London: University of California Press 1964-1966.
Nagata, Sabine: Untersuchungen zum Konservatismus im China des späten 19. Jahrhunderts. Wiesbaden: Harrassowitz 1978.

3.1.2 Liberalismus

Fung, Edmund S. K.: In Search of Chinese Democracy. Civil Opposition in Nationalist China, 1929-1949. Cambridge: Cambridge University Press 2000.
Halbeisen, Hermann: Demokratie ohne Volksherrschaft. Aspekte des politischen Denkens chinesischer Liberaler in der Nanking-Zeit, 1927-1937. Bochum: Brockmeyer 1991.
Huang, Philip C. C.: Liang Ch'i-Ch'ao and Modern Chinese Liberalism. Seattle, WA/London: University of Washington Press 1972.
Lubot, Eugene: Liberalism in an Illiberal Age. New Culture Liberals in Republican China, 1931-1937. Westport, CT/London: Greenwood Press 1982.
Müller, Sven-Uwe: Konzeptionen der Menschenrechte im China des 20. Jahrhunderts. Hamburg: Institut für Asienkunde 1997.
Svensson, Marina: Debating Human Rights in China. A Conceptual and Political History. Lanham, MD: Rowman & Littlefield 2002.

3.1.3 Nationalismus

Dikötter, Frank: The Discourse of Race in Modern China. London: Hurst & Company 1992.
Harrison, Henrietta: China. London: Arnold 2001.
Schubert, Gunter: Chinas Kampf um die Nation. Dimensionen nationalistischen Denkens in der VR China, Taiwan und Hongkong an der Jahrtausendwende. Hamburg: Institut für Asienkunde 2002.
Wong Young-tsu: Search for Modern Nationalism. Zhang Binglin and Revolutionary China 1869-1936. Hongkong/Oxford/New York: Oxford University Press 1989.
Yu Dahua: *Wan Qing wenhua baoshou sichao yanjiu* [Studien zu den kulturkonservativen Denkströmungen am Ende der Qing-Zeit]. Peking: Renmin Chubanshe 2001.
Zhao Suisheng: A Nation-State by Construction. Dynamics of Modern Chinese Nationalism. Stanford, CA: Stanford University Press 2004.

3.1.4 Sunyatsenismus: Die Drei Volksprinzipien

Chang, Sidney H./Leonard H. D. Gordon: All Under Heaven... Sun Yat-sen and His Revolutionary Thought. Stanford, CA: Hoover Institution Press 1991.
Gregor, A. James: A Place in the Sun. Marxism and Fascism in China's Long Revolution. Boulder, CO/Cumnor Hill: Westview Press 2000.
Sang Bing: *Sun Zhongshan huodong yu sixiang* [Handeln und Ideologie Sun Yatsens]. Guangzhou: Zhongshan Daxue Chubanshe 2001.
Wells, Audrey: The Political Thought of Sun Yat-sen. Development and Impact. Basingstoke: Palgrave 2001.
Zanasi, Margherita: Fostering the People's Livelihood: Chinese Political Thought between Empire and Nation, in: Twentieth-Century China 29:1 (2004), S. 6-38.

3.1.5 Sinomarxismus

Dirlik, Arif/Paul Healy/Nick Knight (Hrsg.): Critical Perspectives on Mao Zedong's Thought. Atlantic Highlands, NJ: Humanities Press International 1997.

Holbig, Heike: Die KPCh öffnet sich für Privatunternehmer. Jiang Zemins theoretischer „Durchbruch" und die praktischen Konsequenzen, in: China aktuell 7/2001, S. 739-746.

Schram, Stuart: The Thought of Mao Tse-tung. Cambridge u. a.: Cambridge University Press 1989.

van de Ven, Hans J.: From Friend to Comrade. The Founding of the Chinese Communist Party, 1920-1927. Berkeley, CA/Los Angeles/Oxford: University of California Press 1991.

Womack, Brantly: The Foundations of Mao Zedong's Political Thought, 1917-1935. Honolulu, HI: University Press of Hawaii 1982.

Zarrow, Peter: Anarchism and Chinese Political Culture. New York/Oxford: Columbia University Press 1990.

Zhang Wei-wei: Ideology and Economic Reform Under Deng Xiaoping, 1978-1993. London/New York: Kegan Paul International 1996.

3.2 Verfassungen

3.2.1 Autokratisch-bürokratische Monarchie

Bartlett, Beatrice: Monarchs and Ministers. The Grand Council in Mid-Ch'ing China, 1723 1820. Berkeley, CA/Los Angeles/London: University of California Press 1991.

Fung Ming-chu: „Thou Art Understood!" Ch'ing Court Communication as Reflected in the Palace Memorials. Taibei: National Palace Museum 2005.

Jen Yu-wen: The Taiping Revolutionary Movement. New Haven, CT/London: Yale University Press 1973.

Leonard, Jane Kate: Controlling From Afar. The Daoguang Emperor's Management of the Grand Canal Crisis, 1824-1826. Ann Arbor, MI: Center for Chinese Studies, University of Michigan 1996.

3.2.2 Konstitutionelle Monarchie

Ch'en, Jerome: Yuan Shih-k'ai 1859-1916. Brutus Assumes the Purple. Stanford, CA: Stanford University Press 1961.

Meienberger, Norbert: The Emergence of Constitutional Government in China. The Concept Sanctioned by the Empress Dowager Tz'u-Hsi. Bern/Frankfurt a.M./Las Vegas: Peter Lang 1980.

Min Tu-ki: National Polity and Local Power. The Transformation of Late Imperial China. Hrsg. von Philip A. Kuhn/Timothy Brook. Cambridge, MA: Council on East Asian Studies, Harvard University 1989.

Thompson, Roger R.: China's Local Councils in the Age of Constitutional Reform 1898-1911. Cambridge, MA: Council on East Asian Studies, Harvard University 1995.

3.2.3 Liberale Republik

Chen, Leslie H. Dingyan: Chen Jiongming and the Federalist Movement. Regional Leadership and Nation-Building in Early Republican China. Ann Arbor, MI: Center for Chinese Studies, University of Michigan 1999.

Ch'ien Tuan-sheng: The Government and Politics of China. Cambridge, MA: Harvard University Press 1961.

Schoppa, R. Keith: Province and Nation: The Chekiang Provincial Autonomy Movement, 1917-1927, in: Journal of Asian Studies 36 (1977), S. 661-674.

Yeh Young-ming: Sun Yat-sens Regierung in Südchina von 1917-1922 und die „Bewegung zum Schutz der Verfassung". München: tuduv 1983.

3.2.4 Fünf-Gewalten-Verfassung oder Guomindang

Eastman, Lloyd E.: The Abortive Revolution. China Under Nationalist Rule, 1927-1937. Cambridge, MA: Harvard University Press 1974.

Greiff, Thomas E.: The Principle of Human Rights in Nationalist China: John C. H. Wu and the Ideological Origins of the 1946 Constitution, in: China Quarterly 103 (1985), S. 441-461.

Zhao Suisheng: Power by Design. Constitution-Making in Nationalist China. Honolulu: University of Hawai'i Press 1996.

3.2.5 Sozialistische Verfassungen

Benewick, Robert: Towards a Developmental Theory of Constitutionalism: The Chinese Case, in: Government and Opposition 33 (1998), S. 442-461.

Schier, Peter: Partei und Staat in der Volksrepublik China. Die institutionellen Grundlagen des politischen Systems, in: Die Volksrepublik China. Stuttgart u. a.: Kohlhammer 1987, S. 105-123.

Sheng Zhiping: Party vs. State in Post-1949 China. The Institutional Dilemma. Cambridge: Cambridge University Press 1997.

von Senger, Harro: Partei, Ideologie und Gesetz in der Volksrepublik China. Bern/Frankfurt am Main: Lang 1982.

Yin Xiaohu: *Xin Zhongguo xianzheng zhi lu* [Der Weg der Verfassung im neuen China], 1949-1999. Shanghai: Shanghai Jiaotong Daxue Chubanshe 2000.

3.3 Informelle Politik

Dittmer, Lowell/Fukui Haruhiro/Peter N. S. Lee (Hrsg.): Informal Politics in East Asia. Cambridge: Cambridge University Press 2000.

3.3.1 guanxi *als Faktor chinesischer Politik*

Guo Xuezhi: Dimensions of Guanxi in Chinese Elite Politics, in: China Journal 46 (2001), S. 69-90.

Nathan, Andrew: A Factionalism Model for CCP Politics, in: China Quarterly 53 (1973), S. 34-66.

Yan Yunxiang: The Culture of Guanxi in a Chinese Village, in: China Journal 25 (1996), S. 1-25.

3.3.2 Monarchen und Bürokraten: Cliquen im Kaiserreich

Eastman, Lloyd E.: Throne and Mandarins. China's Search for a Policy during the Sino-French Controversy 1880-1885. Cambridge, MA: Harvard University Press 1967.

Leung Yuen-sang: The Shanghai-Tientsin Connection: Li Hung-chang's Political Control over Shanghai, in: Samuel C. Chu/Liu Kwang-ching (Hrsg.), Li Hung-chang and China's Early Modernization. Armonk, NY/London: Sharpe 1994, S. 108-118.

Polachek, James M.: The Inner Opium War. Cambridge, MA/London: Council on East Asian Studies, Harvard University 1992.

Pong, David: Shen Pao-chen and China's Modernization in the Nineteenth Century. Cambridge: Cambridge University Press 1994.

3.3.3 Militärische Netzwerke in der frühen Republik

Lary, Diana: Region and Nation. The Kwangsi Clique in Chinese Politics, 1925-1937. Cambridge: Cambridge University Press 1974.
McCord, Edward A.: The Power of the Gun. The Emergence of Modern Chinese Warlordism. Berkeley, CA/Los Angeles/London: University of California Press 1993.
Nathan, Andrew J.: Peking Politics 1918-1923. Factionalism and the Failure of Constitutionalism. Berkeley, CA: University of California Press 1976, ND Ann Arbor, MI: Center for Chinese Studies, University of Michigan 1998.
Sutton, Donald S.: Provincial Militarism in the Chinese Republic. The Yunnan Army, 1905-25. Ann Arbor, MI: University of Michigan Press 1980.
Xie Benshu/Niu Hongbin: *Jiang Jieshi he Xinan difang shilipai* [Jiang Kaishek und die regionalen Machtcliquen Südwestchinas]. O.O.: Henan Renmin Chubanshe 1990.

3.3.4 Führerkult und Infiltration der Bürokratie: Die Herrschaft der Guomindang

Bergère, Marie-Claire: Sun Yat-sen. Paris: Fayard 1994.
Chung Dooeum: Élitist Fascism. Chiang Kaishek's Blueshirts in 1930s China. Aldershot u. a.: Ashgate 2000.
Fenby, Jonathan: Chiang Kai Shek. China's Generalissimo and the Nation He Lost. New York: Carroll & Graf 2003.
Geisert, Bradley F.: Radicalism and His Demise. The Chinese Nationalist Party, Factionalism and Local Elites in Jiangsu Province, 1924-1931. Ann Arbor, MI: Center for Chinese Studies, University of Michigan 2001.
Tien Hung-mao: Government and Politics in Republican China 1927-1937. Stanford, CA: Stanford University Press 1972.
Zhang Xianwen/Fang Qingqiu u. a.: *Jiang Jieshi quanzhuan* [Jiang Kaishek. Eine vollständige Biographie]. 2. Aufl. Zhengzhou: Henan Renmin Chubanshe 2004.

3.3.5 „Führungskurs" und Netzwerke in der Kommunistischen Partei Chinas: Die Suche nach einer Balance

Baum, Richard: Burying Mao. Chinese Politics in the Age of Deng Xiaoping. Princeton, NJ: Princeton University Press 1994.
Jakobs, Peter Michael: Kritik an Lin Piao und Konfuzius. Esoterische Kommunikation und intraelitäre Konflikte der VR China in den Jahren 1973/74. Köln u. a.: Heymanns 1983.
Lam, Willy Wo-Lap: China after Deng Xiaoping. The Power Struggle in Beijing since Tiananmen. Singapore u.a.: Wiley & Sons 1995.
Liu Jen-Kai: Chinas zweite Führungsgeneration. Biographien und Daten zu Leben und Werk von Li Peng, Qiao Shi, Tian Jiyun, Zhao Ziyang, Hu Qili, Hu Yaobang, Wang Zhaoguo. Hamburg: Institut für Asienkunde 1989.
Shambaugh, David (Hrsg.): Deng Xiaoping. Portrait of a Chinese Statesman. Oxford: Clarendon Press 1995.
Shi Bi: *Jiang Hu fengyun* [Der Übergang von Jiang zu Hu]. Hongkong: Xianggang Wenhua Yishu Chubanshe 2005.
Short, Philip: Mao. A Life. New York: Holt and Company 1999.
Teiwes, Frederick C.: Politics at Mao's Court. Gao Gang and Party Factionalism in the Early 1950s. Armonk, NY/London: Sharpe 1990.
–/Warren Sun: The Tragedy of Lin Biao. Riding the Tiger during the Cultural Revolution 1966-1971. London: Hurst & Company 1996.
Unger, Jonathan (Hrsg.): The Nature of Chinese Politics. From Mao to Jiang. Armonk, NY/London: Sharpe 2002.

Kapitel 4

4.1 Struktur und Dynamik der Gesellschaft

4.1.1 Bevölkerungsentwicklung

Harrell, Stevan (Hg.): Chinese Microdemography. Berkeley, CA/Los Angeles/London: University of California Press 1995.

Ho Ping-ti: Studies on the Population of China, 1368-1953. Cambridge, MA: Harvard University Press 1959.

Lee, James Z./Wang Feng: One Quarter of Humanity. Malthusian Mythology and Chinese Realities, 1700-2000. Cambridge, MA/London: Harvard University Press 1999.

Li Bozhong: Agricultural Development in Jiangnan. London/New York: Macmillan/St. Martin's Press 1998.

Wang, Gabe T.: China's Population: Problems, Thoughts and Policies. Aldershot u. a.: Ashgate 1999.

4.1.2 Vertikale Strukturen: Korporatismus

Faure, David: The Structure of Chinese Rural Society: Lineage and Village in the Eastern New Territories, Hong Kong. Hongkong/Oxford/New York: Oxford University Press 1986.

Goodman, Bryna: Native Place, City and Nation. Regional Networks and Identities in Shanghai, 1853-1937. Berkeley, CA/Los Angeles/London: University of California Press 1995.

Li Hanlin: Die Grundstruktur der chinesischen Gesellschaft. Vom traditionellen Klansystem zur modernen Danwei-Organisation. Opladen: Westdeutscher Verlag 1991.

Lü Xiaobo/Elizabeth Perry (Hrsg.): Danwei. The Changing Chinese Workplace in Historical and Comparative Perspective. Armonk, NY/London: Sharpe 1997.

Overmyer, Daniel L.: Alternatives. Popular Religious Sects in Chinese Society, in: Modern China 7 (1981), S. 153-190.

Ownby, David: Brotherhoods and Secret Societies in Early and Mid-Qing China. The Formation of a Tradition. Stanford, CA: Stanford University Press 1996.

Rowe, William T.: Hankow. Commerce. and Society in a Chinese City, 1796-1889. Stanford, CA: Stanford University Press 1984.

Sangren, P. Steven: Traditional Chinese Corporations: Beyond Kinship, in: Journal of Asian Studies 43 (1984), S. 391-415.

ter Haar, Barend J.: Ritual and Mythology of the Chinese Triads. Creating an Identity. Boston/Leiden/Köln: Brill 2000.

Xu Xiaoqun: Chinese Professionals and the Republican State. The Rise of Professional Associations in Shanghai, 1912-1937. Cambridge: Cambridge University Press 2001.

4.1.3 Horizontale Strukturen: Klassen

Bergère, Marie-Claire: L'âge d'or de la bourgeoisie chinoise, 1911-1927. Paris: Flammarion 1986.

Cohen, Myron L.: Cultural Invention in Modern China: The Case of the Chinese „Peasant", in: Daedalus 122 (1993), S. 151-170.

Esherick, Joseph W./Mary Backus Rankin (Hrsg.): Chinese Local Elites and Patterns of Dominance. Berkeley, CA/Los Angeles/London: University of California Press 1990.

Grieder, Jerome B.: Intellectuals and the State in Modern China. A Narrative History. New York: Free Press/London: Macmillan 1981.

Hershatter, Gail: The Workers of Tianjin, 1900-1949. Stanford, CA: Stanford University Press 1986.
Hao Zhidong: China's Intellectuals at a Crossroads. The Changing Politics of China's Knowledge Workers. Albany, NY: State University of New York Press 2003.
Ho Ping-ti: The Ladder of Success in Imperial China. Aspects of Social Mobility, 1368-1911. New York/London: Columbia University Press 1962.
Honig, Emily: Sisters and Strangers. Women in the Shanghai Cotton Mills, 1911-1949. Stanford, CA: Stanford University Press 1986.
Ip, Hung-yok: Intellectuals in Revolutionary China. Leaders, heroes and sophisticates. London/New York: Routledge Curzon 2005.
Pearson, Margaret M.: China's New Business Elite. The Political Consequences of Economic Reform. Berkeley, CA/Los Angeles/London: University of California Press 1997.
Zhang Yunhua: Die Entstehung einer neuen elitären Struktur – Hoffnungen, Ambivalenzen und Kontroversen, in: China heute 139 (2005), S. 92-103.

4.1.4 Soziale Rollen: Generation und Geschlecht

Brownell, Susan, Jeffrey N. Wasserstrom (Hrsg.): Chinese Femininities/Chinese Masculinities. A Reader, Berkeley, CA/Los Angeles/London: University of California Press 2002.
Diamant, Neil J.: Revolutionizing the Family. Love, Politics, and Divorce in Urban and Rural China. Berkeley, CA/Los Angeles/London: University of California Press 2000.
Frick, Heike/Mechthild Leutner/Nicola Spakowski (Hrsg.): „Die Befreiung der Kinder". Konzepte von Kindheit im China der Republikzeit. Hamburg: LIT 1999.
Gilmartin, Christina Kelley: Engendering Revolution. Radical Women, Communist Politics, and Mass Movements in the 1920s. Berkeley, CA/Los Angeles/London: University of California Press 1995.
Glosser, Susan L.: Chinese Visions of Family and State, 1915-1953. Berkeley, CA/Los Angeles/London: University of California Press 2003.
Hong Fan: Footbinding, Feminism and Freedom. The Liberation of Women's Bodies in Modern China. London/Portland, OR: Cass 1997.
Leutner, Mechthild/Nicola Spakowski (Hrsg.): Women in China. The Republican Period in Historical Perspective. Münster: LIT 2005.
Saari, Jon L.: Legacies of Childhood. Growing Up Chinese in a Time of Crisis, 1880-1920. Cambridge, MA: Council on East Asian Studies, Harvard University 1990.
Wang Ping: Aching for Beauty. Footbinding in China. Minneapolis, MN/London: University of Minnesota Press 2000.
Wang Zheng: Women in the Chinese Enlightenment. Oral and Textual Histories. Berkeley, CA/Los Angeles/London: University of California Press 1999.

4.2 Mechanismen von Kontrolle und Mobilisierung

4.2.1 Soziale Kontrolle unter der Qing-Dynastie

Amelung, Iwo: Der Gelbe Fluß in Shandong (1851-1911). Überschwemmungskatastrophen und ihre Bewältigung im China der späten Qing-Zeit. Wiesbaden: Harrassowitz 2000.
Antony, Robert J./Jane Kate Leonard (Hrsg.): Dragons, Tigers, and Dogs. Qing Crisis Management and the Boundaries of State Power in Late Imperial China. Ithaca, NY: East Asian Programm, Cornell University 2002.
Buoye, Thomas M.: Manslaughter, Markets, and Moral Economy. Violent Disputes over Property Rights in Eighteenth-century China. Cambridge: Cambridge University Press 2000.

Hsiao Kung-chuan: Rural China. Imperial Control in the Nineteenth Century. Seattle, WA/ London: University of Washington Press 1960.

McDermott, Joseph P. (Hrsg.): State and court ritual in China. Cambridge: Cambridge University Press 1999.

Reed, Bradley W.: Talons and Teeth. County Clerks and Runners in the Qing Dynasty. Stanford, CA: Stanford University Press 2000.

4.2.2 Staat und Gesellschaft im frühen 20. Jahrhundert

Dikötter, Frank: Crime, Punishment and the Prison in Modern China. New York: Columbia University Press 2002.

Duara, Prasenjit: Culture, Power, and the State. Rural North China, 1900-1942. Stanford, CA: Stanford University Press 1988.

Dutton, Michael: Policing and Punishment in China. From Patriarchy to „the People". Cambridge: Cambridge University Press 1992.

Kuhn, Philip A.: Origins of the Modern Chinese State. Stanford, CA: Stanford University Press 2002.

Lary, Diana: Warlord Soldiers. Chinese Common Soldiers, 1911-1937. Cambridge: Cambridge University Press 1985.

Li Defang: *Minguo xiangcun zizhi wenti yanjiu* [Studien zum Problem der dörflichen Selbstverwaltung in der Republikzeit]. Peking: Renmin Chubanshe 2001.

Wakeman, Frederic/Carolyn Grant (Hrsg.): Conflict and Control in Late Imperial China. Berkeley, CA/Los Angeles/London: University of California Press 1975.

Wang Yeh-chien: Land Taxation in Imperial China, 1750-1911. Cambridge, MA: Harvard University Press 1973.

4.2.3 Nationale Revolution und GMD-Herrschaft

Averill, Stephen: The New Life in Action: The Nationalist Government in South Jiangxi, 1934-37, in: China Quarterly 88 (1981), S. 594-628.

Feng Qihong: *Faxisizhuyi yu 30 niandai Zhongguo zhengzhi* [Der Faschismus und die chinesische Politik der 1930er Jahre]. Taibei: Guoli Zhengzhi Daxue Lishi Xi 1998.

Fitzgerald, John: Awakening China. Politics, Culture and Class in the Nationalist Revolution. Stanford, CA: Stanford University Press 1996.

Hofheinz, Roy: The Broken Wave. The Chinese Communist Peasant Movement, 1922-1928. Cambridge, MA/London: Harvard University Press 1977.

Huang Jianli: The Politics of Depoliticization. Guomindang Policy towards Student Political Activism, 1927-1949. Bern u. a.: Lang 1996.

Smith, Steve: Like Cattle and Horses. Nationalism and Labor in Shanghai, 1895-1927. Durham, NC/London: Duke University Press 2002.

4.2.4 Die kommunistische Agrarrevolution

Chen Yung-fa: Making Revolution. The Communist Movement in Eastern and Central China, 1937-1945. Berkeley, CA/Los Angeles/London: University of California Press 1986.

Feuchtwang, Stephan/Wang Mingming: Grassroots Charisma. Four Local Leaders in China. London/New York: Routledge 2001.

Galbiati, Fernando: P'eng P'ai and the Hai-Lu-feng Soviet. Stanford, CA: Stanford University Press 1985.

Goodman, David S. G.: Social and Political Change in Revolutionary China. The Taihang Base Area in the War of Resistance to Japan, 1937-1945. Lanham, MD u. a.: Rowman & Littlefield 2000.

Saich, Tony/Hans van de Ven (Hrsg.): New Perspectives on the Chinese Communist Revolution. Armonk, NY/London: Sharpe 1995.
Shue, Vivienne: Peasant China in Transition. The Dynamics of Development Towards Socialism. Berkeley, CA/Los Angeles/London: University of California Press 1980.
Siu, Helen F.: Agents and Victims in South China. Accomplices in Rural Revolution. New Haven, CT/London: Yale University Press 1989.
Thaxton, Ralph: Salt of the Earth. The Political Origins of Peasant Protest and Communist Revolution in China. Berkeley, CA/Los Angeles/London: University of California Press 1984.
Vogel, Hans-Ulrich: Lokale Administration und Bodenpolitik der Himmlischen Dynastie des Großen Friedens (Taiping Tianguo, 1850-1864). Hamburg: Gesellschaft für Natur- und Völkerkunde Ostasiens 1981.

4.2.5 Die Volksrepublik: Von der Mobilisierung zur Kontrolle?

Brook, Timothy: Quelling the People. The Military Suppression of the Beijing Democracy Movement. Toronto: Lester Publishing 1992.
Domenach, Jean-Luc: Der vergessene Archipel. Gefängnisse und Lager in der Volksrepublik China. Hamburg: Hamburger Edition 1995.
Heberer, Thomas: Korruption in China. Analyse eines politischen, ökonomischen und sozialen Problems. Opladen: Westdeutscher Verlag 1991.
Kwong, Julia: Cultural Revolution in China's Schools. May 1966-April 1969. Stanford, CA: Hoover Institution Press 1988.
Lu Xing, Rhetoric of the Cultural Revolution. The Impact on Chinesse Thought, Culture, and Communication. Columbia, SC: University of South Carolina Press 2004.
Lü Xiaobo: Cadres and Corruption. The Organizational Involution of the Chinese Communist Party. Stanford, CA: Stanford University Press 2000.
Schoenhals, Michael (Hrsg.): China's Cultural Revolution. *Not* a Dinner Party. Armonk, NY/London: Sharpe 1996.
Strauss, Julia C.: Paternalist Terror: The Campaign to Suppress Counterrevolutionaries and Regime Consolidation in the People's Republic of China, 1950-1953, in: Comparative Studies in Society and History 44 (2002), S. 80-105.
Tanner, Harold M.: Strike Hard! Anti-Crime Campaigns and Chinese Criminal Justice. Ithaca, NY: East Asia Program, Cornell University 1999.
Unger, Jonathan: Cultural Revolution Conflict in the Villages, in: China Quarterly 153 (1998), S. 82-106.

4.3 Dissens und Protest: Ansätze einer Zivilgesellschaft

Brook, Timothy/B. Michael Frolic (Hrsg.): Civil Society in China. Armonk, NY/London: Sharpe 1997.
Kirby, William C. (Hrsg.): Realms of Freedom in Modern China. Stanford, CA: Stanford University Press 2004.
Perry, Elizabeth J.: Challenging the Mandate of Heaven. Social Protest and State Power in China. Armonk, NY/London: Sharpe 2002.

4.3.1 Etablierte Konfliktmuster

Bernhardt, Kathryn: Rents, Taxes, and Peasant Resistance. The Lower Yangzi Region, 1840-1950. Stanford, CA: Stanford University Press 1992.
Billingsley, Phil: Bandits in Republican China. Stanford, CA: Stanford University Press 1988.

Liu Kwang-ching (Hrsg.): Orthodoxy in Late Imperial China. Berkeley, CA/Los Angeles/ London: University of California Press 1990.
–/Richard Shek (Hrsg.): Heterodoxy in Late Imperial China, Honolulu, HI: University of Hawai'i Press 2004.
Perry, Elizabeth J. Rebels and Revolutionaries in North China, 1845-1945. Stanford, CA: Stanford University Press 1980.
Thornton, Patricia M.: Insinuation, Insult, and Invective: The Threshold of Power and Protest in China, in: Comparative Studies in Society and History 44 (2002), S. 597-619.

4.3.2 Die Formierung der öffentlichen Sphären

Fogel, Joshua A./Peter Zarrow (Hrsg.): Imagining the People. Chinese Intellectuals and the Concept of Citizenship, 1890-1920. Armonk, NY/London 1997.
Judge, Joan: Print and Politics. „Shibao" and the Culture of Reform in Late Qing China. Stanford, CA: Stanford University Press 1996.
Kwan Man Bun: The Salt Merchants of Tianjin. State-Making and Civil Society in Late Imperial China. Honolulu, HI: University of Hawai'i Press 2001.
Strand, David: Rickshaw Beijing. City People and Politics in the 1920s. Berkeley, CA/Los Angeles/London: University of California Press 1989.
Vittinghoff, Natascha: Die Anfänge des Journalismus in China (1860-1911). Wiesbaden: Harrassowitz 2002.
Wang Di: Street Culture in Chengdu. Public Space, Urban Commoners, and Local Politics, 1870-1930. Stanford, CA: Stanford University Press 2003.
Wasserstrom, Jeffrey N.: Student Protests in Twentieth-Century China. The View from Shanghai. Stanford, CA: Stanford University Press 1991.
Zhu Ying: *Zhuanxing de shehui yu guojia. Yi jindai Zhongguo shanghui wie zhiti de lishi* [Staat und Gesellschaft im Wandel. Eine historische Beleuchtung anhand der Handelskammern im modernen China] Wuhan: Huazhong Shifan Daxue Chubanshe 1997.

4.3.3 Die abhängige Zivilgesellschaft

Ding Ding: Politische Opposition in China seit 1989. Frankfurt a. M. u. a.: Lang 2000.
Ding, X. L.: The decline of communism in China. Legitimacy crisis, 1977-1989. Cambridge: Cambridge University Press 1994.
Harwit, Eric/Duncan Clark: Shaping the Internet in China: Evolution of Political Control over Network Infrastructure and Content, in: Asian Survey 41 (2001), S. 377-408.
He Baogang: The Democratization of China. London/New York: Routledge 1996, ND 1998.
Heilmann, Sebastian: Sozialer Protest in der VR China. Die Bewegung vom 5. April 1976 und die Gegen-Kulturrevolution der siebziger Jahre. Hamburg: Institut für Asienkunde 1994.
Shi Tianjian: Political Participation in Beijing. Cambridge, MA/London: Harvard University Press 1997.
Wasserstrom, Jeffrey N./Elizabeth J. Perry (Hrsg.): Popular Protest and Political Culture in Modern China. Boulder, CO/San Francisco/Oxford: Westview Press 1994.

Kapitel 5

5.1 Eigenes und Fremdes auf dem Weg in die Moderne

Wakeman, Frederic/Zhu Xi (Hrsg.): China's Quest for Modernization. A Historical Perspective. Berkeley, CA: Institute of East Asian Studies, University of California at Berkeley 1997.

5.1.1 Debatten und Semantik der Moderne

Birk, Klaus: Totale Verwestlichung. Eine chinesische Modernisierungsdebatte der dreißiger Jahre. Bochum: Brockmeyer 1991.
Meißner, Werner: China zwischen nationalem Sonderweg und universaler Modernisierung. Zur Rezeption westlichen Denkens in China. München: Fink 1994.
Sun Yanjing: *Wan Qing shehui fengshang yanjiu* [Studien zu den sozialen Praktiken in der späten Qing-Zeit]. Beijing: Zhongguo Renmin Daxue Chubanshe 2002.
Yeh Wen-hsin (Hrsg.): Becoming Chinese. Passages to Modernity and Beyond. Berkeley, CA/Los Angeles/London: University of California Press 2000.

5.1.2 Modelle

Chang Jui-te: Technology Transfer in Modern China: The Case of the Railway Enterprise (1876-1937), in: Modern Asian Studies 27 (1993), S. 281-296.
Harrell, Paula: Sowing the Seeds of Change. Chinese Students, Japanese Teachers. Stanford, CA: Stanford University Press 1992.
Kaske, Elisabeth: Bismarcks Missionäre. Deutsche Militärinstrukteure in China 1884-1890. Wiesbaden: Harrassowitz 2002.
Reynolds, Douglas R.: China, 1898-1912. The Xinzheng Revolution and Japan. Cambridge, MA/London: Council on East Asian Studies, Harvard University 1993.
Watson, James L. (Hrsg.): Golden Arches East. McDonald's in East Asia. Stanford, CA: Stanford University Press 1997.
Xing Heming: *Zhonggong yanli de Sulian moshi* [Das sowjetische Modell in den Augen der KPCh]. Fuzhou: Fujian Renmin Chubanshe 2006.

5.1.3 Industrialisierung zwischen Markt und Plan

Faure, David: China and Capitalism. A History of Business Enterprise in Modern China. Hongkong: Hong Kong University Press 2006.
Gates, Hill: China's Motor. One Thousand Years of Petty Capitalism in China. Ithaca, NY/London: Cornell University Press 1996.
Herrmann-Pillath, Carsten: Marktwirtschaft in China. Geschichte – Strukturen – Transformationen. Opladen: Leske + Budrich 1995.
Huang Lingjun: *30-40 niandai Zhongguo sixiangjie de „jihua jingji" sichao* [The Ideological Trend towards a Planned Economy in Chinese Intellectual Circles, 1930s-1940s], in: *Jindaishi yanjiu* 2000/2, S. 150-176.
Ji Zhaojin: A History of Modern Shanghai Banking. The Rise and Decline of China's Finance Capitalism. Armonk, NY/London: Sharpe 2003.
Köll, Elisabeth: From Cotton Mill to Business Empire. The Emergence of Regional Enterprises in Modern China. Cambridge, MA: East Asia Center, Harvard University 2003.
Leonard, Jane Kate/John R. Watt (Hrsg.): To Achieve Security and Wealth. The Qing Imperial State and the Economy 1644-1911. Ithaca, NY: East Asia Program, Cornell University 1992.

Naughton, Barry: The Third Front: Defence Industrialization in the Chinese Interior, in: China Quarterly 115 (1988), S. 351-386
Tálas, Barna: Economic Reforms and Political Reform Attempts in China 1979-1989. Berlin u. a.: Springer 1991.
Wright, Tim: Coal mining in China's economy and society 1895-1937. Cambridge u.a.: Cambridge University Press 1984.

5.1.4 Wissenschaft und Bildung

Borthwick, Sally: Education and Social Change in China. The Beginning of the Modern Era. Stanford, CA: Hoover Institution Press 1983.
Cao, Cong: Chinese Science and the „Nobel Prize Complex“, in: Minerva 42 (2004), S. 151-172.
Elman, Benjamin A.: On Their Own Terms. Science in China, 1550-1900. Cambridge, MA/London: Harvard University Press 2005.
Gransow, Bettina: Geschichte der chinesischen Soziologie, Frankfurt a. M./New York: Campus 1992.
Lackner, Michael/Joachim Kurtz (Hrsg.): New Terms for New Ideas. Western Knowledge and Lexical Change in Late Imperial China. Leiden: Brill 2001.
Liu, Lydia H.: Translingual Practice. Literature, Culture, and Translated Modernity – China, 1900-1937. Stanford, CA: Stanford University Press 1999.
Pepper, Suzanne: Radicalism and Education Reform in 20th-Century China. The search for an ideal developmental model. Cambridge: Cambridge University Press 1996.
Rawski, Evelyn S.: Education and Popular Literacy in Ch'ing China. Ann Arbor, MI: University of Michigan Press 1979.
Reardon-Anderson, James: The Study of Change. Chemistry in China, 1840-1949. Cambridge: Cambridge University Press 1991.
Thøgersen, Stig: A County of Culture. Twentieth-Century China Seen from the Village Schools of Zouping, Shandong. Ann Arbor, MI: University of Michigan Press 2002.
Unschuld, Paul U. Medizin in China. Eine Ideengeschichte. München: Beck 1980.
Wang, Edward Qingjia: Inventing China Through History. The May Fourth Approach to Historiography. Albany, NY: State University of New York Press 2001.
Xiong Yuezhi: *Xixue dongjian yu wan Qing shehui* [Die Ostwärtswanderung des westlichen Wissens und die Gesellschaft der späten Qing-Zeit]. Shanghai: Shanghai Renmin Chubanske 1994.
Yu, Q. Y.: The Implementation of China's Science and Technology Policy. Westport, CT/London: Quorum Books 1999.

5.2 Räumliche Disparitäten Stadt und Land im Modernisierungsprozess

Faure, David/Liu Tao Tao (Hrsg.): Town and Country in China. Basingstoke u.a.: Palgrave 2002.

5.2.1 Die Entstehung der modernen Stadt

Buck, David D.: Urban Change in China. Politics and Development in Tsinan, Shantung, 1890-1949. Madison, WI: University of Wisconsin Press 1978.
Davis, Deborah S. (Hrsg.): The Consumer Revolution in Urban China. Berkeley, CA/Los Angeles/London: University of California Press 2000.
Dong, Madeleine Yue: Republican Beijing. The City and Its Histories. Berkeley, CA/Los Angeles/London: University of California Press 2003.

Esherick, Joseph W. (Hrsg.): Remaking the Chinese City. Modernity and National Identity, 1900-1950. Honolulu, University of Hawai'i Press 2000.
Lee, Leo Ou-fan: Shanghai Modern. The Flowering of a New Urban Culture in China, 1930-1945. Cambridge, MA/London: Harvard University Press 2001.
Lu Hanchao: Beyond the Neon Lights. Everyday Shanghai in the Early Twentieth Century. Berkeley, CA/Los Angeles/London: University of California Press 1999.
Ma, Laurence J. C./Edward Hanten (Hrsg.), Urban Development in Modern China, Boulder, CO: Westview Press 1981.
Mann, Susan: Urbanization and Historical Change in China, in: Modern China 10 (1984), S. 79-113.
Shahid, Yusuf/Wu Weiping: The Dynamics of Urban Growth in Three Chinese Cities. Oxford u. a.: Oxford University Press 1997.
Sit, Victor F. S.: Beijing. The Nature and Planning of a Chinese Capital City. Chichester: Wiley & Sons 1995.
Stapleton, Kristin: Civilizing Chengdu. Chinese Urban Reform, 1895-1937. Cambridge, MA/London: Harvard University East Asia Center 2000.
Tsin, Michael: Nation, Governance, and Modernity in China: Canton, 1900-1927. Stanford, CA: Stanford University Press 1999.

5.2.2 Die Umgestaltung des Landes

Becker, Jasper: Hungry Ghosts. Mao's Secret Famine. New York: Holt & Company 1998.
Birk, Klaus: Die ländliche Aufbaubewegung in China 1926-1948. Eine entwicklungspolitische Alternative zur städtischen Industrialisierung. Bochum: Projekt-Verlag 1998.
Brandt, Loren: Reflections on China's Late 19th and Early 20th-Century Economy, in: China Quarterly 150 (1997), S, 282-308.
Friedman, Edward/Paul G. Pickowicz/Mark Selden: Chinese Village, Socialist State. New Haven, CT/London: Yale University Press 1991.
Lin, Alfred H. Y.: The Rural Economy of Guangdong 1870-1937. London/New York: Macmillan/St. Martin's Press 1997.
Pisarev, Alexander: Chiang Kai-shek and the Reorganisation of China's Countryside, in: Far Eastern Affairs 1996/2, S. 62-75.
Zhao Chaofeng: *Qing mo Xinzheng yu Zhongguo nongye jindaihua* [Die Neue Politik der ausgehenden Qing-Zeit und die Modernisierung der chinesischen Landwirtschaft], in: *Shoudu Shifan Daxue Xuebao (Shehui kexue ban)* 2001/1, S. 12-17.

5.2.3 Stadt und Land – Partnerschaft oder Konkurrenz?

Bai Shazhou: *Zhongguo er deng gongmin – dangdai nongmin kaocha baogao* [Chinas Bürger zweiter Klasse – Untersuchungsbericht über die Bauern der Gegenwart]. Hongkong: Mingjing Chubanshe 2002.
Cheng Tiejun/Mark Selden: The Origins and Social Consequences of China's Hukou System, in: China Quarterly 139 (1994), S. 644-658.
Heberer, Thomas/Wolfgang Taubmann: Chinas ländliche Gesellschaft im Umbruch. Urbanisierung und sozio-ökonomischer Wandel auf dem Lande. Opladen: Westdeutscher Verlag 1998.
Oi, Jean C.: State and Peasant in Contemporary China. The Political Economy of Village Government. Berkeley, CA/Los Angeles/London: University of California Press 1989.
Prazniak, Roxann: Of Camel Kings and Other Things. Rural Rebels Against Modernity in Late Imperial China. Lanham, MD u.a.: Rowman & Littlefield 1999.

Qian Wenbao: Rural-Urban Migration and Its Impact on Economic Development in China. ND Aldershot: Ashgate 1998.
Shapiro, Judith: Mao's War Against Nature. Politics and the Environment in Revolutionary China. Cambridge: Cambridge University Press 2001.
Solinger, Dorothy J.: China's Urban Transients in the Transition from Socialism and the Collapse of the Communist „Urban Public Goods Regime", in: Comparative Politics 27 (1995), S. 127-146.
Zhou, Kate Xiao: How the Farmers Changed China. Power of the People. Boulder, CO/ Cumnor Hill: Westview Press 1996.

5.3 Entzauberung der Welt? Säkularisierung und ihre Grenzen

5.3.1 Grundstrukturen und Modernisierungspotential chinesischer Religion

Bruun, Ole: Fengshui in China. Geomantic Divination Between State Orthodoxy and Popular Religion. Kopenhagen: Nordic Institute of Asian Studies Press 2003.
Israeli, Raphael: Muslims in China. Islam's Incompatibility with the Chinese Order, in: ders./ Anthony H. Johns (Hrsg.). Islam in Asia. Bd. 2. Boulder, CO: Westview 1984, S. 275-304.
Paper, Jordan: The Spirits are Drunk. Comparative Approaches to Chinese Religion. Albany, NY: State University of New York Press 1995.
Reiter, Florian C.: Religionen in China. Geschichte – Alltag – Kultur. München: Beck 2002.
Weller, Robert P.: Divided Market Cultures in China. Gender, Enterprise, and Religion, in: Robert W. Hefner (Hrsg.). Market Cultures. Society and Morality in the New Asian Capitalisms. Boulder, CO/Cumnor Hill: Westview Press 1998, S. 78-103.
Wolf, Arthur P.: Gods, Ghosts, and Ancestors, in: ders. (Hrsg.): Religion and Ritual in Chinese Society. Stanford: Stanford University Press 1978, S. 131-182.
Yang, C. K.: Religion in Chinese Society. A Study of Contemporary Social Functions of Religion and Some of Their Historical Factors. Berekely, CA/Los Angeles/London: University of California Press 1961.

5.3.2 Das Christentum und die Modernisierung der Religion

Bays, Daniel (Hrsg.): Christianity in China. From the Eighteenth Century to the Present. Stanford, CA: Stanford University Press 1996.
Dunch, Ryan: Fuzhou Protestants and the Making of a Modern China 1857-1927. New Haven, CT/London: Yale University Press 2001.
Klein, Thoralf: Die Basler Mission in der Provinz Guangdong (Südchina), 1859-1931. Akkulturationsprozesse und kulturelle Grenzziehungen zwischen Missionaren, chinesischen Christen und lokaler Gesellschaft. München: Iudicium 2002.
Kupfer, Kristin: Christlich inspirierte, spirituell-religiöse Gruppierungen in der VR China seit 1978, in: China heute 21 (2002), S. 119-127, 169-175, 22 (2003), S. 27-32, 81-83.
Malek, Roman: Doch ein „Kanon des Konfuzianismus"? Zu den Bemühungen um eine neue konfuzianische Orthodoxie, in: China heute 25 (2006), S. 48-53.
Müller, Gotelind: Buddhismus und Moderne. Ouyang Jingwu, Taixu und das Ringen um ein zeitgemäßes Selbstverständnis im chinesischen Buddhismus des frühen 20. Jahrhunderts. Stuttgart: Steiner 1993.
Reilly, Thomas H.: The Taiping Heavenly Kingdom. Religion and the Blasphemy of Empire. Seattle, WA/London: University of Washington Press 2004.
Pittman, Don A.: Toward a Modern Chinese Buddhism. Taixu's Reforms. Honolulu: University of Hawai'i Press 2001.

Uhalley, Stephen/Wu Xiaoxin (Hrsg.): China and Christianity. Burdened Past, Hopeful Future. Armonk, NY/London: Sharpe 2001.

5.3.3 Atheismus, Moderne und die Grenzen staatlicher Religionspolitik

Duara, Prasenjit: Knowledge and Power in the Discourse of Modernity: The Campaigns against Popular Religion in Early Twentieth-Century China, in: Journal of Asian Studies 50 (1991), S. 67-83.

Lutz, Jessie G.: Chinese Politics and Christian Missions. The Anti-Christian Movements of 1920-28. Notre Dame, IN: Cross Cultural Publications 1988.

Barmé, Geremie R.: Shades of Mao. The Posthumous Cult of the Great Leader. Armonk, NY/London: Sharpe 1996.

Gänßbauer, Monika: Parteistaat und protestantische Kirche. Religionspolitik im nachmaoistischen China. Frankfurt: Lembeck 2004.

Heberer, Thomas: Falungong – Religion, Sekte oder Kult? Eine Heilsgemeinschaft als Manifestation von Modernisierungsproblemen und sozialen Entfremdungsprozessen. Duisburg: Institut für Ostasienwissenschaften 2001 (Duisburger Arbeitspapiere Ostasienwissenschaften 36).

Luo Zhufeng: Religion under Socialism in China. Armonk, NY/London: Sharpe 1991.

Schechter, Danny: Falungong's Challenge to China. Spiritual Practice or „Evil Cult": New York: Akashic Books 2000.

Ye Renchang: *Jindai Zhongguo de zongjiao pipan. Fei Ji yundong de zai si* [Religionskritik im modernen China. Neue Gedanken zur antichristlichen Bewegung]. Taibei: Yage Chubanshe 1988.

Kapitel 6

6.1 Zwischen Unterwerfung, Selbstbestimmung und Traumatisierung: China und der Imperialismus

6.1.1 Imperialismus als internationales Ordnungskonzept

Beasley, W. G.: Japanese Imperialism, 1895-1945. Oxford: Clarendon Press 1987.

Cohen, Paul A.: China and Christianity. The Missionary Movement and the Growth of Antiforeignism, 1860-1870. Cambridge, MA/London: Harvard University Press 1963.

Eberspächer, Cord: Die deutsche Yangtse-Patrouille. Deutsche Kanonenbootpolitik in China im Zeitalter des Imperialismus 1900-1914. Bochum: Winkler 2004.

Hevia, James L.: English Lessons. The Pedagogy of Imperialism in Nineteenth-Century China. Durham, NC/London/Hongkong: Duke University Press/Chinese University Press 2003.

Huang Yuhe: *Yingguo dui Hua „paojian zhengce" pouxi. Xie zai „Zishiying" shijian hao 50 zhounian zhi ji* [Eine Analyse der britischen „Kanonenbootpolitik" in China. Zum 50. Jahrestag des „Amethyst"-Zwischenfalls], in: *Jindaishi yanjiu* 1999/4, S. 1-43.

Lee, Joseph Tse-hei: The Bible and the Gun. Christianity in South China, 1860-1900. London/New York: Routledge 2003.

Liu, Lydia H.: The Clash of Empires. The Invention of China in Modern World Making. Cambridge, MA/London: Harvard University Press 2004.

Paine, S. C. M.: Imperial Rivals. China, Russia, and Their Disputed Frontier. Armonk, NY/London: Sharpe 1996.

Petersson, Niels P.: Imperialismus und Modernisierung. Siam, China und die europäischen Mächte 1895-1914. München: Oldenbourg 2000.

6.1.2 Penetration und Segregation

Bickers, Robert: Britain in China. Community, Culture and Colonialism 1900-1949. Manchester/New York: Manchester University Press 1999.
Carroll, John M.: Edge of Empires. Chinese Elites and British Colonials in Hong Kong. Cambridge, MA/London: Harvard University Press 2005.
Cochran, Sherman: Encountering Chinese Networks. Western, Japanese, and Chinese Corporations in China, 1880-1937. Berkeley, CA/Los Angeles/London: University of California Press 2000.
Duus, Peter/Ramon H. Myers/Mark R. Peattie (Hrsg.): The Japanese Informal Empire in China. Princeton, NJ: Princeton University Press 1989.
– (Hrsg.): The Japanese Wartime Empire, 1931-1945. Princeton, NJ: Princeton University Press 1996.
Feuerwerker, Albert: The Foreign Establishment in China in the Early Twentieth Century. Ann Arbor, MI: Center for Chinese Studies, University of Michigan 1976.
Hao Yen-p'ing: The Comprador in Nineteenth Century China: Bridge between East and West. Cambridge, MA: Harvard University Press 1970.
Huang, Fu-teh: Qingdao. Chinesen unter deutscher Herrschaft 1897-1914. Bochum: projekt verlag 1999.
Matsusaka Yoshihisa Tak: The Making of Japanese Manchuria, 1904-1932. Cambridge, MA/London: Harvard University Asia Center 2001.
Mühlhahn, Klaus: Herrschaft und Widerstand in der „Musterkolonie" Kiautschou. Interaktionen zwischen China und Deutschland, 1897-1914. München: Oldenbourg 2000.
Scully, Eileen P.: Taking the Low Road to Sino-American Relations: „Open Door" Expansionists and the Two China Markets, in: Journal of American History 82 (1995), S. 62-83.

6.1.3 Antiimperialismus und Nationalismus

Barrett, David P./Larry N. Shyu (Hrsg.): Chinese Collaboration with Japan, 1932-1945. The Limits of Accomodation. Stanford, CA: Stanford University Press 2001.
Coble, Parks M.: Facing Japan. Chinese Politics and Japanese Imperialism, 1931-1937. Cambridge, MA: Council on East Asien Studies, Harvard University 1991.
Esherick, The Origins of the Boxer Uprising. Berkeley, CA/Los Angeles/London: University of California Press 1987.
Gerth, Karl G.: China Made. Consumer Culture and the Creation of the Nation. Cambridge, MA: Harvard University Press 2003.
Jordan, Donald A.: Chinese Boycotts versus Japanese Bombs. The Failure of Chinese „Revolutionary Diplomacy", 1931-32. Ann Arbor, MI: University of Michigan Press 1991.
Karl, Rebecca E.: Staging the World. Chinese Nationalism at the Turn of the Twentieth Century. Durham, NC/London: Duke University Press 2002.
Liao, Kuang-sheng: Antiforeignism and Modernization in China 1860-1980. Hongkong: Chinese University Press 1986.
Lutz, Jessie G.: Chinese Politics and Christian Missions. The Anti-Christian Movements of 1920-28. Notre Dame, IN: Cross Cultural Publications 1988.
Mitter, Rana: The Manchurian Myth. Nationalism, Resistance, and Collaboration in Modern China. Berkeley, CA/Los Angeles/London: University of California Press 2000.
Wong Sin Kiong: China's Anti-American Boycott Movement in 1905. A Study in Urban Protest. New York u. a.: Lang 2002.
Zhang Jian: *Wan Qing zikai shangbu lunshu* [Eine Darstellung der selbst geöffneten Handelshäfen in der späten Qing-Zeit], in: *Jindaishi yanjiu* 1994/5, S. 73-88.

6.1.4 Ende und Erbe des Imperialismus

Atwell, Pamela: British Mandarins and Chinese Reformers: The British Administration of Weihaiwei (1898-1930) and the Territory's Return to Chinese Rule. Hongkong/Oxford/New York: Oxford University Press 1985.
Buckley, Roger: Hong Kong. The road to 1997. Cambridge: Cambridge University Press 1997.
Callahan, William F.: National Insecurities: Humiliation, Salvation, and Chinese Nationalism, in: Alternatives 29 (2004), S. 199-218.
Fung, Edmund S. K.: The Diplomacy of Imperial Retreat. Britain's South China Policy, 1924-1931. Hongkong/Oxford/New York: Oxford University Press 1991.
Osterhammel, Jürgen: Die chinesische Revolution als Prozeß der Dekolonisierung, in: Wolfgang J. Mommsen (Hrsg.), Das Ende der Kolonialreiche. Dekolonisation und die Politik der Großmächte. Frankfurt a. M.: Fischer 1990, S. 119-133.
Zhou Yufang: Die Exterritorialitätsrechte der Schweiz in China (1918-1946). Bern u. a.: Lang 2003.

6.2 Organisationen, Allianzen, Rivalitäten: Chinas Integration in die internationale Gemeinschaft

6.2.1 Neuorientierung und internationale Kooperation

Chen Feng: Die Entdeckung des Westens. Chinas erste Botschafter in Europa 1861-1894. Frankfurt a. M.: Fischer 2001.
Dabringhaus, Sabine: Vom Opiumhandel zum chinesischen Anti-Opium-Kampf. Die Internationalität eines Problems und die Internationalisierung seiner Lösung, in: Periplus 15 (2005), S. 103-125.
Elleman, Bruce A.: Wilson and China. A Revised History of the Shandong Question. Armonk, NY/London: Sharpe 2002.
Fairbank, John K.: The Chinese World Order. Traditional China's Foreign Relations. Cambridge, MA: Harvard University Press 1968.
Godley, Michael: China's World's Fair of 1910: Lessons from a Forgotten Event, in Modern Asian Studies 12 (1978), S. 503-522.
Pi Houfeng: *Zhongguo jindai guoge kaoshu* [Eine Untersuchung der chinesischen Nationalhymnen in der modernen Periode], in: *Jindaishi yanjiu* 1995/2, S. 260-271.
Xu Guoqi: China and the Great War. China's Pursuit of a New National Identity and Internationalization. Cambridge: Cambridge University Press 2005.
Zhang Yongjin: China in the International System, 1918-20. The Middle Kingdom at the Periphery. Basingstoke: Macmillan 1991.
Zhou Qiugang: *Wan Qing shiqi Zhongguo Hongshizihui lunshu* [Überblick über das Chinesische Rote Kreuz in der späten Qing-Zeit], in: *Jindaishi yanjiu* 2000/3, S. 134-192.

6.2.2 Völkerbund, Konferenzdiplomatie und die Allianzen der „Verlierer" von Versailles

Elleman, Bruce A.: Diplomacy and Deception. The Secret History of Sino-Soviet Diplomatic Relations, 1917-1927. Armonk, NY/London: Sharpe 1997.
Hell, Stefan: Der Mandschurei-Konflikt. Japan, China und der Völkerbund 1931 bis 1933. Tübingen: Universitas 1999.
Kirby, William C.: Germany and Republican China. Stanford, CA: Stanford University Press 1984.

Kuß, Susanne: Der Völkerbund und China. Technische Kooperation und deutsche Berater 1928-34. Münster: LIT 2005.
Martin, Bernd (Hrsg.): Die deutsche Beraterschaft in China 1927-1938. Militär – Wirtschaft – Außenpolitik. Düsseldorf: Droste 1981.
Pantsov, Alexander: The Bolsheviks and the Chinese Revolution. Richmond: Curzon 2000.
Zhou Huimin: *Deguo dui Hua zhengce yanjiu* [Studien zur deutschen Chinapolitik]. Taibei: Sanmin Shuju 1995.

6.2.3 Der Kalte Krieg

Brady, Anne-Marie: Making the Foreign Serve China. Managing Foreigners in the People's Republic. Lanham, MD u. a.: Rowman & Littlefield 2003.
Chang, Gordon H.: Friends and Enemies. The United States, China, and the Soviet Union, 1948-1972. Stanford, CA: Stanford University Press 1990.
Goh, Evelyn: Constructing the U. S. Rapprochement with China, 1961-1974. From „Red Menace" to „Tacit Ally". Cambridge: Cambridge University Press 2005.
Heinzig, Dieter: Die Sowjetunion und das kommunistische China 1945-1950. Der beschwerliche Weg zum Bündnis. Baden-Baden: Nomos 1998.
Larkin, Bruce D.: China and Africa, 1949-1970. Berkeley, CA/Los Angeles/London: University of California Press 1971.
Ma Jisen: The Cultural Revolution in the Foreign Ministry of China. Hongkong: Chinese University Press 2001.
Ross, Robert (Hrsg.): China, the United States, and the Soviet Union. Tripolarity and Policy Making in the Cold War. Armonk, NY/London: Sharpe 1993.
Shambaugh, David: Beautiful Imperialist. China Perceives America, 1972-1990. Princeton, NJ: Princeton University Press 1991.
Weggel, Oskar: China und die Drei Welten. München: Bayerische Landeszentrale für politische Bildungsarbeit 1979.
Wei, George C. X.: Sino-American Economic Relations, 1944-1949. Westport, CT/London: Greenwood Press 1997.
Westad, Odd Arne (Hrsg.): Brothers in Arms. The Rise and Fall of the Sino-Soviet Alliance, 1945-1963. Washington, DC: Woodrow Wilson Center Press/Stanford, CA: Stanford University Press 1998.

6.2.4 Zwischen US-Hegemonie und regionaler Vormachtstellung

Boardman, Robert: Post-Socialist World Orders. Russia, China and the UN System. New York: St. Martin's Press 1994.
Chang, Maria Hsia: Chinese Irredentist Nationalism: The Magician's Last Trick, in: Comparative Strategy 17 (1998), S. 83-100.
Gries, Peter Hays: China's New Nationalism. Pride, Politics, and Diplomacy. Berkeley, CA/Los Angeles/London: University of California Press 2004.
Häring, Volker: „China kann nein sagen": Ein Bestseller und seine Folgen, in: Berliner China-Hefte 13 (1997), S. 94-103.
Myers, Ramon H./Michel C. Oksenberg/David Shambaugh (Hrsg.): Making China Policy. Lessons from the Bush and Clinton Administrations. Lanham, MD u. a.: Rowman & Littlefield 2001.
Sutter, Robert G.: U. S. Policy Toward China. An Introduction to the Role of Interest Groups. Lanham, MD, u. a.: Rowman & Littlefield 1998.

6.3 China transnational: Taiwaner, Überseechinesen und ethnische Minderheiten

6.3.1 Taiwan

Accinelli, Robert: Crisis and Commitment. United States Policy Toward Taiwan, 1950-1955. Chapel Hill, NC: University of North Carolina Press 1996.

Bush, Richard C.: At Cross Purposes. U. S.-Taiwan Relations Since 1942. Armonk, NY/London: Sharpe 2004.

Cabestan, Jean-Pierre: Le système politique de Taiwan. Paris: Presses Universitaires de France 1999.

Chao, Linda/Ramon Myers: The First Chinese Democracy. Political Life in the Republic of China on Taiwan. London/Baltimore, MD: Johns Hopkins University Press 1998.

Ching, Leo S. T.: Becoming „Japanese“. Colonial Taiwan and the Politics of Identity Formation. Berkeley, CA/Los Angeles/London: University of California Press 2001.

Chou Whei-ming: Taiwan unter japanischer Herrschaft 1895-1945. Bochum: Brockmeyer 1989.

Herrmann-Pillath, Carsten: Wirtschaftsintegration durch Netzwerke: Die Beziehungen zwischen Taiwan und der Volksrepublik China. Baden-Baden: Nomos 1994.

Li Xiaofeng: *Jiedu ererba* [Eine Interpretation des 28. Februar]. Taibei: Yushanshe 1998.

Phillips, Stephen E.: Between Assimilation and Independence. The Taiwanese Encounter Nationalist China, 1945-1950. Stanford, CA: Stanford University Press 2003.

Rigger, Shelley: From Opposition to Power. Taiwan's Democratic Progressive Party. Boulder, CO/London: Rienner 2001.

Roy, Denny: Taiwan. A Political History. Ithaca, NY/London: Cornell University Press 2003.

Rubinstein, Murray A. (Hrsg.): Taiwan. A New History. Armonk, NY/London: Sharpe 1999.

6.3.2 Emigration und Diaspora: Die Überseechinesen

Armentrout Ma, L. Eve: Revolutionaries, Monarchists, and Chinatowns. Chinese Politics in the Americas and the 1911 Revolution. Honolulu, HI: University of Hawaii Press 1990.

Chan, Sucheng (Hg.): Chinese American Transnationalism. The Flow of People, Resources, and Ideas between China and America during the Exclusion Era. Philadelphia, PA: Temple University Press 2006.

Fitzgerald, Stephen: China and the Overseas Chinese. A Study of Peking's Changing Policy, 1949-1970. Cambridge: Cambridge University Press 1972.

Godley, Michael: The Sojourners: Returned Overseas Chinese in the People's Republic of China, in: Pacific Affairs 62 (1989), S. 330-352.

Gyory, Andrew: Closing the Gate. Race, Politics, and the Chinese Exclusion Act. Chapel Hill, NC/London: University of North Carolina Press 1998.

McKeown, Adam: Chinese Migrant Networks and Cultural Change. Peru, Chicago, Hawaii, 1900-1936. Chicago/London: University of Chicago 2001.

Pan, Lynn (Hrsg.): Encyclopedia of the Chinese Overseas. Cambridge, MA: Harvard University Press 1999.

Shambaugh, David (Hrsg.): Greater China. The Next Superpower? Oxford: Oxford University Press 1995.

Suryadinata, Leo (Hrsg.): Ethnic Chinese as Southeast Asians. Singapore/London: Institute of Southeast Asian Studies 1997.

Yen Ching-wang: Coolies and Mandarins: China's Protection of Overseas Chinese during the Late Ch'ing Period (1851-1911). Singapore: Singapore University Press 1985.

6.3.3 Ethnische Minderheiten und konkurrierende Nationalismen

Barkmann, Udo B.: Geschichte der Mongolei oder Die „Mongolische Frage“. Die Mongolen auf ihrem Weg zum eigenen Nationalstaat. Bonn: Bouvier 1999.

Goldstein, Melvyn C.: A History of Modern Tibet, 1913-1951. The Demise of the Lamaist State. Berkeley, CA: University of California Press 1989, ND New Delhi: Munshiram Manoharlal o. J.

A. Tom Grunfeld: The Making of Modern Tibet. 2. Aufl. Armonk,NY/London: Sharpe 1996.

Heberer, Thomas: Nationalitätenpolitik und Entwicklungspolitik in den Gebieten nationaler Minderheiten in China. Bremen: Studiengang Geographie, Universität Bremen 1984.

Kim Hodong: Holy War in China. The Muslim Rebellion and State in Chinese Central Asia, 1864-1877. Stanford, CA: Stanford University Press 2004.

Mackerras, Colin: China's Minorities. Integration and Modernization in the Twentieth Century. Hongkong/Oxford/New York: Oxford University Press 1994.

Millward, James A.: Beyond the Pass. Economy, Ethnicity, and Empire in Qing Central Asia, 1759-1864. Stanford, CA: Stanford University Press 1998.

Norbu, Dawa: China's Tibet Policy. Richmond: Curzon 2001.

Perdue, Peter C.: China Marches West. The Qing Conquest of Central Eurasia. Cambridge, MA/London: Belknap Press 2005

Sanjdorj, M.: Manchu Chinese Colonial Rule in Northern Mongolia. London: Hurst & Company 1980.

Starr, S. Frederick (Hrsg.): Xinjiang. China's Muslim Borderland. Armonk, NY/London: Sharpe 2004.

Tighe, Justin: Constructing Suiyuan. The Politics of Northwestern Territory and Development in Early Twentieth-Century China. Leiden/Boston: Brill 2005.

Ziemann, Han-jung: Die Beziehungen Sinkiangs (Ostturkestan) zu China und der UdSSR 1917-1945. Bochum: Brockmeyer 1984.

Bildnachweise

Abb. 1: Osterhammel, Jürgen: China und die Weltgesellschaft. Vom 18. Jahrhundert bis zur Gegenwart. München: Beck 1989, Vorsatzblatt
Abb. 2: Schmidt-Glintzer, Helwig: China. Vielvölkerreich und Einheitsstaat. München: Beck 1997, S. 39
Abb. 3: Skinner, G. William (Hrsg.): The City in Late Imperial China. Stanford: Stanford University Press 1977, S. 214
Abb. 4: Elliott, Jane E.: Some Did It for Civilization, Some Did It for Their Country. A Revised History of the Boxer War. Hongkong: Chinese University Press 2002, S. 145
Abb. 5, 30, 60, 61: Ebrey, Patricia: The Cambridge Illustrated History of China. Cambridge: Cambridge University Press 1997, S. 267, 280, 251, 252
Abb. 6, 55: Wood, Frances: Chinese Illustration. London/Dover, NH: British Library 1985, S. 59, 55
Abb. 7: Li Zhensheng: Roter Nachrichtensoldat. Ein chinesischer Fotograf in den Wirren der Kulturrevolution. Berlin: Phaidon 2003, S. 150
Abb. 8: Warner, Torsten: Deutsche Architektur in China. Architekturtransfer. Berlin: Ernst & Sohn 1994, S. 39
Abb. 9, 29: van Briessen, Fritz: Shanghai-Bildzeitung 1884-1898. Querschnitt durch eine chinesische Illustrierte. Zürich: Atlantis 1977, S. 57
Abb. 10: Ausgewählte Reden des Marschalls Chiang Kaishek. Aus dem Chinesischen übertragen von Tao Pung Fai [Tao Pengfei]. Heidelberg/Berlin: Vowinckel 1936, nach S. 64
Abb. 11, 21, 50, 62: *Lao zhaopian* 7 (1998), S. 27; 16 (2000), unpaginiert; 7 (1998), S. 18; 20 (2001), unpaginiert
Abb. 12: International Institute of Social History, Amsterdam, Stefan R. Landsberger Collection
Abb. 13, 43, 47, 49, 53, 59: Fotografien des Verfassers
Abb. 14: Zeng Yidan (Hrsg.): *Fuzhou jiu ying* [Old Photos of Fuzhou]. Peking: Renmin Meishu Chubanshe 2000, S. 19
Abb. 15: Shao, Qin: Culturing Modernity. The Nantong Model, 1890-1930. Stanford, CA: Stanford University Press 2004, S. 15
Abb. 16, 41, 42: Tang Zhenchang (Hrsg.): *Jindai Shanghai fanhua lu* [Aufzeichnungen über die Blüte des modernen Shanghai]. Taibei: Taiwan Shangwu Yinshuguan 1993, S. 175, 149, 64, 174
Abb. 17: Ko, Dorothy: Every Step a Lotus. Shoes for Bound Feet. Berkeley, CA/Los Angeles/London: University of California Press 2001, S. 96
Abb. 18: Spence, Jonathan D.: Das Tor des Himmlischen Friedens. Die Chinesen und ihre Revolution 1895-1980. München: Beck 1985, S. 66
Abb. 19: Song Jialin (Hrsg.): *Lao Yuefenpai* [Alte Kalenderplakate]. Shanghai: Shanghai Huabao Chubanshe 1997, S. 86
Abb. 20: Archiv des Verfassers
Abb. 22: Smith, Arthur H.: Village Life in China: A Study in Sociology. New York/ Chicago/Toronto: Revell 1899, nach S. 218
Abb. 23, 36: Gamble, Sidney D.: Peking. A Social Survey. New York: Doran 1921, nach S. 310, vor S. 207
Abb. 24: Fitzgerald, John: Awakening China. Politics, Culture and Class in the Nationalist Revolution. Stanford, CA: Stanford University Press 1996, S. 260

Abb. 25, 35, 37, 39: T'ang Leang-li: Reconstruction in China. Shanghai: China United Press 1935, nach S. 36, vor S. 219, vor S. 57
Abb. 26: *Ding Cong manhua xuan* [Ausgewählte Karikaturen von Ding Cong]. Chengdu: Sichuan Meishu Chubanshe 1987, S. 10
Abb. 27: Graphik aus Volks-China. O. O. u. J., S. 48
Abb. 28, 32, 45: Becker, Jasper: Hungry Ghosts. Mao's Secret Famine. New York: Holt & Company 1998, unpaginiert
Abb. 31: Spence, Jonathan D.: The Search of Modern China. New York: Norton 1990, nach S. 740.
Abb. 33: Kalenderblatt, Universitätsbibliothek Erfurt
Abb. 34: Wegener, Georg: China. Eine Landes- und Volkskunde. Leipzig/Berlin: Teubner 1930, Tafel XII
Abb. 38, 48: Spence, Jonathan/Chin Annping: Das Jahrhundert Chinas. München: Bertelsmann 1996, S. 181, 4
Abb. 40: Geil, William Edgar: A Yankee on the Yangtze. London: Hodder & Stoughton 1904, nach S. 4
Abb. 44: China Pictorial 1958/11, S. 2
Abb. 46: Elman, Benjamin A.: A Cultural History of Civil Service Examinations in Late Imperial China. Berkeley, CA/Los Angeles/London: University of California Press 2001, S. 623
Abb. 51: Die Volksrepublik China (Informationen zur politischen Bildung 198), S. I
Abb. 52: Wang, Dr./Meerscheidt-Hüllessem, Leutnant (Hrsg.): In und um Peking während der Kriegswirren 1900-1901. Berlin-Schöneberg: Meisenbach, Riffarth & Co. 1902, unpaginiert
Abb. 54: The Cause of the Riots in the Yangtse Valley. A Complete Picture Gallery. Hankou 1891
Abb. 56: Mohr, Friedrich Wilhelm: Fremde und deutsche Kulturbetätigung in China. Münster: Aschendorff 1928, nach 88
Abb. 57: Bolton, Kingsley: Chinese Englishes. A Sociolinguistic History. Cambridge: Cambridge University Press 2003, S. 249
Abb. 58: Li Xiaofeng: *60 fen zhong. Kuaidu Taiwan shi* [60 Minuten. Ein Schnellkurs zur taiwanesischen Geschichte]. Taibei: Yushan 2002, S. 92
Abb. 63: http://www.enorth.com.cn/news/80year/images/wulanfu.jpg
Abb. 64: das neue china 1992/2, S. 27

Register

pro Studium Geschichte

UTB

Walther L. Bernecker
Spanien-Handbuch
Geschichte und Gegenwart
UTB 2827
ISBN 978-978-3-8252-**2827**-9
A. Francke. 2006. 471 S.,
div. Abb., 20 Karten,
EUR 29,90, sfr 52,20

Hartmut Blum, Reinhard Wolters
Alte Geschichte studieren
basics
UTB 2747
ISBN 978-3-8252-**2747**-0
UVK. 2006. 264 S., 48 Abb.,
EUR 17,90, sfr 31,70

Felix Butschek
Industrialisierung
Ursachen, Verlauf, Konsequenzen
UTB 8338
ISBN 978-3-8252-**8338**-4
Böhlau. 2006.
201 S., 21 Tab., kart.,
EUR 19,90, sfr 34,90

Franz X. Eder, Heinrich Berger, Julia Casutt-Schneeberger, Anton Tantner
Geschichte Online
Einführung in das wissenschaftliche Arbeiten - Literatur- und Informationsrecherche
UTB 2822
ISBN 978-3-8252-**2822**-4
Böhlau. 2006. 328 S., 80 Abb.,
EUR 19,90, sfr 34,90

Manfred K. H. Eggert
Archäologie: Grundzüge einer Historischen Kulturwissenschaft
UTB 2728
ISBN 978-3-8252-**2728**-9
A. Francke. 2006.
319 S., 30 Abb.,
EUR 19,90, sfr 34,90

Joachim Eibach, Günther Lottes (Hrsg.)
Kompass der Geschichtswissenschaft
Ein Handbuch
UTB 2271
ISBN 978-3-8252-**2271**-0
Vandenhoeck & Ruprecht.
2. Aufl. 2006. 400 S.,
EUR 19,90, sfr 34,90

Birgit Emich
Geschichte der Frühen Neuzeit studieren
basics
UTB 2709
ISBN 978-3-8252-**2709**-8
UVK. 2006. 304 S., 30 Abb.,
EUR 17,90, sfr 31,70

Birgit Emich
Frühe Neuzeit 1500 - 1800
basics
UTB 2833
ISBN 978-3-8252-**2833**-0
UVK. 2007. Ca. 272 S., 5 Karten
und 35 Fotos, 5 Tab.,
ca. EUR 17,90, sfr 31,70

Nils Freytag, Wolfgang Piereth
Kursbuch Geschichte
Tipps und Regeln für wissenschaftliches Arbeiten
UTB 2569
ISBN 978-3-8252-**2569**-8
Schöningh. 2., akt. Aufl. 2006.
166 S., 22 Abb.,
EUR 8,90, sfr 16,50

Hans Werner Goetz
Proseminar Geschichte
Mittelalter
UTB 1719
ISBN 978-3-8252-**1719**-8
Ulmer. 3., überarb. Aufl. 2006.
399 S., 22 Abb., 13 Texte,
EUR 19,90, sfr 34,90